朱　斌　编著

全国中学生生物学联赛理论试卷解析

Solutions of China High School Biology Olympiad

2022—2024

中国科学技术大学出版社

内 容 简 介

本书收集整理并详细解析了2022—2024年的全国中学生生物学联赛理论试卷，其中2022年试卷包括加赛试卷。书中的解析严谨、准确、巧妙，引用了诸多生物学研究的原始文献资料，具体内容涵盖细胞生物学、植物解剖和生理、动物解剖和生理、动物行为学、遗传学与进化、生态学、生物系统学等。

本书适合参加高中生物学联赛的考生学习，也可供生物学竞赛教练、高中生物教师参考。

图书在版编目(CIP)数据

全国中学生生物学联赛理论试卷解析. 2022 — 2024 / 朱斌编著. -- 合肥 : 中国科学技术大学出版社, 2025.2. -- ISBN 978-7-312-06210-0

Ⅰ. G634.913

中国国家版本馆CIP数据核字第20252P96L2号

全国中学生生物学联赛理论试卷解析(2022—2024)

QUANGUO ZHONGXUESHENG SHENGWUXUE LIANSAI LILUN SHIJUAN JIEXI (2022—2024)

出版 中国科学技术大学出版社
安徽省合肥市金寨路96号，230026
http://press.ustc.edu.cn
https://zgkxjsdxcbs.tmall.com

印刷 安徽国文彩印有限公司

发行 中国科学技术大学出版社

开本 880 mm×1230 mm 1/16

印张 17.75

字数 556千

版次 2025年2月第1版

印次 2025年2月第1次印刷

定价 80.00元

序

2024年11月3日，接到朱斌老师邀我为他的新作《全国中学生生物学联赛理论试卷解析(2022—2024)》作序的微信消息。当时我就在想：我能胜任吗？又转念一想：既是序，而非正文，就不用那么考究，可作趣言。那我就在这份“序”中与大家分享一下关于朱斌的一些“趣”事吧。

我与朱斌老师的关系比较有意思。起初，他是我编外的编外学生，及至他正式踏入生物竞赛队伍，我又成了他的编外老师。至今，就生物竞赛而言，尽管他依然叫我匡老师，但其实我早已成为他的铁杆粉丝。

编外的编外学生应该是20世纪90年代的事情了，当时我在带高中几个年级参加生物竞赛，而他读初中二年级。因为他的班主任吴老师是我们生物组的小老弟，所以他和几位同学跟着吴老师在搞生物兴趣小组活动。这几位同学后来也跟着高中的学长参加生物竞赛了，可谓是我的“编外学生”。那时的朱斌因为被数学老师认定在数学方面有天赋，所以还是数学竞赛队伍中的主力之一。不过他对生物兴趣小组的活动非常感兴趣。记得当时他与另一个赵同学所做的课题是“不同类型土壤的肥力比较”，我也给他补过一些相关的基础知识，所以算是“编外的编外学生”。

土壤的肥力有许多指标，氮的含量是一个非常重要的指标，如何测定呢？查阅资料后知道用凯氏定氮法可解决。可一套凯氏定氮装置真是贵，而且当时的中学实验室基本上用不上这仪器。他俩去找当时的活动指导老师常立新老师。常立新老师给他们的答复是：“500块钱以内可以报销，怎么去做，你们自己动脑筋想办法。”于是他俩首先自己搞清楚了凯氏定氮的原理和各个实验装置的用途，然后分析目前缺少的部件里哪些是必需的，哪些可以找到替代品，再去学校附近的化学玻璃公司购买了相关材料，自己动手在实验室里搭设备，利用中午休息的时间做实验。后来他告诉我，虽然此后也用更精细的商业设备做过类似实验，但十四岁时在实验室中亲手制造出来一套装置的那种兴奋是前者所无法比拟的。

第二件值得一说的事是，我带彭晓聿到上海去参加全国决赛时，在书店里看到一本书，叫《生物物理化学》，是复旦大学的一位老师写的，它主要从物理化学的角度来剖析生物学的原理。我当时买了两本，自己一本，给常立新老师一本。回来以后，我看了两个星期，因为数理基础不是太好，所以看不下去。后来被朱斌看到了，他找我要那本书。说实话，这本书从竞赛的角度本身来讲没有太多的实质性帮助，但是我还是借给他看了。他花一个星期把它看完了。后来我把他叫过来，抽其中的内容来问，发现他是真的搞懂了。所以后来我碰到不清楚的、解释不了的问题，就把他叫过来。一方面可以看到他的数理化功底是扎实的，另一方面可以说明他对科学的态度，一定不是为了考试、为了竞赛，而是为了把学科知识学到位，学到底，学全学透。

第三件事是，他们那个年级参加全国联赛的时候，我跟常立新老师联合设计了一个心理方面的测试，就是把朱斌的准考证单独放在一个口袋，其他同学的准考证放在另一个口袋。我们从师大附中报名完毕以后，常老师把那个准考证拿出来，说明天一定要带准考证，然后开始发，发完了，最后发现没有他的。在常老师发准考证的同时，我就在观察朱斌的第一反应。我看到的是，他看常老师在急，反过来安慰常老师："常老师，没事没事，我不能参加明天的比赛也没关系，比赛就是个过场，我觉得我该学的都学到了就可以了。再说，我也未必就一定要靠这个进大学嘛。我好好努力，还是可以考到自己想去的大学。明天我过来，送大家一起去比赛。"

最后一件事是，他们那年全国比赛在西安举行。当时我跟常立新老师一起去，提前一点时间到，可以多做一些准备。我考虑到国赛有可能会就地取材，就让他们也去熟悉周边的环境。后来我们去了西安的植物园，那天朱斌突然跟我讲了一句话："匡老师，我好像顿悟了，对植物学似乎很有感觉了。"为什么会这么说呢？因为他一直觉得植物学实验这块很麻烦，像没学进去一样。那时候我们另外一位一起进省队、后来也进了国家集训队的学生彭佳自称是植物学权威，朱斌在这块就比较受打击。当天在植物园，他通过基本特征一连判对了几种植物，信心就上来了。我就跟常立新老师说，他俩谁最后考得好还不一定呢，后来果然朱斌的植物实验得分更高。我想起在初三、高一暑假我们去内蒙古和西藏夏令营考察的时候，朱斌就喜欢坐副驾的那个位置，因为光线好。天气好的时候，就在车上看书，把植物学各版本的大学教材看了不少。这也说明，学习是需要积累、需要时间、需要用功的。想做什么，马上就能达成，朱斌并不是这种天才。

我们虽然不是直系师徒，但关系很密切。这些让我印象深刻的事情可以说明这么几点：一是兴趣很重要，自己感兴趣，会更好地推动其往这方面发展。二是他是有能力的，数理底子比较好，学得扎实。三是学习的目的、态度要端正，不能只为竞赛而竞赛，这样的态度将来会出问题的，结果不是那么重要，重要的还是真实的能力。四是学习是个积累的过程，不可能一蹴而就，可以持续地积累，持之以恒，厚积薄发。

朱斌刚开始当老师的时候和我聊过整理试题的问题，也征求过我的意见。他太想做到尽善尽美，做到极致，只想拿出最好最全的内容来。我建议他做好搭配，基础的和新颖的都可以放；先出版出来，后续还可以持续修正。现在他整理出版的内容俨然已经成为一个庞大的系列。希望大家可以通过这些故事了解他，也从书中去感受他的热爱与诚意。

匡治成[1]

---

① 匡治成，国际生物奥林匹克金牌教练，全国优秀教师，湖南首批新世纪"121人才工程"专家，长郡中学拔尖创新学生选拔与培养项目负责人，长郡中学督导室督学。

前 言

自2024年国赛起，生物竞赛的考试形式与判分标准发生了变化，2025年联赛也随之而变。新联赛的时长延长为2.5小时，采用判断题的考核方式，即对每道试题的每个选项进行正确(T)或错误(F)判断。每题2分，包括4个选项。答对0或1个选项得0分；答对2个选项得0.2分；答对3个选项得1分；答对4个选项得2分。具体卷面不超过12页，试题不多于80道。

此外，根据学科发展和布局，考试更新了内容、划分方式和比例：第一模块为生物化学、分子生物学、细胞生物学；第二模块为植物学、植物生理学、微生物学；第三模块为动物学、动物生理学、生态学；第四模块为遗传学、演化生物学、生物信息学。每个模块各占1/4。

这些变化反映了国内生物奥林匹克竞赛向国际生物奥林匹克竞赛(IBO)进一步靠拢的趋势，也意味着这本《全国中学生生物学联赛理论试卷解析(2022—2024)》将是旧题型下的最后一本联赛试题详解。

我个人无比欢迎这样的改变。事实上，从2016年起，联赛与国赛就在知识模块与考查方式上不断地进行调整，而调整的目的便是向IBO看齐。从IBO的官方主页可以看到，IBO的目标是发现、激励、授权和支持下一代生命科学领袖并发展他们的国际网络。

IBO是没有教学大纲的。换句话说，考试中会涉及各种各样的主题，需要你动用你的一切知识储备和科学思维去解决生命科学相关的实际问题。在过去，IBO考试和2016年之前的联赛一样，主要也是基于知识的复述(即基于事实的问题，通过死记硬背即可准备)。然而，生物学在现实生活中并非如此。因此，我们在现代IBO考试中遇到的绝大多数问题都是在测试你的实践技能、生物学洞察力、分析方法和解决问题的能力。这就是自2016年起，联赛、国赛越来越多地出现前沿文献相关、图表信息分析方向试题的原因。虽然风格存在摇摆，模块划分也存在奇/偶数年的差异，但大体是在向这一目标前进的。直至2025年联赛，彻底完成模块划分、题型题量及赋分方式的迭代与统一。

唯一让我担忧的问题是，当试题变为多重判断之后，对出题严谨程度的要求就变得更高了。在本书中，你可以看到，近几年的试题仍然存在较多知识与逻辑上的争议，我们也不完全赞同最终的官方答案。为了让大家能有自己的研判，我们尽可能多地搜集了与试题涉及现象相关的最新文献观点与实验证据，并用中文重制了彩色图片，便于大家清晰地获取信息，作出判断。我们也希望改革后的联赛与国赛越办越好，尽量减少争议与答案的变动。因为虽然我们可以探讨生命科学的发展变化，可以指出矛盾与并不清晰的学术前沿，但缺乏慎重考量的命题与武断给出答案而事后又推翻，在这些饱含热爱的学生心中，总会留下缺乏严肃与责任的感观。

本书在一定程度上对所涉及的知识做了补充与详细的推衍，在确保完成试题解答的同时带有一定的个人风格。因为我始终相信，我们竞赛生做题、比赛、升学，但我们同时天然地热爱这个多彩的自然界。

感谢我的恩师匡治成老师拨冗为我作序。匡老师说的那些往事，有些我有印象，有些已经不记得了。但我记得在西藏旅行的途中，我的身边有一个女孩，一直在等待太阳下山，这样我就可以放下手中的书。

现在这本书仍然献给我的爱人丛丛。

朱斌

2025 年 1 月

目录

CONTENTS >>>>>>>>>>

2022 年全国中学生生物学联赛试题详解

第一部分　生物化学、分子生物学、细胞生物学、微生物学

1 以下在 280 nm 处有更大光吸收的短肽有（　　）。（多选）

A. Glu-Ala-Phe-Gln　　B. His-Thr-Asp-Gln

C. Ser-Pro-Trp-Gly　　D. His-Lys-Arg-Gly

解析 蛋白质的紫外吸收与三种芳香族氨基酸有关：色氨酸（Trp）的最大吸收波长就在 280 nm；酪氨酸（Tyr）和苯丙氨酸（Phe）的吸收峰则分别在 275 nm 和 257 nm。本题按照出题人思路应该选 A、C，但事实上如图 1 所示，280 nm 处的吸收几乎完全归因于芳香族氨基酸中的色氨酸和酪氨酸。苯丙氨酸在 260 nm 附近吸收；组氨酸、蛋氨酸、胱氨酸和半胱氨酸在 225 nm 和 240 nm 之间吸收；小于 225 nm 处，肽键本身是主要的吸收基团，但上述氨基酸也有贡献。所以280 nm处其实苯丙氨酸的吸收很少，甚至弱于半胱氨酸与胱氨酸，虽然组氨酸在此范围一般没有吸收，不影响本题答案，但一定要注意以下事实：苯丙氨酸对 280 nm 紫外线吸收的贡献其实很小。　**答案：AC。**

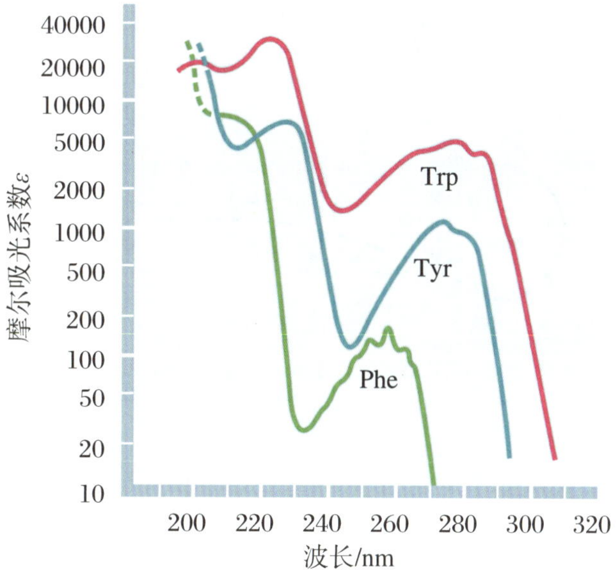

图 1

参考文献

[1] Middendorf T R, Aldrich R W, Baylor D A. Modification of Cyclic Nucleotide-Gated Ion Channels by Ultraviolet Light[J]. J. Gen. Physiol., 2000, 116: 227.

2 在 pH = 10.0 的缓冲液中，将以下几种氨基酸加入阴离子交换层析柱中，然后用递减的 pH 梯度洗脱，这些氨基酸洗脱的先后顺序为（　　）。（单选）

A. Lys→His→Ser→Glu　　B. Lys→His→Glu→Ser

C. Glu→His→Ser→Lys　　D. Lys→Ser→His→Glu

解析 阴离子交换层析柱带有正电荷，可以吸附带有负电的氨基酸或蛋白质。当缓冲液 pH = 10 时，大部分氨基酸都呈负电而被吸附，而当 pH 逐渐下降、酸化洗脱时，等电点较高的碱性氨基酸最先由负转正被

洗脱，其中组氨酸（His）碱性较弱，在赖氨酸（Lys）之后被洗脱，然后是中性的丝氨酸（Ser），最后洗脱的是酸性的谷氨酸（Glu）。 答案：A。

3 以下对高能键和高能化合物的理解错误的是（　　）。（单选）

A. 键能是指断裂 1 mol 化学键所需的能量，键能越大说明化学键越不容易断裂

B. 含有高能键的化合物称为高能化合物

C. 高能磷酸键断裂吸收大量的能量

D. 腺苷二磷酸（ADP）的分子结构比 ATP 更稳定

解析 高能磷酸键之所以称高能磷酸键，是因为在它断开之后，两侧的磷酸基团各自与水分子的 H 和 OH 形成新键，这一成键过程释放的能量大于前一步键断开所需要吸收的能量，因此 C 选项错误。ADP 分子的静电斥力小于 ATP，更稳定，因此 ATP 的水解才能释放大量能量。 答案：C。

4 下列酶中定位于哺乳动物细胞线粒体外膜的是（　　）。（单选）

A. 脂酰 CoA 合成酶　　B. 肉碱脂酰移位酶Ⅱ　　C. ATP 合酶　　D. 柠檬酸合酶

解析 脂酰 CoA 合成酶催化脂肪酸活化形成脂酰 CoA，定位在内质网或线粒体外膜，故选 A。肉碱脂酰转移酶有两种（图 2）：Ⅰ位于线粒体外膜，负责将脂酰基从 CoA 转移至肉碱；Ⅱ则定位于线粒体内膜，负责将脂酰基转移给线粒体内的 CoA，最终完成各种酰基的跨膜转运。ATP 合酶定位在线粒体内膜、类囊体膜、液泡膜或质膜，柠檬酸合酶定位在线粒体基质中。 答案：A。

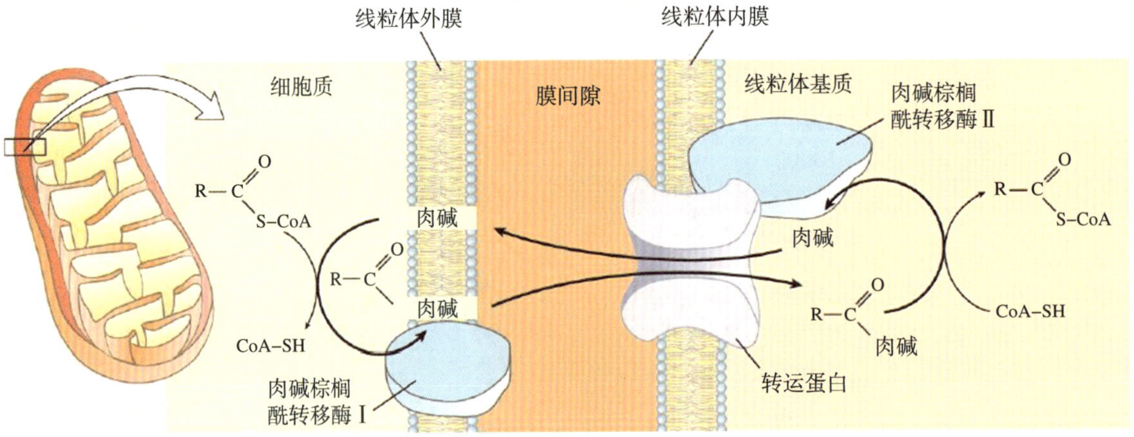

图 2

5 线粒体呼吸链复合物Ⅰ位于线粒体内膜，是呼吸链中最重要的蛋白复合体之一，以下关于复合物Ⅰ的叙述正确的是（　　）。（单选）

A. 将电子从 NADH 传递至细胞色素 c　　B. 将电子从 NADH 传递至辅酶 Q

C. 是线粒体膜中移动的电子载体　　D. 不含铁硫中心

解析 复合物Ⅰ是 NADH-CoQ 还原酶或 NADH 脱氢酶，含有多个铁硫中心（真核生物不含 N7），催化电子由 NADH 传递给可在膜内自由移动的泛醌（辅酶 Q），故选 B。移动的电子载体是指泛醌与细胞色素 c。 答案：B。

6 研究发现肝硬化患者血清中氨甲酰磷酸合成酶Ⅰ（CPS-Ⅰ）水平降低，以下可以提高 CPS-Ⅰ活性的化合物是（　　）。（单选）

A. ADP　　B. 鸟氨酸　　C. *N*-乙酰谷氨酸　　D. 2，4-二硝基苯酚

解析 CPS-Ⅰ位于参与尿素生产的线粒体中，催化的反应为 $2ATP + HCO_3^- + NH_4^+ \longrightarrow 2ADP +$ 氨甲酰磷酸 + Pi，*N*-乙酰谷氨酸为该酶的别构激活剂。如图 3 所示。 答案：C。

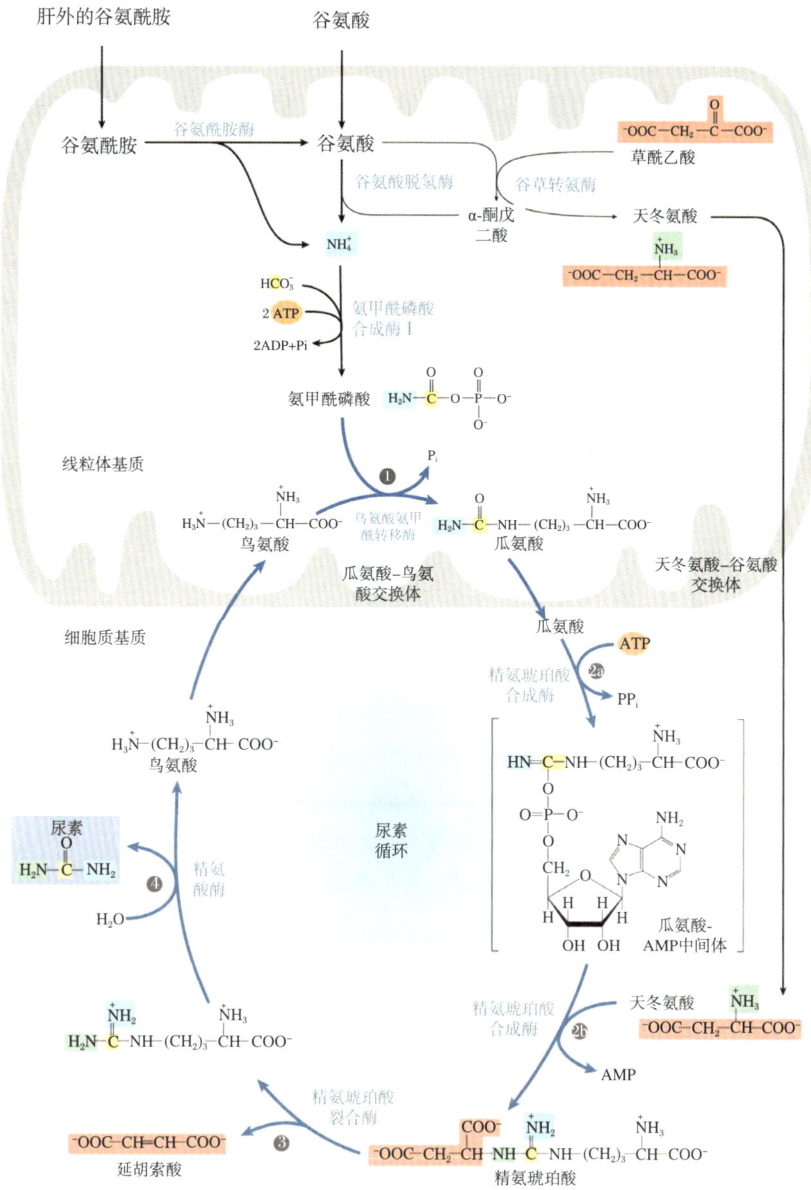

图 3

7 临床研究发现谷氨酰胺对肝硬化患者的肝功能具有保护作用，对此的解释合理的是（　　）。（单选）

A. 谷氨酰胺在谷氨酰胺酶的作用下，其产物与尿素循环中的鸟氨酸结合

B. 谷氨酰胺在谷氨酰胺酶的作用下，其产物与尿素循环中的瓜氨酸结合

C. 患者体内谷氨酰胺合成酶活性增加

D. 患者体内谷氨酰胺酶活性增加

解析 本题出题人的思路基于两个事实：(1) 肝硬化患者的确肠道谷氨酰胺酶活性升高，从而引起谷氨酰胺含量下降。(2) 同时也有文献表明，给患者补充谷氨酰胺在肝病（包括肝硬化）治疗中发挥有益作用，具体机制并不清楚，可能是因为谷氨酰胺是合成谷胱甘肽所需的前体物质，而谷胱甘肽能阻止氧化损伤，对肝功能起到保护作用。

这两个现象都是客观真实的，均有文献支撑。但是为何肝受损会导致谷氨酰胺酶活性增加；肝受损本身就会导致血氨增加，为何还需要补充会导致氨生成的谷氨酰胺；谷氨酰胺合成酶与此又有何关系，这些问题尚都需要更详细的解答。

我们先来了解一下本题所涉及的主角——谷氨酰胺酶。磷酸盐激活的谷氨酰胺酶（phosphateactivated glutaminase，PAG）可将谷氨酰胺转化为谷氨酸，是线粒体中谷氨酰胺分解途径的重要参与者。它有两个基因 *GLS*1 和 *GLS*2，分别负责编码肾型 PAG（kidney-type glutaminase，KGA）和肝型 PAG（liver-type glutaminase，LGA），其中 KGA 不仅存在于肾脏，同时也在小肠、大脑、淋巴细胞和肿瘤细胞中表达。

接下来我们再看一下肝脏的解毒过程。根据小叶位置，可以将肝细胞分为两种：门静脉周围肝细胞（periportal hepatocytes）和肝静脉周围肝细胞（perivenous hepatocytes），如图 4 所示。肠道吸收的氨经肝门静脉送至肝脏，会立即被门静脉周围肝细胞用来合成尿素（通过 GLS2 与 CPS-Ⅰ，其中 GLS2 负责作为氨的放大器，提高氨浓度以适配 CPS-Ⅰ对氨的高 K_m、低亲和力）；没有合成为尿素的氨则会被肝静脉周围肝细胞用谷氨酰胺合成酶合成谷氨酰胺。前一条途径（尿素）是低亲和力、高通量的，而后一条途径（谷氨酰胺）则是高亲和力、低通量的。pH 可调节 GLS2 的活性，从而根据酸碱平衡的需要调整消耗碳酸氢盐的尿素合成。

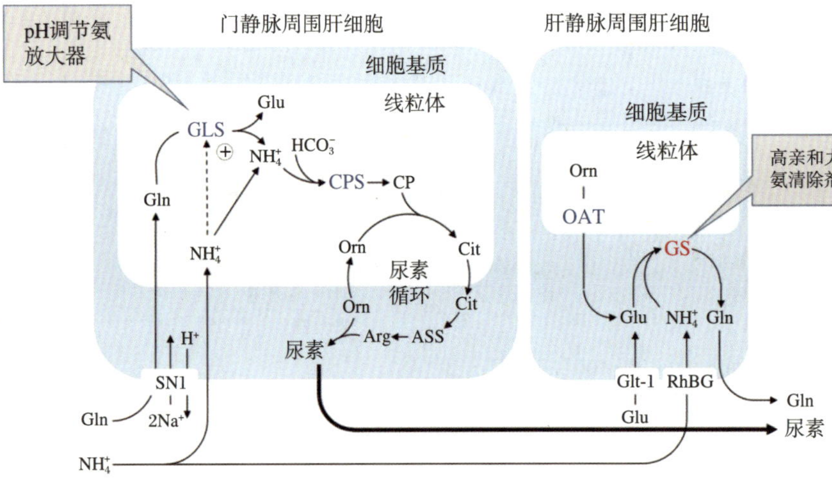

图 4　肝脏谷氨酰胺和氨代谢的结构-功能组织

在健康条件下，肝脏中的尿素循环是氨解毒的关键代谢途径；而肝功能衰竭时，肝细胞功能的下降会降低该过程的活性，导致循环氨的增加。谷氨酰胺承担着生理条件下对氨的解毒作用，在肝损伤条件下，多余的氨需要在肌肉中代谢，由谷氨酰胺合成酶转化产生谷氨酰胺；谷氨酰胺又被肠道、肾脏细胞中的谷氨酰胺酶（KGA）分解成氨，排出体外（图 5）。由此可见，肝硬化时谷氨酰胺酶（KGA）的活性的确会升高，这一过程反而会导致肠道等部位的谷氨酰胺水平降低。因此，肝硬化病理状态是一个整体血氨含量增加、肠道却会产生局域低谷氨酰胺浓度的特殊情境，并不存在矛盾。

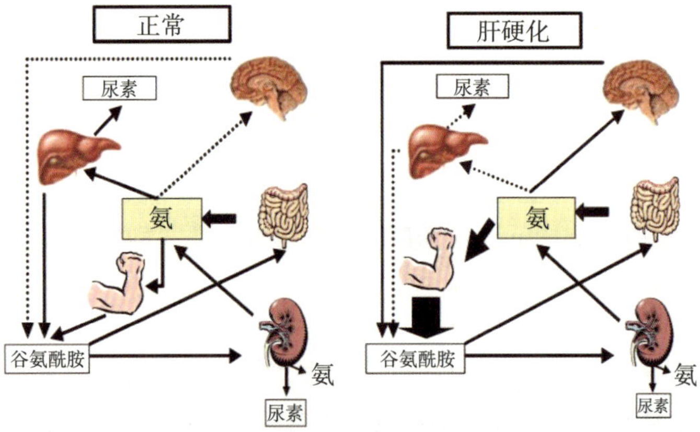

图 5　健康人体和肝硬化患者体内氨的器官间转运比较

在治疗方面，谷氨酰胺是人体中含量最多的一种氨基酸，也是条件必需氨基酸，参与核酸和谷胱甘肽的生物合成，维持体内的酸碱平衡，还是小肠黏膜内皮细胞的主要供能物质。谷氨酰胺能够调节机体免疫、纠正低蛋白血症及恢复肝细胞的正常功能；还参与了“主抗氧化剂”和自由基清除剂还原型谷胱甘肽的合成。在病理状态下，机体自身合成的谷氨酰胺不能满足需求，骨骼肌会迅速分解，释放包括谷氨酰胺在内的氨基酸入血，以升高其含量，为减少骨骼肌分解，需要补充外源性谷氨酰胺，以升高其水平。于是肝硬化患者体内的低 Gln 水平使其肠化生和肠道萎缩的发生频率较正常人明显升高，肠道屏障功能也异常改变，导致大量内毒素通过肠道途径进入血液循环或肠道细菌移位到腹腔内，加重炎症反应，进而对肝脏造成“二次打击”而使病情恶化，同时也会加重对肠黏膜屏障功能的损伤，甚至导致肠道功能衰竭。最近的临床证据表明，给患者补充谷氨酰胺在肝病（包括肝硬化）治疗中发挥有益作用，其作用机制可能与谷氨酰胺对肠道的保护作用有关，主要包括以下几个方面：

（1）提供细胞代谢能源，促进肠黏膜上皮细胞的修复；

（2）改善营养状态，纠正肝硬化带来的低蛋白血症；

（3）抑制肠黏膜上皮细胞、肝细胞的过度凋亡；

（4）防止肠道细菌移位，降低内毒素水平；

（5）促进 GSH 的合成，抗氧化；

（6）调节全身及肠道局部免疫的作用，保护肝细胞。

最后回到本题，谷氨酰胺在谷氨酰胺酶的催化下分解为谷氨酸和氨，其中谷氨酸还可以再释放出一分子的氨，氨并不能直接与鸟氨酸反应，而是在上题的 CPS-Ⅰ的催化下合成氨甲酰磷酸，再与鸟氨酸结合为瓜氨酸，因此 A、B 错误。研究表明，肝硬化患者的十二指肠 PAG 活性比健康人高近四倍，酶活性的增加导致肠道的谷氨酰胺含量不足，影响其正常功能；而提供适量谷氨酰胺，在不影响血氨浓度与加重肝性脑病（hepatic encephalopathy，HE）的前提下是对肠道与肝脏具有保护作用的，因此 D 正确。该过程与谷氨酰胺合成酶的活性增加无关，肝脏的谷氨酰胺合成酶活性的增加反而会导致谷氨酰胺合成增多，不可能是导致其含量下降的原因，更何况文献证据表明，在肝细胞癌中，谷氨酰胺合成酶活性约为正常肝脏的三分之一，而在肝硬化肝脏中未观察到酶活性的可检测变化，故 C 也不对。 **答案：D。**

参考文献

[1] Frieg B，Görg B，Gohlke H，et al. Glutamine Synthetase as a Central Element Inhepatic Glutamine and Ammonia Metabolism：Novel Aspects[J]. Biol. Chem.，2021，402：1063.

[2] Romero-Gómez M，Ramos-Guerrero R，Grande L，et al. Intestinal Glutaminase Activity is Increased in Liver Cirrhosis and Correlates with Minimal Hepatic Encephalopathy[J]. Journal of Hepatology，2004，41：49.

[3] Morgan M Y，Blei A，Grüngreiff K，et al. The Treatment of Hepatic Encephalopathy[J]. Metab. Brain Dis.，2007，22：389.

[4] Holecek M. Evidence of a Vicious Cycle in Glutamine Synthesis and Breakdown in Pathogenesis of Hepatic Encephalopathy – Therapeutic Perspectives[J]. Metab. Brain Dis.，2014，29：9.

[5] Matsuno T，Goto I. Glutaminase and Glutamine Synthetase Activities in Human Cirrhotic Liver and Hepatocellular Carcinoma[J]. Cancer Res.，1992，52：1192.

[6] 宋怀宇，杨建荣. 肝病患者肠黏膜屏障功能的变化及谷氨酰胺干预的研究进展[J]. 世界华人消化杂志，2009，17：5.

8 在小鼠饱食 8 天的条件下，研究者测定了野生型小鼠与突变小鼠肝脏中丙二酰辅酶 A 的含量，结果如图 6 所示，这说明突变体（　　）。（多选）

A. 脂肪酸氧化显著降低　　B. 脂肪酸氧化显著升高

C. 脂肪酸从头合成显著增加　　D. 脂肪酸从头合成显著降低

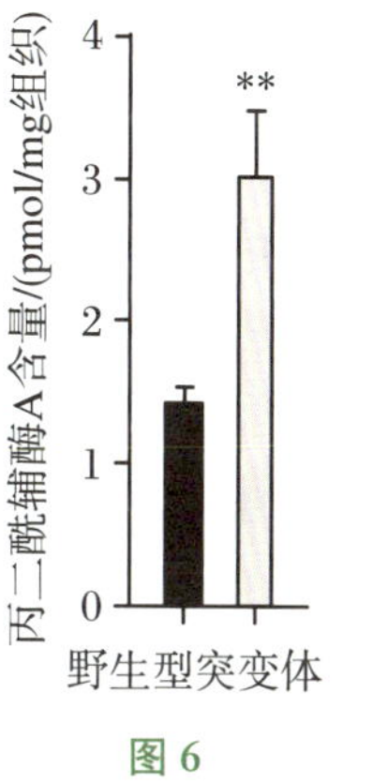

图 6

解析 如图 7 所示，饱食带来的大量葡萄糖不仅给脂肪酸合成提供了底物和能量，还会通过血糖水平调节乙酰 CoA 羧化酶（ACC）的活性，进而将大量乙酰 CoA 转化为脂肪酸合成的二碳单位供体——丙二酰 CoA，该过程是脂肪酸合成的限速步骤；同时丙二酰 CoA 还会抑制脂肪酸分解的限速酶——肉碱脂酰转移酶Ⅰ，进而抑制脂肪酸的 β 氧化，因此其含量是脂肪酸代谢的关键节点。突变体的丙二酰 CoA 与野生型相比显著升高，因此其脂肪酸的合成显著增加，脂肪酸氧化显著降低，故选 A、C。

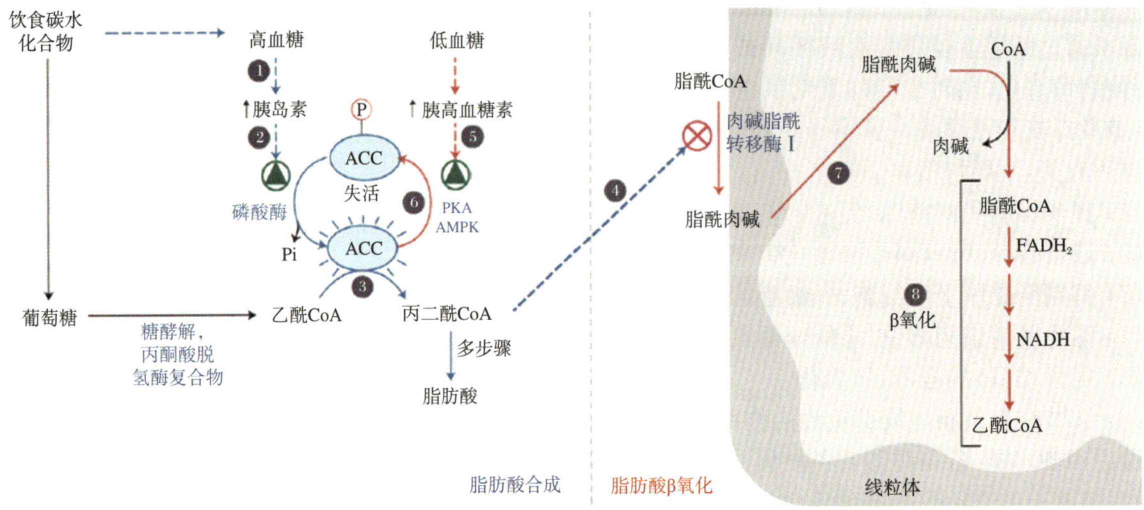

图 7 脂肪酸合成与脂肪酸β氧化

图 6 来自 2013 年的一篇文献,为了测试 AMPK 下游各种磷酸化事件的生理影响,研究人员敲除了实验小鼠的 ACC,测试结果如本题所示,同时还观测到实验小鼠出现胰岛素抵抗、葡萄糖耐受不良和非酒精性脂肪肝病,但并不会导致肥胖。此外,研究人员还通过提供高脂饮食获得了肥胖的 ACC 敲除小鼠,并发现其注射二甲双胍后没有明显的降脂和胰岛素增敏反应,说明 AMPK 对 ACC 的抑制性磷酸化会严重影响脂质代谢的调控,以及肥胖时二甲双胍的药效。 答案:AC。

参考文献

[1] Fullerton M D, Galic S, Marcinko K, et al. Single Phosphorylation Sites in Acc1 and Acc2 Regulate Lipid Homeostasis and the Insulin-Sensitizing Effects of Metformin[J]. Nat. Med., 2013, 19: 1649.

9 二糖(双糖)是最简单的寡糖,蔗糖、麦芽糖、纤维二糖和乳糖都是常见的二糖。关于这些二糖的说法正确的是( )。(单选)

A. 这些二糖都能够还原斐林(Fehling)试剂
B. 除蔗糖外,其他二糖都能够还原斐林试剂
C. 除纤维二糖外,其他二糖都能够还原斐林试剂
D. 蔗糖与纤维二糖是非还原性糖,麦芽糖与乳糖是还原性糖

解析 本题中只有蔗糖在形成糖苷键时消耗了全部两个半缩醛羟基,其余二糖都能够还原斐林试剂。
答案:B。

10 下列关于细胞膜的说法正确的有( )。(多选)

A. 脂双层是细胞膜的基本结构
B. 动物细胞膜中的主要脂类分子包括甘油三酯、磷脂、糖脂和胆固醇
C. 所有膜脂分子的结构中都含有脂肪酸
D. 脂双层两侧的脂类分子可以通过侧向扩散从一层翻转到另外一层
E. 红细胞膜上寡糖抗原的不同决定了人体的 ABO 血型系统

解析 动物细胞膜中的主要脂类分子不包括甘油三酯,B 错误;胆固醇就不含有脂肪酸,C 错误;侧向扩散指的是质膜分子的水平移动,从一层翻转到另外一层则需要借助翻转酶,D 错误。红细胞膜上寡糖抗原与人体的 ABO 血型系统的关系如图 8 所示。 答案:AE。

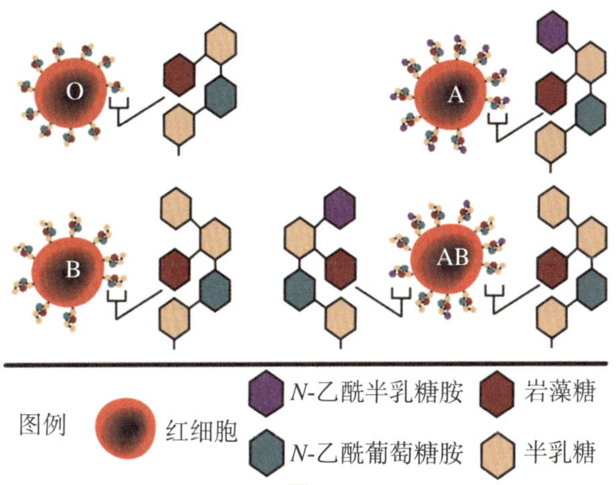

图 8

11 科学家研究了 p38 抑制剂(p38i)和核糖体翻译功能的抑制剂茴香霉素(ANS)对细胞周期的作用,结果如图 9 所示。从中得出的正确结论有(　　)。(多选)

A. 茴香霉素能够使细胞阻滞在 G_2 期

B. 茴香霉素对细胞 G_2/M 期无明显影响

C. p38 能够使细胞阻滞在 G_2 期

D. p38i 能够拮抗茴香霉素对细胞周期的影响

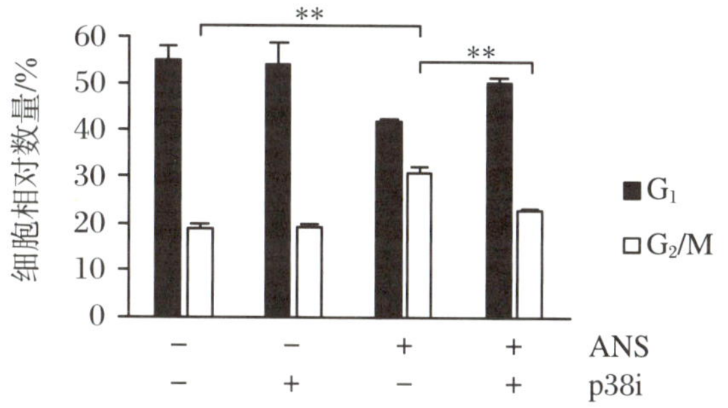

图 9

解析 茴香霉素(anisomycin,ANS)是来源于灰色链霉菌(*Streptomyces griseolus*)的吡咯烷抗生素,为一种有效的蛋白合成抑制剂,通过与真核生物核糖体的肽酰转移酶中心结合来抑制翻译延伸,能诱导许多细胞的凋亡发生,其结构、生物合成与抑制机理如图 10、图 11 所示。

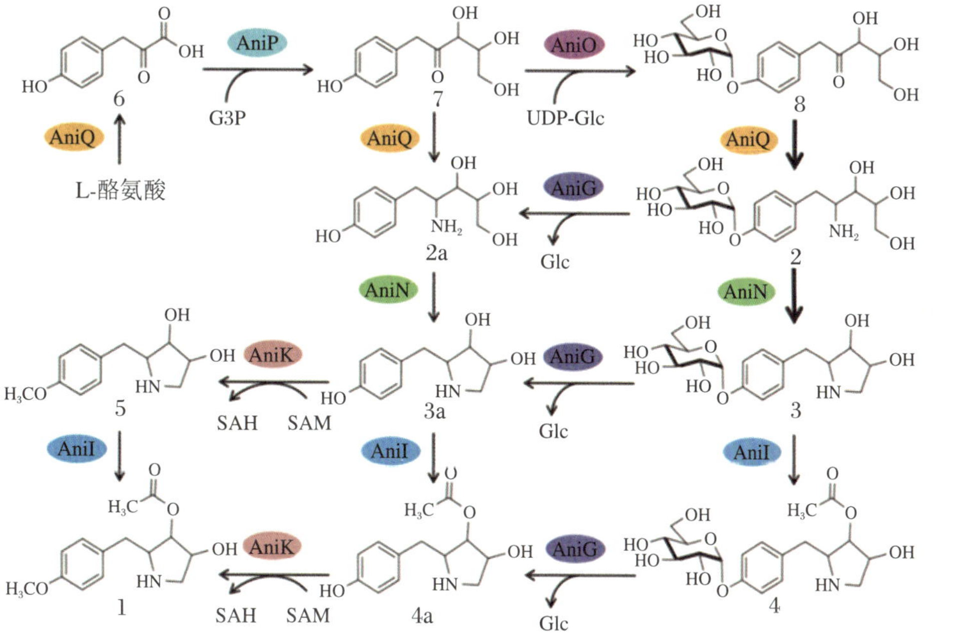

图 10　茴香霉素可能的生物合成路径

单加 ANS 后 G_1 期细胞下降而 G_2/M 期细胞上升,又由于细胞 M 期检查点检查的是纺锤丝与着丝粒的附着,与蛋白质翻译无关,因此茴香霉素阻滞细胞周期在 G_2 期,A 对,B 错。单加 p38i 不会对细胞周期分布造成显著影响,但与 ANS 同时处理时则会逆转 ANS 对细胞分布的影响,因此 D 对。

如图 12 所示,在循环细胞中诱导短暂压力(使用核糖体抑制剂茴香霉素、紫外线(UV)照射或渗透压应

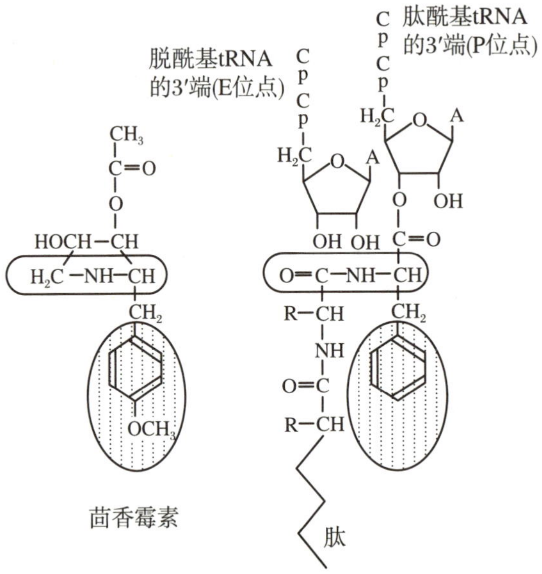

图 11　茴香霉素是肽酰基 tRNA 的类似物

激诱导剂山梨醇)，可导致 G_2期的阻滞和 APC/CCDH1 的重新激活。这种效应是通过与压力有关的蛋白激酶(SAPK)信号传导，通过亮氨酸拉链和不育 α 基序激酶(ZAK)与 p38 激酶介导的，因为 ZAK 的遗传缺失或药理学抑制 ZAK 或 p38 消除了这种过早的 APC/CCDH1 重新激活。因此 p38 的确参与了将细胞阻滞在 G_2期的过程，但并不能从本实验结果中看出直接激活 p38 的效果，C 错误。

原文献研究的是核糖体翻译停滞的问题，如图 13 所示，同一个 mRNA 上的核糖体会与前方的停滞核糖体追尾，产生的碰撞二聚体被锌指蛋白 598(ZNF598)识别并泛素化，随后激活信号整合因子 1 复合物(activating signal cointegrator 1 complex，ASCC)将停滞的核糖体分解为亚基，新生成的不完整肽链则会被泛素化水解。此外，碰撞二聚体还会招募 ZAK 蛋白并激活 p38，将细胞周期停滞在 G_2期，因此施加 p38i 可以逆转该效应。　**答案：AD。**

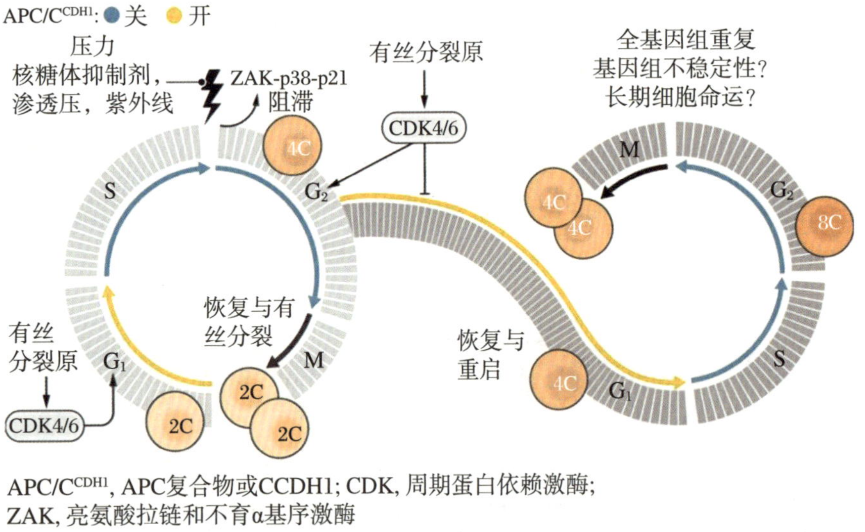

图 12

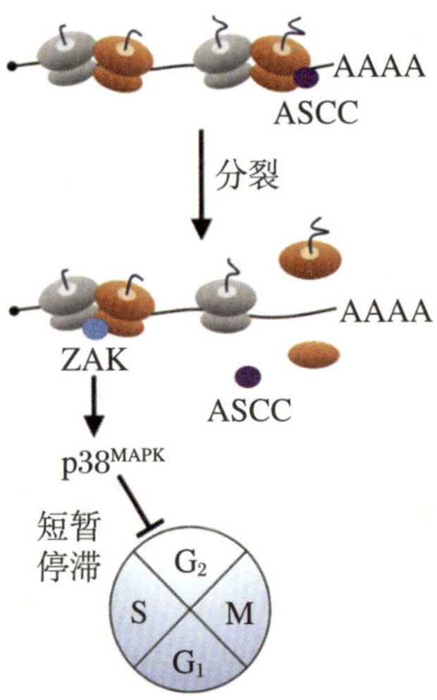

图 13

参考文献

[1] Zheng X, Cheng Q, Yao F, et al. Biosynthesis of the Pyrrolidine Protein Synthesis Inhibitor Anisomycin Involves Novel Gene Ensemble and Cryptic Biosynthetic Steps[J]. Proc. Natl. Acad. Sci. USA., 2017, 114: 4135.

[2] Kirillov S, Porse B T, Vester B, et al. Movement of the 3'-end of tRNA Through the Peptidyl Transferase Centre and Its Inhibition by Antibiotics[J]. FEBS Letters, 1997, 406: 223.

[3] McKenney C, Lendner Y, Zuniga A G, et al. CDK4/6 Activity is Required During G2 Arrest to Prevent Stress-Induced Endoreplication[J]. Science, 2024, 384: eadi2421.

[4] Stoneley M, Harvey R F, Mulroney T E, et al. Unresolved Stalled Ribosome Complexes Restrict Cellcycle Progression After Genotoxic Stress[J]. Molecular Cell, 2022, 82: 1557.

[5] Duch A, de Nadal E, Posas F. The p38 and Hog1 SAPKs Control Cell Cycle Progression in Response to Environmental Stresses[J]. FEBS Letters, 2012, 586: 2925.

12 下列有关细菌的论述正确的是(　　)。(多选)

A. 在不同的培养条件下,细菌的个体形态比菌落形态相对稳定

B. 抗酸性染色、革兰氏染色及芽孢染色均属于鉴别染色

C. 球菌一般不具有鞭毛

D. 只有固氮菌才能还原氮元素

解析 对于大多数细菌而言,如果固体培养基的营养条件相差很大,那么生长速度会相差很大,菌落大小就会相差很大,其他菌落特征如颜色主要由次级代谢产物控制,也很容易受培养条件影响;而在这些培养基中生长的细菌个体形态如形状、大小等变化不大,因此A正确。

抗酸性染色又称齐尔-尼尔森染色,用于鉴定含有大量分枝菌酸的分枝杆菌,如图14所示。分枝菌酸可以阻止革兰氏染色,但在加热条件下与改良苯酚品红牢固结合,加碱性美蓝复染后,分枝杆菌仍然为红色,而其他细菌及背景中的物质为蓝色;芽孢染色法也是根据芽孢难以染色,而染上色后又难以脱色这一特点而设计的,也属于鉴别染色,B正确。

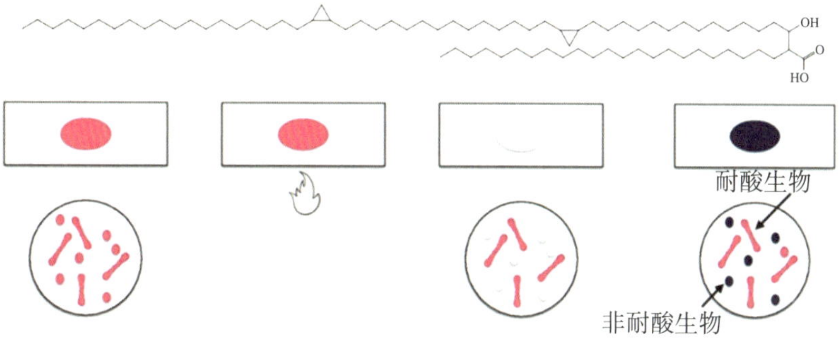

图 14

具有鞭毛的细菌大多是弧菌和杆菌,球菌中只有个别具有鞭毛,C对。固氮菌可以还原氮气为氨,但氮元素的还原不止固氮一种,植物可以吸收硝酸盐和亚硝酸盐再还原为氨,反硝化细菌则以硝酸根为电子传递链的末端电子受体,将硝酸盐还原为氮气,这也是还原氮元素的过程,因此D错。　答案:ABC。

13 真菌与细菌存在一系列差异,其中差异最不明显的是(　　)。(单选)

A. 有性生殖方式　　B. 细胞壁结构

C. 鞭毛结构　　D. 细胞膜中磷脂的化学性质

解析 真菌与细菌存在真核与原核之间的巨大差异,但生物膜的结构和成分差异不大,且物质的化学性质也不会随物种的改变而改变。　答案:D。

14 铵盐是微生物重要的营养物,下列可以通过氧化铵盐获得能量并同化CO_2进行生长的微生物是(　　)。(单选)

A. 蓝细菌　　B. 红螺菌

C. 亚硝化细菌　　D. 固氮菌

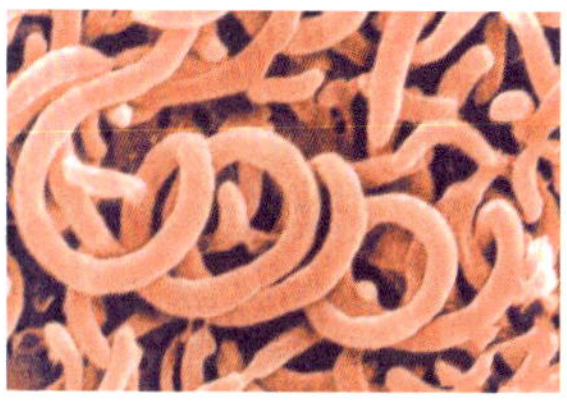

图 15

解析 蓝细菌显然是光合自养生物;固氮酶固定空气中的氮气,但无法同化CO_2。红螺菌(图15)生活在湖泊、池塘的淤泥中,是一种典型的兼性营养型

细菌，在没有有机物的条件下，它可以利用光能，固定二氧化碳合成有机物；在有有机物的条件下，它又可以利用有机物进行生长。亚硝化细菌主要为自养型，在好氧条件下通过将铵盐氧化为亚硝酸提供能量；混合营养生长时，也可同化有机物质。 **答案：C。**

15 微生物生长受多种环境因子的影响，其中环境中的水对微生物的影响通常用水活度表示（$a_w = P/P_0$，P 为溶液的蒸气压，P_0为纯水的蒸气压）。环境水活度越大，说明环境中（　　）。（单选）

A. 溶质越少，水越容易被微生物利用　　B. 溶质越少，水越不易被微生物利用

C. 溶质越多，水越容易被微生物利用　　D. 溶质越多，水越不易被微生物利用

解析 水活度是在一定的温度和压强条件下，溶液的蒸气压与同样条件下纯水蒸气压之比，指示环境中的水的可给性。根据定义可知纯水的 $a_w=1$，溶液中溶质越多，a_w越小；反之，a_w越大，溶质越少，水越容易被微生物利用，故选 A。微生物一般在 a_w为 0.60～0.99 的条件下生长，其中细菌的最适 a_w值一般较高，真菌的最适 a_w值一般较低，a_w过低时微生物生长迟缓期延长，比生长速率和总生物量也减少。 **答案：A。**

16 微生物细胞计数的方法很多，血细胞计数板是常用计数仪器，适用于（　　）。（多选）

A. 放线菌计数　　B. 霉菌菌丝体计数　　C. 真菌孢子计数　　D. 酵母菌计数

解析 血细胞计数板（图 16）常用于红细胞和白细胞等血细胞的计数，也可用于微生物数量的计数，但需要细胞形态为可以清晰分辨的球状单细胞，故选 C、D。放线菌和霉菌的菌丝难以分散，无法在显微镜下清晰计数，一般通过稀释涂布平板法计算菌落数，或是混合均匀后在显微镜下计算出现菌丝的阳性视野数。 **答案：CD。**

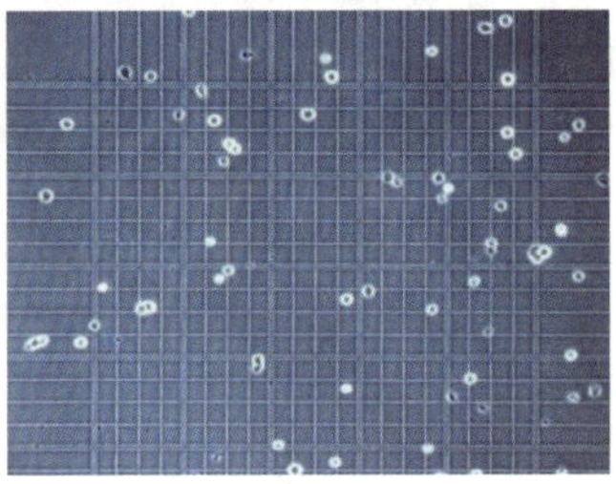

图 16

17 产甲烷菌分类上属于古菌，可将 CO_2、H_2和甲酸等转变为 CH_4，它们的共同特征有（　　）。（多选）

A. 是严格厌氧菌　　B. 需要生长因子　　C. 具有假肽聚糖细胞壁　　D. 需要金属镍

解析 产甲烷古菌是严格的厌氧菌，即使痕量的氧对它们也有毒害作用，A 正确。产甲烷古菌多为自养，以 H_2为电子供体，将 CO_2或一些有机物（甲醇、乙酸盐等）还原为甲烷，释放的能量用于合成 ATP；该过程的最后一步由甲基辅酶 M 还原酶（MCR）催化（图 17），其必需辅因子 F430 含镍，因此 D 对。

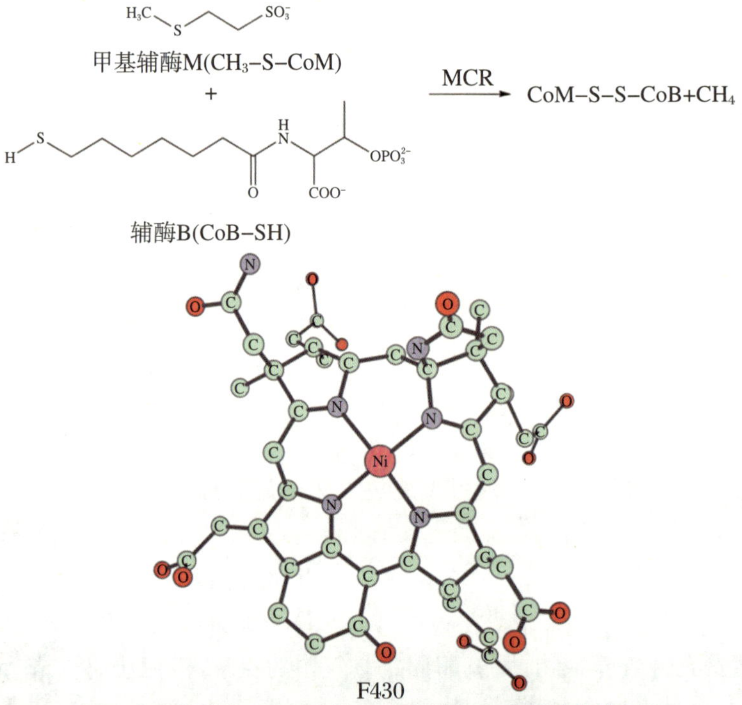

图 17　甲基辅酶 M 还原酶（MCR）利用 F430 辅酶催化反应

产甲烷古菌类群有30多个属，它们在细胞结构和生理特征上差别很大，有的需要生长因子，有的不需要生长因子；细胞壁成分也多种多样，甲烷杆菌属确实是具有假肽聚糖的细胞壁，但不是所有的产甲烷古菌都有，例如甲烷八叠球菌属为甲烷软骨素细胞壁，甲烷嗜温球菌属和甲烷盘菌属是蛋白或糖蛋白细胞壁，甲烷螺菌属是表面层蛋白(S-layer)细胞壁，因此B、C错。 **答案：AD。**

参考文献

[1] Siegbahn P E M, Chen S L, Liao R Z. Theoretical Studies of Nickel-Dependent Enzymes[J]. Inorganics, 2019, 7: 95.

[2] Zhang G, Jiang N, Liu X, et al. Methanogenesis from Methanol at Low Temperatures by a Novel Psychrophilic Methanogen, "*Methanolobus psychrophilus*" sp. nov., Prevalent in Zoige Wetland of the Tibetan Plateau[J]. Applied and Environmental Microbiology, 2008, 74: 6114.

18 以下对钠钾离子泵与钠钾离子通道的描述错误的是(　　)。(单选)

A. 它们都是跨膜蛋白

B. 它们通过改变构象发挥功能

C. 钠钾离子泵需要消耗ATP，钠钾离子通道不需要

D. 它们都通过协同运输的机制发挥作用

解析 钠钾离子泵本质是ATP酶，ATP水解成ADP时将泵上高度保守的天冬氨酸片段磷酸化，由此带来的构象变化将之前结合的3个胞内钠离子释放到胞外，再结合2个胞外钾离子，此举造成泵的去磷酸化，回复至原先构象并将钾离子释放到胞内。离子通道也是跨膜蛋白，中央有亲水性孔道，但没有分解ATP的能力，只能顺浓度势梯度进行跨膜转运，构象改变可决定通道的开关。协同运输是一种间接耗能的主动运输方式，由转运蛋白介导，通过另一种物质的浓度梯度来提供转运能量，与直接耗能的离子泵或不耗能的离子通道都不同。三种转运方式见图18。 **答案：D。**

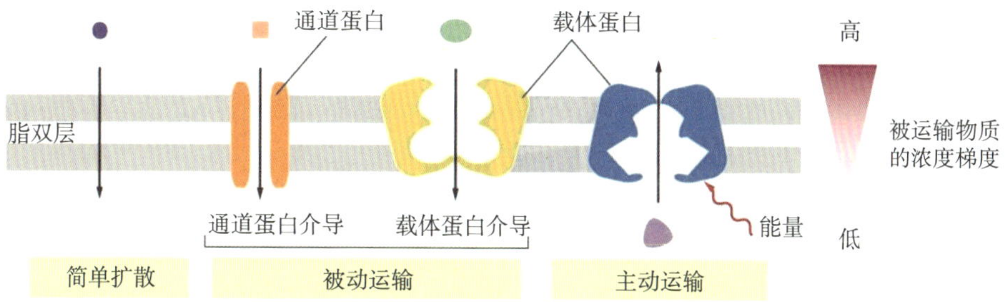

图18

19 感受机械力的受体Piezo在脊椎动物的皮肤、口腔、肺、膀胱和血管内皮等多种组织中表达。以下关于Piezo功能的推测，不合理的是(　　)。(单选)

A. 感受血流，调节血压

B. 感受酸甜苦辣，产生味觉

C. 感受气压，调节肺的扩张

D. 与触觉的产生密切相关

解析 血压、气压、触觉均与机械力有关，只有味觉是化学感受，因此推测最不合理的就是B选项。近年的研究也表明Piezo家族确实在皮肤、血管和肺组织中大量表达，通过调节蛋白中央的阳离子门控通道来响应机械刺激(图19)，缺乏Piezo1的小鼠会表现出高血压，缺乏Piezo2的小鼠则表现出潮气量的增加和本体感觉的缺失。 **答案：B。**

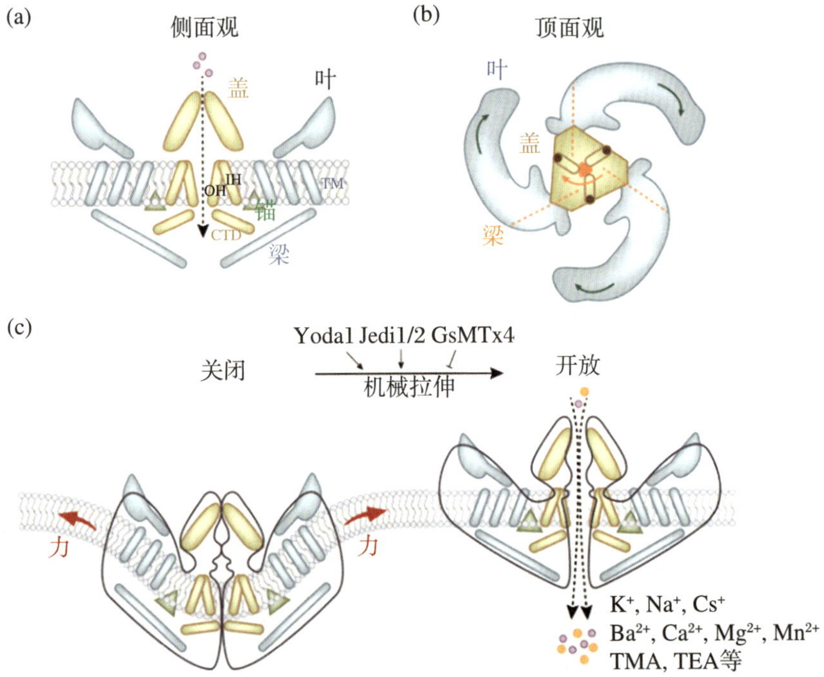

图 19

参考文献

[1] Zhong M, Komarova Y, Rehman J, et al. Mechanosensing Piezo Channels in Tissue Homeostasis Including Their Role in Lungs[J]. Pulm Circ., 2018, 8: 2045894018767393.

[2] Qin L, He T, Chen S, et al. Roles of Mechanosensitive Channel Piezo1/2 Proteins in Skeleton and Other Tissues[J]. Bone Res., 2021, 9: 44.

20 Piezo 是脊椎动物的离子通道受体，能够响应机械力刺激，引起阳离子进入细胞，诱发神经细胞兴奋。Piezo 被激活后，首先发生的细胞反应是（　　）。（单选）

A. 去极化　　B. 复极化

C. 超极化　　D. 产生动作电位

解析 阳离子进入细胞将引起细胞膜的去极化，但不一定会到达阈电位，所以不一定引起动作电位。

答案：A。

21 从作用原理来看，以下与 Piezo 最相近的是（　　）。（单选）

A. 乙酰胆碱 N 受体　　B. 肾上腺素受体

C. 生长因子受体　　D. 一氧化氮受体

解析 本题考查常见受体的作用机制，从上题可知 Piezo 是机械门控离子通道，与之类似的乙酰胆碱 N 受体为配体门控离子通道，都属于离子型受体，故选 A。肾上腺素受体有多种类型，但都为 G 蛋白偶联受体，通过在胞内产生第二信使发挥作用；生长因子是酶联受体，通过自磷酸化开启下游信号通路；NO 则直接进入靶细胞与鸟苷酸环化酶结合，开启 cGMP-PKG 信号通路，这三种受体都是代谢型受体。　答案：A。

22 吃辣椒会引发“热”和“痛”两种感觉，以下解释合理的有（　　）。（多选）

A. 辣椒中含有两种物质，能分别激活神经细胞表面感受“热”和“痛”的受体

B. 辣椒中的物质激活了产生“疼痛”感觉的神经细胞

C. 辣椒中的物质激活了神经细胞表面响应高温刺激的受体

D. 大脑将高温刺激产生的神经信号解读为“痛”

解析 如图 20 所示，辣椒素受体为 TRPV1，是一种非选择性阳离子通道受体，特异性表达于伤害性感

受神经元，主要被高温、辣椒素或强酸刺激激活，C 对；大脑会将伤害性神经传入信号统一解读为“痛觉”，D 对；B 选项为 C、D 两选项的综合描述，因此也对。高温或辣椒素等物质刺激的是同一个受体，也引发的是同一种痛觉，A 错。

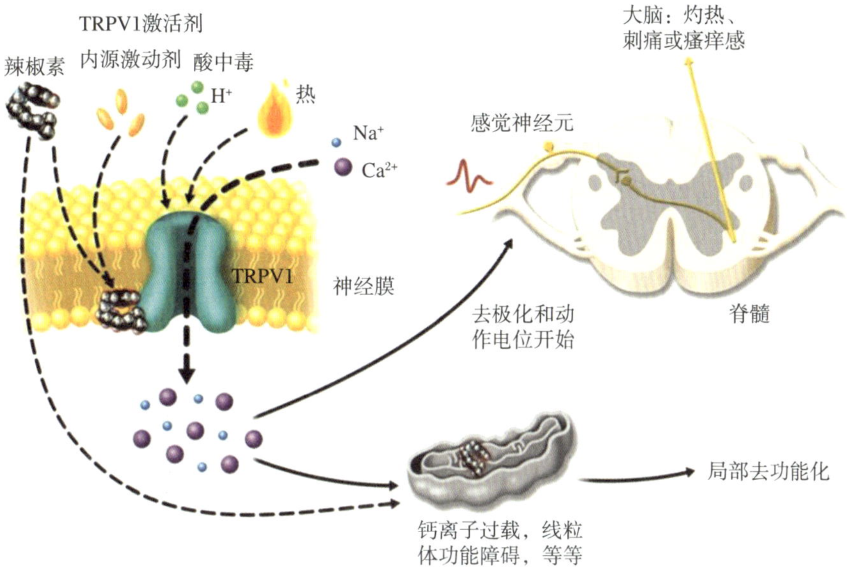

图 20

值得一提的是，TRPV1 和上题的 Piezo 同为 2021 年诺贝尔生理学或医学奖研究内容。 答案：BCD。

参考文献

[1] Yang F, Zheng J. Understand Spiciness: Mechanism of TRPV1 Channel Activation by Capsaicin[J]. Protein Cell, 2017, 8: 169.

23 将分离得到的一个细胞进行离体培养后，细胞在培养皿中能够自主分化为心肌细胞；若将这个细胞移植到小肠上皮，会出现的现象是（　　）。（单选）

A. 此细胞会分化为心肌细胞

B. 此细胞会分化为小肠上皮细胞

C. 此细胞不会发生分化

D. 无法确定细胞的命运

解析 本题为 2021 年联赛原题。干细胞的分化与其自身基因的表达水平和外界环境中的生长因子等因素的影响均相关，在条件不足时无法作出判断。之前的研究表明，体外模拟子宫微环境可以诱导大鼠胎盘间充质干细胞分化为子宫内膜上皮细胞；也可以通过控制体外培养条件诱导骨髓间充质干细胞分化为肠上皮细胞，参与损伤肠道上皮的再生与功能重建。具体到本题的胚胎干细胞移植小肠上皮组织之后会出现哪种现象，还需要更多的实验研究才能知道结果。 答案：D。

参考文献

[1] 邸曼，张千峰，王晶晶，等. 体外模拟子宫微环境诱导大鼠胎盘间充质干细胞分化为子宫内膜上皮细胞模型建立[J]. 中国计划生育学杂志，2021，29：4.

[2] 石梦琳. 骨髓间充质干细胞通过 ERK1/2 通路分化为肠上皮样细胞的研究[D]. 昆明：昆明医科大学，2018.

24 植物的胞间连丝在植物细胞的物质运输和信息传递过程中都具有重要作用。目前已知至少有 2 类亚细胞结构是胞间连丝的结构组分，它们是（　　）。（单选）

A. 分泌囊泡和质膜

B. 内质网和质膜

C. 高尔基体和内质网

D. 分泌囊泡和高尔基体

解析 胞间连丝孔道外围是相邻细胞膜延续和连接所形成的管道，直径为 40～50 nm，相邻细胞的内质网也在其中相连，形成穿过胞质套筒的连丝小管，因此选 B。连丝小管和胞质套筒表面还附着有大量蛋白，之间通过丝状的辐条蛋白连接，进而将胞质套筒分为许多微通道；通道两端还被细胞壁内由胼胝质组成的瓣状壁环环绕，用以限制孔隙的大小；细胞可以通过控制壁环、胞质套筒和连丝小管的大小，调节胞间连丝的通透性。相邻初级胞间连丝之间的细胞壁被酶消化后，还可以互相连接形成更复杂的次级胞间连丝。

答案：B。

25 植物细胞中的 ABCC 型转运体蛋白在镉元素（Cd）的隔离中发挥重要作用。对拟南芥野生型（WT）和缺失突变体（*abcc*）中 Cd 在细胞中的分布进行了统计，结果如图 21 所示。该结果表明（　　）。（单选）

A. 液泡是正常细胞中储存和隔离 Cd 的重要场所

B. 与野生型相比，*abcc* 突变体 Cd 含量下降

C. 与野生型相比，*abcc* 突变体 Cd 含量上升

D. 正常细胞中 Cd 信号很弱

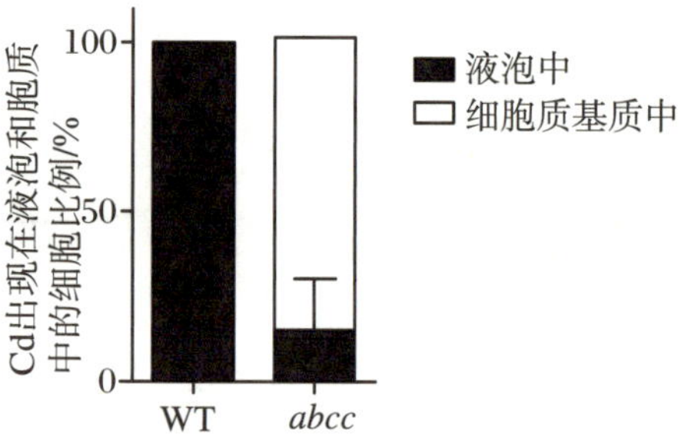

图 21

解析 镉（Cd）和汞（Hg）等重金属元素对生物体有害，植物采取两步机制来解毒：首先是通过螯合物与有毒离子结合，其次是将金属螯合物隔离在液泡中。之前的研究表明，ABCC 型转运蛋白参与拟南芥的砷解毒，因此也可能参与到其他重金属离子的解毒过程。从本题的实验结果可以看出，野生型拟南芥中的 Cd 全部存在于液泡中，而 ABCC 型转运蛋白缺失突变体中只有一小部分 Cd 存在于液泡中，大部分存在于细胞质基质中，说明在正常情况下，Cd 在 ABCC 型转运蛋白的介导下被隔离和储存在液泡中，A 选项正确。由于纵坐标是 Cd 出现在液泡和胞质中的细胞比例，只能反映分布情况而不能显示绝对含量的多少，因此其余选项都看不出来。 **答案：A。**

参考文献

[1] Park J, Song W Y, Ko D, et al. The Phytochelatin Transporters AtABCC1 and AtABCC2 Mediate Tolerance to Cadmium and Mercury[J]. Plant J., 2012, 69: 278.

第二部分　植物的解剖、植物生理、植物演化

树木受到斜坡、风吹等外界因素的影响，导致原本直立生长的树干发生倾斜或者弯曲。图 22、图 23 是倾斜生长的杨树树干木材横切面不同区域的显微照片，标尺为 100 μm。观察图片，回答 26～28 题。

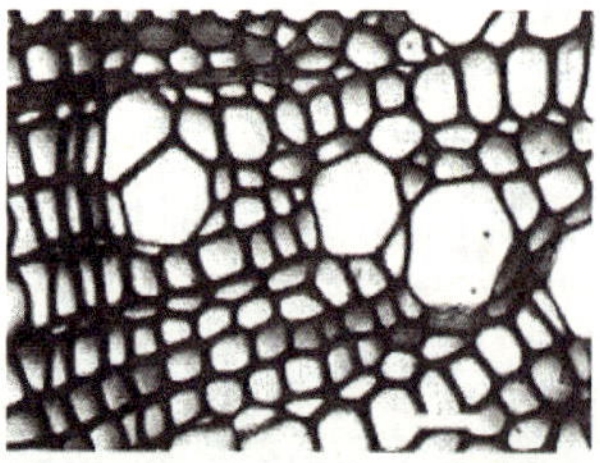

图 22

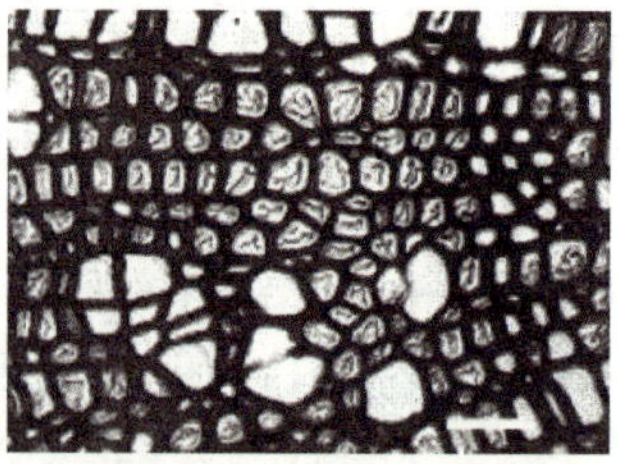

图 23

26 倾斜生长的树干往往会偏心生长，使得部分年轮宽度较大而部分年轮宽度较窄。下列有关描述正确的有（　　）。（多选）

A. 图 22 在倾斜生长的杨树主茎干下部，会形成窄年轮

B. 图 22 在倾斜生长的杨树主茎干上部，会形成宽年轮

C. 图 23 在倾斜生长的杨树主茎干下部，会形成窄年轮

D. 图 23 在倾斜生长的杨树主茎干上部，会形成宽年轮

解析 本题所考查的内容实际属于木材学，而非一般的植物解剖。如图 24～图 26 所示，因环境因素而倾斜的树干会形成特殊的反应木(reaction wood)，类似附着于骨骼的肌肉组织，旨在恢复茎的垂直度。被子植物产生的反应木称为应拉木(tension wood，图 25 左图、图 26(a))，在倾斜茎的上侧产生张力，进而将其绷直；裸子植物产生的反应木则称为应压木(compression wood，图 25 右图、图 26(b))，从倾斜茎的下侧将其撑直。

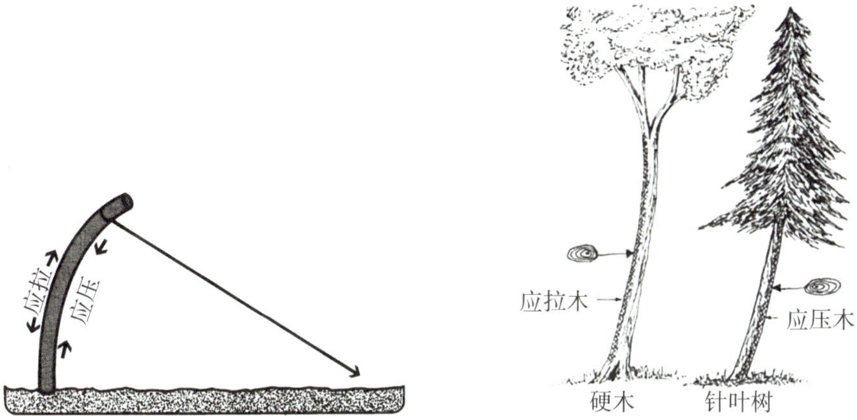

图 24　　图 25

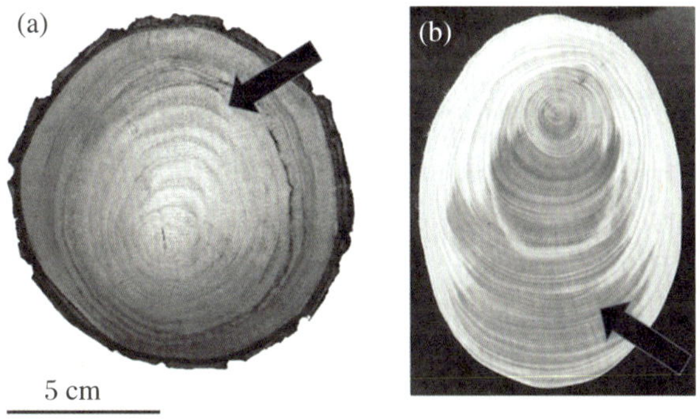

图 26

杨树是研究应拉木的模式种，呈现典型的偏心生长。其横截面可分为上侧的应拉木区(tension wood area，TW)和下侧的对应木区(opposite wood area，OW)。TW 区形成层细胞分裂加速，产生的导管分子数量较少，大部分细胞都是胶质纤维，属于尚未木质化的、胞腔内壁(次生壁)呈胶质状的木纤维；含有额外的次生壁层，称为凝胶层或 G 层(图 27)，是纤维发育过程中最后形成的细胞壁层，缺乏木质素但富含垂直排列

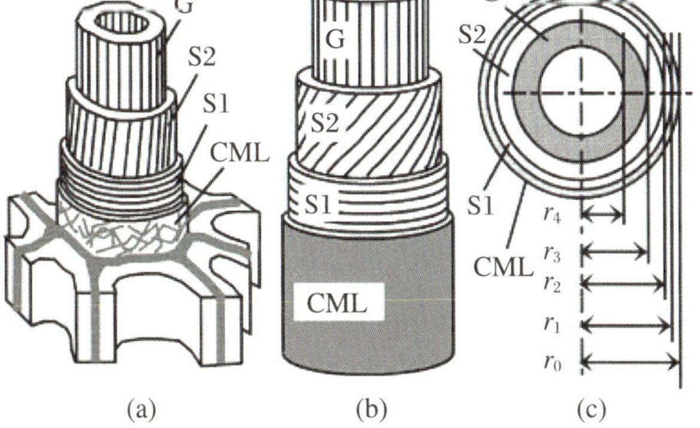

图 27

的纤维素和半纤维素,可以增强纤维细胞的韧性,使得应拉木能承受更强的张力。该类纤维细胞腔更小,对应图 23,年轮更宽,因此选 D;OW 区为正常组织,对应图 22,年轮与应拉木相比更窄,因此选 A。至于裸子植物则靠高度木质化机械支撑实现应压,故年轮特征相反。图 28 为经番红/固绿染色后的 3 种热带树种应拉木横切显微图像,箭头所示为胶质层。图 29 显示应拉木 TW 区纤维壁显著更厚(亮叶桦(*B. luminifera*))。 答案:AD。

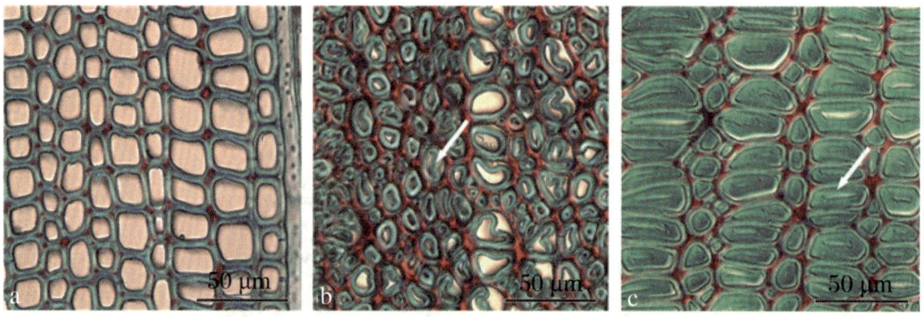

图 28

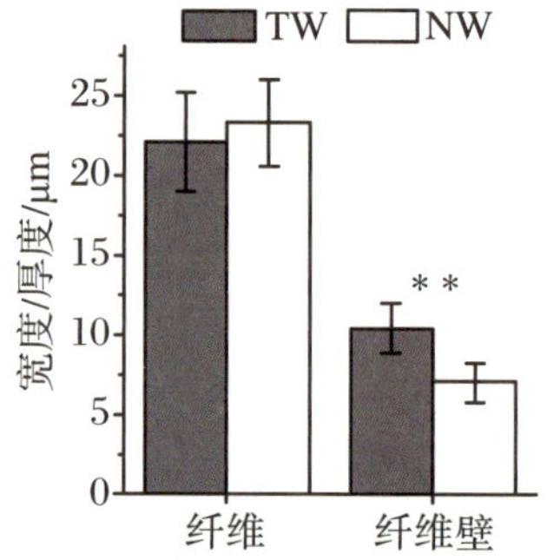

图 29

参考文献

[1] Gril J, Jullien D, Bardet S, et al. Tree Growth Stress and Related Problems[J]. J. Wood Sci., 2017, 63: 411.

[2] Pilate G, Chabbert B, Cathala B, et al. Lignification and Tension Wood[J]. C. R. Biol., 2004, 327: 889.

[3] Chang S-S, Clair B, Ruelle J, et al. Mesoporosity as a New Parameter for Understanding Tension Stress Generation in Trees[J]. Journal of Experimental Botany, 2009, 60: 3023.

[4] Cai M, Huang H, Ni F, et al. RNA-Seq Analysis of Differential Gene Expression in *Betula luminifera* Xylem During the Early Stages of Tension Wood Formation[J]. PeerJ, 2018, 6: e5427.

27 下列有关图 23 的描述错误的有(　　)。(多选)

A. 大部分细胞次生壁明显增厚,其机械支撑力增加

B. 大部分细胞次生壁明显增厚,其拉伸力增加

C. 大部分细胞细胞腔减小,其水分输导能力下降

D. 大部分细胞细胞腔减小,其水分输导能力提高

解析 如上题所述,杨树的应拉木中大多为具有较厚胶质层的纤维,次生壁明显增厚,缺乏木质素但富含垂直排列的纤维素,因此是拉伸力而非机械支撑力增加,B 对,A 错。又因为图中大部分细胞都不是导管,所以即使细胞腔减小也与水分运输无关,C、D 错误。 答案:ACD。

28 图 22 与图 23 在组织结构上的差别主要来自(　　)。(单选)

A. 导管分子　　　　B. 管胞

C. 木纤维　　　　D. 薄壁细胞

解析 解析见上。 答案:C。

马铃薯的两个基因 *BRC1a* 和 *BRC1b* 源自基因重复事件,它们都调控块茎的形成过程。*BRC1a* 主要表达在地上茎的腋芽处,*BRC1b* 在地上茎腋芽、匍匐茎腋芽和幼嫩块茎中均有表达。通过 RNAi 技术敲低 *BRC1b* 基因的表达后,植株在地上茎腋芽处产生了气生块茎,而地下块茎的数量显著减少。回答 29、30 题。

29 关于马铃薯中 *BRC1a* 和 *BRC1b*,下列叙述错误的有(　　)。(多选)

A. 二者的表达受相同因素的调控

B. 二者的 DNA 序列应该有 90%以上的同源性

C. *BRC*1*a* 和*BRC*1*b* 属于旁系同源基因

D. *BRC*1*a* 和*BRC*1*b* 的功能并不完全相同

解析 *BRC*1*a* 促进地上茎腋芽处气生块茎的形成，而 *BRC*1*b* 主要促进地下块茎的形成，可见二者功能并不完全相同，D 正确。既然二者功能不完全相同，那么这两个基因的表达一定受到不同因素的调控，A 错误。旁系同源基因由复制产生，之后可能在同一个物种内分化出不同的功能，例如 α 珠蛋白、β 珠蛋白和肌红蛋白，因此 C 正确。同源指的是两个序列共享一个祖先，是一个定性概念，没有“度”的差异，两个序列要么同源，要么不同源，不能说它们 90%同源，因此 B 错误。当我们说“90%同源性”时，想要表达的含义实际是“90%相似度”，即两序列间 90%的核苷酸或氨基酸序列相同。 答案：AB。

30 进一步实验发现，在 *BRC*1*b* 敲低的马铃薯株系中，腋芽位置脱落酸浓度降低，胞间连丝数量增加，蔗糖含量升高。由此可知(　　)。(单选)

A. 正常株系中叶片同化物以葡萄糖形式在筛管中自上而下运输

B. 在敲低株系中，胞间连丝的主要作用是将糖从腋芽运输至地下块茎

C. 在脱落酸信号转导障碍的马铃薯中敲低 *BRC*1*b* 的表达，腋芽处不会产生气生块茎

D. 脱落酸信号转导障碍的马铃薯地上茎腋芽处也有可能出现气生块茎

解析 正常的马铃薯株系以蔗糖形式在筛管中双向运输同化物，A 错误。在敲低株系中，地下块茎形成减少，地上腋芽处气生块茎形成增加，则胞间连丝主要将糖类运输至地上茎的腋芽处，而不是地下茎，B 错误。由于 *BRC*1*b* 敲低后腋芽位置脱落酸浓度降低、胞间连丝数量增加，推测脱落酸和胞间连丝都位于 *BRC*1*b* 调控的下游，因此脱落酸信号转导自身出现障碍时，无论是否敲低上游的 *BRC*1*b* 都会表现出相似表型，即地上茎腋芽处气生块茎增多而地下块茎减少，所以 C 错、D 对。

本题源自 2022 年 3 月的文章，研究发现短日(SD)条件将在叶中诱导成花素样自整枝蛋白 6A(SP6A)，然后与蔗糖一起被韧皮部运输至地下部分，进而诱导块茎的形成以应对即将到来的寒冬。野生型(WT)腋芽中积累的 BRC1b 会促进 ABA 信号传导，直接或间接导致胞间连丝(PD)数量减少，限制蔗糖和 SP6A 通过共质体途径转运入腋芽，维持腋芽的休眠状态；此外，BRC1b 蛋白还可以直接结合并抑制残留的 SP6A 蛋白。通过 RNAi 敲低 *BRC*1*b* 则会释放其对腋芽的抑制，于是腋芽处胞间连丝增多，腋芽成为与地下茎竞争的强库，进而导致光合同化物分布的改变，蔗糖和 SP6A 优先进入地上部分。如图 30 所示。 答案：D。

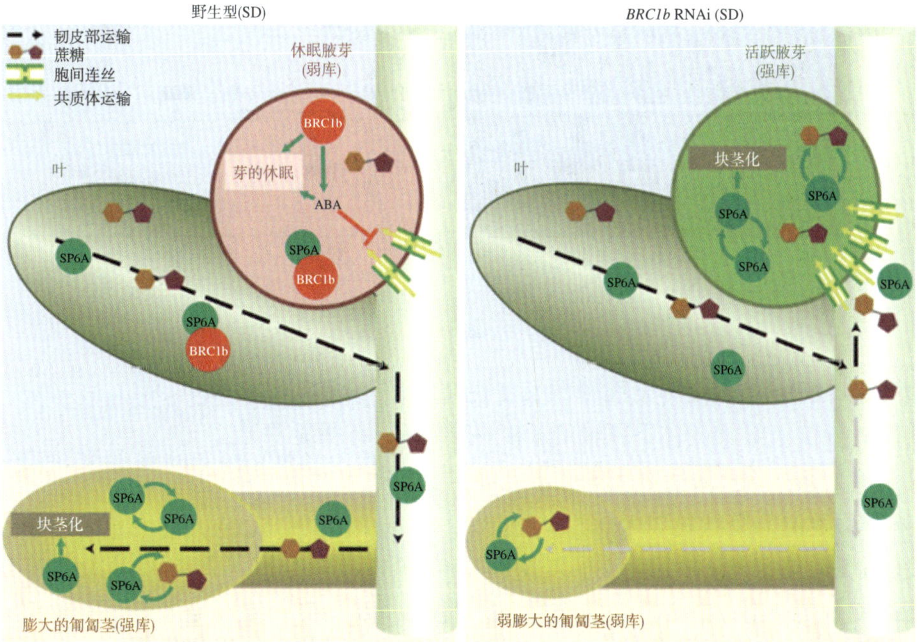

图 30

参考文献

[1] Nicolas M，Torres-Pérez R，Wahl V，et al. Spatial Control of Potato Tuberization by the TCP Transcription Factor BRANCHED1b[J]. Nat. Plants，2022，8：281.

31 假设植物细胞内、外 K^+ 浓度分别为 100 mM 和 10 mM，K^+ 的平衡膜电位为 −58 mV。若在胞内施加 −120 mV 的电压，则 K^+ 被动运输的方向为（　　）。（单选）

A. 由胞内向胞外　　B. 由胞外向胞内　　C. 沿着细胞外表面　　D. 沿着细胞内表面

解析 离子转运的方向由电化学梯度 $\Delta\mu$ 决定，计算公式如下：

$$\Delta\mu = RT\ln\frac{[X]_i}{[X]_o} + ZFV_m$$

其中 R 为普适气体常数；T 为绝对温度；$[X]_i$ 为细胞内 X 的浓度；$[X]_o$ 为细胞外 X 的浓度；Z 为价态；F 为法拉第常数；V_m 为膜电位。

因此 K^+ 的跨膜转运方向将由细胞内外的 K^+ 浓度和膜电位决定，根据平衡时 $\Delta\mu = 0$ 可推出平衡电位的计算公式（即能斯特方程）：$V_m = -\frac{RT}{ZF}\ln\frac{[X]_i}{[X]_o}$。在胞内施加 −120 mV 的电压后，膜电位小于正常状态下的 K^+ 平衡膜电位 −58 mV，电势梯度会促进 K^+ 内流，直到膜内外 K^+ 浓度达到新的平衡。 答案：B。

32 促进气孔打开的主要因素是（　　）。（单选）

A. 保卫细胞外高渗　　B. 保卫细胞外高水势

C. K^+ 和阴离子流出保卫细胞　　D. 保卫细胞蔗糖合成减少

解析 促进气孔打开的主要因素包括 K^+ 和 Cl^- 的内流以及淀粉水解和蔗糖合成，使得保卫细胞内溶质浓度上升，胞内相对高渗，渗透势和水势下降，进而吸水膨胀，促进气孔开放。因此 A、C、D 都说反了，只有 B 正确。 答案：B。

33 科学家研究了 *GI* 基因在植物对高温反应中的作用，图 31 中 Col-0 为野生型拟南芥，*gi*-2 为 *GI* 基因突变体。根据图中的数据分析，下列结论中证据最不充分的是（　　）。（单选）

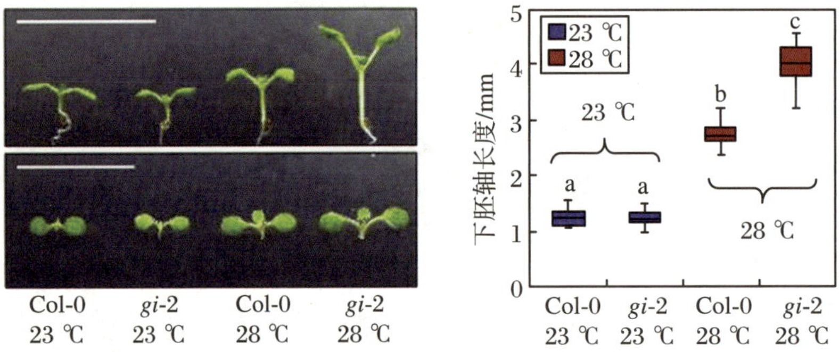

图 31

A. 野生型拟南芥和 *gi*-2 突变体下胚轴的长度在 23 ℃下没有明显差异

B. 野生型拟南芥和 *gi*-2 突变体下胚轴的长度在 28 ℃下有明显差异

C. 高温更有利于 *gi*-2 突变体下胚轴的生长

D. *GI* 基因参与拟南芥对高温的反应

解析 图 31 右图通过 a、b、c 标注出了各组间的差异，其中野生型拟南芥和 *gi*-2 突变体在 23 ℃时都为 a，无显著差异；28 ℃时的下胚轴均显著长于 23 ℃时，且此时 *gi*-2 突变体也显著长于野生型，因此高温更有利于 *gi*-2 突变体下胚轴生长，A、B、C 都可以从实验结果直接看出。

确定一个基因的具体功能需要通过功能互补分析（FCA），首先通过突变体或敲除确定该基因失活表型，然后重新引入该基因，看表型是否恢复正常。但本题展示的实验只研究了突变表型，缺乏后续的互补实验，因此 D 证据不充分。图 32 展示了后续用带有自身启动子(p*GI*)的 *HA* 标签 *GI* 基因(*GI-HA*)重新转染 *gi*-2 突变体的结果，重新表达正常 *GI* 的 *gi*-2 突变体恢复野生型表型，这样才构成一个完整的功能互补分析，说明缺乏功能性 *GI* 是 *gi*-2 突变体中热诱导的过度生长的原因。

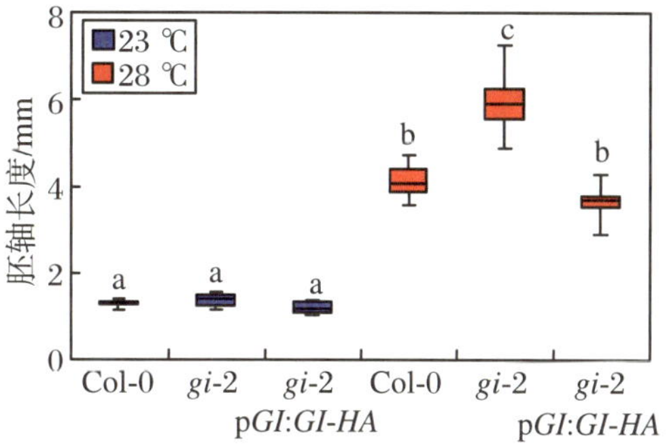

图 32

植物在温度波动的环境下会调整其形态和结构，进而维持内部温度的适宜和稳定，这称为热形态建成，是一种适应性反应。常见反应类似图 31，下胚轴伸长使得顶端组织可以远离地表高温，叶柄偏下性生长使得叶面上翘，避免正午阳光直射，还可以增加叶面的通风。热形态建成还与光形态建成相关，更强的光照条件虽然会带来更多热量，但往往也会降低热形态建成的幅度，说明该反应还可以用来加强避阴。当幼苗处于低光照但高温的环境下时，光合受限但各种代谢都增加，此时更需要向上生长获取光照；反之，处于高光照且高温的环境下时，能量产生和消耗平衡，反而不需要太多调节。

GI(*GIGANTEA* 基因)的实际功能是在高温高光环境下稳定 RGA(repressor of ga1-3)，这是一种与 GA 信号相关的 DELLA 蛋白，可以抑制促生长的转录因子 PIF4，进而减少生长素生物合成酶基因 *YUC8* 的表达，于是植物的热形态建成受到抑制。而 GI 在低光照条件下或 *gi*-2 突变体中的丰度较低，此时 RGA 在高温环境中被泛素化水解，PIF4 抑制解除，*YUC8* 表达上调，于是植物产生图 31 所示的剧烈热形态建成反应。如图 33 所示。 答案:D。

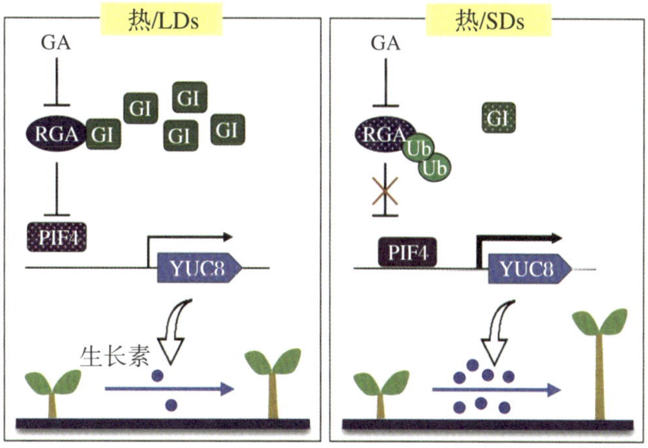

图 33

参考文献

[1] Park Y J, Kim J Y, Lee J H, et al. GIGANTEA Shapes the Photoperiodic Rhythms of Thermomorphogenic Growth in *Arabidopsis*[J]. Mol. Plant, 2020, 13: 459.

[2] Casal J J, Balasubramanian S. Thermomorphogenesis[J]. Annu. Rev. Plant Biol., 2019, 70: 321.

34 植物叶片上的表皮毛形成与赤霉素(GA)和茉莉酸(JA)密切相关。PAC 是 GA 的合成抑制剂，用一定浓度的 GA、JA 或 PAC 处理叶片后得出的结果如图 34 所示。根据该图中的数据分析，不能得出的结

论是(　　)。(单选)

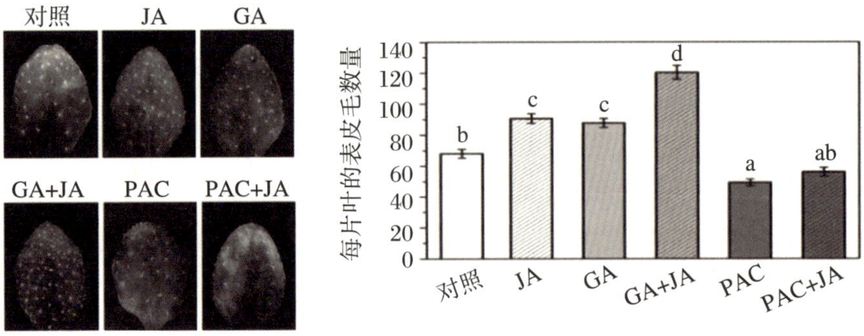

图 34

A. GA 和 JA 均促进表皮毛的形成

B. PAC 处理可抑制表皮毛的形成

C. PAC 和 JA 处理促进表皮毛的形成

D. GA 和 JA 同时处理,促进表皮毛形成的作用更显著

解析 直接看统计结果即可,GA 和 JA 处理均可显著促进叶片表皮毛的产生,且二者同时处理时作用更为显著,这有助于种子传播,并作为屏障保护植物免受昆虫、病原体、过度失水和紫外线照射的伤害。PAC 作为 GA 的合成抑制剂,可以抑制叶片表皮毛的产生;JA 可以减轻这种抑制作用,但并不能完全抵消 PAC 的抑制作用,所以不能得出 PAC 和 JA 处理促进表皮毛形成的结论,只是相比 PAC 单独处理组抑制作用减弱。 答案:C。

参考文献

[1] Qi T, Huang H, Wu D, et al. *Arabidopsis* DELLA and JAZ Proteins Bind the WD-Repeat/bHLH/MYB Complex to Modulate Gibberellin and Jasmonate Signaling Synergy[J]. Plant Cell, 2014, 26: 1118.

35 植物开花受到光照的调节。由图 35 可以得出,调节植物开花机制的关键因素为(　　)。(单选)

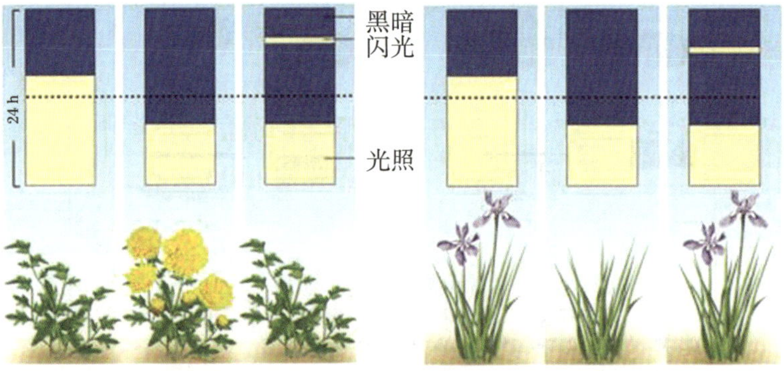

图 35

A. 连续日照时间的长短　　B. 连续黑暗时间的长短

C. 一天中多次累计日照时间的长短　　D. 一天中多次累计黑暗时间的长短

解析 图 35 为 Taiz 的《植物生理》上的原图。在暗期间断处理实验中,短日植物在超过临界暗期的条件下开花,长日植物在短于临界暗期的条件下开花;如果用闪光处理中断暗期,则短日植物不能开花,反而能诱导长日植物开花。所以该实验表明,调节植物开花机制的关键因素为连续黑暗时间的长短。

答案:B。

36 在植物生长发育过程中，有时两种植物激素起相互拮抗的作用。下列成对激素起拮抗作用的有（　　）。（多选）

A. 种子萌发中赤霉素与脱落酸
B. 顶端优势机制中生长素与油菜素内酯
C. 干旱响应中脱落酸与乙烯
D. 植物器官再生中生长素与细胞分裂素

解析 原答案为AD。赤霉素有打破种子休眠状态、促进萌发的作用，而脱落酸作为一种逆境激素，倾向让种子保持在休眠状态以度过环境恶劣的时期，因此两者在种子萌发过程中是相互拮抗的，A正确。在干旱胁迫中，脱落酸会大量产生，介导植物产生对干旱胁迫的抗性；乙烯也会同时大量产生，引发叶片衰老、脱落等反应。两者目标相近，功能上也可以互相促进，如脱落酸可以诱导乙烯受体蛋白的表达上升，从而促进乙烯信号通路的运作，C错误。在植物器官再生的过程中，主要起作用的就是生长素与细胞分裂素，且相互拮抗，生长素浓度的升高可以促进根的再生，而细胞分裂素会抑制生长素在芽中的积累，从而促进芽的再生，最终二者之间的浓度比会决定器官从头再生的类型，D正确。

本题的争议点在B。1991年的一项实验显示，去黄化基因2（*de-etiolated-2*，*DET2*）的隐性突变*det2*会使暗中生长的拟南芥表现出光形态建成的特征，包括下胚轴生长抑制、子叶扩张、初生叶的发育、花色素苷积累等；此外*det2*突变纯合子在光下也有异常表型，比正常植株更小、颜色更深、有较长的营养期，同时叶片和侧芽数量翻倍，因此被认为顶端优势减弱，典型图像如图36所示。

后来发现该基因产物用于合成油菜素甾醇，因此认为油菜素内酯可能与顶端优势的维持有关，但并没有更直接的证据。Taiz的《植物生理（第6版）》上的说法也直接来自本实验，即“缺乏油菜素内酯合成的突变体，如*det2*和*cpd*，表现出生长和发育异常，包括侏儒症和顶端优势减弱”，但并未指出油菜素内酯与顶端优势有功能上的直接联系。

2021年浙江大学的最新研究揭示了油菜素内酯解除顶端优势的具体机理，具体流程如图37所示。细胞分裂素（CK）和糖信号（与最新的顶端优势形成和释放机理有关）将促进*DWF*基因的表达，导致油菜素内酯（BR）在腋芽积累，而生长素（auxin）、赤霉素（GA）和独脚金内酯（SL）则与该过程拮抗，BR将激活转录因子*BZR*1的表达，进而抑制*BRC*1的转录，最终导致侧芽抑制解除。而且在机理被研究透彻之前，油菜素内酯在实际生产生活中早已被用于打破顶端优势、促进侧枝生成、增加枝数、增多花数、提高花粉受孕性，从而增加果实数量并提高产量，因此油菜素内酯实际可以抑制顶端优势，应选B。　答案：删除。

图36

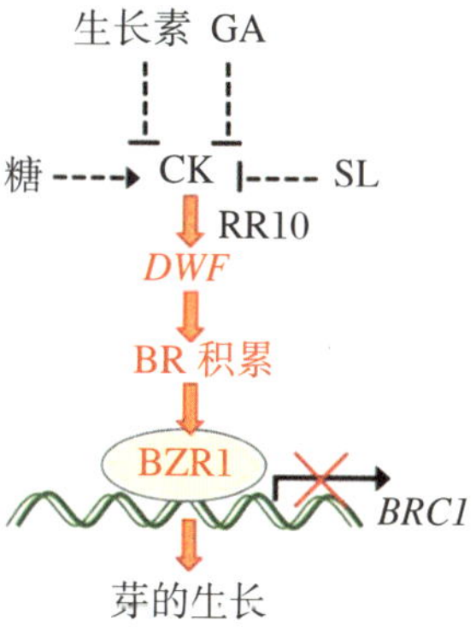

图37

参考文献

[1] Chory J, Nagpal P, Peto C A. Phenotypic and Genetic Analysis of det2, a New Mutant That Affects Light-Regulated Seedling Development in *Arabidopsis*[J]. Plant Cell, 1991, 3: 445.

[2] Xia X, Dong H, Yin Y, et al. Brassinosteroid Signaling Integrates Multiple Pathways to Release Apical Dominance in Tomato[J]. Proc. Natl. Acad. Sci. USA, 2021, 118: e2004384118.

37 根据《国际植物命名法规》，每种植物都有一个学名。每种植物的学名具有如下特性：（　　）。（多选）

A. 唯一性　　B. 英文命名　　C. 拉丁文命名　　D. 有效发表

解析 根据《国际植物命名法规》，植物的学名（scientific name）即拉丁名，都使用拉丁文的词或拉丁化的词来命名。其通常命名的结构方式被称为双名法，为拉丁属名加上由其物种特点决定的种加词，正式书写时再加上学名的命名人名字，在文章中一般会省略命名人名字来方便阅读。

合法学名的成立需要满足有效发表（effective publication）、合格发表（valid publication）和合法（legitimate）等各种要求，并在新物种学名发表时登记在官方的植物学名名录中，其目的是使植物的学名有且仅有一个，避免因同物异名或同名异物而产生不必要的误解。2005 年在奥地利维也纳召开的第十七届国际植物学大会上通过的《维也纳法规》明确规定，新种须在公开发行的正式出版物中发表才视为有效发表，不能是某个会议上宣读的新名称，不能是打字手稿、微缩胶片、印刷品预告等中出现的新名称，也不能是通过电子媒介传播的新名称，它是在同时具有印刷版和电子版的学术期刊中发表的新名。因此 A、C、D 正确，B 不对。 **答案：ACD。**

参考文献

[1] 蒋巧媛，莫彬．植物拉丁学名及其索引编排标准化的重要意义[J]．广西植物，2003，23：382.

[2] 韩丽．菌物新种发表的规范格式[J]．菌物学报，2012，31：292.

38 依据分支系统学或支序分支系统学（cladistics）理论，能确定一个单系群/分支的性状是（　　）。（单选）

A. 衍征

B. 祖征

C. 共衍征/共有衍征

D. 共祖征/共有祖征

解析 根据支序分类学的定义，单系群是依据共有衍征构建的类群，其包含一个共同祖先及其所有后代的集合，而共有衍征指该单系群成员从最近共同祖先处起源的、其后代成员都包含的一个衍生特征。由这样的定义分类出的类群可以清楚地展现物种间的亲缘关系。 **答案：C。**

39 根据最新的植物分子系统学研究成果，下列传统概念上的分类群不是单系群的有（　　）。（多选）

A. 孢子植物　　B. 种子植物　　C. 双子叶植物　　D. 苔藓植物

E. 裸子植物

解析 孢子植物包括低等植物（藻类、真菌）和部分高等植物（苔藓植物、蕨类植物），以孢子进行繁殖。与此相对，种子植物包括裸子植物和被子植物，以种子进行繁殖。孢子植物并没有包括最近共同祖先形成的种子植物，因此不是单系群，A 正确。种子植物包括最近共同祖先形成的两个类群，是单系群，如图 38 所示，B 错误。最新研究表明，苔藓植物是单系群，2021 年联赛的第 92 题题干中明确表述“2020 年，科研人员成功解析了角苔的全基因组，并通过与其他两类植物进行比较，阐明了苔类、藓类和角苔类之间的关系，并首次确认了苔藓植物本身是一个单系群”，D 错误。种子植物中的裸子植物比较特殊，最新研究表明，若包括已经灭绝的裸子植物类群（化石物种），则裸子植物并不是单系群，而是一个并系群，但现存的裸子植物是个单系群。传统概念上的裸子植物即对应现存物种，因此属于单系群，E 错误。

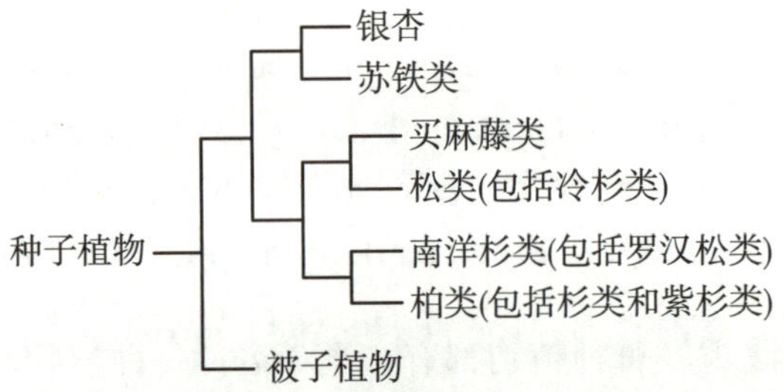

图 38

被子植物的APG分类系统如图39所示，单子叶植物位于原始双子叶植物和真双子叶植物之间，单子叶植物是单系群，而双子叶植物是并系群，其中的真双子叶植物来源于共同祖先，是单系群。 答案：AC。

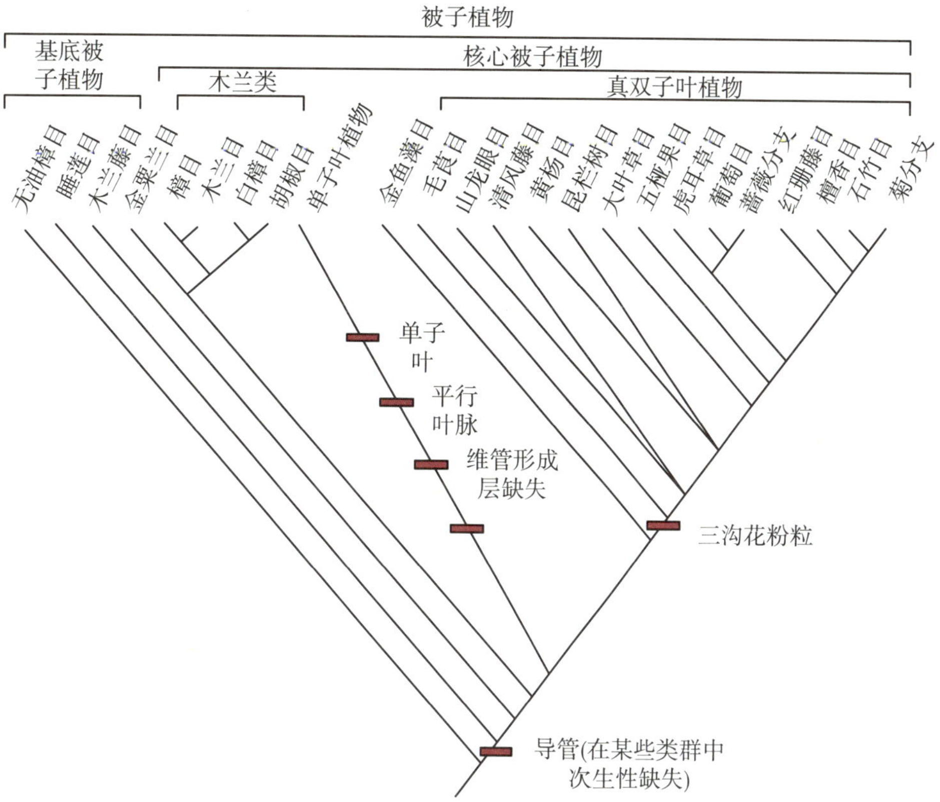

图39

40 菊科是被子植物中最大的一个科，无论是传统的分类学还是现代的分子系统学的研究都表明，菊科是一个比较年轻、快速分化的单系群。以下支持菊科为单系群的特征是(　　)。(单选)

A. 植株具树脂道和/或乳汁管，单叶、无托叶，头状花序

B. 花序为具总苞的头状花序，聚药雄蕊，果实为连萼瘦果

C. 萼片发育成冠毛状、刺状或鳞片状，子房下位，连萼瘦果

D. 小花辐射对称或两侧对称，聚药雄蕊，连萼瘦果具冠毛

解析 单系群的特征就是拥有共有衍征，而共有衍征仅从这个单系群的最近共同祖先开始出现，因此本题的意图是选择菊科植物特有的特征组合。具有树脂道、乳汁管的特征在松科、伞形科等植物中也可见，因此排除A。子房下位与小花辐射对称的特征在许多其他科中也可见，因此排除C、D。 答案：B。

41 兰科是被子植物第二大科，主要分布在热带和亚热带地区。尽管该科植物的形态变异较大，但形态学和分子系统学的研究都表明兰科是一个单系群。造成兰科物种多样性如此丰富的可能原因有(　　)。(多选)

A. 传粉昆虫的多样性

B. 生境的多样性

C. 花为两侧对称

D. 合蕊柱

解析 兰科植物(图40)主要产于热带地区，有陆生、附生或腐生草本数种不同的营生方式，这主要与热带地区丰富的生境有关。兰科植物的传粉媒介也很丰富，大多兰科植物靠昆虫传粉，多样性很高，除此之外，也有鸟媒传粉与自花传粉的物种，多样的传粉媒介同样提高了兰科物种多样性。因此A、B正确。合蕊柱的结构就像两侧对称花一样，是科的特征之一，并不是促进兰科新物种形成的主要因素。 答案：AB。

图 40

42 裸子植物大、小孢子叶球及小孢子叶球序在被子植物中的同源结构分别是(　　)。(单选)

A. 雌蕊、雄蕊、雄花

B. 雌花、雄花、雄花序

C. 心皮、花药、雄花

D. 雌蕊，雄蕊、雄花序

解析 裸子植物的雌、雄性生殖结构(大、小孢子叶)分别与被子植物中的心皮和雄蕊同源(图 41)。裸子植物的大、小孢子叶分别聚生成单性的大、小孢子叶球，分别与被子植物中的雌花和雄花同源。大、小孢子叶球单生或多个聚生成各种球序，小孢子叶球聚生的小孢子叶球序与被子植物中的雄花序同源。

答案：B。

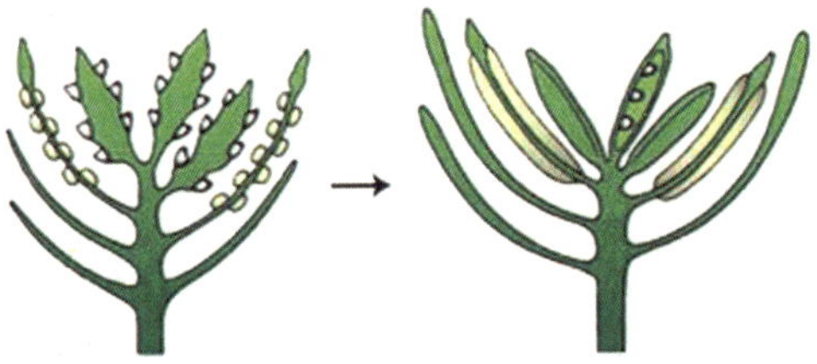

图 41

43 被子植物在演化中产生了一系列创新性状，极大提高了繁殖成功率，使得被子植物成为地球上种类最多的植物类群。被子植物最关键的创新组合性状是(　　)。(单选)

A. 心皮-双受精-花

B. 心皮-胚珠-花

C. 心皮-单珠被-花

D. 双受精-虫媒传粉-花

解析 被子植物相比胚珠裸露的裸子植物来说，其胚珠被心皮包被，因而能避免捕食者的啃咬，直接提高了其繁殖的成功率。双受精的机制是在被子植物中首次出现的，这种机制相比裸子植物需要一年多的受精周期，大大加速了繁殖的过程，并且三倍体胚乳的产生保证了胚的茁壮生长。花的结构整合了雄蕊与雌蕊，并且发展出纷繁复杂的附属结构，使得被子植物的传粉方式得到了改进，传粉效率得到了极大的提升，繁殖过程的效率也得到了提升。　**答案：A。**

44 某一植物种群/居群中，基因型为AA的红花个体占16%，基因型为aa的白花个体占36%。该居群植物在随机交配或自交两种情况下，后代个体中AA基因型的比例和A等位基因频率的变化分别是(　　)。(单选)

A. 增大、不变；不变、不变　　B. 不变、增大；增大、不变

C. 不变、不变；增大、不变　　D. 不变、不变；不变、增大

解析 当前种群中的A基因频率为40%，a基因频率为60%，且已处于哈迪-温伯格平衡，因此随机交配后基因型频率与基因频率都不会发生变化。若发生自交，则AA与aa仍然产生基因型相同的后代，而Aa个体自交会产生1∶2∶1的AA、Aa与aa后代，这意味着AA与aa个体的比例将会上升，AA基因型的比例上升；若无选择因素与突变的扰动，则基因频率是不会发生改变的。　**答案：C。**

第三部分　动物生理学、动物学、生态学

45 颈交感神经受压迫而发生功能障碍时可引起霍纳(Horner)综合征，根据交感神经的解剖走向及生理功能推测，霍纳综合征的临床表现可包括(　　)。(多选)

A. 患侧眼睑下垂　　B. 对侧眼睑下垂

C. 患侧瞳孔放大　　D. 患侧瞳孔缩小

E. 患侧额部多汗

解析 霍纳综合征是一种经典的神经系统综合征，可由支配头部、眼部及颈部的交感神经通路上任一部位病变所致；其体征包括瞳孔缩小、上睑下垂和无汗症，故也称眼交感神经麻痹症；机理是交感神经受到阻碍之后，受其控制的同侧部位受到影响，导致瞳孔开大肌、睑板肌等肌肉麻痹，因而使得瞳孔缩小，眼睑下垂；颈交感神经也会控制面部的腺体，导致同侧的面部出汗变少或无汗，同时伴有发热、潮红等表现。如图42所示。　**答案：AD。**

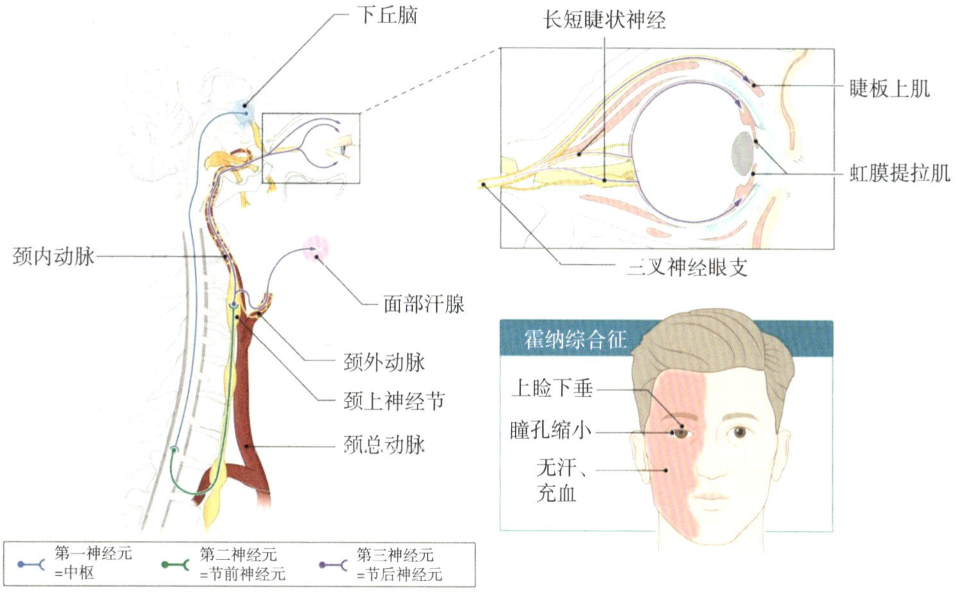

图42

46 垂体肿瘤常压迫视交叉。根据视觉传导通路推断，若视交叉中部受损，则患者视野缺损情况为(　　)。(单选)

A. 双眼鼻侧偏盲　　B. 双眼颞侧偏盲

C. 双眼对侧视野同向性偏盲　　D. 一眼全盲

解析 视交叉是双侧视神经部分纤维在中线交叉所形成的结构，颞侧的神经在同侧靠外，鼻侧的神经在对侧靠内。若在视交叉中部受到垂体肿瘤压迫，则外侧的颞侧神经会先受到损伤，视野缺损将先出现在双眼颞上象限，之后颞下象限视野也会发生缺损，此时就形成了双眼颞侧偏盲的症状。若此时不摘除肿瘤或进行适当的治疗，则鼻侧的视野也会受到影响，最后导致双眼全盲。

常见视野缺损及其解剖基础如图 43 所示，可以看到 9 中存在黄斑回避现象（macular sparing）。

答案：B。

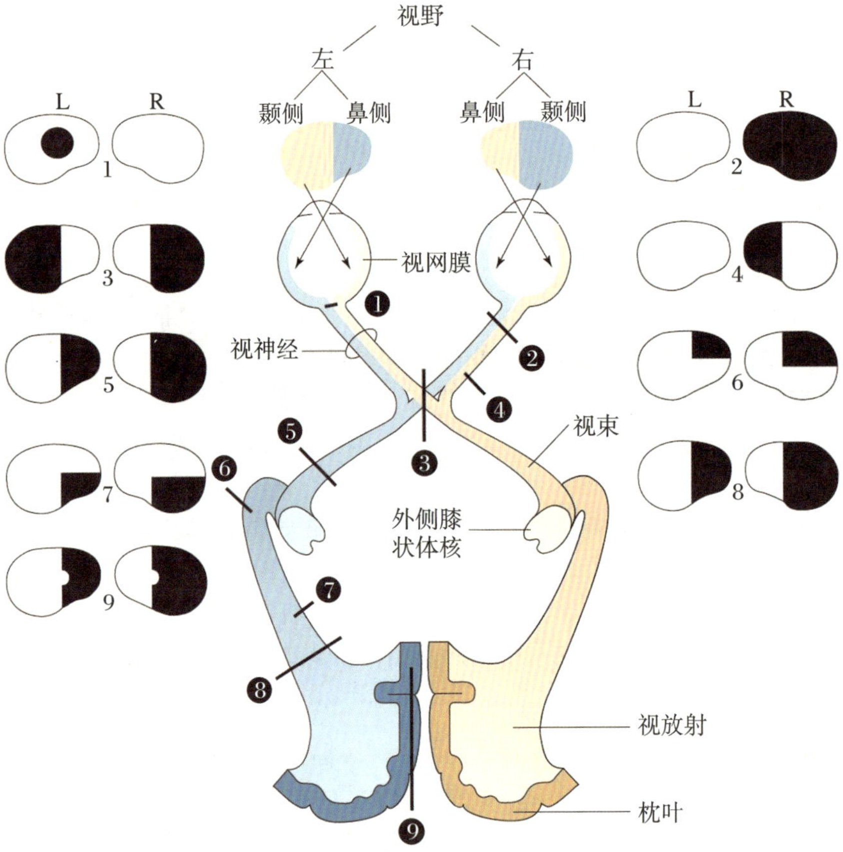

图 43 常见视野缺损及其解剖基础

参考文献

[1] Simon R P, Aminoff M J, Greenberg D A. Clinical Neurology[M]. 10th ed. McGraw-Hill Education/Medical, 2018.

47 躯体运动神经通过与骨骼肌形成神经肌肉接头，支配骨骼肌的运动。神经肌肉接头是一种特殊的化学突触，其突触后电位也称为终板电位。下列说法错误的是（　　）。（单选）

A. 终板电位是由离子通道型受体介导的快突触电位

B. 单个终板电位足以引起骨骼肌的兴奋

C. 终板电位主要由钠离子内流引起，其幅值接近钠离子的平衡电位

D. 在距离神经肌肉接头较远的骨骼肌膜处，很可能记录不到终板电位

解析 如图 44 所示，在神经肌肉接头处，运动神经末梢去极化使接头前膜中的电压门控 Ca^{2+} 通道开放，Ca^{2+} 内流，突触囊泡与前膜融合，乙酰胆碱（ACh）释放，ACh 扩散至终板膜与烟碱型 ACh 受体结合，非选择性的阳离子通道打开（时程大约 1 ms），Na^{+} 和少量 Ca^{2+} 内流，K^{+} 外流，引起终板膜去极化。烟碱型 ACh 受体是离子通道型受体，引起终板膜快速的电位变化，A 正确。通常，运动神经没有受到刺激时，终板区也能记录到一系列微小的、幅值约 0.5 mV 的去极化电位，称为微终板电位（mEPP，图 45），是单个突触囊泡自发

释放乙酰胆碱引起的。当运动神经受到刺激时，每次能使几百万个乙酰胆碱分子释放到间隙，引起较大幅度的去极化，即形成终板电位(EPP)。终板电位是一种局部的突触后电位，当达到肌细胞的阈值时，引起肌细胞动作电位，最终通过兴奋-收缩偶联机制导致肌细胞收缩。因终板电位是局部电位，传导具有衰减性，故在距离神经肌肉接头较远的骨骼肌膜处，很可能记录不到终板电位，D 正确。B 中，在生理情况下，终板电位一般足够大，足以引发临近肌细胞膜的兴奋。C 中，动作电位的峰值接近钠离子的平衡电位。因此 C 不对。原答案为 C。可能考虑到单个终板电位有达不到阈值的可能，最终本题删除。 **答案：删除。**

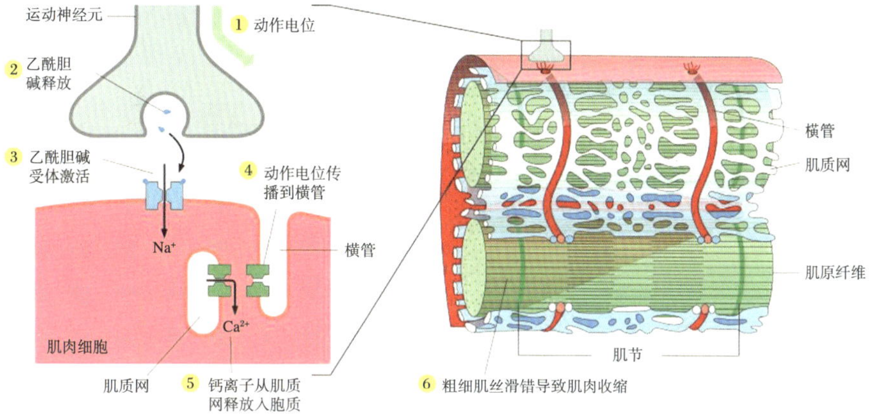

图 44

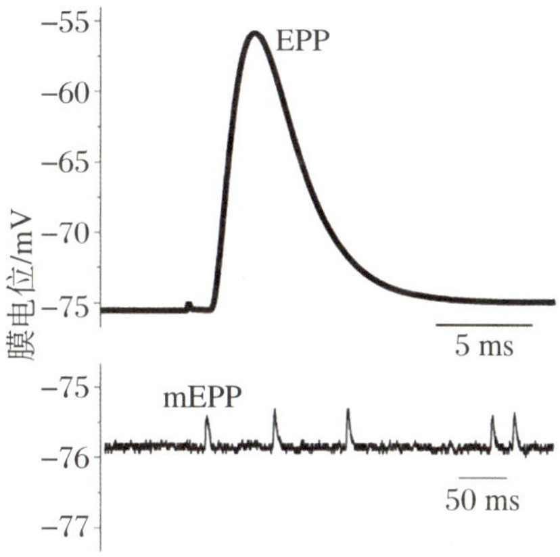

图 45

48 图 46 描绘了肾单位不同部位水的重吸收，其中错误的是(　　)。(单选)

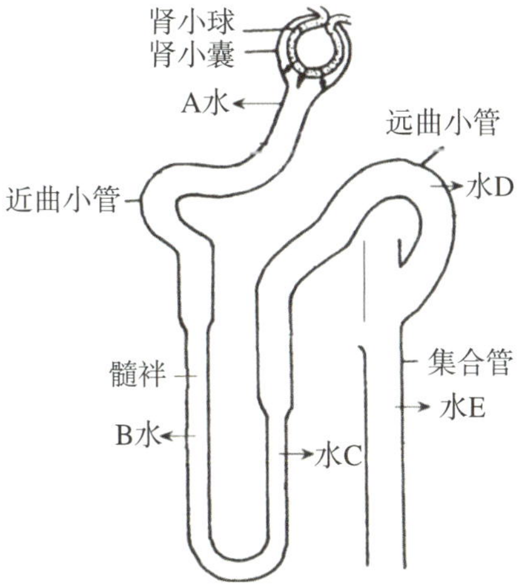

图 46

A. 图中 A　　B. 图中 B　　C. 图中 C　　D. 图中 D
E. 图中 E

解析 肾单位中水的重吸收都是被动的，其方向由各部分的水透性以及周围组织的渗透压决定。在各部分中，近曲小管占重吸收滤过量的 65%～70%，髓袢降支细段和远曲小管各重吸收约 10%，集合管重吸收 10%～20%。髓袢降支细段重吸收水，而不吸收 NaCl，导致升支细段中高[NaCl]；髓袢升支细段被动重吸收 NaCl，对水不通透；髓袢升支粗段主动重吸收 NaCl，对水不通透，故 C 错误。远曲小管前段对水不通透，后段与集合管对水的通透性受 ADH 的调节（图 47），D 正确。　答案：C。

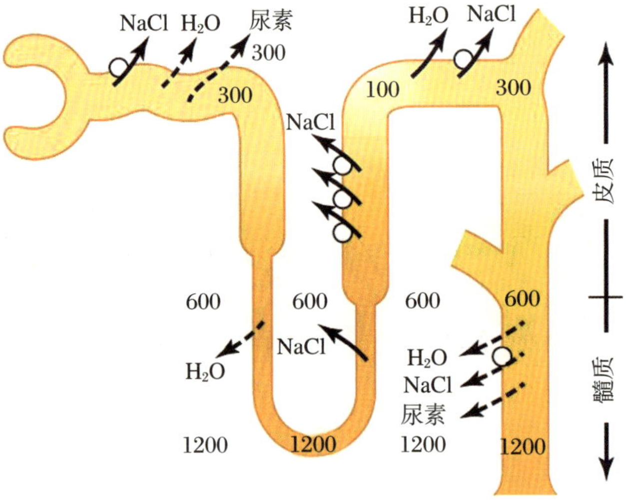

图 47　ADH 水平升高时尿液浓缩

参考文献

[1] Hall J E, Hall M E. Guyton and Hall Textbook of Medical Physiology[M]. 12th ed. Elsevier Inc, 2011.

49 通过膈肌收缩记录家兔呼吸活动，实验得到图 48 的结果。在这个记录中的 05 号时间点最可能进行的实验操作是（　　）。（单选）

图 48

A. 向肺内吹气　　B. 从肺内抽气　　C. 夹闭气管窒息　　D. 剪断迷走神经
E. 剪断膈神经

解析 图 48 中展现的是膈肌的收缩张力，通过张力的上升体现膈肌的收缩。可见在 05 时间点后，膈肌经历了一段时间的放松舒张，表明这段时间内的肺是收缩呼气的状态，因而根据牵张反射的反应推测，这是因为过度吸气（向肺内吹气）后肺牵张感受器兴奋，发放冲动增加，经迷走神经传到延髓，使得吸气的兴奋被切断，从而抑制吸气肌收缩，保持呼气的状态（图 49）；这段时间之后，膈肌又逐渐恢复了正常的舒张节律，因而可以排除结构性受损的情况。　答案：A。

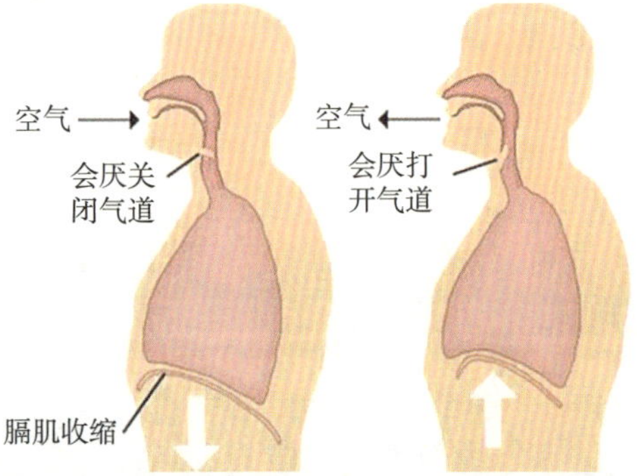

图 49

50 视网膜双极细胞接收来自视杆和视锥光感受器的直

接输入，并与视网膜内侧无长突细胞和神经节细胞形成突触。在低等脊椎动物中，它们一般接受视杆细胞和视锥细胞的混合输入。在研究七鳃鳗视网膜的实验中，研究者测定了视锥、视杆、双极细胞对照射光强的敏感性与照射光波长的关系。由图 50 中的结果可知（　　）。（多选）

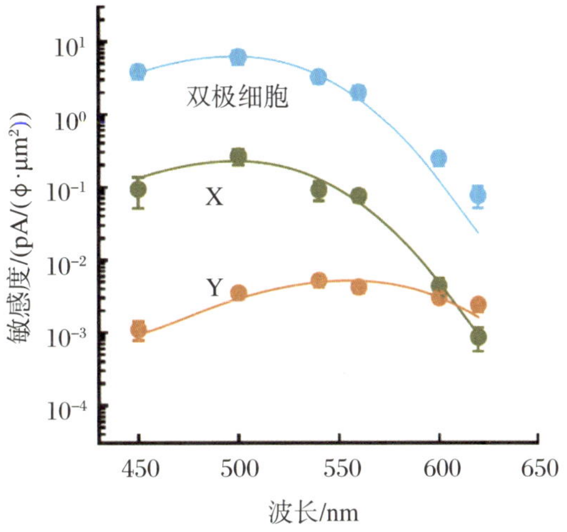

图 50

A. X 细胞是视锥细胞，Y 细胞是视杆细胞
B. X 细胞是视杆细胞，Y 细胞是视锥细胞
C. 双极细胞主要接受 X 细胞输入
D. 双极细胞主要接受 Y 细胞输入
E. 双极细胞主要接受 X 细胞和 Y 细胞均衡输入

解析 视杆细胞主司暗视觉，对较少光线的刺激敏感度更高；而视锥细胞主司亮视觉，在光线充足的情况下可以辨别不同的颜色，其可接受的光谱范围更广，但其在光线较弱的情况下感光敏感度不如视杆细胞。因此可以根据敏感度更高推测 X 是视杆细胞，Y 是视锥细胞。由图 50 可见，双极细胞的曲线形状与 X 几乎一致，因此可以推测双极细胞主要接受 X，即视杆细胞输入，这也符合七鳃鳗在水下弱光环境下的生境要求。视网膜组织结构如图 51 所示。 答案：BC。

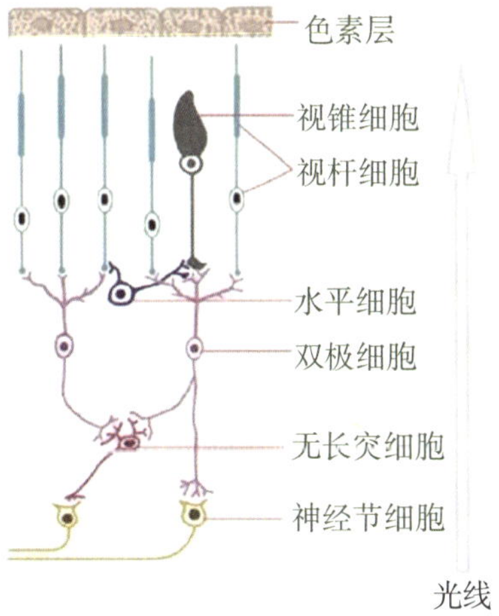

图 51

参考文献

[1] Frederiksen R, Fain G L, Sampath A P. A Hyperpolarizing Rod Bipolar Cell in the Sea Lamprey, *Petromyzon marinus*[J]. Journal of Experimental Biology, 2022, 225: jeb243949.

磷酸二酯酶 9 主要水解细胞中的 cGMP。研究者通过心脏及主动脉双压力 Millar 导管实验研究了磷酸二酯酶 9 的抑制剂 PF-04449613 对大鼠左心室压（图 52(a)）和动脉血压（图 52(b)）的影响。回答 51、

52 题。

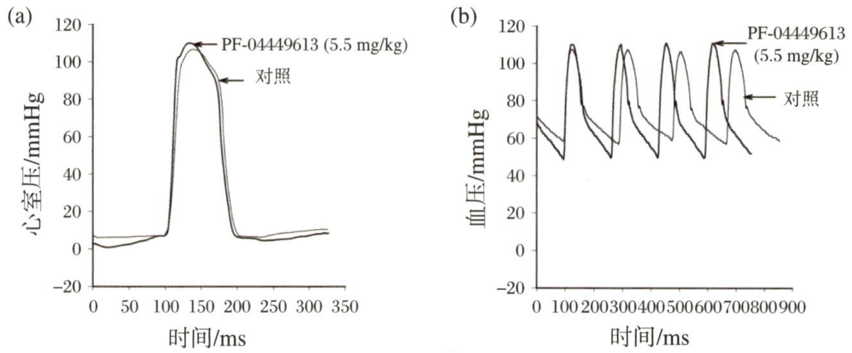

图 52

51 与 PF-04449613 功能相符的实验结果有（　　）。（多选）

A. PF-04449613 降低了心率

B. PF-04449613 降低了心脏收缩力

C. PF-04449613 降低了舒张压

D. PF-04449613 降低了外周阻力

解析 Millar Mikro-Tip ©导管是世界上最精确的生理压力导管，提供灵敏的压力参数测量，专门研究气道压力、椎管压力或任一心血管压力。本实验使用的是 SPR-901 型双压力-容积导管，可以同时测定左心室的压力-容积的关系和主动脉的压力变化。

在图 52(a)中可见，左心室的收缩末期压上升，舒张末期压下降，因此心脏每搏输出增加了，可见 PF-04449613 提升了心脏收缩力，B 错误。图 52(b)中，动脉血压收缩压升高，舒张压降低，可知外周阻力较对照要更小，且血压变化的频率要高于对照，可知心率上升，A 错误，C、D 正确。　**答案：CD。**

52 根据这个结果，cGMP 的功能可能包括（　　）。（多选）

A. 调控窦房结细胞起搏电位

B. 调控心室肌细胞起搏电位

C. 调控大中血管平滑肌紧张度

D. 调控小微血管平滑肌紧张度

解析 根据上题可知心率上升，这可能与心脏起搏点，即窦房结自动节律细胞的兴奋性改变有关，因此 cGMP 可能调控了窦房结细胞的起搏电位（机理或与 cAMP 类似，直接作用于 I_f 通道的细胞内侧面使之激活，提高自律性），使得其兴奋的阈值降低，A 正确。心室肌细胞非自律细胞，B 错误。因为小动脉和微动脉是主要的外周阻力血管，外有平滑肌，受神经和体液的调控，所以外周阻力的下降主要和小微血管的平滑肌紧张度相关，因此 C 错，D 对。

有意思的是，原文献里写道："PF-04449613 对心率的作用，在体与离体表现相反的作用，PF-04449613 对心脏的直接作用（离体心脏实验）是减慢心率；而在体实验条件下，PF-04449613 显著增加心率。在体实验条件下，PF-04449613 增加心率可能是降低血管外周阻力导致的交感神经活性增强，但这需要进一步实验确认。"虽然不影响选择结论，但其具体机理仍是一个有待解决的问题。　**答案：AD。**

参考文献

[1] 朱晓佳，王羽维，张文慧，等. 磷酸二酯酶 9 型抑制剂 PF-04449613 对大鼠心脏正性肌力作用及其机理[J]. 生理学报，2021，73：275.

[2] 徐有秋. 心脏起搏原理和调控[J]. 心脏杂志，2001，13：322.

53 下列关于哺乳动物肾上腺的描述正确的是（　　）。（单选）

A. 切除肾上腺会引起动物死亡
B. 单独破坏肾上腺髓质会引起动物死亡
C. 肾上腺皮质和髓质都来自中胚层
D. 肾上腺髓质只分泌肾上腺素
E. 肾上腺素和去甲肾上腺素的作用是完全一样的

解析 肾上腺位于肾脏的上方,由肾上腺皮质和肾上腺髓质两个内分泌腺体组成,其中肾上腺皮质来源于中胚层,分泌对维持生命至关重要的类固醇激素(如盐皮质激素和糖皮质激素)。若将肾上腺切除,则会导致在应激状态下的低血压和低血糖,不及时救治就会死亡,故A正确。肾上腺髓质来源于神经外胚层,分泌儿茶酚胺类激素,如肾上腺素和去甲肾上腺素,此外节后交感神经末梢也能释放去甲肾上腺素,所以肾上腺髓质并不是儿茶酚胺类激素产生的唯一来源,这个组织对生命不是必需的,B、C、D错误。肾上腺素和去甲肾上腺素都通过肾上腺素受体发挥作用,受体存在α和β两种类型,前者分为α_1型和α_2型,后者分为β_1型、β_2型和β_3型。不同类型受体的敏感性不同,去甲肾上腺素对α受体的作用强于对β_1,对β_2的作用很小,而肾上腺素对α、β_1、β_2都有较强的亲和力,E错误。 **答案:A。**

54 以下关于鸟类双重呼吸的说法错误的有( )。(多选)
A. 一次吸入的空气两次经过肺部,保障充分的气体交换
B. 一次吸入的空气两次进入气囊,保证气体贮存
C. 鸟类呼气和吸气时均能在肺部进行气体交换
D. 气囊和肺均能进行气体交换

解析 双重呼吸是鸟类特有的呼吸方式,如图53所示,在第一个呼吸周期中,吸气时,吸入的气体大部分经过中支气管直接进入后气囊,一部分进入肺部,在微支气管进行气体交换。呼气时,后气囊中的气体进入肺进行气体交换。在第二个呼吸周期中,吸气时,在第一个呼吸周期呼气时进入肺的这部分气体进入前气囊,并在呼气时排出体外。与此同时,在第二个呼吸周期中,新吸入的气体依旧大部分进入后气囊,一部分进入肺。通过这种方式,在吸气和呼气时都会进行气体交换,保证了氧气的充分供应,C正确。新吸入的气体将分两个部分,在前一次呼吸的呼气阶段与后一次呼吸的吸气阶段分别通过肺,但是因为经过肺的气体是不同的,所以不能说是两次经过肺,A错误。前气囊与后气囊是不同的气囊,一次呼吸的空气只会经过不同的气囊,而不会经过相同的气囊,B错误。气囊由单层鳞状上皮细胞构成,具有贮存气体的功能,但缺乏气体交换的功能,D错误。 **答案:ABD。**

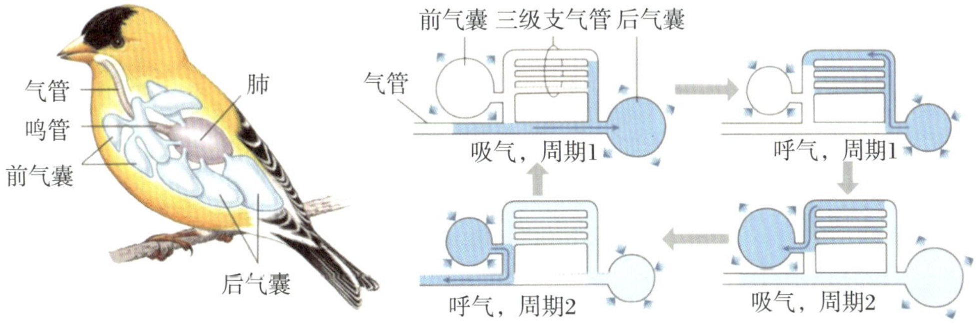

图53

55 人们所做的每一个决定都伴随着对于该行为引发结果的预测和判断,这种预测也会影响之后的行为。当对于行为背后的回报更加确认时,人们将会倾向于投入更多的时间、精力或金钱。图54为大鼠眶额叶皮层中与决策置信度相关的单个神经元活动的统计决策实验数据。根据此实验结果,下列说法中错误的是( )。(单选)
A. 该神经元经历刺激后发射率增加
B. 对于简单错误的选择,神经元发射率最高

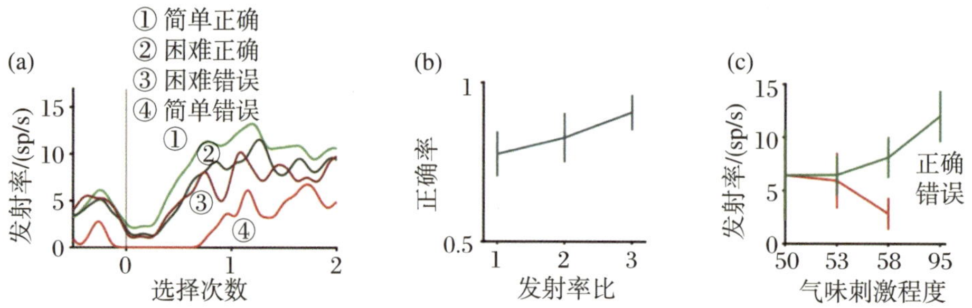

图 54

C. 选择正确率随发射率比增加而上升

D. 神经元发射率与气味刺激程度在正确实验中正相关,在错误实验中负相关

解析 当面对不确定性时,任何能够进行统计计算的生物都会获得适应性优势。一般我们会用置信度(confidence)来评估所做选择正确的概率,对一个选择的置信度的准确估计可以为生物行为带来益处,比如面对危险时应该决定战斗还是选择逃跑,又如进入咖啡店选择哪一种饮料或者如何管理股票投资等。作为人类,我们一直在评估自己对感知、记忆和决策的信心,这是一种被称为元认知(metacognition)的自我监控和反思过程的一部分,是非常个人化和主观的。因此,置信度判断(confidence judgments)被认为是元认知的一个核心方面,同时该行为的实现可能也需要高级灵长类特有的神经结构的配合。

本题原文献发现,在啮齿类动物中,眶额叶皮层(orbital frontal cortex,OFC)神经元信号决定正确概率判断的感觉模式,以支持动物的元认知能力。眶额叶皮层又译为眼窝前额皮质,是与决策的认知过程有关的一个脑区,因其覆盖于眼眶之上而得名。无论是在人类还是在其他灵长类动物中,眶额叶皮层都有着显然的个体差异,且在鼠类大脑中也发现了与其相关的脑区。

为了通过行为实验测量大鼠的置信度水平,研究人员设计了如下实验:每次试验中都会出现嗅觉或听觉刺激,试验方式和试验难度随机交错。在嗅觉试验中,大鼠必须确定两种立体异构体中哪一种比例更高;在听觉试验中,大鼠必须确定两侧的喇叭中的哪一个响声次数更多。随后进入侧面的两个选择端口(左侧或右侧)之一来表明它们的选择,以获得奖励(喝水),奖励发放随机延迟。在10%的正确选择中不会给出奖励,以测量大鼠究竟愿意为自己的选择付出多长时间的等待。

结果表明,证据较强(如气味对比较强烈),那么动物通常会表现出更高的信心水平(等待更长时间),并且在这种情况下,它们的选择准确性也更高;而在较强的证据下做出错误判断时则会很心虚,不愿等待过长的时间(图55)。

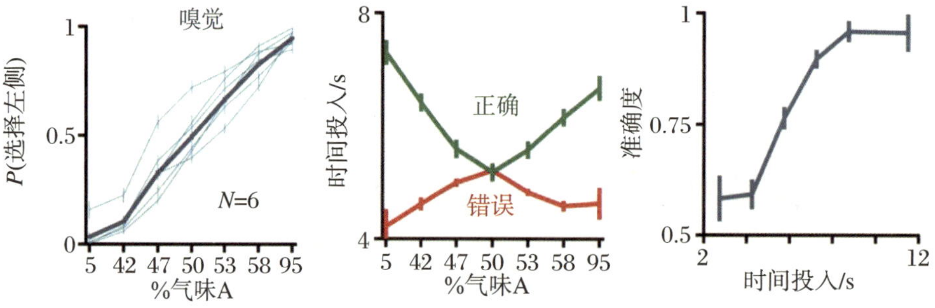

图 55

中图两条曲线分别代表选择左侧或右侧,如果低于50%选择左侧正确,则高于50%时选择左侧就是错误。

为了进一步检测信心和OFC神经元的关系,研究人员计算了不同神经元的结果预测指数(OPI),确定了具有显著阳性或阴性OPI的结果预测神经元。阳性OPI神经元在做出正确选择时具有更高的发射率,代表较高的置信度;反之,阴性OPI神经元对应较低的置信度,在做出错误选择时的发射率较高。

图54选择的是阳性OPI神经元,研究人员测定了在做出选择后的等待时间中小鼠阳性OPI神经元的

发射率,图(a)的横轴应该是选择之后的时间(time from choice)而不是选择次数,图片翻译有误。结果发现等待期前 2 s 的 OFC 神经元的发射率会增加,而且信心越高(例如在简单测试中做出正确选择),发射率越高,反之越低,因此 B 错。图(b)显示,选择准确度随着嗅觉试验中的发射率比的增加而增加,C 正确。在正确试验中发射率随着气味刺激程度的增加而增加,在错误试验中发射率随着气味刺激程度的增加而降低,D 正确。 **答案:B。**

56 OPI 是一种置信度指标,正值代表正确尝试时神经活动高,负值代表错误尝试时神经活动高。若该神经元对听觉和嗅觉刺激的 OPI 有一致性,则该神经元活动在图 56 中出现的位置可能是(　　)。(单选)

A. ①③

B. ②④

C. ①②

D. ②③

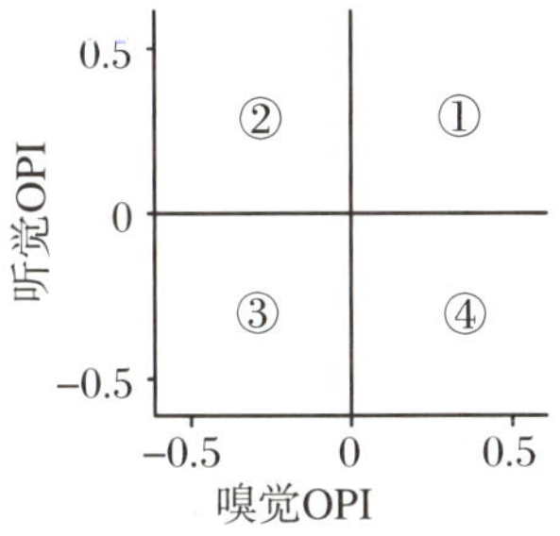

图 56

解析 测量 OPI 一致性是为了评估单个神经元是否概括了跨感官模式的结果预测,一致性要求同高同低,因此选正相关的①③位置。图 57 的文献原图展示了听觉和嗅觉具有 $r = 0.56$ 的相关性。 **答案:A。**

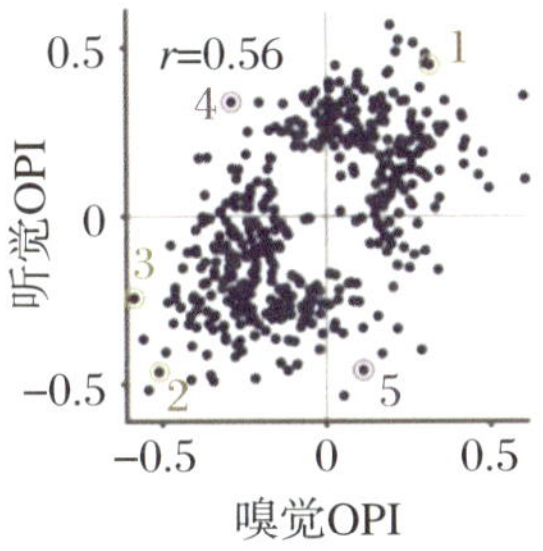

图 57

参考文献

[1] Masset P, Ott T, Lak A, et al. Behavior- and Modality-General Representation of Confidence in Orbitofrontal Cortex[J]. Cell, 2020, 182: 112.

57 秀丽隐杆线虫是生命科学研究中的一种模式动物,属于假体腔动物。对它的形态特征描述错误的是(　　)。(单选)

A. 消化管结构包括内、外胚层来源的细胞

B. 体壁肌肉连接背、腹神经,依靠环行、纵行肌肉的交替收缩运动

C. 体腔液可以起到循环系统和流体静力骨骼的作用

D. 没有呼吸系统

解析 线虫动物的消化道是一个简单的直管结构,中肠来源于内胚层,前肠、后肠来源于外胚层,A 选项正确。肌细胞产生细胞突起延伸到神经细胞形成连接,具有背腹神经索,具有纵行肌肉,纵行肌肉伸缩时弯曲蠕动,但是不具有环行肌肉,环行肌肉交替收缩运动方式是环节动物的特征,B 选项错误。体腔液具有一定循环系统的功能,对全身物质循环和分布有重要作用,对运动起到流体静力骨骼的作用,C 选项正确。没有呼吸系统,D 选项正确。 **答案:B。**

58 图 58 反映哺乳动物的体重与代谢率之间的关系,动物的代谢率以单位体重消耗的 O_2 为指标。根据此图,以下叙述中正确的有(　　)。(多选)

A. 按等比例计算,小动物具有更大的体表面积,更容易散热,因此炎热环境较寒冷环境更有利于小动物生存

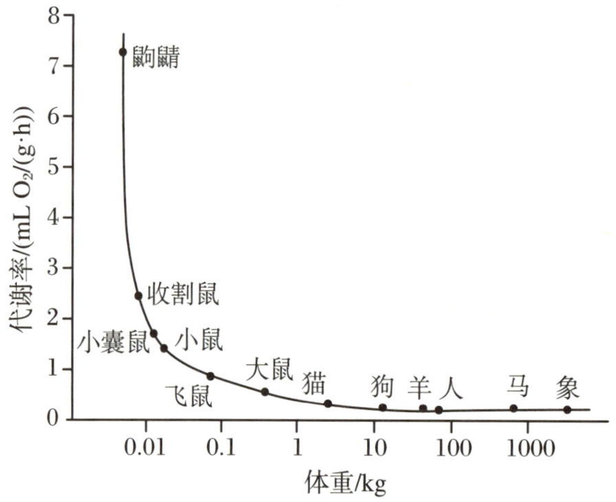

图 58

B. 由于具有更大的体积和相对更小的体表面积，扩散热量较慢，因此大动物更易于在寒冷环境中生存

C. 由于单位体重的代谢率较低，因此大动物在炎热环境中面临的挑战比小动物更小

D. 小动物的代谢率更高，因而需要消耗更多氧气，需要更高的呼吸频率和更快的心率

解析 描述动物基础代谢率（basal metabolic rate，BMR）与体重关系的曲线称为鼠-象曲线，又称克莱伯定律（Kleiber law）、克莱伯曲线（Kleiber curve）。瑞士动物学家 M. 克莱伯在 20 世纪 30 年代初研究了 26 个物种基础代谢率与体重的关系，得到公式 $BMR = 3.39M_b^{0.75}$，其中 M_b为体重，即基础代谢率正相关于体重的 3/4 次方（但注意图 59 纵轴为耗氧量，原公式为能量消耗，单位不同，参数也不同）。之所以幂次为 3/4 而不是表面积-体积之间的 2/3 次关系，与生命体的分形结构相关。由图 59 可见，较小体重动物的单位体重代谢率更高，进而导致较高的供氧率、呼吸频率和心率。

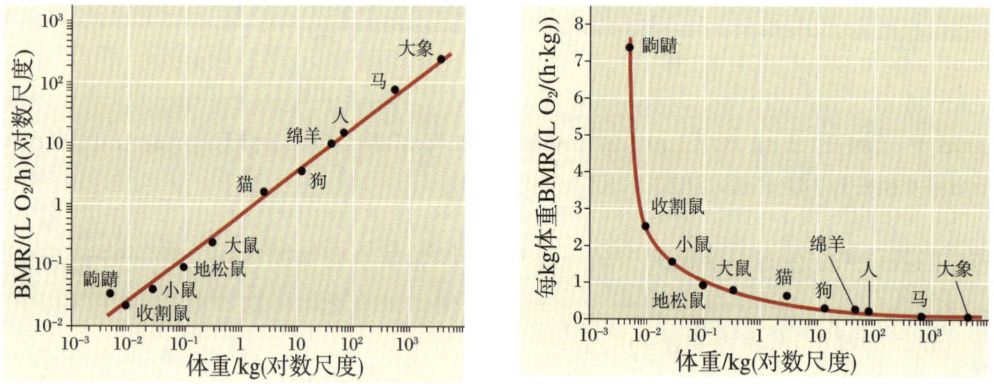

(a) 各种哺乳动物基础代谢率(BMR)与体型的关系。从鼩鼱到大象，体型增大了100万倍

(b) 每千克体重的BMR与体型的关系

图 59

D 选项中“小动物的代谢率更高”所指的是就是单位体重代谢率，而不是单位时间内的总代谢量，故 D 选项正确。对于球体来说，随着直径的增加，表面积和体积的比值（S/V）下降，所以大动物具有更大的体积和相对更小的体表面积，扩散热量较慢，更易于在寒冷环境中生存，B 选项正确；而小动物具有更大的体表面积，更容易散热，因此炎热环境较寒冷环境更有利于小动物生存，A 选项正确。在炎热环境中生存要平衡产热和散热，大动物虽然单位体重的代谢率较低，但相对更小的体表面积使得散热困难，C 选项错误。

答案：ABD。

参考文献

[1] Urry L A, et al. Campbell Biology[M]. 12th ed. Pearson, 2021.

59 以下由中胚层发育形成的结构有（　　）。（多选）

A. 海鞘的脊索　　B. 蚯蚓的肌肉
C. 蟹的血液　　D. 水螅的中胶层

解析 腔肠动物相当于胚胎发育的原肠胚阶段，具有内、外胚层，不具有中胚层，所以水螅(图60)的中胶层并不是由中胚层发育形成的结构，D选项错误。从扁形动物开始，出现了中胚层，各胚层经过进一步发育和分化，形成一系列器官和系统。外胚层形成上皮及其衍生物(头发、指甲、皮肤腺、口腔黏膜、牙釉质、眼晶状体、内耳、鼻和嗅觉上皮)、神经管(大脑、脊髓、运动神经)和神经嵴(感觉神经节及神经、肾上腺髓质、交感神经节、颅骨、鳃弓、牙釉质)。中胚层形成脊索、胸腔和腹腔内壁、循环系统(血液、骨髓、血管内皮细胞、淋巴)、体节(骨骼肌、骨骼和软骨(颅骨除外)、真皮、结缔组织)、泌尿生殖系统的器官(输尿管、肾脏、生殖腺、生殖管道)、消化道的平滑肌和结缔组织。内胚层形成呼吸道上皮、咽(咽囊、甲状腺、甲状旁腺)、肝脏、胰脏、肠上皮、膀胱内壁。 **答案：ABC。**

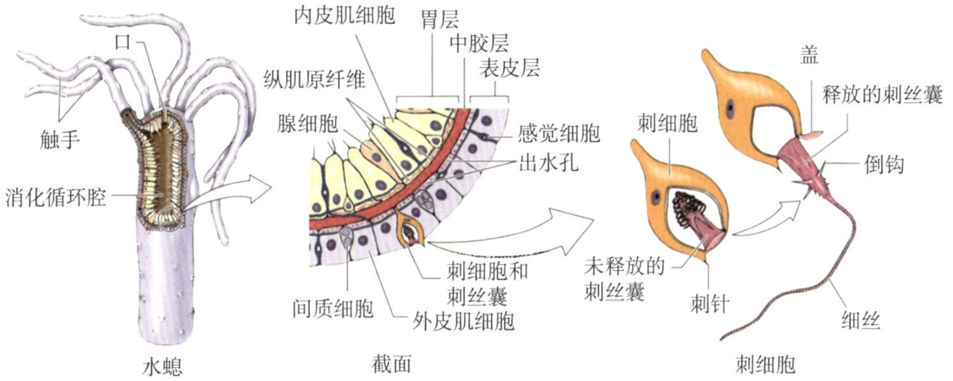

图 60

60 大部分哺乳动物在胎儿与母体之间会形成胎盘。下列有关胎盘的说法中正确的有(　　)。(多选)

A. 胎儿的羊膜、尿囊膜和绒毛膜与母体的子宫壁连接在一起形成胎盘
B. 胎儿有血管在胎盘处与母体毛细血管连通，从而完成营养物质与代谢废物的交换
C. 胎盘可以产生绒毛膜促性腺激素，保证妊娠过程的正常进行
D. 有些物种胎盘绒毛与子宫联系不紧密，在生产时不会造成子宫出血

解析 胎盘(图61)是由胎儿的绒毛膜和尿囊与母体子宫壁的内膜结合起来形成的，不包括羊膜。具体而言，胎盘分胎儿面与母体面，羊膜最多只能说也覆盖在胎盘胎儿面的外表，而与子宫壁相连的显然是母体面，因此不能说羊膜与子宫壁相连，A选项错误。胎儿与母体的两套血液循环系统并不通连，而是被一层膜隔开，营养物质和代谢废物通过弥散作用来交换，B选项错误。哺乳动物的胎盘分为蜕膜胎盘和无蜕膜胎盘。前者胚胎的尿囊和绒毛膜与母体子宫内膜结合不紧密，胎儿初生时易于脱离，不会引起子宫壁大出血。严格来说，应该是不会引起子宫壁大出血。而蜕膜胎盘的尿囊和绒毛膜与母体子宫内膜结为一体，因而分娩时需将子宫内膜一起撕下，造成大量流血。D选项正确。在

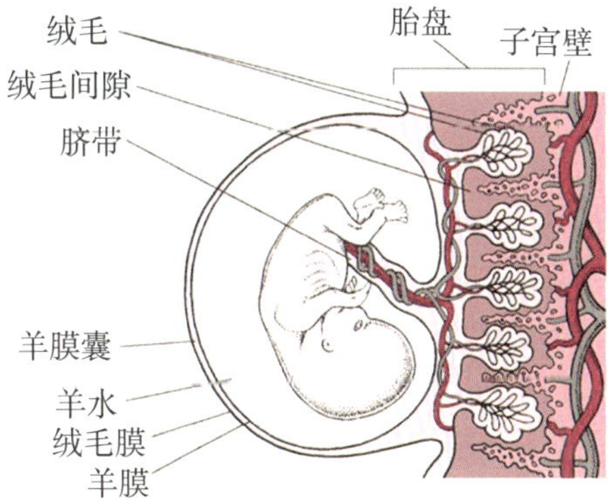

图 61

妊娠过程中，胎盘产生多种激素，由胎盘产生的第一种激素是人绒毛膜促性腺激素(hCG)，主要作用是作用于黄体上的LH受体，防止黄体退化，维持黄体分泌大量雌激素和孕激素，保证妊娠过程的正常进行，C选项正确。 **答案：CD。**

61 下列有关爬行动物中枢神经系统的说法中正确的有(　　)。(多选)

A. 两大脑半球增大，开始有白质构成的大脑皮层，即新脑皮

B. 从背面观,间脑几乎看不到,间脑背面发出脑上体和顶器

C. 鳄的小脑比石龙子的发达,已有分化出蚓部和小脑卷的趋势

D. 第Ⅺ对脑神经称副神经,属于运动神经

解析 脑皮的进化(图 62)可以分为三个阶段:古脑皮、原脑皮和新脑皮。古脑皮是原始类型,灰质在内,白质包在灰质之外;原脑皮出现在肺鱼和两栖类,它的神经细胞已开始由内向表面移动;爬行类开始出现新脑皮,灰质在外,A 选项错误。从七鳃鳗开始脑分化为 5 个部分,但形态很原始,脑的 5 个部分在一个平面上;鱼类、两栖类脑的 5 部分分化更明显,但在两栖类中依旧能在背面看到脑的 5 个部分;而爬行类从背面观,间脑几乎看不到,间脑背面发出脑上体(松果体)和顶器(图 63),B 选项正确。爬行类小脑比两栖类发达,水生的爬行类小脑更为发达;鳄的小脑已有分化为中央的蚓部和两侧小脑卷的趋势,C 选项正确。无羊膜动物具有 10 对脑神经,羊膜动物具有 12 对脑神经,第Ⅺ对脑神经为副神经,属于运动神经。D 选项本身描述正确,但脑神经实际属于周围神经系统,不符合题干关于中枢神经系统的说法范畴,组委会表示"脑神经由脑发出,归属在中枢神经系统没有问题",这种说法值得商榷。 答案:BCD。

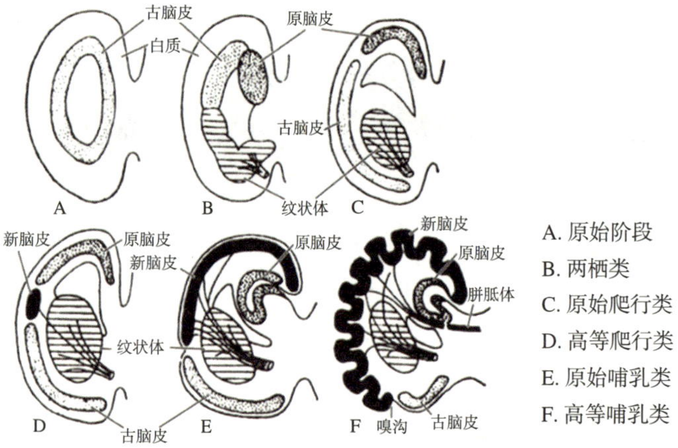

图 62

图 63 两栖类(左)与爬行类(右)的颅顶眼(顶器)

62 下列有关青蛙骨骼的说法中正确的有(　　)。(多选)

A. 脊柱包括颈椎 1 个、躯椎 7 个、荐椎 1 个和尾杆骨 1 个

B. 第 1 至第 7 个椎骨为前凹型,第 8 个为后凹型

C. 肩胛骨背面连有上肩胛骨,上肩胛骨通过肌肉连脊柱

D. 后肢股骨特别加长,前端与荐椎粗大的横突相连,以此支撑体重

解析 两栖类只具有 1 个颈椎、1 个荐椎,蛙具有 7 个颈椎(第 2 到第 8)和 1 个尾杆骨,A 选项正确。第 1 至第 7 个椎骨为前凹型,第 8 个为双凹型,B 选项错误。无尾两栖类的肩带由肩臼分为背、腹两部。背部为肩胛骨及上肩胛骨,上肩胛骨的末端为软骨,通过肌肉连脊柱,C 选项正确。腹部靠后面的是乌喙骨,由乌喙骨的内侧向前延伸出上乌喙骨。无尾两栖类的腰带由髂骨、坐骨和耻骨 3 部分构成。适应于跳跃生活,髂骨特别加长,前端与荐椎的横突相连,后端与对侧的髂骨相接,D 选项错误。无尾两栖类的骨骼结构如图 64 所示。 答案:AC。

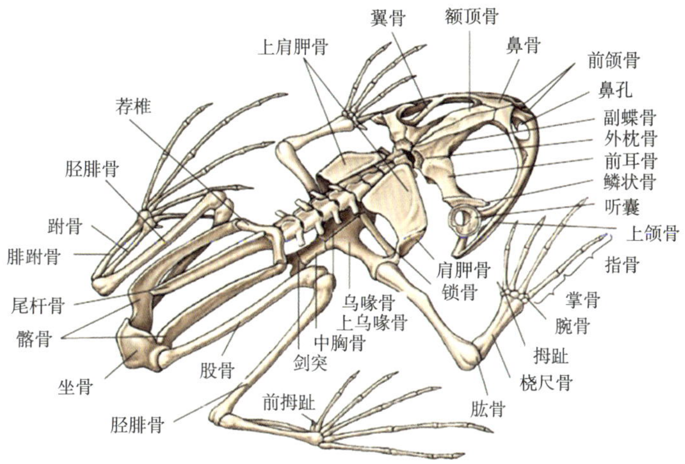

图 64

63 下列有关七鳃鳗呼吸系统的说法中正确的有(　　)。(多选)

A. 咽部分背腹两管,背面为食道,腹面为呼吸管

B. 呼吸管后端为盲端,呼吸管左右两侧各有 7 个内鳃孔,各与一个鳃囊相通

C. 鳃囊壁有外胚层来源的褶皱状鳃丝,其上毛细血管丰富,气体交换在此进行

D. 每一鳃囊经一个外鳃孔通体外

解析 口腔后面为咽,咽分背腹两管,背面为食道,腹面为呼吸管,A 选项正确。咽部腹面的盲管为呼吸管,管的左右两侧各有 7 个内鳃孔,各与一个鳃囊相通,B 选项正确。囊的背、腹及侧壁都长有来自内胚层的鳃丝,其上有丰富的毛细血管,进行气体交换,C 选项错误。每个鳃囊以一个外鳃孔与外界相通,D 选项正确。七鳃鳗的呼吸系统如图 65 所示。 答案:ABD。

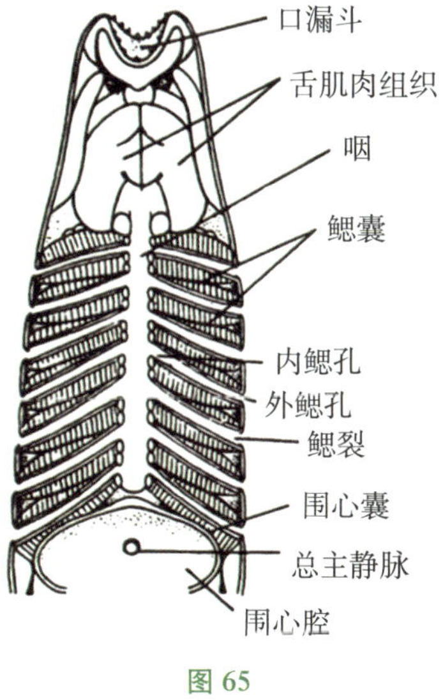

图 65

64 海鞘幼体自由生活,成体固着生活,幼体到成体的发育经历逆行变态,变态完成后(　　)。(多选)

A. 尾部的脊索消失,仅保留背侧部分脊索

B. 背神经管退化,仅残留一个神经节

C. 咽部扩大,鳃裂数目大大增加

D. 泄殖孔的位置转向与固着端相对的顶端

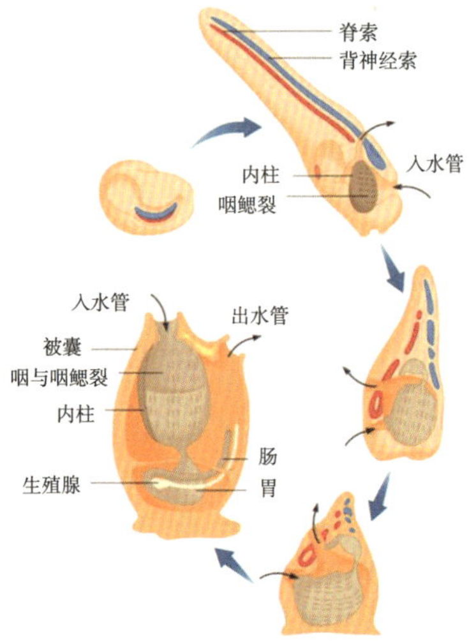

图 66

解析 以柄海鞘为例，发育过程会经历逆行变态（图 66），幼体形似蝌蚪，尾内有发达的脊索，脊索背方有中空的背神经管。在逆行变态过程中，幼体的尾连同内部的脊索和尾肌被逐渐吸收而消失，A 选项前半句对，后半句错。背神经管退化而残存为一个神经节，感觉器官消失，B 选项正确。与此相反，咽部却扩大，鳃裂数目急剧增多，并形成包围咽部的围鳃腔，C 选项正确。附着突背面生长迅速，把水管口孔的位置推到另一端，于是内部器官的位置也转动了 90°～180°，泄殖孔由背侧转向与吸附端相对的顶端，D 选项正确。 答案：BCD。

65 海绵动物的发育过程会经历逆转过程，下列有关钙质海绵发育的说法中正确的有（　　）。（多选）

A. 囊胚形成初期，动物极小细胞向囊胚腔内生有鞭毛

B. 囊胚会发生内外翻转，形成外侧有鞭毛的两囊幼虫

C. 两囊幼虫流出母体后继续发育，植物极大细胞内陷形成内层细胞

D. 细胞内陷的开口形成后来的出水口，与出水口相对的一端固着

解析 海绵动物的胚胎发育过程（图 67）中具有胚层逆转现象。在形成囊胚过程中，动物极的小细胞向囊胚腔内伸出鞭毛，另一端大细胞中间形成开口，A 选项正确。在逆转过程中，小细胞由开口倒翻出来，小细胞具有鞭毛的一侧翻到囊胚的表面。这样，动物极一端为具鞭毛的小细胞，植物极一端为不具鞭毛的大细胞，称为两囊幼虫，B 选项正确。随后具鞭毛的小细胞内陷，形成内层，另一端大细胞留在外边形成外层细胞，C 选项错误。D 选项在 2020 年 B 卷中考过，以小胚胞陷入的开口处固着在底部物体表面，发育为海绵个体，D 选项错误。 答案：AB。

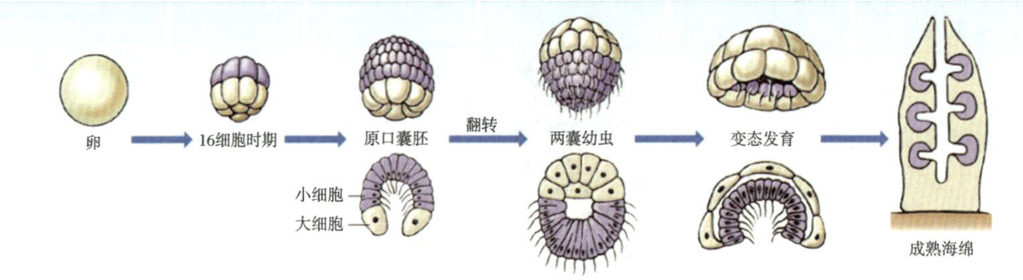

图 67

66 吸虫纲和绦虫纲是扁形动物中的两个寄生类群，下列描述中属于两个纲共同特征的有（　　）。（多选）

A. 体壁是皮肌囊结构，表皮是一层合胞体

B. 消化系统高度退化，仅为一不分支管道

C. 排泄系统属原肾管系统，具有焰细胞

D. 神经系统不发达，仅有 2 条纵行神经

解析 扁形动物由于中胚层的形成而产生了复杂的肌肉结构，与外胚层形成的表皮紧贴形成皮肌囊（体壁，图 68）。吸虫纲和绦虫纲对环境相对稳定、营养丰富的寄生生活适应，都具有一定结构性的特化，包括：运动技能退化，体表无纤毛、无杆状体，无一般的上皮细胞，体表为合胞体；消化系统退化（吸虫纲相对趋于退化；绦虫纲完全退化）；神经系统退化（吸虫纲趋于退化，例如华支睾吸虫依旧有 6 条纵行的神经；绦虫纲退化程度更高，在两纵行排泄管外侧的神经索最大）；感觉器官退化（绦虫纲无特殊感觉器官）；具有附着器官（具有吸盘和小钩）；生殖系统发达和复杂的生活史。因此 A 选项正确，B、D 选项错误。吸虫纲和绦虫纲均具有含有焰细胞的原肾管系统，C 选项正确。 答案：AC。

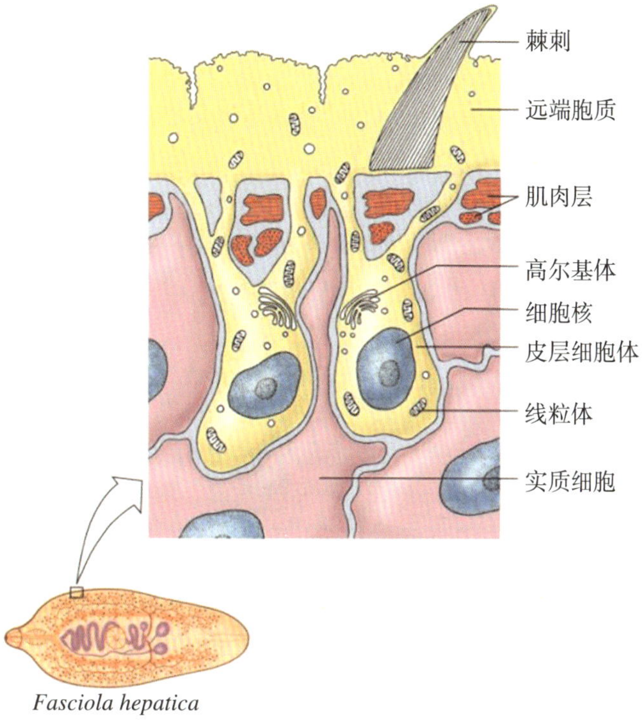

图 68

67 下列有关环节动物发育的说法中正确的是(　　)。(单选)

A. 受精卵经辐射卵裂发育为囊胚,通过内陷或外包的方式形成原肠胚

B. 水生种类胚胎发育形成担轮幼虫,陆生种类直接发育为成体

C. 担轮幼虫的口前纤毛区发育为成体的口前叶及触手等

D. 担轮幼虫的生长带区发育为围口节以外的身体其余部分

解析 受精卵经螺旋式卵裂,发育为囊胚,经内陷或外包,或两者结合形成原肠胚,A 选项错误。在原肠胚之后,陆生种类和淡水类群直接发育为成虫,海产环节动物在发育过程中经历担轮幼虫阶段,B 选项错误。担轮幼虫体可分为口前纤毛区、口后纤毛区和生长带区。在变态时,口前纤毛区发育为成体的口前叶及其触手等感觉器,C 选项正确。口区常与躯干的第一个体节愈合形成围口节;口后纤毛区发育成尾节;生长带区在尾节之前,该区的细胞不断分裂增殖、分化形成躯干的所有体节和体腔,如图 69 所示,D 选项错误。 **答案:C。**

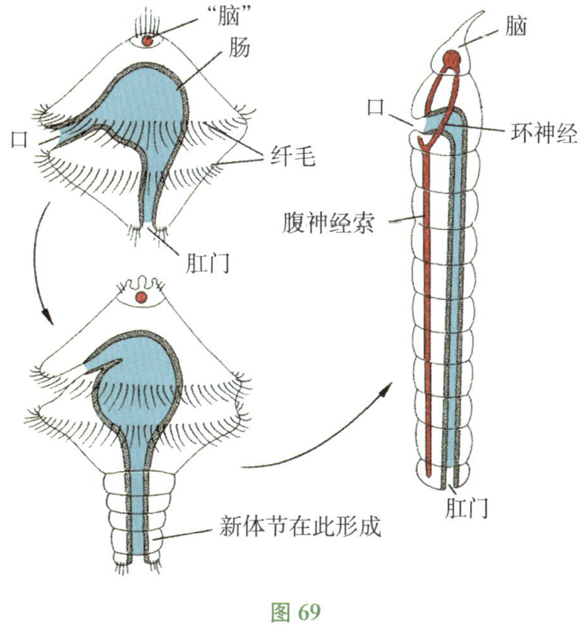

图 69

68 下列有关对虾排泄系统的说法中正确的是（　　）。（单选）

A. 排泄器官为一对由前肾演变而来的触角腺，也称绿腺

B. 触角腺位于第一触角基部，通常由腺体部分和囊状膀胱组成

C. 腺体部的内端为一盲囊，称端囊，是残余的体腔

D. 蛋白质的代谢终产物为氨，主要由触角腺负责排出体外

解析 如图 70 所示，对虾的排泄系统为一对由后肾演变而来的触角腺，因呈绿色，也称绿腺，A 选项错误。触角腺位于第二触角基部，通常由腺体部分和囊状的膀胱组成（对虾的排泄管不膨大为膀胱），B 选项错误。腺体部的内端为一盲囊，称端囊，代表残余的体腔，C 选项正确。血液中的代谢废物进入腺体部后，经盘曲的排泄管至膀胱储存，由排泄孔排出。但蛋白质代谢的终产物氨则由鳃排出，D 选项错误。 答案：C。

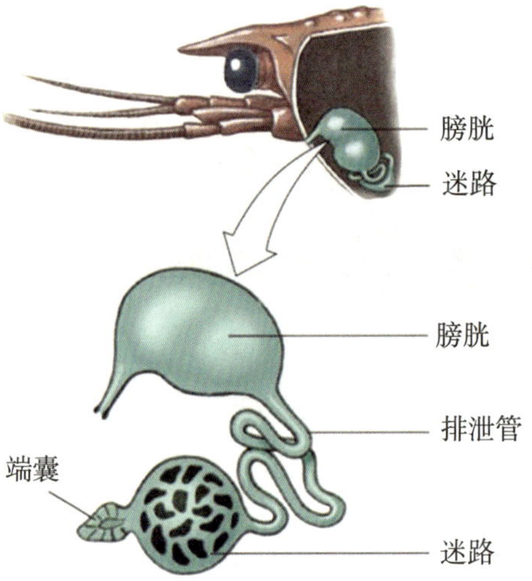

图 70

69 棘皮动物有独特的水管系统，下列相关描述中正确的是（　　）。（单选）

A. 水管系统是由右中体腔囊发育形成的

B. 石管、环管、辐管和侧管等构成相互连通的水管系统，负责主要的物质运输

C. 环管和辐管的外面包围着围血系统，有利于物质交换

D. 侧管与管足的结构及相互配合有助于海星完成行走和取食等活动

解析 如图 71 所示，以海星的发育为例。由体腔囊法生成 1 对体腔囊，随着胚胎发育，左体腔囊形成左前体腔囊、左中体腔囊和左后体腔囊；右体腔囊形成右前体腔囊、右中体腔囊和右后体腔囊。在发育过程中，左中体腔囊分化为水管系统，A 选项错误。

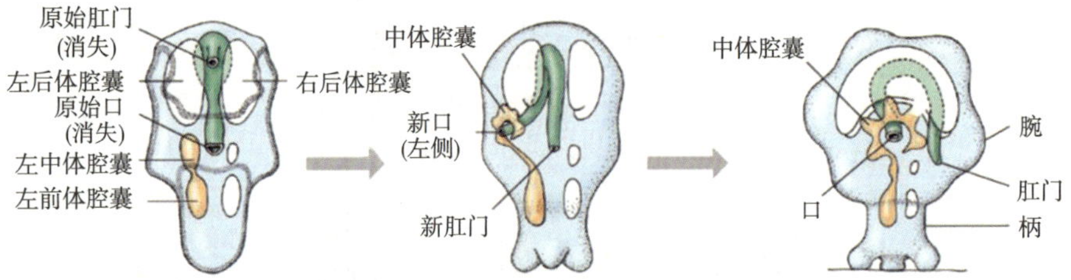

图 71

水管系统的构成有石管、环管、辐管和侧管等，但是主要负责运动功能，血系统可能与物质的运输有关，B 选项错误。如图 72 所示，血系统与水管系统并行，血系统可能与物质的运输有关，在血系统的外面包围着围血系统，C 选项错误。侧管的末端是管足，侧管和管足之间有瓣膜相隔，管足末端有吸盘，管足内的水压变化可使管足伸长或缩短，以此来拖动身体完成运动，D 选项正确。 答案：D。

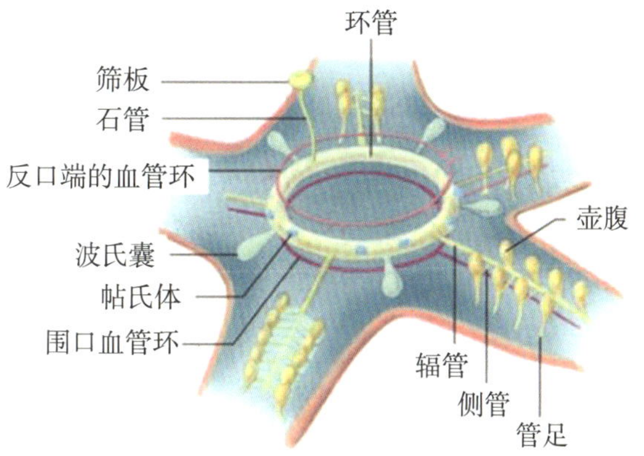

图 72

70 以下生态系统中平均食物链长度最长的是(　　)。(单选)

A. 热带沙漠　　B. 非洲稀树草原

C. 亚马孙热带雨林　　D. 温带森林

解析 生态系统的能量传递是逐级递减的,热带雨林的初级生产量最高,能支持的平均食物链长度最长。　**答案:C。**

Hatton 等分析了全球 2260 个群落中捕食者和猎物生物量的比例,发现在一个稳定的食物网中,猎物生物量 x 每增加 4 倍,捕食者生物量 y 大约增加 3 倍(图 73)。回答 71、72 题。

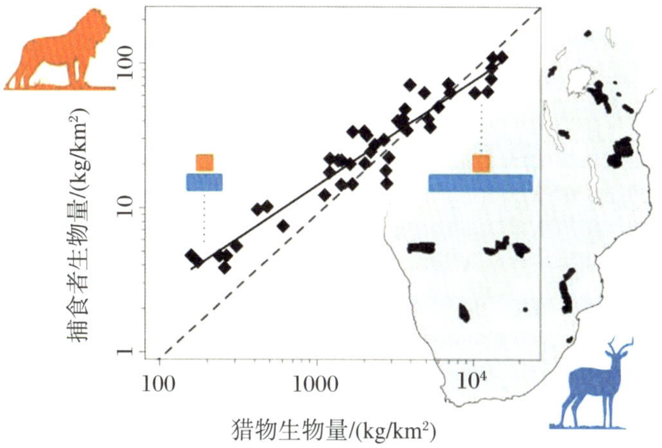

图 73

71 一个保护区中猎物的生物量为 400 kg/km²,其捕食者生物量最接近(　　)。(单选)

A. 2.5 kg/km²　　B. 7.5 kg/km²　　C. 10 kg/km²　　D. 20 kg/km²

解析 图 73 中的黑线为拟合之后的曲线,猎物的生物量为 400 kg/km² 时,对应的捕食者生物量约为 7.3 kg/km²,需要注意图中的横、纵坐标为对数尺度,选 B 选项。　**答案:B。**

72 在一个稳定的食物网中,最确切地反映猎物生物量 x 与捕食者生物量 y 关系的函数式(式中 a、b 和 c 为常数)是(　　)。(单选)

A. $y = ax + b$　　B. $y = ax^c + b$　　C. $y = a\lg x + b$　　D. $y = e^{ax} + b$

解析 因图 73 中横、纵坐标为对数尺度,故猎物生物量 x 与捕食者生物量 y 之间并不是线性关系。根据图 73,x 和 y 满足

$$\lg y = a\lg x + b$$

$$10^{\lg y} = 10^{a\lg x + b}$$

$$y = 10^{\lg x^a} \cdot 10^b$$
$$y = x^a \cdot 10^b$$

故猎物生物量 x 与捕食者生物量 y 之间的函数式如选项 B 所示。

本题与 58 题有类似之处,捕食者-猎物模型与鼠-象曲线一样,也符合幂律法则(power laws),在双对数坐标下表现为一条直线,其斜率是幂指数的负数。双对数的处理将非线性的幂函数变成了线性关系,可以更好地消除噪声,帮助判断数据之间的关联。 **答案:B。**

参考文献

[1] Hatton I A, McCann K S, Fryxell J M, et al. The Predator-Prey Power Law: Biomass Scaling Across Terrestrial and Aquatic Biomes[J]. Science, 2015, 349: aac6284.

Austruca mjoebergi 是一种招潮蟹,雄性会同步挥动螯肢来求偶。研究者们利用野生雌性和机械控制的螯肢(模拟雄性)设计了多个实验。实验中的挥螯时间设定和实验场地设计如图 74 所示,黑色圆点为雌性,方块为机械螯肢,机器螯肢摆动频率均为 16.8 次/min。回答 73、74 题。

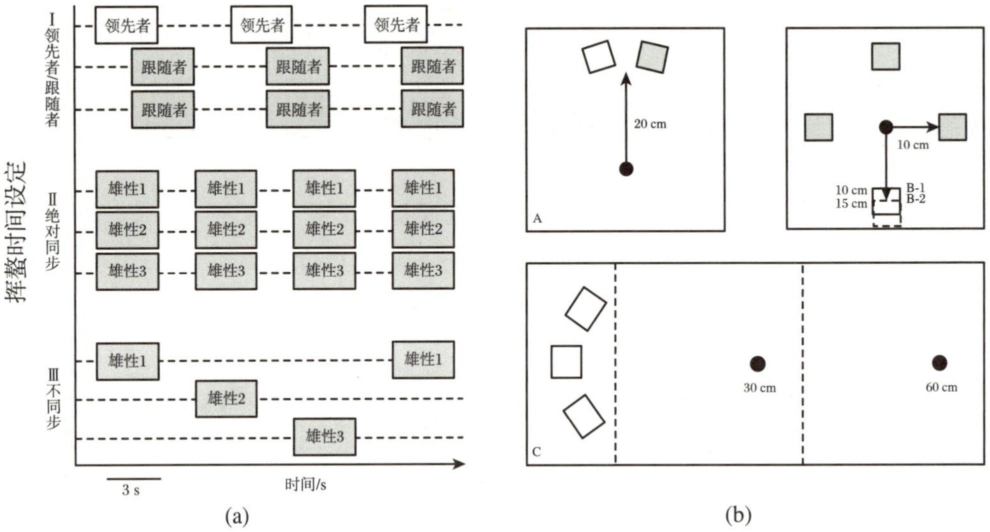

图 74

73 若研究者们想知道雌性对于领先雄性和跟随雄性的喜好度有无差别,则最好选择的实验设计是(　　)。(单选)

A. 挥螯时间Ⅰ+场地 A　　B. 挥螯时间Ⅰ+场地 B-1

C. 挥螯时间Ⅰ+场地 B-2　　D. 挥螯时间Ⅲ+场地 C

解析 同步的雄性求爱信号是令人费解的,因为雄性通常会为了争夺雌性而相互竞争。雄性招潮蟹同步挥舞螯肢以吸引雌性,但是在其他条件相同的情况下,雌性对先于其他雄性("追随者")挥舞螯肢的"领导者"雄性有强烈的偏好。那么为什么追随者会参与同步?追随者同步挥舞螯肢有三种可能的解释:① 追随者获得小部分的交配;② 如果追随者的位置比领导者更靠近雌性,那么它们更有可能吸引雌性;③ 同步挥舞螯肢是吸引雌性的远距离视觉信号,因此对所有雄性来说,同步有净收益。研究者对机器人雄性螃蟹设置不同的挥舞螯肢的方式(图 74(a)),在不同的实验场地进行实验(图 74(b))。首先确定雌性对"领导者"雄性的偏好强度,对领导者/追随者挥螯方式在图 74(b)场地 A 进行实验,雌性(黑色圆)在两个机器人雄性之间进行选择,一个为"领导者"(白色方块),另一个为"追随者"(灰色方块)。结果显示,30 只雌性中,有 26 只接近"领导者"而不是"追随者",雌性对"领导者"有显著偏好。 **答案:A。**

74 结果显示雌性明显偏好领先挥螯的雄性。对于其他雄性挥螯行为的存在意义,研究者又提出了假设。如果选用挥螯时间Ⅰ+场地 B-1、挥螯时间Ⅰ+场地 B-2、挥螯时间Ⅱ+场地 B-2 三者对比组合的实验设计,可以验证的假设是(　　)。(单选)

A. 同步挥螯可以吸引更远处的雌性，对所有雄性都有益处

B. 雄性的领先挥螯和跟随挥螯是受频率制约的行为，具有相同的适合度

C. 雌性对领先挥螯雄性选择的偏好性会受到跟随者数量多少的影响

D. 雌性对雄性的选择可能与距离相关，越接近雌性的雄性越受雌性青睐

解析 接下来实验证明：如果追随者的位置比领导者更靠近雌性，那么它们更有可能吸引雌性（D 选项）。研究人员设置了 3 个实验，每个实验中，雌性被一群同时挥螯的机器人雄性包围（位于 4 个不同方向）。实验 1 中，4 个机器人雄性与中央雌性的距离相等（10 cm），其中一个机器人是“领导者”，另外 3 个是“追随者”（题干中的“挥螯时间Ⅰ＋场地 B-1”）。实验 2 中，向雌性展示与实验 1 相同的选择，但“领导者”距离雌性 15 cm，而“追随者”依旧距离雌性 10 cm（题干中的“挥螯时间Ⅰ＋场地 B-2”）。实验 3 中，所有的 4 只都同步挥螯，3 只距离雌性 10 cm，1 只距离雌性 15 cm。结果显示，实验 1 中，40 只雌性中有 15 只接近“领导者”，25 只接近“追随者”；实验 2 中，40 只雌性中有 13 只接近较远的“领导者”，27 只接近较近的“追随者”；实验 3 中，40 只雌性中有 5 只接近较远的雄性，35 只接近较近的雄性。假设雌性对雄性没有偏好，则每个方向均应当有 10 只雌性接近此方向的雄性，从实验 1 的结果可知，雌性明显偏向“领导者”（15＞10）；从实验 3 的结果可知，单纯的距离也对雌性的选择造成了影响，在没有领导者的情况下，越接近雌性的雄性越受雌性青睐（5＜10）；从实验 2 的结果可知，距离对雌性的偏好产生了影响，但雌性仍然更偏向稍远一些的“领导者”（15＞13＞10）。因此 D 选项正确。

另外一组实验证明：同步挥舞螯肢是吸引雌性的远距离视觉信号，因此对所有雄性来说，同步有净收益。雌性和雄性相距 30 cm 或 60 cm，每个距离再设置 3 个实验：① 完美同步挥螯（perfect synchrony）；② 不同步挥螯（asynchrony）；③ 有一“领导者”和两个“追随者”（leader/follower）。最终结果显示，当存在“领导者”时，雌性更有可能接近一个较远的雄性群体，说明同步挥舞螯肢是吸引雌性的远距离视觉信号，“追随者”在此过程中也有收益。 答案：D。

参考文献

[1] Harrison L M，Melo G C，Perez D M，et al. Why Signal If You Are Not Attractive? Courtship Synchrony in a Fiddler Crab[J]. Behavioral Ecology，2021，32：1224.

75 为了研究鼠类的取食和储食行为在植物种子扩散中的作用，研究者在温带森林生态系统中为鼠类提供了 4 种果皮厚度的栓皮栎种子（1～6 mm），通过监视器观察种子留存的比例（图 75(a)），并追踪观察种子的去向和被鼠类利用的状况（图 75(b)，* 为显著性差异，* * 为极显著性差异）。由此，下列推论中正确的有（　　）。（多选）

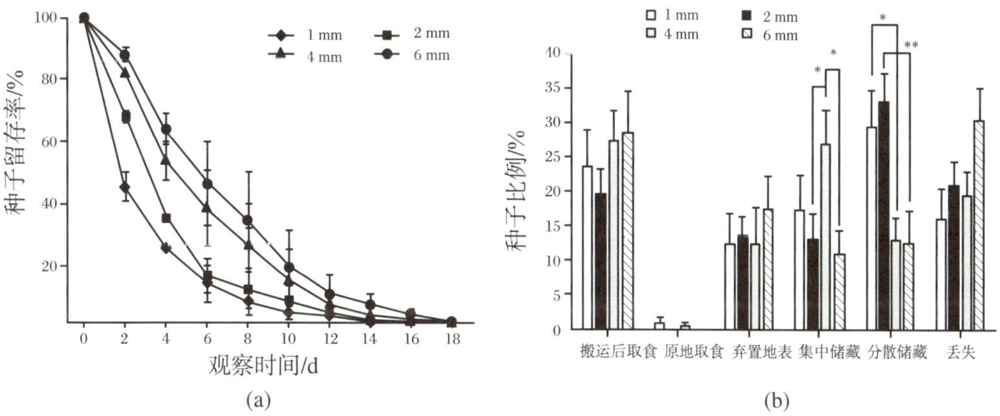

图 75

A. 鼠类偏好储藏果皮厚 1 mm 和 2 mm 的种子

B. 鼠类优先带走果皮较薄的种子

C. 鼠类对于不同果皮厚度的种子的取食率没有明显差异

D. 鼠类偏好丢弃果皮厚度为 6 mm 的种子

解析 实际上本实验是通过去除天然栓皮栎（*Quercus variabilis*）种子的外壳，再在种仁外包被不同层数（1、2、4、6）的聚乙烯薄膜（对应题目中 1 mm、2 mm、4 mm 和 6 mm），模拟不同厚度的种壳，准确控制种壳厚度，从而研究种壳厚度对鼠类种子扩散行为及种子命运的影响。

图 75(a)显示了不同种壳厚度的人工种子在释放点的存留动态，结果显示壳 1 mm 厚的种子在释放 12 d 后被完全扩散，2 mm 和 4 mm 厚的种子在释放 14 d 后被完全扩散，6 mm 厚的种子在释放 16 d 后被完全扩散，故鼠类优先带走（扩散）种壳较薄的种子，随着种壳厚度的增加，扩散速率逐渐降低，种壳最厚（6 mm）的种子扩散最慢，B 选项正确。

图 75(b)显示了不同种壳厚度的人工种子的命运。随着壳厚的增加，鼠类分散储藏种子呈先增加后逐渐下降的趋势，偏好分散储藏种壳厚 1 mm 和 2 mm 的种子。鼠类对不同壳厚的种子集中储藏率差异较大，种壳厚度为 4 mm 时，种子的集中储藏率最大（27.0%），A 选项描述不完全。鼠类原地取食率极低，仅有少部分种子被原地取食，且在不同壳厚种子间无显著差异。搬运后取食率在不同壳厚种子间也无显著差异，C 选项正确。

D 选项所说的"丢弃"可能让人误以为对应的是图中的"丢失"，但"丢失"在原文里是 missing，指的是部分种子被搬离释放点后未能及时找到，因而无法确定种子命运，常被认为搬运到洞穴储藏或被鸟类等动物远距离搬运，而不是被动物主动丢掉，弃置地表才是动物主动丢弃。好在无论是弃置还是丢失，在不同壳厚种子间都无显著差异，D 选项错误。 **答案：BC。**

参考文献

[1] 朱云龙，杨锡福，顾海峰，等. 种壳厚度对鼠类种子扩散行为及种子命运的影响[J]. 兽类学报，2021，41:667.

第四部分　遗传学、进化生物学、生物信息学

76 对于常染色体完全显性的孟德尔式单因子杂交，所获得的 F_1 的表型与比例跟亲代相同的杂交方式的种类有（　　）。（单选）

A. 2 种　　B. 3 种　　C. 4 种　　D. 5 种

解析 题中的"杂交"是泛指，在某一基因座上基因型相同的两个个体之间也属于杂交而非自交，因此所有满足的杂交组合有 AA×AA、AA×Aa、aa×aa、Aa×aa，共 4 种。 **答案：C。**

77 一种基因型为 AAaa 的同源四倍体植物，若只考虑减数分裂时同源染色体的两两配对形成配子，则该植物自交后，产生 aaaa 后代的比例是（　　）。（单选）

A. 1/36　　B. 1/18　　C. 1/16　　D. 1/8

解析 同源染色体两两随机配对再随机分离，实际上相当于四个染色体自由组合，一共有 $C_4^2=6$ 种可能，其中 aa 型配子只有 1 种，比例为 1/6，产生 aaaa 型后代需要两个 aa 配子结合，比例为 1/6×1/6=1/36。 **答案：A。**

78 曾经有一个很大的恐龙群体，某基因在该群体中的分布为：4% 为 AA，32% 为 Aa，64% 为 aa。一场气候剧变导致所有隐性纯合个体 aa 死亡。灾难过后，新出生的下一代中，隐性纯合体占所有新生个体的比例为（　　）。（单选）

A. 4%　　B. 8.5%　　C. 19.7%　　D. 36.8%

解析 该群体之前是平衡群体，灾难过后群体中 a 基因占比为 0.32÷2÷(1−0.64)=4/9，因此下一代中隐性纯合体占比为 $(4/9)^2=16/81\approx19.75\%$。 **答案：C。**

79 基因型分别为 C/c^{ch} 和 c^e/c 的兔子杂交，后代中基因型为 C/c^e 的比例为（　　）。（单选）

A. 0　　B. 1/4　　C. 1/2　　D. 3/4

解析 C/c^{ch} 型个体产生 C 配子的比例为 1/2，c^e/c 型个体产生 c^e 型配子的比例是 1/2，因此产生 C/c^e 型个体的概率应该为 $1/2\times1/2=1/4$。 **答案：B。**

80 一位 A 型血的女士跟一位 AB 型血的男士结婚，他们孩子的血型为（　　）。（单选）

A. A 型　　B. A 型或 AB 型

C. B 型或 AB 型　　D. A 型、B 型或 AB 型

解析 A 型血个体的基因型有两种情况，其一是 I^AI^A 型，其二是 I^Ai 型。第一种与 AB 型个体交配后可以产生等比的 A 型血和 AB 型血，第二种可以产生等比的 A 型血、B 型血和 AB 型血。 **答案：D。**

81 一种蠕虫有的身体黏滑，有的则不黏。黏滑雌虫与不黏雄虫杂交后，后代雄虫均黏滑，雌虫均不黏；不黏雌虫与黏滑雄虫杂交后，后代均黏滑。由此可推断显性等位基因和异配性别分别是（　　）。（单选）

A. 黏滑，雌性　　B. 黏滑，雄性　　C. 不黏，雌性　　D. 不黏，雄性

解析 从第一个实验可以判断出，该性状与性别有关；由第二个实验后代均黏滑，可以判断黏滑是显性。假设该蠕虫为 XY 型性别决定，则第一次杂交为 $X^AX^a\times X^aY$ 或 $X^AX^A\times X^aY$，但只有母本为 X^aX^a 时雌性后代才都为不黏的 X^aX^a，与假设不符。假设该蠕虫为 ZW 型性别决定，则第一次杂交为 $Z^AW\times Z^aZ^a$，子代为黏滑雄虫 Z^AZ^a 和不黏雌虫 Z^aW，与题目相符；第二次杂交为 $Z^aW\times Z^AZ^A$，子代 Z^AZ^a 和 Z^AW 均黏滑，也与题目相符。 **答案：A。**

82 果蝇的性别由性指数（即 X 染色体的条数和常染色体的套数之比）决定，XXY 的果蝇是可育雌性，而 XO 的果蝇是不育雄性，XYY 是可育雄性。据此判断下列说法错误的是（　　）。（单选）

A. 染色体组成为 3A＋3X 的果蝇表现为雌性，但可能不育

B. 染色体组成为 3A＋X＋Y 的果蝇表现为雌性，但不能生育

C. 果蝇的 Y 染色体对其性别无决定作用

D. Y 染色体上可能携带有保证雄蝇生殖力所必需的基因

解析 果蝇的性别由性指数决定，性指数为 1 则发育为雌性，0.5 则为雄性，1～0.5 为不育的间性，超过 1 的超雌或小于 0.5 的超雄都在胚胎期死亡。3A＋3X 是性指数为 1 的雌性，但三倍体的配子大多非整倍，因此高度不育，A 对；3A＋X＋Y 是性指数为 1/3 的不育间性而非雌性，B 错。果蝇 Y 染色体携带与雄性育性相关的基因，如 *kl*-2、*kl*-3 和 *kl*-5 与微管功能相关，突变体鞭毛结构与运动功能受损，导致不育（图 76），因此缺失 Y 染色体的雄蝇也不育，但是其本身并不决定果蝇的性别，C、D 对。 **答案：B。**

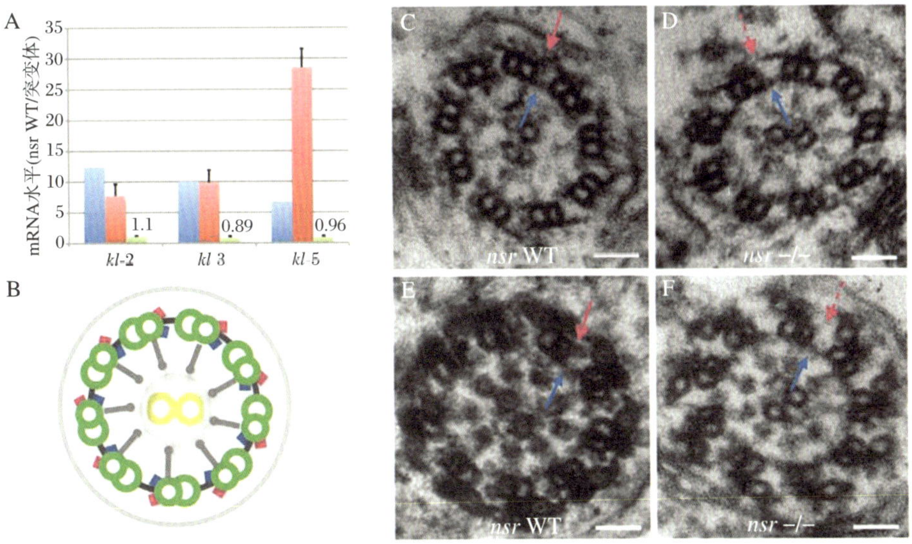

图 76 *nsr*（novel spermatogenesis regulator）基因突变对下游 Y 染色体基因 *kl*-2、*kl*-3 和 *kl*-5 的表达以及精子鞭毛结构的影响

参考文献

[1] Ding Y，Zhao L，Yang S，et al. A Young *Drosophila* Duplicate Gene Plays Essential Roles in Spermatogenesis by Regulating Several Y-Linked Male Fertility Genes[J]. PLoS Genetics，2010，6：e1001255.

维生素 A 在体内转化为 11-顺视黄醛后，与视网膜特定细胞中的视蛋白结合成视紫红质。视紫红质接受光信号后，11-顺视黄醛转变为全反式视黄醛，视紫红质构象变化，激活细胞内的信号通路，最终产生视觉。全反式视黄醛与视蛋白脱离，经复杂的转运和酶促反应，再度转变为 11-顺视黄醛重复利用。RPE65 在这个过程中起了重要作用。最新研究表明，一种 G 蛋白偶联受体 RGR 可能参与了全反式视黄醛转变为 11-顺视黄醛的反应，于是研究者从基因组文库中分离出小鼠 RGR 基因，构建了如图 77 所示的打靶载体，经过一系列操作，获得打靶后的基因。回答 83～89 题。

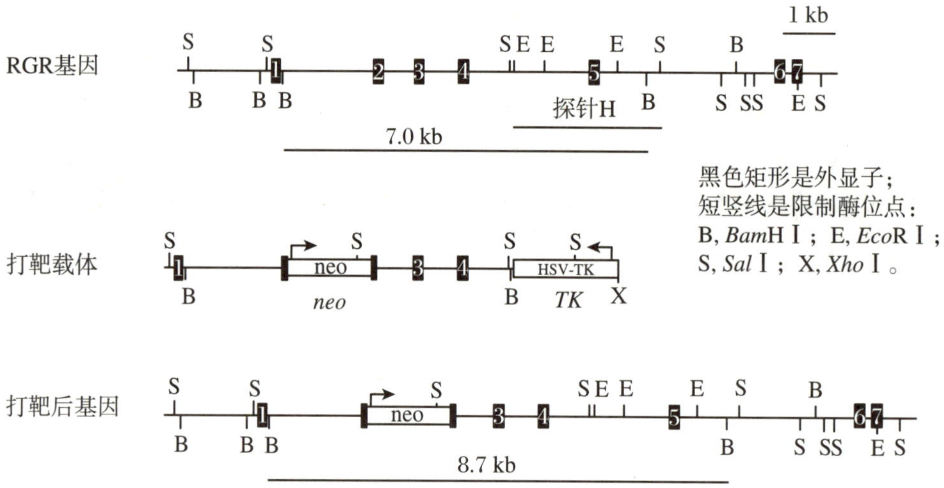

图 77

83 打靶载体中连接病毒胸腺核苷激酶基因（*TK*）的目的是（　　）。（单选）

A. 提高同源重组的效率

B. 协助 DNA 复制和细胞分裂

C. 提高细胞抗病毒感染的能力

D. 提高打靶成功的细胞克隆所占比例

解析 本题考查的是重组载体的正负筛选，正选择基因多为新霉素抗性基因 *neo*，位于载体的同源区内，同源重组或随机重组都可以将其整合进目标 DNA，后期可以用新霉素 G418 筛选出发生过重组的细胞；负选择基因位于同源区外，可以通过错误的随机重组整合进目标 DNA，但在正确发生的同源重组中被切除丢失，因此可以通过添加相应底物杀死含有特定负选择基因的细胞，进而对随机重组进行负筛选。

本实验选用的是单纯疱疹病毒胸苷激酶基因（*HSV-TK*），其产物与细胞胸苷激酶的不同之处在于，除了可以正常催化胸苷接受 ATP 的磷酸转变为 TMP，还可以催化一些结构类似的底物，例如使 2′-脱氧鸟苷的类似物——更昔洛韦转变成核苷酸类似物，进而影响到 DNA 的正常复制，最终导致细胞死亡，这也是更昔洛韦抗病毒的原理，如图 78 所示；不过本实验选用的是 2′-脱氧-2′-氟-β-D-阿拉伯呋喃糖基-5-碘尿嘧啶（FIAU），其原理与更昔洛韦类似，都会杀死错误重组的细胞，提高最终得到的细胞中打靶成功的比例，如图 79 所示。 答案：D。

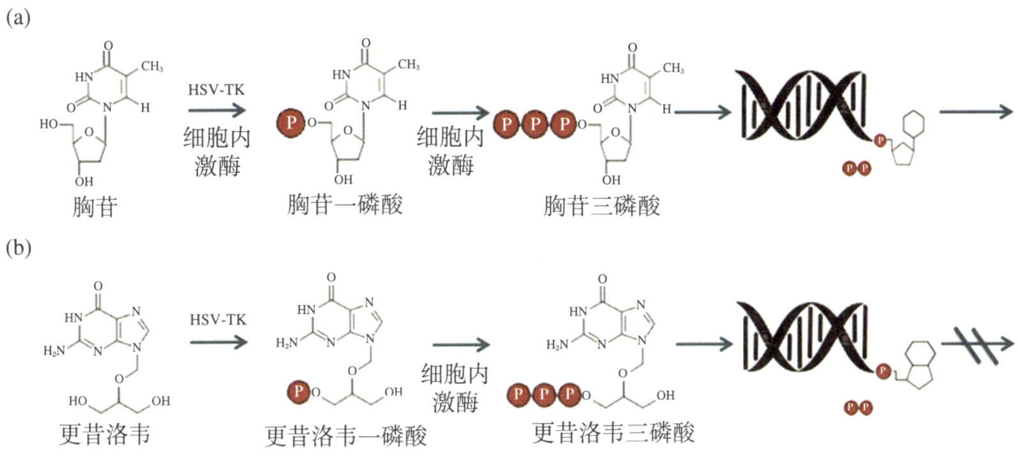

图 78

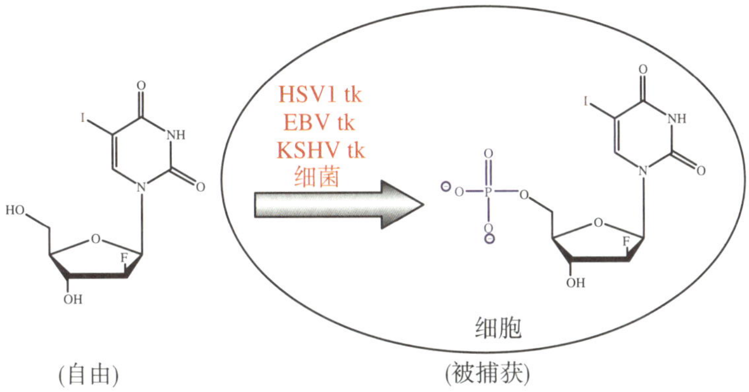

图 79

参考文献

[1] Rangel-Sosa M M, Aguilar-Córdova E, Rojas-Martínez A. Immunotherapy and Gene Therapy as Novel Treatments for Cancer[J]. Colombia Medica, 2017, 48: 138.

84 构建打靶载体时,*neo* 基因和 *TK* 基因的插入位置应该是(　　)。(单选)

A. *neo* 应该插在载体中间,而 *TK* 要插在载体 3'端

B. *neo* 要插在外显子内部,*TK* 插在载体任意一端即可

C. 两个基因一个插在外显子内部,另一个要插在载体 3'端

D. 图 77 中是唯一正确构建打靶载体的方法

解析 根据上题解析可知 *neo* 应该插在载体中间的同源区,但不一定插在 2 号外显子内,也可以插在其他外显子内,都可以在重组后失活该基因,因此 D 错;而 *TK* 要插在同源区外,具体是 3'端还是 5'端没有特殊要求,但是一般都插在 3'端,因此 B 对,A 错。如果将二者位置调换,则同源重组会整合细胞毒性的 *TK* 基因,抗性基因 *neo* 反而被切除,通过类似的筛选也可以判出哪些细胞是正确重组的,但那时它们已经死了,C 错。 答案:B。

85 为验证是否获得了打靶成功的胚胎干细胞,应该采用的方式是(　　)。(单选)

A. 分别在外显子 1 和 *neo* 上设计引物,进行 PCR 扩增,检测有没有阳性条带

B. 分别在外显子 1 和外显子 3 上设计引物,进行 PCR 扩增,检测条带的大小

C. 用 *Bam*H Ⅰ 酶切后,以外显子 4 附近的序列为探针进行 Southern 杂交检测

D. 用 *Sal* Ⅰ 酶切后,以 *neo* 附近的序列为探针进行 Southern 杂交检测

解析 PCR 常用于验证重组或插入是否成功，方法与图 80 所示的三种验证质粒是否成功构建的方法类似，其中插入特异性引物只能确定插入片段是否存在，不能判断插入方向是否正确，也不能确定阴性结果到底是由未插入还是 PCR 失败导致；骨架特异性引物不涉及插入序列的信息，可以通过同一对引物筛查同一位点的各种不同插入，也可以判断插入片段的大小是否正确，对扩增片段进行测序才可以判断插入方向；方向特异性引物则可以直接通过产物的有无判断插入方向是否正确，但和插入特异性引物一样也难以区分假阴性。

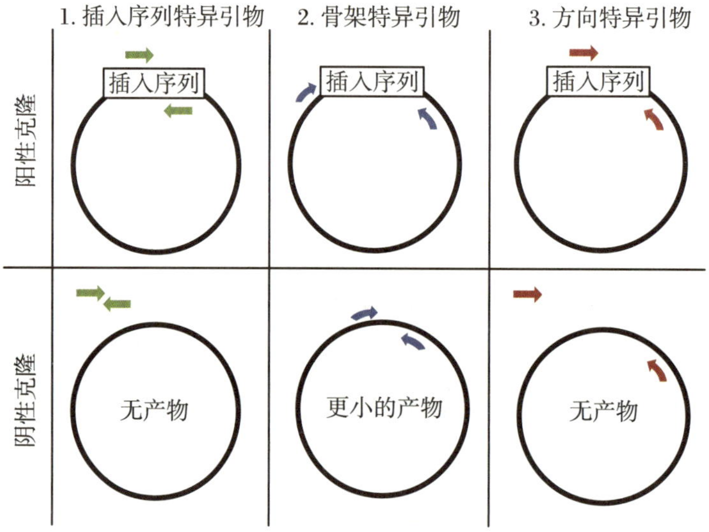

图 80

A 选项是一端骨架一端插入的方向特异性引物设计，但只检测是否有阳性条带而不看片段大小，随机位点重组进 *neo* 片段也会有阳性片段；而且没有重组就不会有条带出现，也就没有办法区分重组纯合体和杂合体，因此 A 错。B 选项是两端都在骨架上的骨架特异性引物设计，理论上可以通过产物片段的大小判断是否有插入以及插入序列的长度，但 PCR 扩增片段的长度一般都在 1 kb 以下，而该设计在插入前的扩增片段中就包含两个较长的内含子，总长度约为 3 kb，插入后的总长更是长达约 4.5 kb，是一般 PCR 难以承受之长。

观察序列位点可知，插入位点两端有 *Bam*HⅠ位点，二者之间包含外显子 4，而插入序列内没有 *Bam*HⅠ位点，因此用 *Bam*HⅠ酶切后打靶基因比野生型基因长 *neo* 这一段，且随后以外显子 4 附近的序列为探针进行 Southern blot 可以特异性指示目标片段，也可以区分两片段的大小，因此 C 对。实际上研究人员使用的就是该方案，只不过将探针换成了外显子 5 附近的一段序列（图 77 中的探针 H），其他操作和 C 选项完全相同，结果如图 81 所示，其中编号为 1、4、6 的个体是成功重组的纯合体，可以用于后续实验。

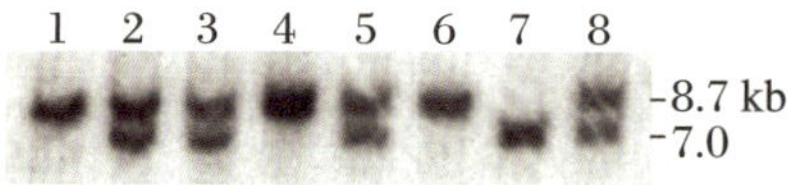

图 81

如果用 *Sal*Ⅰ酶切，则 *neo* 序列本身会被切割，假设使用的探针为 *neo* 左侧较大的片段（题中 *neo* 附近的序列实际上指的是其内部的特异序列），则通过 Southern blot 结果的有无和大小可以判断是否存在正确插入，但和 A 选项的问题一样，没有插入的阴性结果没有条带，因此也无法判断重组纯合体和杂合体，D 错。

答案：C。

86 得到打靶成功的基因修饰小鼠后，研究者将正常小鼠（+/+）和基因修饰的杂合子（+/−）与纯合子（−/−）小鼠分别分为两组，一组在黑暗中饲养 12 h，另一组在光照下饲养 8 h；随后测定眼睛中视黄醛和视紫红质的含量，结果如图 82 所示。由此可知，在该实验条件下，对野生型小鼠而言（　　）。（单选）

A. 在光照条件下，眼睛会损失一小部分视黄醛

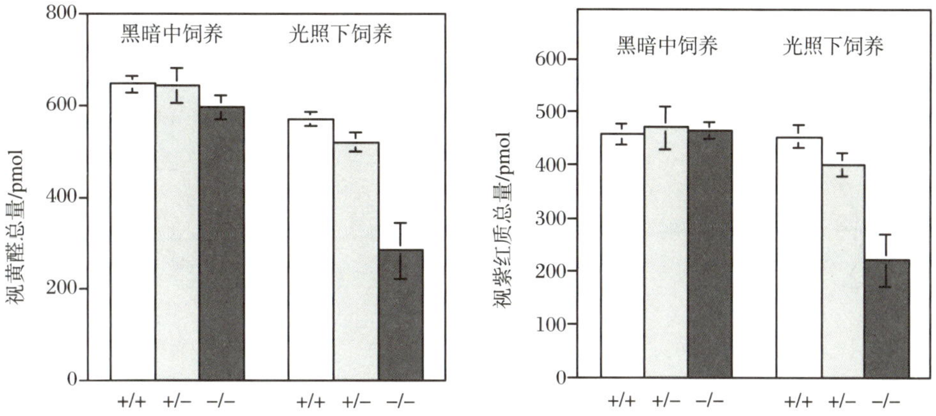

图 82

B. 大部分视紫红质对光信号没有反应

C. 视黄醛中全反式视黄醛约占 1/2

D. 全反式视黄醛在视网膜中转变为顺视黄醛

解析 首先注意图 82 左图的纵坐标为视黄醛总量，看不出顺式和反式的占比变化，因此 C、D 都看不出来，实际上原文献表示在各种情况下顺式的比例都在 90%左右。从图 82 左图中可以看出黑暗中饲养的小鼠视黄醛总量都较高，各基因型之间没有显著差异；而光照下饲养的小鼠视黄醛总量都有所下降，因此 A 对，此外还能明显看出敲除纯合子（－/－）个体下降量远大于野生型或杂合子。视紫红质的变化情况几乎与视黄醛一致，因此对光信号也有反应，B 错。 **答案：A。**

87 由上述结果，对光照条件下 RGR 功能的推测最合理的是（　　）。（单选）

A. 通过 cAMP 调控视蛋白的表达

B. 影响顺式视黄醛与视蛋白的结合

C. 影响全反式视黄醛向顺式视黄醛的转变

D. 影响视紫红质在光照下的稳定性

解析 由上题可知－/－小鼠在光下视黄醛总量和视紫红质总量同步下降，由于是顺式视黄醛和视蛋白结合成视紫红质，因此是视黄醛的减少导致了视紫红质的减少，而非视紫红质影响视黄醛。评议稿最初选 B，可能是出题人认为视黄醛总量的减少会导致顺式视黄醛也减少，进而影响到顺式视黄醛与视蛋白的结合，但影响结合的说法一般理解为二者结合能力的改变，因此 B 选项是不合适的；而且上题就强调了图 82 中只展示了视黄醛总量，并不能直接看出其中顺式的占比，因此也就无法直接确定顺式视黄醛的含量是否真的降低。

在经典视色素循环中，全反式视黄醛（atRAL）会迅速转化为全反式视黄醇（atROL），随后进入视网膜色素上皮（RPE）并通过 RPE65 转化为 11-顺式视黄醛（11c-RAL），如图 83 所示。因此－/－小鼠在光下视黄醛总量的减少也就代表顺式视黄醛的绝对含量降低，说明有更多视色素积累在了视黄醇阶段，进而说明全反式视黄醛向顺式视黄醛的转变受到影响，因此应该选 C。

后续实验表明 RGR 是一种依赖于光照的异构酶，功能是将反式视黄醛直接异构为顺式视黄醛，与 RPE65 途径相互独立；但同时 RGR 还能促进 RPE65 途径，且该功能不依赖光照。因此失去 RGR 途径的－/－小鼠在光下只能通过 RPE65 途径进行转化，导致视黄醇的堆积和总视黄醛水平的下降，转化出的 11-顺式视黄醛绝对值降低，导致视紫红质水平也下降。 **答案：C。**

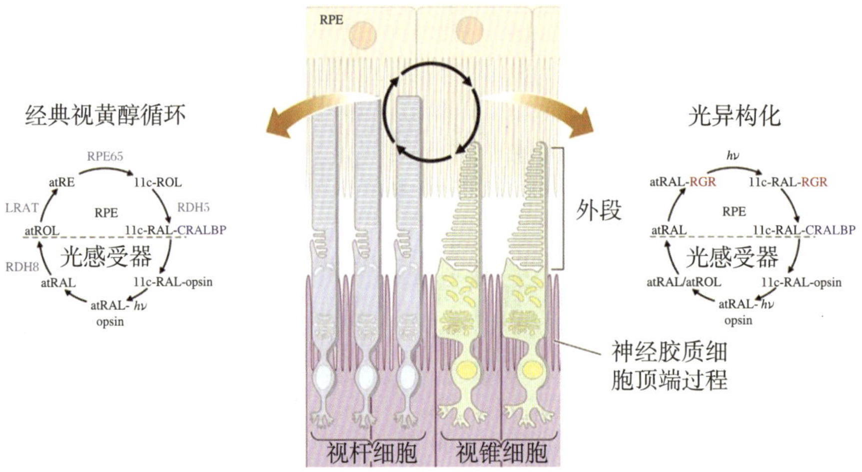

图 83

88 在黑暗中饲养的野生型小鼠和纯合基因修饰小鼠经过不同时间的光照后，再度置于黑暗中，测定视紫红质随时间变化的情况，结果如图 84 所示。结合前述实验结果，下列叙述合理的有（　　）。（多选）

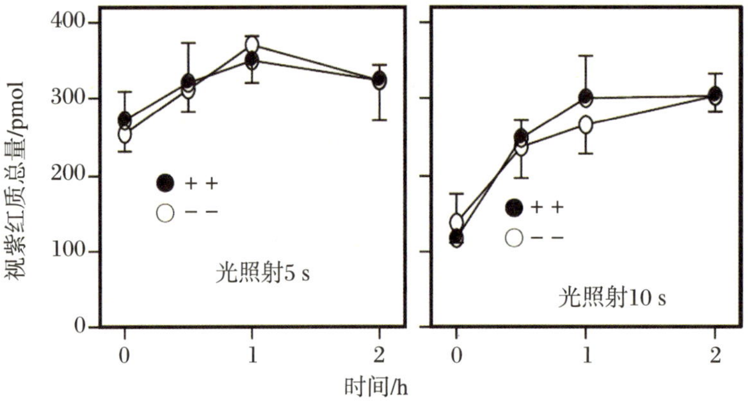

图 84

A. 此次光照强度比前述实验更强

B. 全反式视黄醛向顺式视黄醛的转变主要在黑暗中进行

C. RGR 主要影响光照时全反式视黄醛向顺式视黄醛的转变

D. RGR 在黑暗中活性更高

解析 已知光照可以降低视黄醛的总量，进而影响视紫红质的总量，与上一个实验相比，本实验中野生型小鼠在短时间光照后的视紫红质含量更低，因此光照强度应该比前述实验更强，A 对。实际上本实验使用的光强是 30000 lux，而之前使用的是 4000 lux。实验结果显示，黑暗中 −/− 小鼠的视紫红质恢复速度与野生型一致，说明 RGR 与黑暗中的视色素转化无关，D 错。但单独该实验不能看出 RGR 在光下与视色素的转化有关，只有在上题 C 选项正确的基础上，即已经确认 RGR 确实参与全反式视黄醛向顺式视黄醛的转变，才能确定 RGR 主要影响光照时的转化，因此 C 对。上题中野生型小鼠在正常光照下的视黄醛和视紫红质总量都没有显著变化，说明 RGR 和 RPE65 同时运转时可以维持顺视黄醛的总量，而黑暗中只有 RPE65 参与的经典视色素循环，转化速度会有所下降；而且只有在光照下，才会有大量顺式视黄醛不断转化为全反式视黄醛，推动视色素循环不断进行，因此从全反式视黄醛向顺式视黄醛的转变不论是速度还是数量都是在光下更多，B 错。 答案：AC。

89 RGR 的发现可以解释的现象是（　　）。（单选）

A. 人体需要补充维生素 A

B. 在白天，RPE65 的催化效率低于全反式视黄醛的转化效率

C. 视网膜色素细胞变性导致夜盲

D. 有些夜盲症患者白天也视物不清

解析 根据之前的分析可知，白天时全反式视黄醛的转化由 RGR 和 RPE65 同时催化，因此 RPE65 的催化效率肯定低于全反式视黄醛的总转化效率，B 对。本题中敲除 RGR 导致视蛋白或视黄醛缺乏，该问题属于转化速度降低，与底物水平无关，因此和补充维生素 A 没有关系，A 错。

视网膜色素变性（retinitis pigmentosa，RP）又名遗传性视网膜失养症（inherited retinal dystrophy，IRD），症状包括夜盲、周边视野缺损等，后者逐渐恶化可能逐渐导致管视角（视野狭隘），少见完全失明，一般发病于童年时期，并随时间逐步恶化。RP 的发病机制主要是视杆细胞的进行性缺失，可以由多种不同的突变基因导致；又由于视杆细胞会分泌一种抑制视锥细胞凋亡的活性因子（RdCVF），因此一般也会间接引起视锥细胞缺失，于是有些夜盲症患者白天也视物不清，但都与本题无关，C、D 错误。 **答案：B。**

参考文献

[1] Chen P, Hao W, Rife L, et al. A Photic Visual Cycle of Rhodopsin Regeneration is Dependent on Rgr[J]. Nat. Genet., 2001, 28: 256.

[2] Choi E H, Daruwalla A, Suh S, et al. Retinoids in the Visual Cycle: Role of the Retinal G Protein-Coupled Receptor[J]. J. Lipid Res., 2021, 62: 100040.

[3] Wenzel A, Oberhauser V, Pugh E N Jr, et al. The Retinal G Protein-Coupled Receptor (RGR) Enhances Isomerohydrolase Activity Independent of Light[J]. J. Biol. Chem., 2005, 280: 29874.

家族性混合型高脂血症（familial combined hyperlipidemia，FCHL）是一种人类单基因遗传病，患者血脂明显偏高并易发生冠心病，同时存在其他症状并且有很大的个体差异。1998 年，人们把致病基因定位于 1q21-23，但未能找到致病基因。2002 年，研究者在 FCHL 模型小鼠中进行定位克隆，终于找到突变基因 *Txnip*。回答 90～93 题。

90 1998 年人们虽然将 FCHL 的致病基因定位于 1q21-23，但未能找到致病基因，可能的原因有（　　）。（多选）

A. 测定了这一区域内所有已知基因的序列，未发现突变

B. 这一区域内没有任何已知基因与血脂有关

C. 这一区域还有未知基因存在

D. 这一区域包含很多基因，无法进一步研究

解析 1998 年的基因组测序技术尚不成熟，人类基因组计划远没有完成，因此当时的基因定位研究多采用的是分子标记的遗传分析。该研究筛选出 31 个孤立的芬兰患病家系，将一些已知的脂质代谢基因作为候选基因，然后对候选基因所在的 10 个染色体区域进行了连锁分析，即通过观察家系中重组型个体的比例，判断目标基因是否与附近已知的 FCHL 特征性 STS 位点连锁。研究结果表明（图 85），FCHL 特征标记 *D1S104* 与载脂蛋白 A-Ⅱ（APOA2）的基因连锁，但 *APOA2* 基因内的标记却与 FCHL 性状并没有显著连锁，因此排除其是致病基因的可能；还发现 *D1S104* 附近的 *D1S1677* 标记也与 FCHL 特征显著连锁，因此将致病基因的位置定位在这两个标记所在的 1q21-23 区域，但具体致病基因未知，可能是该区域内某个未知基因，或某个虽然已知但此前并不知道其与脂代谢相关的基因。

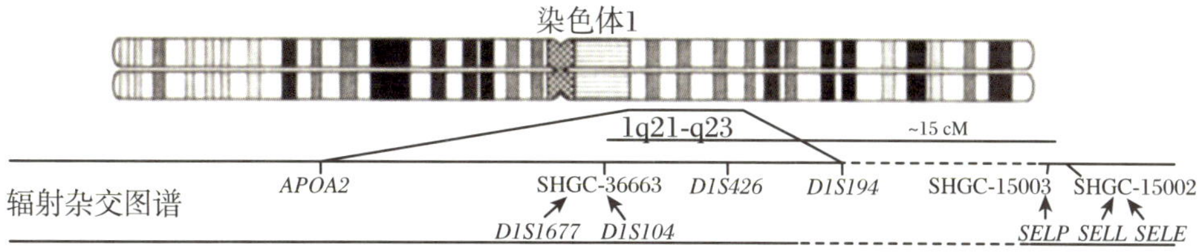

图 85

本题并未提供相应的背景信息，且问的是可能的原因，因此只要选项是合理的，都要选择。当时测序技术虽不成熟但也可以进行，因此研究人员理论上可以对该区域进行测序，A 是可能的；虽然题文表示该区域刚好有血脂相关基因，但也可能恰好没有，或致病基因是该区域另一当时未知的基因，因此 B、C 也是可能的；即使该区域基因再多，只要我们知道它们存在于此就有办法研究，因此 D 错。 答案：ABC。

参考文献

[1] Pajukanta P，Nuotio I，Terwilliger J D，et al. Linkage of Familial Combined Hyperlipidaemia to Chromosome 1q21-q23[J]. Nat. Genet.，1998，18：369.

91 定位 FCHL 致病基因时，研究者没有检测到相关分子标记的连锁不平衡，可能原因有（　　）。（多选）

A. 相关分子标记与致病基因不连锁　　B. 不止一个祖先个体发生同一个基因的突变

C. FCHL 是显性突变导致的遗传病　　D. 突变发生于远古时期的人类群体中

解析 连锁不平衡是指两个或多个基因座的某种基因型组合出现的概率高于随机组合的概率，不平衡程度一般用二者的差值来描述，即 $D=p(AB)-p(A)\times p(B)$，其中 A 和 B 为两个特定的等位基因。如图 86 所示，如果某突变基因是单独起源的，即最初只有一份该突变基因，则其周围的分子标记也只有一种情况，因此两位点之间的连锁是高度不平衡的；但如果不止一个祖先个体发生同一个基因的突变，则突变基因附近的分子标记种类也就多种多样，两位点之间的连锁也就随之降低，因此 B 对。此外，重组也可以使该突变基因和分子标记组合在一起，进而减少两位点之间的连锁不平衡度，因此突变发生越久远，突变基因与周围基因现在的连锁不平衡度就越低（图 87），D 对。

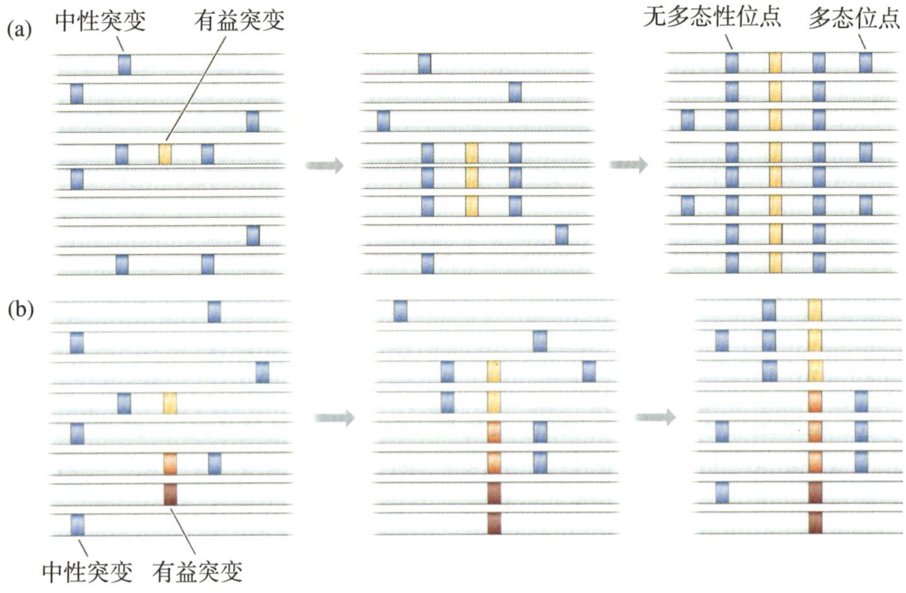

图 86 (a) 存在单独起源的有益突变；(b) 存在多个起源的有益突变

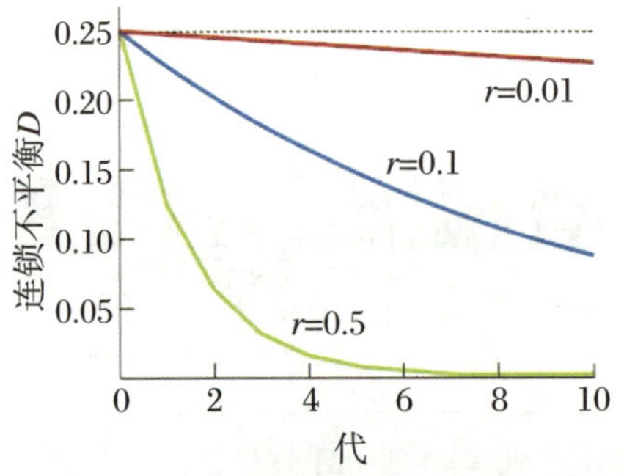

图 87

因为本研究使用分子标记对致病基因进行定位，所以相关分子标记肯定会在致病基因附近，没有发现连锁不平衡并不等于物理上不连锁，因此A选项是不可能的。显性突变显然也可以存在连锁不平衡，C选项也不对。实际上2006年的一项研究模拟了显性或隐性遗传病对连锁不平衡度衰减的影响，假设初始单倍型频率为A_1B_1和A_2B_2各半，不同基因型的发病率为f_{ij}，重组事件的数量随时间线性增加，结果显示显性遗传病模型（图88(a)虚线）的不平衡度衰减实际慢于无疾病模型（实线），而隐性遗传病模型（图88(b)虚线）的衰减速度更快。 **答案：BD。**

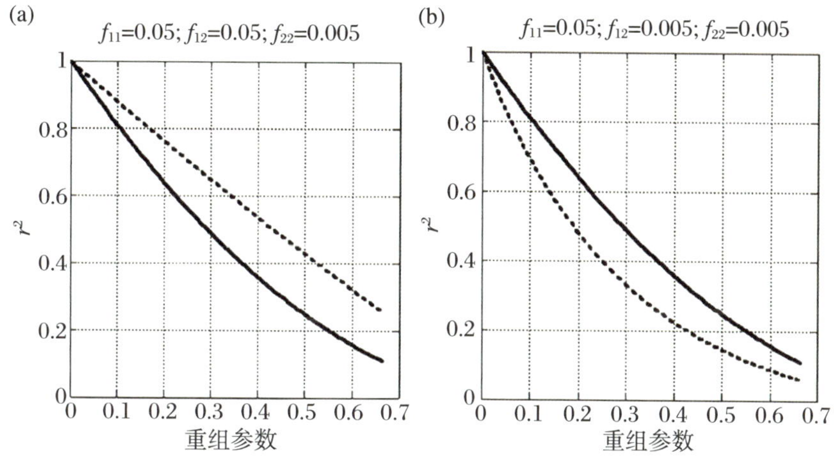

图88 疾病模型下的连锁不平衡。(a) 显性模型；(b) 隐性模型

参考文献

[1] Schrodi S J, Garcia V E, Rowland C, et al. Pairwise Linkage Disequilibrium under Disease Models[J]. Eur. J. Hum. Genet., 2007, 15: 212.

92 在小鼠中，人们将致病基因定位于分子标记*D3Mit*76和*D3Mit*100之间。对这一区域内的基因进行分析，发现只有*Txnip*的mRNA水平显著下降，但分子量没有变化，由此推测*Txnip*可能存在（ ）。（多选）

A. 缺失突变 B. 错义突变 C. 无义突变 D. 影响剪接的突变

解析 评议稿答案为ACD。首先注意本题的分子量指的应该是mRNA的分子量，而非蛋白质产物的分子量。如图89所示，原实验中，研究人员发现突变*Txnip*在第337位碱基处发生T→A颠换，使得产物中

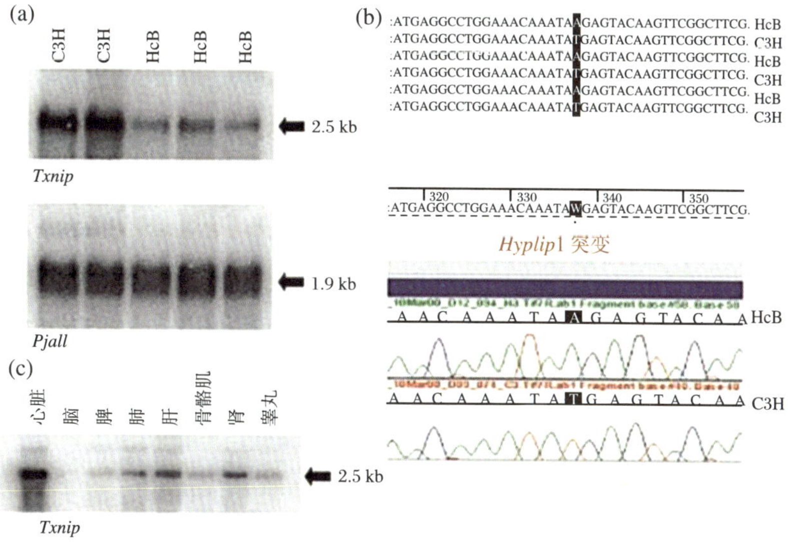

图89

97 号酪氨酸对应的密码子 TAT 变为终止密码子 TAA，这一无义突变几乎不影响 mRNA 的分子量，但过早出现的终止密码子可能会引起胞内 RNA 质量监控机制对突变 mRNA 的降解，于是引起 mRNA 水平的显著下降，C 选项没有问题。

本题推测可能的原因即可，影响剪接的突变可能只影响剪接效率，而不影响剪接结果，D 可能；缺失可能发生在内含子区域，进而也影响剪接效率，A 可能。评议稿答案没有 B，可能是认为错义突变本身并不会影响剪接，也不会激起 RNA 监视机制，毕竟没有办法识别出这种特异性差错，但该过程确实可能发生。如图 90 所示，2020 年的一项研究对 2 个受扩张型心肌病和心脏传导障碍影响的不相关家族进行了 DNA 测序，发现其致病基因 *LMNA*（编码核纤层蛋白 A）的 5 号外显子的最后一个密码子发生了错义突变（G936C，Q312H），进而产生了新的剪接位点，剪接错误的 mRNA 会被水解，最终导致 mRNA 水平的下降。鉴于大千世界无奇不有，只问"可能"过于开放，最终删去了本题。 答案：删除。

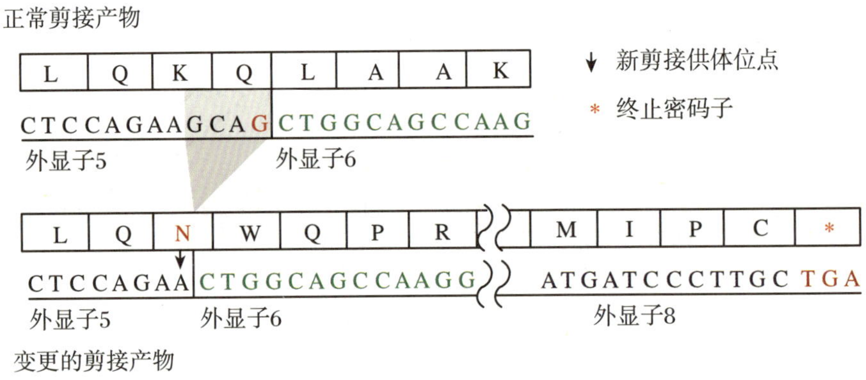

图 90

参考文献

[1] Bodnar J S, Chatterjee A, Castellani L W, et al. Positional Cloning of the Combined Hyperlipidemia Gene *Hyplip1*[J]. Nat. Genet., 2002, 30: 110.

[2] Kato K, Ohno S, Sonoda K, et al. *LMNA* Missense Mutation Causes Nonsense-Mediated mRNA Decay and Severe Dilated Cardiomyopathy[J]. Circ. Genom. Precis. Med., 2020, 13: 435.

93 FCHL 模型鼠 CO_2 产生量下降，血浆中酮体浓度上升。由此推测 *Txnip* 基因产物的功能最可能是（　　）。（单选）

A. 抑制糖酵解

B. 抑制脂肪酸氧化

C. 促进三羧酸循环

D. 促进糖异生作用

解析 CO_2 产生量下降说明三羧酸循环速度下降，原因可能是循环本身被抑制，也可能是底物水平下降；酮体浓度上升可能是脂肪酸氧化加速导致，也可能是酮体本身的代谢受到抑制。若 A 选项正确，则模型鼠糖酵解抑制反而被解除，进而产生大量 CO_2。如果 B 选项正确，则模型鼠脂肪酸氧化抑制被解除，代谢产生的乙酰 CoA 可以用于合成大量酮体，但此时三羧酸循环未受影响，则乙酰 CoA 和酮体代谢也会产生大量 CO_2；糖异生不影响 CO_2 产量，所以即使 *Txnip* 基因有这个功能，也无法由本实验的结果得出。

Txnip 基因编码一种胞质内的硫氧还蛋白互作蛋白（thioredoxin-interacting protein），可以结合并抑制硫氧还蛋白（Trx）的抗氧化功能；又因为 Trx 的结合域在 134～395 位残基处，故突变后截断在 97 位的蛋白失去了对硫氧还原蛋白的调控能力。研究发现，癌细胞中 *Txnip* 基因的表达下调，导致癌细胞的糖酵解升高而三羧酸循环、氧化磷酸化下降（瓦伯格效应），从这个点上看 *Txnip* 基因产物的功能是促进三羧酸循环。至于机理方面，在植物中的研究表明，Trx 可以抑制琥珀酸脱氢酶（SDH）与线粒体延胡索酸酶（mFUM），同时激活 ATP-柠檬酸裂解酶（ACL），如图 91 所示；至于小鼠体内虽然没有详细机理报道，但从现象上观察到

Txnip 基因的产物可导致细胞内[NADH]：[NAD^+]降低，进而促进三羧酸循环并导致 CO_2 产生量上升。综上，如果 *Txnip* 发生突变，则三羧酸循环下调，CO_2 产生量下降；脂肪酸代谢产生的乙酰 CoA 也发生累积，转而合成酮体，于是血浆中酮体浓度上升。 **答案：C。**

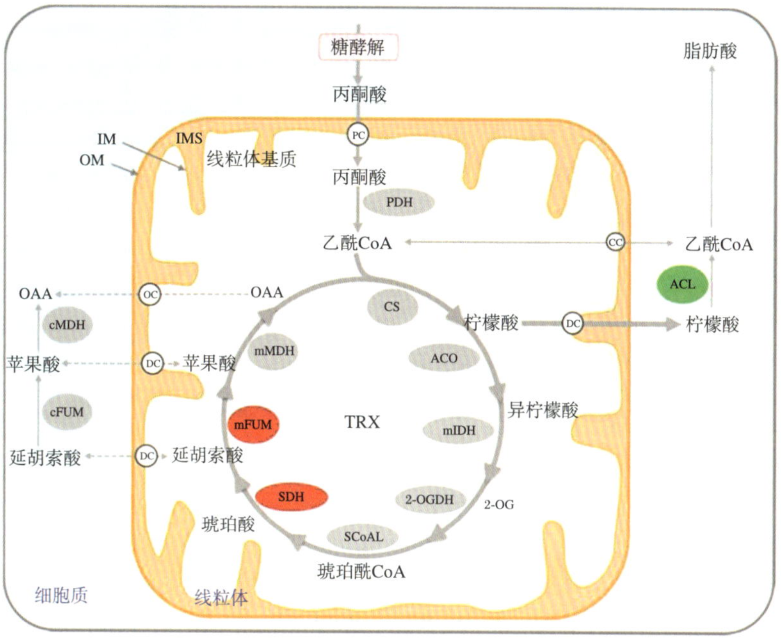

图 91 硫氧还蛋白(Trx)调节 TCA 相关酶的示意图
红色代表抑制，绿色代表激活。

参考文献

[1] Yu F-X, Chai T F, He H, et al. Thioredoxin-Interacting Protein (Txnip) Gene Expression: Sensing Oxidative Phosphorylation Status and Glycolytic Rate[J]. J. Biol. Chem., 2010, 285: 25822.

[2] Daloso D M, Müller K, Obata T, et al. Thioredoxin, A Master Regulator of the Tricarboxylic Acid Cycle in Plant Mitochondria[J]. PNAS, 2015, 112: E1392.

94 雄性孔雀的尾巴降低了其飞行能力，其鲜艳的颜色更容易引来掠食者，降低了生存能力，达尔文曾经对雄孔雀的尾巴充满困惑。以下相关论述错误的是(　　)。(单选)

A. 是“性选择”的结果，导致雄性生殖优势增加，大于其生存能力下降的劣势

B. 性选择主要是雄性个体之间彼此竞争，获胜者得以交配，与雌性无关

C. 过强的性选择可能导致物种灭绝

D. 性选择常造成两性异形，即同种生物的不同性别个体存在显著的表型差异

解析 B 显然错误，性选择包括性间选择，因此与雌雄两性都有关，且雄性之间的求偶竞争一般还附带有向雌性炫耀的双重功能。题干中已经提示了受到性选择的性状可能不利于生存，进而降低整个物种的绝对适合度，如大角鹿极度夸张的角可能是其灭绝的直接原因，因此 C 对。2018 年的一项研究表明，介形虫纲的雄性普遍拥有比雌性更大、更细长的外壳，以容纳更大的交配器官，因此雌雄在大小和形态上的差异可以反映出雄性在生殖上的投资和性选择强度，结果表明性选择越强的物种越容易灭绝，其中性选择最强物种的平均存活时间只有 160 万年，只有性选择最弱物种平均存活时间的十分之一，如图 92 所示。但是这些对于生存不利的性状依然受到选择，一定是因为其可以增加个体在群体内的相对适合度，即增加的生殖优势大于生存能力下降的劣势，因此 A 也对。 **答案：B。**

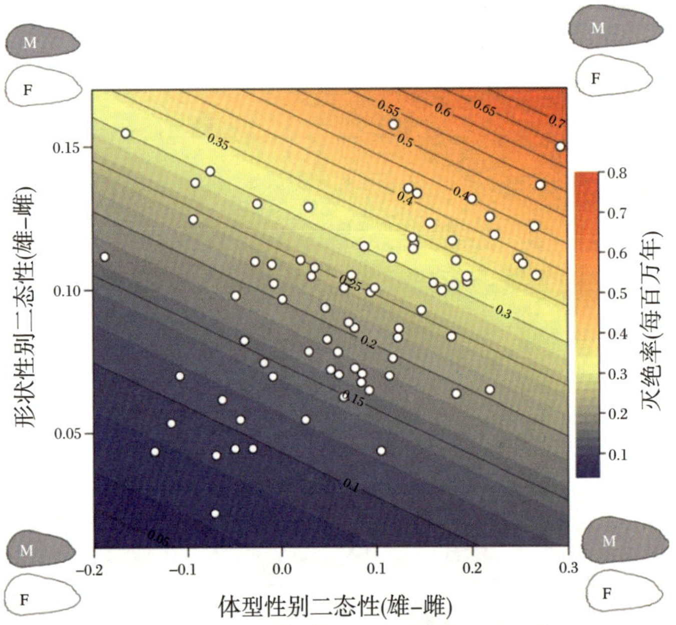

图 92

参考文献

[1] Gould S J. The Origin and Function of “Bizarre” Structures: Antler Size and Skull Size in the “Irish Elk”, *Megaloceros giganteus*[J]. Evolution, 1974, 28: 191.

[2] Martins M J F, Puckett T M, Lockwood R, et al. High Male Sexual Investment as a Driver of Extinction in Fossil Ostracods[J]. Nature, 2018, 556: 366.

95 人类基因组中存在普遍的基因重复现象，如嗅觉受体基因家族。下列有关基因重复的叙述正确的是(　　)。(单选)

A. 基因重复后产生的两个基因称为直系同源基因

B. 重复后的基因表达产物是之前的两倍

C. 基因重复后，选择压力升高

D. 假基因也是基因重复的结果

解析 基因重复在同一物种中产生的同源基因是旁系同源，直系同源为共同祖先遗传至不同后代中的同源基因，如图 93 所示，A 错误。重复后的基因会走上不同的进化路径，最终拥有不同的功能，又由于互为备份，使得选择压力也变小，其中之一甚至可以完全失活变为假基因，因此 C 错，D 对；即使当前二者都有活性且产物相同，每个基因的表达量也会受到表达调控途径的限制，因此总表达量一般只会略有上升，B 错误。

答案：D。

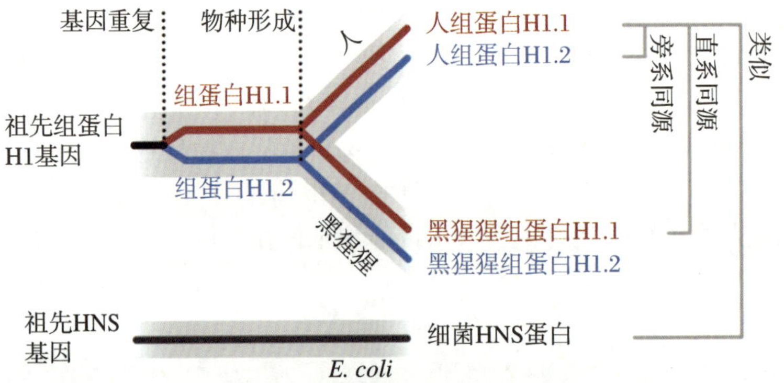

图 93

96 云南澄江发掘出了保存极其完好、多样性极高的寒武纪早期古生物化石，为研究寒武纪生命大爆发提供了佐证。可由澄江化石获得证据的学说最可能是(　　)。(单选)

A. 渐进式演化　　B. 间断平衡学说

C. 中性理论　　D. 突变理论

解析 根据达尔文最初的理论，生物进化是一个缓慢的连续渐变过程，称为渐进式演化；但现有的化石证据表明进化速度并不稳定，而是会发生长期稳定与短暂剧变的交替，例如寒武纪生命大爆发就说明当时物种进化速度远高于之前和之后。两种理论的比较如图 94 所示。 **答案：B。**

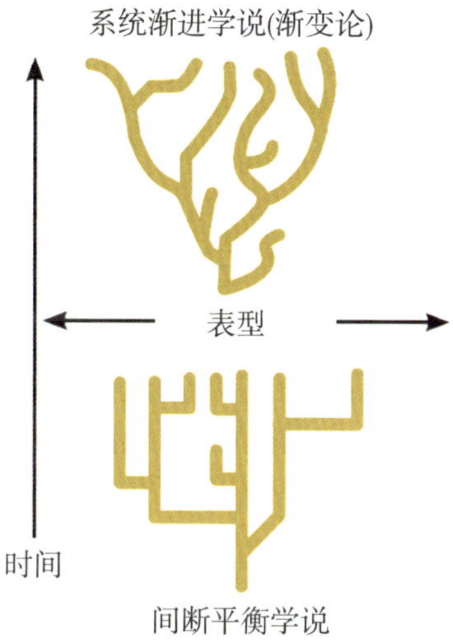

图 94

97 分子钟假说认为 DNA 或蛋白质序列的演化速率保持恒定。下列关于分子钟的描述错误的是(　　)。(单选)

A. 如果两个物种分歧时间特别久远，则会降低分子钟估算的准确性

B. 分子钟假说认为不同基因演化速率相同

C. 可以通过第三个物种(外类群)来检验两个物种是否以相同的速率演化

D. 分子钟在种间的速率差异与世代时间以及 DNA 修复机制有关

解析 分子钟的稳定性指的是同一种生物大分子在不同生物中有大致相同的突变速率，但是不同基因之间会有明显差别，如功能越重要的基因选择压力也越大，因此其产物的改变速率也就越慢，B 错。

Ayala 在 1999 年总结了可能导致分子钟出现偏差的 5 个因素：

(1) 世代时间长短：较短的世代时间将加速分子钟，因为它缩短了新突变固定的时间，比如啮齿类动物的分子进化速度就比牛或灵长类快。

(2) 种群大小：较大的种群规模会减慢分子钟，因为它增加了固定新突变所需的时间。有人认为，种群规模和世代时间往往成反比(如小鼠-大象)，因此可能会抵消并产生近似的恒定速率。

(3) DNA 保真度：聚合酶或其他生物特性的物种特征差异影响了 DNA 复制的保真度，从而影响了突变的发生率，无论突变是否为中性。

(4) 蛋白质功能的变化：比如基因复制的情况下，一个或两个基因产物产生新的功能，这将极大地改变氨基酸变化速率，已经观察到的例子如血红蛋白的球蛋白基因。在分子钟应用中避开这个陷阱的方法是改用非编码 DNA 序列测量分子钟，或者强调突变是沉默的，没有产生效应。

(5) 自然选择强度的改变：这一假说是对中性学说认为分子进化速度可预测的否定。

由上可见，分子钟是一个与时间有关的过程，时间越长，变数越大。

回到本题，分子钟在不同生物间的速度也有细微的差别，因为子代的突变主要出现在生殖细胞 DNA 复制的过程中，所以世代时间的延长和修复效率的提高都会降低进化速度，因此 D 对；而且这种差异会随着进化历程不断累积，因此分歧时间越久远，其准确性越低，A 正确。检验这种差异的常用方法就是用两个物种分别与同一个外类群进行比较，如果自共同祖先以来，一个谱系的进化速度更快，即其相对于另一谱系发生了更多变化，那么外群物种与进化较快物种的差异也更大，进而可以确定两内群物种之间的相对进化速度，因此 C 对。 答案：B。

参考文献

［1］ Ayala F J. Molecular Clock Mirages［J］. BioEssays，1999，21：71.

［2］ Ho S Y，Duchêne S. Molecular-Clock Methods for Estimating Evolutionary Rates and Timescales［J］. Mol. Ecol.，2014，23：5947.

98 背景选择（background selection）是连锁选择的一种形式，在这一过程中，有害突变受到负选择，使得连锁的其他突变也被一并清除。下列有关背景选择的描述错误的是（　　）。（单选）

A. 重组会降低背景选择的强度

B. 背景选择会降低遗传多态性

C. 相比无性生殖的物种，背景选择在有性生殖的物种中更加普遍

D. 哺乳动物 Y 染色体上的背景选择比常染色体强

解析 连锁选择指的是由于连锁不平衡的存在，一个弱选择基因会与另一强选择基因共进退，除了背景选择，还包括弱有害基因随有益基因一起提升的连锁累赘（linkage drag）和中性基因随有益基因一起提升的遗传搭车（genetic hitchhiking），最终可能导致该弱选择基因被间接固定或丢失（图 95），因此会降低遗传多态性，B 对。连锁选择的强度都与重组水平相关，因为重组可以打破二者之间的连锁不平衡，因此 A 对。无性生殖和 Y 染色体都是缺乏重组的典型案例，因此会有比较强烈的背景选择，C 错，D 对。 答案：C。

图 95　背景选择

参考文献

［1］ Booker T R，Jackson B C，Keightley P D. Detecting Positive Selection in the Genome［J］. BMC Biology，2017，15：98.

99 在灵长类、啮齿类和果蝇等多个具有 XY 性染色体的类群中，科学家均发现 X 染色体上受正选择的基因比例显著高于常染色体上的基因，这主要是因为（　　）。（单选）

A. 绝大部分突变是隐性的，在雄性中突变受自然选择作用较强

B. X 染色体的突变率通常比常染色体高

C. X 染色体的重组率通常比常染色体低

D. X 染色体通常比常染色体有更小的有效群体

解析 X 或 Z 连锁基因在物种之间的差异可能比常染色体基因更大，这种现象被称为“快 X 效应”（faster-X effect），原因就如 A 选项所说，X 染色体上的隐性突变比常染色体更容易表达，因此也更容易受到自然选择的消除或固定。 答案：A。

参考文献

［1］ Meisel R P，Connallon T. The Faster-X Effect：Integrating Theory and Data［J］. Trends Genet.，2013，29：537.

100 研究人员将人类和小鼠基因组的同源区域进行比较分析，计算了不同类型区域的碱基一致性，表 1 中Ⅰ、Ⅱ、Ⅲ、Ⅳ分别代表全基因组、蛋白编码区、UTR（非翻译区）以及一种同源古老重复序列。

表 1

基因组区域	Ⅰ	Ⅱ	Ⅲ	Ⅳ
碱基相似度/%	84.7	75.9	69.1	66.7

最可能是蛋白编码区的是(　　)。(单选)

A. Ⅰ　　B. Ⅱ　　C. Ⅲ　　D. Ⅳ

解析 表 1 来自 2002 年小鼠基因组的初步测序和比较分析,详细的比较结果如表 2 所示,因此Ⅰ～Ⅳ分别是蛋白编码区、5'UTR、全基因组和同源古老重复序列。即便不知道该数据,也可以通过比较表中各数据的大小进行推断,因为对表型影响最大的蛋白质编码区进化速度最慢。 **答案:A。**

表 2　人类各种已知特征的比对统计

特征	编码/%	5'UTR/%	3'UTR/%	上游200 bp/%	下游200 bp/%	内含子/%	已知调节区①/%	古老重复序列②/%	基因组③/%
一致性/%④	84.7	75.9	74.7	73.9	70.9	68.6	75.4	66.7	69.1
空位起始⑤									
人类	0.1	0.9	1	1.1	1.2	1.1	1.2	1.1	1.1
老鼠	0.1	1.5	1.9	1.7	2.1	2	1.6	2	1.8
空位延伸⑥									
人类	0.8	4	4.6	5.3	5.8	6.5	5.5	6.4	6.2
老鼠	0.9	7.8	9.3	9.1	11.2	11.2	7	10.9	9.9
比对⑦									
X1	98.2	86.1	85.9	85.2	75	47.8	93.4	33.5	39.9
X2	52.4	16.2	20.8	11	11.4	3.5	9.7	1.2	3.3
X10	8.2	1.2	1.7	1	0.6	0. 3	0	0	0.4
X100	1.5	0.3	0.4	0.1	0.2	0.04	0	0	0.1
G+C/%⑧	52.3	58.4	43.9	60.1	43.7	41.5	56.7	37.2	40.9

编码、内含子和 UTR 区域由来自 RefSeq 数据库的 14729 个人类 mRNA 与基因组的比对来定义。上游 200 bp 和下游 200 bp 表示这些比对的上游和下游 200 bp 的区域。

① 来自 95 个已知调节区的集合。

② 这些古老重复序列是 210 万个转座子遗迹的集合,这些遗迹早于小鼠-人类分化。

③ 整个基因组的数字。

④ 这些区域中相同的比对碱基的百分比。

⑤ 人类和小鼠序列中空位起始的数量分别占比对中人类碱基的百分比。

⑥ 空位延伸的数量占比对中人类碱基的百分比。

⑦ 分别被至少 1、2、10 和 100 个显著比对覆盖的人类碱基的百分比。这些数字是在构建比对的最后一步之前获得的,此时除了每个人类区域的最佳比对,所有比对都被丢弃。

⑧ 人类序列中 G+C 的百分比。

参考文献

[1] Mouse Genome Sequencing Consortium, Waterston R H, Lindblad-Toh K, et al. Initial Sequencing and Comparative Analysis of the Mouse Genome[J]. Nature, 2002, 420: 520.

101 下列关于适应性辐射演化的描述正确的有(　　)。(多选)

A. 物种形成的速率比渐进式演化更快

B. 物种间可能存在不完全生殖隔离

C. 异域种化（allopatric speciation）通常是适应性辐射的主要驱动机制

D. 不一定能用二叉分支的系统发生树来解释

解析 评议稿答案为 ABD。适应性辐射指的是在短时间段内同一祖先物种的生物占据了不同的小生境，最终形成多种不同物种的过程，往往是进入一个复杂的新环境后迅速隔离的结果，属于间断平衡学说中快速进化的阶段，因此 A 对；由于形成时间较短，在分离初期可能存在不完全生殖隔离，B 对；由于是在不同生境中产生隔离，因此属于异域种化，但出题人可能认为异域种化属于物种形成模式而非驱动机制，因此评议稿没选 C 选项。

支序系统学派的创始人 Willi Hennig 规定系统发育由一系列二叉分支组成，每个分支代表祖先种分化成两个子代姐妹种。但该分类法既不是唯一的也不是绝对真实的，实际建树中可以使用也经常会出现多分支（polytomy）。多分支既包括信息不全导致的软多分支，也包括真实多歧进化带来的硬多分支，虽然二者难以区分，但多个物种分支起始点完全一致的概率很低，因此实际多为软多分支，也有人更进一步认为硬多分支不可能真实发生。不过即使是多分支也不能完全反映复杂的现实，袖蝶属（*Heliconius*）就是一个典型案例，该属 500 万年前经历过一次适应性辐射。在对袖蝶属 20 个现存物种进行全基因组测序和分析后，研究人员发现二叉系统发育树并不能很好地解释它们之间的进化关系，因为这些物种在分离初期发生过多次由杂交导致的基因渗入，实际过程需要用网状进化树来表示，如图 96 所示，因此还是认为 D 选项正确。

答案：删除。

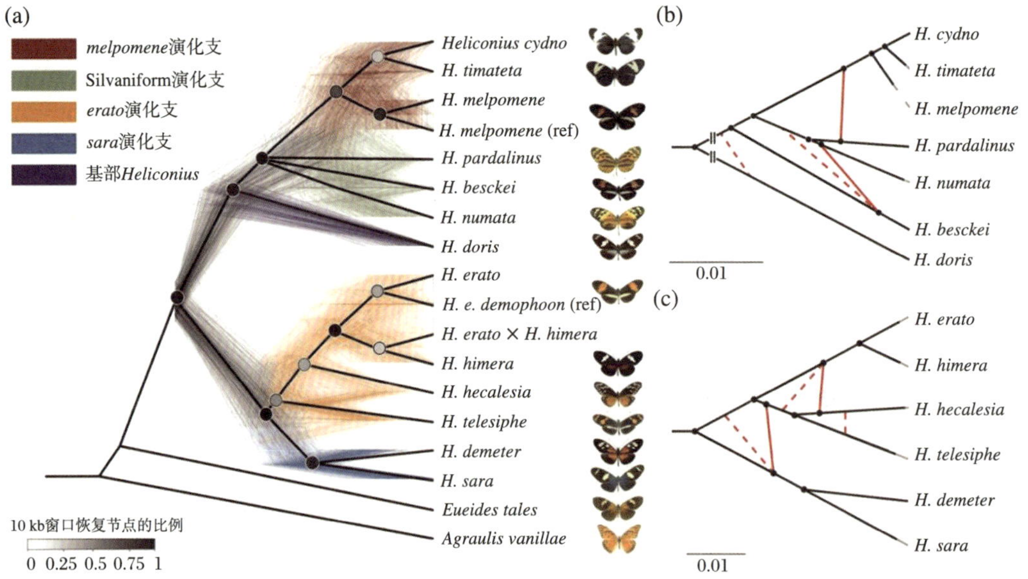

图 96

参考文献

[1] Slowinski J B. Molecular Polytomies[J]. Mol. Phylogenet. Evol., 2001, 19: 114.

[2] Edelman N B, Frandsen P B, Miyagi M, et al. Genomic Architecture and Introgression Shape a Butterfly Radiation[J]. Science, 2019, 366: 594.

102 非哺乳动物也可能具有“哺乳行为”：蛛形纲中大蚁蛛（*Toxeus magnus*）的幼蛛摄取母亲上腹沟营养丰富的分泌物才能长大。下列对哺乳动物和大蚁蛛两种哺乳行为的描述正确的有（　　）。（多选）

A. 这两个行为是单起源的　　B. 这两个行为是平行演化的结果

C. 这两个行为均有利于后代个体生存　　D. 这两个行为均受到自然选择

解析 大蚁蛛是一种拟蚁跳蛛，有着与哺乳动物较为类似的泌乳行为（图 97），这种蜘蛛奶含糖量为 2.0 mg/mL，脂肪含量为 5.3 mg/mL，总蛋白质含量为 123.9 mg/mL（是牛奶的 4 倍），由产卵口分泌而出，可能是从营养卵进化而来的。母亲在幼崽孵化出的第一周内，会将分泌出的乳汁滴在蛛巢内表面，供小蜘蛛吸食；一周后，小蜘蛛才能直接从母亲产卵口附近的上腹沟吸奶。虽然幼崽可能会在20天左右离开巢穴自行觅食，但吸奶行为会一直持续到约37.5天，此时它们到达亚成体阶段；母亲在40天后断奶，但小蜘蛛在性成熟之前依然会回巢过夜。大蚁蛛到达成年期的平均时间是52.2天，之后母亲依然会收留雌性后代，但已经性成熟的雄性后代在回巢时会受到攻击，这种拒绝"妈宝男"的行为可以有效杜绝近亲繁殖。各阶段大蚁蛛的大小如图98所示。综上所述，大蚁蛛的泌乳结构与哺乳动物没有同源性，但泌乳行为却有很强的相似性，在后代获得觅食能力后依然持续（这种现象只常见于寿命较长的脊椎动物），属于趋同进化，即具有不同性状且亲缘关系较远的物种在自然选择的推动下在相似的生境中各自独立演化出相似的性状，因此选C、D。A中的单起源指的不是各自独立起源，而是二者有相同的起源，因此错。平行进化指的则是两个亲缘关系较近的物种都从祖先物种中继承了某个同源性状，且该同源性状在相似的生境下又经历了较为类似的演化历程，因此B错。 答案：CD。

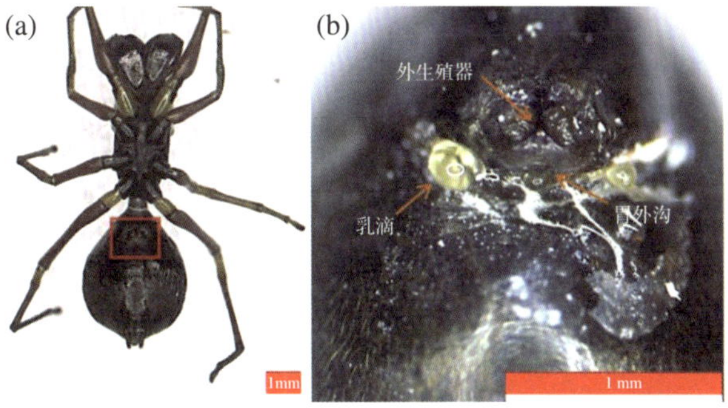

图97

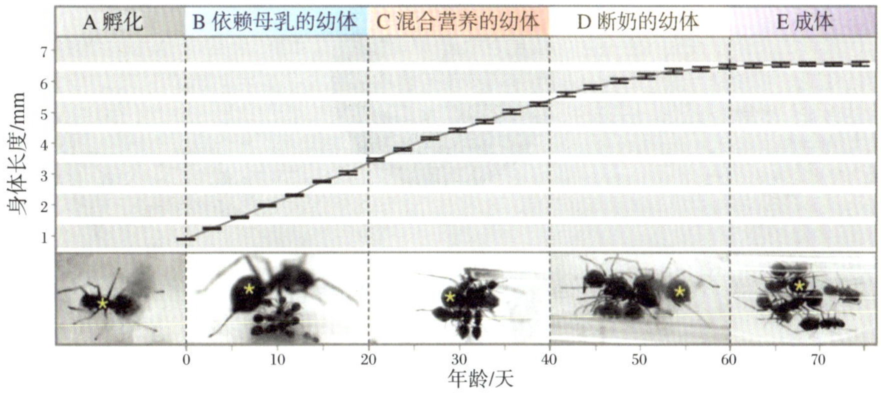

图98

参考文献

[1] Chen Z, Corlett R T, Jiao X, et al. Prolonged Milk Provisioning in a Jumping Spider[J]. Science, 2018, 362: 1052.

103 *Prestin* 基因在听觉和回声定位功能中起重要作用。生活于亚热带的啮齿动物猪尾鼠有回声定位的能力，其Prestin蛋白拥有两个与一些其他回声定位动物相同的氨基酸替换：M568L和E700D，而猪尾鼠的近缘物种沙鼠则不携带这样的替换。根据上述内容，下列说法最不合理的是（ ）。（单选）

A. 沙鼠丢失了回声定位功能

B. Prestin蛋白在不同的回声定位动物中存在趋同演化的现象

C. 猪尾鼠的 *Prestin* 基因与沙鼠的 *Prestin* 基因是同源基因

D. 在沙鼠的Prestin蛋白中引入这两个氨基酸替换，可能会使其获得与猪尾鼠的Prestin蛋白类似的功能

解析 Prestin是由Peter Dallos小组在2000年发现的一种分子马达，是一种对哺乳动物的敏感听力至关

重要的蛋白质，在其听觉处理过程中是必不可少的。它的速度特别快，故而以乐谱中的急板（presto）命名。

回声定位功能存在于多个物种中，包括鸟类、蝙蝠、鲸、鼩鼱等，虽然它们通常会发出较高水平的超声波，但许多无法回声定位的动物也会发出相似水平的超声波。已知中华猪尾鼠也会发出超声波，但判断其具有回声定位功能还需要行为学、解剖学、基因组学和功能分析等多方面的证据。2021 年的一项研究发现，猪尾鼠在面对可以离开高空平台的跳板时会发出更多超声波脉冲，对该区域的探索时间也更多；喉部茎突骨和鼓骨的融合与蝙蝠类似；相关基因 *Prestin* 与其他回声定位物种发生了相似突变，基因产物的功能也类似，最终证实了猪尾鼠属物种确实具有回声定位功能。

在系统发育树（图 99）中可以看到，回声定位功能并非起源自一个共同祖先，而是多点独立起源的，因此属于趋同进化，B 正确；没有该功能的沙鼠大概率不是丢失了回声定位功能，而只是维持了原先的基因和结构，没有进化出该功能，A 错。猪尾鼠与沙鼠是近缘物种，因此二者的 *Prestin* 基因都是来自较近共同祖先的同源基因，C 正确；结构决定功能，猪尾鼠与沙鼠结构大体相似，因此只要给沙鼠引入相同突变，理论上也能获得类似效果，D 正确。 答案：A。

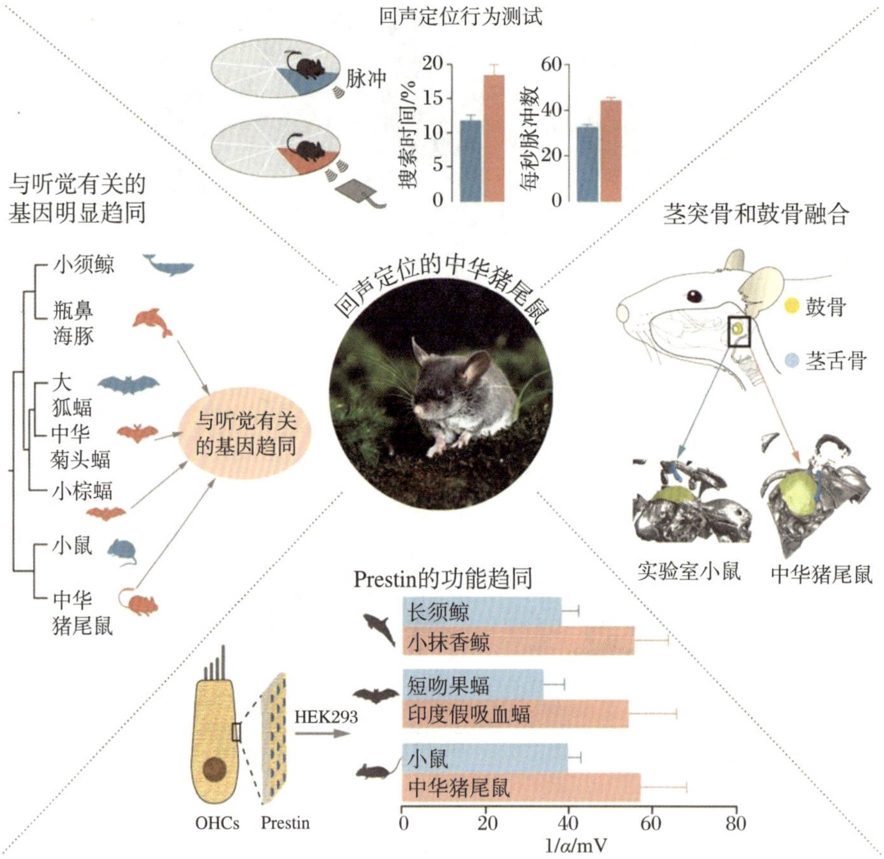

图 99

参考文献

[1] Zheng J, Shen W, He D Z, et al. Prestin is the Motor Protein of Cochlear Outer Hair Cells[J]. Nature, 2000, 405: 149.

[2] He K, Liu Q, Xu D M, et al. Echolocation in Soft-Furred Tree Mice[J]. Science, 2021, 372: 1513.

104 1922 年，英国遗传学家 J. B. S. Haldane 研究发现：如果不同物种的动物相互交配产生的杂种中有某一性别的个体不育，那么该性别一定是异配性别。据此，以下动物类群中雌性会发生杂种不育的有（　　）。（多选）

A. 松鼠　　B. 鹦鹉　　C. 蝴蝶　　D. 猴

E. 蛾

解析 哺乳动物是XY型性别决定，异配性别为雄性；鸟类和鳞翅目昆虫为ZW型性别决定，异配性别为雌性，因此选B、C、E。

本题考查的是霍尔丹法则（Haldane's rule），即两物种杂交产生的后代中异配性别（heterozygous sex）的个体缺失、稀少或不育的现象。如在XY型性别决定的物种中，雄性个体趋于不能成活或不育；而在ZW型性别决定的物种中，雌性个体趋于不能成活或不育。该现象与物种形成理论相关，因此我们首先需要了解一下物种形成的贝特森-杜布赞斯基-穆勒模型（BDMI）。这是一个遗传不相容性进化的模型，对于理解物种形成过程中生殖隔离的进化以及自然选择在其中的作用非常重要。该理论首先由贝特森（William Bateson）于1909年描述，然后杜布赞斯基（Theodosius Dobzhansky）在1934年又独立描述了它，并由摩尔根的学生穆勒（Herman Muller）等人详细阐明，这三人都是大家的老朋友了。

BDMI模型描述了具有不同进化历史的不同基因的非等位基因之间发生的负上位相互作用，即当两个种群从一个共同的祖先分化并彼此隔离（无杂交）时，突变可以在两个种群中积累；当种群再次发生杂交时，可能会发生遗传不相容性的现象。如图100所示，在祖先群体中的基因型是AABB。当两个种群相互隔离时，就会出现新的突变。在其中一个种群中，A进化为a，而在另一个种群中，B进化为b。当两个种群再次杂交时，a和b第一次相互作用，二者不相容时，我们就说是BDMI。

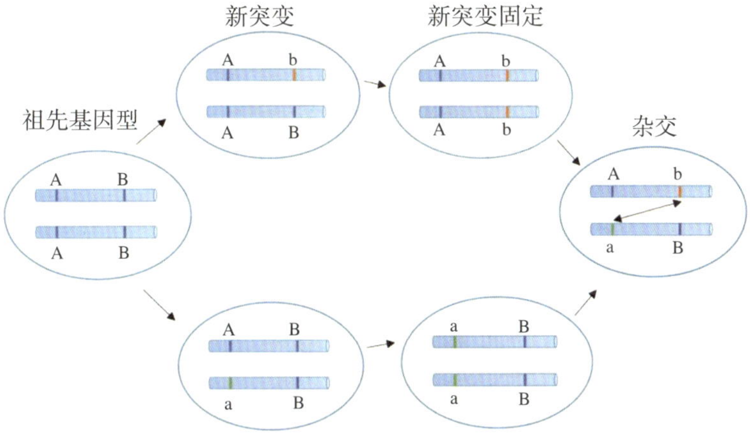

图100

目前BDMI模型已成为解释物种形成机制的主要模型，不亲和突变基因的积累最后导致群体遗传分化和生殖隔离；BDMI模型也解释了杂种不亲和的不对称性、霍尔丹法则、大X染色体效应（large-X effect，即X染色体对杂交不育贡献过高）等与选择相关的物种形成。在霍尔丹法则中异型配子的杂种比同型配子的杂种表达更多的BDMI，可以认为霍尔丹法则证实了性染色体参与物种生殖隔离。用于解释霍尔丹法则的理论有显性理论、faster-male理论、faster-X理论和减数分裂驱动理论（表3）。前两者已有证据证明，而较少证据证明faster-X理论和减数分裂驱动理论。Charlesworth等在1987年推测X连锁基因比常染色体基因进化得更快，并提出faster-X理论（见99题解析）；而在减数分裂驱动理论中自私元件在进化生物学中发挥重要作用，自私地操纵配子的产生以增加自身的传播速率，并且可能对配子形成、交配系统、种群存活、生殖隔离的进化及BDMI的来源等产生影响。 答案：BCE。

表3 霍尔丹法则形成的相关理论

假设	理论	参考文献
显性理论	X染色体含有显性和隐性等位基因，隐性基因在XY个体上暴露，产生不育或不成活，在XX个体中被显性基因掩盖	Muller，1942
faster-male	由于精子发生在杂交种中容易受到干扰，性选择可能使雄性表达的基因比雌性进化得更快，导致杂交雄性不育比杂交雌性不育更常见	Wu & Davis，1993
faster-X	与常染色体相比，X染色体突变率更大，K_a/K_s比值较大	Charlesworth et al，1987
减数分裂驱动	性染色体在减数分裂时因自私基因干扰，偏离孟德尔遗传期望比例	Frank，1991；Hurst &Pomiankowski，1991

参考文献

[1] Haldane J B S. Sex Ratio and Unisexual Sterility in Hybrid Animals[J]. Journal of Genetics, 1922, 12: 101.

[2] 肖钰，王茜，何梓晗，等. 基于生物学物种定义探讨物种形成理论与验证的研究进展[J]. 生物多样性，2022，30：21480.

105 全基因组关联研究（GWAS）可以检测和分析人类基因组中的DNA序列变异，以鉴定人群中常见疾病的遗传风险因素。下列关于GWAS的说法正确的有（　　）。（多选）

A. GWAS分析与基于家系的定位克隆分析相比，更适用于研究复杂性状

B. 通过GWAS分析能够得出与疾病关联的SNP，这些SNP导致了疾病的发生

C. 用于分类的性状不能作为GWAS分析的表型

D. 可以选择使用逻辑回归对遗传数据进行统计分析

解析 在引入GWAS研究之前，主要的遗传病调查方法是家庭遗传连锁分析，对单基因疾病非常有效，但对更常见的多基因复杂遗传病却很难得出清晰的遗传关系。GWAS通过对大规模DNA样本进行全基因组高密度遗传标记（如SNP等）分型，从而准确找出与复杂疾病相关的遗传标记，解决了传统家系分析样本量过小和复杂性状涉及多种基因难以分析的问题，因此A对。但GWAS找出的疾病关联SNP可能并非发病原因，甚至可能不属于致病基因，仅仅是与致病基因存在明显的连锁不平衡，因此总是与致病基因同时出现，B错误。C中的分类性状指的其实是质量性状，又称为阈值性状，一般使用逻辑回归（logistic regression）模型将其分为两组（图101(b)）；与之相对的是连续性状，又称为数量性状，一般使用一般线性模型（GLM）或更多维度的混合线性模型（MLM）来展示其变化关系（图101(a)），而任何性状均可用于GWAS分析，因此C错，D对。 答案：AD。

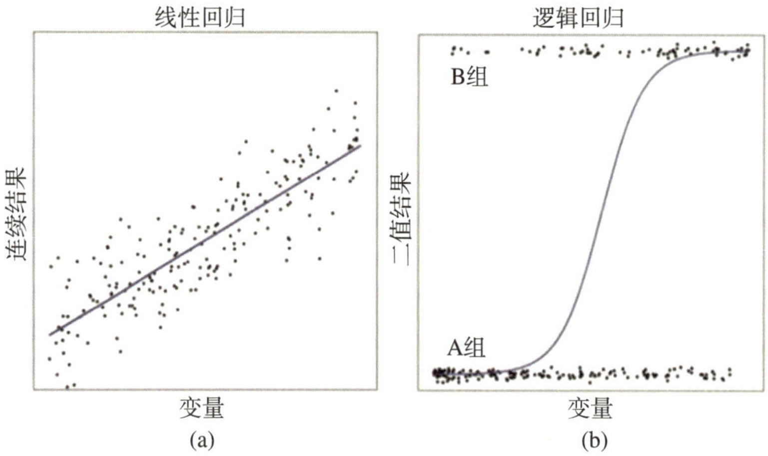

图 101

参考文献

[1] Kubben P, Dumontier M, Dekker A. Fundamentals of Clinical Data Science[M]. Cham (CH): Springer, 2019.

2022 年全国中学生生物学联赛(加赛)试题详解

第一部分　生物化学、分子生物学、细胞生物学、微生物学

1 以下有利于 DNA 变性的条件有(　　)。(多选)

A. 高温

B. 低温

C. 提高 DNA 溶液的盐浓度

D. 降低 DNA 溶液的盐浓度

解析 DNA 变性(denaturation)指 DNA 分子由稳定的双螺旋结构松解为无规则线性结构的现象。变性时维持双螺旋结构稳定性的氢键断裂,碱基间的堆积力遭到破坏,但不涉及其一级结构的改变。凡能破坏有利于 DNA 双螺旋结构维持的因素(如氢键和碱基堆积力)和增强不利于 DNA 双螺旋结构维持的因素(如磷酸基的静电斥力和碱基分子的内能)的都可以成为变性的原因,如加热,极端的 pH,低离子强度,有机试剂甲醇、乙醇、尿素及甲酰胺等,均可破坏双螺旋结构、引起核酸分子变性。如要维持单链状态,可保持 pH 大于 11.3,以破坏氢键;或者盐浓度低于 0.01 mol/L,此时磷酸基的静电斥力使配对的碱基无法相互靠近,碱基堆积作用也保持在最低水平。因此 A、D 正确。

表 1 显示了 DNA 变性所需要的能量随盐浓度的增加而增加,相变力随之增加,盐浓度越高越不容易变性。不过有文献使用蒙特卡罗模拟计算表明,DNA 在低温下也存在机械变性,因此 B 选项其实也是有可能的。　答案:AD。

表 1　相变力的理论计算值与实验值的比较

盐浓度/(mol/L)	相变力 F/pN	
	理论计算值	实验值
0.0026	52.9	51.5
0.0100	54.1	55.3
0.0250	58.0	58.8
0.0530	64.0	61.0
0.1000	76.0	62.6
0.2500	120.0	65.5
0.5000	208.0	67.3

参考文献

[1] 董瑞新,闫循领,庞小峰,等.盐对 DNA 相变影响的非线性特性研究[J].物理学报,2003,52:3197.

[2] Orlandini E, Bhattacharjee S M, Marenduzzo D, et al. Mechanical Denaturation of DNA: Existence of a Low-Temperature Denaturation[J]. J. Phys. A: Math. Gen., 2001, 34: L751.

2 关于聚合酶链反应(PCR)的描述错误的是(　　)。(单选)

A. 常用于 PCR 的 Taq 酶会在扩增产物的 3'末端多添加一个 A

B. 引物和靶序列形成二聚物的最佳 T_m 介于 55 ℃和 60 ℃之间

C. 当镁离子浓度过高时，引物复性到模板上的效率低

D. 闭合环状 DNA 作为模板的扩增效率比线性 DNA 略低

解析 Taq DNA 聚合酶具有末端转移酶活性，可在 PCR 产物的 3'末端非特异地添加碱基，最终会导致 PCR 产物的 3'末端产生 3'-dA 悬突(overhangs)，即产生带一个 A 的 3'黏端。这或许跟其不具有 3'→5'的外切酶活性有关，而具有校对功能的 Pfu、T7、T4 等 DNA 聚合酶就没有末端转移酶活性，两种酶的活性之间存在平衡。因单个 A 突出碱基的比例高，故 PCR 产物可直接与含有 3'末端突出 T 碱基的载体连接(即 TA 克隆，T-vector cloning，图 1)，方便 PCR 产物的克隆、扩增和测序。由此可见，A 正确。

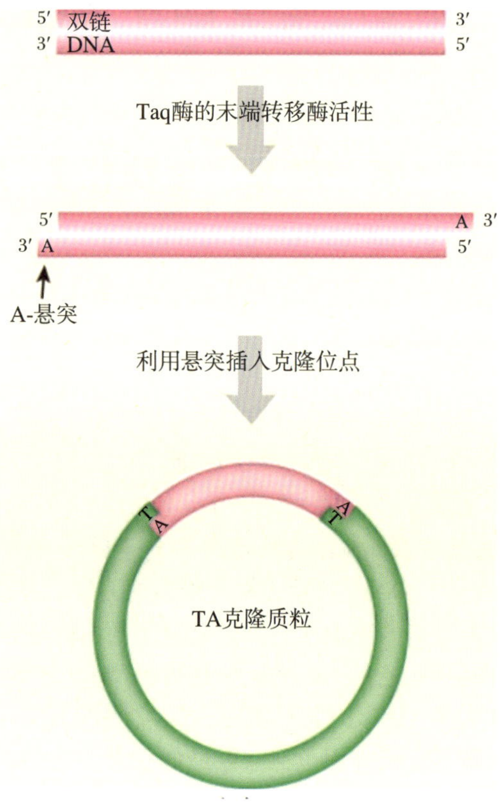

图 1

PCR 反应首先需要将 DNA 模板进行变性来释放出单链 DNA，这通常需要 94 ℃或 98 ℃的高温。之后将温度降低到 50～65 ℃，让特异性的引物与单链 DNA 模板结合，这一步称为退火。为了优化 PCR 反应，使用确保退火温度不低于 54 ℃的最短的引物可获得最好的效率和特异性。接下来溶液反应温度升至 72 ℃，耐热 DNA 聚合酶以单链 DNA 为模板，在引物的引导下，利用反应混合物中的 4 种脱氧核苷三磷酸(dNTP)，按 5'→3'方向复制出互补 DNA，称为延伸。若延伸温度大于 74 ℃，则不适于 Taq DNA 聚合酶进行反应。而有效的延伸启动温度一般高于 T_m值 5～10 ℃，故有效的引物 T_m范围为 55～80 ℃(因引物序列、长度和组成存在差异而不同)，最好接近 72 ℃，以使复性条件最佳。因此 B 正确。

Mg^{2+} 可影响酶活性并增加双链 DNA 的 T_m。一般来说，PCR 产物的产量和镁离子浓度的关系呈钟形：较高的游离 Mg^{2+} 浓度可以增加产量，但反应中过量的 Mg^{2+} 可增加非特异性引物结合，从而增加反应的非特异性背景；较低的 Mg^{2+} 浓度引物复性到模板上的效率差，因此 C 说反了。

单链或双链形式的包含靶序列的模板 DNA 都可用于 PCR，闭合环状 DNA 的扩增效率要比线性 DNA 扩增效率略低。因此 D 正确。 答案：C。

参考文献

[1] Hu G. DNA Polymerase-Catalyzed Addition of Nontemplated Extra Nucleotides to the 3'End of a DNA Fragment[J]. DNA Cell Biol., 1993, 12: 763.

[2] Zhou M Y, Gomez-Sanchez C E. Universal TA Cloning[J]. Curr. Issues Mol. Biol., 2000, 2: 1.

3 蓝白斑筛选常被应用于挑选携带重组质粒的菌落，以下描述错误的是(　　)。(单选)

A. 蓝白斑筛选方法需使用表达 β-半乳糖苷酶羧基端部分的宿主细胞

B. 为筛选细菌菌落，需要将生色底物 X-Gal 铺在琼脂平板上

C. 外源 DNA 片段插入多克隆位点时常导致产生的 α 供体片段不再能够完成 α-互补

D. 如果插入的 DNA 片段很小，则转化菌形成的菌落仍明显呈现蓝色

解析 一些载体(如 PUC 系列质粒)带有 β-半乳糖苷酶(lacZ)N 端 α 片段的编码区，该编码区中含有多克隆位点(MCS)，可用于构建重组子。这种载体适用于仅编码 β-半乳糖苷酶 C 端 ω 片段的突变宿主细胞。其中 ω-肽缺少氨基酸残基 11～41，被称为 lacZΔM15 突变，无法形成同源四聚体，也就没有催化活性。α-肽则是一个含有 1～59 残基的小序列。因此，尽管宿主和质粒编码的片段都没有半乳糖苷酶活性，但它们同时

存在时，α-肽与 ω-肽可通过 α-互补形成具有酶活性的 β-半乳糖苷酶，如图 2 所示。

由互补产生的 $LacZ^+$ 细菌在诱导剂 IPTG（异丙基硫代半乳糖苷）的作用下，在生色底物 X-Gal 存在时产生蓝色菌落。当外源 DNA 插入质粒的多克隆位点后，几乎不可避免地破坏 α-肽的编码，使得带有重组质粒的 $LacZ^-$ 细菌形成白色菌落。这种重组子的筛选称为蓝白斑筛选（图 3）。

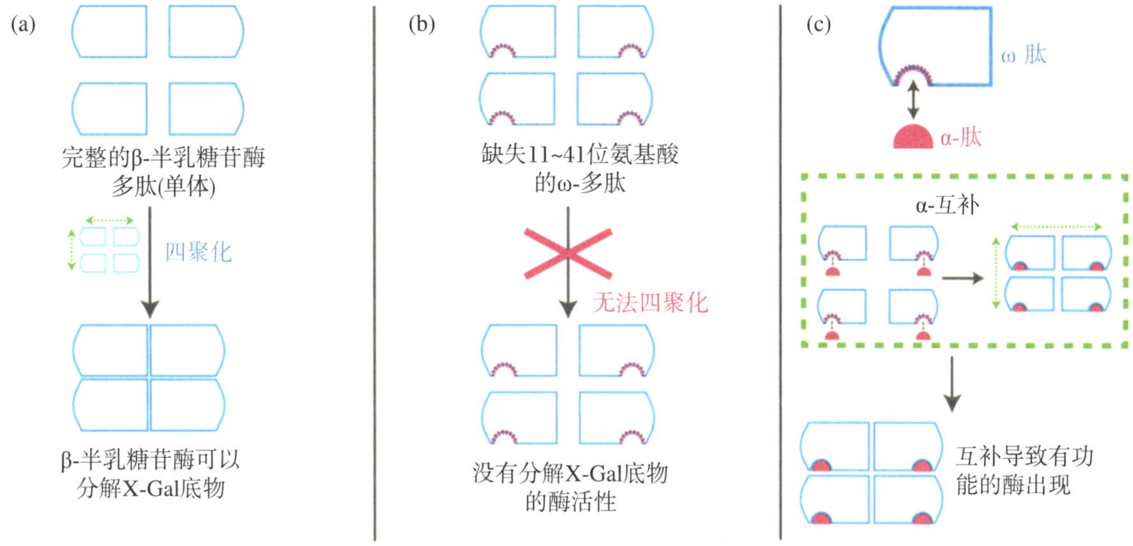

图 2

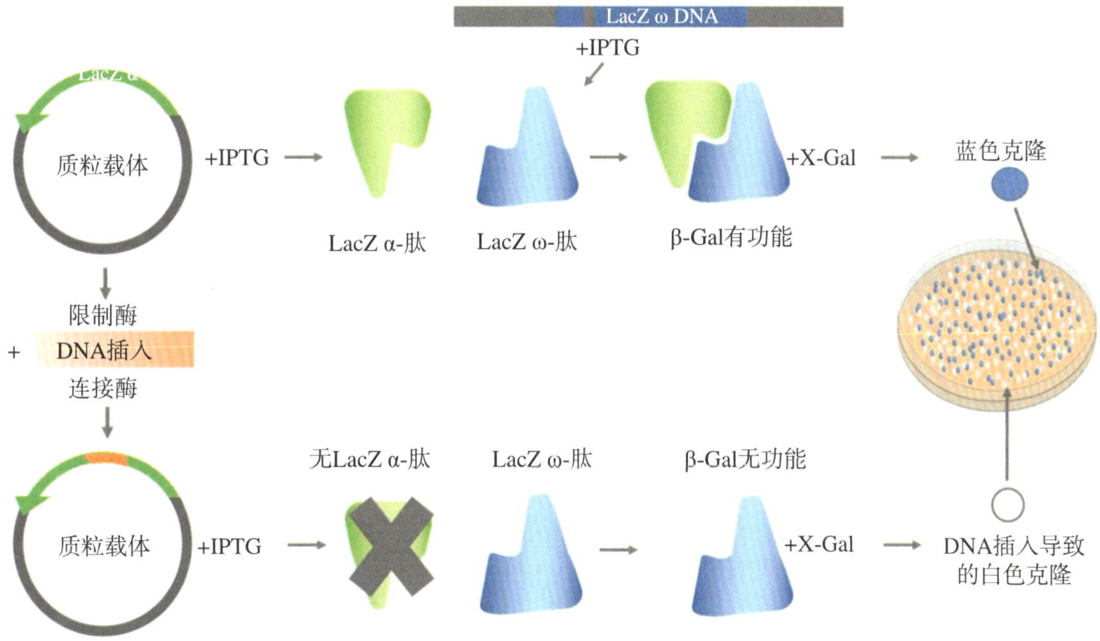

图 3

在具体实验中，为筛选细菌菌落，需要将生色底物 X-Gal 和安慰诱导物 IPTG 与细菌培养物（细菌悬液）混合后用培养基适当稀释，结合熔化的顶层琼脂（指覆盖在固体培养基上的一薄层低浓度软琼脂或琼脂糖），然后铺在含有合适抗生素的选择琼脂平板上。由上可知，A、B、C 正确，本题选 D。只有插入片段太短且刚好和 lacZ 使用同一个读码框，造成半乳糖苷酶具有部分活性时，才有可能出现重组子也形成浅蓝斑的情形。 答案：D。

4 在细胞中不能结合 DNA 的是(　　)。(单选)

A. 转录因子　　B. 微管　　C. σ 因子　　D. 组蛋白

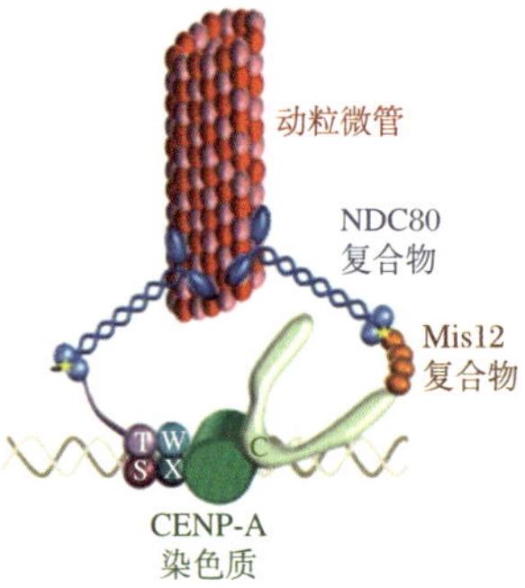

图 4

解析 转录因子本质上是与 DNA 特异性结合的一系列蛋白质,一般有不同的功能区域,如 DNA 结合结构域与效应结构域。σ 因子是原核生物 RNA 聚合酶上的一个亚基,可以协助聚合酶与模板链上的启动子专一性地识别并结合,极大地提高聚合酶对 DNA 启动子区的结合力。组蛋白是真核生物体细胞染色质与原核细胞中的碱性蛋白质,和 DNA 共同组成核小体结构。微管与 DNA 没有直接的结合作用,需要通过动粒蛋白介导(图 4)。 答案:B。

参考文献

[1] Catania S, Allshire R C. Anarchic Centromeres: Deciphering Order from Apparent Chaos[J]. Current Opinion in Cell Biology, 2014, 26: 41.

5 关于蓝细菌的描述错误的有(　　)。(多选)

A. 许多蓝细菌的基因组具有多个拷贝

B. 蓝细菌既有单细胞,也有多细胞

C. 蓝细菌利用光能进行光合作用的场所也是叶绿体

D. 一些蓝细菌具有固氮酶,可以将氮分子还原成氨

解析 蓝细菌是原核生物中基因组低、中、高拷贝共存的典型类群之一。有些蓝细菌有多达 10 个以上的基因组拷贝,另一些蓝细菌具有 2~9 个拷贝;有 4 个物种只有单拷贝的 DNA,反而属于较少见的特殊情况。原核生物的单倍体、多倍体各自都有进化的优势,多倍体对于 X 射线具有更高抵抗力;即使没有严格均等地分离染色体,多倍体亦可成活;基因冗余也使得细胞在不利条件下发生诱变而在其他拷贝中保留野生型的信息。因此 A 是对的。

蓝细菌的藻体有单细胞体的、群体的和丝状体的三种,如图 5 所示;丝状体可以进一步连成群体,包在公共的胶质衣鞘中。一部分丝状蓝细菌中有一种特化细胞——异形胞(heterocyst),鱼腥蓝细菌属(*Anabaena*)的异形胞圆形、厚壁、折光率高,分布在丝状体中间或末端,为有异形胞蓝细菌固氮的唯一场所。虽然蓝细菌可以形成丝状体,丝状体存在细胞分化(异形胞)且细胞之间具有连接与交流能力,但我们一般仍称其为多细胞群体而非多细胞生物。从这个意义上讲 B 不准确,但是这些概念都是人为界定的,叫多细胞其实也行。

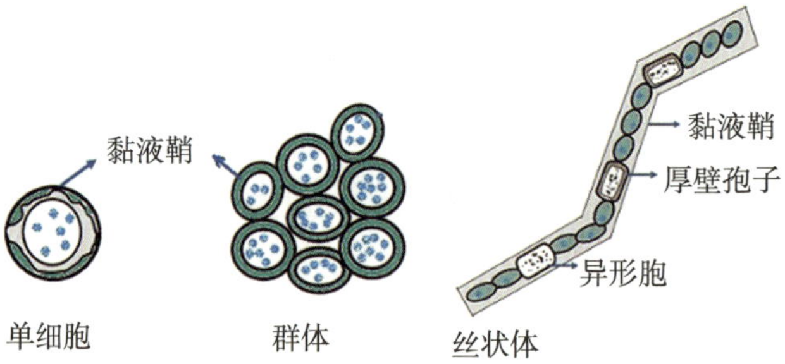

图 5

有意思的是,使用 16S rDNA 序列的系统发育分析(图 6)表明,大多数现存的蓝细菌来自多细胞祖先,单细胞逆转发生了至少 5 次;且在单细胞进化支中再次建立了多细胞性。与化石记录相比,分子证据支持多细胞的早期起源,可能将其出现提早到 2.45 亿~22.2 亿年前发生的"大氧化事件"时期。

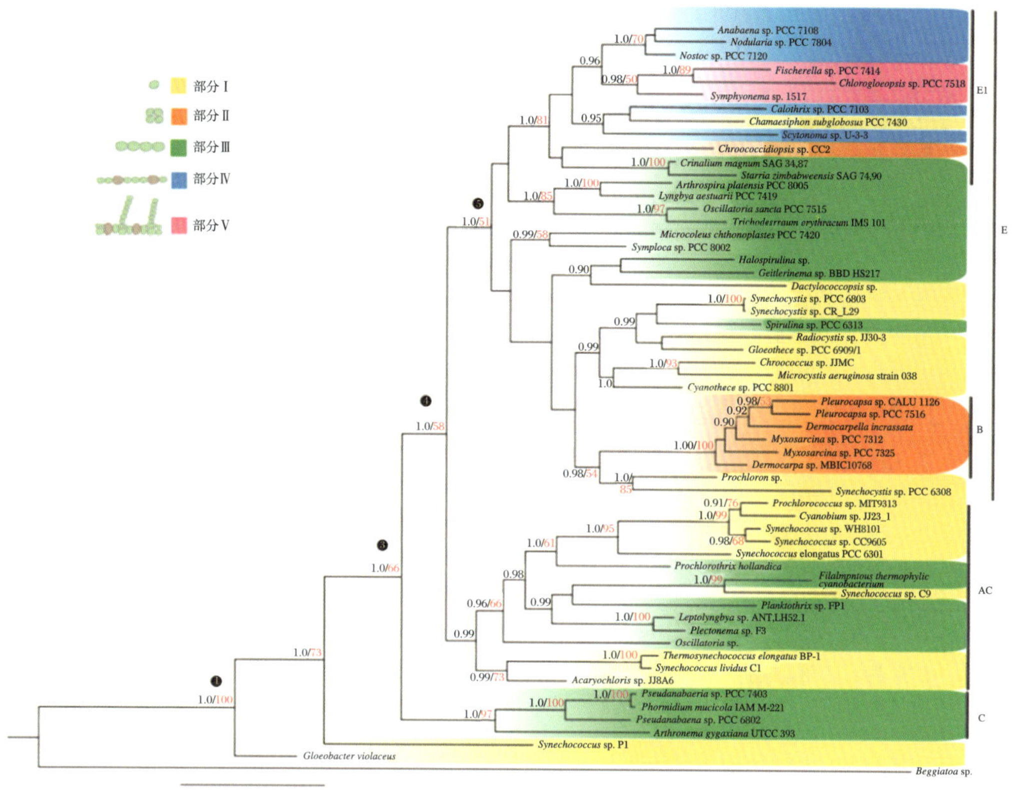

图 6

蓝细菌没有叶绿体，C 不对。 答案：BC。

参考文献

[1] Griese M, Lange C, Soppa J. Ploidy in Cyanobacteria[J]. FEMS Microbiol. Lett., 2011, 323: 124.

[2] Herrero A, Stavans J, Flores E. The Multicellular Nature of Filamentous Heterocyst-Forming Cyanobacteria[J]. FEMS Microbiology Reviews, 2016, 40: 831.

[3] Schirrmeister B E, Antonelli A, Bagheri H C. The Origin of Multicellularity in Cyanobacteria [J]. BMC Evolutionary Biology, 2011, 11: 45.

6 下列能够检测蛋白质之间相互作用的方法有（　　）。（多选）

A. 酵母双杂交　　B. 荧光共振能量转移（FRET）

C. 荧光漂白恢复（FRAP）　　D. 免疫共沉淀

解析 A、B、D 均为经典的研究蛋白质相互作用的方法，C 研究膜分子的流动性，与蛋白质相互作用无关。 答案：ABD。

7 以下无法检测组织中 microRNA 表达的实验技术是（　　）。（单选）

A. RNA 测序技术　　B. 基因芯片技术

C. 免疫组化技术　　D. 荧光定量 PCR 技术

解析 miRNA 在基因调控方面起着重要作用，其异常表达与多种疾病相关，其异常和特异性的表达提示其可成为诊断或预后的生物标志物。因此准确测定其表达水平对其应用十分关键。但是由于 miRNA 序列短，同源序列相似度高，含量低，缺乏能够使其选择性扩增的共同特征，因此检测 miRNA 十分具有挑战性。目前的常用方法及其特点比较见表 2，使用 RNA 测序技术的高通量测序检测、使用基因芯片的微阵列法和实时定量 PCR 技术均在表 2 中，A、B、D 正确。

表 2　不同 miRNA 测量方法的特点比较

方法	机理	应用	优点	不足	检测下限
RNA 印迹	互补标记的寡核苷酸探针结合在硝化纤维素膜上捕获的靶 miRNA	检测靶 miRNA 的表达特性，确定它们的大小，验证预测靶 miRNA 表达	常用，特异，设备要求低	低灵敏度，需大量的 RNA 样本量，时间耗费长	nmol 级别
微阵列法	基于靶分子与固定在 miRNA 微阵列芯片上的相应互补探针之间的核酸杂交	高通量，检测 miRNA 差异表达	高通量，可同时检测多个样本，分析快速	低灵敏度，低选择性，不能定量	fmol 级别
实时定量 PCR	互补引物寡核苷酸 DNA 是由 miRNA 靶点进行 PCR 后产生的荧光，通过荧光团插入或荧光淬灭	从细胞或组织中直接提取 RNA 的直接定量分析	高灵敏度，高精确度	费用贵，通量低，分析复杂	fmol 级别
生物发光检测法	DNA 杂交驱动的蛋白质互补	从组织和细胞中直接检测，高通量，验证微阵列筛选的 miRNA	快速，高灵敏性，几个样本同时检测	步骤复杂	1 fmol
电化学检测法	miRNA 结合到的纳米材料的氧化	直接检测来自组织和细胞的总 RNA 中的 miRNA	高灵敏性，定量	体内检测，需要复杂的检测	fmol 级别
表面增强拉曼光谱	miRNA 吸附到银或金纳米棒上的无标记 miRNA 检测	直接从细胞或组织中提取总 RNA 检测	重复性好，达到单核苷酸的特异性，无须标记，多通道检测	需要复杂的读出系统、复杂的技巧、复杂数据的解释和验证	fmol 级别
表面等离子体共振成像	结合聚腺苷酶化学和纳米金放大 SPRI 测量	从细胞和组织中同时检测不同的 miRNA	灵敏性极高，提供一个平台高通量，适合定量	费用贵，需复杂的读出系统，较低的通量，步骤复杂，需精细分析	5 amol
荧光相关光谱	荧光标记的 DNA 探针杂交的靶 miRNA	利用独特的光谱特性，利用微流控多色激光系统，对单个分子进行计数，从而区分溶液中的不同分子	高灵敏性，分析快速，能够区分单碱基错配	需要特殊的设备	100 fmol/L
液相生物发光检测法	由 DNA 杂交驱动的 Renilla 萤光素酶-量子点 BRET	直接检测来自组织和细胞的总 RNA 中的 miRNA	快速	依靠信号的减弱而不是信号的增强来分析	pmol 级别
高通量测序检测	任何物种转录组范围内的 miRNA	直接检测和鉴定来自组织和细胞的总 RNA 中的 miRNA，高通量分析	研究已知和未知的任何大小的所有 miRNA，高度敏感和高特异性	费用贵，耗时长，需复杂的分析	

续表

方法	机理	应用	优点	不足	检测下限
原位杂交	通过使用核酸探针的杂交方法将核苷酸探针的互补链杂交到目的序列上，定位或检测形态学保存的组织切片或细胞制剂中的特定 miRNA	直接检测活细胞或固定包埋组织中的 miRNA，可以直接检测组织的亚细胞水平 miRNA 含量	使用非放射性探针解析单个细胞水平或亚细胞水平	分析速度慢，半定量，低表达水平和对其目标的低亲和力使其在技术上具有挑战性	
准定向蛋白组学	用 DNA-多肽探针将 miRNA 信号转化为能被质谱测定的报告肽段信号	直接从细胞或组织中提取总 RNA 检测	定量，高特异性	分析周期长，费用高	1 pmol/L

免疫组化技术（immunohistochemistry，图 7）又称免疫细胞化学，是组织化学的分支，为使用标记的特异性抗体（或抗原）对组织内抗原（或抗体）的分布进行组织和细胞原位检测技术。该技术不用于检验 miRNA，因此 C 错误。 答案：C。

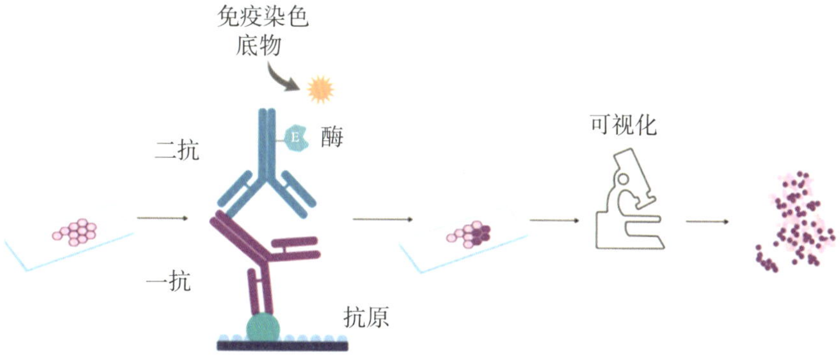

图 7

参考文献

[1] 刘亮，肖瑶，张驰. miRNA 检测方法的研究进展[J]. 药物分析杂志，2020，40:70.

8 以下有关电泳实验的说法错误的是（　　）。（单选）

A. 水平琼脂糖凝胶电泳常用于核酸　　B. 垂直板 PAGE 常用于蛋白质

C. PAGE 的分辨率比琼脂糖电泳更高　　D. PAGE 在高温下进行效果会更好

解析 水平琼脂糖凝胶电泳一般用于核酸，垂直板 PAGE 电泳常用于蛋白；聚丙烯酰胺形成的孔比用于琼脂糖凝胶电泳的琼脂糖的孔小，因此 PAGE 具有更高的分辨率。A、B、C 正确。但是如果分离小分子的 DNA 或大分子的蛋白质，也可以分别使用 PAGE 和琼脂糖。在 PAGE 电泳过程中，缓冲液会因为焦耳热而升温。温度的升高可能导致场强与分离不均，缓冲液失去缓冲能力以及胶的融化。因此长时间电泳时需要主动缓冲冷却，防止温度不受控制地升高，因此 D 不对。 答案：D。

9 取 0.1 ng 某质粒转化 100 μL 感受态细菌，冰浴和热激后加入 900 μL 培养基继续培养，再用培养基 1∶10 稀释后取 100 μL 涂板，最后得到 200 个菌落，则转化效率为（　　）。（单选）

A. 1×10^8 cfu/μg　　B. 2×10^8 cfu/μg

C. 1×10^9 cfu/μg　　D. 2×10^9 cfu/μg

解析 冰浴和热激是感受态细菌转化的常见步骤。在冰浴过程中，原来加在溶液中的钙离子和细菌细胞膜结合，在低温下形成液晶结构；在 42 ℃热激下，这种液晶结构收缩，将细胞膜扯开孔道，可使 DNA 进入细菌细胞中(图 8)。

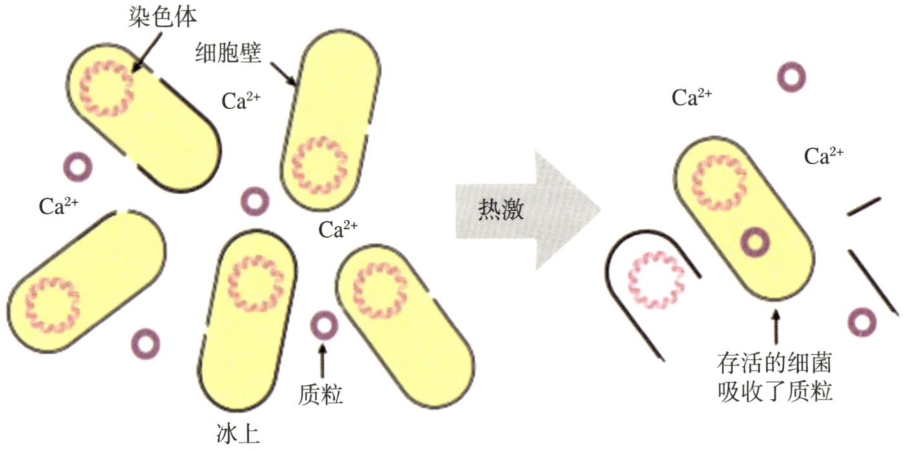

图 8

cfu 即菌落形成单位(colony forming units)，指在琼脂平板上经过一定温度和时间培养后形成的每一个菌落，是计算细菌或霉菌数量的单位。0.1 ng 质粒转化之后稀释了 100 倍(最初的体积为 1 mL，进行 1∶10稀释后取 100 μL 相当于稀释到只有 0.001 ng 质粒 DNA)，得到 200 个菌落，对应 1 μg 的转化应为 $200\times100\times10^4=2\times10^8$ cfu。 答案:B。

10 ATP 直接为细胞的生命活动提供能量，ATP 分子中高能键的位置在(　　)。(单选)

A. 腺嘌呤与核糖之间　　B. 核糖与第一个磷酸基团之间

C. 腺苷与第一个磷酸基团之间　　D. 磷酸基团之间

解析 高能磷酸键在磷酸基团之间(图 9)。 答案:D。

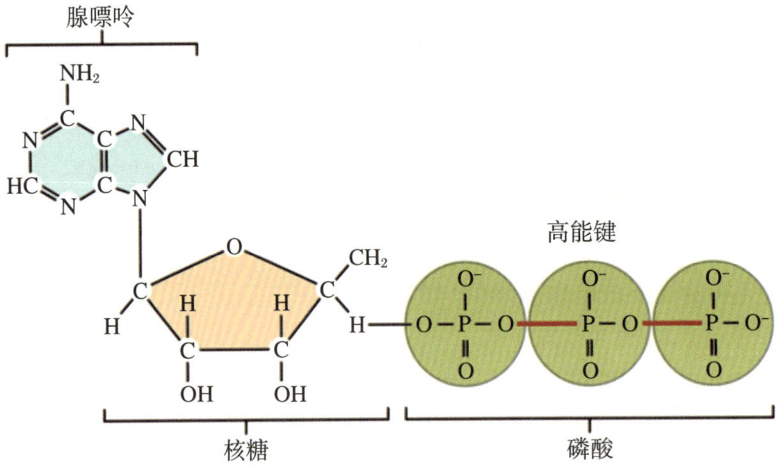

图 9

11 肝硬化患者肌肉蛋白质分解释放大量的支链氨基酸。关于支链氨基酸的描述，以下说法正确的是(　　)。(单选)

A. 支链氨基酸的分解代谢主要在肝脏中进行

B. 支链氨基酸的分解代谢主要在肝外组织中进行

C. 丙氨酸是合成支链氨基酸的起始原料

D. 支链氨基酸属于非必需氨基酸

解析 支链氨基酸(branched-chain amino acid，BCAA)包括亮氨酸、异亮氨酸和缬氨酸，是人体内不能合成而必须从食物中获取的必需氨基酸，因此 C、D 不对。

BCAA 的分解代谢最初是在肝外组织中通过支链氨基酸氨基转移酶（branched chain amino acid transaminase，BCAT）和支链 α-酮酸脱氢酶（branched chain ketoacid dehydrogenase，BCKDH）催化，经过转氨和脱羧后，形成少一个碳原子的脂酰 CoA；再在脂酰 CoA 的 α、β 原子间脱氢形成双键；在双键间加水，形成 β-羟酰基 CoA；最后亮氨酸降解为乙酰乙酸和乙酰 CoA，异亮氨酸降解为丙酰 CoA 和乙酰 CoA，缬氨酸降解为琥珀酰 CoA；分别参加成糖和成酮反应，进入三羧酸循环完全氧化分解。其中亮氨酸是生酮氨基酸，异亮氨基酸是生糖兼生酮氨基酸，而缬氨酸是生糖氨基酸。

大多数氨基酸在肝脏中分解代谢，但 BCAT 在肝脏中不表达，因此 BCAA 较为特殊。BCAA 在肠道中被吸收进入血液循环，而饮食中 BCAA 水平对血液 BCAA 水平有直接影响。多余氨基酸包括 BCAA 以蛋白质形式进行储存，哺乳动物的肝脏和骨骼肌蛋白是氨基酸的主要储存库，在机体禁食期间可被获取。BCAA 从蛋白中释放出来后，在包括骨骼肌的许多外周组织中表达 BCAT 酶进行 BCAA 代谢，从而产生支链酮酸（BCKA）并释放进入循环系统。肝脏是循环系统中 BCKA 代谢的主要场所，尽管肝脏组织缺乏 BCAT 表达以启动 BCAA 分解，但它可以激活 BCKDH 以获取 BCKA 碳源进行糖异生、生酮或脂肪酸合成。如图 10 所示。

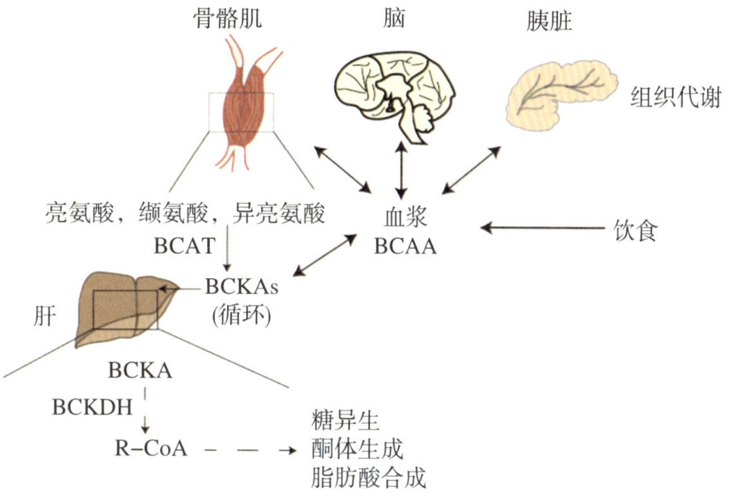

图 10

由上可见，BCAA 不在肝脏代谢而在骨骼肌代谢的机制使得 BCAA 可以在肝脏负担不显著增加的前提下，为重要器官如心肌、骨骼肌以及神经系统等提供能量。肝硬化患者肝脏受损，不但无法合成蛋白质，还会向肌肉等其他器官摄取所需 BCAA，将仅存的 BCAA 消耗殆尽。因此从食物补充的 BCAA 可作为肝硬化患者理想的能量来源，促进肝细胞修复。 答案：B。

参考文献

[1] 谢小青，刘亚贤，陈顺，等．支链氨基酸在非酒精性脂肪性肝病发生发展中的作用[J]．临床肝胆病杂志，2022，38：439．

[2] Sivanand S, van der Heiden M G. Emerging Roles for Branched-Chain Amino Acid Metabolism in Cancer[J]. Cancer Cell, 2020, 37: 147.

12 Cori 夫妇发现兔骨骼肌中糖原磷酸化酶存在两种能够互相转换的形式——有活性的 a 和无活性的 b。促进糖原磷酸化酶 b 转换为糖原磷酸化酶 a 的因素包括（　　）。（多选）

A. Mg^{2+}　　B. ATP　　C. ADP　　D. Ca^{2+}

解析 糖原磷酸化酶通常简称为“磷酸化酶”，是一种催化葡萄糖残基从糖原这一聚合储存形式中移出的酶，可将糖原末端的 α-1，4 糖苷键磷酸解，产生葡萄糖-1-磷酸和一个短一个葡萄糖单位的糖原链。

糖原磷酸化酶是以非活性的紧密型（T）和高活性的松弛型（R）两种状态存在的二聚体。在 T 态中，它可以通过两个亚基每一个上的特定丝氨酸残基磷酸化来进行修饰。磷酸化酶激酶催化丝氨酸磷酸化；去磷酸化由磷蛋白磷酸酶催化。糖原磷酸化酶的磷酸化形式称为磷酸化酶 a，去磷酸化形式称为磷酸化酶 b。该酶的活性受别构效应和磷酸化的严格调节，磷酸化酶 b 到磷酸化酶 a 的转换是控制其活性的主要形式。

在肝脏中，葡萄糖是磷酸化酶 a 的别构抑制剂。它与底物位点结合并有利于向 T 态的转变，同时还会暴露磷酸化的丝氨酸，以便磷酸酶可以水解它们，这将使平衡移动到磷酸化酶 b，实现抑制。

在肌肉中，主要的别构效应物是 ATP、AMP 和葡萄糖-6-磷酸（G6P）（图 11）。当肌肉使用 ATP 收缩时，AMP 水平升高。高浓度 AMP 可激活无活性的糖原磷酸化酶 b，使之转化为 R 态，产生活性，加速糖原分解；而当 ATP 充足或葡萄糖-6-磷酸积累时，这些分子便可充当别构抑制剂，使酶平衡移动回 T 态。这些差异确保糖原在需要能量时会被降解，如高[AMP]、低[G6P]和低[ATP]的情形；反之亦然，低[AMP]、高[G6P]和高[ATP]时，对能量的需求以及糖原分解的需求就会减少。可见，ATP 抑制糖原磷酸化酶的活动，AMP 才是激活，它们都不能促进糖原磷酸化酶 b 转换为糖原磷酸化酶 a（虽然磷酸化的磷酸由 ATP 提供）。

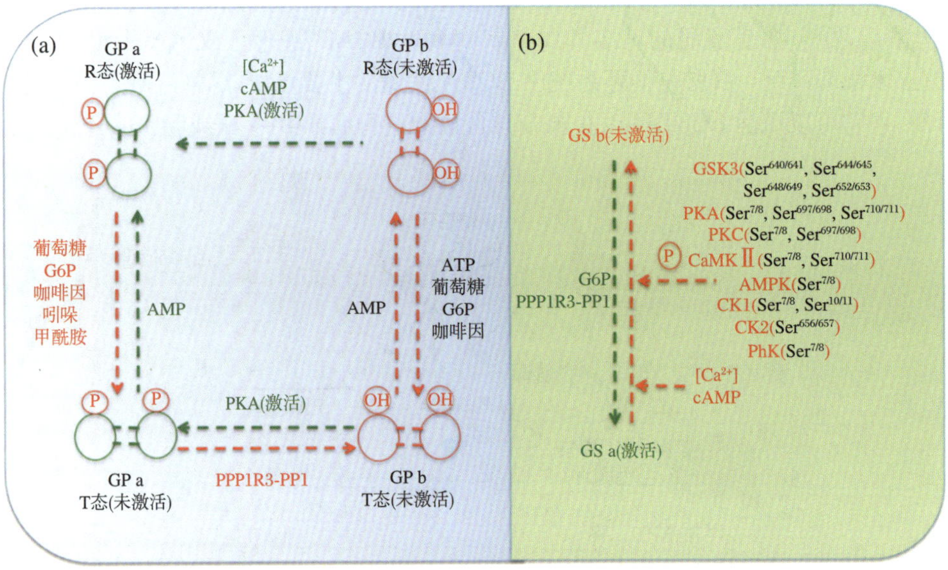

图 11

磷酸化方面，磷酸化酶激酶（phosphorylase kinase，PhK）靶向酶 N 末端附近的丝氨酸残基（Ser14），磷酸基团与 Ser14 的连接将活性较低的形式（称为磷酸化酶 b）转化为活性更高的形式磷酸化酶 a（a 为 active 的首字母）；相反，磷蛋白磷酸酶Ⅰ催化从 Ser14 上去除磷酸基团。催化磷酸化酶 a 和 b 相互转化的磷酸酶和激酶本身也是受调节的，如图 12 所示。其中激酶由 Ca^{2+} 激活，并由蛋白激酶 A（PKA）磷酸化；此外，

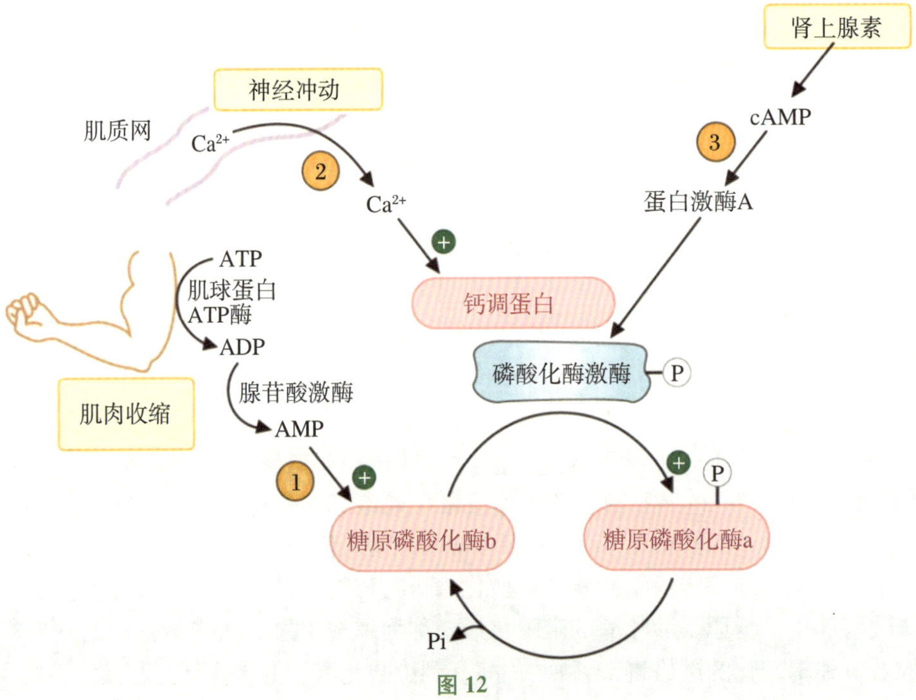

图 12

Mg^{2+} 也可以提高激酶的活性。磷酸化酶激酶(PhK)是一种 1.3 MDa 的十六聚体蛋白,它由四个同源四聚体组成,每个均包含四个亚基($(\alpha\beta\gamma\delta)_4$),其中 γ 亚基为起催化作用的激酶,而 αβδ 亚基为调节亚基。Ca^{2+} 的作用通过与钙调蛋白结合形成别构激活剂实现,通过结合在 δ 亚基改变蛋白质的构象,导致抑制性的 αβ 亚基释放具有活性的 γ 亚基;而 Mg^{2+} 则直接结合在 γ 亚基并激活其活性,因此两种离子在 pH = 6.8 时可协同激活 PhK;不仅直接对三、四级结构进行别构调节,两种离子还可以影响十六聚体的聚合与解体。

答案:AD。

参考文献

[1] Zois C E, Harris A L. Glycogen Metabolism Has a Key Role in the Cancer Microenvironment and Provides New Targets for Cancer Therapy[J]. J. Mol. Med., 2016, 94: 137.

[2] Chebotareva N A, Eronina T B, Roman S G, et al. Kinetic Regime of Ca^{2+} and Mg^{2+}-Induced Aggregation of Phosphorylase Kinase at 40 ℃[J]. Int. J. Biol. Macromol., 2019, 138: 181.

[3] Liu W, Nadeau O W, Sage J, et al. Physicochemical Changes in Phosphorylase Kinase Induced by Its Cationic Activator Mg^{2+}[J]. Protein Science, 2013, 22: 444.

13 机体内糖原的分解代谢受到严格的调控,包括蛋白质的碳酸化、去磷酸化修饰和效应分子的变构调节。以下不能激活糖原分解的是(　　)。(单选)

A. AMP 结合磷酸化酶 b　　B. 蛋白磷酸酶使糖原合酶去磷酸化

C. 激活依赖于 cAMP 的蛋白激酶 A　　D. 激活磷酸化酶激酶

解析 由上题解析可知,激活依赖于 cAMP 的蛋白磷酸酶 A(PKA)可以激活磷酸化酶激酶(PhK),从而进一步将磷酸化酶 b 激活为磷酸化酶 a,激活糖原分解,因此 C、D 可以。由图 12 可知,肌肉收缩过程中 ATP 降解产生的 AMP 也可以直接别构激活糖原磷酸化酶 b,因此 A 也可以激活糖原分解。蛋白磷酸酶使糖原合酶去磷酸化时可以激活糖原合酶,促进糖原的合成而不是分解,因此 B 不能激活糖原分解。

答案:B。

14 在电场作用下,相同分子质量的不同构象的双链质粒 DNA 迁移率排序为(　　)。(单选)

A. 超螺旋>开环>线性　　B. 超螺旋>线性>开环

C. 线性>超螺旋>开环　　D. 线性>开环>超螺旋

解析 序列相同但构象不同的 DNA 分子,例如环状和线性质粒,在穿过凝胶孔时会受到每个构象紧密度的影响。高度紧凑的超螺旋分子迁移速度最快,其次是柔性线性和开环分子(图 13)。这种迁移率的差异可用于检查分离后质粒 DNA 的完整性,因为在哺乳动物细胞转染基因表达等应用中需要完整的质粒 DNA。　答案:B。

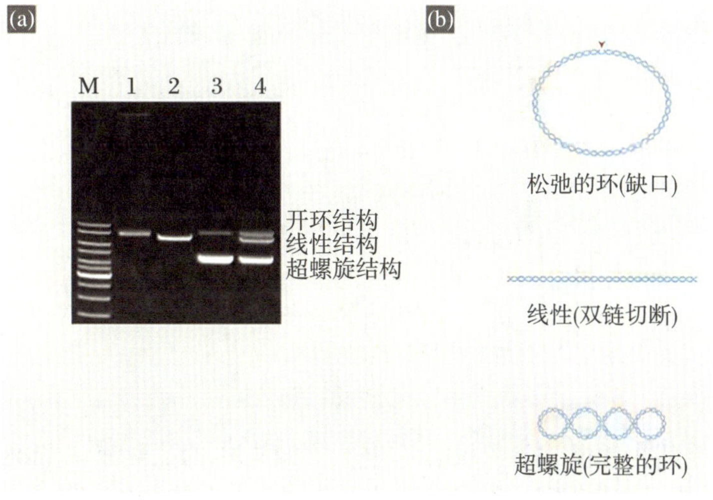

图 13

15 对古菌生理生化特性的描述正确的是(　　)。(单选)

A. 所有古菌都不具备固氮能力

B. 只有古菌中的某些种类有产甲烷能力

C. 古菌生长在高温、高盐、高酸等极端环境中

D. 古菌中有以叶绿素为基础的光合生物种类

解析 古菌有可以固氮的,如一种从深海热泉(deep-sea hydrothermal vent)中分离的产甲烷嗜热古菌FS406-22就可以固氮,因此A不对。

微生物产甲烷是一个非常普遍的现象,如许多动物的胃肠道系统、湿地土壤、河湖等水体的沉积物和许多极端环境如高温、高寒、高盐环境等都存在产甲烷过程。已描述的产甲烷菌种类超过50种,所有已知的产甲烷菌都是古菌,但它们不形成单系群(比如嗜盐古菌 *Haloarchaea* 就不产甲烷,如图14所示),因此B正确。

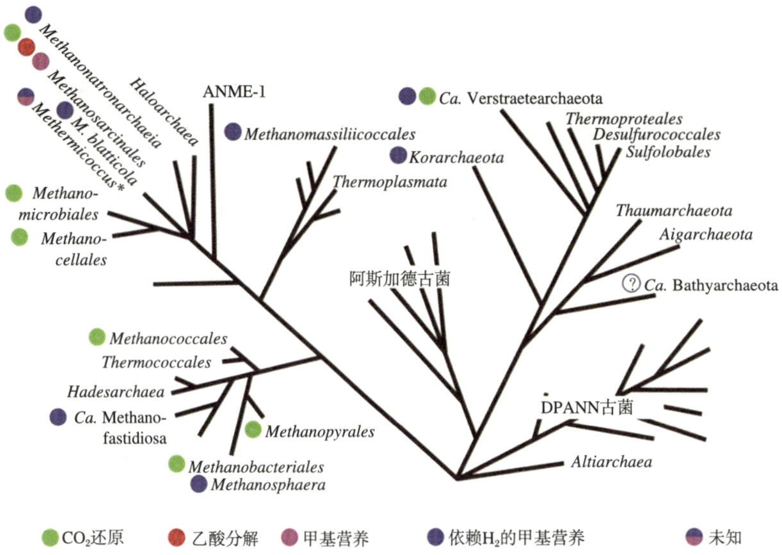

图14

不过,2021年德国海德堡大学领导的团队提出了一个颠覆性的观点:包括人类在内,所有生物都是甲烷的生产者。该研究描述了一个通过非生物途径三步生成甲烷的过程(图15)。简单地说,这个反应不需要酶参与,且主要原料只有3类:活性氧簇(ROS)、自由铁和合适的甲基供体。如果这样的话,B就不对了。

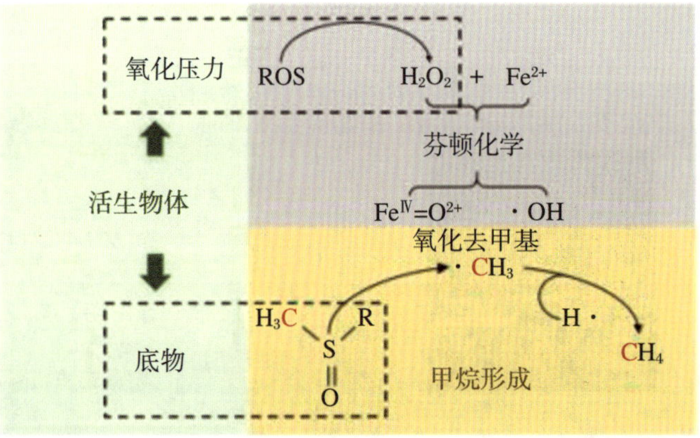

图15

古菌最初常被发现生活在高盐、高温等极端环境中,比如盐湖、海底热液口、陆地热泉等,因此曾经被认为是极端微生物,并被认为可能是地球上最早出现的生命,即“古老的生命”;但现今人们发现,古菌并不只

生活在极端环境中，在土壤、湖泊、河流等常温环境中也可以检测到古菌，甚至在人体内都发现了古菌（肠道产甲烷古菌）；相比真细菌，古菌与真核生物的分歧更晚发生（图16）。因此C不对。

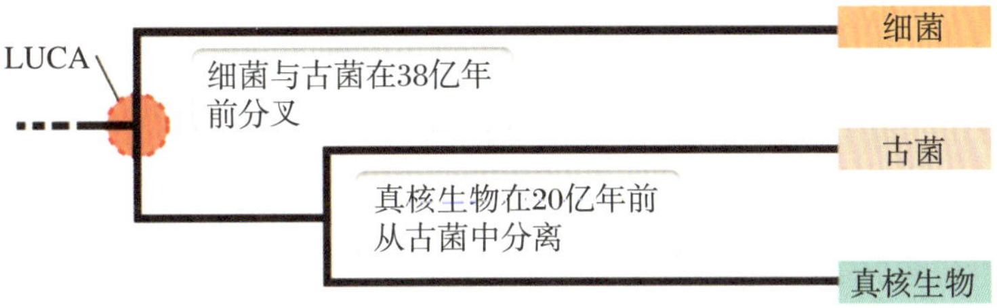

图16

古菌中的嗜盐古菌通过视紫红质进行光合作用而非基于叶绿素，古菌中没有叶绿素，因此D不对。

答案：B。

参考文献

[1] Mehta M P, Baross J A. Nitrogen Fixation at 92 ˚C by a Hydrothermal Vent Archaeon[J]. Science, 2006, 314: 1783.

[2] Söllinger A, Urich T. Methylotrophic Methanogens Everywhere - Physiology and Ecology of Novel Players in Global Methane Cycling[J]. Biochem. Soc. Trans., 2019, 47: 1895.

[3] Ernst L, Steinfeld B, Barayeu U, et al. Methane Formation Driven by Reactive Oxygen Species Across All Living Organisms[J]. Nature, 2022, 603: 482.

16 对古菌细胞结构的描述，正确的是（　　）。（单选）

A. 古菌有具核仁、核膜的细胞核

B. 古菌有复杂内膜结构的细胞器

C. 古菌的核糖体大小与细菌的核糖体大小相似

D. 所有古菌种类都没有聚-β羟丁酸（PHB）贮藏物

解析 古菌没有核仁、核膜、内膜系统，A、B不对。多数古菌的核糖体虽然也是70S，但是含有60种以上的蛋白质，介于真核细胞和真细菌之间，而且其中的RNA和蛋白质的性质更加接近真核细胞，如图17所示，C正确。嗜盐古菌也可以生产聚-β羟丁酸（polyhydroxybutyrate），因此D不对。　答案：C。

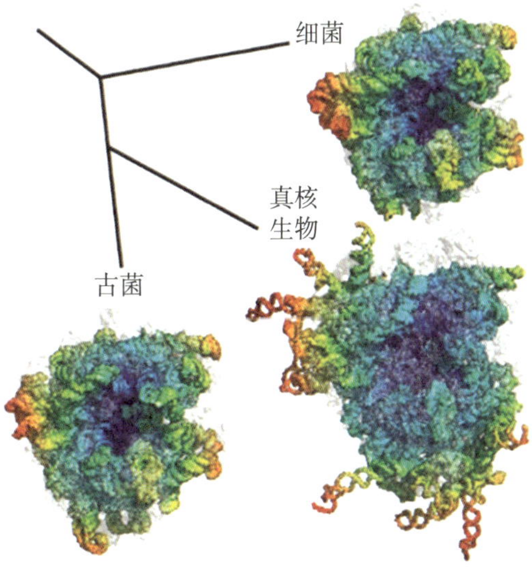

图17

参考文献

[1] Bowman J C, Petrov A S, Frenkel-Pinter M, et al. Root of the Tree: The Significance, Evolution, and Origins of the Ribosome[J]. Chem. Rev., 2020, 120: 4848.

[2] Abdallah M B, Karray F, Sayadi S. Production of Polyhydroxyalkanoates by Two Halophilic Archaeal Isolates from Chott El Jerid Using Inexpensive Carbon Sources[J]. Biomolecules, 2020, 10: 109.

17 对古菌基因组结构的描述正确的是(　　)。(单选)

A. 古菌无类似细菌的操纵子结构

B. 古菌的基因组是共价闭合环形 DNA

C. 古菌有类似真核生物的内含子和外显子

D. 古菌不含有大质粒

解析 与细菌相似，古菌的染色体 DNA 呈闭合环状，基因也组织成操纵子(图 18 显示了一种酸热硫化叶菌的操纵子)，但在 DNA 复制、转录、翻译等方面，古菌却具有明显的真核特征，如采用非甲酰化甲硫氨酰 tRNA 作为起始 tRNA，启动子、转录因子、DNA 聚合酶、RNA 聚合酶等均与真核生物的相似。因此 A 错误，B 正确。

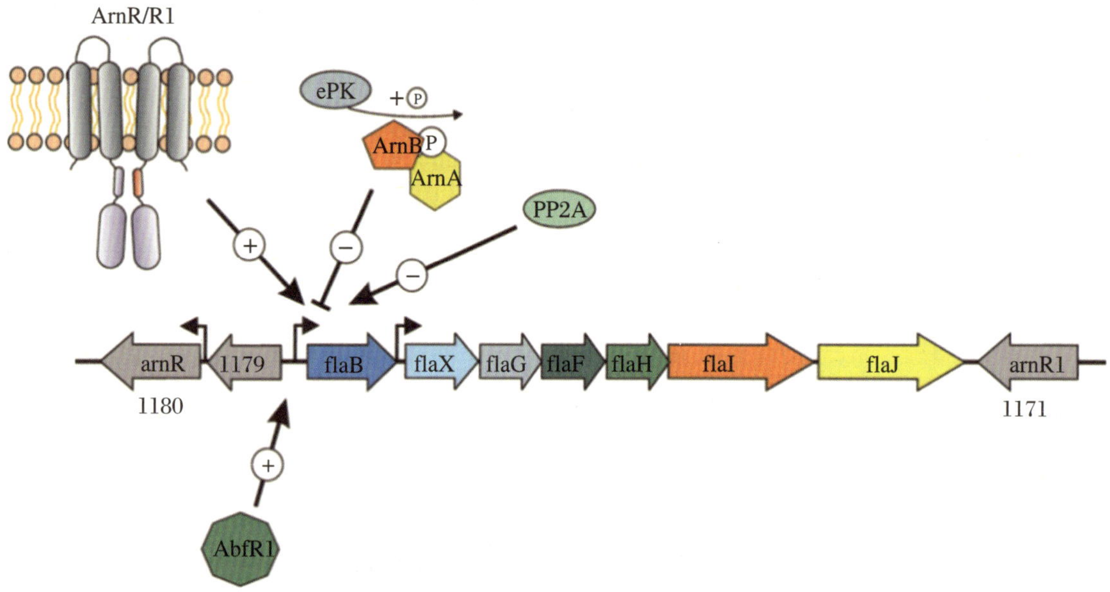

图 18　古菌的操纵子模型

大部分古菌基因缺少内含子，其内含子主要集中在 tRNA 和 rRNA 基因中，少数出现在编码蛋白质的基因中，所以和真核生物的内含子、外显子并不类似，因此 C 不对。

古菌也含有质粒，如盐杆菌科(Haloarchaeaceae)的古菌就被发现存在巨型质粒(megaplasmids，携带关键基因)与小型质粒(small plasmids，多为隐性)。其中大质粒的大小在 340～700 kb，如 pNG700 为 411 kb。因此 D 不对。 答案：B。

参考文献

[1] Albers S V, Jarrell K F. The Archaellum: How Archaea Swim[J]. Frontiers in Microbiology, 2015, 6: 23.

[2] Schwartz E. Microbial Megaplasmids[M]. Springer, 2009.

[3] Wang H, Peng N, Shah S A, et al. Archaeal Extrachromosomal Genetic Elements[J]. Microbiol. Mol. Biol. Rev., 2015, 79: 117.

18 对古菌的基因表达相关因子的描述正确的是(　　)。(单选)

A. 古菌编码基因的启动子序列与真核生物类似，具有 TATA 框

B. 古菌的 RNA 聚合酶与细菌的 RNA 聚合酶类似，对利福平敏感

C. 与真核生物类似，古菌的 mRNA 存在加帽和加尾的修饰

D. 古菌的核糖体与细菌的核糖体类似，对氯霉素、卡那霉素敏感

解析 TATA 框（TATA box/Goldberg-Hogness box）是存在于古菌和真核生物的核心启动子区域的一段 DNA 序列，TATA 框的原核同源物称为 Pribnow 框（Pribnow box），具有较短的共有序列 TATAATAAT。它在多数真核生物基因转录起始点上游约 −30 bp（−25～−32 bp）处，基本上由 A-T 碱基对组成，是决定基因转录起始的选择，为 RNA 聚合酶的结合处之一，RNA 聚合酶与 TATA 框牢固结合之后才能起始转录。三者转录起始的比较如图 19 所示。因此 A 正确。

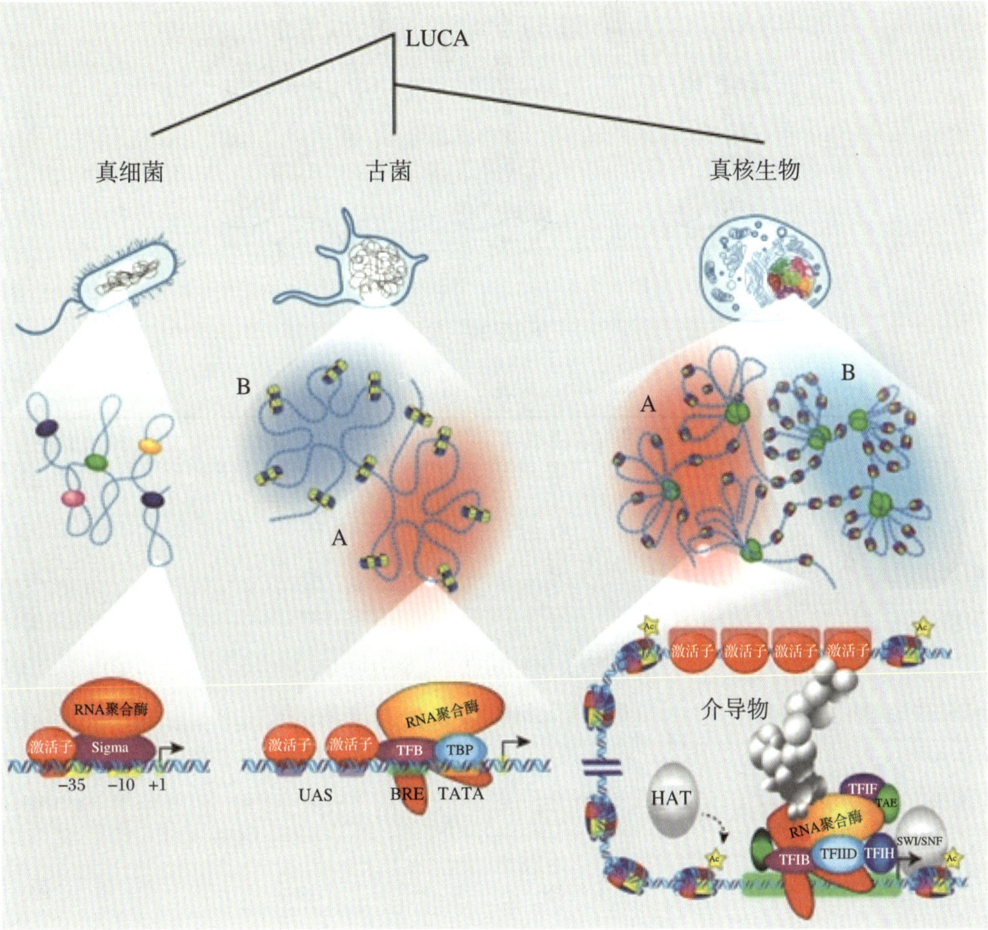

图 19

古菌的 RNA 聚合酶（RNAP）与真核生物的 RNAP Ⅱ具有结构相似性，但启动子依赖性起始所需要的一般转录因子较少，其 RNAP 对利福平也不敏感。因此 B 不对。

真核生物 mRNA 具有 5’帽子和 3’多聚 A 尾巴，原核生物没有这样的首尾结构，古菌翻译过程中也没有加帽/加尾步骤，三者具体比较如图 20 所示，因此 C 不对。

古菌的核糖体对氯霉素、链霉素和卡那霉素不敏感，D 不对。

三大域的比较见表 3。　**答案：A。**

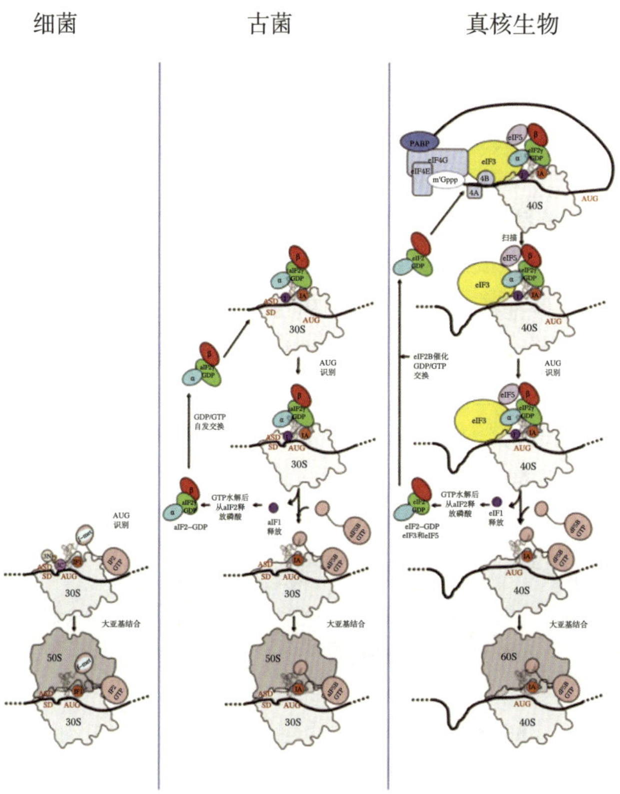

图 20

表 3

特征	细菌（真细菌）	古菌（古细菌）	真核生物
有核仁、核膜的细胞核	无	无	有
共价闭合环形的 DNA	有	有	无
复杂内膜细胞器	无	无	有
细胞壁含肽聚糖（胞壁酸）	有	无	无
膜脂特征	酯键脂、直链脂肪酸	醚键酯、支链烃	酯键脂、直链脂肪酸
起始 tRNA 携带的氨基酸	甲酰甲硫氨酸	甲硫氨酸	甲硫氨酸
多顺反子 mRNA	有	有	无
mRNA 剪接、加帽、加尾	无	无	有
核糖体			
大小	70S	70S	80S
延伸因子 2 与白喉杆菌毒素反应	无	有	有
对氯霉素、链霉素、卡那霉素敏感性	敏感	不敏感	不敏感
对茴香霉素敏感性	不敏感	敏感	敏感
依赖 DNA 的 RNA 聚合酶	单一类型、含 4 个亚基	有数种、复杂、含 8～12 个亚基	有 3 种、复杂、含 12～14 个亚基
聚合酶Ⅱ型启动子	无	有	有
代谢			
有产甲烷的种类	无	有	无
有固氮的种类	有	有	无
有以叶绿素为基础的光合生物	有	无	有

续表

特征	细菌(真细菌)	古菌(古细菌)	真核生物
有化能自养的种类	有	有	无
有贮存聚-β-羟丁酸颗粒的种类	有	有	无
在细胞中含气泡的种类	有	有	无

参考文献

[1] Bylino O V, Ibragimov A N, Shidlovskii Y V. Evolution of Regulated Transcription[J]. Cells, 2020, 9: 1675.

[2] Madigan M, et al. Brock Biology of Microorganisms[M]. 16th ed. Pearson, 2021.

[3] Schmitt E, Coureux P D, Kazan R, et al. Recent Advances in Archaeal Translation Initiation [J]. Front Microbiol., 2020, 11: 584152.

19 对古菌能量代谢的描述,错误的是(　　)。(单选)

A. 产甲烷古菌是严格的厌氧菌,不具有过氧化氢酶和过氧化物酶

B. 极端嗜盐古菌的紫膜能吸收绿光,把光能转化为化学能,储存在 ATP 里

C. 有些古菌具有 6-磷酸果糖激酶,通过 EMP(Embden-Meyerhof-Parnas)途径分解葡萄糖

D. 嗜热古菌喜欢富含硫元素的热水域。硫既可以作为电子受体,还原成硫化氢,也可以作为电子供体,氧化成硫酸。因此,嗜热古菌中存在厌氧菌、兼性厌氧菌和好氧菌

解析 所有已知的产甲烷菌都属于广古菌门(Euryarchaeota),它们大多是厌氧生物,不能在有氧条件下发挥作用。但 2017 年发现了一个新物种(*Candidatus* Methanothrix paradoxum),它可以在有氧环境中的缺氧微生物区发挥作用;此外还有厌氧的(*Candidatus* Methanoperedens nitroreducens),它们均可耐受氧胁迫,表达超氧化物歧化酶(SOD)、过氧化氢酶、过氧化物酶、硫氧还蛋白、铁氧还蛋白、谷胱甘肽等解氧毒的酶与物质,因此 A 不对。

紫膜是极端嗜盐古菌细胞结构的一大特征,其上的菌视紫素可强烈吸收 570 nm 处的绿色光谱区,完成光能转化,进行光合作用,B 正确。

ATP 依赖的 6-磷酸果糖激酶(ATP-PFK)催化 6-磷酸果糖(F-6-P)以 ATP 作为磷酸供体,磷酸化为 1,6-二磷酸果糖(F-1,6-BP)。在细菌和真核生物中,ATP-PFK 是经典糖酵解(classical EMP pathway)路径的关键调节酶,属于 PFK-A 家族;在超嗜热的古菌(*Aeropyrum pernix*)中也找到了 ATP-PFK,不过有意思的是,古菌不存在经典的 6-磷酸果糖激酶(PFK-A),而是以另一类磷酸果糖激酶 B(PFK-B)的家族成员取代了 PFK-A,来完成修饰的 EMP 途径(modified EMP pathway),并且 PFK-B 不具有别构调节能力(如图 21 所示,红色的酶为受别构调节的酶)。

中等嗜热菌和极度嗜热菌都属于古菌,其中超嗜热的分支为泉古菌门(Crenarchaeota),包括已知原核生物中大多数生活在热环境中的细菌和数种能生活在高于正常沸点水温的嗜热菌。它们都是革兰氏阴性、不规则的类球形古菌,大多生长于 70 ℃以上的富含硫、铁的高温酸性热泉或沸泉和地热区热的土壤;并且大多数可利用某种途径代谢硫。除了少数例外,超嗜热古菌都是专性厌氧的,为化能有机营养型(chemoorganotrophic)或化能无机营养型(chemolithotrophic),以硫作为电子受体进行厌氧呼吸或作为电子供体进行化能无机营养。具体代谢方式与类群如表 4 所示,可见除大部分行厌氧呼吸(AnR, anaerobic respiration)之外,也有一些类群进行有氧呼吸(AeR, aerobic respiration)或发酵(F, fermentation),如硫化叶菌属(*Sulfolobus*),是既有化能有机营养,也有化能无机营养的有氧呼吸类群。因此 D 正确。　**答案:A。**

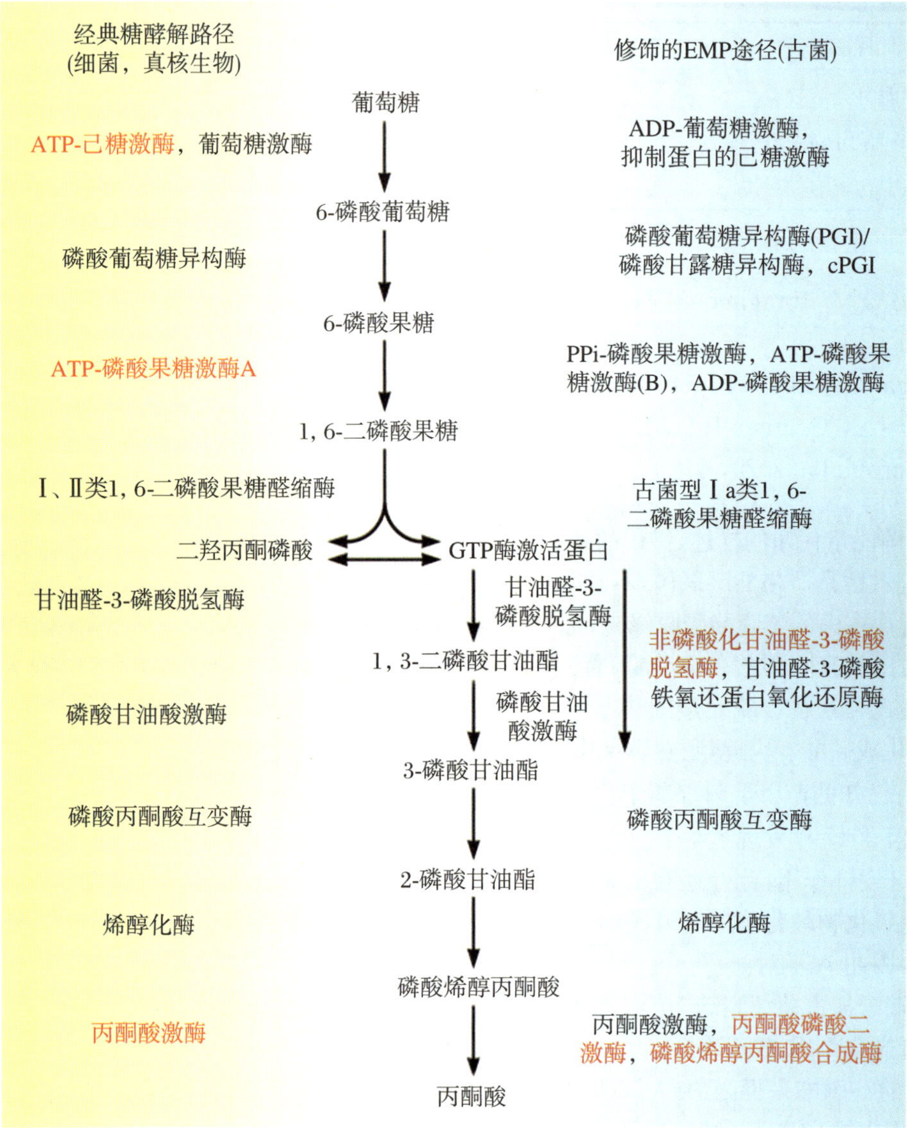

图 21

表 4　按营养类别划分的超嗜热古菌产能反应

产能反应	代谢类型[a]	例子(属)[b]
	化能有机营养	
有机化合物 + $S^0 \longrightarrow H_2S + CO_2$	AnR	*Thermoproteus*, *Thermococcus*, *Desulfurococcus*, *Thermofilum*, *Pyrococcus*, *Pyrobaculum*, *Staphylothermus*
有机化合物 + $SO_4^{2-} \longrightarrow H_2S + CO_2$	AnR	*Archaeoglobus*
有机化合物 + $O_2 \longrightarrow H_2O + CO_2$	AeR	*Sulfolobus*
有机化合物 $\longrightarrow CO_2 + H_2$ + 脂肪酸	F	*Pyrodictium*
有机化合物 + $Fe^{3+} \longrightarrow CO_2 + Fe^{2+}$	AnR	*Pyrodictium*
有机化合物 + $NO_3^- \longrightarrow CO_2 + N_2$	AnR	*Pyrobaculum*
丙酮酸 $\longrightarrow CO_2 + H_2$ + 乙酸	F	*Pyrococcus*, *Thermococcus*
肽 $\longrightarrow CO_2$ + 乙酸 + 丁醇	F	*Hyperthermus*, *Korarchaeum*
	化能无机营养	

续表

产能反应	代谢类型	例子(属)
$H_2 + S^0 \longrightarrow H_2S$	AnR	*Acidianus*, *Pyrodictium*, *Thermoproteus*, *Stygiolobus*, *Ignicoccus*
$H_2 + NO_3^- \longrightarrow NO_2^- + H_2O$($NO_2^-$ 被某些物种还原为 N_2)	AnR	*Pyrobaculum*
$4H_2 + NO_3^- + H^+ \longrightarrow NH_4^+ + 2H_2O + OH^-$	AnR	*Pyrolobus*
$H_2 + 2Fe^{3+} \longrightarrow 2Fe^{2+} + 2H^+$	AnR	*Pyrobaculum*, *Pyrodictium*, *Archaeoglobus*
$2H_2 + O_2 \longrightarrow 2H_2O$	AeR	*Acidianus*, *Sulfolobus*, *Pyrobaculum*
$2S^0 + 3O_2 + 2H_2O \longrightarrow 2H_2SO_4$	AeR	*Sulfolobus*, *Acidianus*
$2FeS_2 + 7O_2 + 2H_2O \longrightarrow 2FeSO_4 + 2H_2SO_4$	AeR	*Sulfolobus*, *Acidianus*, *Metallosphaera*
$2FeCO_3 + NO_3^- + 6H_2O \longrightarrow 2Fe(OH)_3 + NO_2^- + 2HCO_3^- + 2H^+ + H_2O$	AnR	*Ferroglobus*
$4H_2 + SO_4^{2-} + 2H^+ \longrightarrow 4H_2O + H_2S$	AnR	*Archaeoglobus*
$4H_2 + CO_2 \longrightarrow CH_4 + 2H_2O$	AnR	*Methanopyrus*, *Methanocaldococcus*, *Methanothermus*

[a] AnR,无氧呼吸;AeR,有氧呼吸;F,发酵。

[b] 大多为 *Crenarchaeota*。

参考文献

[1] Brioukhanov A, Netrusov A, Sordel M, et al. Protection of *Methanosarcina barkeri* Against Oxidative Stress: Identification and Characterization of an Iron Superoxide Dismutase[J]. Arch. Microbiol., 2000, 174: 213.

[2] Angle J C, Morin T H, Solden L M, et al. Methanogenesis in Oxygenated Soils is a Substantial Fraction of Wetland Methane Emissions[J]. Nat. Commun., 2017, 8: 1567.

[3] Guerrero-Cruz S, Cremers G, van Alen T A, et al. Response of the Anaerobic Methanotroph "*Candidatus* Methanoperedens nitroreducens" to Oxygen Stress[J]. Appl. Environ. Microbiol., 2018, 84: e01832.

[4] Bräsen C, Esser D, Rauch B, et al. Carbohydrate Metabolism in *Archaea*: Current Insights into Unusual Enzymes and Pathways and Their Regulation[J]. Microbiology and Molecular Biology Reviews, 2014, 78: 89.

[5] Hansen T, Schönheit P. Sequence, Expression, and Characterization of the First Archaeal ATP-Dependent 6-Phosphofructokinase, a Non-Allosteric Enzyme Related to the Phosphofructokinase-B Sugar Kinase Family, From the Hyperthermophilic Crenarchaeote *Aeropyrum pernix* [J]. Arch. Microbiol., 2001, 177: 62.

[6] Williams T J, Allen M A, Liao Y, et al. Sucrose Metabolism in Haloarchaea: Reassessment Using Genomics, Proteomics, and Metagenomics[J]. Appl. Environ. Microbiol., 2019, 85: e02935.

[7] Madigan M, et al. Brock Biology of Microorganisms[M]. 16th ed. Pearson, 2021.

20 菌根是微生物与植物根形成的共生体,类型多样,能形成菌根的微生物是(　　)。(单选)

A. 细菌　　B. 放线菌

C. 真菌　　D. 细菌、放线菌、真菌均可

解析 菌根是指土壤中某些真菌与植物根的共生体,与细菌、放线菌无关。　**答案:C。**

21 磷酸转移酶系统(PTS)是微生物中存在的一种吸收营养物的方式,该吸收方式需要的能量来自(　　)。(单选)

A. 光　　　　B. ATP

C. ATP+磷酸　　　　D. PEP(磷酸烯醇式丙酮酸)

解析 细菌磷酸烯醇丙酮酸(phosphc enolpyruvate,PEP)-磷酸转移酶系统(phosphotransferase system,PTS)广泛存在于细菌、真菌和一些古菌中,但不存在于动植物中。PTS由酶Ⅰ(EⅠ)、组氨酸磷酸载体蛋白(HPr或NPr)和酶Ⅱ复合物等磷酸转移酶组成,既具有催化转运功能,又具有非常广泛的调节功能,主要通过磷酸级联反应将各种糖及其衍生物磷酸化,然后运输到胞内(图22)。　答案:D。

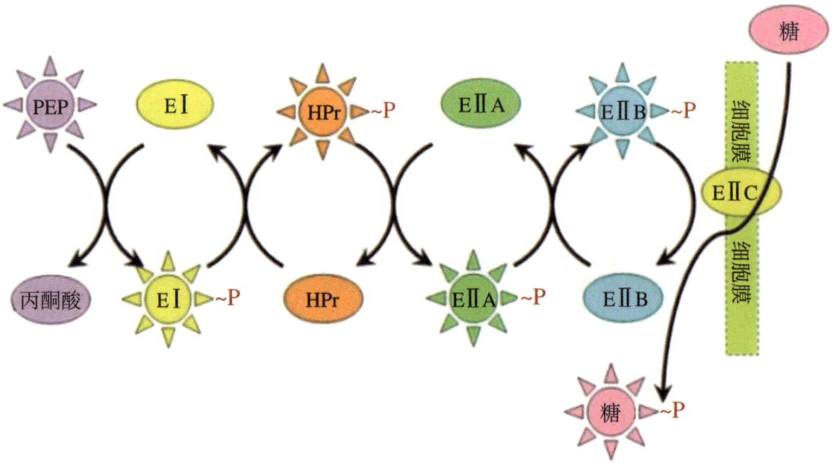

图22

22 异染粒是存在于原核微生物中的一种内含物,其特点是(　　)。(单选)

A. 苏丹Ⅲ染色为紫红色　　　　B. 美蓝染色为紫红色

C. 结晶紫染色为紫红色　　　　D. 碘液染色为紫红色

解析 异染粒是以无机偏磷酸盐聚合物为主要成分的一种无机磷的贮备物(图23)。异染粒嗜碱性或嗜中性较强,用蓝色染料如甲苯胺蓝或甲烯蓝(美蓝)染色后不呈蓝色而呈紫红色(图24),故称异染粒。答案:B。

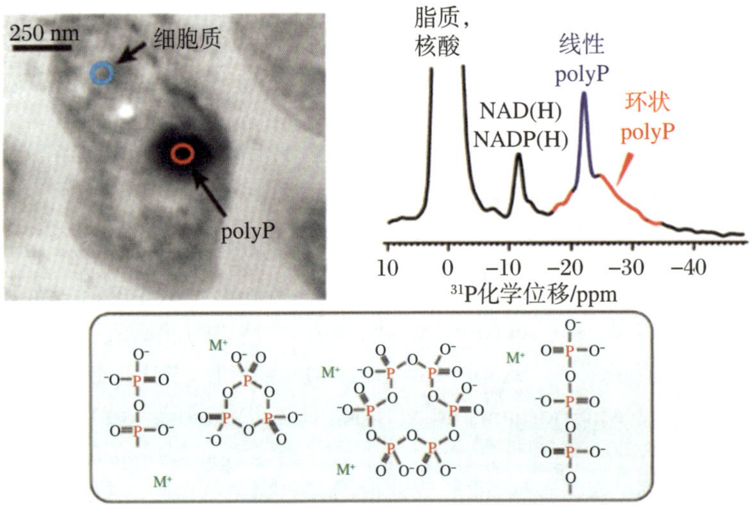

图23

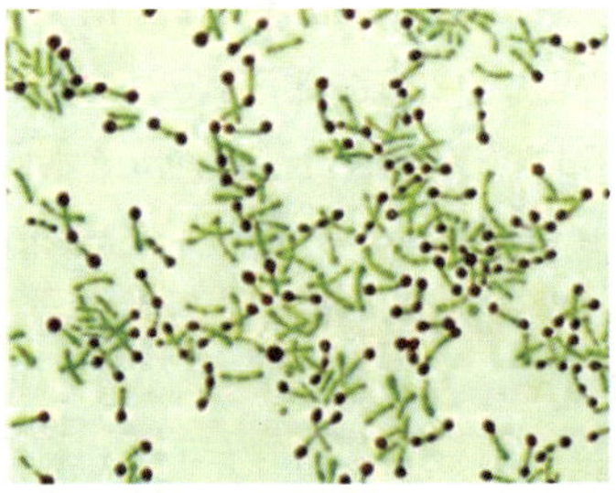

图24

参考文献

[1] Mandala V S, Loh D M, Shepard S M, et al. Bacterial Phosphate Granules Contain Cyclic

Polyphosphates: Evidence from ^{31}P Solid-State NMR[J]. J. Am. Chem. Soc., 2020, 142: 18407.

23 土壤中的青霉可以通过分泌青霉素抑制某些细菌的生长，微生物间的这种相互关系是（　　）。（单选）

A. 普遍性偏利作用　　B. 特异性偏利作用

C. 普遍性拮抗作用　　D. 特异性拮抗作用

解析 土壤生物拮抗作用主要有两类：① 非特异性拮抗作用（普遍性拮抗）。特定微生物通过产生某种代谢产物或改变环境条件，抑制其他微生物繁殖。如乳酸菌和嗜酸菌在发酵过程中不断产酸降低土壤 pH，使多数不耐酸的微生物不能生长而死亡。② 特异性拮抗作用。一些生物可以通过产生抗生素，抑制甚至杀死其他微生物。如青霉菌产生青霉素，抑制革兰氏阳性菌生长；链霉菌产生制霉菌素（通过与真菌细胞膜中的麦角甾醇结合，增加膜的渗透性和产生基于制霉菌素/麦角甾醇的离子通道起作用，可对抗真菌、酵母和霉菌），抑制酵母生长；枯草芽孢杆菌可产生细菌素类、活性蛋白质类、多肽类等多种抑菌物质，对引起植株根腐病的镰刀菌、腐霉菌和立枯丝核菌具有强拮抗作用。　答案：D。

24 啤酒酵母（*Saccharomyces cerevisiae*）广泛存在于自然界中，其营养体细胞的细胞核是（　　）。（单选）

A. 单倍体　　B. 二倍体

C. 单倍体和二倍体都有　　D. 双核体

解析 各种酵母的生活史可分为三种类型：(1) 单双倍体型；(2) 单倍体型；(3) 双倍体型。

(1) 单双倍体型：以啤酒酵母为代表。

特点：单倍体营养细胞和双倍体营养细胞均可进行芽殖。营养体既可以单倍体形式也可以双倍体形式存在；在特定条件下进行有性生殖。单倍体和双倍体两个阶段同等重要，形成世代交替。如图 25 所示。

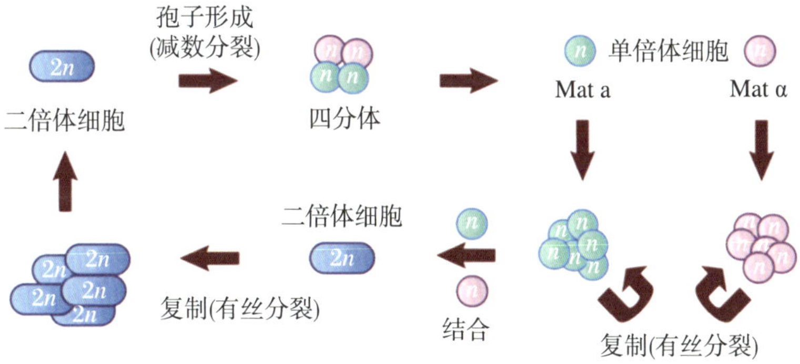

图 25

(2) 单倍体型：以八孢裂殖酵母为代表。

特点：营养细胞是单倍体；无性繁殖以裂殖方式进行；双倍体细胞不能独立生活，因为双倍体阶段短，一经生成立即减数分裂。

(3) 双倍体型：以路德类酵母为代表。

特点：营养体为双倍体，不断进行芽殖，双倍体营养阶段长，单倍体的子囊孢子在子囊内发生接合。单倍体阶段仅以子囊孢子形式存在，故不能独立生活。　答案：C。

25 准性生殖是存在于真菌中的一种特殊基因重组方式，首先在构巢曲霉（*Aspergillus nidulans*）中发现，在该过程中（　　）。（多选）

A. 通过体细胞融合形成异核体　　B. 可以通过有丝分裂形成重组型二倍体细胞

C. 可以通过有丝分裂形成重组单倍体细胞　　D. 可以通过减数分裂形成重组单倍体细胞

解析 准性生殖指的是 1952 年美国的 G. 蓬泰科尔沃和罗珀在丝状真菌中发现的一种导致基因重组的机制。在这种机制中，遗传性的重组不是依赖有性生殖的减数分裂，而是依赖准性生殖的有丝分裂。

准性生殖的第一步是形成异核体。异核体菌丝的形成有 3 种途径：① 异核菌丝的结合；② 同质菌丝内的核发生突变；③ 菌丝内一些单倍体核进行核配形成二倍体核。

准性生殖的第二步是两个核的融合，同质的和异质的核都可以核配，形成同质的二倍体核和异质的二倍体核，结果这个阶段的菌丝细胞中最少含有 5 类核：两种单倍体核、两种纯合二倍体核和一种异合二倍体核。但是自发形成异合二倍体核的频率非常低，如构巢曲霉在 100 万个菌株中才出现一个异合二倍体核。二倍体细胞在有丝分裂过程中偶尔也会发生同源染色体之间的交换（体细胞重组），导致部分隐性基因纯合化，从而获得新的遗传性状。

准性生殖的第三步包括二倍体核一系列非典型的、不规则的单倍体化。由于有丝分裂后期姐妹染色单体未分开，或者由于一个染色体分裂为两个以后都趋向一极，因而造成子核的染色体数目不相等，产生非整倍体，第 1 个子核多一个染色体（$2n+1$），第 2 个子核少一个染色体（$2n-1$）。“$2n+1$”非整倍体又称三体，往往失去一个染色体而成为二倍体。在这个过程中，可以由杂合体变为纯合体。“$2n-1$”非整倍体又称单体，常在不断的有丝分裂中继续丧失染色体，直至成为单倍体。这一过程不像减数分裂那样通过染色体减半一次完成。

因此，准性生殖全过程（图 26）可概括为质配核配、二倍体形成以及体细胞交换和单倍体化（单元化）。半知菌不发生有性生殖，发生准性生殖的也只有曲霉、青霉和镰孢霉属中的少数种。 答案：AB。

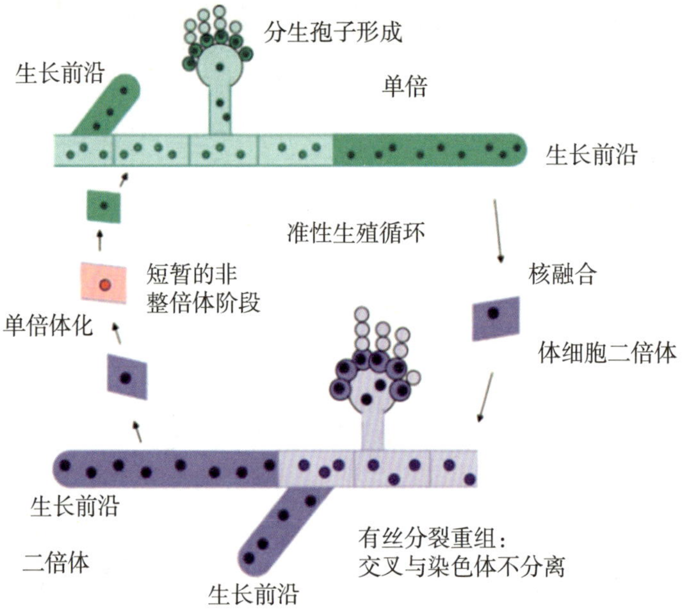

图 26

参考文献

[1] Schoustra S E, Debets A J M, Slakhorst M, et al. Mitotic Recombination Accelerates Adaptation in the Fungus *Aspergillus nidulans*[J]. PLoS Genetics, 2007, 3: e68.

26 下列关于细胞器的描述正确的有（　　）。（多选）

A. 在粗面内质网上合成的分泌蛋白通过 COP Ⅱ包被膜泡转运至高尔基体

B. 一些驻留在内质网腔内的蛋白有时也会被运到高尔基体，但其多肽链 C 端通常都带有内质网驻留信号 KDEL，定位于高尔基体膜上的 KDEL 受体能识别这一序列，并通过 COP Ⅰ包被膜泡将其运回内质网

C. 大部分线粒体蛋白是由核基因编码的，它们多肽链的 N 端具有序列相同的线粒体靶向序列

D. 细胞内受损的细胞器通常会被包裹，形成单层膜结构的自噬体，然后与溶酶体融合降解

解析 COP Ⅱ有被小泡（COP Ⅱ-coated vesicle）是覆盖有 COP Ⅱ衣被的运输小泡，介导从内质网向高尔基体的运输（图 27），A 正确。COP Ⅰ有被小泡（COP Ⅰ-coated vesicle）首先发现于高尔基复合体，亦属于非网格蛋白有被囊泡类型，主要介导蛋白质从高尔基体运回内质网，包括从外侧高尔基体运向内侧高尔

基体和将蛋白质从内侧高尔基体运回内质网；KDEL 信号是内质网蛋白的滞留信号，因此 KDEL 是 COP Ⅰ被膜小泡形成的信号（图 27）。B 正确。大部分线粒体蛋白是由核基因编码的，典型的线粒体蛋白定位标签称为线粒体靶向序列（mitochondria targeting sequence，MTS），一般位于肽链 N 端，定位完成后会被切除，所以也称为前序列（presequence），虽然其信号序列不尽相同，却共享相同的基序（motif），由 20～50 个氨基酸残基组成，富含疏水氨基酸、带正电荷的碱性氨基酸（Lys、Arg）和羟基氨基酸（Ser、Thr），缺少带负电荷的氨基酸（Asp、Glu），因此 C 不对。细胞内受损的细胞器通常会被包裹，形成双层膜结构的自噬体，然后与溶酶体融合降解，因此 D 不对。 答案：AB。

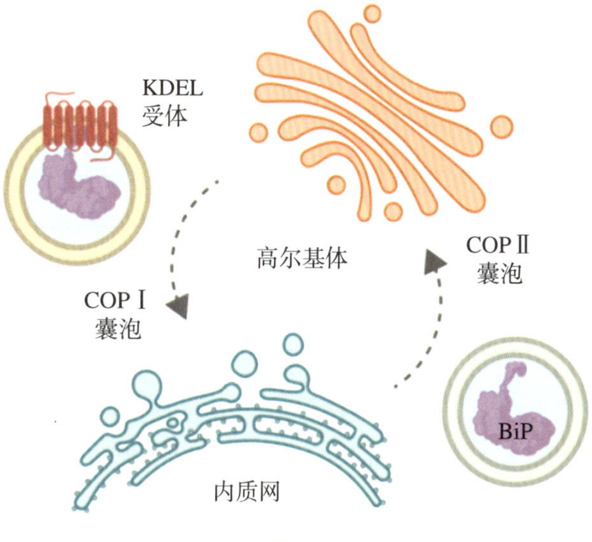

图 27

27 感受机械力的受体 Peizo 被鉴定后，研究者们运用多种方法对其发挥功能的生理机制进行探索，以下方法难以奏效的是（　　）。（单选）

A. 用免疫荧光检测 Piezo 是否定位在细胞膜上

B. 用激光共聚焦显微镜分析 Piezo 的构象，解析其传递信号的机制

C. 运用冷冻电镜分析 Piezo 的空间结构

D. 构建组织特异性基因敲除小鼠，研究 Piezo 的组织特异性功能

E. 分析人类 Piezo 基因缺陷与触觉相关病症之间的关系

解析 通过免疫荧光技术可以定位人软骨细胞 Piezo1 蛋白的表达，使用激光共聚焦显微镜可以观察各组细胞的细胞骨架以及 Piezo1 蛋白共染相关性，但是激光共聚焦显微镜无法分析 Piezo 的构象，解析其传递信号的机制，因此 A 正确，B 错误。Piezo1 蛋白中等分辨率的冷冻电镜结构解析由清华大学肖百龙课题组完成，如图 28 所示，因此 C 正确。*Piezo*2 敲除之后，实验鼠出现了严重的轻触觉缺陷；并且 *Piezo*2 基因

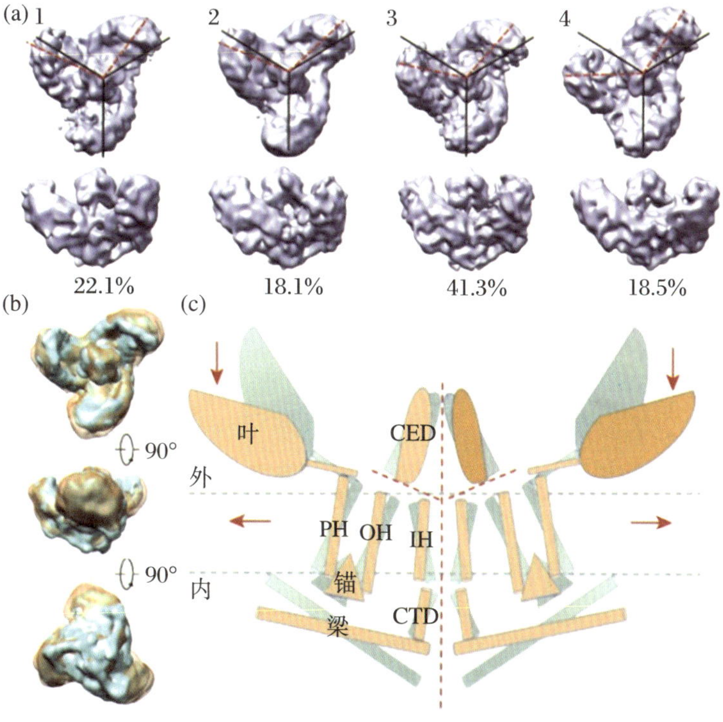

图 28

突变的人类也表现出轻触觉的缺陷和对纹理触感的障碍。因此通过构建组织特异性基因敲除小鼠，可以研究 Piezo 的组织特异性功能；同样我们可以分析人类 *Piezo* 基因缺陷与触觉相关病症之间的关系，D、E 正确。 答案：B。

参考文献

[1] 李晓飞，孙一，张钊，等. 机械激活离子通道压力蛋白与细胞骨架的相关性研究[J]. 中华关节外科杂志，2020，14：691.

[2] Ge J，Li W，Zhao Q，et al. Architecture of the Mammalian Mechanosensitive Piezo1 Channel [J]. Nature，2015，527：64.

[3] Zhao Q，Zhou H，Chi S，et al. Structure and Mechanogating Mechanism of the Piezo1 Channel [J]. Nature，2018，554：487.

[4] Ranade S S，Woo S H，Dubin A E，et al. Piezo2 is the Major Transducer of Mechanical Forces for Touchsensation in Mice[J]. Nature，2014，516：121.

[5] Chesler A T，Szczot M，Bharucha-Goebel D，et al. The Role of PIEZO2 in Human Mechanosensation[J]. N. Engl. J. Med.，2016，375：1355.

28 1997 年 David Julius 等发现了辣椒素的受体 TRPV1，图 29 为 TRPV1 的结构模式图，o 表示质膜外小叶，i 表示质膜内小叶。以下描述正确的是（　　）。（单选）

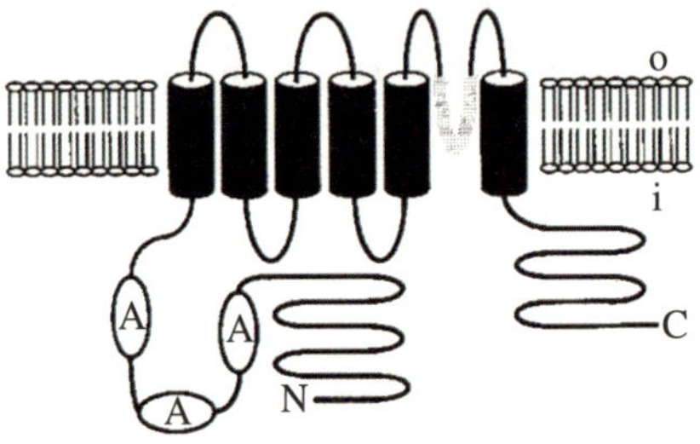

图 29

A. TRPV1 是膜内在蛋白　　B. TRPV1 是脂锚定膜蛋白
C. TRPV1 是Ⅰ型跨膜蛋白　　D. TRPV1 是Ⅱ型跨膜蛋白

解析 如图 30 所示，TRPV 的 N 端与 C 端均在质膜的内小叶，按照图 30 的分类，属于多次跨膜的Ⅳ-A 类蛋白。 答案：A。

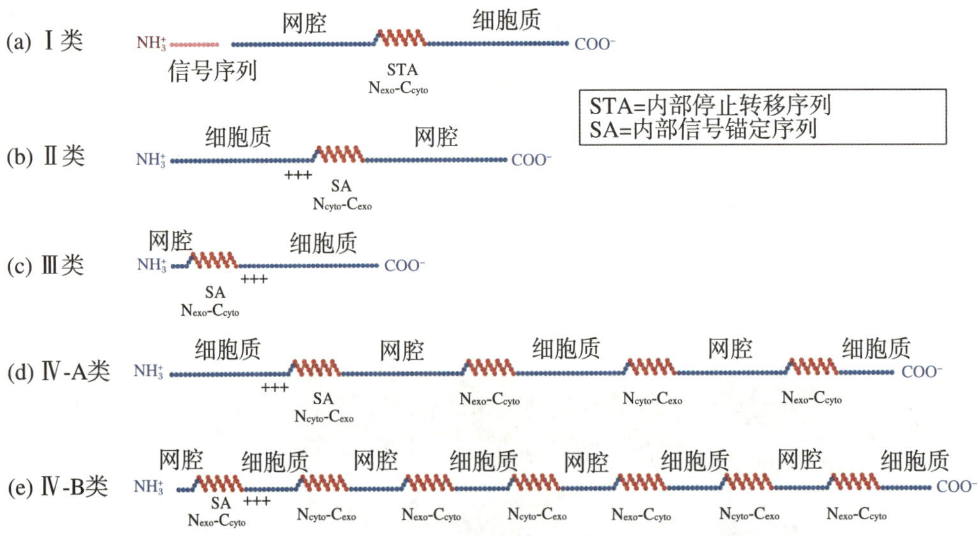

图 30

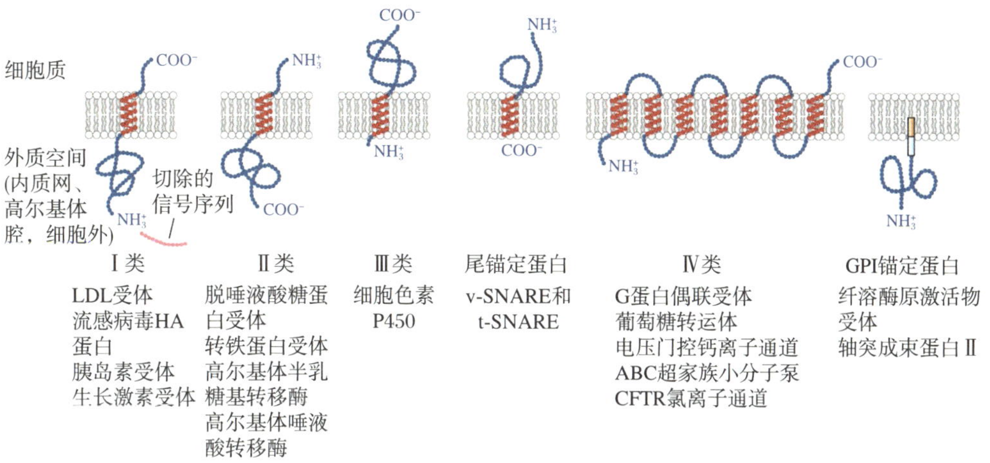

图 30(续)

参考文献

[1] Caterina M J, Schumacher M A, Tominaga M, et al. The Capsaicin Receptor: A Heat-Activated Ion Channel in the Pain Pathway[J]. Nature, 1997, 389: 816.

形态发生素通过浓度梯度调控胚胎不同位置细胞的不同分化命运。早期果蝇胚胎前后轴的确立分别由 Bicoid(前端)和 Nanos(后端)这两种形态发生素的浓度梯度决定。Bicoid 失活突变体胚胎的前端结构被后端结构取代，产生双尾的表型；而 Nanos 失活突变体胚胎不具有后端结构。回答 29、30 题。

29 如果用毛细管移除正常胚胎的前端细胞质，则(　　)。(多选)

A. 此胚胎发育正常

B. 此胚胎没有前端结构，只有后端结构

C. 此胚胎发育不正常，呈现双尾结构

D. 此胚胎没有后端结构

解析 在卵母细胞成熟过程中，一些基因在看护细胞中转录，然后将合成的 mRNA 运送到卵母细胞中。由于这些 mRNA 翻译合成的蛋白质在早期胚胎发育中调节合子基因的转录，故将它们称为母体基因。在成熟的未受精的卵细胞中，母体基因转录的 mRNA 和蛋白质通过建立不同的浓度梯度，帮助卵细胞建立前后轴和背腹轴，即母体基因的产物沿着体轴呈浓度梯度分布。某些母体基因合成的蛋白质通过扩散在细胞质中形成不对称分布，使得囊胚中的不同细胞具有不同量的母体基因的蛋白质，造成分化的差异。如图 31 所示。

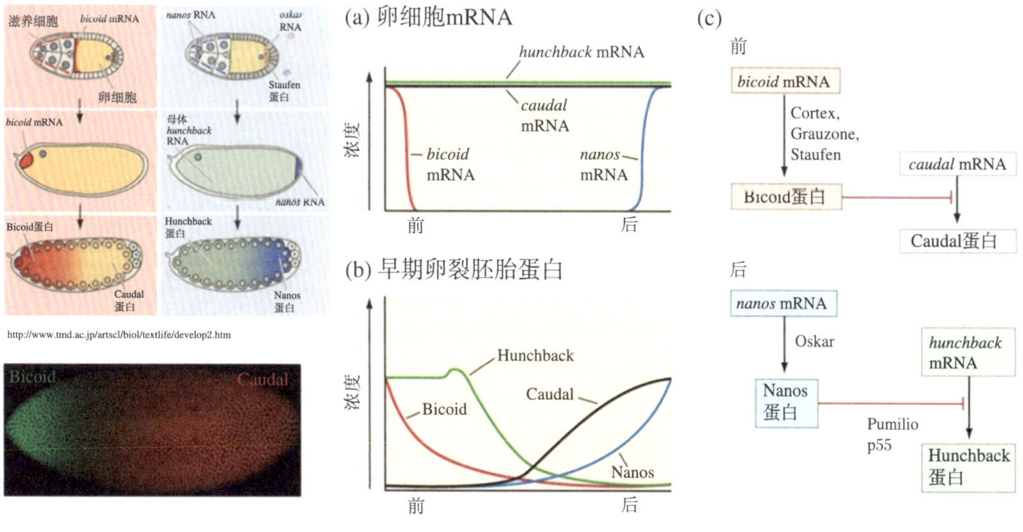

图 31

果蝇的前后轴在很大程度上受母体基因 *biciod* 和 *nanos* 产物的影响。*biciod* 基因产物是主要的前部形态发生素(anterior morphogen)，而 *nanos* 基因产物是主要的后部形态发生素(posterior morphogen)。由看护细胞合成的 *biciod* 基因的 mRNA 定位于受精卵细胞的前端，与微管结合，不发生翻译。受精后翻译成 Bicoid 蛋白，并在第七次核分裂时从前端向后扩散，沿 A-P 轴形成浓度梯度，这为以后的 A-P 轴模式形成提供了位置信息。Bicoid 蛋白是一种转录激活因子，能够激活很多体节基因的表达；同时，Bicoid 蛋白也是一种翻译阻遏物，能够使某些基因失活。在胚胎的不同部分，Bicoid 蛋白的量是不同的，因而调节一些按阈值表达的基因活性，也就是说被调节的基因是转录激活还是翻译阻遏由所在部位的 Bicoid 蛋白的浓度阈值决定。如果 Bicoid 蛋白的浓度梯度曲线发生巨大变化，那么将会极大影响果蝇体形的发育模式。缺少 Bicoid 蛋白，这样的胚胎将发育成双尾，同时既没有头又没有胸(图 32)。但是，如果将适量的 *bicoid* mRNA 在合适的部位注入卵细胞，就会发育正常。*nanos* 基因具有类似的作用，但是它的 mRNA 定位于卵的后端。Nanos 蛋白是翻译阻遏物。 答案：BC。

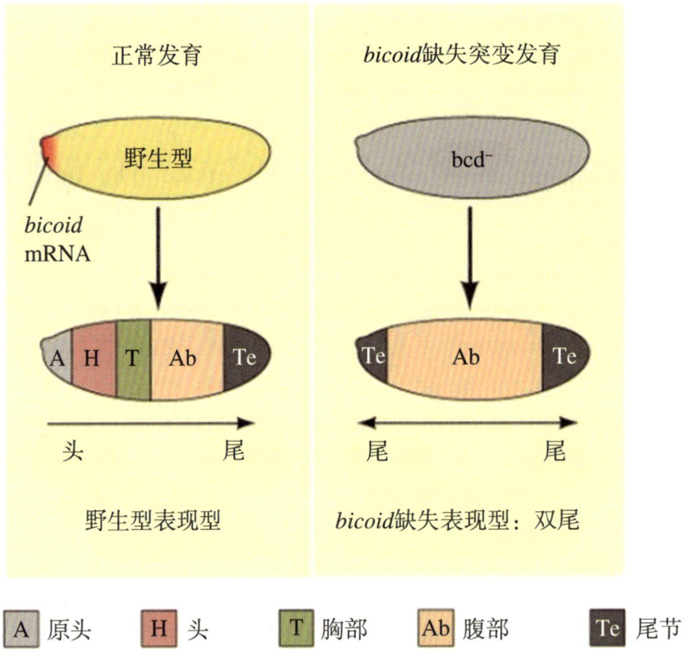

图 32

参考文献

[1] Barresi M, Gilbert S. Developmental Biology[M]. 13th ed. Sinauer Associates, 2023.

30 若在正常胚胎的后端注射过量的 *nanos* mRNA，则可能的结果是(　　)。(多选)

A. 此胚胎发育正常

B. 此胚胎的后端结构向前端扩展

C. 此胚胎发育不正常，呈现双尾结构

D. 此胚胎既有前端结构，也有后端结构

解析 注射过量 *nanos* mRNA 会导致浓度梯度变化。图 33 显示了双份 *bicoid* 导致的发育结果，题干中的过量 *nanos* 类似，虽然胚胎前、后端结构都存在，但后端结构会向前扩展。 答案：BD。

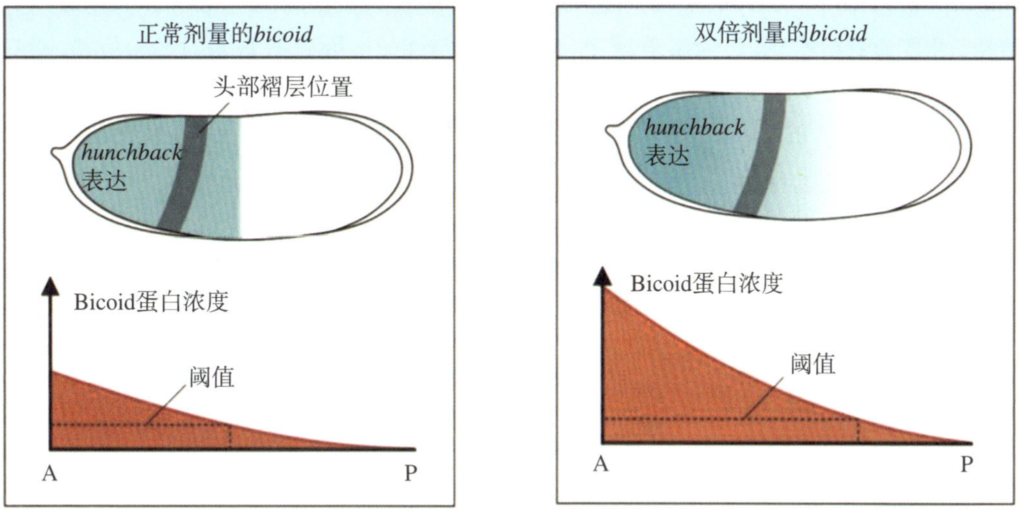

图 33

参考文献

[1] Wolpert L, et al. Principles of Development[M]. 6th ed. Oxford University Press, 2019.

第二部分　植物学、植物生理学、植物分类学

图 34 中 A 为地钱生态照片，B、C、D 分别是在显微镜下观察到的地钱结构。回答 31～33 题。

图 34

31 图 B、C、D 中的结构分别来自图 A 中的(　　)。(多选)

A. 图 B 取材于图 A 中的 2 号位置　　B. 图 C 取材于图 A 中的 3 号位置

C. 图 C 取材于图 A 中的 1 号位置　　D. 图 D 取材于图 A 中的 2 号位置

解析 按题干意思，图34的A为地钱的照片，其中1为叶状的营养体（配子体），2为其雌性生殖托，3为其雄性生殖托；图B为颈卵器，图C为精子器，图D为孢子与弹丝。因此图B来自2号位置，图C来自3号位置，图D也来自2号位置，本题A、B、D正确。

不过有意思的是，图34的C、D二图均存在问题。其中图C为藓类的精子器，真正的地钱精子器如图35所示；图D则是另一种苔类指叶苔（*Lepidozia* sp.）的孢子与弹丝，跟地钱长得一点也不像。**答案：ABD。**

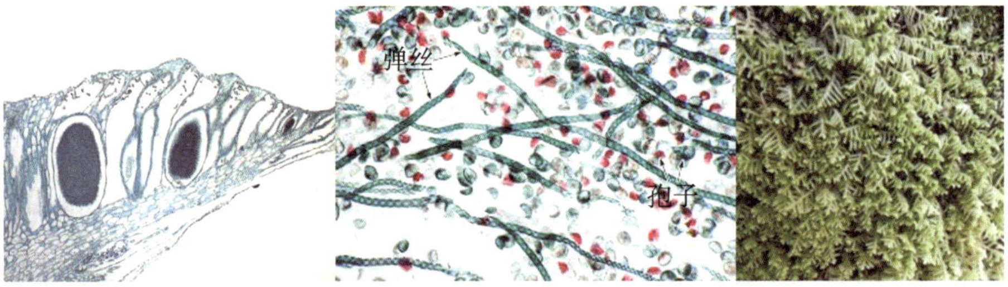

图35

从左到右依次为地钱精子器、地钱孢子与弹丝和指叶苔配子体。

32 已知从图34的A中1号位置取得的材料的细胞染色体数目为9，并且地钱的性别由性染色体X和Y确定，下列关于图B、C、D中细胞染色体数目的表述错误的有（　　）。（多选）

A. 图B中，箭头所指细胞染色体数目为9，其余细胞染色体数目为18

B. 图C中，箭头所指细胞染色体数目为18，其余细胞染色体数目为9

C. 图C中，所有细胞均含性染色体Y

D. 图D中，所有圆形细胞均含性染色体X和Y

解析 1号位置为配子体（单倍体），因此图B的细胞均为9条染色体（含X），图C的细胞均为9条染色体（含Y），图D的细胞中孢子为单倍体，含X或含Y；只有孢子体与图D的弹丝是二倍体，含18条染色体，但图D中没有孢子体。　**答案：ABD。**

33 图34的B、C、D所示结构的发育命运是（　　）。（单选）

A. 图B中箭头所指细胞分裂分化后形成图A中的叶状体

B. 图C中箭头所指细胞分化发育形成图D中的圆形细胞

C. 图D中的圆形细胞分裂分化后将形成图A中的叶状体

D. 图D中的长条形细胞来源于图C中箭头所指细胞

解析 图B中箭头所指为卵细胞，图C中箭头所指为精细胞，图D中圆形细胞为孢子，长条形细胞为$2n$的弹丝。叶状体来自孢子，孢子均由孢子体减数分裂产生，因此本题C正确。　**答案：C。**

34 拟南芥保卫细胞中DNA存在于（　　）。（多选）

A. 细胞核　　B. 线粒体　　C. 叶绿体　　D. 内质网

解析 拟南芥的保卫细胞有叶绿体与线粒体，因此本题选A、B、C。　**答案：ABC。**

在光合自养植物中，除C_3和C_4植物之外，还有一些具有介于C_3和C_4之间途径的植物，称为C_3-C_4中间体。目前共鉴定出50多种C_3-C_4中间体植物，具体分为三类：第一类叶肉中具有C_4植物典型的花环结构，但仍然通过C_3途径进行碳同化；第二类以甘氨酸为穿梭载体，回收光呼吸释放的CO_2，称为C_2植物；第三类类似C_4植物，在具有高效的C_4循环结构的同时，还保留了甘氨酸穿梭的能力。回答35、36题。

35 下列关于C_3和C_4植物的说法错误的有（　　）。（多选）

A. C_3植物和C_4植物代谢的主要区别是最初固定CO_2后生成的化合物不同

B. C_4植物中光呼吸对光合效率的影响大大降低

C. C_4植物的CO_2补偿点比C_3植物高

D. CAM光合途径属于C_3和C_4的中间类型

解析 C_3植物最初固定CO_2后生成的稳定化合物为3-磷酸甘油酸；C_4植物最初固定CO_2后生成的稳定化合物为草酰乙酸，A正确。C_4植物低光呼吸，B正确。C_4植物的CO_2补偿点比C_3植物低，C不对。CAM途径不属于C_3-C_4中间类型，D不对。 **答案：CD。**

36 对C_3-C_4中间体的研究可以带给我们关于C_4植物演化的很多信息。下列说法正确的有（　　）。（多选）

A. C_3-C_4中间体分布的地理范围极为广阔，说明这一性状在各种条件下都具备较大的生存优势

B. C_3-C_4中间体植物的类型多样，说明C_3植物到C_4植物的演化经历了复杂的过程

C. 有些植物具有花环结构但仍以C_3途径进行碳同化，说明花环结构对于C_4代谢不是必需的

D. 在C_3植物中导入C_2途径的酶来提高光合效率相较导入C_4途径的酶可操作性更强

解析 题组材料中的三类C_3-C_4中间体植物对应表5中的原初花环C_3-C_4、Ⅰ型与Ⅱ型C_3-C_4和C_4样C_3-C_4。可见原初花环C_3-C_4已经具有了原始的花环结构(Kranz)，但仍进行C_3同化；Ⅰ型与Ⅱ型C_3-C_4具有较强的甘氨酸穿梭，在叶肉细胞中进行光呼吸，但通过C_2途径将CO_2泵入维管束鞘细胞；C_4样C_3-C_4则同时具有C_4植物的苹果酸-天冬氨酸穿梭，并保留了较低的甘氨酸穿梭活性。从C_3到C_4的进化过程如图36所示。

表5　C_3、C_3-C_4与C_4光合作用的功能区别

途径	酶定位					维管束鞘CO_2源		
	PSⅠ与PSⅡ	Cyt b_6f	Rubisco	GDC	PEPC	甘氨酸穿梭	苹果酸穿梭	天冬氨酸穿梭
C_3	M	M	M	M	—	—	—	—
原初花环C_3-C_4	M，BS	M，BS	M，BS	M，BS	—	低活性	—	—
Ⅰ型C_3-C_4	M，BS	M，BS	M，BS	BS	—	高活性	—	—
Ⅱ型C_3-C_4	M，BS	M，BS	M，BS	BS	M	高活性	低活性	低活性
C_4样C_3-C_4	M，BS	M，BS	M，BS	BS	M	低活性	可变的活性	可变的活性
NADP-ME C_4	M，BS	M，BS	BS	BS	M	—	高活性	可变的活性
NAD-ME C_4	M，BS	M，BS	BS	BS	M	—	可变的活性	高活性
PEPCK C_4	M，BS	M，BS	BS	BS	M	—	可变的活性	可变的活性

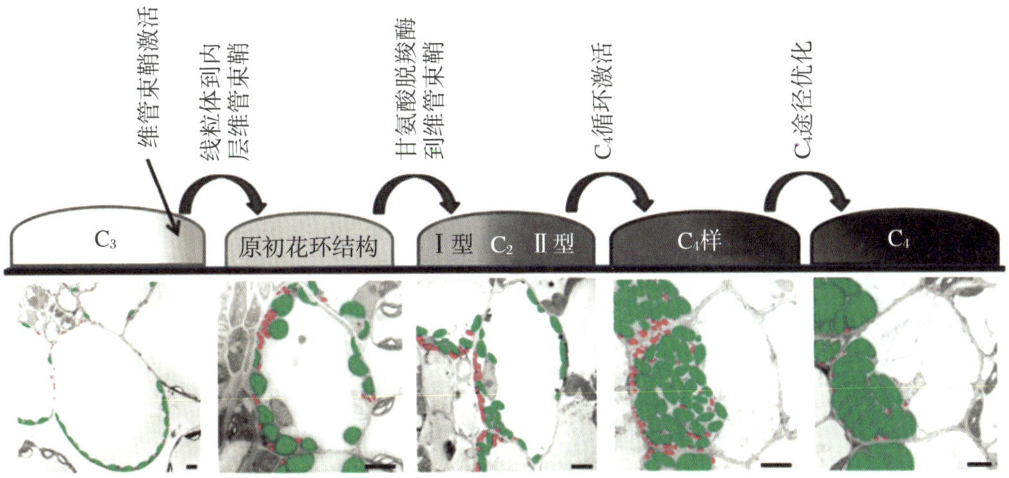

图36

在C_4途径的进化过程中，胞间连丝等形态的分化先于生理的分化，如叶肉细胞数量与表面积首先减少，维管束鞘细胞（bundle sheath cell，BSC）的数量及其内含物增加，使其形成具备部分功能的区域；然后形成不完全的花环结构；最后出现完全的花环结构，行完整的C_4途径。这说明C_3植物不是直接进化到C_4植物，而需要经历C_3-C_4中间体阶段，才能逐步进化到C_4植物。C_3-C_4中间体植物通过CO_2重固定系统减弱光呼吸，提高光合效率，以适应低CO_2浓度和高氧浓度的环境，是比C_3植物更高的演化阶段，也为演变成C_4植物提供了条件。因此A、B选项正确，C_3-C_4中间体植物分布广泛，因为它具有较低的光呼吸，比C_3植物更具生存优势。

C选项不对，C_3-C_4中间体出现花环结构却行C_3途径只是因为尚未演化出C_4途径（结构先于生理），不能说明该结构对C_4途径不必需，虽然的确存在C_4植物不具有花环结构，只通过在细胞的不同部位实现两类叶绿体的分隔。D选项也是对的，因为相比C_4植物，C_3-C_4中间体跟C_3植物的差异更小，导入C_2途径的酶更简单、更具可操作性，这也是文献所支持的改造思路。 **答案：ABD。**

参考文献

[1] Johnson J E, Field C B, Berry J A. The Limiting Factors and Regulatory Processes That Control the Environmental Responses of C_3, C_3-C_4 Intermediate, and C_4 Photosynthesis[J]. Oecologia, 2021, 197: 841.

[2] Schulze S, Westhoff P, Gowik U. Glycine Decarboxylase in C_3, C_4 and C_3-C_4 Intermediate Species[J]. Current Opinion in Plant Biology, 2016, 31: 29.

[3] Sage R F, Khoshravesh R, Sage T L. From Proto-Kranz to C_4 Kranz: Building the Bridge to C_4 Photosynthesis[J]. Journal of Experimental Botany, 2014, 65: 3341.

[4] Lundgren M R, Christin P-A. Despite Phylogenetic Effects, C_3-C_4 Lineages Bridge the Ecological Gap to C_4 Photosynthesis[J]. Journal of Experimental Botany, 2016, 68: erw451.

[5] Lundgren M R. C_2 Photosynthesis: A Promising Route Towards Crop Improvement? [J]. New Phytologist, 2020, 228: 1734.

[6] Voznesenskaya E V, Franceschi V R, Kiirats O, et al. Kranz Anatomy is Not Essential for Terrestrial C_4 Plant Photosynthesis[J]. Nature, 2001, 414: 543.

37 赤霉素（GA）的生物合成在植物生长发育中起重要作用。GA20在一种酶的催化下转化为具有活性形式的GA1，这种酶（　　）。（单选）

A. 是GA2羟化酶

B. 与孟德尔豌豆实验中的矮茎性状有密切关系

C. 与孟德尔豌豆实验中的种皮颜色性状有密切关系

D. 还催化GA1的失活反应

解析 如图37所示，GA20转化为GA1靠的是赤霉素3-β-双氧化酶（GA3ox），而非赤霉素2-β-羟化酶（GA2ox），A不对。让GA1失活的却是GA2ox，D也不对。*GA3ox*基因突变导致GA的生物合成受阻而间接影响植物的生长，导致植物茎秆、花、种子、果、根等部位性状的改变，包括植株矮化、结籽困难等。过量表达*GA3ox*基因则促进GA的生成，诱导细胞的分裂与分化，促进根尖的径向伸长、种子萌发，B正确。种皮颜色性状相关基因为花青素合成相关基因，与GA无关。 **答案：B。**

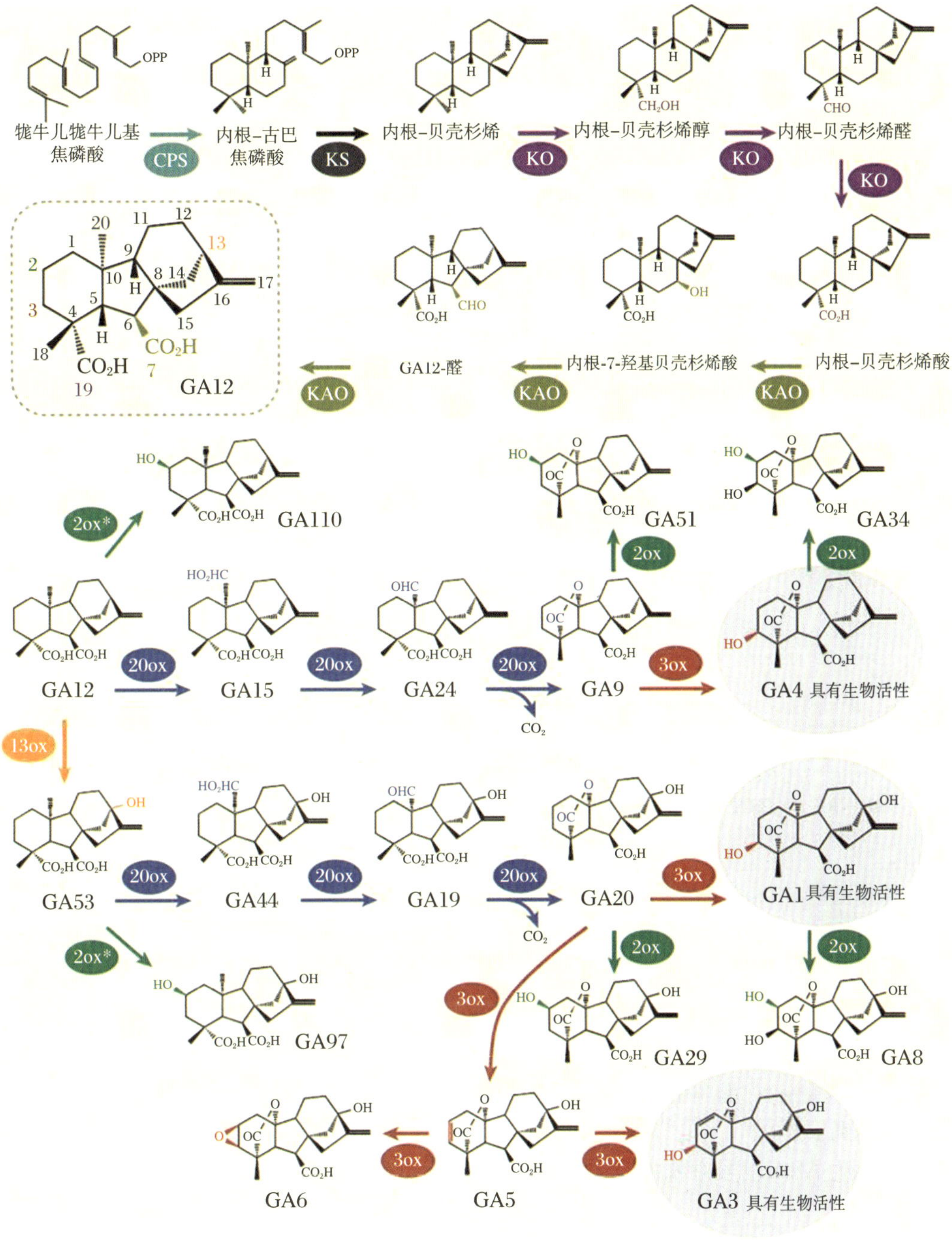

图 37

参考文献

[1] 岳川，曾建明，曹红利，等. 高等植物赤霉素代谢及其信号转导通路[J]. 植物生理学报，2012，48:118.

[2] 杨意宏，徐浩，陈段芬，等. 高等植物赤霉素 3-β-双氧化酶基因研究进展[J]. 生物技术通报，2018，34:18.

38 植物耐旱机制包括（　　）。（多选）

A. 氮同化减少　　B. 干旱逃逸

C. 细胞氧化还原平衡　　D. ABA 信号系统的关闭

解析 根据植物对干旱胁迫的反应行为，我们把植物的耐旱机理分为 3 个基本类型：(1) 逃避干旱，如沙漠短生植物等，具有在严重的干旱胁迫发生之前就完成其生命周期的能力。(2) 高水势延迟脱水耐旱，以保持水分吸收和减少水分丧失为其主要的耐旱特征。(3) 低水势忍耐脱水耐旱，以保持膨压和原生质忍耐脱水为其主要特征。因此 B 正确。

氮同化在应对干旱等环境压力时受到抑制，这是一种适应性代谢重编程，这种代谢重编程有助于提高植物的抗旱性。具体机理如图 38 所示，DST(drought and salt tolerance)蛋白是一类具有锌指结构的转录因子蛋白，该蛋白可以抑制气孔的关闭运动，同时通过直接激活硝酸还原酶编码基因 *OsNR*1.2 的表达来调控水稻的硝酸盐同化；当干旱胁迫发生时，DST 表达受抑制，负调控因子减少导致气孔关闭，提高耐旱能力；同时氮代谢下调。这也可以避免 CN 同化的失衡，因此 A 正确。

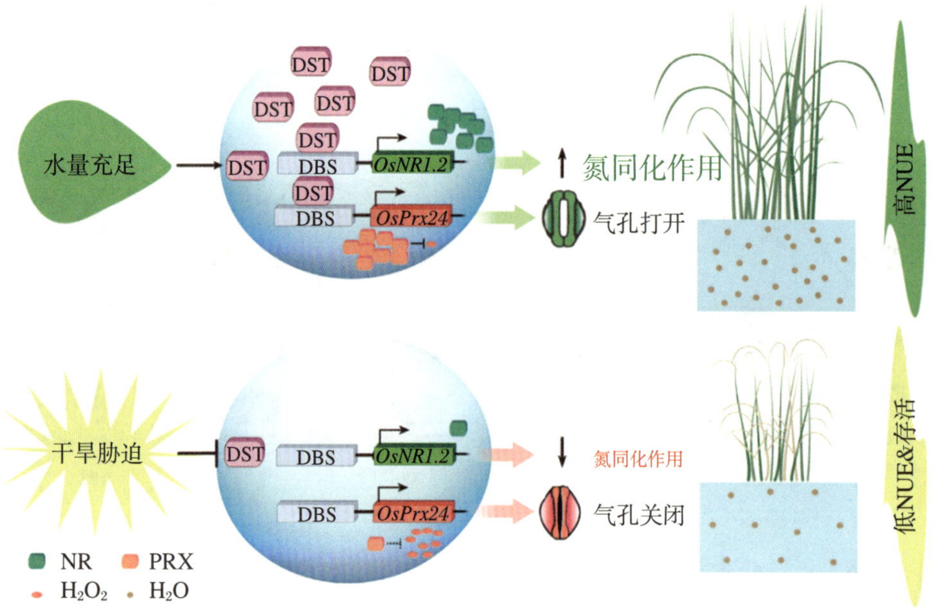

图 38

在干旱胁迫下，植物细胞会发生氧化还原代谢的紊乱，导致植物细胞中活性氧大量积累，进而对植物形成氧化胁迫。氧化胁迫的持续会使细胞氧化还原状态失衡，最终造成植物大分子(例如 DNA、蛋白质、脂质等)的氧化损伤，甚至导致植物细胞的死亡。在植物细胞中，主要通过蛋白巯基系统、谷胱甘肽、抗坏血酸以及吡啶核酸(NAD(H)和 NADP(H))等实现对植物细胞氧化还原状态的调节。因此 C 正确。

脱落酸(ABA)作为一种“胁迫激素”，在植物受到干旱胁迫时迅速积累，对提高植物的耐旱性以及调节植物的生长发育起到重要作用。在干旱胁迫下，ABA 信号能够促进植物气孔关闭，减少叶片水分散失，帮助植物抵御干旱。因此 ABA 信号系统关闭不利于耐旱，D 不对。 **答案：ABC。**

参考文献

[1] Han M-L, Lv Q-Y, Zhang J, et al. Decreasing Nitrogen Assimilation Under Drought Stress by Suppressing DST-Mediated Activation of *Nitrate Reductase* 1.2 in Rice[J]. Molecular Plant, 2022, 15: 167.

39 在植物细胞的胞质分裂过程中，包含有细胞壁和膜组分的囊泡被转运到赤道板附近进行融合，形成细胞板。利用荧光蛋白活体标记和化学染色等方法对参与细胞板组成的各类组分进行检测和分析，以下无法在细胞板检测到的组分是(　　)。(单选)

A. 果胶　　B. 纤维素

C. 木质素　　D. 胼胝质

解析 果胶染色可以使用钌红(ruthenium red)，这是一种聚阳离子染料，可以结合到细胞组分的阴离子位点，主要是糖复合物上。自 1890 年以来，钌红就被用于植物材料的果胶染色。钌红的结构与染色结果如图 39 所示。

纤维素与木质素可使用番红固绿染色，以显示细胞的木质化程度。番红是碱性染料，能显示维管束植

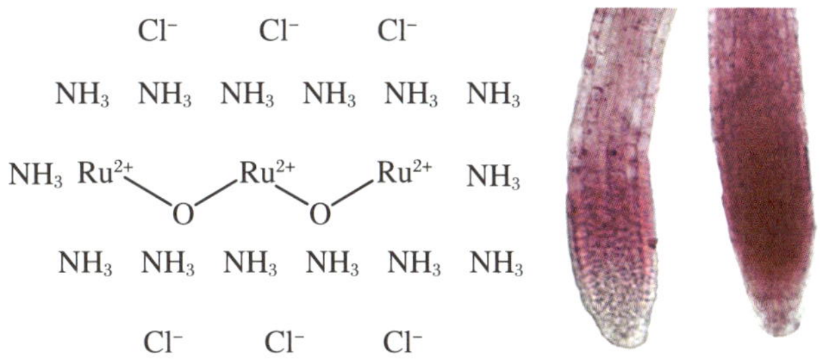

图 39

物木质化、木栓化和角质化的组织。固绿是酸性染料，是一种含有浆质的纤维素细胞组织的染色剂。导管可以被番红染色，筛管可以被固绿染色。番红和固绿的结构、番红固绿染色的植物茎切片如图 40 所示。

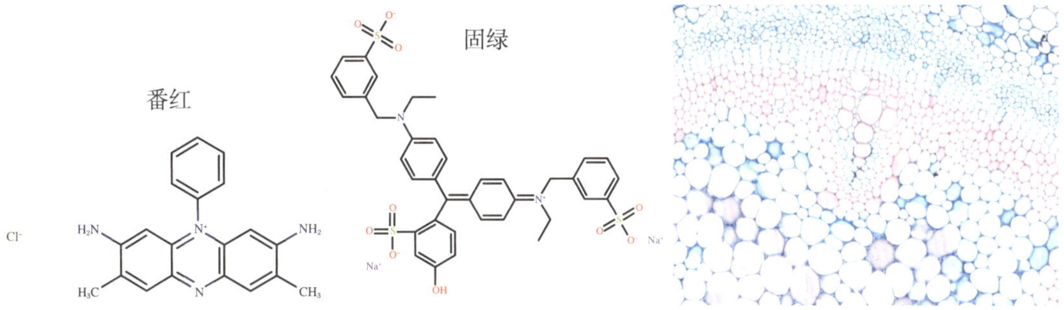

图 40

肼胝质染色可采用苯胺蓝法，染色后的肼胝质可在紫外照射下发出黄绿色的荧光。苯胺蓝是碱性品红经苯基化和磺化后产生的阴离子染料的传统名称，其构象与(1→3)-β-D-葡聚糖具有特异性亲和。苯胺蓝的结构与染色结果如图 41 所示。

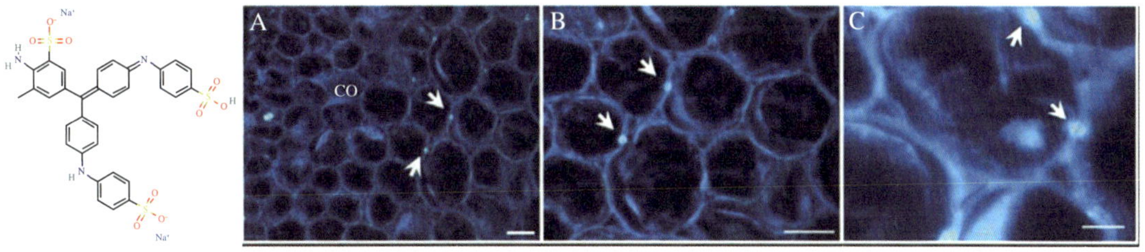

图 41

右侧为不同放大倍数下苯胺蓝染色显示的暴露于砷的大豆根组织中的肼胝质沉积情况，其中 A、B 中比例尺为 50 μm，C 中为 20 μm。

高等植物细胞分裂末期，在隔膜形成体的中央生成的薄膜结构称为细胞板。随着分裂终期的进行，隔膜形成体逐渐膨大，细胞板呈离心性发育，把一个母细胞分成两个子细胞。细胞板早期的成分是果胶质，随着隔膜的完成最后变为纤维质的初生壁。初生壁不具有木质素，而肼胝质(callose)是一种多糖，在细胞板成熟过程中会短暂地积累，作用可能是作为支架，有利于后期其他永久性多糖与蛋白的沉积。细胞板的形成与发育如图 42～图 45 所示。 **答案：C。**

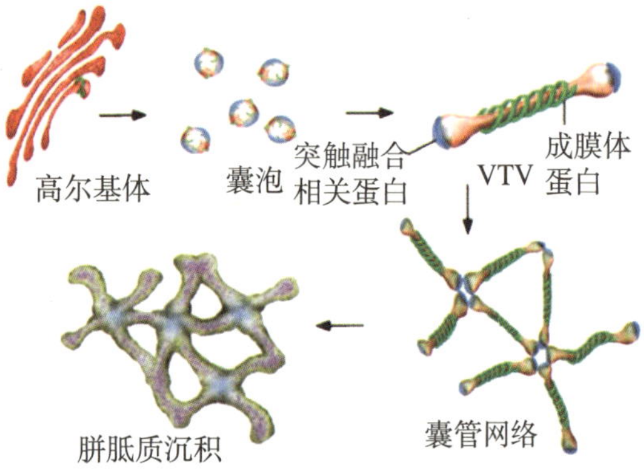

图 42　细胞板形成模型

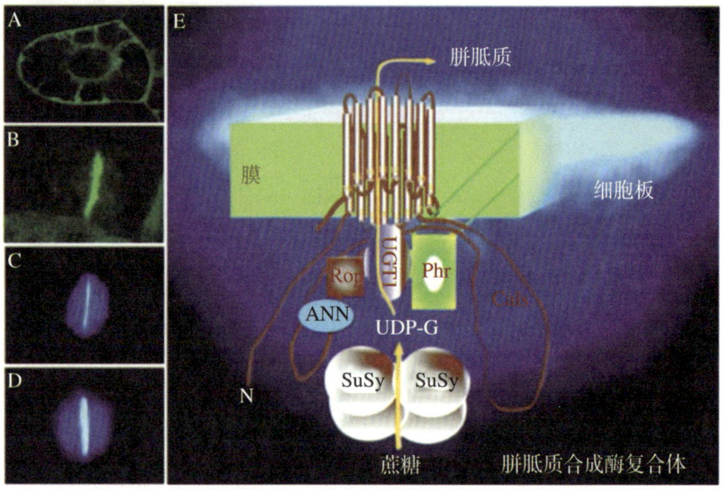

图 43　细胞板特异胼胝质合成酶复合体

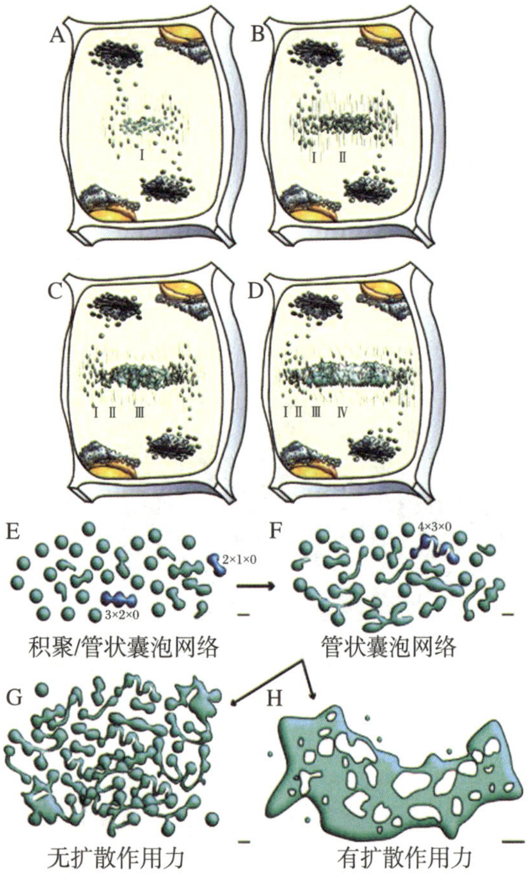

图 44

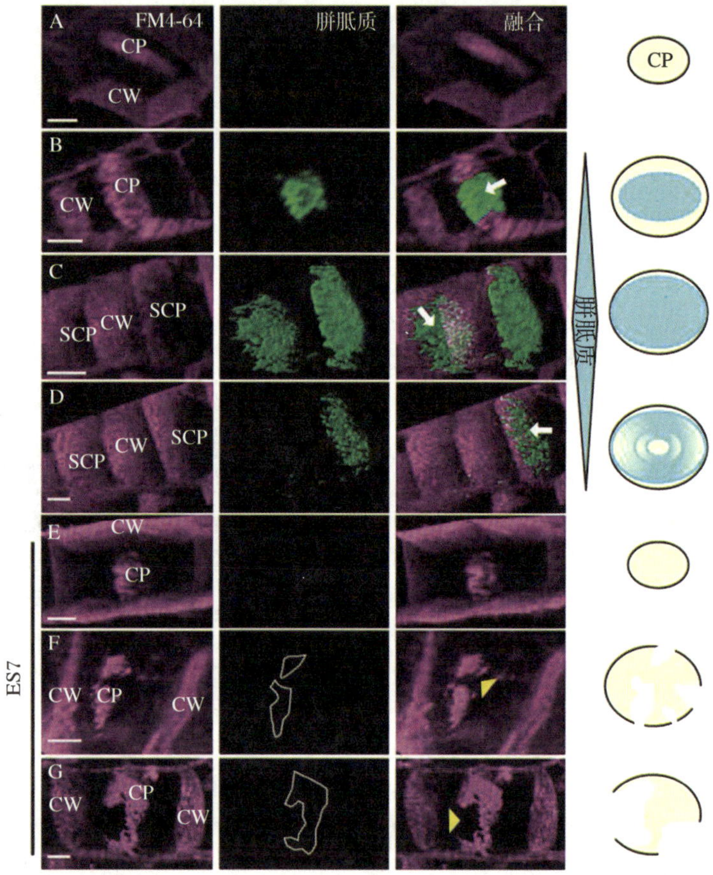

图 45

参考文献

［1］Colombo P M，Rascio N. Ruthenium Red Staining for Electron Microscopy of Plant Material［J］. J. Ultrastruct. Res.，1977，60：135.

［2］Piršelová B，Mistríková V，Libantová J，et al. Study on Metal-Triggered Callose Deposition in Roots of Maize and Soybean［J］. Biologia，2012，67：698.

［3］Verma D P S，Hong Z. Cell Division Control in Plants［M］. Springer-Verlag，2008.

［4］Jawaid M Z，Sinclair R，Bulone V，et al. A Biophysical Model for Plant Cell Plate Maturation Based on the Contribution of a Spreading Force［J］. Plant Physiology，2022，188：795.

40 DNA 胞嘧啶第 5 位碳原子的甲基化(5mC)是真核生物中最重要的表观遗传修饰之一，在调控基因表达和维持基因组稳定性等方面具有重要作用。关于 5mC 的描述，错误的有(　　)。(多选)

A. 5mC 是一种可逆的表观修饰　　B. 5mC 会影响碱基配对

C. 5mC 是引起基因突变的常见原因　　D. 5mC 可以被特异的蛋白识别

E. 大多数 5mC 修饰会抑制基因表达，但有的可以促进基因表达

解析 5mC 是可逆性的表观遗传，可以被特异蛋白识别；不影响碱基配对，不属于基因突变，因此 A、D 正确，B、C 错误。不过从 5mC 容易自发脱氨基变为 T 碱基，无法通过 DNA 修复机制将其修复的角度出发，5mC 的存在的确会导致突变热点，或许也可以算作引起基因突变的常见原因。

5mC 主要与基因抑制有关，特别是在基因的增强子和启动子区域，但也可能在积极影响转录方面发挥重要作用，比如通过招募甲基化特异性转录因子或其他未知机制，如图 46(c)所示。　**答案：BC。**

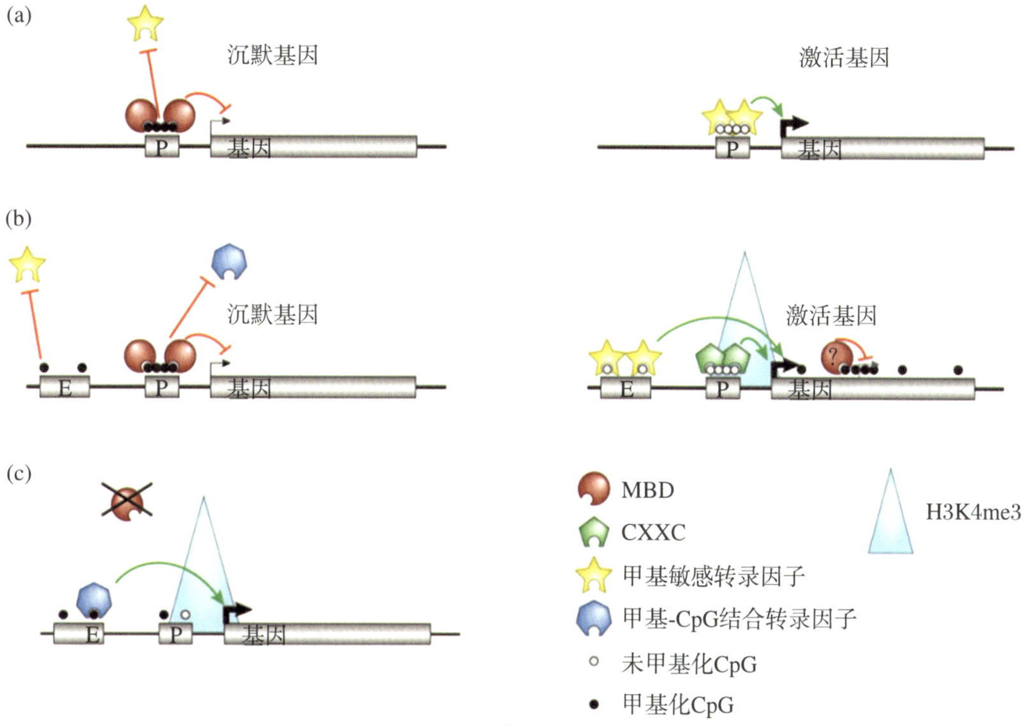

图 46

参考文献

[1] Spruijt C G, Vermeulen M. DNA Methylation: Old Dog, New Tricks? [J]. Nat. Struct. Mol. Biol., 2014, 21: 949.

[2] Fong Y W, Cattoglio C, Tjian R. The Intertwined Roles of Transcription and Repair Proteins [J]. Mol. Cell., 2013, 52: 291.

41 组蛋白修饰主要发生在赖氨酸(lysine, K)上，可以调控基因表达，下列说法正确的有(　　)。(多选)

A. K 既可以甲基化，也可以乙酰化

B. 乙酰化是一种激活基因表达的表观修饰，甲基化是一种抑制基因表达的表观修饰

C. 单个 K 上可以发生单甲基化、双甲基化和三甲基化三种不同类型的甲基化修饰

D. 单个 K 上可以发生单乙酰化、双乙酰化和三乙酰化三种不同类型的乙酰化修饰

解析 组蛋白甲基化主要发生在赖氨酸(K)与精氨酸(R)上，组蛋白乙酰化通常发生在赖氨酸上，因此 A 正确。组蛋白乙酰化一般激活基因表达，而组蛋白甲基化可以激活也可以抑制基因表达(图 47)，因此 B 不对。单个 K 上可以发生单甲基化、双甲基化和三甲基化三种不同类型的甲基化修饰(图 48)，R 上可以发生单甲基化与双甲基化(图 49)，因此 C 正确。没有双/三乙酰化修饰，D 不对。　**答案：AC。**

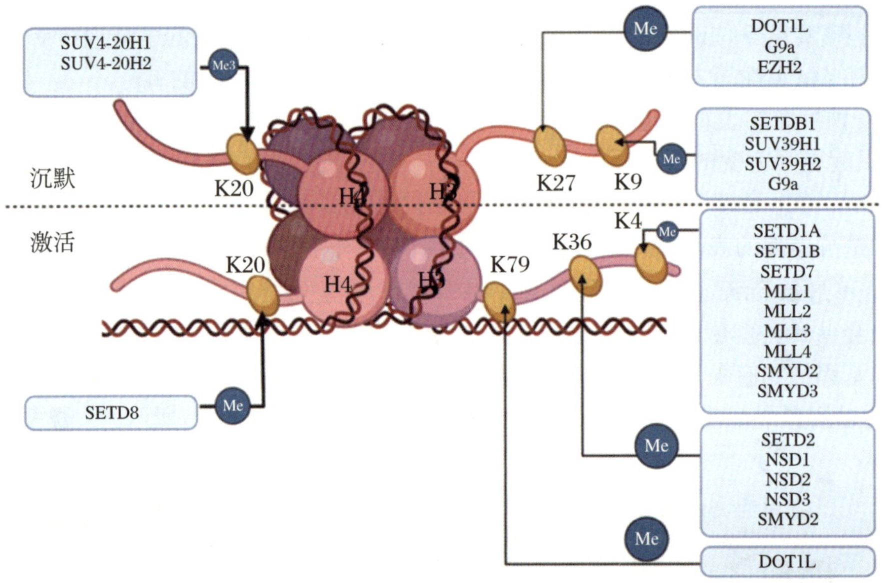
SUV4-20H1
SUV4-20H2
Me3
沉默
K20
H4
H3
K27
K9
Me
DOT1L
G9a
EZH2
SETDB1
SUV39H1
SUV39H2
G9a
激活
K20
H4
H3
K79
K36
K4
SETD1A
SETD1B
SETD7
MLL1
MLL2
MLL3
MLL4
SMYD2
SMYD3
SETD8
SETD2
NSD1
NSD2
NSD3
SMYD2
DOT1L

图 47

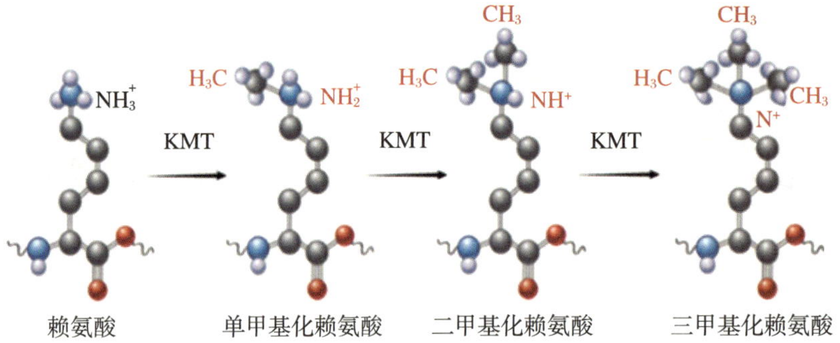
NH_3^+
KMT
H_3C
NH_2^+
CH_3
NH^+
N^+
赖氨酸
单甲基化赖氨酸
二甲基化赖氨酸
三甲基化赖氨酸

图 48

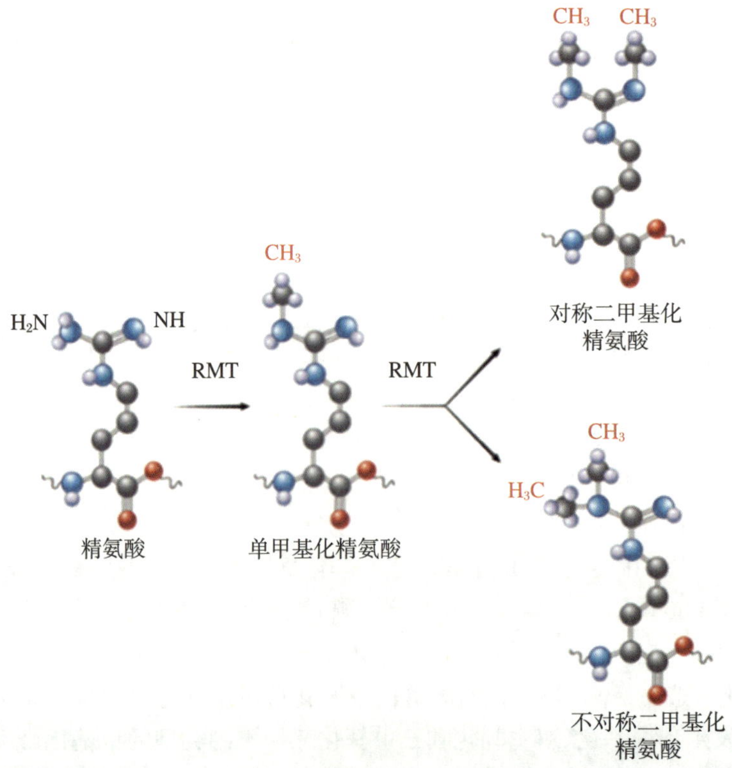
H_2N
NH
RMT
CH_3
H_3C
精氨酸
单甲基化精氨酸
对称二甲基化
精氨酸
不对称二甲基化
精氨酸

图 49

参考文献

[1] Cao Y C, Shan S K, Guo B, et al. Histone Lysine Methylation Modification and Its Role in Vascular Calcification[J]. Front. Endocrinol. (Lausanne), 2022, 13: 863708.

42 DELLA蛋白在GA信号途径中发挥重要作用，RGA是拟南芥中的一种DELLA蛋白。图50中研究的是COP1与RGA的关系，其中MG132是蛋白酶体抑制剂。根据图中的实验数据，错误的描述是（　　）。（单选）

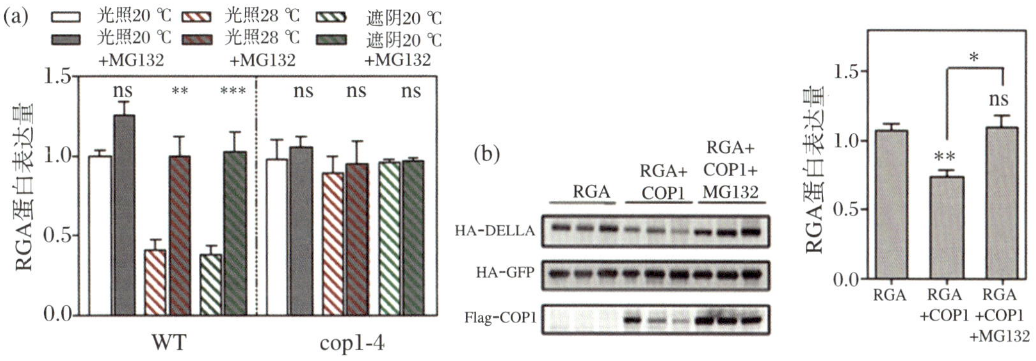

图 50

A. 相对于20 ℃，RGA在28 ℃降解更多　　B. 在20 ℃下，遮阴可促进RGA降解

C. 在*cop*1-4突变体中，RGA不会被降解　　D. 生化实验证明了COP1蛋白促进RGA降解

解析 由图50可知，野生型植株在光照、20 ℃下的RGA蛋白相对表达量设定为1，加入MG132蛋白酶体抑制剂后RGA含量略有增多但不显著。这说明蛋白酶体可降解DELLA蛋白RGA。当温度升高到28 ℃时，RGA的含量降至0.5以下，在添加MG132时RGA含量恢复到1附近，二者差别显著。因此A正确。遮阴、20 ℃下的结果与光照、28 ℃相同，这表明20 ℃下遮阴也可以促进RGA降解，B正确。

在*cop*1-4突变体中，无论是升温还是遮阴，对RGA蛋白的含量均无显著影响，这只能说明升温与遮阴条件下RGA蛋白的含量与20 ℃光照下相同，并不能说明RGA完全不被降解（还有可能存在其他途径的降解）。因此C不对。

图50右边的生化实验表明，COP1存在时，RGA浓度降低；而加入蛋白酶体抑制剂MG132之后，RGA的浓度不会因COP1的存在而发生变化。这说明COP1蛋白与RGA是否被蛋白酶体降解相关。因此D正确。

COP1是一种E3泛素连接酶，能够增强DELLA蛋白的泛素化水平，原文献研究显示DELLA蛋白不仅会被经典的赤霉素（GA）依赖性途径降解（GA/GID1-SCFSLY1/GID2，如图51所示），还会被COP1泛素化降解，并且这种控制与植物对阴影和温暖环境的生长响应有关。不过COP1作用相对较弱，只有在DELLA蛋白含量相对较低的情况下发挥功能。 **答案：C。**

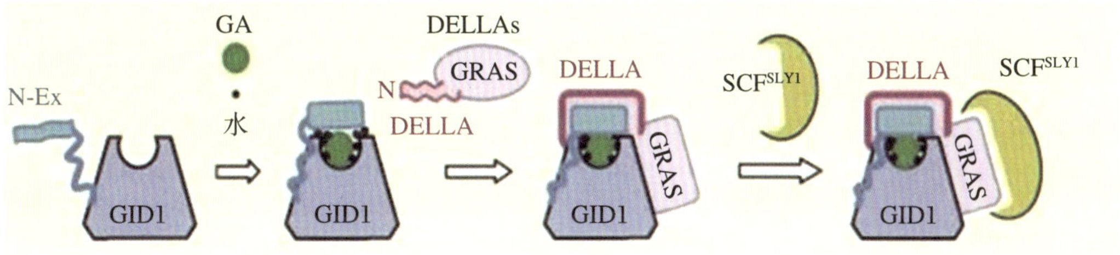

图 51

参考文献

[1] Blanco-Touriñán N, Legris M, Minguet E G, et al. COP1 Destabilizes DELLA Proteins in *Arabidopsis*[J]. PNAS, 2020, 117: 13792.

43 DNA 条形码(barcoding)技术在物种鉴定中应用广泛,每一物种的 DNA 条形码(　　)。(多选)

A. 代表该物种特有的 DNA 信息

B. 是该物种 DNA 信息的综合

C. 代表该物种的遗传多样性

D. 是该物种的自衍征

解析 DNA 条形码(DNA barcode,图 52)是指生物体内能够代表该物种的、标准的、有足够变异的、易扩增且相对较短的 DNA 片段。DNA 条形码已经成为生态学研究的重要工具,不仅用于物种鉴定,同时也帮助生物学家进一步了解生态系统内发生的相互作用。因此 A、D 正确。DNA 条形码只是一个 DNA 短片段,不是该物种 DNA 信息的综合,B 不对。DNA 条形码技术可以用于生物多样性的评估,其种内和种间的距离可分别反映遗传多样性和物种多样性,C 正确。因此本题选 A、C、D。其中 C 选项存疑,要看"可以反映"是否就是所谓的"代表遗传多样性"。事实上,在 DNA 条形码技术的应用中,样品采集的数量应最大限度地覆盖物种的整个遗传变异范围,这样的物种参考数据库才能真正代表该物种的遗传多样性,利用 DNA 条形码鉴定的物种才更可靠。 **答案:ACD**。

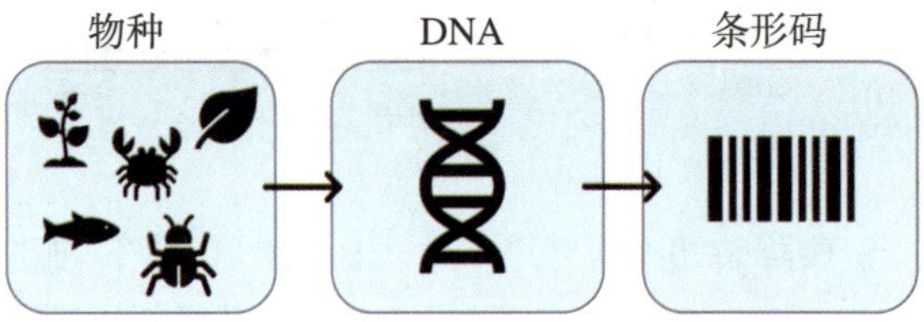

图 52

参考文献

[1] 高连明,刘杰,蔡杰,等.关于植物 DNA 条形码研究技术规范[J].植物分类与资源学报,2012,34:592.

44 根据《国际植物命名法规》,每种植物都有一个学名。每种植物的学名具有如下特性:(　　)。(多选)

A. 唯一性

B. 英文命名

C. 拉丁文命名

D. 有效发表

解析 本题在 2022 年联赛 A 卷中考过了。

根据《国际植物命名法规》,植物的学名(scientific name)即拉丁名,都使用拉丁文的词或拉丁化的词来命名。其通常命名的结构方式被称为双名法,为拉丁属名再加上由其物种特点决定的种加词,正式书写时再加上学名的命名人名字,在文章中一般会省略命名人来方便阅读。

合法学名的成立需要满足有效发表(effective publication)、合格发表(valid publication)和合法(legitimate)等各种要求,并在新物种学名发表时登记在官方的植物学名名录中,其目的是使植物的学名有且仅有一个,避免因为同物异名或同名异物而产生不必要的误解。2005 年在奥地利维也纳召开的第十七届国际植物学大会上通过的《维也纳法规》明确规定,新种须在公开发行的正式出版物中发表才视为有效发表,不能是某个会议上宣读的新名称,不能是打字手稿、微缩胶片、印刷品预告等中出现的新名称,也不能是通过电子媒介传播的新名称,它是在同时具有印刷版和电子版的学术期刊中发表的新名。因此 A、C、D 正确,B 错误。 **答案:ACD**。

参考文献

[1] 蒋巧媛,莫彬.植物拉丁学名及其索引编排标准化的重要意义[J].广西植物,2003,23:382.

[2] 韩丽.菌物新种发表的规范格式[J].菌物学报,2012,31:292.

普通小麦(*Triticum astivum*)是异源六倍体,其基因组由三个不同来源的亚基因组组成,分别是 A、B 和 D 组,共 42 条染色体。以往的形态学和细胞遗传学研究显示,普通小麦的亲本涉及小麦(*Triticum*)及其近缘属山羊草属(*Aegilops*)的多个祖先物种。为探究普通小麦的亲本来源，科学家在小麦属和山羊草属的多个物种以及作为外类群的栽培大麦(*Hordium vulgaris*)、栽培稻(*Oryza sativa*)和二穗短柄草(*Brachypodium distachyon*)的基因组中筛选了2000多个基因位点，综合每个位点的物种间直系同源序列的演化关系(基因树)，重建了普通小麦和近缘物种的系统发生关系(图53)。回答45、46题。

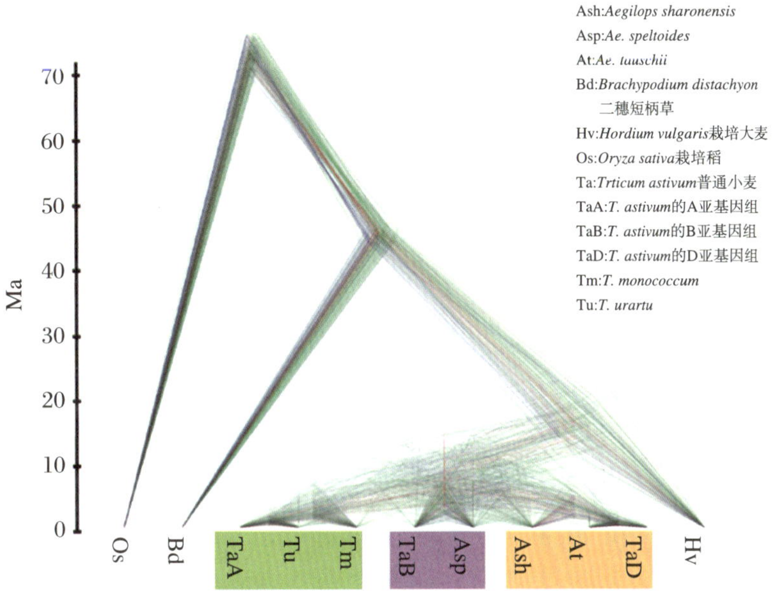

图 53

45 基于图53，下列研究结论中不正确的有(　　)。(多选)

A. 普通小麦中亚基因组A(TaA)的亲本供体可能类似于现存的*T. urartu*，或是*T. urartu*和*T. monococcum*的共同祖先

B. 普通小麦中亚基因组B(TaB)的亲本供体是一个含有B基因组的类似现存*Ae. speltoides*的祖先种

C. 二穗短柄草与栽培稻的亲缘关系比前者与栽培大麦的关系近

D. 普通小麦、栽培大麦和栽培稻拥有共同祖先，而前两者拥有更近的共同祖先

解析 由图53可知，TaA与Tu为姐妹群，然后再与Tm有最近的共同祖先，构成了连续的姐妹群(successive sisters)；TaB则与Asp有最近的共同祖先，是姐妹群；TaD与At为姐妹群，再与Ash有最近的共同祖先，构成了连续的姐妹群。如图54所示。因此B正确，A错误，Tu与Tm并非姐妹群，不能说亲本供体类似于*T. urartu*和*T. monococcum*的共同祖先。

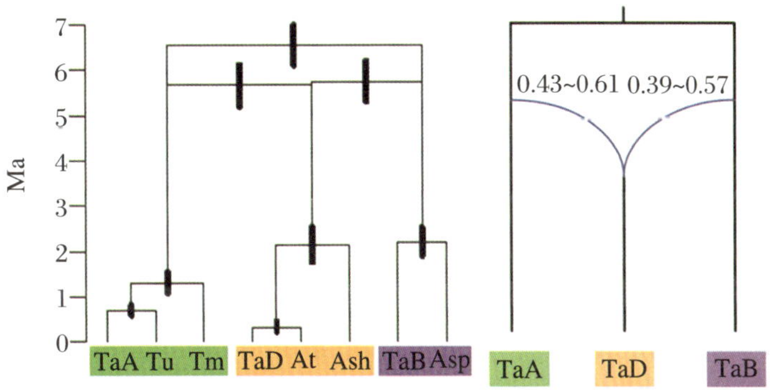

图 54

二穗短柄草(Bd)是各种小麦大麦的外群，而栽培稻则是二穗短柄草和各种小麦、大麦的外群，与二穗短柄草的共同祖先分歧年代更早、关系更远，C不对。普通小麦、栽培大麦和栽培稻拥有共同祖先，而前两者拥

有更近的共同祖先，D 正确。

原文献利用面包小麦和其 5 个二倍体亲属的基因组组合来分析基因组范围内的基因树样本，估计进化的关联性。发现 A 和 B 基因组是大约 700 万年前从一个共同的祖先分化出来的，这些基因组通过 100 万到 200 万年后的同倍体杂交物种形成(homoploid hybrid speciation)产生了 D 基因组。同倍体杂交物种形成(图 55(c))即没有发生染色体数目变化的杂交物种形成过程，当前普遍认为 D 基因组物种(包括节节麦、沙融山羊草和大部分山羊草属的二倍体物种)由 A 和 B 基因组通过同倍体杂交形成。不过 2020 年四川农业大学小麦所蒋云峰博士和袁中伟副教授基于 Indel 数据重新评价了 D 基因组物种起源，发现结果并不支持 D 基因组同倍体杂交起源的假说。他们认为祖先变异可能受到了祖先亚分化的影响，使得 B 与 D 基因组之间分享了更多的祖先变异，进而导致 D 基因组亲缘关系介于 A 与 B 基因组之间。因此，最近的小麦近缘物种系统进化分析很有可能受到了祖先亚分化的严重干扰。基于此，他们提出了小麦 D 基因组的物种亚群体分化起源假说。 答案：AC。

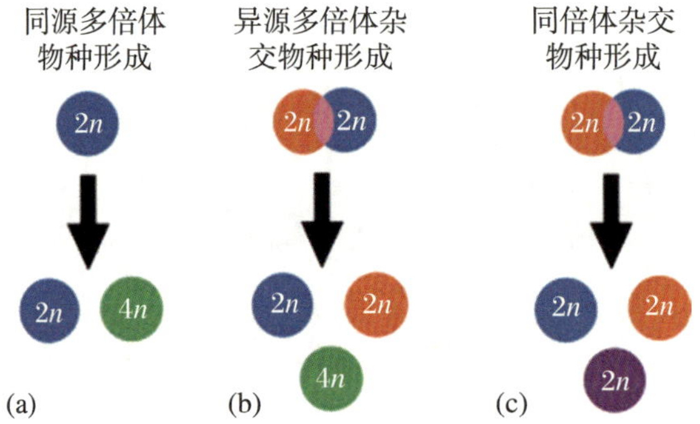

图 55

参考文献

[1] Marcussen T, Sandve S R, Heier L, et al. Ancient Hybridizations Among the Ancestral Genomes of Bread Wheat[J]. Science, 2014, 345: 1250092.

[2] Kliman R M. Encyclopedia of Evolutionary Biology[M]. Academic Press, 2016.

[3] Jiang Y, Yuan Z, Hu H, et al. Differentiating Homoploid Hybridization from Ancestral Subdivision in Evaluating the Origin of the D Lineage in Wheat[J]. New Phytologist, 2020, 228: 409.

46 对普通小麦花粉粒细胞的染色体数目、染色体基数以及 A、B、D 亚基因组的 1 号染色体的相互关系的描述正确的是(　　)。(单选)

A. 21、21、部分同源染色体　　B. 21、7、同源染色体

C. 21、7、部分同源染色体　　D. 21、21、同源染色体

解析 部分相同的染色体称为部分同源染色体(partially homologous chromosomes, homoeologues)。部分同源染色体只在同源部分能够配对，非同源部分是分离的，所以常形成一端接在一起的二价染色体。多倍体具有两个以上的染色体组，自然的多倍体多具有部分同源染色体。

普通小麦是由 A、B、D 染色体组组成的六倍体物种，三种染色体组的基数均为 7。虽然这三个染色体组间存在部分同源关系，但是减数分裂中期的染色体配对只发生在同源染色体之间。这是由于普通小麦存在 Ph(pairing homologus)配对调控系统，该配对调控系统同样抑制普通小麦与其外源属种的部分同源染色体间的配对，阻碍外源遗传物质向小麦染色体的转移。因此，小麦花粉粒有 21 条染色体，染色体基数为 7，A、B、D 的 1 号染色体相互之间属于部分同源染色体。 答案：C。

参考文献

[1] Riley R, Chapman V. Genetic Control of the Cytologically Diploid Behaviour of Hexaploid Wheat[J]. Nature, 1958, 182: 713.

47 菊科(Asteraceae)是被子植物最大的科，含两万多个物种，全球各大陆都有分布。无论是形态学共

有衍征还是分子系统学数据都表明菊科是一个比较年轻的单系群。下列关于菊科植物的描述错误的是（　　）。（单选）

A. 根据分子系统学数据，南美洲菊科植物位于该科系统发生树的基部，说明菊科可能起源于南美洲

B. 最近的分子系统学数据结合形态特征将菊科划分为13个亚科，而传统的仅根据形态特征划分的两个亚科——舌状花亚科和管状花亚科在分子系统树上都是复系群，说明舌状花和管状花这一对形态特征包含了趋同演化

C. 向日葵、菊花、紫菀等植物看似一朵花的结构实为一个花序，边缘看似花瓣者实为舌状花

D. 蒲公英的黄色舌状花和甘菊的黄色舌状花是同型并同源的

解析 菊科是被子植物最大的两个科之一（另一个是兰科），包含1600多个属约2.6万种植物，约占现存被子植物物种总数的7%，广布于除南极洲之外的世界各大洲，在北美、南美安第斯山脉、巴西东部、地中海地区、中亚和中国西南地区种类尤为丰富。

自1987年菊科分子系统学的第一篇论文发表至今，人们积累了大量的分子系统学研究成果，菊科的系统分类也因此发生了很大的变化。

传统形态分类系统将菊科分为13个族或两个亚科，具体如下：① 管状花亚科（Tubuliflorae，Carduoideae），头状花序盘状，全部小花两性，管状，或头状花序异型，边花雌性细丝状或细管状而中央两性花管状，或边花舌状雌性而中央两性花管状。在传统形态的13个族中占12个族，分别是春黄菊族（Anthemideae）、金盏花族（Calenduleae）、菜蓟族（Cynareae）、蓝刺头族（Echinopsideae）、帚菊木族（Mutisieae）、千里光族（Senecioneae）、紫菀族（Trib. Astereae）、泽兰族（Trib. Eupatorieae）、堆心菊族（Trib. Helenieae）、向日葵族（Trib. Heliantheae）、旋覆花族（Trib. Inuleae）、斑鸠菊族（Trib. Vernonieae）。② 舌状花亚科（Liguliflorae，Cichorioideae），头状花序辐射状，同型，全部小花两性，舌状，植物有乳汁，只有1族，即菊苣族（Cichorieae）。

目前根据数个叶绿体基因片段的分子系统学研究重新将菊科分为13个亚科、45个族（图56）。2021年复旦大学与宾夕法尼亚州州立大学马红教授团队通过243个菊科物种的220多个转录组和少数基因组的系统转录组学分析，得到了数个高度支持和一致的菊科系统发育树，估算出菊科起源于大约8300万年前，检测到菊科与萼角花科（Calyceraceae）的共同祖先以及菊科内部共发生了41次全基因组加倍（WGD）事件，发现菊科多个分支上分化速率的显著提升，还伴随着一些关键形态性状的创新，诸如习性从木本到草本、头状花序从单生到形成次级花序、冠毛从简单的毛状到特化的鳞片状、花托片从无到各种特化的结构等，并综上总结出菊科能繁衍出如此丰富的物种并占据世界陆地不同生态位得益于全基因组的多次加倍所提供的丰富遗传背景、全球气候变化下多样的生态位、关键形态性状的高度特化及创新。

由图56可见，首先无论是紫色的舌状花还是其余的管状花都属于复系群（其实基于图56，舌状花更接近并系群，不过并系群与复系群没有本质区别），该形态特征包含了趋同演化，因此B正确。其中基部的刺菊木亚科（Barnadesioideae）等均分布于南美洲，说明菊科源自南美。此外，2010年《科学》上的一篇文献表明，现存最古老的菊科植物化石是一位业余爱好者2002年在阿根廷南部的巴塔哥尼亚地区发现的，经鉴定属于始新世（距今5300万～3650万年）中期。化石显示这种植物有着较大的头状花序，纤细的茎，在花簇底部有交叠的叶片状结构，花的直径约几厘米。根据形态特征划分，这种植物属于菊科，不过它与现存的菊科植物都不太像，以亲缘关系而论，现存菊科植物里与这种植物关系最近的可能是帚菊木族，花店里常见的非洲菊就属于这一族。因此，结合以往发现的化石来看，菊科植物的祖先可能诞生于冈瓦纳古陆南部。这块远古时代的超级大陆后来分裂成了南美洲、非洲和澳大利亚。故A也正确。

菊科植物头状花序边缘似花瓣结构为舌状花或假舌状花（如果都算舌状花的话），C正确；蒲公英属于菊科舌状花亚科，花序全由舌状花（顶端5齿裂）组成，没有管状花；甘菊属于菊科管状花亚科，边缘花雌性，假舌状（3齿裂），中央盘花两性管状，因此D不对。　**答案：D。**

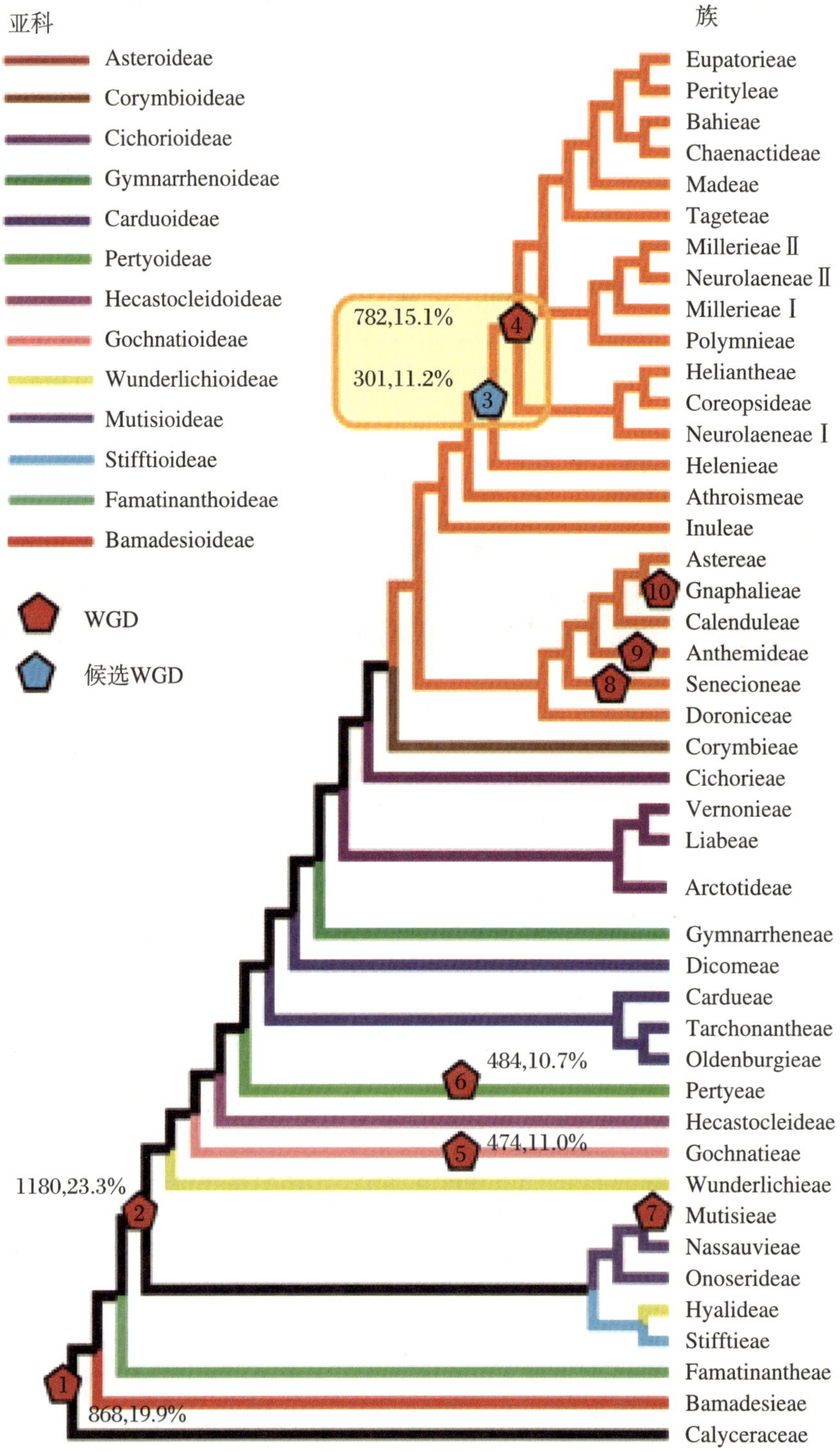

图 56

参考文献

[1] Zhang C, Huang C H, Liu M, et al. Phylotranscriptomic Insights into Asteraceae Diversity, Polyploidy, and Morphological Innovation[J]. J. Integr. Plant Biol., 2021, 63: 1273.

[2] Barreda V D, Palazzesi L, Tellería M C, et al. Eocene Patagonia Fossils of the Daisy Family[J]. Science, 2010, 329: 1621.

第三部分　动物学、生理学、生态学

48 钠离子进入细胞对下面哪些过程是必要的？（　　）（多选）

A. 神经轴突传导兴奋　　B. 窦房结细胞动作电位的超射

C. 肠道中的脂类分子进入小肠上皮细胞　　D. 血液中的氨基酸进入血管细胞

E. 原尿中的葡萄糖进入肾小管细胞

解析 神经轴突传导兴奋需要钠离子进入细胞引起动作电位，A 正确。窦房结细胞的动作电位属钙离子流介导的慢反应电位，其动作电位形状与心室肌等的快反应电位很不相同，特征为动作电位去极化速度和幅度较小，很少有超射，如图 57 所示。因此 B 不对。

脂类的水解产物（如脂肪酸、甘油一酯和胆固醇等）都不溶解于水。它们与胆汁中的胆盐形成水溶性微胶粒后，才能通过小肠黏膜表面的静水层到达微绒毛上。在这里，脂肪酸、甘油一酯等从微胶粒中释放出来，它们通过脂质膜进入小肠上皮细胞内，胆盐则回到肠腔。因此 C 不对。

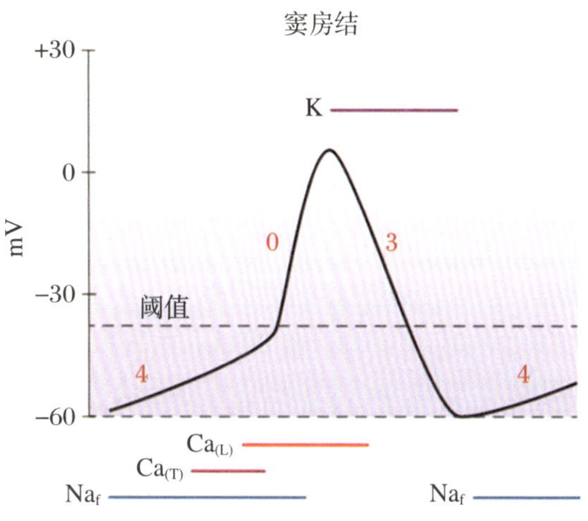

图 57

氨基酸进入血管内皮细胞既可以通过不依赖 Na^+ 的转运蛋白（如 LAT1、CAT1 等），也可以通过依赖 Na^+ 的运输系统（如 $ATB^{0,+}$、SNAT3）等，例如图 58 所示的血脑屏障（blood-brain barrier）的氨基酸运输。如果考虑有依赖 Na^+ 就算，则 D 正确；如果严格考虑必须有 Na^+，那就不选。

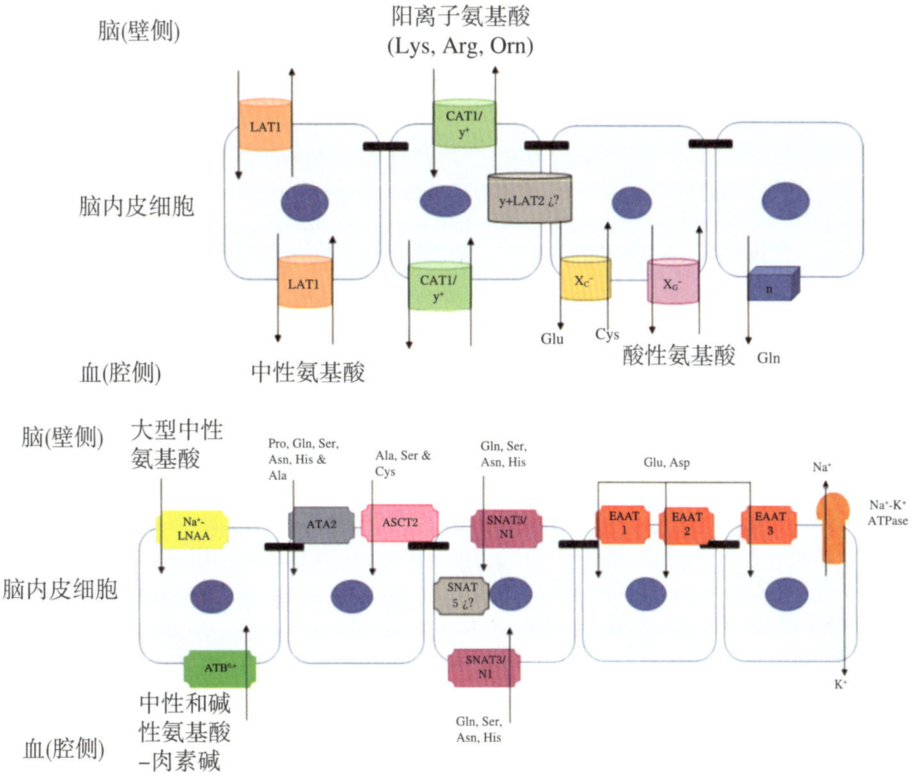

图 58

肾脏中负责葡萄糖重吸收的主要蛋白为钠-葡萄糖共转运蛋白（SGLT），在人类中，共发现 SGLT 有六种亚型，其中在肾脏中主要起作用的为 SGLT1 和 SGLT2。SGLT2 位于肾脏近曲小管的 S1 和 S2 节段，负责原尿中 90%葡萄糖的重吸收，并且其活性依赖于附属亚基 MAP17（图 59）。SGLT1 位于近曲小管 S3 节段，负责残余葡萄糖的重吸收。 答案：ADE。

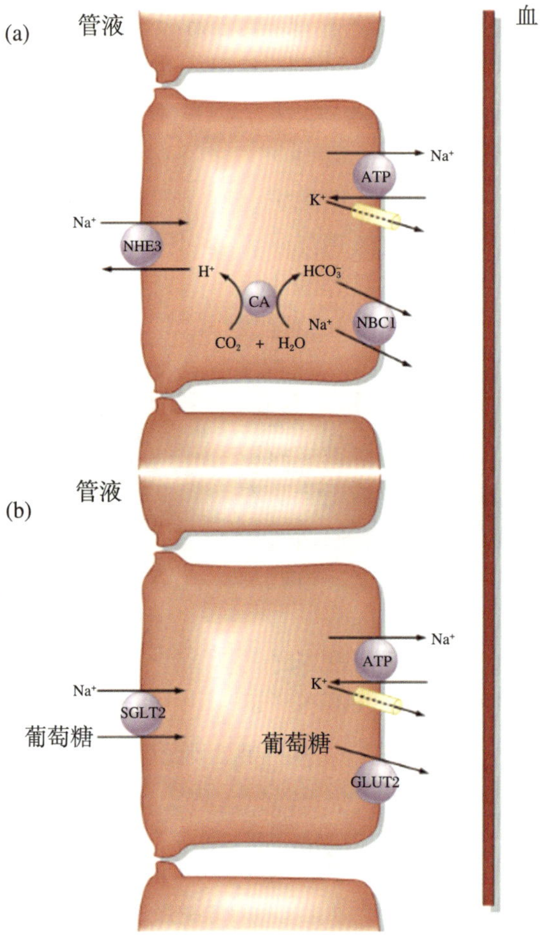

图 59

参考文献

[1] Zaragozá R. Transport of Amino Acids Across the Blood-Brain Barrier[J]. Front. Physiol., 2020, 11: 973.

[2] Kanai Y, Lee W S, You G, et al. The Human Kidney Low Affinity Na^+/Glucose Cotransporter SGLT2. Delineation of the Major Renal Reabsorptive Mechanism for D-Glucose[J]. J. Clin. Invest., 1994, 93: 397.

49 嗅觉在配偶性别的识别中起重要作用。成年雄性果蝇会分泌异油酸乙酯，而雌性不分泌。果蝇可以通过嗅觉受体 Or67d 来感受异油酸乙酯，从而判断对方的性别，敲除 *Or67d* 的雄性果蝇会对其他野生型雄性果蝇进行更多的求偶行为。下列说法最合理的是（　　）。（单选）

A. Or67d 在雄性和雌性中都介导刺激性信号，促进交配

B. Or67d 在雄性中介导刺激性信号，促进交配，在雌性中介导抑制性信号，减少交配

C. Or67d 在雌性中介导刺激性信号，促进交配，在雄性中介导抑制性信号，减少交配

D. Or67d 在雄性和雌性中都介导抑制性信号，减少交配

解析 美国科学家理查德·阿克塞尔（Richard Axel）由于在嗅觉方面的卓越研究而与他的博士后琳达·巴克（Linda B. Buck）一起获得了 2004 年的诺贝尔生理学或医学奖。2008 年，理查德·阿克塞尔又在《自然》发文，揭示了在果蝇中同一个信息素作用于不同性别的高级嗅觉中心，会导致雄性果蝇与雌性果蝇出现

不同的求偶行为。

早在 20 世纪 90 年代，科学家就鉴定出一个与果蝇性别有关的 *Fru* 基因，该基因突变的雄果蝇不仅追求异性，也追求同性，而且会回应同性的追求。因此科学家们把这些影响雄性求偶的突变基因称作“无果基因(fruitless gene)”。这个 *Fru* 基因决定着果蝇是情场高手还是不解风情的蠢汉，甚至决定着它是同性恋还是异性恋。

Fru 基因大约在果蝇的 2000 个神经元中表达，包括三个嗅觉神经元亚群和投射神经元。其中一个 Fru + 的嗅觉神经元亚群也表达气味受体 Or67d，而且能够对雄性特异的信息素 cVA(cis-vaccenyl acetate)作出反应。cVA 是一种挥发性化合物，为油醇的乙酸酯，结构如图 60 所示。题干的“异油酸乙酯”是不准确的，因为油酸乙酯指的是乙醇的油酸酯，而异油酸专指油酸的反式脂肪酸形式，不能用异油酸乙酯来代表油酸乙酯的异构体油醇乙酸酯。

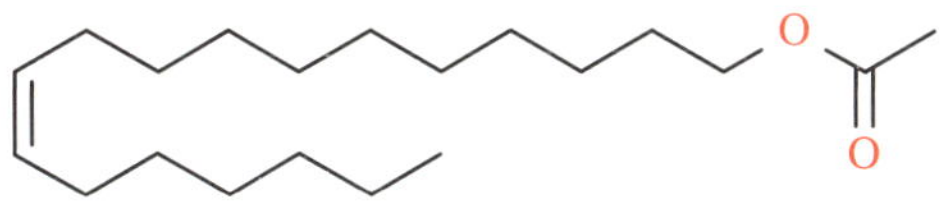

图 60

研究表明，这些嗅觉神经元聚集在昆虫触角神经叶的 DA1 小球中。在雄性果蝇中，cVA 激活 Or67d + 的神经元后，会抑制其他雄性果蝇的求爱行为。阿克塞尔等人使用双光子激光扫描显微镜来激活光激活的绿色荧光蛋白，发展出一种神经追踪方法。他们使用这个技术发现从 DA1 小球到原脑的投射是性别双态性的。他们还观察到，在侧角的雄性特异轴突，需要转录因子 Fru 的表达来加工成型，而 Fru 来自 DA1 投射神经元和其他 Fru + 细胞。这一机制使得单一的信息素能够导致在雄性和雌性动物中出现不同求偶的行为。

如图 61 所示，雌性果蝇经常被同种和异种雄性追求，黑腹果蝇的雄性发出的 cVA 有助于雌性选择同种雄性；在交配期间，雄性还会将 cVA 转移到雌性身上，从而降低雌性对其他黑腹果蝇雄性的吸引力。

图 61

因此，敲除 *Or67d* 的雄性果蝇无法通过嗅觉受体判断对方是否为可分泌 cVA 的雄性，从而表现对同性果蝇的求偶。Or67d 在雌性中的作用是介导刺激性信号，促进交配，而在雄性中介导抑制性信号，减少交配。

答案：C。

参考文献

［1］ Khallaf M A，Knaden M. Evolutionary Neuroecology of Olfactory-Mediated Sexual Communication and Host Specialization in *Drosophila*-A Review［J］. Entomol. Exp. Appl.，2022，170：289.

［2］ Datta S R，Vasconcelos M L，Ruta V，et al. The *Drosophila* Pheromone cVA Activates a Sexually Dimorphic Neural Circuit［J］. Nature，2008，452：473.

50 光遗传学技术使人们可以利用光来激活特定神经元。Chr 是一种常用的光遗传学工具，它可以在蓝光刺激下介导阳离子内流；而 GtACR 可以在绿光刺激下介导氯离子内流。由此，下列说法正确的是

（　　）。（单选）

A. Chr 在蓝光刺激下激活神经元，GtACR 在绿光刺激下激活神经元

B. Chr 在蓝光刺激下抑制神经元，GtACR 在绿光刺激下激活神经元

C. Chr 在蓝光刺激下抑制神经元，GtACR 在绿光刺激下抑制神经元

D. Chr 在蓝光刺激下激活神经元，GtACR 在绿光刺激下抑制神经元

解析 ChR 为通道视紫红质(channelrhodpsin)，GtACR 为来自蓝隐藻(*Guillardia theta*)的氯化物通道(anion channel rhodopsins)，如图 62 所示。

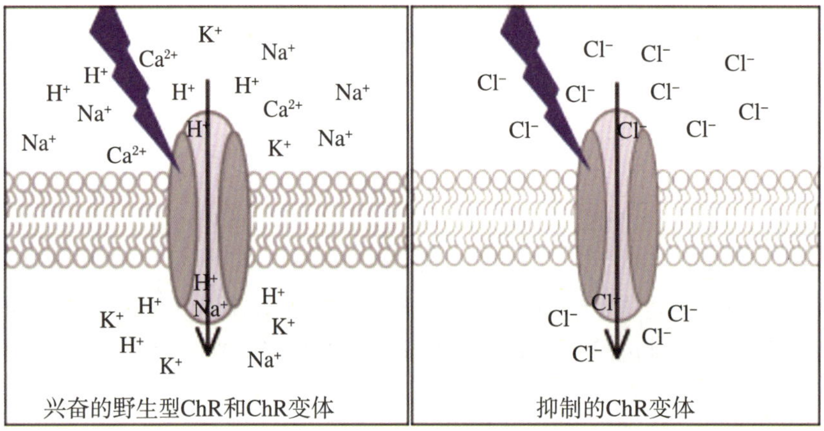

(a) ChR　　(b) GtACR

图 62

一般而言，阳离子内流导致去极化，激活神经元；氯离子内流导致超极化，抑制神经元。 答案：D。

51 神经元中 FUS 的异常聚集可能和神经退行性疾病(如阿尔茨海默病)相关。向体外纯化的 FUS 蛋白溶液中加入特定物质并统计相同大小视野内的液滴所占区域比例，统计分析后得图 63。以下说法正确的是（　　）。（单选）

A. TNPO1 处理能显著降低 TEV 作用效果

B. TEV 自身即可在溶液中产生液滴

C. Imp5 对 FUS 在溶液中产生液滴有促进作用

D. PRMT1 可与 FUS 特异性结合

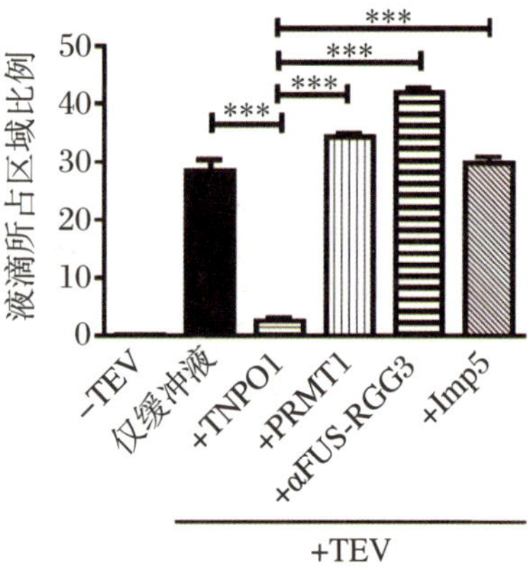

图 63

解析 FUS 蛋白(fused in sarcoma/translocated in liposarcoma，FUS/TLS)是一个多功能的 DNA/RNA 结合蛋白，主要定位于细胞核，但可以在细胞核与细胞质中穿梭。FUS 蛋白在 RNA 的转录、RNA 的剪接和 microRNA 的加工等过程中发挥重要作用，因此 FUS 蛋白病是一组致命性、累及多种神经元的神经退行性疾病，包括 FUS 相关的额颞叶脑退行性病变/痴呆(frontotemporal lobar degeneration/dementia，FTLD-FUS)和运动神经元疾病，如非肌萎缩侧索硬化症/渐冻症(amyotrophic lateral sclerosis，ALS-FUS)等。

图 63 来自 2018 年《细胞》上的一篇文献，主要讲的是 FUS 突变引起液相稳态异常，从而引起 FUS 入核运输障碍和 FUS 细胞内聚集。原文献揭示了 FTD/ALS 中 FUS 细胞内聚集的主要机制，即入核受体(transportin，TNPO1)和 FUS 结合之后可以抑制 FUS 的相分离，进而促进 FUS 的入核转运，但是 FUS 中精氨酸甲基化的丢失与核定位序列(NLS)的突变会减弱入核受体的伴侣蛋白活性，促进 FUS 的相分离和应激颗粒的形成，如图 64 所示。

这里面涉及近年比较热门的蛋白质液-液相分离与无膜细胞器的概念，简单介绍如下。细胞内无时无刻不在发生复杂的生化反应，真核细胞通过形成许多细胞器把细胞分成不同的隔室，不同的隔室可以进行不

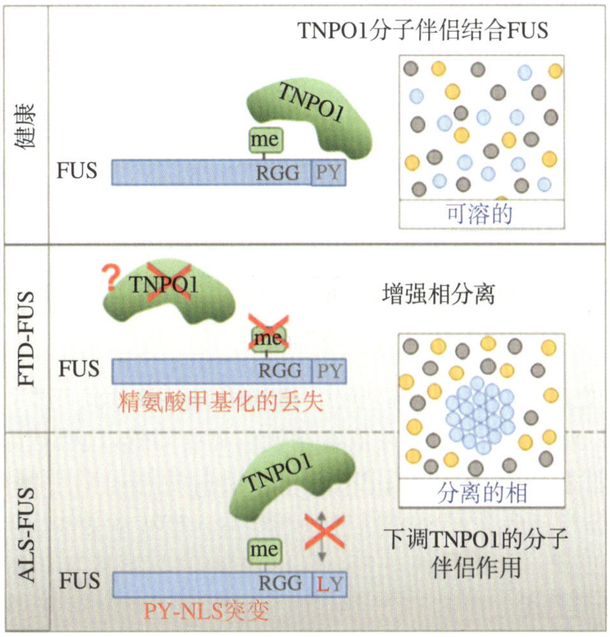

图 64

同的生化反应，并可通过控制隔室内反应物的浓度达到促进或抑制反应速率的作用。细胞隔室通常具有两个重要的性质：首先它必须有一个边界用于隔离外界环境（比如细胞质），其次内部的物质可以自由扩散，以此来保证内部能够发生化学反应。许多隔室需要通过膜与外界隔开，比如溶酶体膜内包含破坏其他蛋白质所必需的成分。对于具有膜边界的隔室，很容易理解不同的隔室如何与细胞质共存。然而细胞中的一些隔室是无膜的，被称为无膜细胞器，例如能够形成核糖体的核仁等。图 65 列出了一些细胞中常见的无膜细胞器，包括核内的核仁、卡哈尔体（Cajal body，与 mRNA 剪接有关）、早幼粒细胞白血病核内小体（promyelocytic leukemia nuclear body，PML body）、胞质中的 P 小体（P body，与 mRNA 降解有关）与应激颗粒（stress granule，SG）。无膜细胞器具有液态特征（可融合、流动与形变）。基于无膜细胞器所处的黏弹性环境，液-液相分离（liquid-liquid phase separation，LLPS，即不会混合的两种液体如油和水之间的分离现象）被认为是无膜细胞器形成的物理机制。

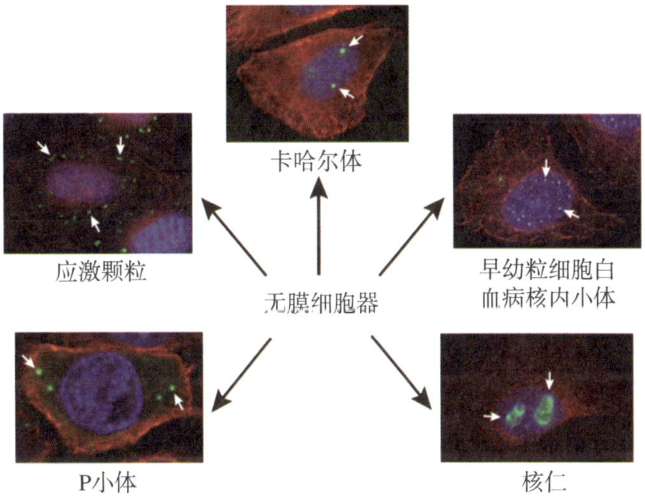

图 65

具体到本题，研究的就是 FUS 聚集在应激颗粒中发生 LLPS 的机理。TNPO1 这一分子伴侣就是通过与 FUS 的 RGG 模体中甲基化精氨酸的结合抑制 FUS 的 LLPS 与 SG 形成。所以实验数据中的液滴（droplet）所占比例就是 LLPS 的指标，文中使用的 FUS 蛋白其实是从细菌中纯化的工程蛋白，其 N 端标记了麦芽糖结合蛋白(maltose binding protein，MBP)，C 端则存在可被镍株亲和层析分离的 His_6 标签，如图 66 所示。这里 MBP 的作用是增加 FUS 的溶解度，而 TEV 是烟草蚀纹病毒蛋白酶(tobacco etch virus protease)，可以切断 MBP 的标签，导致相分离的发生和液滴的出现。

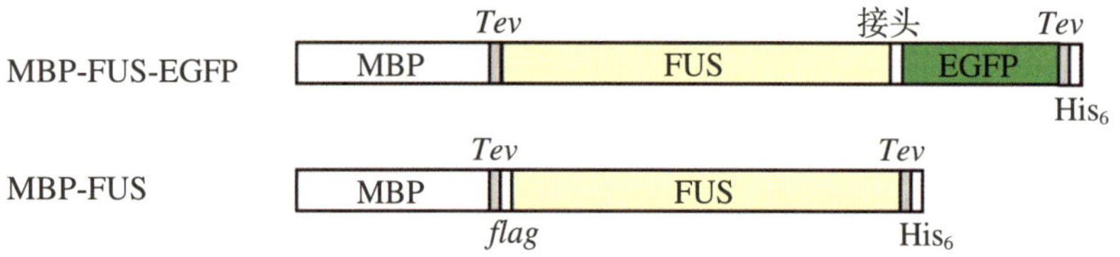

图 66

再来看选项，加入 TEV 之后液滴比例增高，显示 TEV 可以导致液滴产生，但这并不是 TEV 自身形成液滴的缘故，B 不对；TNPO1 加入之后相比缓冲液液滴比例显著降低，说明消除了 TEV 的大部分影响，这与之前提到的分子伴侣功能相符合，A 正确；PRMT1 是蛋白质精氨酸甲基转移酶 1(protein arginine methyltransferases 1)，αFUS-RGG3 为 FUS 的抗体，Imp5 为入核转运受体(importin 5)，这三种蛋白均不能像 TNPO1 一样显著抑制 LLPS 的发生，其中 PRMT1 与抗体可以直接与 FUS 相互作用，而 Imp5 在体外不与 FUS 结合。所以 Imp5 只是无法抑制 TEV 导致的 LLPS，并不能说对该过程有促进作用，C 不对；D 所说事实的确是对的，但是从该实验结果无法看出，D 不对。 答案：A。

参考文献

[1] Hofweber M, Hutten S, Bourgeois B, et al. Phase Separation of FUS Is Suppressed by Its Nuclear Import Receptor and Arginine Methylation[J]. Cell, 2018, 173: 706.

[2] Alberti S. Phase Separation in Biology[J]. Curr. Biol., 2017, 27: R1097.

52 图 67 为细胞应急颗粒中 FUS-EGFP 蛋白荧光强度在精氨酸甲基化前后和添加 TNPO1 前后的变化，对应急颗粒内 FUS 释放有促进作用的是(　　)。(单选)

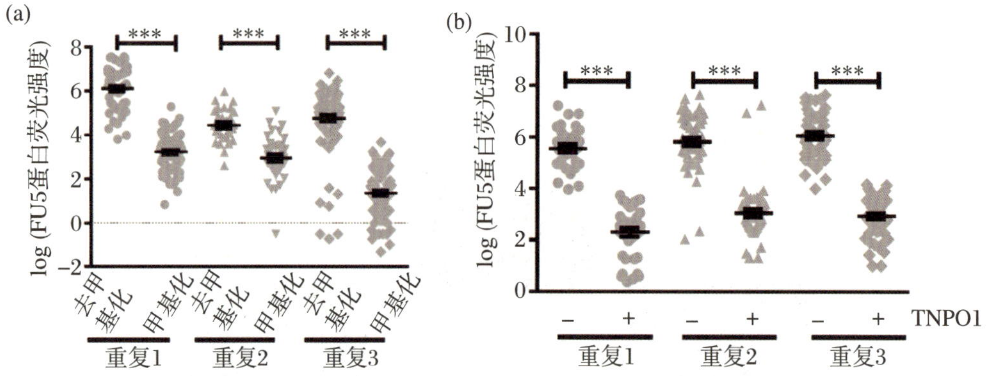

图 67

A. 去除 TNPO1

B. 精氨酸甲基化

C. 添加 TNPO1 或精氨酸甲基化

D. 去除 TNPO1 和精氨酸去甲基化

解析 原实验中使用蛋白酶体抑制剂 MG132 诱导了 HeLa-P4 细胞应激颗粒(SG)的产生，接下来用地高辛(digitonin)使质膜选择性透化，将可溶性蛋白质冲洗掉；麦胚凝集素(wheat germ agglutinin，WGA)被用于堵住核孔复合体，防止入核过程的发生。最后加入 MBP-FUS-EGFP 蛋白，观察荧光强度的变化来反映各种条件对 FUS 从液滴中释放的影响，如图 68 所示。具体而言，甲基化与加入 TNPO1 降低了 SG 的荧光强度，机理如上题解析所述。 答案：C。

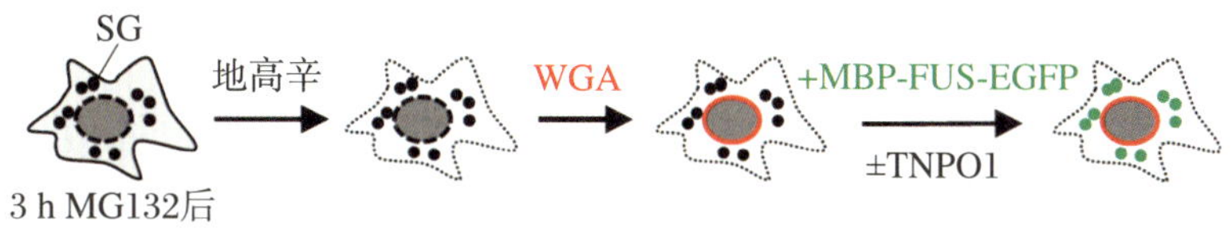

图 68

53 热休克因子(HSFs)是调节细胞中应激和热休克相关基因表达的重要因子，其活性主要受翻译后修饰控制。HSF1 的翻译后修饰可分为三大类(表 6)。

表 6

激活类	T142E，S195D，K208Q，S230D，K298Q，S320D，S326D，S333D
中性类	T142A，S195A，K208A，S230A，K298A，S320A，S326A，S333A
抑制类	K80Q，K118Q，S121D，S216D，S303D，S307D，T323E，S363D，T367E

表 7 中四组翻译后修饰对 HSF1 靶基因表达的激活程度由高到低排序最可能是(　　)。(单选)

表 7

①	S326D，S333D，S195A，K208A
②	K80Q，S121D，S216D，T323E
③	T142E，S195D，S320D，S333D
④	K118Q，S121D，S320A，S326A

A. ③①④②　　B. ②③④①　　C. ③④①②　　D. ①③④②

解析 激活记为＋，中性记为 0，抑制记为－，四组修饰分别为：① ＋＋00；② －－－－；③ ＋＋＋＋；④ －－00。故对靶基因表达的激活程度由高到低排序为③①④②。

热休克因子是对蛋白毒性应激的转录反应主要的调控者，在癌症中至关重要，因为它使得癌细胞可以适应致癌压力与激烈的外部条件；它可以诱导其他保护性应激蛋白如 HSP40 和 HSP70 的表达，同样还可以诱导多药耐药基因，对抗顺铂的治疗。热休克因子的活性主要由翻译后修饰(posttranslational modifications，PTMs)控制，比如 HSF1 三个丝氨酸位点的基础磷酸化抑制了热休克反应，其他几个丝氨酸、苏氨酸位点在压力激活激酶作用下的超磷酸化激活了热休克反应，K80 的乙酰化则抑制了其 DNA 结合能力。HSF1 的位点和相应的翻译后修饰见图 69 和表 8。

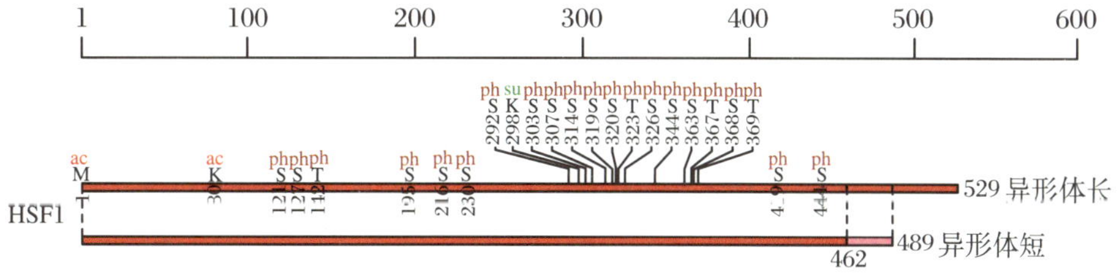

图 69

表 8　HSF1 的翻译后修饰

抑制修饰		激活修饰	
翻译后修饰	残基	翻译后修饰	残基
乙酰化	K80	磷酸化	T142
乙酰化	K118	磷酸化	S195

续表

抑制修饰		激活修饰	
翻译后修饰	残基	翻译后修饰	残基
磷酸化	S121	乙酰化	K208
SUMO 化	K293	磷酸化	S230
磷酸化	S303	乙酰化	K298
磷酸化	S307	SUMO 化	S320
磷酸化	S363	磷酸化	S326
		SUMO 化	S333
		磷酸化	S419

本题题干其实并不是直接做了翻译后修饰，而是对修饰位点进行突变，再观察对功能的影响。比如 T142E 指的是将 142 位的 T 突变为 E，通过谷氨酸的负电荷模拟磷酸化，起到与 T142ph 类似的激活效果；K80Q 即将 80 位的 K 突变为 Q，即使没有乙酰化也因为正电荷的消失而失去了与 DNA 结合的能力。 答案：A。

参考文献

[1] Xu Y M, Huang D Y, Chiu J F, et al. Post-Translational Modification of Human Heat Shock Factors and Their Functions: A Recent Update by Proteomic Approach[J]. J. Proteome Res., 2012, 11: 2625.

[2] Sharma C, Seo Y H. Small Molecule Inhibitors of HSF1-Activated Pathways as Potential Next-Generation Anticancer Therapeutics[J]. Molecules, 2018, 23: 2757.

苯二氮䓬类药物如地西泮(Dz)一直被广泛用于治疗睡眠障碍和焦虑。虽然短期服用苯二氮䓬类药物被认为是安全的，但其长期摄入的安全性却未有定论。地西泮在中枢神经系统中会与 18 kDa 转位蛋白 TSPO 结合。研究人员对摄入地西泮和对照试剂 Veh 的野生型和 *TSPO* 基因敲除小鼠($TSPO^{-/-}$)的大脑皮层的树突棘进行追踪，结果如图 70 所示。回答 54、55 题。

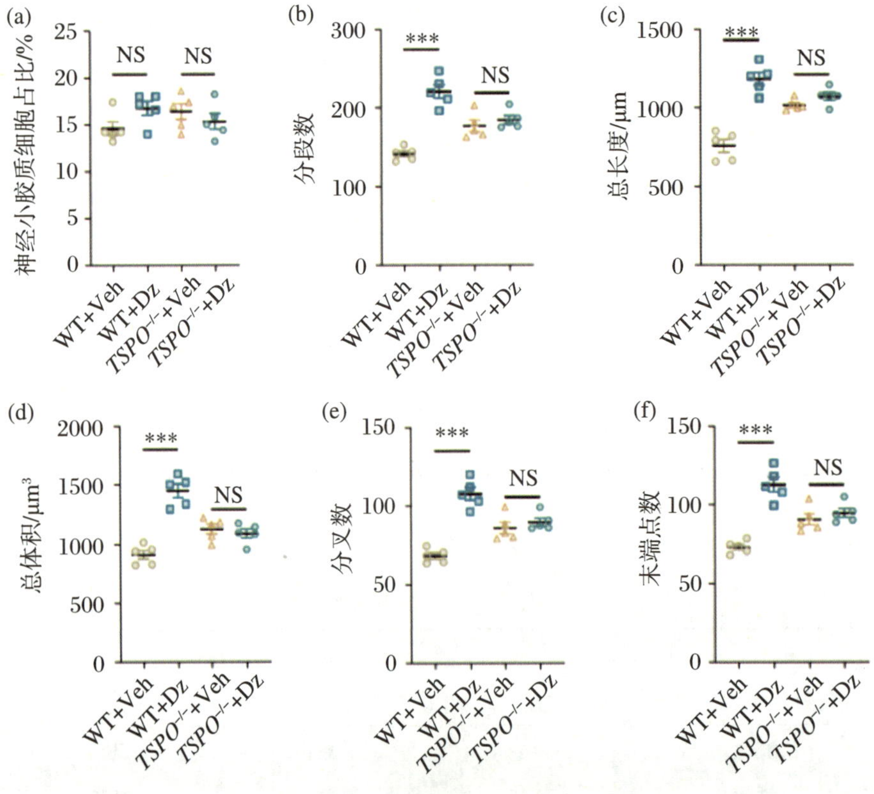

图 70

54 以下关于测试组与实验组的描述正确的是（　　）。（单选）

A. 在所有测试组中，神经小胶质细胞的数量有明显差异

B. 地西泮处理小鼠的神经小胶质细胞轴突长度延长，体积减小

C. 地西泮处理对 *TSPO*$^{-/-}$ 小鼠神经小胶质细胞的分叉数有明显作用

D. 地西泮治疗后，野生型小鼠中的神经小胶质细胞的形态特征发生了显著变化

解析 苯二氮䓬类药物作用于体内抑制性神经递质 γ-氨基丁酸（GABA）的一种受体 GABAA 的受体复合物，诱导受体偶联的氯离子通道加强开放，产生超极化而抑制突触后电位，减少中枢某些重要神经元放电，引起中枢抑制。大约有 50%的中枢神经突触都是通过 GABA 来传递信息的，而中枢抑制的效果可以让大脑不过度兴奋，进而消除紧张，起到治疗失眠、焦虑的作用。本题原文献揭示了长期使用抗焦虑药物是如何导致认知障碍的——苯二氮䓬类药物之一地西泮（安定，结构如图 71 所示）通过作用于线粒体 18 kDa 转运蛋白（translocator protein，TSPO），影响线粒体的能量代谢，从而损害小胶质细胞树突棘的结构可塑性，最终损害认知能力。

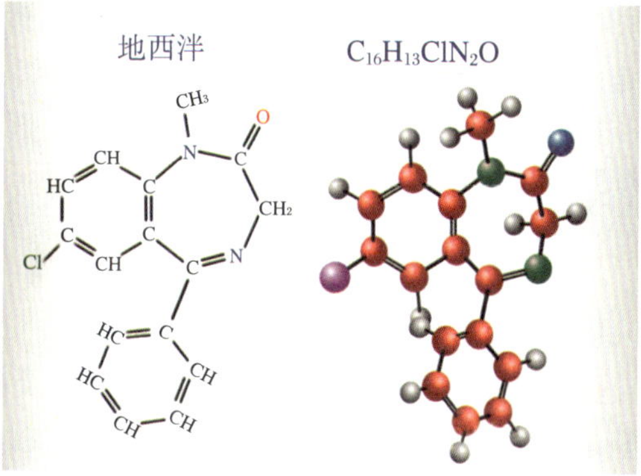

图 71

具体到本题，由图 70 可见，小胶质细胞的数目占比在四组实验结果中没有显著差异，A 不对。图 70 中的分段数、总长度、总体积、分叉数、末端点数均为小胶质细胞神经突的形态学描述指标，可见相比使用对照试剂 Veh 的野生型小鼠，使用药物 Dz 的野生型小鼠的小胶质细胞的神经突分段数增多，总长度增加，总体积增大，分叉数增多，末端点数增多；而敲除了 *TSPO* 的小鼠的以上参数在两组之间不存在显著差异。故 B、C 错误，D 正确。　**答案：D。**

参考文献

[1] Shi Y, Cui M, Ochs K, et al. Long-Term Diazepam Treatment Enhances Microglial Spine Engulfment and Impairs Cognitive Performance Via the Mitochondrial 18 kDa Translocator Protein (TSPO)[J]. Nat. Neurosci., 2022, 25: 317.

[2] Yamada J, Jinno S. Novel Objective Classification of Reactive Microglia Following Hypoglossal Axotomy Using Hierarchical Cluster Analysis[J]. J. Comp. Neurol., 2013, 521: 1184.

55 进一步研究发现，长期摄入地西泮会影响小胶质细胞的功能，导致树突棘的丢失，最终引发认知障碍。结合以上结果，以下说法正确的是（　　）。（单选）

A. 在可能的情况下，应该首选对 TSPO 有结合亲和力的药物

B. 通过 TSPO 调节小胶质细胞活性可以治疗神经退行性疾病

C. 长期服用地西泮对失眠患者是首选治疗方式

D. 敲除 *TSPO* 基因可以减少地西泮对神经小胶质细胞的影响

解析 由上题可知，地西泮正是由于对线粒体 TSPO 也存在亲和力，才会影响到能量供应与小胶质细胞的功能，所以选用药物就不能选这种有强副作用的，A、C 都不对。

小胶质细胞（microglia）作为 CNS 中的免疫细胞，在中枢环境中起着免疫监视、清除细胞碎片、突触修剪等重要作用。小神经胶质细胞高表达的线粒体外膜蛋白 TSPO 参与了 NLRP3（NACHT，LRR and PYD domains-containing protein 3）介导的炎性小体活化。神经退行性疾病如阿尔茨海默病病人脑组织病变部位有大量活化的小神经胶质细胞聚集和炎症反应，因此 TSPO 的确参与了神经退行性病的病理进程。不过 TSPO 在神经退行性病变过程中是因是果并不清楚。考虑到在胶质增生过程中，线粒体用来支持加速的细胞增殖的生物合成需要增加，TSPO 水平的增加也可能是为了满足胆固醇转运和蛋白输入的需要。因此，B 其实是有道理的，但这一点在题干信息中是无法获取的。D 选项可以直接由图 70 看出，虽然对于人不能使

用这种方式去解决地西泮的副作用问题，但题干只是说敲除可以减少影响，这是没问题的。 答案：D。

参考文献

[1] Hauet T, Yao Z-X, Bose H S, et al. Peripheral-Type Benzodiazepine Receptor-Mediated Action of Steroidogenic Acute Regulatory Protein on Cholesterol Entry into Leydig Cell Mitochondria [J]. Molecular Endocrinology, 2005, 19: 540.

与病毒的自然感染相比，疫苗可以令接种者在不产生病征的情况下获得对病毒的一定免疫能力。相较于自然感染，接种疫苗是一种更为安全的群体免疫手段。为了达到群体免疫的目的，接种率是一个很重要的指标，群体免疫学中关于最低接种率的计算有一个粗略的公式：$V_c=(1-1/R_0)/E$，其中 V_c为接种率，R_0为传染系数（一个病毒感染者传染的平均人数），E 为疫苗的有效率。回答 56～58 题。

56 以下不能被用来制造疫苗的是（ ）。（单选）

A. 冠状蛋白 mRNA　　B. 冠状蛋白的基因片段

C. 全长冠状蛋白　　D. 充分水解后的冠状蛋白

解析 根据世界卫生组织的介绍，制造疫苗主要有三种方法，如图 72 所示。它们之间的区别在于是使用整个病毒或细菌还是仅使用触发免疫系统的微生物组成部分，或者仅使用提供制造特定蛋白质指令的遗传材料而不是整个病毒。

存在三种主要的疫苗制造思路：

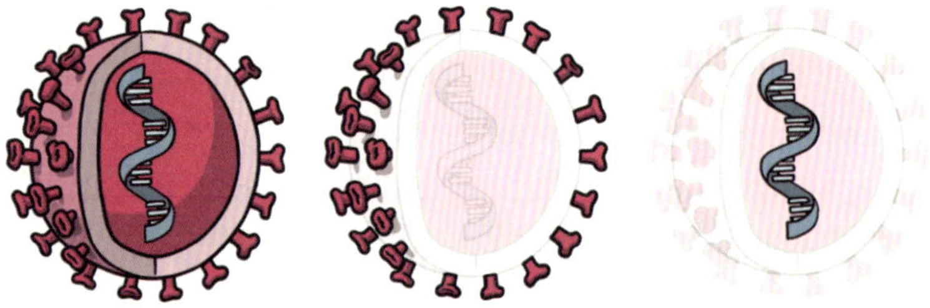

图 72

具体而言，全微生物法又包括灭活疫苗、减毒活疫苗和病毒载体疫苗三种（图 73）。以病毒载体疫苗为例，这类疫苗把 COVID-19 病毒中的遗传物质置入另一种不同病毒的修饰版本（病毒载体）中。当病毒载体进入细胞时，它会传递来自 COVID-19 病毒的遗传物质，为细胞提供复制 S 蛋白的指示。一旦细胞在其表面显示 S 蛋白，免疫系统就会产生抗体和防御性白细胞。如果之后感染了 COVID-19 病毒，这些抗体便可以对抗病毒。

全微生物法

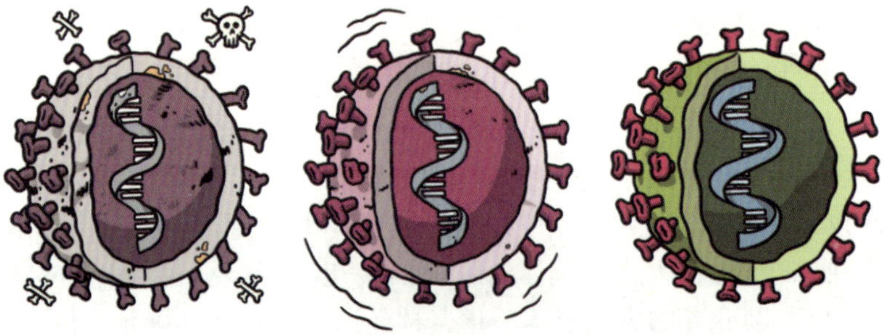

图 73

亚单位法指只使用免疫系统需要识别的病毒或细菌的特定部分（亚单位）的疫苗（图 74）。它不包含整个微生物，也不使用安全病毒作为载体，这些亚单位可能是蛋白或糖。这类 COVID-19 疫苗含有无害的 S 蛋白，一旦免疫系统识别出 S 蛋白，就会产生抗体和防御性白细胞。

基因法（核酸疫苗）只使用为特定蛋白质提供指令的一部分遗传材料，而不是整个微生物（图 75）。这是开发疫苗的一种新途径，一些用于 COVID-19 的信使核糖核酸疫苗正获得紧急使用授权，这意味着它们现在可以普遍使用，而不仅仅在临床试验中使用。这类疫苗使用经过基因工程改造的 mRNA，指示细胞制造在 COVID-19 病毒表面发现的 S 蛋白。接种疫苗后，肌肉细胞将开始制造 S 蛋白片段，并将其显示在细胞表面，从而使身体产生抗体。

亚单位法

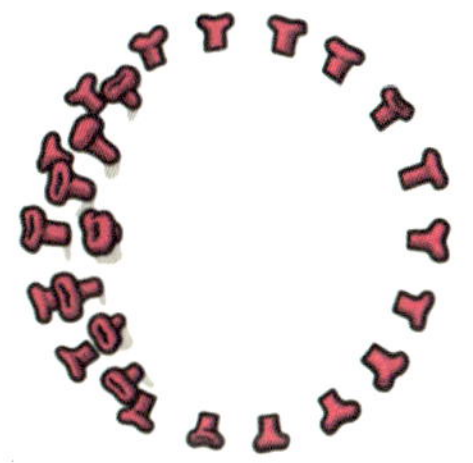

仅使用免疫系统需要识别的病毒或细菌的特定组成部分(亚单位)

图 74

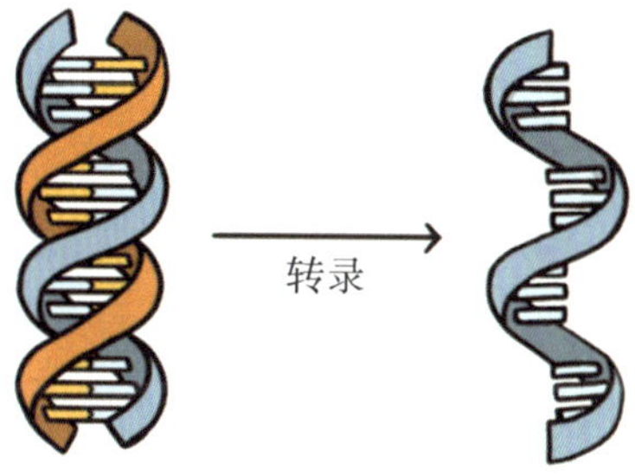

图 75

由上可知，A、B、C 均正确。冠状病毒是一类 RNA 病毒，但不是逆转录病毒，RNA 不会整合到基因组中，所以使用 mRNA 疫苗是安全的。充分水解后的冠状蛋白只留下了氨基酸，无法激活免疫反应，D 错误。

答案：D。

57 R_0大于 1 表示该病毒在自然情况下可以在人群中传播。假设 Omicron 毒株的 R_0为 5，如果希望用疫苗来阻断其在人群中的持续感染，则疫苗对 Omicron 毒株的有效率 E 至少需达到（　　）。（单选）

A. 70%　　B. 80%　　C. 90%　　D. 100%

解析 当社区的大部分人（群体）对某种疾病免疫时，便会发生群体免疫，从而导致疾病在人与人之间传播的可能性很小，结果令整个社区得到保护，而不只是有免疫力的人。通常必须有一定比例的人口感染某种疾病方能使其传播，这个比例称为阈值比例。如果对疾病免疫的人口比例大于该阈值，则疾病的传播率将下降，这称为群体免疫阈值 I_c：

$$I_c=\frac{R_0-1}{R_0}$$

I_c与疫苗接种率 V_c和有效性 E 相关：$I_c=V_c\times E$，因此有题组材料所给计算公式。图 76 即不同 R_0（基本再生数，basic reproduction number）与群体免疫阈值 I_c的关系图，可见当 $R_0=5$ 时 $I_c=0.8$。代入公式可知，当 $E=80\%$时，$V_c=(1-1/5)/80\%=100\%$；如果 E 只有 70%，那么 $V_c=114.3\%$，这是不可能实现

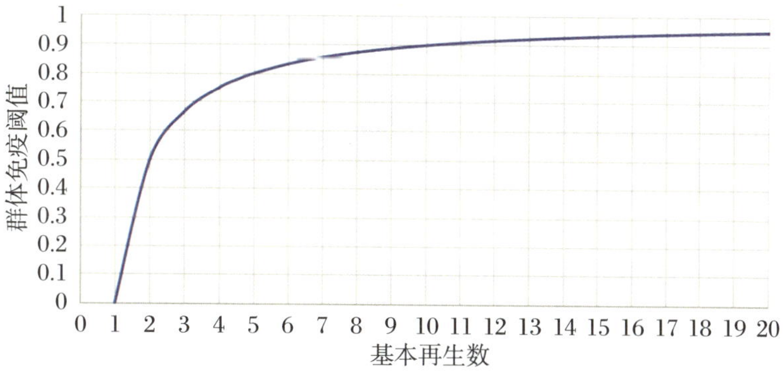

图 76

的，所以至少需要 80%的有效性才可能实现群体免疫，这要求 100%的最小接种率。 答案：B。

参考文献

[1] Elsaid M, Nasef M A, Huy N T. R_0 of COVID-19 and Its Impact on Vaccination Coverage: Compared with Previous Outbreaks[J]. Hum. Vaccin Immunother, 2021, 17: 3850.

58 疫苗的免疫应答能力与疫苗的效果具有相关性。理想的疫苗应该具有的免疫应答包括（　　）。（多选）

A. 体液免疫激活　　B. 细胞免疫激活

C. 新的生发中心大量形成　　D. 炎症因子持续强烈释放

解析 在淋巴小结产生淋巴细胞时，有淋巴母细胞（成淋巴细胞，lymphoblast）位于淋巴小结的中央部位，称为原始滤泡（primary follicle），随着反复分裂而逐渐变小，遂成为淋巴细胞而被推向淋巴小结的周边部位。这样在活泼的不断产生淋巴细胞的淋巴小结内，由于有处于分裂的淋巴母细胞占据中央部位，因此称此部位为生发中心或淋巴母细胞中心。

理想的疫苗应该可以促进生发中心的形成，同时增强生物体体液免疫和细胞免疫应答的强度和类型，提高保护效果。因此 A、B、C 均正确。

理想的疫苗还应该安全、副作用最小；可在给药后有效地提供终生的疾病预防；便宜；在运输和储存过程中稳定并且易于管理。炎症因子持续强烈释放会引发炎症，是疫苗的不良反应，理想疫苗应该降低炎症等不良反应的发生，D 不对。 答案：ABC。

参考文献

[1] Basic Immunology and Vaccinology: Canadian Immunization Guide[EB/OL]. (2022-09-16)[2024-8-21]. https://www.canada.ca/en/public-health/services/publications/healthy-living/canadian-immunization-guide-part-1-key-immunization-information/page-14-basic-immunology-vaccinology.html.

59 研究人员分别测量了实验组（88 人）和对照组（3278 人）个体血浆中 LDL 胆固醇的含量，结果如图 77 所示。实验组个体的 *PCSK*9 基因发生了单拷贝基因突变，对照组个体的两个 *PCSK*9 基因拷贝均有活性。从图中可以得出（　　）。（多选）

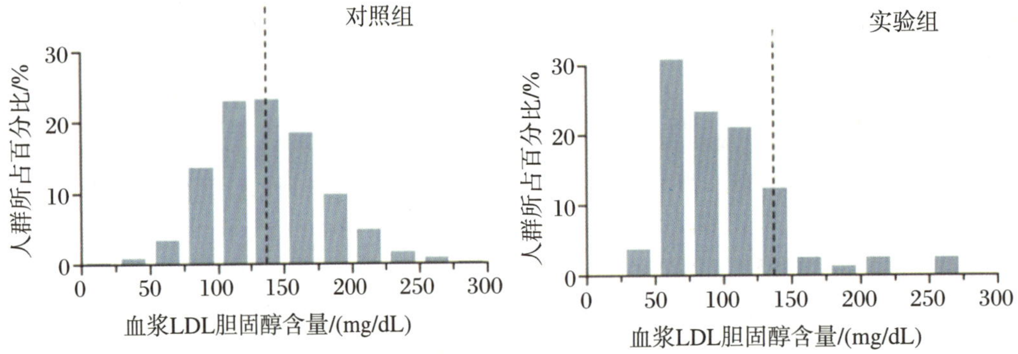

图 77

A. 由于血浆中 LDL 胆固醇含量为 100～125 mg/dL 的个体在实验组和对照组人群中的比例相近，因此 *PCSK*9 基因失活不会影响 LDL 胆固醇的含量

B. 实验组人群中血浆 LDL 胆固醇含量较低者（<100 mg/dL）占比较对照组提升了近 40 个百分点

C. 与对照组相比，实验组人群中血浆 LDL 胆固醇较高者（>125 mg/dL）的比例降低了 20 个百分点

D. PCSK9 酶的活性被抑制后，LDL 胆固醇的含量降低

解析 由图 77 可见，实验组的血浆 LDL 胆固醇含量整体明显下降，A 不对；血浆 LDL 胆固醇含量较低者（<100 mg/dL）在对照组中占 17%左右，而实验组达到了 57%，提高了 40%，B 正确；血浆 LDL 胆固醇较高者（>125 mg/dL）的比例在对照组中约有 60%，而实验组仅为 23%，下降了 37%，C 不对；因此 PCSK9 酶

的活性被抑制后,LDL胆固醇的含量降低,D正确。

PCSK9(Kexin样前转化酶枯草杆菌蛋白酶家族的第9个成员)是一种参与调节肝脏低密度脂蛋白(LDL)受体生命周期的分泌性蛋白。PCSK9可以与LDL受体的胞外结构域结合,靶向该受体进行胞内降解,阻止LDL颗粒内化后再循环到肝细胞表面。其机理如图78所示。人类PCSK9的功能获得性突变与家族性显性高胆固醇血症有关,其功能丧失性突变可导致LDL胆固醇浓度降低并预防冠状动脉疾病的发生。原文献发现,在接受检查的3363名黑人受试者中,2.6%的人有PCSK9的无义突变;这些突变与平均LDL胆固醇降低28%和冠心病(CHD)风险降低88%有关。数据表明,终生血浆LDL胆固醇水平低与冠心病发生率大幅降低相关。 答案:BD。

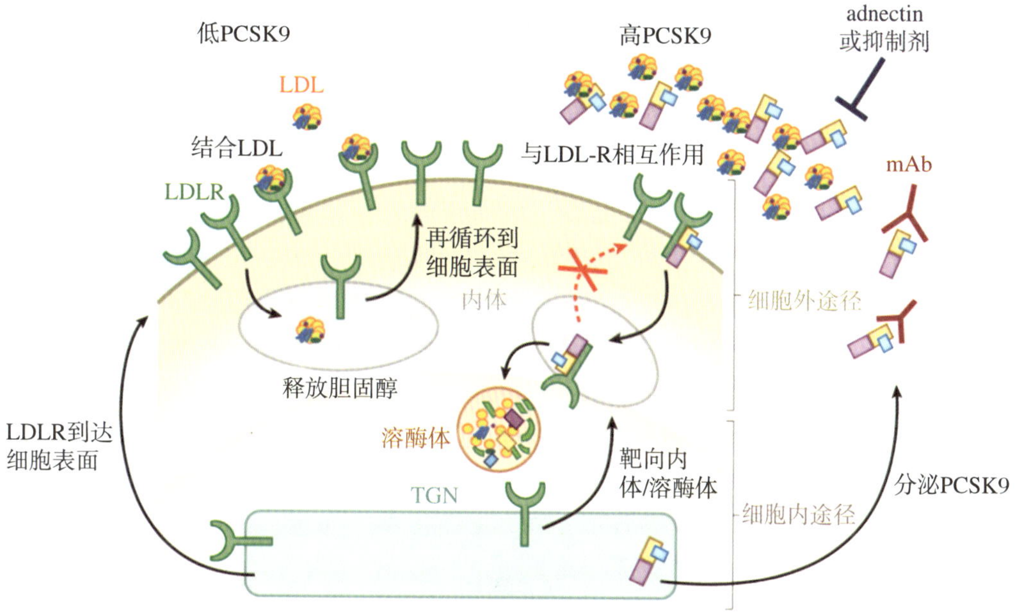

图78

参考文献

[1] Cohen J C, Boerwinkle E, Mosley T H Jr, et al. Sequence Variations in PCSK9, Low LDL, and Protection against Coronary Heart Disease[J]. N. Engl. J. Med., 2006, 354: 1264.

[2] Hess C N, Wang C C L, Hiatt W R. PCSK9 Inhibitors: Mechanisms of Action, Metabolic Effects, and Clinical Outcomes[J]. Annu. Rev. Med., 2018, 69: 133.

60 当钠钾泵停止活动后,下列关于神经元静息电位和钠钾泵关系的描述正确的是(　　)。(单选)

A. 静息电位不会立刻发生明显的变化

B. 静息电位会立刻出现一个明显的超极化

C. 静息电位会立刻出现一个明显的去极化

D. 静息电位会出现一个缓慢而持续的去极化

解析 钠钾泵参与了静息电位的维持,将3个钠离子运出细胞,2个钾离子运进细胞;如果加入哇巴因或缺氧导致钠钾泵受到抑制,那么细胞将会快速去极化(文献原文用了"rapid")(图79),于是看怎么界定立刻与缓慢,如果快速是立刻就选C,如果分钟级别算缓慢持续就选D。 答案:C。

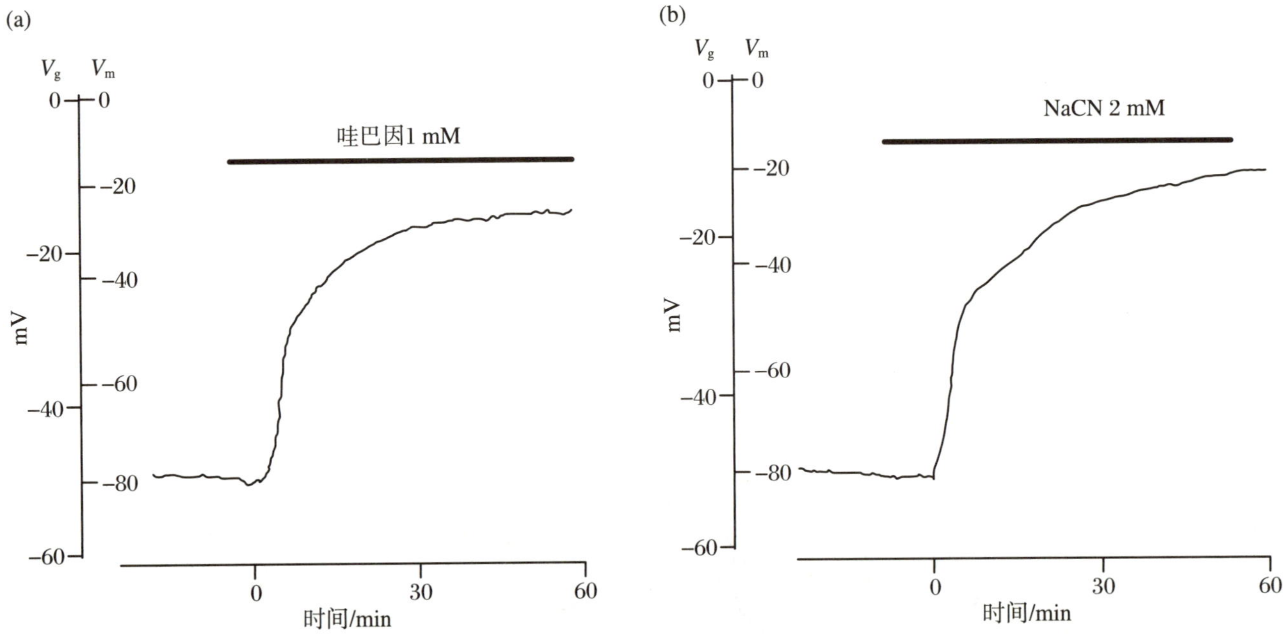

图 79

参考文献

[1] Malek S A, Adorante J S, Stys P K. Differential Effects of Na-K-ATPase Pump Inhibition, Chemical Anoxia, and Glycolytic Blockade on Membrane Potential of Rat Optic Nerve[J]. Brain Research, 2005, 1037: 171.

61 下列关于突触的描述错误的有（　　）。（多选）

A. 离子通道偶联受体开放总是引起突触后膜去极化

B. 只有神经元之间会形成化学突触

C. 释放到突触间隙的神经递质只能通过降解被清除

D. 只有动作电位到达突触前膜才能释放神经递质

解析 离子通道偶联受体开放可以导致突触后膜超极化，比如神经递质甘氨酸、γ-氨基丁酸对应的配体门控离子通道就是氯离子通道，可以导致突触后膜超极化，A 错误。化学突触可以存在于神经元之间，也可以在神经元与肌肉或腺体间，B 错误。

在突触间隙存在多种机制，它们共同作用以清除并降低递质浓度。第一种是递质在突触间隙里的简单扩散，但这并非递质清除的主要途径；第二种是位于神经末梢和邻近的胶质细胞膜上的转运体蛋白，可以逆浓度差、特异性地把小分子递质及其代谢产物从突触间隙重新运至细胞质内再利用，这个过程称为递质的重摄取；第三种是突触间隙中还存在着特异性的酶，可以迅速降解递质。因此 C 不对。

释放神经递质不一定需要动作电位到达突触前膜，比如视杆细胞的感受器电位就是一种超极化型慢电位。视杆细胞没有产生动作电位的能力，但其外段（outer segment）膜上的超极化型感受器电位能以电紧张的形式散布（propagation）到细胞的终足部分，影响视杆细胞终足处的神经递质的释放。因此 D 不对。

答案：ABCD。

62 以下类群中与啮齿目演化关系最近的是（　　）。（单选）

A. 灵长目　　B. 贫齿目

C. 翼手目　　D. 奇蹄目

解析 啮齿目（Rodentia）、灵长目（Primates）、贫齿目（Edentata）（又称异关节目（Xenarthra））、翼手目（Chiroptera）与奇蹄目（Perissodactyla）的演化关系如图 80 的系统树所示。可见在题目选项中，按照形态学系统树，啮齿目与灵长目、翼手目具有相同的最近共祖，与奇蹄目亲缘关系较远，与贫齿目亲缘关系最远；而按照分子系统树，啮齿目与灵长目具有最近共祖，然后与奇蹄目、翼手目具有相同的演化距离，亲缘关系最远的也是贫齿目。实验动物经常使用小鼠、大鼠、豚鼠（啮齿目）以及家兔（兔形目（Lagomorpha））便是因为它们与人类（灵长目）的亲缘关系较近。 **答案：A。**

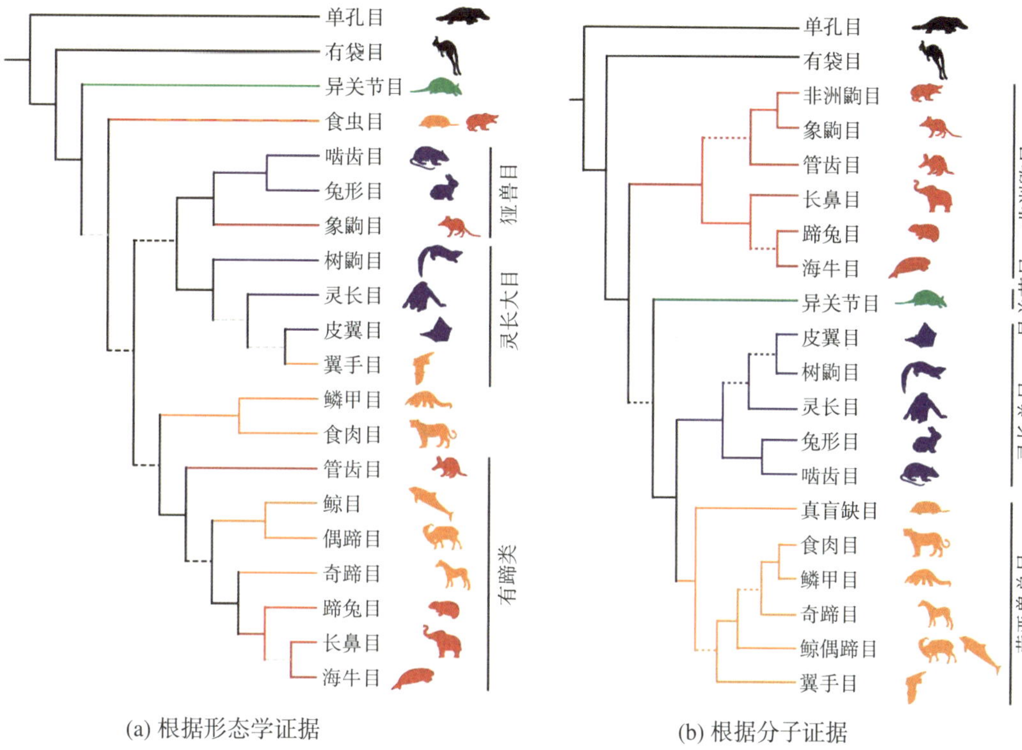

图 80　哺乳动物系统发生树

参考文献

[1] Springer M S, Stanhope M J, Madsen O, et al. Molecules Consolidate the Placental Mammal Tree[J]. Trends. Ecol. Evol., 2004, 19: 430.

63 下列引发疾病的动物中属于线虫动物门的有（　　）。（多选）

A. 丝虫　　B. 血吸虫　　C. 蜱虫　　D. 蛔虫

解析 血吸虫为扁形动物门吸虫纲；蜱虫为节肢动物门蛛形纲。 **答案：AD。**

64 鲨鱼的内耳为平衡觉器官，下列关于鲨鱼内耳的说法正确的有（　　）。（多选）

A. 每一内耳包含 1 个椭圆囊、1 个球状囊和 3 个半规管

B. 前半规管与水平半规管的壶腹位置靠近

C. 从球状囊的前部伸出一内淋巴管，直达头骨的内淋巴窝

D. 内淋巴液中有悬浮的钙盐结晶体，称耳石

解析 软骨鱼的内耳已经有脊椎动物的基本结构，每侧由 3 个半规管、椭圆囊与球囊构成，彼此连通，因此 A 正确。由图 81 可见，前半规管（anterior semicircular duct）与水平半规管（lateral semicircular duct）的壶腹位置靠近，球囊（sacculus）前方生出一内淋巴管，通过头骨的内淋巴窝开口于体外，B、C 正确。耳石是内耳内的碳酸钙盐结晶，附着于椭圆囊与球囊的耳石膜上，而非悬浮于半规管的内淋巴液中，因此 D 不对。

答案：ABC。

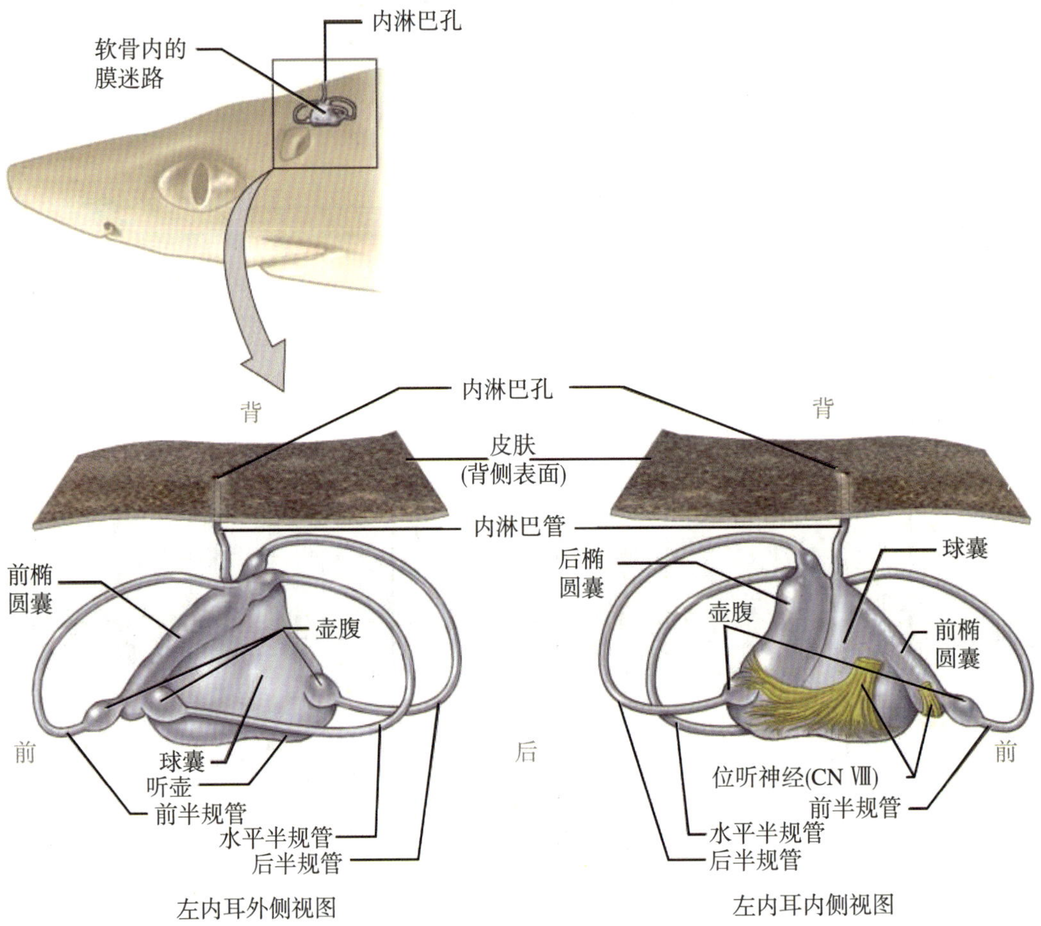

图 81

参考文献

[1] de Iuliis G, Pulerà D. The Dissection of Vertebrates[M]. 3rd ed. Academic Press, 2019.

65 下列有关文昌鱼取食的说法正确的有（　　）。（多选）

A. 文昌鱼主要依靠口笠触须规律性摆动，制造漩涡，推动水流入口

B. 口位于缘膜中央，缘膜有十余条缘膜触手，可防止沙粒进入口中

C. 食物颗粒在咽下沟形成小食物团，借内柱纤毛摆动向后进入肠管

D. 在回结环处，肠管内有纤毛，可将消化酶与食物团彻底混匀

解析 文昌鱼前端有口笠，边缘有触须（buccal cirri）；口笠的腔叫前庭，后端具有缘膜、口、十余条缘膜触手（velar tentacles）和轮器（wheel organ，如图 82 所示）。轮器为前庭内壁纤毛组成的 6～8 对指状突起，可搅动水流，带食物入口；触须和缘膜触手均有滤食作用，可防止沙粒入口。口后为咽，内壁有内柱（咽下沟）、围咽沟和背板（咽上沟），进入咽的食物粒被内柱腺细胞分泌的黏液粘成小的食物团，靠内柱的纤毛的摆动将食物团先推向前行，经围咽沟沿背板往后流入食道、胃和肠进行消化，C 不对。在肠管前部腹面向前右方伸出一盲囊，称肝盲囊。肝盲囊后部的中后肠交界处有一段染色深的富有纤毛的区域，称回结环（ileocolic ring），混合消化液的食物团在这里被剧烈搅动，是消化作用最活跃的部位。由上可知，漩涡由轮器而非口笠触须摆动制造，A 不对，B、D 是对的。 **答案：BD。**

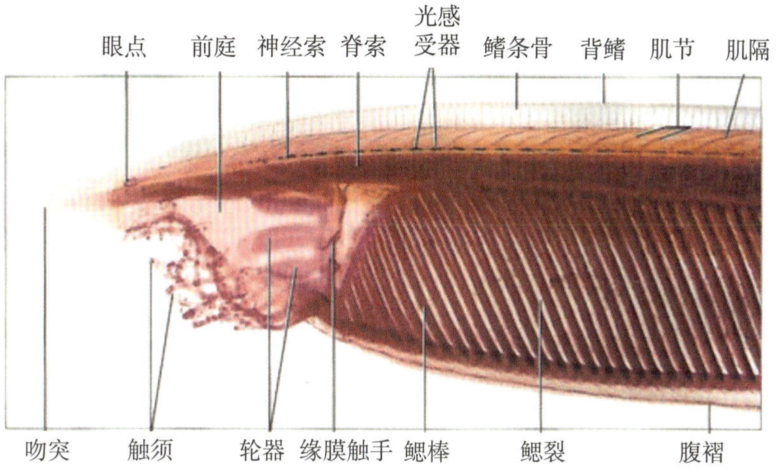

图 82

66 海葵属于腔肠动物门珊瑚纲，其消化循环腔结构较为复杂。下列有关说法正确的是（　　）。（单选）

A. 消化循环腔有宽窄不同的隔膜，宽度由大到小依次为一、二、三级

B. 只有一级隔膜与口道相连，其表层细胞为口道下陷形成，故属于外胚层

C. 隔膜游离边缘有隔膜丝，其上细胞全部为刺细胞，负责杀死动物

D. 隔膜上有大量腺细胞，可分泌消化液，海葵已不再进行细胞内消化

解析 海葵的消化循环腔的构造较为复杂，其中有宽窄不同的隔膜（mesentery），隔成很多小室。隔膜是由体壁上内胚层细胞增多向内突出形成的，在两层内胚层之间为中胶层。隔膜的作用主要为支持并增加消化面积。根据隔膜的宽度可分一、二、三级，只有一级隔膜与口道相连。因此 A 正确，B 错误，隔膜属于内胚层。

在隔膜游离的边缘有隔膜丝（mesenteric filament），隔膜丝沿隔膜的边缘下行，一直达到消化循环腔的底部；有的达底部时形成游离的线状物，称为毒丝，其中含有丰富的刺细胞，当动物收缩时经常由口或壁孔射出，有防御和进攻的机能。隔膜丝主要由刺细胞和腺细胞构成，能杀死摄入体内的捕获物，并由腺细胞分泌消化液，行细胞外消化和细胞内消化。因此隔膜丝并非全部是刺细胞，C 不对。海葵仍存在细胞内消化，D 不对。

海葵的结构如图 83 所示。　**答案：A。**

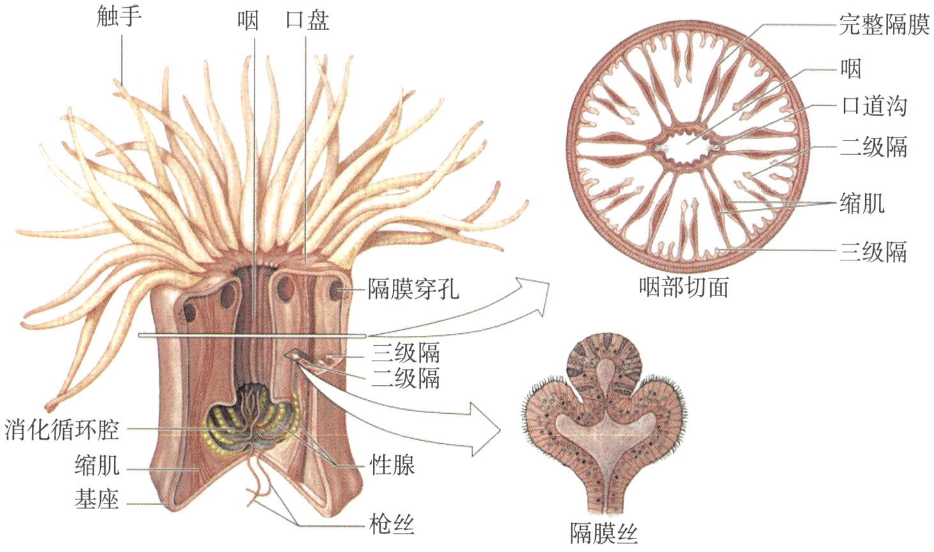

图 83

参考文献

[1] Hickman C P, et al. Integrated Principles of Zoology[M]. 18th ed. McGraw-Hill, 2020.

67 秀丽隐杆线虫(*Caenorhabditis elegans*)是一种重要的模式动物,下列相关描述正确的有(　　)。(多选)

A. 有两种性别:雌雄同体和雄性

B. 雌雄同体只有在与雄性交配后,才能完成有性生殖

C. 由卵孵化出幼虫,幼虫需经历几次蜕皮才发育至成体

D. 细胞数目恒定,一个雄性个体共有 1031 个细胞

解析 秀丽隐杆线虫有雄性(XO,占 0.2%)和雌雄同体(XX)两种性别,可以自体受精或双性生殖,因此 A 正确,B 错误。线虫动物属于蜕皮动物,幼虫经历数次蜕皮发育为成体,C 正确。雌雄同体虫和雄虫分别具有 959 和 1031 个体细胞,各细胞的位置和细胞渊源均已确定,该现象被称为 Eutely,不过 D 是不对的,因为定数的是体细胞。 答案:AC。

68 乌贼的神经系统发达,由中枢神经系统和周围神经系统组成,下列相关描述正确的是(　　)。(单选)

A. 脑神经节、侧脏神经节和星芒状神经节构成中枢神经系统的主要部分

B. 足神经节属于周围神经系统,发出 10 条神经到腕

C. 中枢神经系统和周围神经系统的主要神经节均有软骨匣包裹

D. 具有交感神经系统,由口球下神经节发出的神经沿食道两侧后行

解析 乌贼的神经系统发达,由中枢神经系统、周围神经系统及交感神经系统组成,结构复杂。其中枢神经系统由食管周围的脑神经节、脏神经节和足神经节等 3 对神经节组成,外有一软骨质壳包围。食管背侧为一对脑神经节,腹侧为一对足神经节和一对脏神经节,二者前后排列。另有一对腕神经节,位于足神经节前方,并与之相连;一对口球神经节位于脑神经节前。周围神经系统由中枢神经伸出的神经组成。脑神经节发出视神经,又分出嗅神经等;脏神经节伸出外套神经,其外枝于漏斗基部两侧形成一对星芒神经节,内枝分出皮肤神经和鳍神经等。又分出漏斗神经、头缩肌神经等。而交感神经由口球下神经节后面中央处分出的 2 条沿食管两侧后行达于胃,形成胃神经节,卵圆形,位于胃前端腹面。由此发出盲囊神经、胃神经、肠神经等。由上可知,A、B 不对,星芒状神经节属于周围神经系统,而足神经节属于中枢神经系统;只有中枢神经系统的 3 对神经节有软骨匣包裹保护,C 不对。 答案:D。

69 下列有关脊椎动物排泄系统的说法正确的有(　　)。(多选)

A. 软骨鱼和硬骨鱼的中肾管仅作输尿之用

B. 两栖动物的膀胱是泄殖腔膀胱,不直接与输尿管发生联系

C. 爬行动物成体的肾脏为后肾,中肾管同时承担输尿和输精的功能

D. 哺乳动物成体的肾脏为后肾,中肾管负责输精,后肾管负责输尿

解析 软骨鱼从精巢前端发出许多输出精管,这些小管通到肾前部借用中肾管来输精。由于另外生有副肾管专作输尿之用,故中肾管(吴氏管)仅作输精之用,叫作输精管。而硬骨鱼的中肾管主要执行运输尿液的任务。因此 A 不对。

脊椎动物的膀胱可分为导管膀胱、泄殖腔膀胱和尿囊膀胱 3 种类型。圆口类、软骨鱼、部分爬行类和鸟类(鸵鸟例外,因为不用飞)全无膀胱,其他脊椎动物皆有膀胱。

导管膀胱为输尿管(中肾管)后端膨大形成,见于硬骨鱼。泄殖腔膀胱由泄殖腔腹壁突出而成,故中肾管和膀胱不直接发生联系;泄殖腔孔靠括约肌的收缩平时关闭着,尿液由泄殖腔倒流入膀胱内贮存,见于肺鱼、两栖类和哺乳类中的单孔类。尿囊膀胱为胚胎时期尿囊柄的基部膨大而成,见于少数爬行类和哺乳类。由上可知 B 正确。

爬行动物以上的羊膜动物,成体的肾为后肾,后肾管有排尿功能,中肾退化成为生殖系统的一些附属结

构，如旁睾和附睾附件，而中肾管则专作输精之用。因此C不对，D对。 答案：BD。

70 在一个草原生态系统中，由于人类的猎杀，狼的种群数量急剧下降，此时发现狼的主要猎物之一野山羊的种群数量并没有显著变化，以下对此现象的推测不合理的是（　　）。（单选）

A. 这是一个上行调控生态系统

B. 野山羊有其他的捕食者

C. 狼的其他猎物种群增长，与野山羊竞争资源

D. 人类在该地区放牧将不会影响野山羊种群

解析 上行调控指的是上行控制效应，这是生态系统中的一种作用关系，强调物理化学环境与低营养级生物对高营养级生物的决定作用，本题中狼对于野山羊的影响是下行的，移除狼之后野山羊种群数量没有显著变化，因此该生态系统并非下行控制而是上行控制，A正确。B是对的，食物网中有其他替代的捕食者，因此野山羊种群数量没有显著变化。C也是有可能的，共同捕食者的移除增加了物种之间的竞争。人类放牧将会影响生产者草的数量，对于该上行调控的生态系统必然会产生较大影响，从而导致野山羊种群数量的变化，D不对。 答案：D。

71 研究者在面积约为30 km^2的自然保护区中架设了37台红外相机，持续监测两种小型食肉目动物（物种1和物种2）的出现情况，共计1948天。分析获得的照片数据并经过相应的计算，得到昼夜活动节律图84(a)和日活动节律图84(b)。图(b)中横轴细线代表相应时段数据密度。据图判断，以下说法正确的有（　　）。（多选）

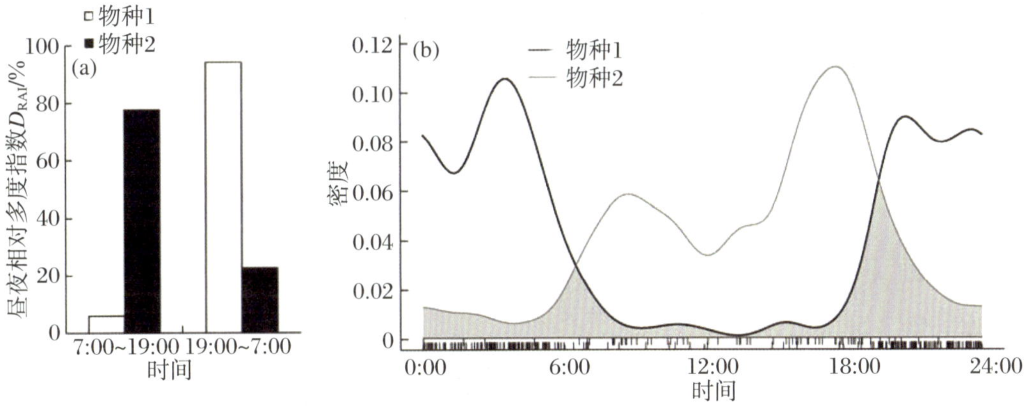

图 84

A. 物种1是典型的夜行性动物

B. 物种1有晨、昏2个日活动高峰，是典型的晨昏活动物种

C. 物种2比物种1更容易被红外相机探测到

D. 根据日活动时段推测物种2更易受到人类活动影响

解析 原文献观察的物种1为豹猫，物种2为黄喉貂，原图如图85所示。二者在聚群、活动节律和空间分布等方面均存在显著差异：豹猫是典型的独居型物种，偏好夜行性，受人类活动干扰较少；而黄喉貂更倾向于聚群活动，白天是其主要活动时间，活动范围远离人类干扰。因此A正确，B错误。

研究发现豹猫不仅没有回避人类活动干扰，相反在人类活动相对频繁的道路区域的相对多度指数较高，黄喉貂则明显表现出回避道路等人类活动干扰（图86）。因此推测，二者昼夜习性是影响这一特征的主要因素，保护区白天人类活动频繁，对黄喉貂造成了一定程度的干扰；在夜间，没有人类活动，方便平坦的道路自然就成了豹猫活动的兽径。此外，这两种小型食肉动物可以通过占据不同的时空生态位来减少竞争，从而达到大范围区域共存。因此D正确。

在实验延续的2013年9月至2018年12月期间，37台相机正常工作，总工作日为1948天，相机总工作日(camera-day)为72076天，回收有效红外相机位点37个。研究共拍摄到豹猫照片3064张，为290次独立

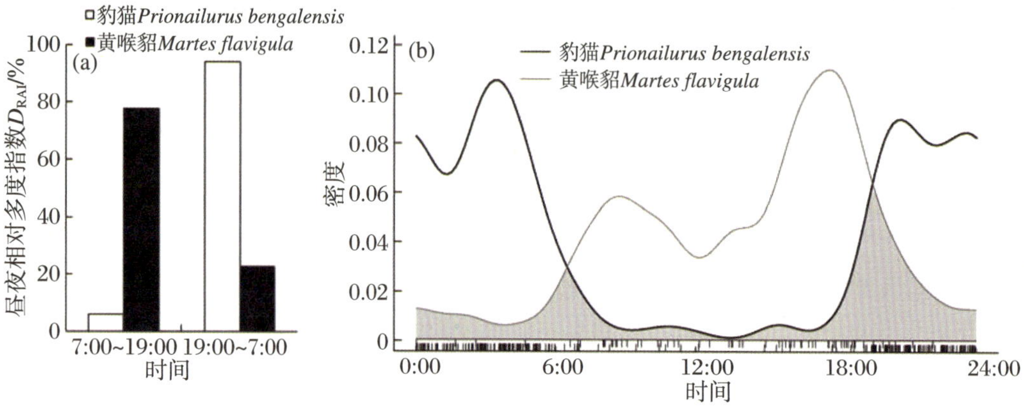

图 85

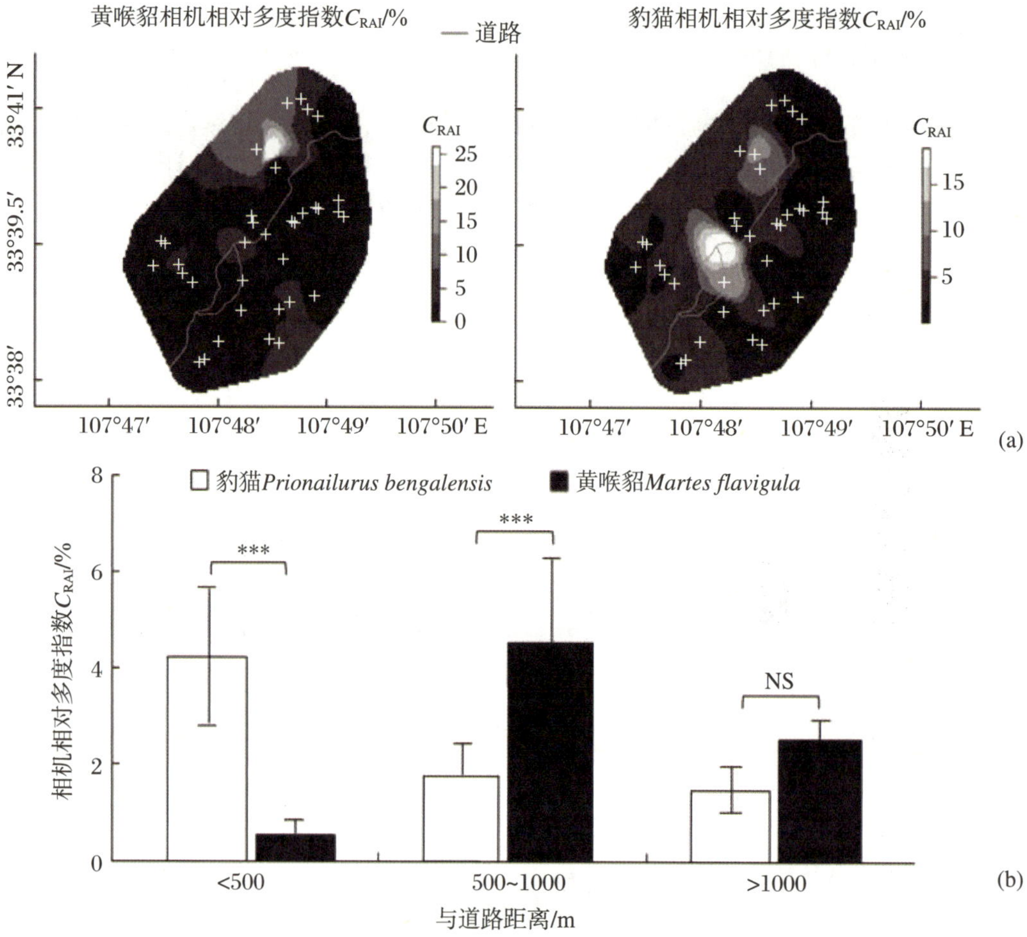

图 86

有效捕获事件，探测位点 33 个；黄喉貂照片 1028 张，为 84 次独立有效捕获事件，探测位点 20 个。可见，前者比后者更容易被红外相机探测到，C 说反了。

本研究使用的红外相机是美国产的 Reconyx HC600，如图 87 左图所示，具有热释传感器与摄像头等部件。这种红外触发相机的基本原理是采用热释传感器探测进入范围的物体，比如野生哺乳动物，从而触发相机进行拍摄。因此需要体表温度高于环境，温差越大越灵敏。红外相机可通过红外线滤光片实现日夜转换，即在白天时打开滤光片，以阻挡红外线进入 CCD，让 CCD 只能感应到可见光；夜视或光照条件不好的状态下滤光片停止工作，不再阻挡红外线进入 CCD，红外线经物体反射后进入镜头进行成像。所以相机本身白天晚上都可以捕获图像，图 87 中图和右图为红外相机记录下的野生金钱豹，可见白天捕获的是彩色照片，夜间则是黑白照片。但一方面白天环境温度较高，影响触发敏感性；另一方面虽然相机做了迷彩涂装，但在白天隐蔽性要比晚上差一些，会在较远处被野生动物发觉回避，从而导致夜行性动物更容易被探测到。

答案：AD。

图 87

参考文献

[1] 刘小斌，赵凯辉，王勐. 利用红外相机监测数据分析佛坪国家级自然保护区豹猫和黄喉貂活动节律及空间分布[J]. 动物学杂志，2022，57：9.

第四部分　遗传与进化

番茄的颜色由多个基因调控（图 88），其中 K 和 L 为合成番茄红素的前体物质中的两种。回答 72～75 题。

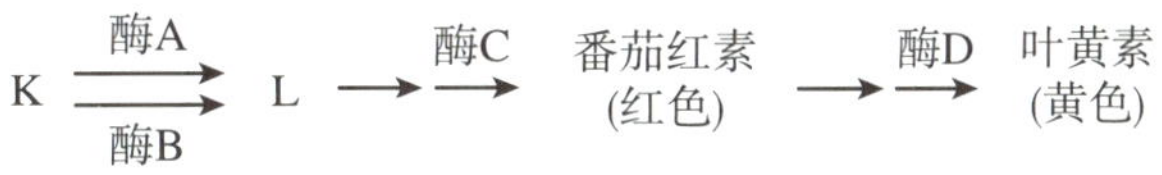

图 88

72 野生型成熟番茄呈现红色，而黄色和橙色番茄都是隐性突变体。这说明野生型番茄中（　　）。（单选）

A. 酶 D 活性很低

B. 酶 A 和酶 C 的活性显著高于酶 D

C. 叶黄素被快速降解

D. 番茄红素的颜色遮盖了叶黄素的颜色

解析 由题干可知，番茄存在红色、橙色、黄色三种表型。其中橙色既有可能是某种中间体分子自己的颜色，也有可能是红色的番茄红素与黄色的叶黄素混合的结果。A 选项对酶活性 D 的推测就是后一假说的推论——野生型番茄红素很少代谢为叶黄素，所以为红色。但按此说法，酶 D 的突变需要活性增强，这样一个基因突变后黄色色素部分增多，番茄呈橙色，两个基因都突变后番茄红素大部分被分解，番茄转为黄色，与题干里黄色、橙色都是隐性突变体的描述相矛盾。所以突变体的问题出在番茄红素的合成路径而非下游代谢，A 不对。叶黄素的快速降解显然与图 88 中的酶无关，无法为后续突变体性状的分析讨论提供信息，且前面也说了，表型黄色与叶黄素无关，C 不对。因此橙色与黄色的表型很有可能是合成代谢相关酶缺陷的结果，野生型酶 A 和酶 C 的活性只要显著高于酶 D，番茄红素的浓度就能维持在较高水平，体现为红色，因此 B 正确。从前面的推理可知，叶黄素与黄色表型无关，很可能酶 D 就没有活性，也不存在番茄红素颜色掩盖叶黄素颜色的问题，D 不对。

番茄的番茄红素代谢路径如图 89 所示。可见八氢番茄红素合酶（phytoene synthase）PSY1 与 PSY2 对应酶 A、酶 B，其底物双牻牛儿基二磷酸（geranylgeranyl diphosphate，GGPP）是黄色（yellow flesh）的色素中间体；胡萝卜素异构酶（carotene isomerase，CrtISO）对应酶 C，其底物前番茄红素（prolycopene）是橙色

(tangerine)的色素中间体；番茄红素 ε-环化酶(lycopene ε-cyclase，LCY-E)对应酶 D 这边叶黄素的合成路径。在番茄中，果实呈现红色，而花呈现黄色，这是由在果实和花中基因差异性表达导致的。在果实中，八氢番茄红素合成酶(*Psy*)、八氢番茄红素脱氢酶(*Pds*)、ζ-胡萝卜素去饱和酶(*Zds*)和胡萝卜素异构酶(*CrtISO*)基因转录上调，而番茄红素 β-环化酶(*Lcy-b*)和番茄红素 ε-环化酶(*Lcy-e*)基因没有转录。因此果实中没有叶黄素的合成，导致果实呈现红色；而 *Lcy-e* 基因在花中较低水平表达，导致合成少量叶黄素，呈现出一定程度的黄色。这进一步证实之前的推断是正确的。 答案：B。

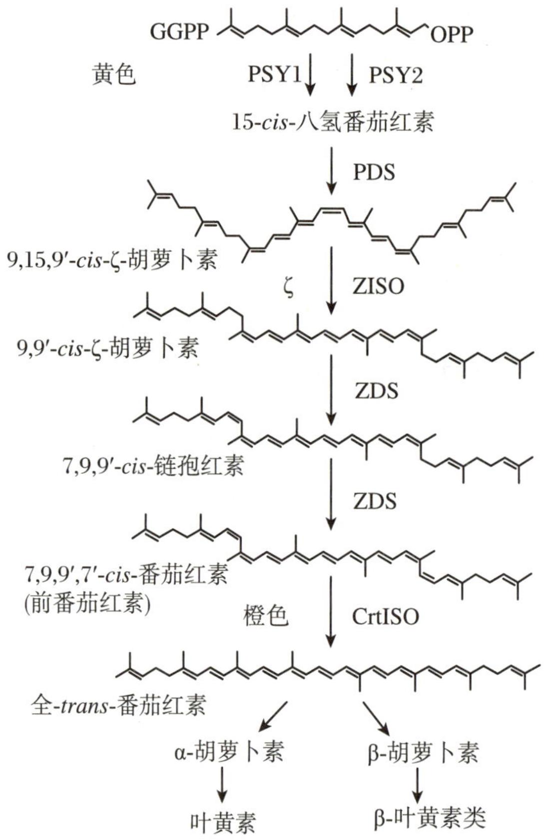

图 89

参考文献

[1] Liu L, Shao Z, Zhang M, et al. Regulation of Carotenoid Metabolism in Tomato[J]. Molecular Plant, 2015, 8: 28.

[2] Kachanovsky D E, Filler S, Isaacson T, et al. Epistasis in Tomato Color Mutations Involves Regulation of *Phytoene Synthase* 1 Expression by *cis*-Carotenoids[J]. PNAS, 2012, 109: 19021.

[3] Galpaz N, Ronen G, Khalfa Z, et al. A Chromoplast-Specific Carotenoid Biosynthesis Pathway Is Revealed by Cloning of the Tomato White-Flower Locus[J]. The Plant Cell, 2006, 18: 1947.

73 编码酶 A 的基因 A 失活突变，番茄为黄色。由此，下列论述合理的有(　　)。(多选)

A. 物质 K 为黄色　　B. 物质 K 没有颜色

C. 酶 B 失活的番茄也是黄色　　D. 酶 B 失活的番茄仍然为红色

解析 酶 A 失活，番茄为黄色，表明没有番茄红素生成，而物质 K 积累。因为没有番茄红素，自然也不会通过酶 D 产生叶黄素，黄色只能来自积累的物质 K 本身，因此 A 正确，B 错误。只要酶 A 失活，番茄就会变黄，酶 A 存在时，番茄就是红色，说明酶 B 对番茄红素的生成并没有决定性的意义，通过该路径的底物分子很少，这样即使酶 B 失活，酶 A 的活性也足够维持番茄的红色，C 错误，D 正确。 答案：AD。

74 编码酶 C 的基因 C 失活，番茄为橙色。由此，下列论述最合理的是(　　)。(单选)

A. 物质 L 为橙色　　　　B. 橙色由番茄红素与叶黄素混合而来

C. 橙色是酶 C 的底物积累的结果　　　　D. 酶 B 是番茄呈现橙色所必需的

解析 物质 L 并非酶 C 的直接底物，因此酶 C 失活番茄变橙是因为积累了其直接底物而不是物质 L，故不能推断物质 L 一定为橙色，A 不对，C 正确。酶 C 失活，没有番茄红素生成，自然也没有叶黄素，所以橙色就由单纯底物积累导致，而不是红黄混合的结果，B 不对。如上题，酶 B 路径非主要，也不是橙色出现所必需，D 不对。 **答案：C。**

75 基因型为 aaCC 的黄色番茄与基因型为 AAcc 的橙色番茄杂交，所得子一代自花授粉，得到子二代。关于上述杂交的叙述正确的有（　　）。（多选）

A. 子一代番茄都是红色　　　　B. 子二代番茄红色∶橙色∶黄色＝9∶3∶4

C. 酶 B 失活与否不影响子一代的表型和比例　　　　D. 酶 B 失活与否不影响子二代的表型和比例

解析 由上可知，F_1代基因型为 AaCc，表型为红色；F_2代基因型为 A_C_∶A_cc∶aaC_∶aacc＝9∶3∶3∶1，因为只要 aa 出现，番茄必然为黄色，所以这是一个隐性上位效应，A_cc 为黄色，aa 为橙色，红∶橙∶黄＝9∶3∶4，因此 A、B 正确。酶 B 对 F_1 和 F_2 的表型都没有影响。 **答案：ABCD。**

76 *shi* 是果蝇在神经元、光感受器等细胞中表达的一种基因，其突变体 *shi*^{ts1} 呈不完全显性，在一定的温度条件下影响果蝇的行为以及感受能力，在这里体现为果蝇还能站立的比例。*Cha* 与 *ninaE* 均为调控序列，它们使 *GAL4* 基因分别在胆碱能神经元和光感受器细胞中特异性表达。*GAL4* 是一种转录激活蛋白，能够激活 *UAS* 序列下游的基因转录。研究者现构建了 5 种果蝇品系：*shi*^{ts1}、*Cha-GAL4*/*UAS-shi*^{ts1}、*ninaE-GAL4*/*UAS-shi*^{ts1}、*Cha-GAL4*/＋和＋/*UAS-shi*^{ts1}，其中 *shi*^{ts1} 表示 *shi*^{ts1} 无差异表达，*UAS-shi*^{ts1} 表示 *shi*^{ts1} 连接在 *UAS* 序列下游，"＋"表示野生型序列。这些品系平时培养在 22 ℃，实验时将这些果蝇转入 30 ℃环境，记录果蝇站立比例随时间的变化，结果如图 90 所示。下列说法正确的有（　　）。（多选）

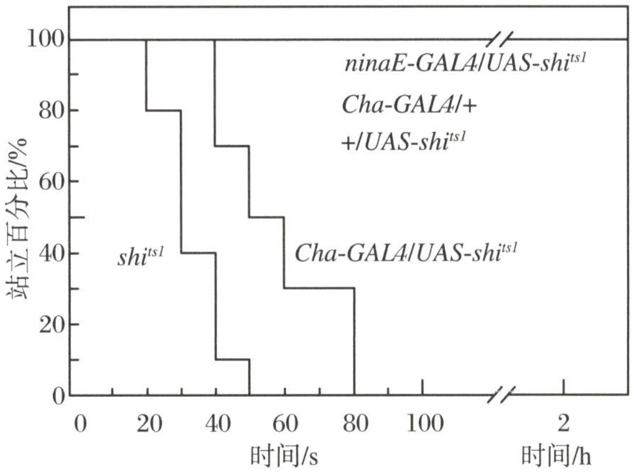

图 90

A. *shi*^{ts1} 呈现半显性的原因是 shi 需要以多聚体的形式发挥功能

B. *shi*^{ts1} 是一种高温敏感型突变体

C. 除了胆碱能神经元，还有其他神经元参与控制果蝇的站立行为

D. *ninaE-GAL4*/*UAS-shi*^{ts1} 果蝇在所有表型均与对照组果蝇无异

解析 *shibire* 基因（shibire 是日语麻木瘫痪之意）编码发动蛋白（GTPase dynamin）温度敏感的突变体，日本科学家 Kitamoto 利用该突变体开发了可逆性的抑制神经递质释放技术。如图 91 所示，两个亲本中一个具有 *GAL4* 基因，另一个具有 *UAS* 序列下游的 *shi*^{ts1} 基因，后代可以在 *GAL4*＋神经元中异位表达 *shi*^{ts1} 基因。由该突变发动蛋白构成的复合体在允许温度下可以正常割开囊泡；当温度转为限制温度时，该蛋白迅速失活，复合体无法割断囊泡，突触囊泡循环打断，递质传递受阻，产生行为上的后果；温度回到允许温度后，各行为现象又可以可逆性地恢复。

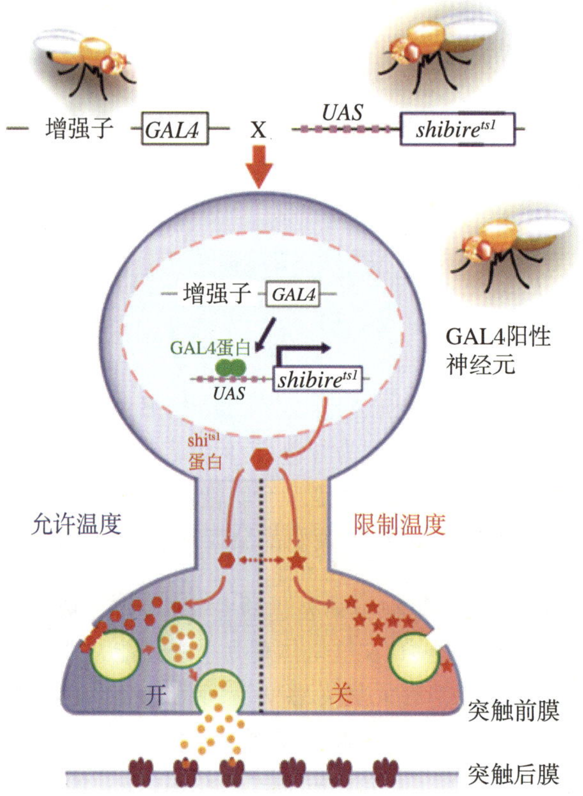

图 91

具体到本题中，*ninaE-GAL4/UAS-shi* ^{ts1}、*Cha-GAL4*/+ 和 +/*UAS-shi* ^{ts1} 三组转置于 30 ℃后在站立上均未出现变化，因为后两组均只具备转录激活蛋白 GAL4 与 *UAS* 序列中的一个，无法在相应神经元表达 *shi* ^{ts1}基因，而 *ninaE* 这一调控序列是决定光感受器细胞中特异性表达的，与运动-瘫痪无关，但是会影响视觉相关的反应，如图 92 所示。因为发动蛋白的确以多聚复合物形式发挥功能，故 *shi* ^{ts1}呈半显性，杂合子表

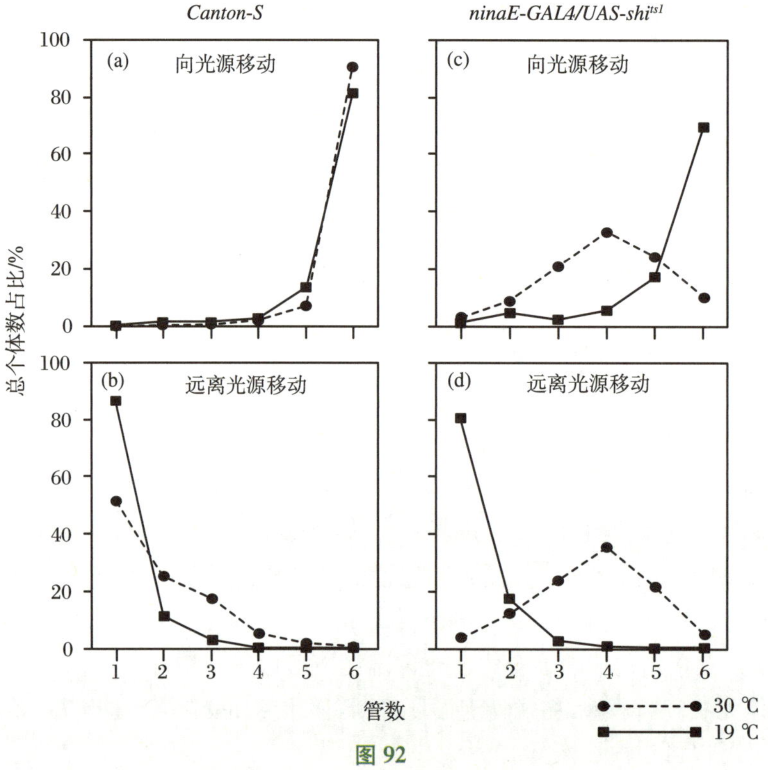

图 92

型介于显、隐性之间，A 正确；该突变的功能影响在 30 ℃下方才显现，因此是一种高温敏感的突变，B 正确；*ninaE-GAL4*/*UAS-shi*^{ts1}果蝇在光感受上与对照组果蝇存在差异，D 不对；*shi*^{ts1}无差异表达的品系很快全部失去了站立能力，因此无法看出除了胆碱能神经元，是否还有其他神经元参与控制果蝇的站立行为，C 不对。 **答案：AB。**

参考文献

[1] Grigliatti T A, Hall L, Rosenbluth R, et al. Temperature-Sensitive Mutations in *Drosophila melanogaster* XIV. A Selection of Immobile Adults[J]. Molec. Gen. Genet., 1973, 120: 107.

[2] Kitamoto T. Conditional Modification of Behavior in *Drosophila* by Targeted Expression of a Temperature-Sensitive Shibire Allele in Defined Neurons[J]. J. Neurobiol., 2001, 47: 81.

[3] Kasuya J, Ishimoto H, Kitamoto T. Neuronal Mechanisms of Learning and Memory Revealed by Spatial and Temporal Suppression of Neurotransmission Using *shibire*^{ts1}, A Temperature-Sensitive Dynamin Mutant Gene in *Drosophila melanogaster*[J]. Front. Mol. Neurosci., 2009, 2: 11.

77 在一次白眼雌蝇（X^wX^w）与野生型雄蝇（X^+Y）杂交的实验中，发现大约每 2000 只 F_1个体中会出现 1 只“奇怪”的果蝇，其眼睛一红一白，且只有左侧腿具有雄性特有的性梳。推测出现该现象的原因最可能是（　　）。（单选）

A. 亲本白眼雌蝇在本实验的杂交前已与其他白眼雄蝇发生过交配

B. 奇怪果蝇可能是由性别决定基因发生突变造成的

C. 奇怪果蝇的头部和胸部是 X^+O 和 X^wX^w的嵌合体

D. 奇怪果蝇可能在第一次卵裂时发生了性染色体的错误分离

解析 经典的嵌合体描述，卵裂时性染色体分离不正常，导致左侧是 X^wO 的白眼雄性表型；右侧是 X^+X^w的红眼雌性表型，因此 C 错误，D 正确。 **答案：D。**

78 1965 年，A. S. Mukherjee 和 W. Beermann 两位科学家利用检测^{3}H-尿嘧啶的掺入来研究染色体转录的实时情况，他们分别测定了 X 染色体上的 tip-3B 片段和全长（whole）X 染色体中^{3}H-尿嘧啶的掺入量（雌性两条 X 染色体相加），并与 3 号染色体左臂（3L）、3L 的一个片段（tip-68B）中的掺入量进行比较，获得如表 9 所示的数据。

表 9

实验组别	果蝇	X(tip-3B)/3L	X(whole)/tip-68B
第一次实验	雌蝇	1.62	1.94
	雄蝇	1.65	1.98
第二次实验	雌蝇	1.67	1.85
	雄蝇	1.6	1.75

请根据这些数据进行分析，以下结论正确的有（　　）。（多选）

A. 雄蝇单条 X 染色体与雌蝇两条 X 染色体的转录总量水平相似

B. 如果直接比较雌雄果蝇 3L 上的 RNA 表达量，该比值应该接近于 1

C. X 染色体的数量可能决定了 X 染色体是否会启动剂量补偿效应

D. 雌雄果蝇中单条 X 染色体上 RNA 转录量的差异是因为二者的基因序列不同

解析 X 染色体剂量补偿效应（dosage compensation，DC）的现象最早于 1929 年被 C. Stern 观察到，并由 H. J. Muller 于 1931 年在第六届国际遗传学大会上发言时作为术语提出。这种机制存在的证据于 1965 年由阿登杜·穆克吉（Ardhendu S. Mukherjee）和比尔曼（W. Beermann）报道，他们利用放射自显影技术观察到掺入雄果蝇单条 X 染色体中的^{3}H-尿嘧啶与雌果蝇两条 X 染色体的数量是相同的，这表明雄蝇 X 染色体的表达剂量似乎是雌果蝇的两倍。

本题基于以上研究背景，原实验结果如表 10 所示。

表 10　X(tip-3B)和 X(whole)与 3L(61)和 3L(tip-68B)之比的平均值

核与染色体标记的类型	Xfr/61		Xfr/tip-68B		X(whole)/61		X(whole)/tip-68B	
	MR	*N*	*MR*	*N*	*MR*	*N*	*MR*	*N*
(1) 雌性(高)	1.67	47	0.39	22	8.78	37	1.94	18
(2) 雄性(高)	1.6	18	0.38	8	9.15	16	1.98	7
方差(组 1 和组 2 之间)	(0.063)		(0.001)		(1.551)		(0.006)	
总方差	(6.32)		(0.19)		(162.91)		(5.23)	
(3) 雌性(低)	1.62	33	0.32	19	9.29	20	1.85	15
(4) 雄性(低)	1.65	20	0.34	9	9.55	16	1.75	8
方差(组 3 和组 4 之间)	(0.014)		(0.002)		(0.601)		(0.046)	
总方差	(5.33)		(0.15)		(161.39)		(5.23)	
P(高,1 与 2)	>0.4		>0.7		>0.3		>0.8	
(低,3 与 4)	>0.7		>0.5		>0.7		>0.4	

MR:平均比值;*N*:检验的核总数;Xfr:X(tip-3B)。

可见其实原文献一共有四组数据，分别比较了 X(tip-3B)/3L(61)、X(tip-3B)/3L(tip-68B)、X(whole)/3L(61)和 X(whole)/3L(tip-68B)，题干只取用了其中两组，而且描述有问题，将 3L 的 61 片段描述成了完整的 3L，这会导致对数据的理解有误(为何整个染色体和部分片段的比值差别不大)，但不影响做题本身。

从实验现象上看，雄雌果蝇几组比值之间均没有显著差异，考虑雄果蝇只有一条 X 染色体，而雌果蝇是两条相加(唾液腺的巨大/多线染色体是两个 X 同源染色体联会在一起)，这说明雄果蝇单条 X 染色体与雌蝇两条 X 染色体的转录总量水平相似，A 正确。二者的 RNA 转录量的差异是因为 X 染色体与常染色体数目的比值不同而非基因序列差异，因此 C 正确，D 不对。至于 B，从题干信息无法判断雄雌果蝇 3L 染色体各自的表达情况。3L 在本实验中被用作标准参照物，去比较同一个体 X 染色体与常染色体的表达水平；但不同个体的表达相互之间存在较大差异，无法得到 B 中比值为 1 的结论。实际上原实验通过油镜观察统计染色体上的放射自显影颗粒数目以表征 RNA 的合成水平，初步研究表明，对于相似长度的 X 染色体与常染色体(忽略较大的疏松区(puffs))，雄雌两性的放射自显影颗粒数目都是差不多的：雌性 X∶3L＝250∶259，雄性 X∶3L＝154∶158。因此果蝇是雄性 X 染色体表达增强而非雌性 X 染色体表达抑制，这里也能看出雄、雌性的 3L 颗粒数目并不相同，因此 B 不对。

具体机理上，雄性的单个 X 染色体上的蛋白质要比雌性的任意一个 X 染色体多 11%，或与剂量补偿的相关。后续研究表明，整个过程由雄性特异性致死(male-specific lethal，MSL)复合物(也称为剂量补偿复合物(dosage compensation complex，DCC)，包括蛋白质和非编码 RNA)统筹安排。MSL 构成的该复合物中包含 MOF 乙酰转移酶，可以定位于转录活跃基因位点并乙酰化 H4K16，增加 RNA 聚合酶的转录延伸与启动子的招募(图 93)，将雄性 X 染色体的转录水平升至 2 倍。MSL-2 蛋白可以增加雄性 X 染色体的转录，

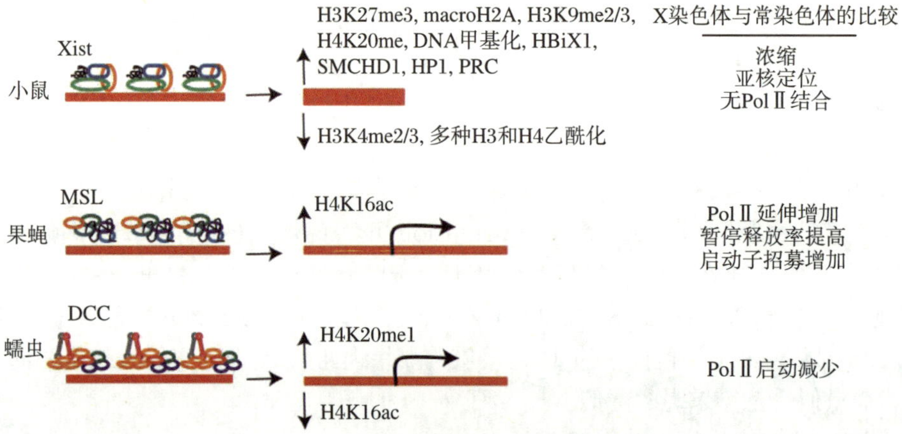

图 93

在雌性异位表达会导致DCC在两个X染色体上组装与致死。雌性特异性蛋白SXL(sex-lethal)可以结合在 *msl*-2的mRNA的5'-UTR与3'-UTR区域，阻止MSL-2的合成(图94)。 答案：AC。

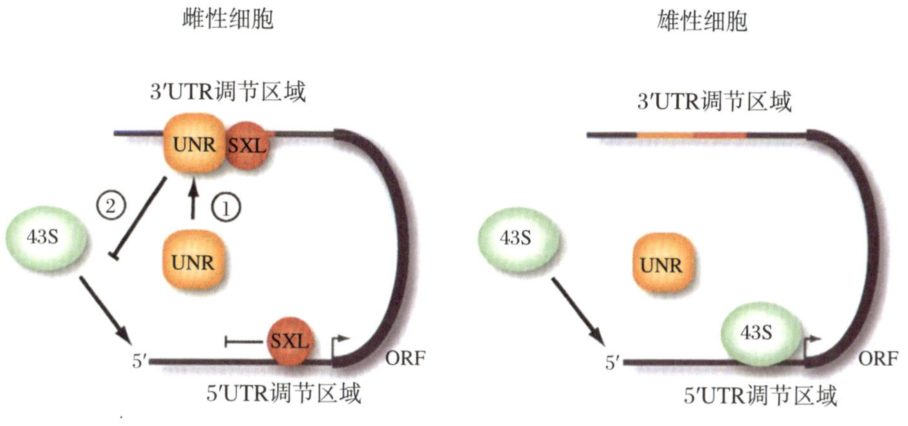

图94

参考文献

[1] Lakhotia S C. Dosage Compensation in *Drosophila* in the 1960s: A Personal Historical Perspective[J]. Journal of Genetics, 2021, 100: 70.

[2] Mukherjee A S, Beermann W. Synthesis of Ribonucleic Acid by the X-Chromosomes of *Drosophila melanogaster* and the Problem of Dosage Compensation[J]. Nature, 1965, 207: 785.

[3] Duncan K, Grskovic M, Strein C, et al. Sex-Lethal Imparts a Sex-Specific Function to UNR by Recruiting It to the msl-2 mRNA 3'UTR: Translational Repression for Dosage Compensation[J]. Genes & Dev., 2006, 20: 368.

[4] Ercan S J. Mechanisms of X Chromosome Dosage Compensation[J]. J. Genomics, 2015, 3: 1.

79 用X染色体上的三个隐性基因(sc、ec、cv)的处女蝇与野生型雄蝇(sc^+、ec^+、cv^+)进行杂交，所获得的F_1雌雄间交配，对F_2进行分类和计数，获得表11中的结果。根据结果，以下结论正确的是(　　)。(单选)

表11

类型	基因型	数量
1	sc、ec、cv	1158
2	sc^+、ec^+、cv^+	1455
3	sc、ec^+、cv^+	163
4	sc^+、ec、cv	130
5	sc、ec、cv^+	192
6	sc^+、ec^+、cv	148
7	sc、ec^+、cv	1
8	sc^+、ec、cv^+	1
总量		3248

A. 三个基因正确的基因顺序是sc-cv-ec

B. 在F_1雌蝇中，每100条来自减数分裂的染色体中，约有9.1条染色体在cv和ec之间发生交换

C. sc和cv之间的双交换频率远低于预期

D. 如果两个基因座之间距离足够远，那么这两个位点之间减数分裂重组的频率有可能显著超过50%

解析 经典的三点测交题。1、2为亲本组,7、8为双交换组,可知ec在中间,因此A不对。计算得sc-ec间距为9.1 cM,cv-ec间距为10.5 cM,sc-cv间距为19.6 cM,因此B不对。双交换理论值为0.96%,实际值为0.06%,因此C正确。D错误,重组频率最多为50%。 答案:C。

80 以下说法符合达尔文生物演化理论的是( )。(单选)

A. 生物表型演化是非常小的突变效应逐渐积累叠加的结果

B. 间断平衡理论可以用来解释寒武纪物种大爆发

C. 生物表型演化速度是恒定的,自然选择的作用非常有限

D. 物种演化的主要动力是少数突变产生

解析 达尔文演化理论认为表型演化是微小突变累计叠加的结果,A正确。B虽然正确,但不属于达尔文理论的范畴。C不对,这是套用了中性理论的描述。D不对,达尔文理论中演化的主要动力是自然选择。答案:A。

81 大熊猫和小熊猫分属食肉目不同的两个科:熊科和鼬科,在大约4300万年前分化。尽管其系统发育关系较远,它们却演化出相同的食性,以竹子为主要食物。此外,如图95所示,这两种熊猫的前掌还演化出一个特殊的结构——伪拇指,这是一种放大的籽骨,可以帮助抓握竹子,提高了进食的灵活性。大熊猫和小熊猫这种演化属于( )。(单选)

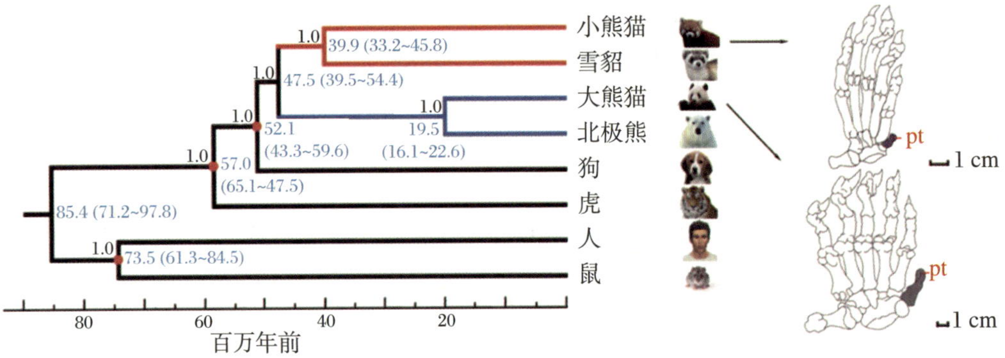

图95

A. 辐射演化

B. 趋同演化

C. 遗传漂变

D. 网状演化

解析 大熊猫和小熊猫属于食肉目不同的科,大熊猫属于熊科,而小熊猫属于鼬超科中的小熊猫科,二者分歧已有4750多万年。尽管其系统发育关系较远,它们却演化出相同的食竹食性;更为有趣的是,这两种熊猫的前掌还演化出一个特殊的结构——伪拇指,以帮助抓握竹子,是适应性演化和趋同演化的经典案例。

中国科学院动物研究所研究员魏辅文领导的研究团队首次对小熊猫全基因组进行从头测序、组装和注释;并通过补充测序对大熊猫基因组进行了重新组装,组装质量比之前版本有了较大提升。在全基因组测序的基础上,他们采用比较基因组学方法从基因组水平进行了大熊猫和小熊猫趋同演化的分子机制解析。在全基因组水平,他们鉴定了70个大、小熊猫适应性趋同的基因,其中部分基因富集在纤毛组装、肢端发育、蛋白消化与吸收、视黄醇代谢等类别或通路,与大、小熊猫伪拇指发育和对竹子中必需营养物质吸收利用密切相关。参与细胞纤毛结构组装的肢端发育基因*DYNC2H1*和*PCNT*是调控熊猫伪拇指发育的重要基因(图96);与必需氨基酸、必需脂肪酸和维生素吸收利用相关的基因也发生了适应性趋同,可增强熊猫从竹子中汲取必需营养物质的能力,以适应低营养的竹子食物。

网状演化是不能用树状进化模型刻画的物种间复杂的进化关系。普遍存在的基因水平转移和种间杂交事件导致两个或多个独立进化谱系在一定水平上相互联系起来,缺乏独立性,物种间系统发生的关系表现为“网状”而非“树状”。 答案:B。

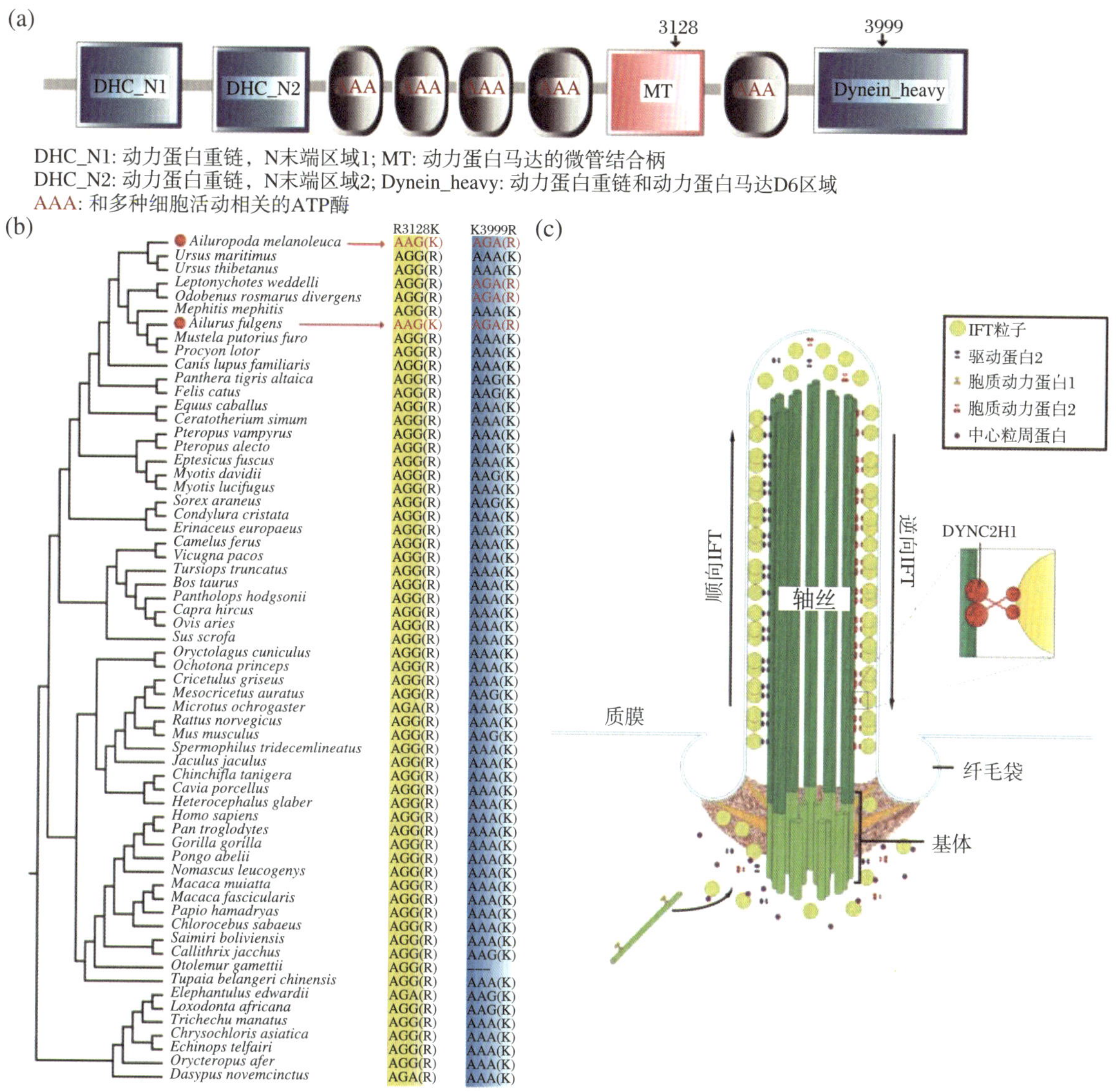

图 96　与伪拇指发育密切相关的适应性趋同基因 *DYNC2H1* 和 *PCNT*

参考文献

[1] Hu Y, Wu Q, Ma S, et al. Comparative Genomics Reveals Convergent Evolution Between the Bamboo-Eating Giant and Red Pandas[J]. PNAS, 2017, 114: 1081.

82 早期生物学家们认为，自然选择是演化的驱动力，大多数新生突变都是有害的，很快就会从群体中被清除，而极少有利突变会很快扩散到整个群体中。然而后来的研究发现自然群体中存在大量的多态性位点，木村资生通过计算发现，如果所有多态性位点都受负选择或正选择作用，那么要维持原有的种群大小，个体所要产生的后代数目远超实际。据此，木村资生等人提出了中性理论。下列关于中性理论的叙述错误的是(　　)。(单选)

A. 严格中性理论模型的动态只依赖于中性突变率，与群体大小和选择压力无关

B. 中性理论认为，遗传变异(无论是种内多态性还是种间分歧)主要取决于中性突变的随机固定，而不是自然选择所驱动的有利突变的固定

C. 中性理论适用于分子水平上和表型上的演化

D. 中性理论为分子钟假说提供了基础

解析 中性理论是分子进化的中性学说(neutral theory of molecular evolution)的简称，是一种解释分子进化现象的学说，由日本遗传学家木村资生(Kimura，1968)提出。他根据分子生物学证据提出，在分子水

平上发生的突变多是中性的，它们对生物的生存和繁殖既非有利，亦非有害，不涉及被保留或被淘汰的问题，所以自然选择对它们不起作用；这类中性突变在群体中的保存、扩散或消失完全取决于随机的遗传漂变。因此，在分子水平导致进化的原因并不是自然选择，而是突变压力和遗传漂变；对于中性突变，进化速率与种群大小是无关的。因此 A、B 均正确。尽管他的学说被冠以“非达尔文进化”（non-Darwinian evolution）之名，即否定了达尔文的自然选择学说（King & Jukes，1969），但木村本人并不赞同这一看法，相反，他一再表示，在个体（表型）水平上，自然选择还是起到主导作用。因此 C 不对。木村认为绝大多数物种间的序列差异是由中性突变加上随机漂移造成的，因此分子钟是中性理论最好的证据。D 正确。

答案：C。

参考文献

[1] Kimura M. Evolutionary Rate at the Molecular Level[J]. Nature, 1968, 217: 624.

[2] Kimura M, Ohta T. On the Rate of Molecular Evolution[J]. J. Mol. Evol., 1971, 1: 1.

83 HbS 是血红蛋白的一种突变体。携带 HbS 的杂合体通常无症状，但突变纯合体会产生镰刀型细胞贫血症，通常在 5 岁之前死亡。HbS 主要分布在非洲，分布范围与疟疾紧密相关，推测杂合突变赋予了携带者疟疾抵抗力。这种选择属于（　　）。（单选）

A. 定向选择　　B. 平衡选择

C. 稳定选择　　D. 间断选择

解析 自然选择的主要类型有：① 定向选择：某种性状特征被自然选择保留，传给下一代，使得这个性状特征在种群中不断得到加强。② 稳定选择：处于中间类型的性状特征得以保留，而处于两个极端的性状特征更易被淘汰。③ 间断选择：与稳定选择相反，处于中间类型的性状特征更易被淘汰，而处于两个极端的性状特征得以保留。④ 平衡选择：主要有两种类型，第一类为频率依赖型选择，即某种性状特征或基因型是否能够被保留下来取决于它的频率；第二类为杂合子选择优势，即某个基因的杂合基因型个体的存活率或留下后代的可能性比相应的纯合基因型个体要高。

镰刀型细胞贫血症是由变异血红蛋白基因（*HbS*）引起的。在镰刀型细胞贫血症患者中，红细胞中的血红蛋白对缺氧极为敏感，这导致预期寿命缩短。一个人如果从父母一方继承了镰状细胞基因，而从另一方继承了正常的血红蛋白基因（*HbA*），那么他的预期寿命是正常的。杂合子对疟疾寄生虫有抵抗力。每年有大量的人死于疟疾的地方，杂合子的频率保持在很高的水平，因为对两个纯合子的选择都很激烈。在存在疟疾的地方，杂合子具有永久的优势（更高的抵抗力）。这属于平衡选择中的杂合子优势机制。 答案：B。

84 关于瓶颈效应，下列说法错误的是（　　）。（单选）

A. 当一个物种群体所处环境发生变化时，该群体的个体数大量减少，瓶颈效应使后代的基因频率由幸存的那些个体的基因决定

B. 在驯化过程中，只有少数野生个体被驯化，因此驯化物种的遗传多样性通常低于野生物种

C. 奠基者效应本质上也是通过瓶颈效应使变异的频率发生改变

D. 瓶颈效应会使有利变异在群体中快速固定下来，从而促进适应性演化

解析 A 是瓶颈效应的定义，正确。驯化物种在驯化过程中经历了驯化瓶颈（domestication bottleneck）的作用，瓶颈效应导致驯化群体相对于祖先种整体遗传多态性降低，而选择作用往往只针对某个或几个特定的座位，因此 B 正确。奠基者效应也可以算是瓶颈效应的一种，从大群体中分出小群体的过程即为瓶颈，二者的区别是奠基者效应强调空间上小群体的迁移，而瓶颈效应一般指时间上的种群大小收缩，C 正确。D 不对，瓶颈效应往往会影响有害突变的清除效率，最终快速固定有害变异，反而不利于适应性演化。 答案：D。

参考文献

[1] Xie H X, Liang X X, Chen Z Q, et al. Ancient Demographics Determine the Effectiveness of Genetic Purging in Endangered Lizards[J]. Mol. Biol. Evol., 2022, 39: msab359.

85 苏门答腊犀牛是地球上最濒危的哺乳动物之一，2011 年的种群估计少于 216 个野生个体。通过对苏门答腊犀牛历史上的种群动态进行分析，发现其经历了大幅度的种群波动，如图 97 所示。关于苏门答腊犀牛，下列描述错误的是（　　）。（单选）

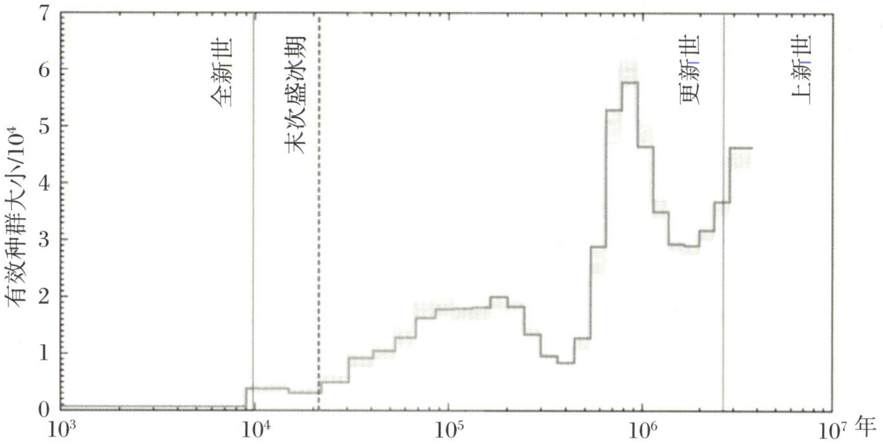

图 97

A. 目前该物种受到遗传漂变的影响较小

B. 不断变化的气候促进了其种群衰退

C. 该物种历史上经历了多次瓶颈效应

D. 该物种当前的有效种群大小可能比实际种群总数小

解析 显然个体数目越少，受遗传漂变的影响越大，该物种目前受漂变极大的影响，A 不对。

B、C 可以由图看出，有效种群大小 $N_e = 4N_m N_f/(N_m + N_f)$，一般小于实际种群，B、C、D 都是对的。

答案：A。

参考文献

[1] Mays H L Jr, Hung C M, Shaner P J, et al. Genomic Analysis of Demographic History and Ecological Niche Modeling in the Endangered Sumatran Rhinoceros *Dicerorhinus sumatrensis*[J]. Current Biology, 2018, 28: 70.

86 *HERC2* 和 *OCA2* 对决定人类眼睛颜色有重要作用。*OCA2* 的隐性等位基因 *o* 携带一个单核苷酸突变，其表达产物的氨基酸序列发生改变，抑制了黑色素的合成，导致眼睛从棕色变为蓝色；*HERC2* 的隐性等位基因 *h* 通过抑制 *OCA2* 基因的表达，同样可以导致蓝色眼睛的表型。只有当两个基因上的显性等位基因 *H* 和 *O* 同时存在时，黑色素得以正常合成，表型为棕色眼睛。由此，以下描述正确的是（　　）。（单选）

A. *OCA2* 上的单核苷酸突变为无义突变

B. 父母都为棕色眼睛时，子女的眼睛也都为棕色

C. 父母都为蓝色眼睛时，子女的眼睛也都为蓝色

D. *HERC2* 对 *OCA2* 有上位效应

解析 目前一般假设棕色是人们原本的眼睛颜色。在今天，世界上大约 90%的人口都有棕色的眼睛。大约在 6000 到 10000 年前，一种突变导致形成棕色色素的能力消失了。这一突变位于一个名为 *HERC2* 的基因中，不过 *HERC2* 本身与色素沉积没有任何关系。此外，该突变位于内含子中，因此这个位于“非编码”区域的变化也并不会改变 HERC2 的蛋白序列。然而，我们的基因组中的许多非编码区域对于转录调控非常重要。*HERC2* 基因的内含子 86 中的这个突变位点已被证明对于保证另一个基因 *OCA2* 的转录至关重要。*OCA2* 基因编码所谓的 P 蛋白，其确切的功能仍然未知。然而，我们知道这种 P 蛋白专门作用于色素细胞，是色素生成所必需的。因此，当 *HERC2* 基因中的这一基本调控序列发生突变时，*OCA2* 基因不会产

生 P 蛋白,并且不能合成色素。*OCA2* 基因本身的突变可以产生相同的效果:P 蛋白没有形成或只是错误地形成,会导致眼睛没有棕色色素,如图 98 所示。

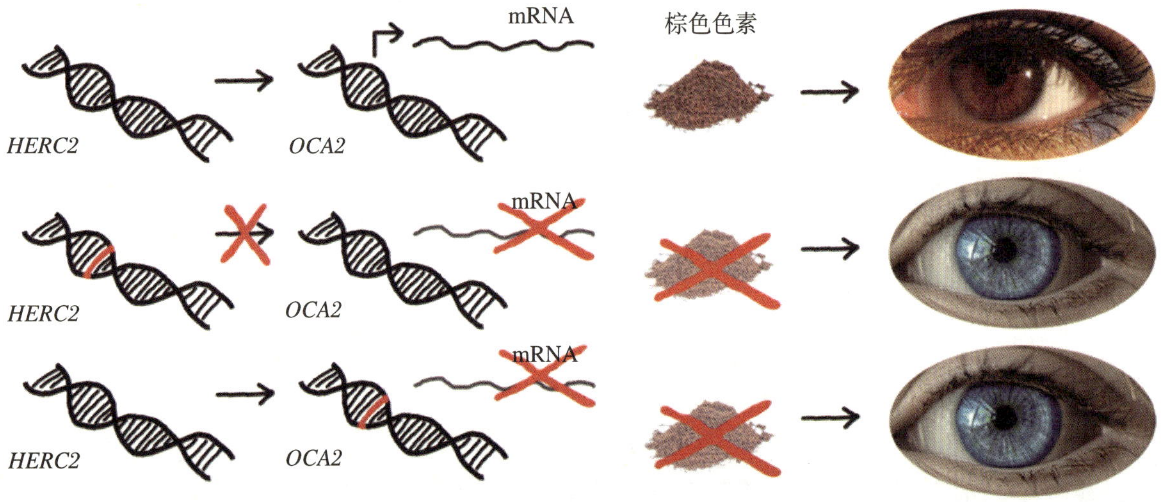

图 98

具体到本题,单核苷酸突变使其表达产物的氨基酸序列发生改变属于错义突变,A 不对;*H* 与 *O* 之间为互补关系,只有 H_O_表现为棕色眼,其余基因型均为蓝色眼;父母均为棕色眼时,子女有可能为蓝色(如 HhOO×HhOO);父母均为蓝色眼时,子女也可能为棕色眼(如 hhOO×HHoo),因此 B、C 都不对。

显性效应是指同一位点内等位基因间相互作用产生的效应;而上位效应是指不同基因位点内非等位基因间相互作用产生的效应。D 正确。不过按照基因互作考虑的话,其实 D 的现象称为基因互补更为合适。

答案:D。

参考文献

[1] Eiberg H, Troelsen J, Nielsen M, et al. Blue Eye Color in Humans May Be Caused by a Perfectly Associated Founder Mutation in a Regulatory Element Located within the *HERC2* Gene Inhibiting *OCA2* Expression[J]. Hum. Genet., 2008, 123: 177.

87 牦牛因其独有的适应高原环境的能力而成为亚洲高原地区的重要家畜。在部分海拔较低的地带,牧民会引入黄牛来对牦牛进行性状改良。由于牦牛与黄牛杂交的后代雄性不育,这种杂交育种一般通过将杂交后代中的母牛与雄性牦牛进行多次回交完成。研究者在蒙古的一个牦牛种群中发现,这些牦牛的基因组中携带大约 1.3%来自黄牛的基因渗入。牦牛与黄牛杂交的后代雄性不育这一点反映的生物学概念是(　　)。(单选)

A. 自然选择　　B. 生殖隔离

C. 遗传漂变　　D. 瓶颈效应

解析 牦牛和黄牛杂交的后代犏牛的体型和力量都强于牦牛和黄牛,在青藏高原和蒙古等地广泛饲养。公犏牛不育,母犏牛可孕。通过母犏牛与公牦牛的反复回交,可将黄牛的基因介导到牦牛的种群中。

2017 年,一个欧洲研究团队计算出,蒙古的牦牛基因组中平均 1.3%来自黄牛(图 99),这是蒙古牦牛与黄牛 1500 多年基因交流的结果。有趣的是,在蒙古的黄牛和牦牛中,都有些个体没有角,而且与当时黄牛中已知的无角基因突变无关。通过高密度 SNP 分型的方法(相当于 GWAS),科学家分析了 40 只有角和 36 只无角的牦牛与 384 只有角和无角的黄牛。结果发现,控制无角的基因是在黄牛里产生的,并渗入到牦牛的基因组中,带给了牦牛无角的性状。

具体到本题,杂交后代雄性不育是霍尔丹法则,详见上一试卷解析。这一现象属于生殖隔离。

答案:B。

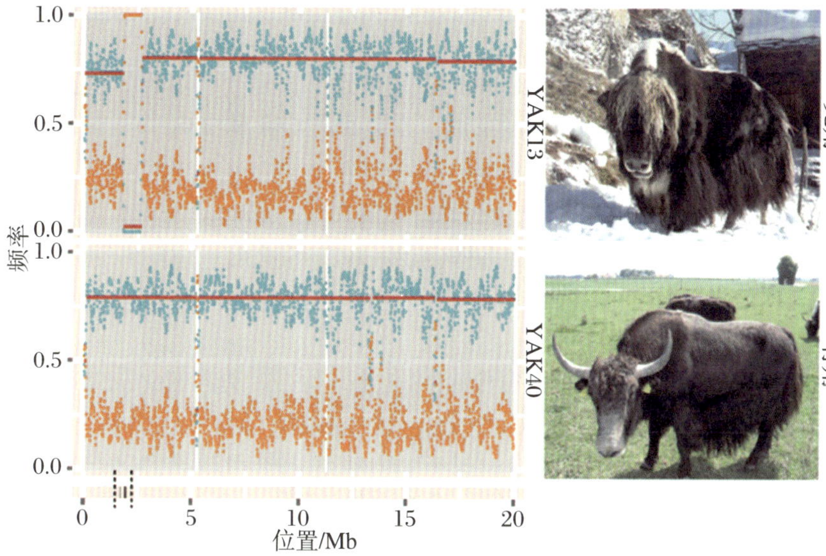

图 99　无角牦牛中发现的来自黄牛的突变 DNA 区段

蓝色表示 SNP 在牦牛种群中的频率,黄色表示在黄牛种群中的频率。可以看见虚线标出的一段,在无角牦牛中出现异常,为黄牛特有的片段。

参考文献

[1] Medugorac I, Graf A, Grohs C, et al. Whole-Genome Analysis of Introgressive Hybridization and Characterization of the Bovine Legacy of Mongolian Yaks[J]. Nat. Genet., 2017, 49: 470.

88 根据以上描述,这些牦牛中携带的来自黄牛的基因渗入可能存在于基因组的(　　)。(多选)

A. 常染色体　　B. X 染色体

C. Y 染色体　　D. 线粒体

解析 由题干知,杂交后代的雌性与雄性牦牛反复回交,故黄牛的 Y 染色体无法渗入牦牛基因组中,其余选项均有可能。　答案:ABD。

89 生物学物种概念认为,物种是一组实际或潜在可相互交配并繁殖后代的自然种群,这些种群与其他类似一组种群在生殖上是隔离的。以下特征与生物学物种概念不相符的有(　　)。(多选)

A. 可以应用于有性生殖和无性生殖生物类群　　B. 允许物种内形态差异和遗传差异的存在

C. 可以应用于化石物种的判定　　D. 可以解释杂交物种的起源

E. 难以确定地理上隔离的种群是否属于同一物种

解析 生物学物种概念(biological species concept,BSC)适用于大多数专营有性生殖的生物,一些不适用的情景如下:

(1) 无性生殖的物种:自然界中的大量物种没有有性生殖行为,或者既可以有性生殖也可以无性生殖,例如细菌和其他很多微生物。

(2) 被地理隔离的物种:客观条件下无法得知是否存在生殖隔离,例如被分隔在两个保护区已久的一种动物,不进行实验很难得知是否已经分化成为两个物种。

(3) 环状物种:A 与 B 可杂交并产生可育后代,B 与 C 可杂交并产生可育后代,但 A 与 C 不能杂交,这一点在不少在狭长地带连续分布的鸟类中被观察到,按照 BSC,A 和 B 是一个物种,B 和 C 是一个物种,但 A 和 C 不是,这就出现了矛盾。

(4) 已经绝灭的物种,比如非鸟类恐龙。鹦鹉嘴龙属(*Pisttacosaurus*)是包含物种最多的非鸟恐龙的属,但是我们只能通过化石形态学的区别来进行鉴定,无法得知生殖隔离的情况。

因此 A、C 不适用于生物学物种,但 E 的描述是对的。生物学物种允许物种内形态差异和遗传差异的存在，只有形态、遗传差异长期积累达到生殖隔离时，才算形成新的物种，因此 B 是对的。

Schumer 等人在 2014 年提出了证明自然杂交导致了物种形成应该满足 3 个条件：(1) 发生了种间杂交；(2) 种间杂交与亲本之间存在生殖隔离；(3) 种间杂交导致了这种生殖隔离。因此生物学物种通过生殖隔离来判断是否形成新种，可以解释杂交物种的形成。D 正确。 答案：AC。

参考文献

[1] 谢平. 浅析物种概念的演变历史[J]. 生物多样性，2016，24：1014.

[2] 王玉国. 自然杂交与物种形成[J]. 生物多样性，2017，25：565.

[3] Schumer M，Rosenthal G G，Andolfatto P. How Common is Homoploid Hybrid Speciation? [J]. Evolution，2014，68：1553.

[4] Wang Z，Jiang Y，Bi H，et al. Hybrid Speciation via Inheritance of Alternate Alleles of Parental Isolating Genes[J]. Molecular Plant，2021，14：208.

90 栖息地破碎化是导致野生动植物种群数量下降的重要因素，其后果之一是阻碍野生动物的迁移扩散和种群之间的基因交流，进而降低种群的遗传杂合度水平。图 100 是模拟在不同迁移率下某一濒危哺乳动物未来 20 代的遗传杂合度变化。依据该图及你掌握的生物学知识，下面选项错误的是（　　）。（单选）

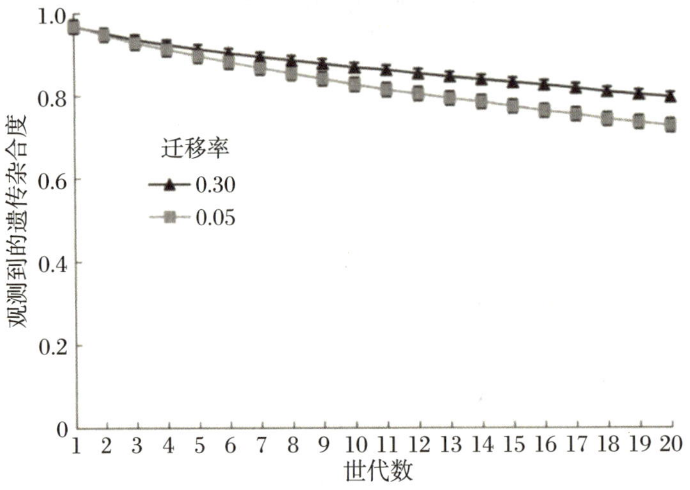

图 100

A. 无论迁移率高低，该物种未来 20 代的遗传杂合度均呈下降趋势

B. 在高迁移率情况下，该物种未来 10 代后的遗传杂合度与起始相比下降了约 9%

C. 在低迁移率情况下，种群更易发生近交，其遗传杂合度更易下降

D. 未来 20 代后，高迁移率情况下的遗传杂合度比低迁移率情况下的遗传杂合度高约 25%

E. 为促进该濒危动物种群恢复，提高种群间迁移率是一种有效对策

解析 读图可知，无论迁移率高低，该物种未来 20 代的遗传杂合度均呈下降趋势，A 正确。在迁移率为 0.30 时，10 代之后杂合度与起始相比下降了约 11%，20 代之后还剩下 80%；在迁移率为 0.05 时，10 代之后与起始相比下降了约 17%，20 代之后还剩下 73%。可见，20 代后高迁移率下的杂合度比低迁移率下高约 10%。低迁移率下种群易发生近交，导致遗传杂合度下降。因此为促进濒危物种种群恢复，提高迁移率是一种有效对策。本题相对而言，D 的偏差最大，故选 D。

本题原文献是魏辅文院士 2013 年的一篇文章，研究的是历史上人类活动和生态事件对大熊猫的遗传影响。 答案：D。

参考文献

[1] Zhu L，Hu Y，Qi D，et al. Genetic Consequences of Historical Anthropogenic and Ecological Events on Giant Pandas[J]. Ecology，2013，94：2346.

2023 年全国中学生生物学联赛试题详解

第一部分　细胞生物学、生物化学、微生物学、生物信息学、生物技术

1 下列哪个系统出现问题最不可能导致细胞内错误折叠蛋白的大量堆积？（　　）（单选）

A. 分子伴侣系统　　　　B. 溶酶体系统

C. 蛋白酶体系统　　　　D. 蛋白翻译系统

解析 分子伴侣(molecular chaperones)是一类在序列上没有相关性但有共同功能的蛋白质，它们在细胞内帮助其他含多肽的结构完成正确的组装，而且在组装完毕后与之分离，不构成这些蛋白质结构执行功能时的组分。若分子伴侣系统出现问题，则可能会导致多肽折叠错误并大量堆积，故 A 选项错误。

溶酶体内含许多水解酶，功能是分解细胞内的各种物质，也可消化细胞自身的局部细胞质或细胞器。倘若溶酶体系统出现问题，错误折叠蛋白水解将大大减少，会导致错误折叠蛋白大量堆积，故 B 选项错误。

蛋白酶体(proteasome)是一种巨型筒状蛋白质复合体，主要作用是降解细胞不需要的或受到损伤的蛋白质，因此蛋白酶体系统出问题也可能会导致错误折叠蛋白在胞内堆积，故 C 选项错误。

翻译(translation)是根据遗传密码的中心法则，将成熟的 mRNA 分子中碱基的排列顺序解码，并生成对应的特定氨基酸序列的过程。翻译过程的错误可能会导致蛋白质表达受阻，也可能导致合成错误的肽链并最终形成错误折叠的蛋白，但在其他补救或清理措施正常的情况下一般不会造成错误蛋白的大量堆积，故评议稿最初选择 D 选项。但新的研究表明，在较老的细胞中，核糖体会周期性地移动得更慢，更有可能停滞并相互碰撞。这一核糖体性能的下降与错误折叠蛋白质的老化依赖性聚集的增加一致，停滞和错误折叠的增加压倒了细胞的清理和清除质量控制故障保险(图 1)。因此 D 也有可能导致错误折叠蛋白大量堆积，本题最终删除。　**答案：删除。**

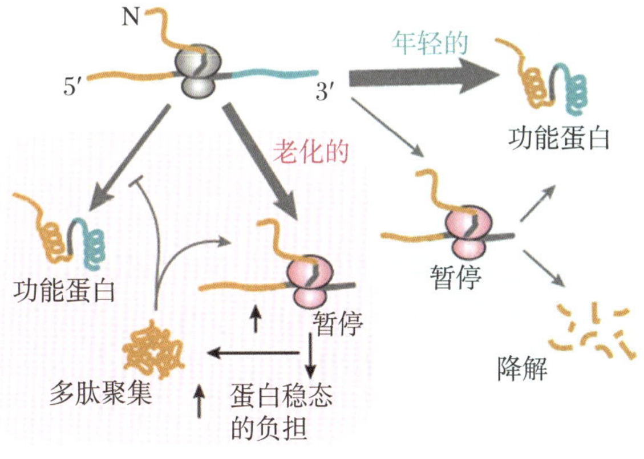

图 1

参考文献

[1] Stein K C, Morales-Polanco F, van der Lienden J, et al. Ageing Exacerbates Ribosome Pausing to Disrupt Cotranslational Proteostasis[J]. Nature, 2022, 601: 637.

2 下列哪些细胞间连接可以实现细胞间物质的直接交换？（　　）（单选）

A. 紧密连接　　B. 桥粒连接　　C. 黏着连接　　D. 间隙连接

解析 不同类型的细胞连接如图 2 所示。紧密连接通常位于上皮顶端两相邻细胞间，细胞质膜几乎融

合并紧紧结合在一起，封闭了细胞间的空隙，A错。桥粒是一种复杂的盘状结构，像纽扣一样将并列的细胞膜连接到一起，属于细胞间的锚定连接，B错。黏着连接指的是与肌动蛋白纤维相连的锚定连接，包含黏着带（细胞间）和黏着斑（细胞-基膜），C错。间隙连接是通信连接的一种，通过连接子（connexon）形成的通道连接相邻细胞的胞质，允许多种小分子、离子和电信号直接通过，D对。 答案：D。

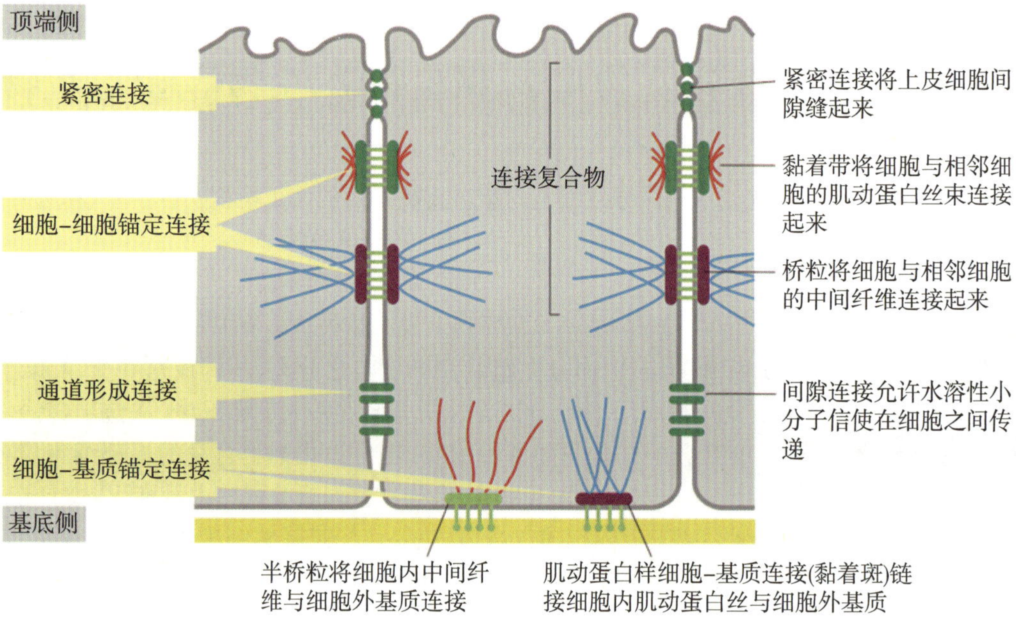

图 2

3 下列哪个细胞器或者分子机器是含有磷脂双分子层的？（　　）（单选）

A. 核糖体　　B. 核仁

C. 过氧化物酶体　　D. 蛋白酶体

解析 核糖体（ribosome）为核糖核蛋白体，没有膜包被。核仁（nucleolus）的功能是合成 rRNA 并组装核糖体，通常表现为单一或多个匀质的球形小体，是真核细胞间期核中最显著的结构，但并没有膜包被，B选项错误。蛋白酶体是一种蛋白质复合体，也没有膜包被。

过氧化物酶体（peroxisome）是一种具有异质性的细胞器，在不同生物和不同发育阶段有所不同，直径为 0.2～1.5 μm，呈球形、椭球形或哑铃形不等，由单层膜围绕而成，共同特点是内含一至多种黄素（flavin）依赖型氧化酶和过氧化氢酶。 答案：C。

4 植物气孔在叶片功能中起着至关重要的作用，它控制水的蒸腾以应对环境胁迫，并调节光合作用所需的气体交换。植物激素脱落酸（ABA）可以促进气孔关闭，并抑制光诱导的气孔开放。COP1 是一个拟南芥中的 E3 泛素连接酶，为检验 COP1 蛋白是否在 ABA 介导的气孔关闭中发挥作用，进行了如下实验：用 ABA（1 μM，2 h）处理，观察野生型（WT）、*cop*1 突变体（*cop*1-4、*cop*1-6）和 *GUS-COP*1 回补株系（表型恢复）在光照和黑暗条件下的气孔反应。代表性的观察结果如图 3 所示，标尺 = 10 μm。以下哪个选项是错误的？（　　）（单选）

A. COP1 在光照下不抑制气孔开放

B. COP1 在黑暗下参与抑制气孔开放

C. 相比于野生型，*cop*1 突变体在光照条件下对 ABA 诱发的气孔关闭不敏感

D. 相比于野生型，*cop*1 突变体在黑暗条件下对 ABA 诱发的气孔关闭不敏感

解析 图 3(b)显示，野生型的气孔孔径总是显著低于两种突变型 *cop*1-4 和 *cop*1-6，而与 *GUS-COP*1 回补株系没有显著差异，说明 COP1 的功能总是抑制气孔开放，故 A 错，B 对。还能看出 ABA 的存在与否几乎不影响 *cop*1-4 和 *cop*1-6 的气孔开放程度，而 WT 与 *GUS-COP*1 的气孔开放程度会在 ABA 的诱导下

3′
5′
转运RNA
BIOLOGY
有趣
即正义
猿辅导竞赛强基中心

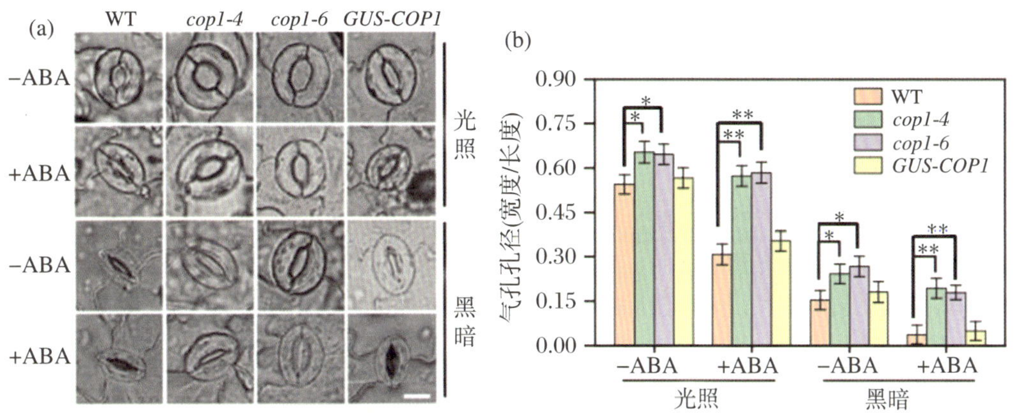

图 3

关闭，故 C、D 正确。

原文献研究的就是 COP1 在 ABA 信号中的调节作用，简化作用模型如图 4 所示。脱落酸促进气孔关闭并抑制光诱导的气孔开放，ABA 与 PYR/PYL/RCAR 受体结合后，会招募 2C 型蛋白磷酸酶辅助受体(PP2C)，进而释放出 OST1。OST1 是一种 SNF1 相关的蛋白激酶 2(SnRK2)，激活后磷酸化下游目标，包括质膜 NADPH 氧化酶和 Ca^{2+} 通道，诱导第二信使的后续积累，进而开启 ABA 信号通路。COP1 导致 PP2C 被泛素化降解，进而增加游离 OST1，最终导致气孔关闭，且脱落酸可以促进这一作用。

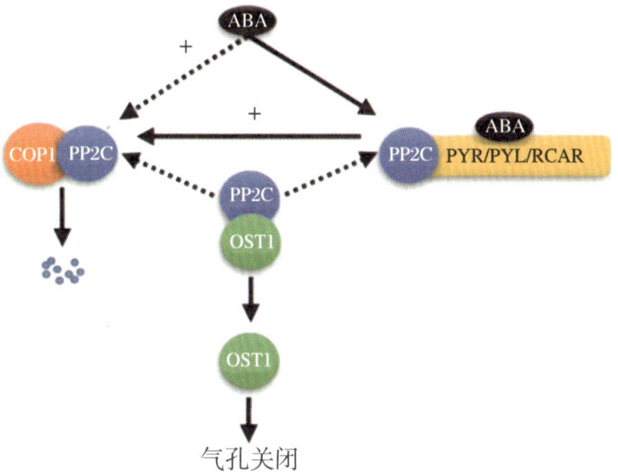

图 4

答案：A。

参考文献

[1] Chen Q, Bai L, Wang W, et al. COP1 Promotes ABA-Induced Stomatal Closure by Modulating the Abundance of ABI/HAB and AHG3 Phosphatases[J]. New Phytol., 2021, 229: 2035.

5 LRX 是一种参与细胞壁形成的蛋白，*LRX* 基因突变导致花粉管生长缺陷，并影响种子结实。为了分析 *lrx* 突变体花粉管的生长表型，分别对体外萌发的野生型、*lrx*8/9 双突变体和 *lrx*8/9/11 三突变体花粉管的生长情况进行分析，结果如图 5 所示。以下说法错误的是(　　)。(单选)

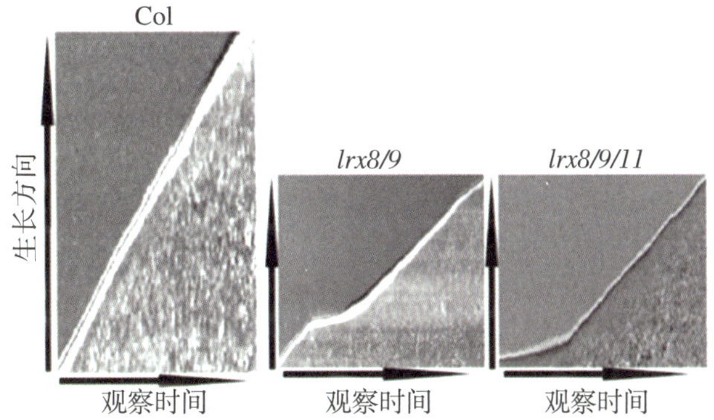

图 5

A. *lrx*8/9 和 *lrx*8/9/11 的花粉管生长速率始终慢于野生型

B. *lrx*8/9 和 *lrx*8/9/11 的花粉管要先经历一个缓慢的甚至几乎停止生长的阶段再恢复生长

C. *lrx*8/9/11 的花粉管到恢复生长的阶段可以达到与野生型花粉管同样的生长速率

D. 在观察时间范围内，*lrx*8/9 和 *lrx*8/9/11 的花粉管不能达到与野生型花粉管同样的长度

解析 富含亮氨酸重复序列的延伸蛋白(LRX)是一种嵌合蛋白，包含一个 N 端富含亮氨酸的重复序列(LRR)和一个 C 端延伸结构域，参与植物营养组织中的细胞壁形成，并且对植物生长至关重要。拟南芥的 LRX 蛋白基因家族含有 11 个成员，其中 1～7 在营养组织中表达，8～11 在花粉中表达，原文献发现后者的突变将会严重影响花粉萌发和花粉管生长。图 5 为记纹器(kymograph)所记录的花粉管生长情况，从图中可以看出突变体生长速率显著低于野生型，主要原因是野生型连续生长，而突变体花粉管间歇性生长。争议点在于突变体花粉管到恢复生长的阶段是否可以达到与野生型花粉管同样的生长速率，从图中能看出二者确实有差异，因此评议稿选 A；但实际差异并不明显，且原文献也没有提到这种差异，只强调了阶段性生长，因此本题最终删除。 答案：删除。

参考文献

[1] Fabrice T N, Vogler H, Draeger C, et al. LRX Proteins Play a Crucial Role in Pollen Grain and Pollen Tube Cell Wall Development[J]. Plant Physiol., 2018, 176: 1981.

6 蛋白质的分泌是细胞间信息传递的重要方式。分泌蛋白的新生多肽含有信号肽，在翻译过程中被识别，进入内质网进行加工、修饰，之后被运输到高尔基体进行进一步的加工，最终抵达细胞质膜并被释放到细胞外，这一过程被称为蛋白质分泌途径。以下关于分泌机制的表述不正确的是(　　)。(单选)

A. 分泌蛋白的产生过程大部分需要翻译和进入内质网的过程同时进行

B. 在分泌过程中，信号肽序列也可能位于蛋白质 N 端以外的其他区段

C. 内质网和高尔基体之间的运输需要通过膜泡完成

D. 合成错误的分泌蛋白可以通过质量控制系统去除掉

解析 信号肽(signal peptides)长度为 5～30 个氨基酸，出现在蛋白质的 N 端，B 错误，其他区段出现的是内在信号锚定序列(SA)和内在停止转移锚定序列(STA)。信号肽被核糖体翻译出来后会与信号肽识别颗粒(SRP)结合，SRP 进一步与内质网上的 SRP 受体结合，同时使核糖体与膜上的 Sec61 复合体结合，最终重启翻译并使新合成的肽链进入内质网腔，A 正确。内质网合成的分泌蛋白通过囊泡运输至高尔基体，再从高尔基体发生囊泡与细胞膜融合，最终被分泌至胞外，C 正确。合成错误的蛋白会被送入内质网相关蛋白降解(ERAD)通路，最终通过泛素/蛋白酶体等质量控制系统去除，D 也正确。 答案：B。

7 检测药物阿霉素对 HeLa 细胞凋亡的影响，以下实验设计不恰当的是(　　)。(单选)

A. 罗丹明 123 染色检测线粒体膜通透性改变

B. DAPI 染色观察细胞核 DNA 的变化

C. 通过对细胞膜的染色观察细胞体积和形态的变化

D. 检测细胞内含物泄漏到胞外的情况

解析 细胞凋亡(apoptosis)是由基因控制的细胞自主的有序的死亡。细胞凋亡的形态学变化是多阶段的，首先是细胞体积缩小、连接消失、与周围的细胞脱离，然后是细胞质密度增加，线粒体膜电位消失、通透性改变。罗丹明 123(图 6)是一种细胞可透过的绿色荧光线粒体染料，以膜电位依赖性方式对活细胞中的线粒体进行染色，可用于检测线粒体膜通透性改变，因此 A 正确。

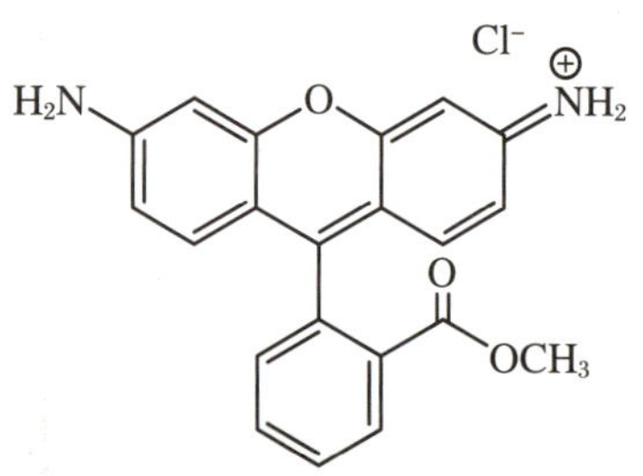

图 6

随后线粒体释放细胞色素 C 到胞浆、核质浓缩、核膜和核仁破碎、DNA 降解成为 180～200 bp 的片段。DAPI 是一种能够与 DNA 强力结合的荧光染料，可以用于活细胞的细胞核染色，因此 B 正确。凋亡染色的核形态可大致分为三期(图 7)：Ⅰ期的细胞核呈波纹状(rippled)或折缝样(creased)，部分染色质出现浓缩状态；Ⅱa 期细胞核的染色质高度凝聚、边缘化；Ⅱb 期的细胞核裂解为碎块，产生凋亡小体。

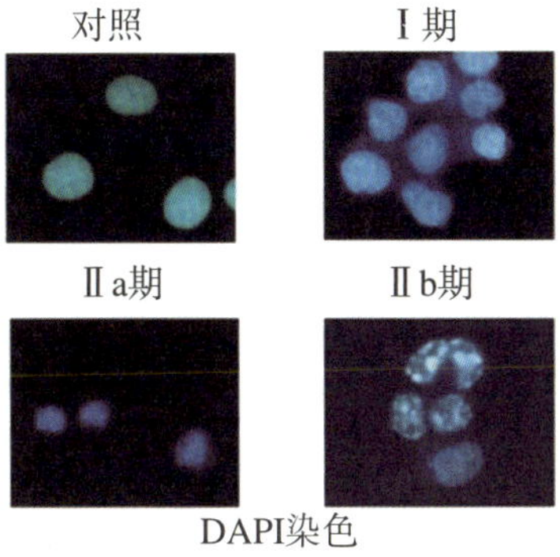

图 7

最终胞膜形成小泡、膜内侧磷脂酰丝氨酸外翻到膜表面，但胞膜结构仍然完整，最终将凋亡细胞遗骸分割包裹为几个凋亡小体，无内容物外溢，因此 D 错误，而且不会引起周围细胞的炎症反应。总之，凋亡时细胞体积和形态会有巨大变化，C 正确。 答案：D。

8 细胞信号转导过程中膜脂的磷酸化起重要调控作用。脂质磷酸化过程和蛋白磷酸化类似，都需要蛋白质激酶来催化。根据蛋白激酶的常见类型，以下磷脂结构中哪种膜脂最有可能作为信号分子？（ ）（单选）

A. 胆固醇 B. 磷脂酰肌醇 C. 磷脂酰丝氨酸 D. 磷脂酰胆碱

解析 磷脂酰肌醇 3-激酶（PI3K）蛋白家族磷酸化磷脂酰肌醇的肌醇环的第 3 位碳原子，而不是蛋白质，RTK 和 GPCR 都可以激活它，在促进细胞生存和生长方面起着核心作用。

磷脂酰肌醇（PI）在膜脂中是独一无二的，因为它可以在其肌醇环上的多个位点进行可逆的磷酸化，生成各种磷酸化的 PI，称为磷酸肌醇（phosphoinositide）。多种激酶可磷酸化 PI 肌醇环上的第 4 和第 5 位点，因而通常在这两个位点之一或两位点发生磷酸化修饰，尤其发生在质膜内侧。通常，PI-4，5-二磷酸（PIP_2）在磷脂酶 C（PLC）的作用下，产生二酰甘油（DAG）和肌醇-1，4，5-三磷酸（IP_3）。磷脂酰肌醇 3-激酶催化肌醇环的第 3 位点上磷酸化，可生成多种磷酸肌醇，如图 8 所示，其中 PI-3，4，5-三磷酸（PI(3，4，5)P_3）最重要，可以作为各种细胞内信号蛋白的连接点，这些信号蛋白组装成信号复合物，将信号从质膜的胞质面转送到细胞内。PI(3，4，5)P_3 不被任何一种 PLC 裂解，由 PI(4，5)P_2 生成，然后留在质膜上，直到特定的磷脂酰肌醇磷酸酶将其去磷酸化，其中最突出的是 PTEN 磷酸酶，它将肌醇环的第 3 位点去磷酸化。在许多癌症中发现 PTEN 的突变，通过延长 PI3K 的信号传导，促进了不受控制的细胞生长。

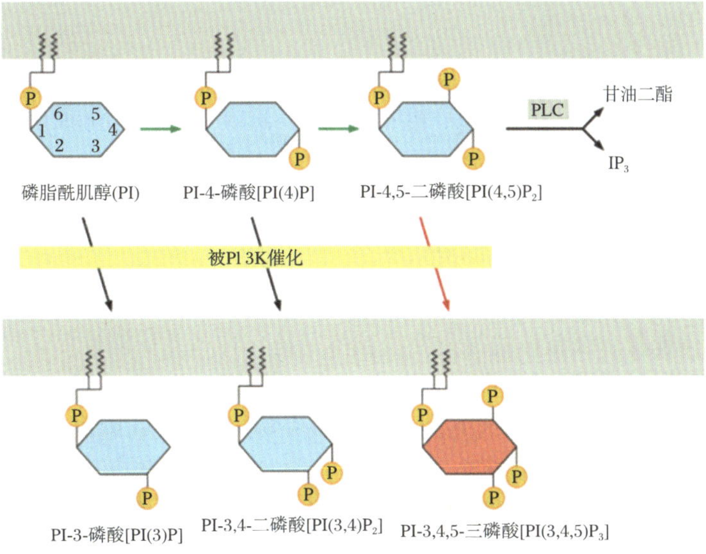

图 8

有各种类型的 PI3K。由 RTK 和 GPCR 激活的 PI3K 属于第一类，它们是由一个相同的催化亚基和不同的调节亚基组成的异源二聚体。RTK 激活 Ⅰa 类亚基，其调节亚基通过其两个 SH2 结构域与激活的 RTK 上的两个磷酸酪氨酸结合。GPCR 激活 Ⅰb 类 PI3K，当 GPCR 被其胞外配体激活时，它的调节亚基与激活的 G 蛋白的 βγ 二聚体结合。被激活的 Ras 的直接结合也能激活常见的 Ⅰ 类催化亚基。

细胞内信号蛋白通过特定的相互作用结构域与 PI(3,4,5)P_3 结合，如 PH(pleckstrin homology)结构域。一个特别重要的含 PH 结构域的蛋白质是丝氨酸/苏氨酸蛋白激酶 Akt(PKB)。PI3K-Akt 信号通路是被胰岛素激活的主要途径，在促进细胞的生存和生长中也起着关键作用。如图 9 所示，PI(3,4,5)P_3 与胞内含有 PH 结构域的信号蛋白 Akt 和 PDK1(phosphoinositide dependent kinase-1)结合，促使 PDK1 磷酸化 AKT 蛋白的 Ser 残基，导致 Akt 活化。活化的 Akt 从质膜解离并磷酸化各种靶蛋白，包括 Bad 蛋白。当未磷酸化时，Bad 使一个或多个凋亡抑制蛋白(Bcl2 家族的蛋白)处于失活状态。Bad 一旦被磷酸化，就会释放凋亡抑制蛋白，从而阻止细胞凋亡，促进细胞存活。　答案：B。

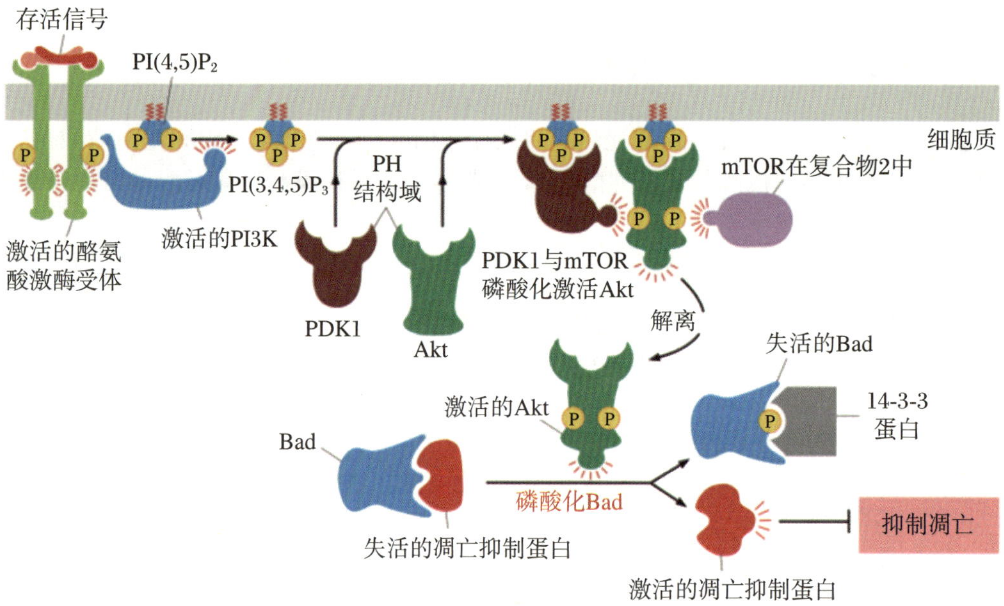

图 9

参考文献

[1] Bustin S. Molecular Biology of the Cell, Sixth Edition; ISBN: 9780815344643[J]. Int. J. Mol. Sci., 2015, 16: 28123.

9 关于线粒体的起源，以下支持“内共生起源学说”的主要论据有(　　)。(多选)

A. 线粒体基因组是单条环状双链 DNA

B. 线粒体缢裂的分裂方式与细菌相似

C. 线粒体内膜的性质和组分与真核细胞的内膜系统相似

D. 线粒体外膜的化学成分与细菌质膜相似

解析 内共生学说认为真核细胞的祖先是一种体积巨大的、不需氧的、具有吞噬能力的细胞，能将吞噬所得的糖类进行酵解取得能量。线粒体的祖先原线粒体则是一种革兰氏阴性菌，含有三羧酸循环所需的酶系和电子传递链，可利用氧气把糖酵解的产物丙酮酸进一步分解，获得比糖酵解更多的能量。当这种细菌被原始真核细胞吞噬后，与宿主细胞间形成互利的共生关系，原始真核细胞利用这种细菌(原线粒体)充分供给能量，而原线粒体从宿主细胞获得更多的原料。

根据内共生学说，线粒体的相关组分应当类似于细菌，例如基因组是单条环状 DNA、分裂方式是缢裂等，因此 A、B 正确。原线粒体被原始真核细胞吞噬而形成共生关系，因此原线粒体膜应当等于现在的线粒体内膜，吞噬原线粒体时的囊泡膜应当等于现在的线粒体外膜，C、D 选项说反了。　答案：AB。

10 细胞内膜系统是细胞内在结构、功能和生物发生上相互联系的一系列膜性细胞器的总称，包括内质网、高尔基体、溶酶体、胞内体、分泌泡等。对于过氧化物酶体是否属于细胞内膜系统，目前有着不同的意见。你认为下列哪个陈述不支持过氧化物酶体属于细胞内膜系统？（　　）（单选）

A. 与线粒体和叶绿体不同，过氧化物酶体没有自己的遗传物质

B. 过氧化物酶体由单层生物膜包被

C. 内质网、高尔基体、溶酶体和过氧化物酶体在进化上都是通过细胞质膜内陷进化而来的

D. 溶酶体和过氧化物酶体具有类似的大小和形态，但是过氧化物酶体中的尿酸氧化酶等常形成晶格状结构

解析 目前认为内膜系统由细胞质膜内陷而来，C 正确。因此内膜系统细胞器应当只有一层生物膜。与其相对应的是内共生细胞器（线粒体、叶绿体等），由内吞细菌进化而来，因此拥有自己的 DNA，且有两层膜。过氧化物酶体并不含自己的遗传物质，也只含有单层膜，因此应属于内膜系统，A、B 正确。D 选项所描述的现象（图 10）正确，但它反映的是过氧化物酶体与来自内膜系统的溶酶体之间的差异，并不能用来判断过氧化物酶体的起源，D 选项错误。　**答案：D。**

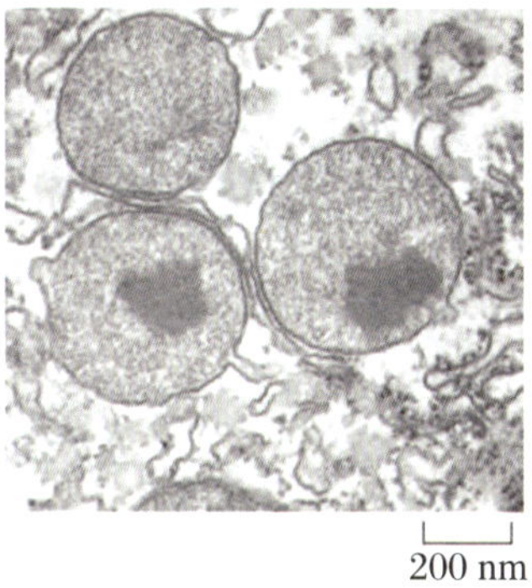

图 10

11 叶绿体在细胞内位置和分布受到的动态调控称为叶绿体定位（chloroplast positioning）。野生型（WT）拟南芥叶片呈深绿色。光照强度保持稳定状态时，叶绿体的分布和位置不呈现明显的变化。对叶片的一部分（整体遮光，中部留出一条窄缝）强光照射 1 h 后，被照射的窄缝处变成浅绿色（提示叶绿体发生了迁移），如图 11 所示。通过该强光照射实验来筛选叶绿体光定位运动缺陷的拟南芥突变体，发现一个突变体 *chup*1-2 叶片经强光照射后叶色不变。该突变体缺陷表型后被证明为 *Chup*1 基因突变造成的。通过该实验结果，可以得到的结论是（　　）。（多选）

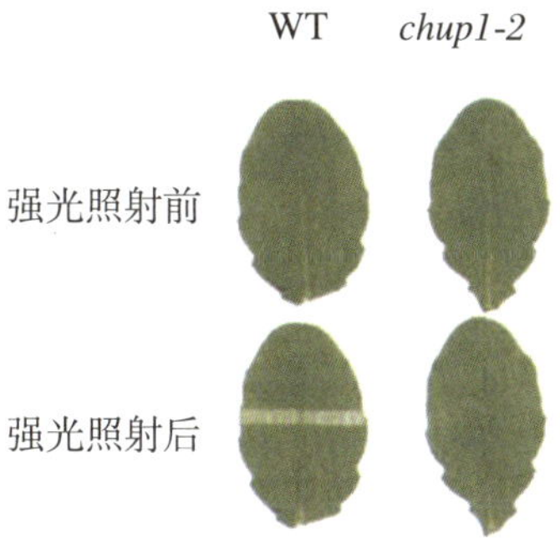

图 11

A. 强光照射后，野生型细胞中的叶绿体发生了位置和分布的变化，以减少强光的伤害

B. 如果不经过强光照射，*Chup*1 突变体中叶绿体的定位和分布是正常的

C. Chup1 蛋白可能定位于叶绿体

D. Chup1 蛋白为叶绿体运动和定位所必需

解析 A选项解释了野生型叶绿体在强光照射下会通过转向、迁移等方式避免过强光照带来的负面影响，该选项正确。B选项所述内容不能从题干中推断出来，只能得出在强光照射与不照射的情况下，突变体的叶绿体定位与分布没有显著差异；另外，在原文献中作者提及了选出的突变体在正常情况下“叶绿体聚集在细胞的底部而非在细胞中均匀地分布”（图12），因此B选项错误。

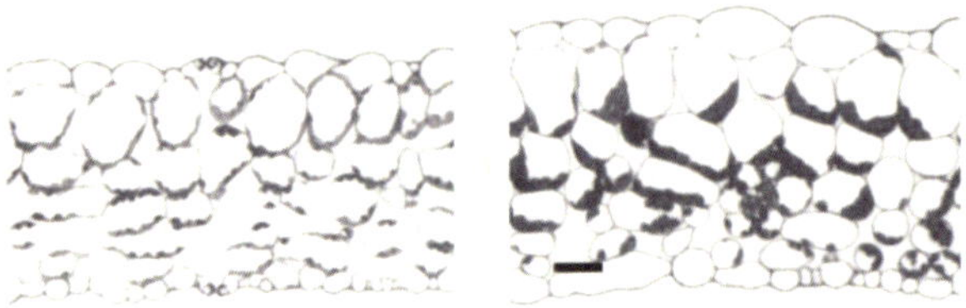

图 12

由题意可推得CHUP1对于叶绿体的光定位是必需的，其与叶绿体的运动相关，因而可能定位在叶绿体上，因此C、D选项合理；在原文献后续的结果中，也通过荧光染色技术确定了CHUP1定位在叶绿体的外膜上（图13）。

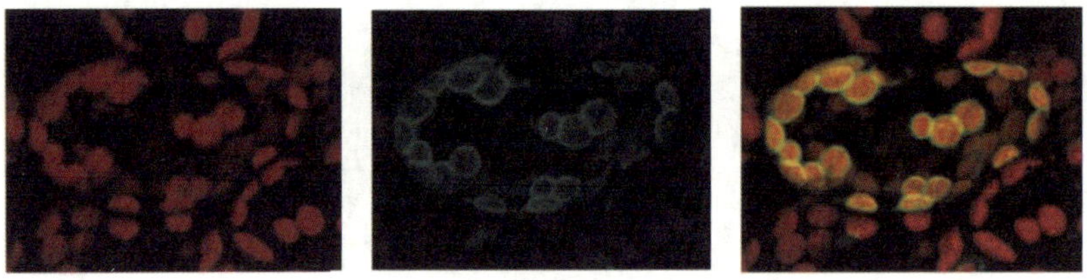

图 13

绿色是与CHUP1融合的GFP的荧光，红色为叶绿体的自发荧光。

实际上CHUP1通过其N端与叶绿体包膜结合，也可以锚定在质膜上，引发肌动蛋白聚合，延长肌动蛋白丝，推动叶绿体运动（图14）；该过程还受到向光素phot1和phot2的调节。 答案：ACD。

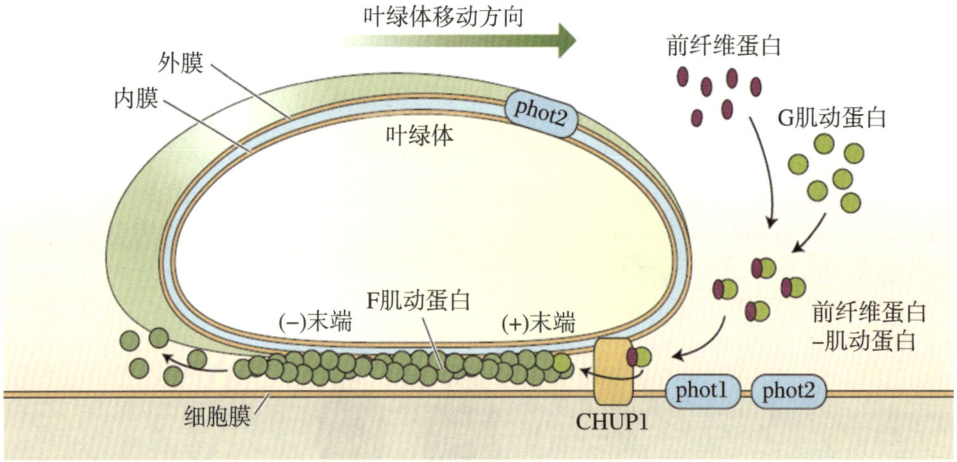

图 14

参考文献

[1] Oikawa K, Kasahara M, Kiyosue T, et al. Chloroplast Unusual Positioning1 is Essential for Proper Chloroplast Positioning[J]. Plant Cell, 2003, 15: 2805.

12 以下哪个术语被用来描述含有几个转录因子与一个增强子结合的DNA-蛋白质复合物？（　　）（单选）

A. 核糖体　　B. 染色体　　C. 增强体　　D. 蛋白酶体

解析 增强子属于顺式作用元件，是激活蛋白的结合位点。增强子被反式作用的多个激活子结合，当这些激活子沿增强子序列协同结合在一起形成独特三维结构时,增强体(enhanceosome)便形成了。每个增强体对特定的增强子而言都是独一无二的,其独特的表面结构可与 pol Ⅱ 及其他辅助转录因子(ancillary factor)表面互补,通过相互作用推动转录体(transcriptosome)的协同组装(图 15)。 答案:C。

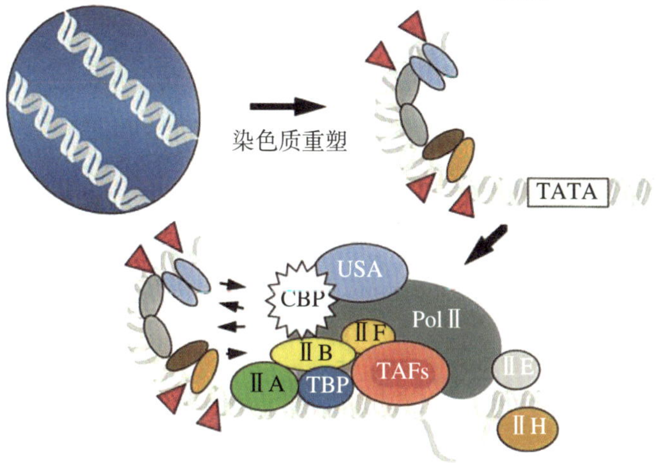

图 15

参考文献

[1] Carey M. The Enhanceosome and Transcriptional Synergy[J]. Cell, 1998, 92: 5.

13 使用胰凝乳蛋白酶处理 1 个 13 肽,其序列为 CCYAGFDRKWQTS,经过酶切可以得到肽段数量为(　　)。(单选)

A. 2　　B. 3　　C. 4　　D. 5

解析 胰凝乳蛋白酶特异性切割肽链中酪氨酸(Tyr,Y)、色氨酸(Trp,W)与苯丙氨酸(Phe,F)的羧基端。由于多肽的序列信息默认由 N 端从左至右写到 C 端,因此题干中所给的序列经过酶切将会被切成 CCY、AGF、DRKW、QTS 四段。 答案:C。

14 dCas9 蛋白能在 gRNA(向导 RNA)的引导下,结合基因组 DNA 的特定位点并抑制其基因表达。科研人员利用图 16 中的质粒,对小鼠中 C 基因的表达进行调控,下列有关说法错误的是(　　)。(单选)

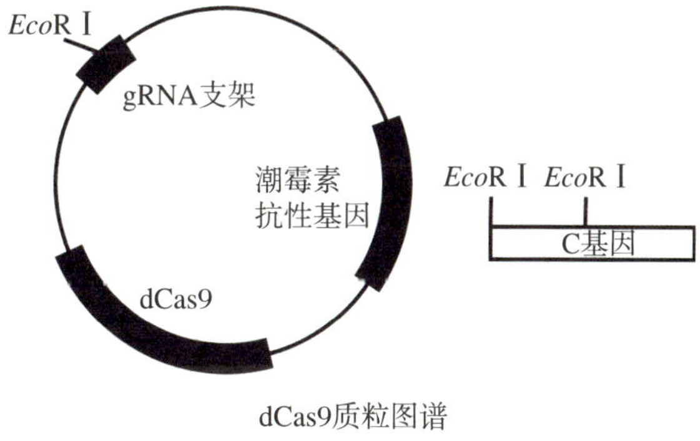

图 16

A. 使用限制性内切酶 *Eco*R Ⅰ 可确保 C 基因上的部分片段取向正确地插入重组质粒

B. 向导 RNA 与目的基因的配对依从碱基互补配对原则

C. 导入该质粒后使用含潮霉素的培养基筛选受体细胞,培养一段时间后,应用抗原-抗体杂交技术检测 C 蛋白的表达水平,发现部分细胞 C 蛋白表达量明显降低

D. 该重组质粒可以用于研究 C 基因在细胞中的功能

解析 dCas9也称为核酸内切酶缺陷型Cas9，其核酸内切酶结构域发生了突变，但仍然可以在向导RNA的引导下与目标DNA链结合，其中向导RNA与目的基因的配对依从碱基互补配对原则。因此在偶联转录因子或表观遗传修饰酶后，dCas9可介导位点特异性转录激活或抑制。如图17所示。

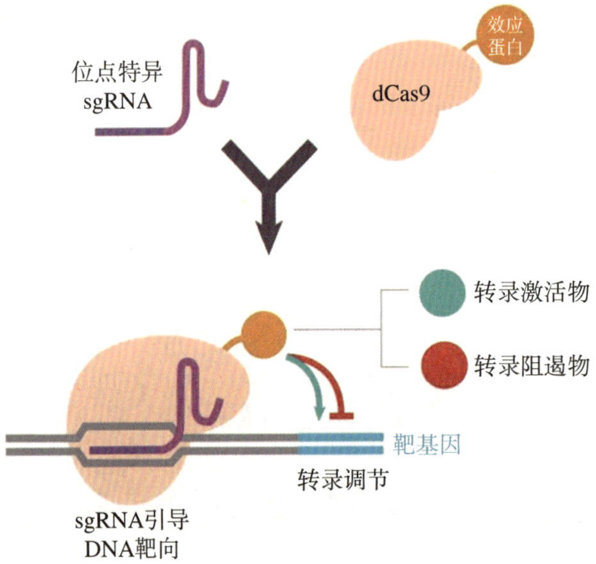

图17

图16中质粒的gRNA支架位点含有*Eco*RⅠ位点，因此可以整合C基因的部分片段，但由于插入序列两端的黏性片段相同，因此无法确保取向正确，A选项错误。同时该质粒还含有潮霉素抗性基因作为正向筛选标签，使得成功转入的受体细胞可以在潮霉素培养基中存活。这里潮霉素B(hygromycin B，图18)是一种由吸水链霉菌(*Streptomyces hygroscopicus*)产生的抗生素，是氨基糖苷类抗生素之一，为微黄褐色粉末。潮霉素B可通过抑制细菌、真菌和一些高等真核生物细胞内的蛋白质生物合成来杀死这些生物。

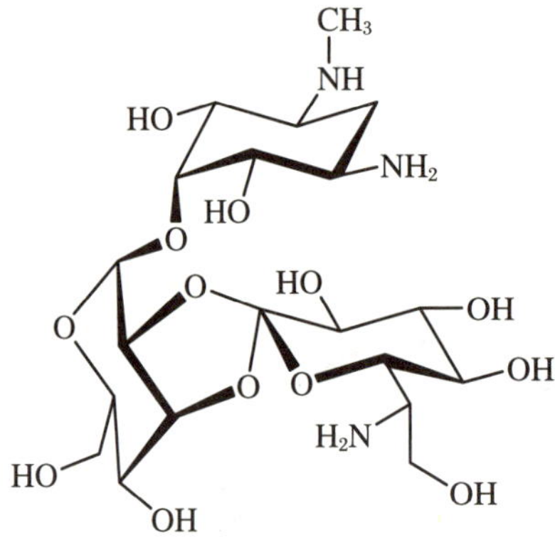

图18

重组质粒转入受体细胞后，dCas9蛋白能在含有C基因片段的gRNA的引导下，结合基因组DNA的特定位点并抑制C基因的表达，因此C选项正确。随后可以通过与野生型细胞进行对比，进而研究C基因在细胞中的作用，D选项正确。 答案：A。

15 某蛋白质经过Sanger试剂处理，然后用HCl水解，得到如图19所示化合物。该蛋白质N端的氨基酸为(　　)。(单选)

A. Met

B. Val

C. Leu

D. Ile

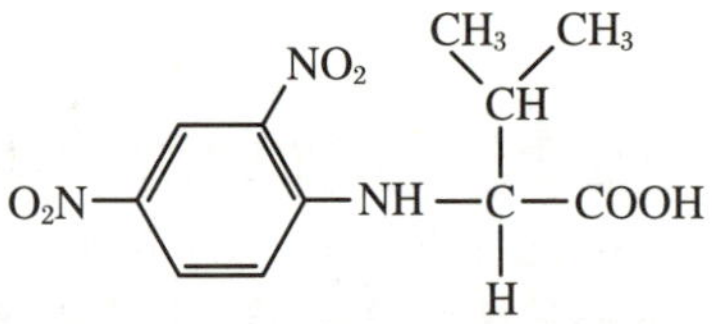

图19

E. Thr

解析 Sanger 试剂的化学本质是 2,4-二硝基氟苯(DNFB),可以连接肽链 N 端残基的游离氨基,形成 DNP-多肽,这个反应称为 Sanger 反应;再对 DNP-多肽进行酸水解,就能得到原先多肽 N 端残基水解而来的 DNP-氨基酸,随后通过层析法确定该氨基酸是哪一种,如图 20 所示。本题直接显示了 DNP-氨基酸的结构,只需去掉左侧的 DNP 基团即为原先蛋白质 N 端氨基酸的结构,即为缬氨酸(Val)。 **答案:B。**

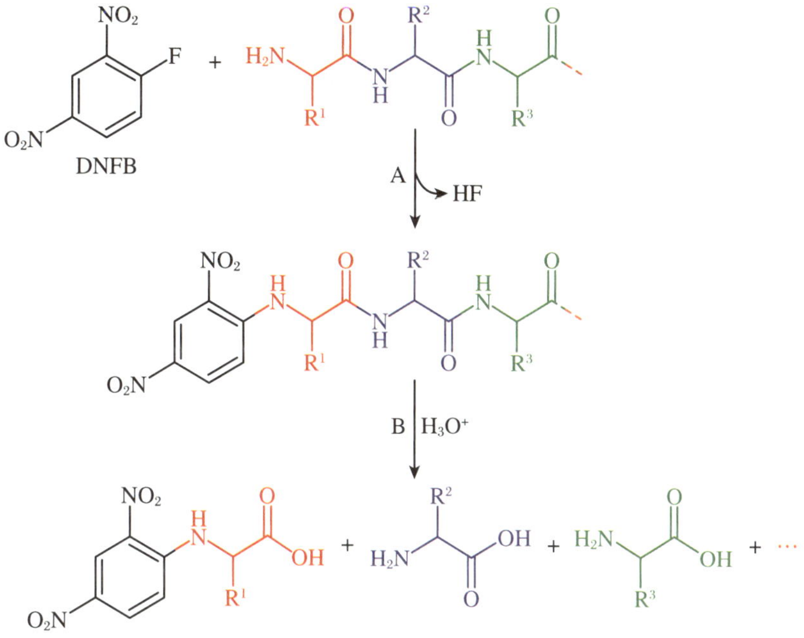

图 20

16 一个健康的人在休息时有意识地开始呼吸过快,下列哪一项描述了这种过度换气所引起的人的血液变化?( )(单选)

A. 二氧化碳分压增加,氢离子浓度增加

B. 二氧化碳分压增加,氢离子浓度降低

C. 二氧化碳分压降低,氢离子浓度增加

D. 二氧化碳分压降低,氢离子浓度降低

E. 二氧化碳分压降低,氢离子浓度不变

解析 过度换气时肺部摄入氧气与排出二氧化碳的速率增加,导致血液中氧分压上升、二氧化碳分压降低,血液 pH 升高,即氢离子浓度降低,在极端情况下可能会出现碱中毒。 **答案:D。**

17 在进化过程中,现代家猪的祖先在 2000 万年前丢失了解偶联蛋白 1(*UCP*1)基因。2017 年,中国科学家应用 CRISPR/Cas9 技术,构建 *UCP*1 基因定点敲入猪,实现 *UCP*1 基因在白色脂肪组织中的特异表达。下列哪个说法是正确的?( )(单选)

A. *UCP*1 转基因猪在急性冷刺激情况下的体温维持能力低于野生型猪

B. *UCP*1 转基因猪体内的电子传递链被抑制

C. 与野生型猪相比,*UCP*1 转基因猪的脂肪率会降低

D. *UCP*1 直接抑制 ATP 合酶的活性

解析 解偶联蛋白(UCP)的作用是解除电子传递链与 ATP 合酶之间的偶联关系,具体机制是作为氢离子转运载体插入发生电子传递的膜上,使得电子传递链产生并维持的膜两侧氢离子浓度差由于氢离子的顺浓度转运而被消解,导致这种电化学势能转化为热能而非通过 ATP 合酶转化为 ATP 中的化学能,如图 21 所示,而非直接抑制 ATP 合酶的活性,D 错。因而在 *UCP*1 转基因猪中,其脂肪组织中的脂肪消耗会加快,

而产热效率也会随之增加，因此 A 错，C 对。UCP 并不直接影响电子传递链，反而还可能由于膜内外电势差的快速消耗而反馈性增强，B 错。 答案：C。

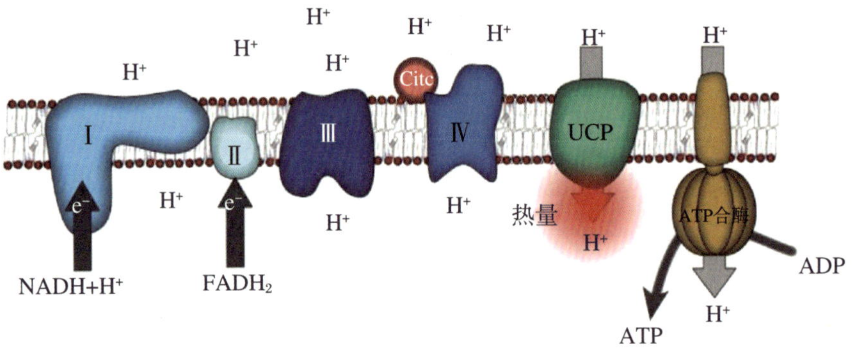

图 21

参考文献

［1］ Zheng Q，Lin J，Huang J，et al. Reconstitution of *UCP*1 Using CRISPR/Cas9 in the White Adipose Tissue of Pigs Decreases Fat Deposition and Improves Thermogenic Capacity［J］. Proc. Natl. Acad. Sci. USA，2017，114：E9474.

18 CL31 是一种新型减肥药，为了研究该药物作用机制，某生物学习小组利用体外培养的小鼠脂肪细胞进行了实验，结果如图 22 所示（各组对应的处理方式标注于条形图下方）。下列有关说法哪个是错误的？（　　）（单选）

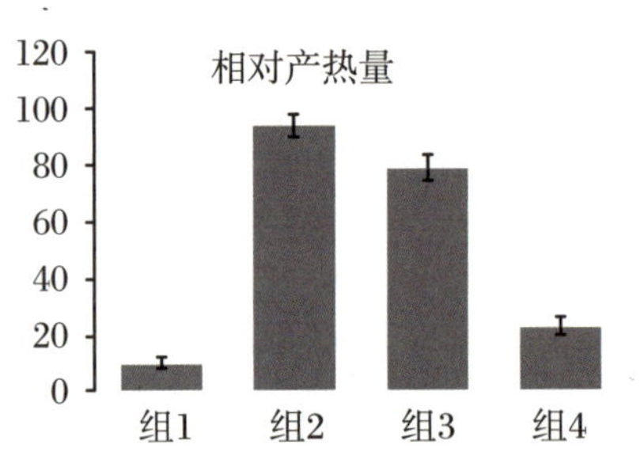

	组1	组2	组3	组4
生理盐水	+	+	+	+
肾上腺素	−	+	−	−
CL31	−	−	+	+
肾上腺素受体抗体	−	−	−	+

图 22

A. 本实验的组 1 和组 2 为对照组，组 3 和组 4 为实验组

B. 小鼠脂肪细胞存在肾上腺素受体，使其对肾上腺素产生响应

C. 组 3 和组 4 的结果证明 CL31 可以阻断肾上腺素与受体的结合

D. CL31 具有肾上腺素样作用，通过增强脂肪细胞的分解代谢达到减肥的目的

解析 由图 22 可知，组 1 为阴性对照组，组 2 为使用肾上腺素增加产热的阳性对照组，由于实验中可见脂肪细胞对肾上腺素有响应，而肾上腺素的作用需要依靠肾上腺素受体，因而 B 选项正确。组 3、4 为实验组，其中组 3 验证 CL31 的增加产热的功能，组 4 说明该效果依赖于肾上腺素受体，机制可能是结合并激活肾上腺素受体，因此 A、D 选项正确。组 3 与组 4 没有添加肾上腺素，因此并不能看出 CL31 对肾上腺素与受体结合的影响，假设 CL31 阻断肾上腺素与受体的结合，那么组 3 的产热量也应该是减少而非增加，C 错误。

CL-316243（CL31）的结构如图 23 所示，是一种鼠选择性的 β3 肾上腺素受体激动剂，可增加棕色脂肪组织的生热作用和代谢率(图 24)。因此 CL31 可作为有效的脂肪细胞脂解刺激剂,具有应用于肥胖症、糖尿病等相关研究的潜力。 答案:C。

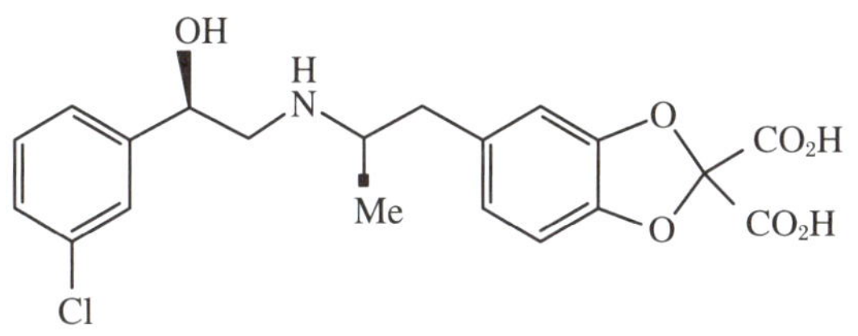

图 23

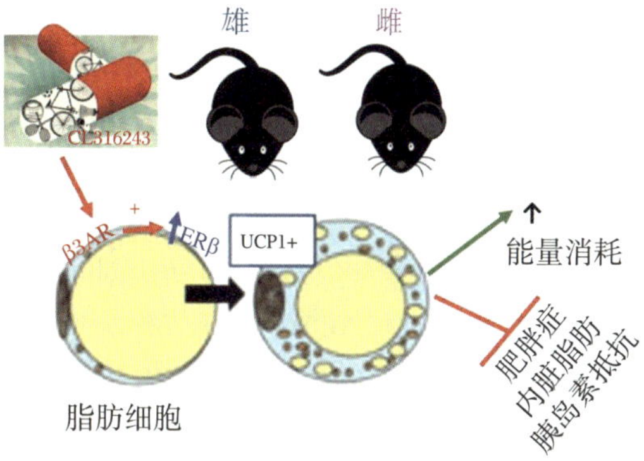

图 24

参考文献

[1] Queathem E D, Welly R J, Clart L M, et al. White Adipose Tissue Depots Respond to Chronic Beta-3 Adrenergic Receptor Activation in a Sexually Dimorphic and Depot Divergent Manner[J]. Cells, 2021, 10: 3453.

19 哺乳动物在下列哪些方面是处于相对稳态平衡的?(　　)(多选)

A. 体温　　B. 血糖浓度　　C. 血液 pH　　D. 代谢率
E. 血钙浓度

解析 相对稳态平衡是指机体的某个生理指标通过一套反馈性的调控机制被维持在一个小幅度摇摆而大体稳定的水平。哺乳动物的体温由下丘脑的体温调控中枢控制,通过平衡机体的散热与产热维持在一个稳定水平,A 对。血糖浓度主要通过内分泌调控而被控制在一个稳定水平,胰岛素分泌上升使得过高的血糖被组织细胞利用而降低血糖,胰高血糖素及其他升糖激素则通过分解糖原补充血液中的葡萄糖含量,B 对。血液中的酸碱缓冲对可以维持血液的 pH,此外颈动脉体与主动脉体也能感受外周的血液 pH,并通过呼吸和排泄调控来稳定血液 pH,C 对。血钙浓度主要通过内分泌调节,机体中的钙含量经过消化系统吸收(这一过程与维生素 D 有密切的关联)而上升,经由肾脏的排出而下降,而钙含量的调节主要依靠肾脏的重吸收,肾脏对钙的排出量由降钙素等激素进行反馈抑制性的调控。

对于内温动物来说,代谢率会影响身体产热,因此其水平与机体所处的环境、运动情况都相关,哺乳动物可以在不同情况下主动调高或调低身体代谢率,因此与其他选项相比并没有维持在一个稳定水平,于是评议稿最初的答案为 A、B、C、E。但"稳定"是一个相对描述,哺乳动物的代谢率相比其他外温动物肯定更加稳定,至少在其热中性区(thermoneutral zone)的温度范围内,其代谢率是稳定的,如图 25 所示。因此最终认为 D 选项也对。

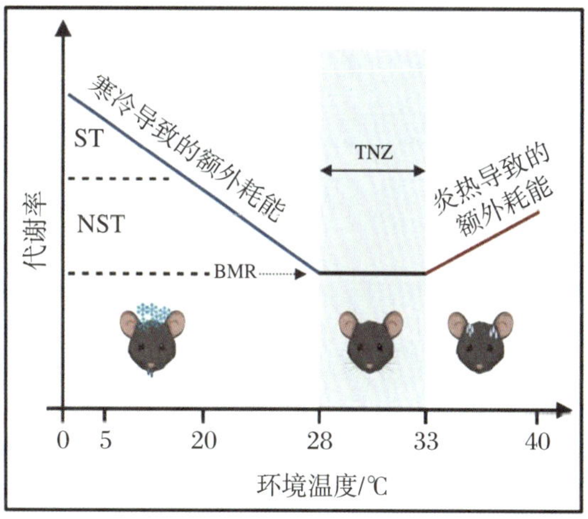

图 25

答案:ABCDE。

参考文献

[1] Ginting R P, Lee J M, Lee M W. The Influence of Ambient Temperature on Adipose Tissue Homeostasis, Metabolic Diseases and Cancers[J]. Cells, 2023, 12: 881.

20 下列哪些过程发生在真核细胞的线粒体中?(　　)(多选)

A. 蛋白合成　　　　B. 脂肪酸合成　　　　C. 三羧酸循环　　　　D. DNA 合成

解析 真核细胞中的线粒体和叶绿体为半自主性细胞器，其功能依赖于数以千计的核基因编码的蛋白质。同时，这两种细胞器还拥有自身的遗传物质 DNA，编码一小部分必需的 RNA 和蛋白质。这些蛋白质通过线粒体和叶绿体专用的酶和核糖体系统进行翻译。A、D 选项正确。三羧酸循环在线粒体基质中进行，C 选项正确。

对于 B 选项需要注意，细胞具有两种脂肪酸合成系统，一种位于细胞质中，由脂肪酸合酶 FASN 催化；另一种位于线粒体中，由 mtFAS 催化（图 26、图 27）。mtFAS 途径由至少 6 种酶组成，所有酶均由不同的基因编码。这些酶催化连续的步骤，以实现对生长的酰基链进行双碳加成的一个循环。新生脂肪酸共价连接到线粒体酰基载体蛋白（ACP）上，后者作为可溶性支架，在其上构建酰基链。在该途径的每个循环中，丙二酰 CoA 转化为丙二酰 ACP，然后丙二酰 ACP 与 ACP 上的脂肪酰基链发生缩合反应，将链延长两个碳原子并释放一个 CO_2。然后，该途径中剩余的酶必须进行一系列还原和脱水反应，以将酰基链完全还原为饱和

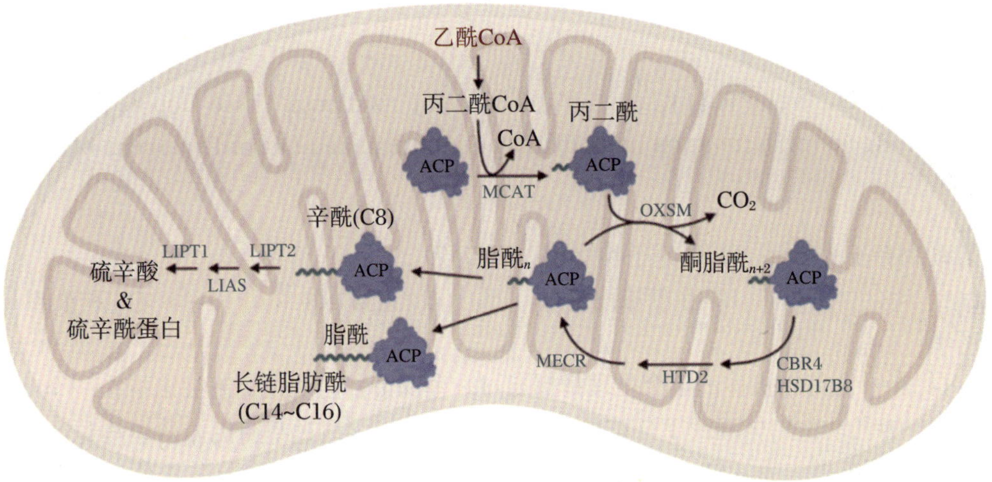

图 26

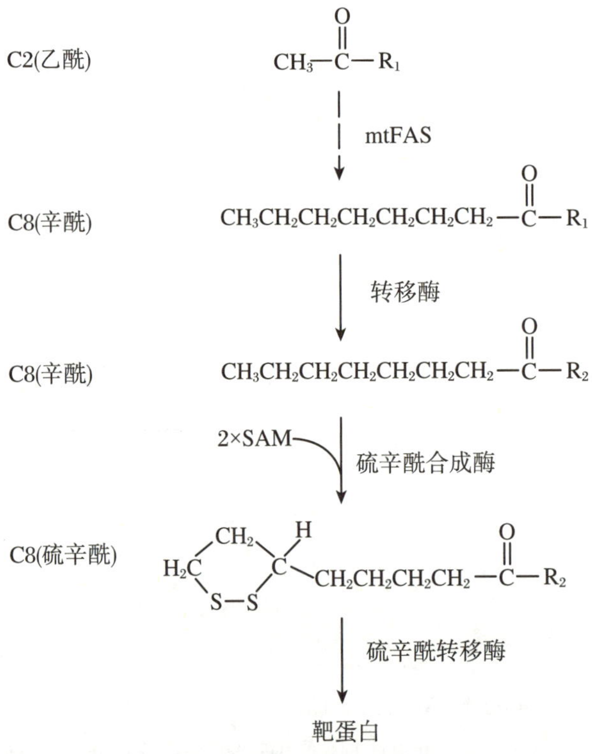

图 27

脂肪酸，这是下一次循环的底物。mtFAS 目前明确的已知产物有八碳饱和脂肪酸——辛酸，随后会转化为硫辛酸。这种辅因子是许多线粒体酶催化活性所必需的，例如丙酮酸脱氢酶和 α-酮戊二酸脱氢酶。除此以外，mtFAS 也可以在线粒体中合成更长链的脂肪酸，但具体功能未知。 **答案：ABCD。**

参考文献

[1] Nowinski S M, Solmonson A, Rusin S F, et al. Mitochondrial Fatty Acid Synthesis Coordinates Oxidative Metabolism in Mammalian Mitochondria[J]. Elife, 2020, 9: e58041.

[2] Kastaniotis A J, Autio K J, Kerätär J M, et al. Mitochondrial Fatty Acid Synthesis, Fatty Acids and Mitochondrial Physiology[J]. Biochim. Biophys. Acta. Mol. Cell. Biol. Lipids., 2017, 1862: 39.

21 苍术苷是一种有毒的植物糖苷，能专一地抑制 ADP/ATP 转运载体。当用苍术苷处理呼吸活跃的细胞时，下列哪些现象将会发生？（　　）(多选)

A. 线粒体基质中的 ATP/ADP 值保持不变

B. 胞质中的 ATP/ADP 值显著下降

C. 呼吸作用将停止

D. 电子传递正常进行

E. 氧不能被还原生成水

解析 图 28(a)为苍术苷(ATR)的分子结构，是由 1 个异戊基和 2 个硫酸基组成的二萜苷类化合物，主要从苍耳(*Xanthium Sibiricum*)果实中提取。ATR 的结构类似于 ADP(图 28(b))，硫酸基对应于磷酸基，葡萄糖部分对应于核糖部分，疏水性的苍术苷残基对应于 ADP 的疏水性嘌呤残基，是线粒体 ADP/ATP 载体的高亲和力特异性抑制剂，能诱发线粒体解偶联效应。ATR 与腺嘌呤核苷酸转运酶(ANT)竞争性结合，抑制 ADP 跨线粒体膜的运输，阻止 ATP 的合成，并导致能量失衡；然而，这种抑制作用被高浓度的 ADP(超过 200 μM)逆转。

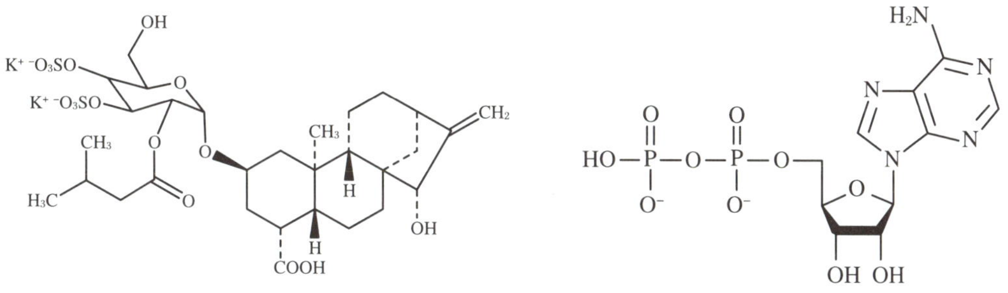

(a)　　　　(b)

图 28

图 29 为不同浓度的 ATR 处理时，在 12 h 和 24 h 后，细胞的 ADP/ATP 值显著升高(ATP/ADP 值显

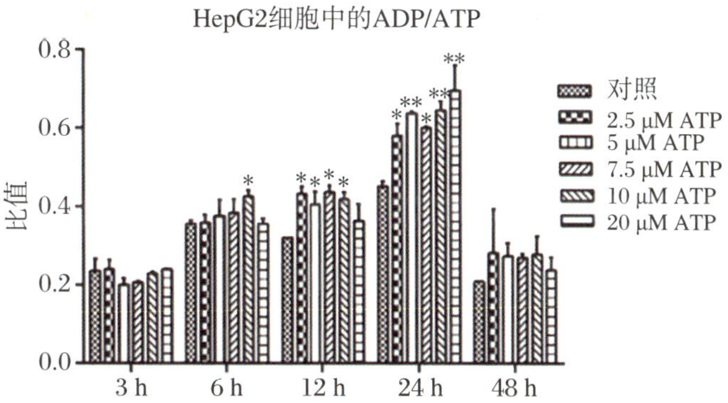

图 29

著下降）。在所有浓度下，在 24 h 观察到最大的 ADP/ATP 值。当用 ATR 处理 48 h 时，ADP/ATP 值和处理 3 h 类似，这是由于 ADP 的积累逆转了 ATR 的作用。

故在 ATR 处理时，短时间内会导致线粒体基质中的 ATP/ADP 值上升，胞质中的 ATP/ADP 值显著下降，A 选项错误，B 选项正确。电子的传递受到一定程度抑制，D 选项错误。C 选项和 E 选项过于绝对，电子传递依旧能低水平进行，产生少量水，并进行一定程度的呼吸；并且 C 选项也未考虑无氧呼吸。然而最终答案仍然为 B、C、E。　答案：BCE。

参考文献

[1] Zhang P, Li L, Sun H, et al. Mitochondrial Energy-Regulating Effect of Atractyloside Inhibits Hepatocellular Steatosis Through the Activation of Autophagy [J]. Front. Pharmacol., 2020, 11: 575695.

22 关于双向电泳，哪些选项是正确的？（　　）（多选）

A. 双向电泳是将等电聚焦电泳和 SDS-PAGE 电泳结合起来的一项技术

B. 双向电泳是将凝胶过滤层析和 SDS-PAGE 电泳结合起来的一项技术

C. 双向电泳是一种按照电泳缓冲液的 pH 和蛋白质分子质量分离蛋白质的技术

D. 双向电泳是一种能将数千种蛋白质同时分离和展示的技术，可用于蛋白质组学研究

解析 双向凝胶电泳先进行等电聚焦电泳，再将凝胶柱放在垂直板上进行 SDS-PAGE（图 30），A、D 对。在等电聚焦电泳过程中，缓冲液中的两性电解质会在阳极和阴极之间产生 pH 梯度，蛋白质泳动到等电点 pH 时会停止泳动，因此是按照蛋白质等电点分离，而非按照电泳缓冲液 pH 分离，C 错。双向凝胶电泳可以根据分子量和等电点，一次性分离和展示数千种蛋白质，是当前蛋白质组学最常用的蛋白质分离方法，与凝胶过滤层析无关，B 错。　答案：AD。

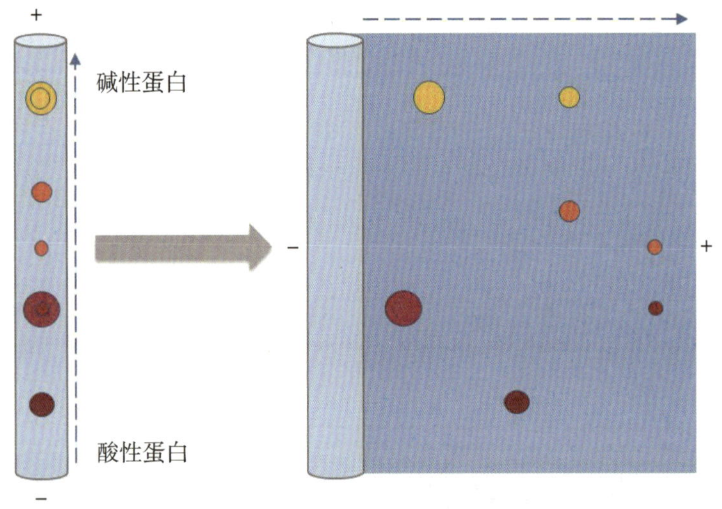

图 30

23 细菌通常需要借助光学显微镜才能观察到，但近年来科学家们发现了肉眼可见的巨型细菌，迄今发现的最大细菌是 2022 年报道的体长可达 2 cm 的（　　）。（单选）

A. 纳米比亚硫磺珍珠菌　　B. 食用菌

C. 巨大嗜硫珠菌　　D. 放线菌

解析 单个细菌细胞的大小一般在 2 μm 以下，真核细胞在 10～20 μm，只有最大的真核细胞能够达到厘米级别（图 31）。研究人员在红树林的落叶上发现了一种超长的毛发状细菌——华丽硫珠菌（*Thiomargarita magnifica*），也译为巨大嗜硫珠菌，平均长 9000 μm，最长可达 2 cm，图 32 为其与硬币的参照图。后续研究还发现它拥有惊人的多倍性、独特的遗传物质存储方式、类似植物的大液泡和相当进化的

繁殖方式。 **答案：C。**

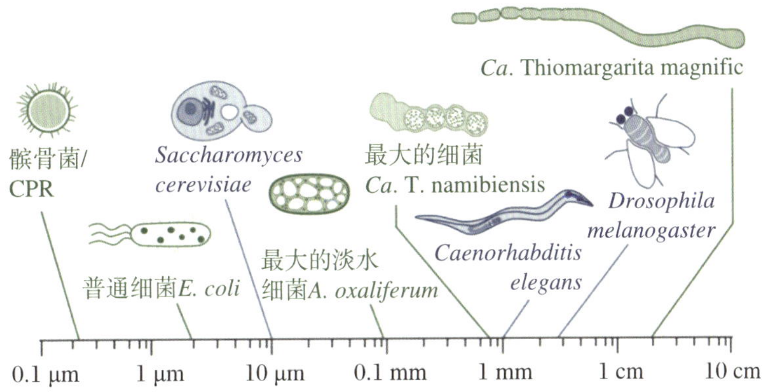

图 31

图 32

参考文献

[1] Volland J M, Gonzalez-Rizzo S, Gros O, et al. A Centimeter-Long Bacterium with DNA Contained in Metabolically Active, Membrane-Bound Organelles[J]. Science, 2022, 376: 1453.

24 超级细菌又称作多重耐药性细菌，近些年超级细菌的出现严重危害人类健康。以下应对超级细菌策略描述不正确的是(　　)。(单选)

A. 积极开发噬菌体疗法应对超级细菌

B. 积极开发新的抗生素应对超级细菌

C. 合理使用抗生素，防止抗生素滥用

D. 积极开发对付超级细菌的干扰素

解析 超级细菌的准确称呼应该是"多重耐药性细菌"，泛指那些对多种抗生素具有耐药性的细菌，是抗生素滥用的产物，因此改用噬菌体或新的抗生素可以杀死这些细菌，A、B 选项正确。C 选项虽然不能直接杀死超级细菌，但是可以有效减少超级细菌的诞生。干扰素是一种广谱抗病毒剂，主要功能是调节免疫系统，刺激细胞产生抗病毒蛋白，与杀死超级细菌无关，因此 D 选项错误。 **答案：D。**

25 固氮微生物可将空气中的氮气(N_2)还原为铵，并转化为细胞中的含氮物质，是土壤中氮素的主要来源，对农业生产非常重要。表 1 是一个用于分离培养固氮微生物的培养基配方，下列叙述正确的是(　　)。(多选)

表 1

甘露醇(mannitol)	20 g
K_2HPO_4	0.2 g
$MgSO_4 \cdot 7H_2O$	0.2 g
NaCl	0.2 g
$CaSO_4 \cdot 2H_2O$	0.1 g
$CaCO_3$	5 g
H_2O	1000 mL

A. 培养基中的碳源是甘露醇

B. 碳酸钙主要用于调节培养基中的 pH

C. 培养基中没加氮源是由于固氮微生物可利用氮气

D. 培养基中没加氮源是由于固氮微生物生长不需要氮

解析 甘露醇是一种六碳糖醇，也是表 1 中唯一一种有机碳化合物，是培养基中的碳源，A 对。实际上表 1 中展示的是阿须贝氏无氮培养基(Ashby nitrogen-free medium)，用于分离土壤中以甘露醇为碳源的自生固氮菌(mannitol positive Azotobacter species)。碳酸钙可以中和微生物代谢过程中产生的酸，防止培养基变酸，B 对。表 1 中没有含氮物质，因为固氮微生物可以直接还原空气中的氮气作为氮源，进而能在该培养基上生长；其他微生物由于没有可利用的氮源而无法生长，进而达到分离培养的效果，C 对，D 错。

答案：ABC。

26 CRISPR 基因编辑技术的出现和发展极大促进了生命科学研究的突破，在 CRISPR/Cas9 系统基础上发展而来的 CRISPR/dCas9(dead Cas9)系统更是拓展了 CRISPR 技术的应用。下列关于 CRISPR/dCas9 系统的叙述不正确的是(　　)。(单选)

A. 可利用 CRISPR/dCas9 系统抑制一个或多个靶基因的转录

B. 将 CRISPR/dCas9 系统与转录激活蛋白结合可用于激活一个或多个靶基因的转录

C. 可利用 CRISPR/dCas9 系统进行基因敲除

D. 可将 CRISPR/dCas9 系统中的 dCas9 与脱氨酶融合，完成单碱基突变

解析 之前提到过，dCas9 没有核酸内切酶活性，因此无法实现基因敲除，C 错误。将转录因子或表观遗传修饰酶连接在 dCas9 上后，可介导位点特异性转录激活或抑制，A、B 正确。一项最新的技术是将 dCas9 与胞苷脱氨酶连接起来，通过诱导位点特异性的 C 到 U 转化来进行碱基编辑(图 33)，D 也正确。

答案：C。

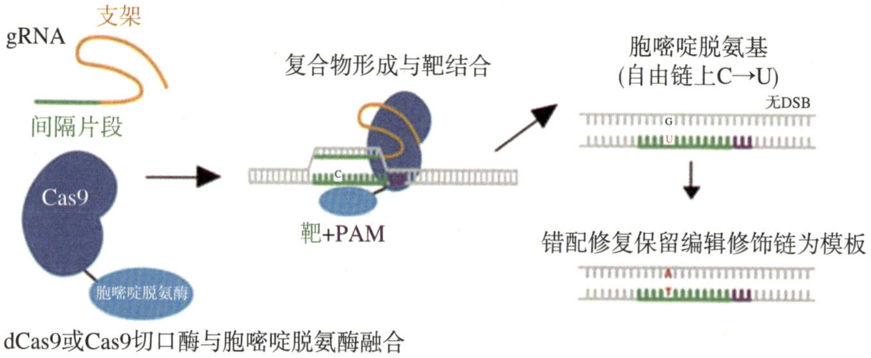

图 33

参考文献

[1] Thuronyi B W, Koblan L W, Levy J M, et al. Continuous Evolution of Base Editors with Expanded Target Compatibility and Improved Activity[J]. Nat. Biotechnol., 2019, 37: 1070.

27 紫外诱变是微生物育种常用的手段之一，紫外线引起的细菌突变是(　　)。(单选)

A. 由于染色体断裂

B. 由于引起移码突变

C. 由于相邻胸腺嘧啶碱基结合在一起

D. 由于 DNA 的一个片段颠倒

解析 紫外线最常引发的突变是形成胸腺嘧啶二聚体(图 34)，除此之外过量的紫外线也能引起 DNA 断裂、产生自由基和氧化压力，但总的来说 C 选项是最典型的突变类型。 答案：C。

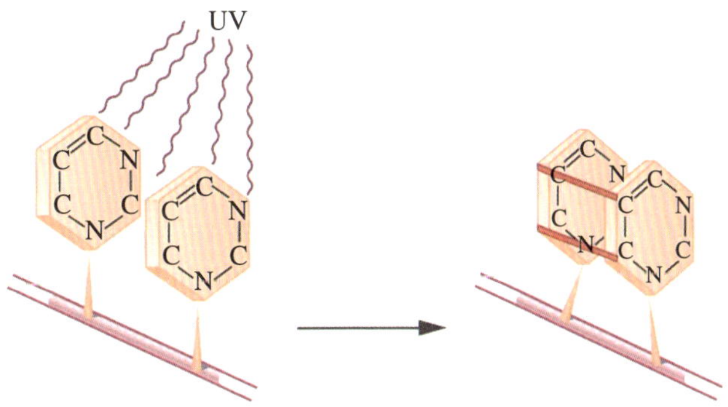

图 34

28 大熊猫的单倍体基因组有多少条染色体，大约有多少 bp？（　　）（单选）

A. 46；3000000000 bp　　B. 42；2500000000 bp

C. 23；3000000000 bp　　D. 21；2500000000 bp

解析 如图 35 所示，大熊猫（*Ailuropoda melanoleuca*）基因组包含 20 对常染色体和 1 对性染色体（$2n=42$），因此单倍体基因组包含 21 条染色体。基因组草图最早发布于 2009 年，2.25 Gb 的序列覆盖了大约 94%的基因组，剩余的 0.05 Gb 包含一些重复序列，总长最接近 2.5 Gb。　答案：D。

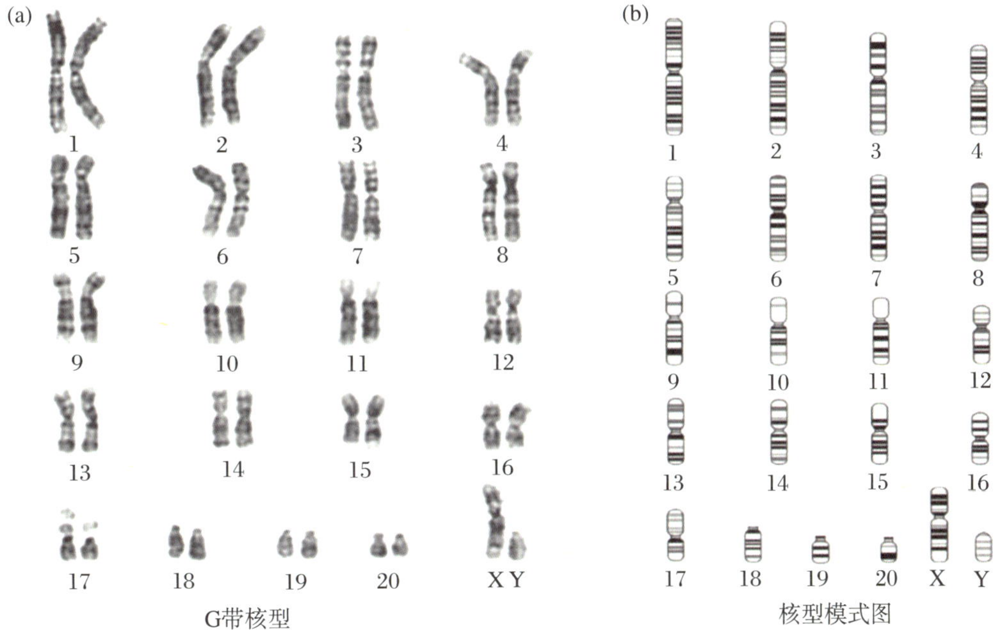

图 35

参考文献

[1] Li R, Fan W, Tian G, et al. The Sequence and *de novo* Assembly of the Giant Panda Genome [J]. Nature, 2010, 463: 311.

[2] Ailuropoda melaoleuca (ID 2702) - Genome - NCBI (nih.gov)[EB/OL]. [2024-8-22].

29 BLAST 的全称为 Basic Local Alignment Search Tool，即"基于局部比对算法的搜索工具"，是生物信息学常用的工具软件。其中最常用的 BLASTN 方法是将用户提供的核酸序列与 NCBI 数据库中的核酸序列进行比对。图 36 是 BLASTN 方法输出的序列比对结果。请依据此图，判断以下说法哪些是错误的：（　　）。（多选）

Martes flavigula mitochondrion, complete genome

Sequence ID: NC_012141.1 Length: 16549 Number of Matches: 1

Range 1: 5443 to 5595 GenBank Graphics

Score	Expect	Identities	Gaps	Strand
241 bits(130)	3e-59	147/155(95%)	2/155(1%)	Plus/Minus

```
Query  1     GGGTACCAGTCAGTTACCGAAGCCCCCGATCATGATGGGTATTACTATAAAGAAAATTAT  60
             |||||| |||||||| ||||||||||||||||||||||||||||||||||||||||||||
Sbjct  5595  GGGTACTAGTCAGTTTCCGAAGCCCCCGATCATGATGGGTATTACTATAAAGAAAATTAT  5536

Query  61    TACAAATGCATGGGCGGTCTACAGATTACATTATAAATCTGGTCATCTCCCAGCAGAGCG  120
             |||||||||||||||||| ||| |||||||||||||||||||||||||||||||||||||
Sbjct  5535  TACAAATGCATGGGCGGT-TAC-GATTACATTATAAATCTGGTCATCTCCCAGCAGAGCG  5478

Query  121   CCAGGTTGACCCAATTCAGCACGAATTAAAAGACT  155
             ||||||||||||||||| || |||||||| || ||
Sbjct  5477  CCAGGTTGACCCAATTCGGCGCGAATTAATAGGCT  5443
```

图 36

A. 用户输入的 DNA 序列与比对得到的匹配序列之间的序列一致性为 95%

B. “Query”和“Sbjct”DNA 序列变异涉及碱基转换 4 个，颠换 2 个

C. 与比对得到的匹配序列相比，用户输入的 DNA 序列中有 2 个缺失突变

D. 用户输入的 DNA 序列与比对得到的序列是互补配对关系

E. Expect 值表示序列随机匹配的可能性；Expect 值越小，表示随机匹配的可能性越大

解析 当我们得知某个基因的序列，想要了解这段序列的基因注释信息，即这条序列在哪个物种上、和其他物种的亲缘关系如何、行使怎样的功能、编码怎样的蛋白质等时，我们需要利用 BLAST 工具对这条序列进行序列比对(alignment)，即在已知序列的数据库中，找到相似或者一致的序列。通过序列比对，还可以进一步研究该序列是否有已知的蛋白质序列和结构信息，了解其行使的功能；也能对相似序列进行系统发生树(phylogenetic tree)的构建。

图 37 为 BLAST 工具主页面，包含四个工具，分别对应着不同的功能。Nucleotide BLAST 用于核酸序列比对；Protein BLAST 用于蛋白质序列比对；blastx 将核酸序列按 6 条链翻译成蛋白质序列后搜索蛋白质序列数据库；tblastn 用蛋白质序列搜索核酸序列数据库，核酸数据库中的核酸序列要按 6 条链翻译成蛋白质序列后再被搜索。

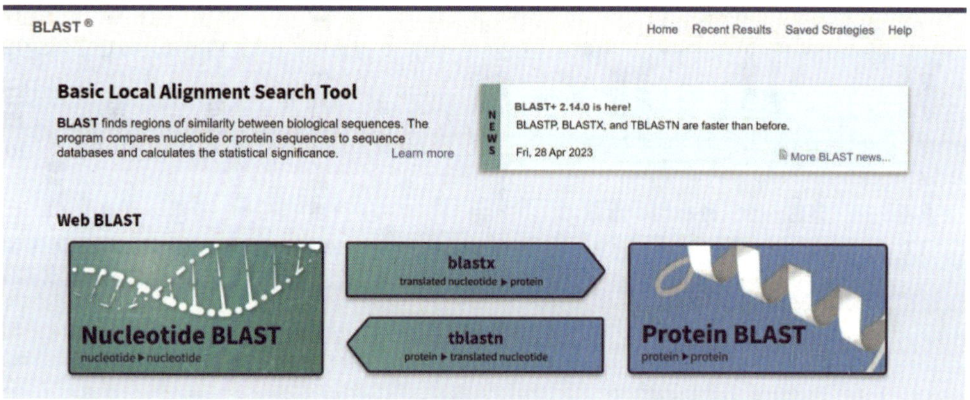

图 37

本题中使用的是 BLASTN(Nucleotide BLAST)搜索，图 38 为题中序列的 BLASTN 结果，存在多条显著比对的序列。图 36 为与一种序列之间的比对结果，两者之间存在 1 种匹配结果(number of matches 1)。图 36 中 Query 为输入的序列，Sbjct 为 NCBI 数据库中匹配的序列。Score 值表示两序列的同源性，分值越高，表明它们之间相似的程度越大。Expect 值表示在随机的情况下，其他序列与目标序列相似度要大于 S 值的可能性。这个值越小，说明结果越不是随机现象(即 E 值越小越好)。Identities 值(一致度)即 Query 与 Sbjct 相同的碱基对的个数/比例。Gaps 指在比对过程中，为了得到最大的一致度和 Score，在两条链中

插入的空格总数。Strand = plus/minus 表示询问序列和数据库里面序列的互补链匹配，而 Strand = plus/plus 表示询问序列和数据库里面序列的正义链匹配。

Descriptions　Graphic Summary　Alignments　Taxonomy

Sequences producing significant alignments　Download　Select columns　Show 100

select all　*100 sequences selected*　GenBank　Graphics　Distance tree of results　MSA Viewer

Description	Scientific Name	Max Score	Total Score	Query Cover	E value	Per. Ident	Acc. Len	Accession
Martes flavigula isolate MF1 cytochrome oxidase subunit I (COX1) gene, partial cds; mitochondrial	Martes flavigula	241	241	100%	3e-59	94.84%	516	KP992961.1
Martes flavigula mitochondrion, complete genome	Martes flavigula	241	241	100%	3e-59	94.84%	16533	KM347744.1
Martes flavigula mitochondrion, complete genome	Martes flavigula	241	241	100%	3e-59	94.84%	16555	MW625810.1
Martes flavigula voucher YP6016 mitochondrion, complete genome	Martes flavigula	241	241	100%	3e-59	94.84%	16467	HM106326.1
Martes flavigula mitochondrion, complete genome	Martes flavigula	241	241	100%	3e-59	94.84%	16549	NC_012141.1
Martes foina voucher YP6135 mitochondrion, complete genome	Martes foina	196	196	94%	8e-46	91.10%	16530	NC_020643.1
Martes foina voucher NMW 69090 cytochrome oxidase subunit 1 (COI) gene, partial cds; mitochondrial	Martes foina	191	191	94%	4e-44	90.41%	708	KY754515.1
Martes foina voucher NMW 68228 cytochrome oxidase subunit 1 (COI) gene, partial cds; mitochondrial	Martes foina	191	191	94%	4e-44	90.41%	697	KY754514.1
Martes foina voucher NMW 68272 cytochrome oxidase subunit 1 (COI) gene, partial cds; mitochondrial	Martes foina	191	191	94%	4e-44	90.41%	697	KY754513.1
Martes foina voucher MGL-159 cytochrome oxidase subunit I (COI) gene, partial cds; mitochondrial	Martes foina	191	191	94%	4e-44	90.41%	687	KX859290.1
Martes foina mitochondrion, partial genome	Martes foina	191	191	94%	4e-44	90.41%	16512	MT410896.1
Castor fiber voucher PL-IGAB-ZI3 cytochrome oxidase subunit I (COI) gene, partial cds; mitochondrial	Castor fiber	191	191	94%	4e-44	90.41%	708	FJ402872.1
Martes americana caurina isolate CA_Sierra_F09 mitochondrion, complete genome	Martes american...	185	185	100%	2e-42	88.39%	16012	MT028267.1
Martes americana caurina isolate CA_Sierra_F13 mitochondrion, complete genome	Martes american...	185	185	100%	2e-42	88.39%	16012	MT028266.1

图 38

故本次比对一致度(Identities)为 95%，A 选项正确。序列比对结果存在 6 个突变(4 个转换、2 个颠换)和 2 个缺失，B 选项正确。与比对得到的匹配序列相比，用户输入的 DNA 序列中有 2 个插入突变，C 选项错误。图 36 中为 Strand = plus/minus，即用户输入的 DNA 序列与比对得到的序列是互补配对关系，D 选项正确。E 值越小，该结果是随机匹配的可能性越小，E 选项错误。 **答案：CE**。

30 在蛋白和非编码 RNA 的结构预测中，人们常常会用到一个假设是：同源蛋白或非编码 RNA 在不同物种发挥的功能是相似的，所以结构也是保守的。在进化过程中，当一个残基发生改变时，为了保持蛋白或 RNA 的结构不变，与之存在接触的残基往往也会发生改变，这种现象被称为序列的改变。Potts 模型是一种无向图模型，它将同源蛋白或 RNA 的多序列比对作为输入，根据序列改变的信息计算出不同残基两两之间发生接触的可能性，即接触图。请问下列哪个说法是正确的？(　　)(单选)

A. 提供给 Potts 模型的同源序列的相似度越低越好，这可以给 Potts 模型的接触预测提供更多的信息

B. 提供给 Potts 模型的同源序列的相似度越高越好，这可以给 Potts 模型的接触预测提供更多的信息

C. 在非编码 RNA 多序列比对中掺入较多的假基因(pseudogene)，不会对 Potts 模型的预测效果产生影响

D. Potts 模型不仅能预测 RNA 的碱基互补配对情况，也可以预测其他形式的相互作用

解析 Potts 模型是一种统计力学模型，不仅可以根据协变信息预测 RNA-RNA 之间的相互作用关系，也可以用于预测蛋白质-蛋白质之间的相互作用关系，因此 D 对。例如图 39(a)显示的是 58 残基的牛胰蛋白酶抑制剂突变体 1G6X，红色显示的是 22 号苯丙氨酸(Phe，F)，蓝色显示的是在空间上距离该残基 0.7 nm 以内的其他残基，黄色则是在一级序列相邻的前后各 3 个残基；图(b)的无向图则展示了这些残基之间的预测互作关系，能明显看出与 22 号苯丙氨酸在空间中更接近的残基最有可能发生互作。

提供的多序列比对应有很高的同源性，这样才能互相比较；同时还要有一定程度的变异，以便给 Potts 模型提供相应的协同变异信息，相似度过低或过高都是不利的，因此 A、B 都错。假基因不产生具有原功能的 RNA，结构不保守，于是其序列突变没有协同性，不仅无法提供有效信息，甚至还会增加干扰，因此 C 错。

答案：D。

参考文献

[1] Anishchenko I, Kundrotas P J, Vakser I A. Contact Potential for Structure Prediction of Proteins and Protein Complexes from Potts Model[J]. Biophys. J., 2018, 115: 809.

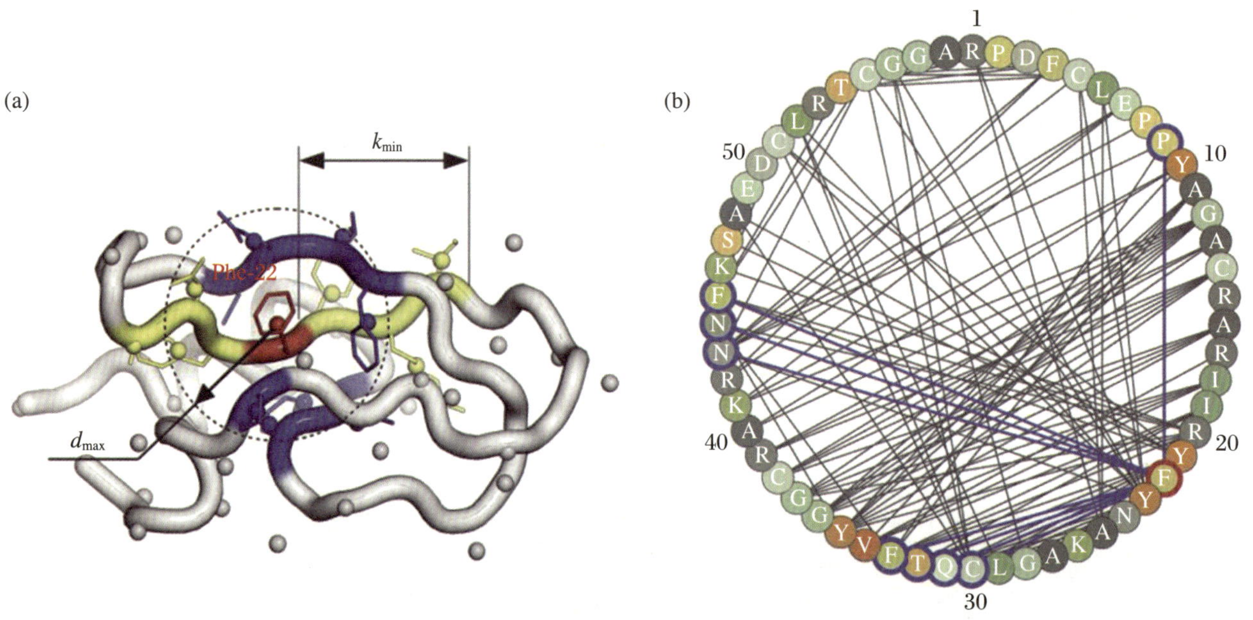

图 39

第二部分　植物和动物的解剖、生理、组织和器官的结构与功能

鱼类为单循环，心室、心房、静脉窦内流动的是缺氧血，心脏和血管模式图如图 40 所示。回答 31、32 题。

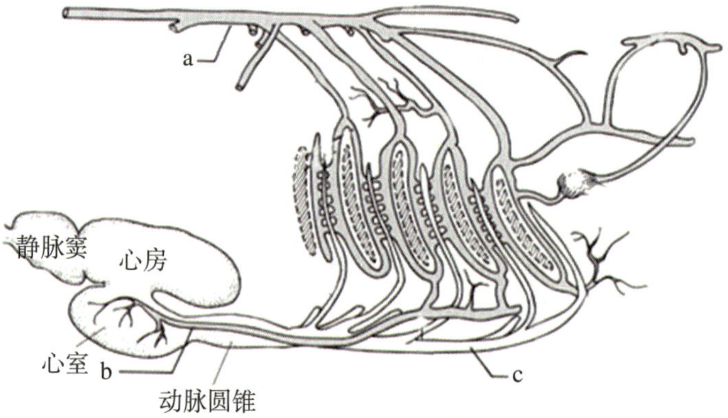

图 40

31 以下关于血管内血液氧气含量的表述正确的是(　　)。(多选)

A. 血管 a 中氧气含量高于 c　　　　B. 血管 a 中氧气含量高于 b

C. 血管 b 中氧气含量高于 c　　　　D. 血管 b 中氧气含量等于 c

解析 观察图 40 所示的鱼类心脏结构，包括一心房、一心室、静脉窦和动脉圆锥，所以其为软骨鱼的循环系统示意图。如图 41 所示，静脉窦(sinus venosus)是三角形的囊状腔，接收来自全身的静脉血，输送至心房(atrium)。心房很大，似乎包围着心室(ventricle)。心房将血液输送至心室，再输送至肌肉发达的管状动脉圆锥(conus arteriosus)，之后流出心脏。流出心脏的血液为缺氧血，经过腹主动脉(ventral aorta)和 5 对入鳃动脉(afferent branchial artery)进入鳃中进行气体交换。然后再收集含氧血，将其输送到身体的其他部位。需要注意，只有 4 对出鳃动脉(efferent branchial artery)，不存在第 5 对出鳃动脉。出鳃动脉进入背主动脉(dorsal aorta)，背主动脉向后方延伸，为身体的大部分供给含氧血。除此之外，还形成其他分支。例如，鳃下动脉(hypobranchial artery)通常起源于第 2 对出鳃动脉的腹端，通至动脉圆锥，分为冠状动脉

(coronary artery)和心包动脉(pericardial artery)。冠状动脉可见于动脉圆锥和心室,为其供给含氧血。

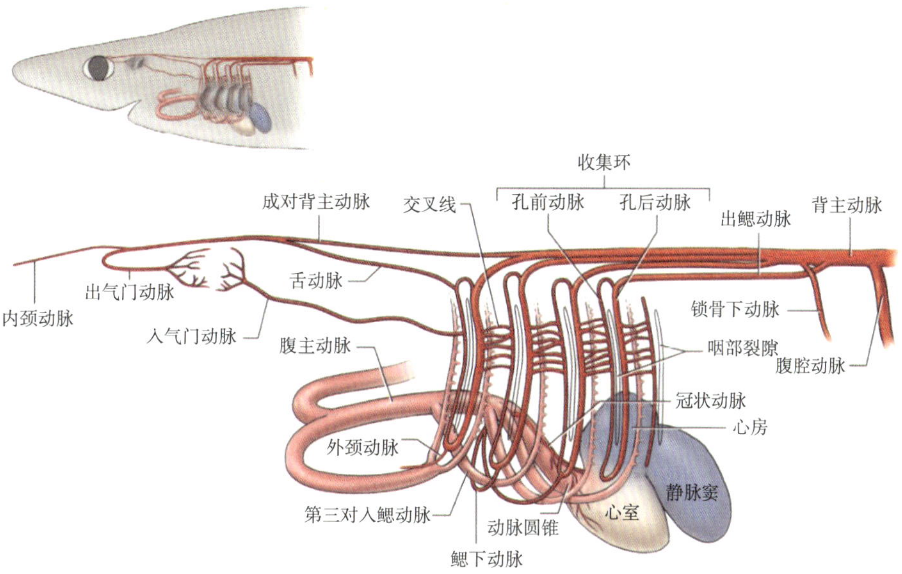

图 41

故在本题中,a 为背主动脉、b 为冠状动脉,其内为含氧血;c 为腹主动脉,其内为缺氧血。血管 a、b 中氧气含量高于 c,而血管 a、b 中氧气含量相等。A、C 选项正确。 **答案:AC。**

参考文献

[1] de Iuliis G, Pulerà D. The Dissection of Vertebrates[M]. 2nd ed. Academic Press, 2019.

32 血管 b 的功能相当于哺乳动物的哪一类血管?(　　)(单选)

A. 体动脉弓

B. 冠状动脉

C. 奇静脉

D. 腹腔肠系膜动脉

解析 见上题。 **答案:B。**

33 下列有关乌贼体壁颜色的描述正确的是(　　)。(单选)

A. 表皮为单层细胞,含有许多色素细胞

B. 色素细胞周围有微小的肌纤维,可向四周辐射并附着在其他细胞上

C. 肌纤维收缩时,色素细胞向四周扩展,细胞变成扁平状,色素颗粒分散,体色变浅

D. 每一个色素细胞会包含红色、黄色和黑色等多种色素

解析 乌贼的体壁由上皮及其下的结缔组织、肌肉等组成。上皮为单层细胞,表皮之下,真皮中含有许多色素细胞(chromatophore),A 选项错误。色素细胞中含有色素颗粒,细胞周围有微小的肌纤维向四周辐射并附着在其他细胞上,如图 42 所示,B 选项正确。在神经和激素的控制下,肌纤维收缩,色素细胞向四周扩展,细胞变成扁平状,色素颗粒展露,体色变深;当肌肉松弛时,色素细胞变小,色素颗粒在细胞内集中并隐蔽,体色变浅,C 选项错误。每一种色素细胞只包含一种色素,不同的细胞有红色、黄色、黑色等多种色素,D 选项错误。乌贼的真皮中

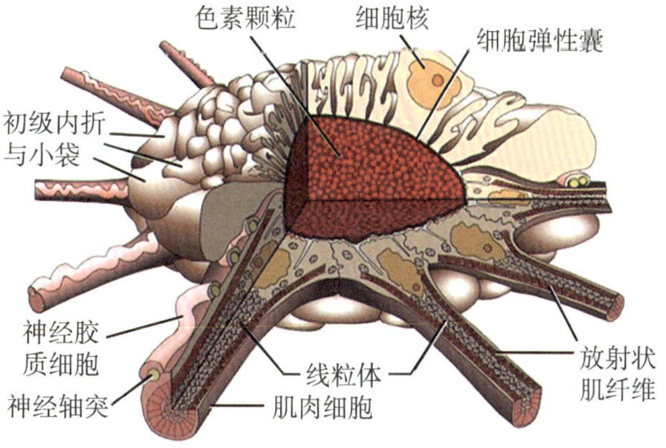

图 42

还有虹彩细胞(iridocyte)，这类细胞内无色素颗粒，但细胞膜经拉伸、折叠后，形成了衍射光栅一样的结构，使动物体表呈现各种光泽。 答案：B。

34 下列有关腔上囊的描述正确的是(　　)。(多选)

A. 腔上囊最早出现在两栖类，在爬行类中已普遍存在，在鸟类中最为发达

B. 腔上囊是位于泄殖腔背面的一个盲囊

C. 腔上囊在幼鸟中特别发达，随着性成熟逐渐退化

D. 腔上囊黏膜形成纵行皱褶，含有大量腺细胞，可以分泌淋巴液

解析 鸟类具有一种特有的中心淋巴器官，即腔上囊(bursa of Fabricius)，是位于泄殖腔背面的一个盲囊(图 43)。腔上囊壁由多皱的黏膜层、薄层平滑肌和浆膜组成，黏膜层固有膜中有大量淋巴上皮滤泡和与此相关的黏膜上皮的分化。

腔上囊是鸟类最早发生并提供 B 淋巴细胞的器官。迁入的淋巴干细胞在其中向抗体生成细胞分化，包括由淋巴干细胞分化为前 B 淋巴细胞，进而分化出现 IgM 生成细胞，再分化出现 IgG 生成细胞等，尤其是从 IgM 生成细胞向 IgG 生成细胞的转化必须依赖腔上囊的微环境。一旦腔上囊淋巴细胞迁出，外周体液免疫功能建立，腔上囊切除，对体液免疫反应的影响就会减弱乃至消失。A 选项错误，B、C 选项正确。

血浆通过毛细血管渗入组织间隙形成组织液，其中的大部分重新被毛细血管微静脉端吸收回毛细血管内，少部分则进入毛细淋巴管。所以淋巴液基本上是回收到淋巴管内的组织液，为浅黄色液体，内有水、电解质、少量蛋白质和淋巴细胞。故腔上囊并不会分泌淋巴液。D 选项错误。

腔上囊由医生法布里休斯(Hieronymus Fabricius ab Aquapendente)发现，因此也叫法氏囊，他在 1621 年发表的 *De Formatione Ovi et Pulli* 中首次描述了腔上囊(图 44)。 答案：BC。

图 43

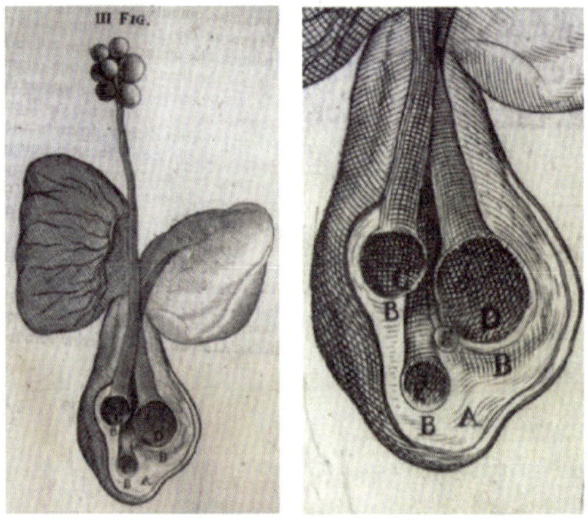

图 44

参考文献

[1] Ribatti D, Porzionato A, Emmi A, et al. The Bursa of Hieronymus Fabricius ab Aquapendente: From Original Iconography to Most Recent Research[J]. Rom. J. Morphol. Embryol., 2020, 61: 583.

35 鸟类的气囊和各级气管组成了独特的呼吸系统，气囊由前气囊(颈气囊、锁间气囊和前胸气囊)和后气囊(后胸气囊和腹气囊)组成，气囊是辅助呼吸器官。通过图 45 判断：在鸟类呼吸的过程中，从体外吸入的气体(气团 X)主要进入了后气囊，再经过一次呼气和吸气后，气团 X 可能存在于(　　)。(单选)

图 45

A. 结构 a 和 b
B. 结构 b 和 d
C. 结构 c
D. 结构 d

解析 双重呼吸是鸟类特有的呼吸方式，如图 46 所示，在第一个呼吸周期中，吸气时，吸入的气体大部分经过中支气管直接进入后气囊，一部分进入肺部，在微气管进行气体交换。呼气时，后气囊中的气体进入肺进行气体交换。在第二个呼吸周期中，吸气时，在第一个呼吸周期呼气时进入肺的这部分气体进入前气囊，并在呼气时排出体外。与此同时，在第二个呼吸周期中，新吸入的气体依旧大部分进入后气囊，一部分进入肺。通过这种方式，在吸气和呼气时都会进行气体交换，保证了氧气的充分供应。图 45 中的 a、b 为后气囊，c 为前气囊，d 为肺。从体外吸入的气体（气团 X，图 46 中深蓝色）主要进入后气囊，再经过一次呼气和吸气后（吸气，周期 2），气团 X 存在于前气囊。

答案：C。

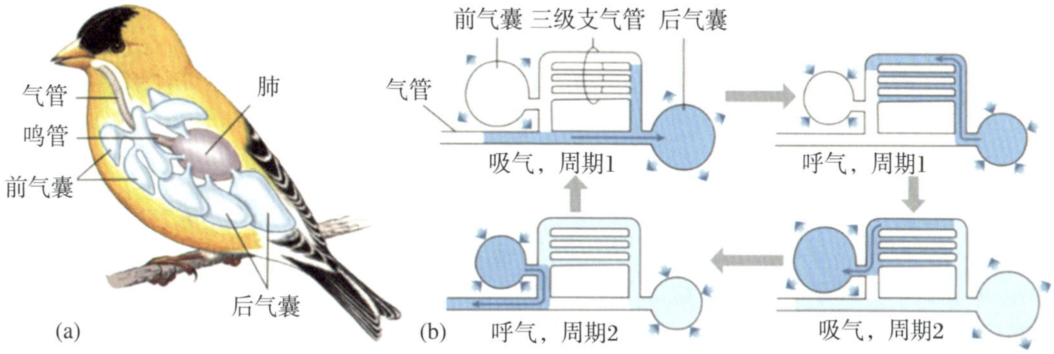

图 46

36

以下细胞类型参与血脑屏障形成的是（   ）。（单选）

A. 星形胶质细胞　　B. 神经元　　C. 少突胶质细胞　　D. 小胶质细胞

解析 星形胶质细胞（astrocyte）是哺乳动物中枢神经系统（CNS）中最丰富的胶质细胞。根据电镜分析，星形胶质细胞位于神经元和血管附近。在血管系统中，毛细血管内皮细胞（endothelial cell）被周细胞（pericyte）和基底膜（basal lamina）包围，星形胶质细胞紧紧包裹着这些微血管结构（图 47）。星形胶质细胞与周细胞一起，是血脑屏障的重要组成部分，从血液中选择和运输分子，并允许营养物质转移到神经元。

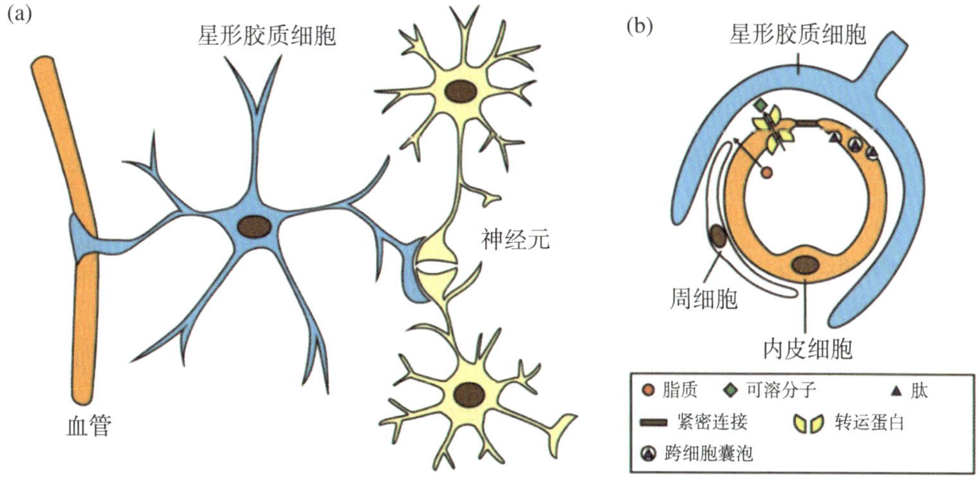

图 47

少突胶质细胞(oligodendrocyte)的细胞突起和分支较少，是包裹在中枢神经系统神经元轴突周围的髓鞘细胞，在神经元表面形成绝缘体，使电信号更有效地传播。小胶质细胞(microglial cell)是唯一来源于中胚层的神经细胞，作为特化的巨噬细胞，在神经系统中发挥免疫功能，清除有害物质，修复损伤，保护中枢神经系统不同类型的神经元。在某些情况下，例如阿尔茨海默病，小胶质细胞过度激活并引起严重的过敏反应，这是淀粉样斑块的原因之一。 答案：A。

参考文献

[1] Harada K, Kamiya T, Tsuboi T. Gliotransmitter Release from Astrocytes: Functional, Developmental, and Pathological Implications in the Brain[J]. Front. Neurosci., 2016, 9: 499.

37 如果血浆葡萄糖浓度超过肾小管对葡萄糖的转运极限，则(　　)。(单选)

A. 葡萄糖的排出率与滤过率相等

B. 葡萄糖的重吸收率与滤过率相等

C. 肾静脉与肾动脉的血浆葡萄糖浓度相等

D. 葡萄糖的排出率随血糖浓度的增高而增大

解析 正常人肾小球滤过液中的葡萄糖浓度与血浆中的浓度相同，但终尿中几乎不含葡萄糖，葡萄糖全部被重吸收入血。微穿刺实验表明，重吸收葡萄糖的部位仅限于近端小管，尤其是在近端小管前半段，其他各段肾小管都没有重吸收葡萄糖的能力。在近端小管，通过 Na^+-葡萄糖同向转运体完成对葡萄糖的主动重吸收。

近端小管对葡萄糖的重吸收是有一定限度的。当血浆葡萄糖浓度超过 180 mg/100 mL 时，有一部分肾小管对葡萄糖的吸收已达到极限(250 mg/min)，尿中开始出现葡萄糖，此时的血糖浓度称为肾糖阈(renal threshold for glucose)。血糖浓度再继续升高，尿中葡萄糖含量也将随之不断增加；当血糖浓度超过 300 mg/100 mL 后，全部肾小管对葡萄糖的吸收均已达到极限，此值即为葡萄糖吸收极限量。如图 48 所示。 答案：D。

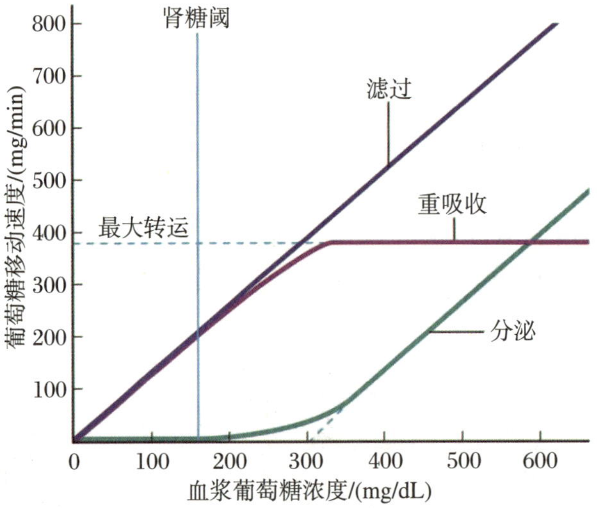

图 48

38 某人进食后约 20 min 有明显的排便意愿。已知该人身体健康，食物没有安全问题，请问以下哪个神经反射环路最有可能参与上述感受和行为过程？(　　)(单选)

A. 十二指肠结肠反射　　B. 肠胃反射

C. 胃结肠反射　　D. 小肠小肠反射

解析 胃结肠反射(gastrocolic reflex)是一种生理反射，它控制着餐后胃肠道的运动或蠕动。当食物进入胃中时，通过牵张受体、神经肽(5-羟色胺、胃泌素、胆囊收缩素)和肠道神经系统的协调反应会激活胃结肠反射，增加结肠的运动能力，主要包括移行性复合运动(MMC)，推动现有的肠道内容物通过消化系统(向直肠远端运动)。大肠还通过集团运动，以响应来自胃中机械拉伸受体。肠道神经系统控制着这些集团运动，在横结肠和左结肠中最活跃。这有助于将食物移向直肠，也是摄入一顿饭后出现排便冲动的原因。通过胃结肠反射，推动现有的肠道内容物通过消化系统(向直肠远端运动)，有助于为摄入的食物让路。C 选项正确。除此之外，胃内食物初步消化后的产物进到十二指肠后，刺激十二指肠，神经传导反射到结肠，也会使结肠运动增加(十二指肠结肠反射)，但比胃结肠反射发挥的作用要小，并且题干中提及进食后 20 min，食物团多位于胃中，A 选项错误。参与排便意愿的产生的反射应该与结肠有关，故排除 B、D 选项。排便控制如图 49 所示。 **答案：C。**

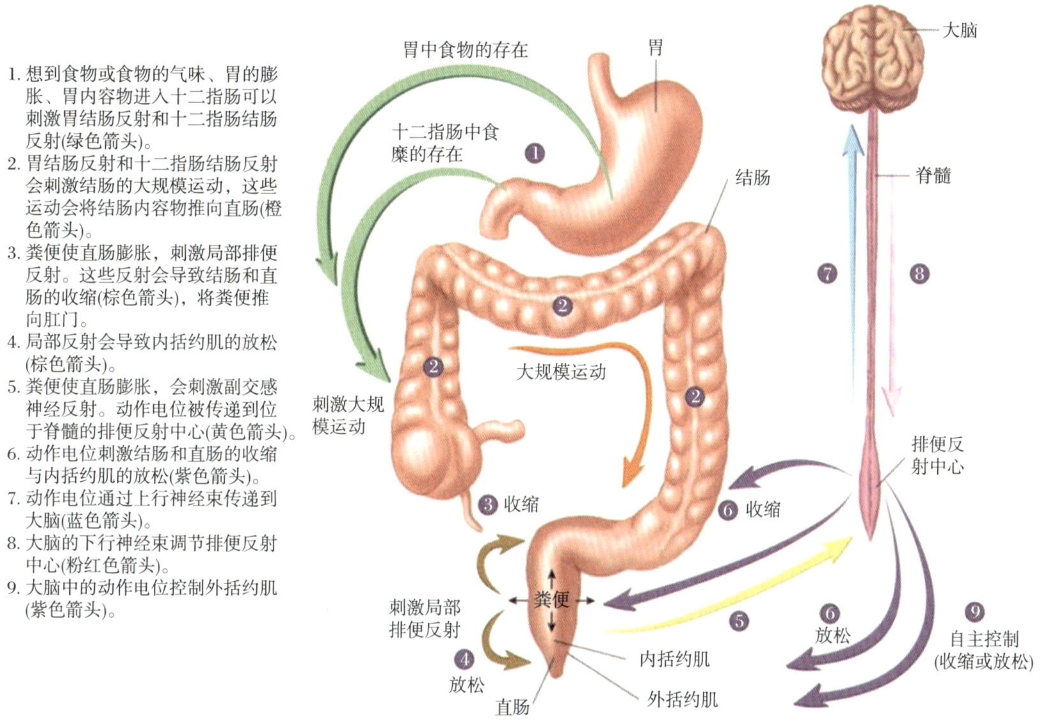

图 49 排便控制

参考文献

[1] Malone J C, Thavamani A. Physiology, Gastrocolic Reflex[M/OL]. Treasure Island (FL): StatPearls Publishing, 2024. [2024-8-22]. https://www.ncbi.nlm.nih.gov/books/NBK549888/.

39 下列关于抑制性突触信号传递的陈述正确的是(   )。(单选)

A. 某种神经递质选择性地打开突触后膜上配体门控的氯离子通道

B. 因为氯离子的平衡电位大约为 −70 mV，所以氯离子倾向于向胞外移动

C. 某种神经递质选择性地打开突触后膜上的钾离子通道，使得钾离子内流

D. 胞外的钠离子浓度升高常常直接实现突触后抑制的效果

解析 释放到突触间隙的神经递质与突触后膜上特异性的受体结合，通过触发配体门控离子通道开闭或者激活与第二信使系统偶联的其他膜受体，改变突触后膜对 Na^+、K^+、Ca^{2+} 或 Cl^- 等离子的通透性，引起突触后电流，使突触后膜发生去极化或超极化的电位变化，称为突触后电位(postsynaptic potential)。

根据发生电紧张电位的方向和作用，突触后电位又分为兴奋性突触后电位(EPSP)和抑制性突触后电位(IPSP)，如图 50 所示。兴奋性递质(如乙酰胆碱、谷氨酸等)与突触后膜上特异性受体的结合会使突触后膜对 Na^+ 和 K^+ 的通透性增大，且 Na^+ 内流大于 K^+ 外流，使突触后膜呈现去极化的电位变化，即产生 EPSP。抑制性递质(如 γ-氨基丁酸等)与突触后膜上特异性受体的结合会使突触后膜对 Cl^- 或 K^+ 的通透性增大，引起 Cl^- 内流或 K^+ 外流，从而阻碍 EPSP 的发生或使突触后膜呈现超极化的 IPSP。A 选项正确，C 选项错

误。静息电位主要是由安静时 K^+ 内流引起的,Na^+ 对静息电位贡献不大,影响的是动作电位,胞外 Na^+ 浓度升高并不会引起超极化;而胞外 K^+ 浓度下降则会引起超极化,D 选项错误。

在过去几十年里,生理学家一直认为 Na^+ 和 K^+ 是主动运输的,而 Cl^- 是被动分布的。通过 Na^+-K^+ 泵的作用,形成细胞内外的 Na^+ 和 K^+ 电化学梯度,远离电化学势平衡,而 Cl^- 处于电化学势平衡,即 Cl^- 平衡电位等于静息电位。如图 51 所示为在不同膜电位条件下,基于能斯特方程(Nernst equation)计算出的细胞内外 Cl^- 浓度的关系。

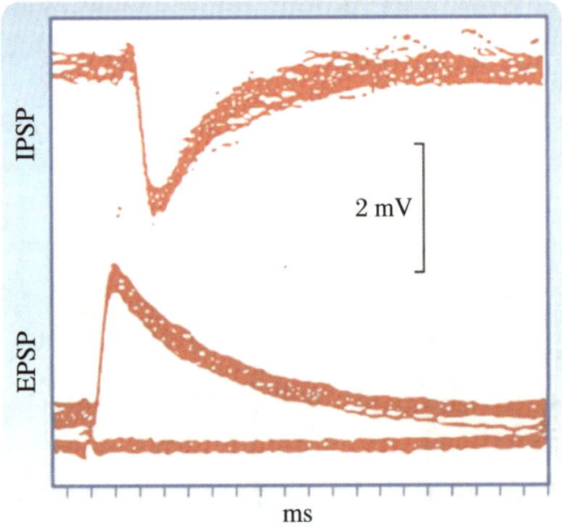

图 50

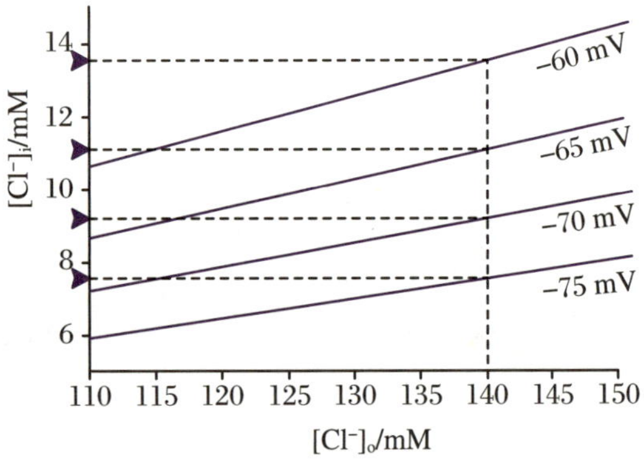

图 51

实际上,Cl^- 不是被动分布的。比如抑制性神经递质受体($GABA_A$、GlyR)是配体门控的 Cl^- 通道,其激活介导 Cl^- 内流,导致超极化。若 Cl^- 平衡电位等于静息膜电位,则不会发生此内流过程,故必须存在有某种主动的转运方式。研究发现在未成熟的中枢神经系统(CNS)神经元细胞内 Cl^- 浓度高,而成熟的 CNS 神经元细胞内 Cl^- 浓度低,如图 52(a)所示为大鼠神经元细胞内的 Cl^- 浓度从胚胎晚期(E)到出生后(P)16 天的变化。图 52(b)为甘氨酸处理时测得的逆转电位(reversal potential),即利用电压钳技术记录离子通道电流时,离子流动方向发生翻转的膜电位,对于仅通透单一离子的通道来说,其翻转电位实际上就等于该离子的平衡电位。图(b)结果显示 Cl^- 平衡电位下降。随着胞内 Cl^- 浓度下降,GABA/Gly 处理时产生的效果也不相同,在未成熟 CNS 中为 Cl^- 外流,导致去极化;在成熟 CNS 中为 Cl^- 内流,导致超极化(IPSP)。在发育过程中胞内 Cl^- 下降,与 NKCC1(Na^+-K^+-$2Cl^-$ 同向转运体,使用 Na^+ 电化学梯度驱动 Cl^- 内流)表达减少和 KCC2(K^+-Cl^- 同向转运体,使用 K^+ 电化学梯度驱动 Cl^- 外流)表达增加一致。综上,B 选项错误。

答案:A。

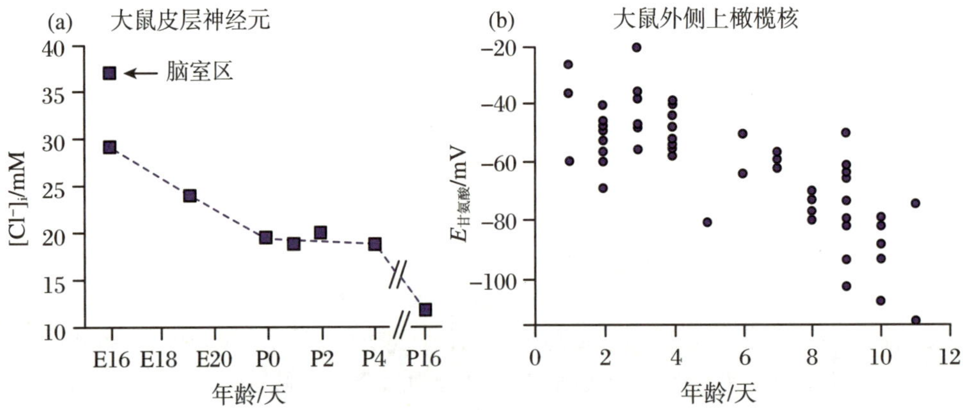

图 52

参考文献

[1] Delpire E, Staley K J. Novel Determinants of the Neuronal Cl(−) Concentration[J]. J. Physiol., 2014, 592: 4099.

40 考虑简单扩散和易化扩散的机制，它们共同具有的特征是(　　)。(单选)

A. 都能够被某种特异性的化合物抑制

B. 都不需要消耗 ATP

C. 都需要细胞膜上的载体蛋白

D. 随着扩散物质浓度的增加，扩散速率会达到饱和值

解析 物质的跨膜运输有三种主要形式：简单扩散、易化扩散和主动运输。简单扩散和易化扩散不需要消耗能量(例如 ATP)，物质从高电化学势或高浓度一侧向低电化学势或低浓度一侧运输，B 选项正确。简单扩散不需要膜转运蛋白的协助，而易化扩散需要膜转运蛋白的协助，C 选项错误。膜转运蛋白分为两种类型：载体蛋白和通道蛋白。载体蛋白与特异的溶质结合，通过自身构象的改变介导物质的跨膜转运，与酶催化反应相似，存在最大转运速率(饱和现象)。通道蛋白通过形成亲水性通道介导特异溶质的跨膜转运，无饱和值。D 选项错误。膜转运蛋白(易化扩散)会受到某种特异性的化合物抑制，A 选项错误。主动运输是由载体蛋白介导的物质逆着电化学梯度或浓度梯度进行跨膜运输的方式，是一种需要消耗能量的物质跨膜运输过程，其转运也会被某种特异性的化合物抑制。　**答案：B。**

41 图 53 展示了一个肌小节的“长度-张力”曲线，张力值在 *B* 点和 *C* 点间达到最大的分子基础是(　　)。(单选)

A. 肌动蛋白纤维之间互相重叠区域的长度最优

B. 肌球蛋白纤维之间互相重叠区域的长度最优

C. 肌小节与肌球蛋白纤维末端相互接触，有利于产生张力

D. 肌动蛋白纤维和肌球蛋白纤维互相重叠的长度最优

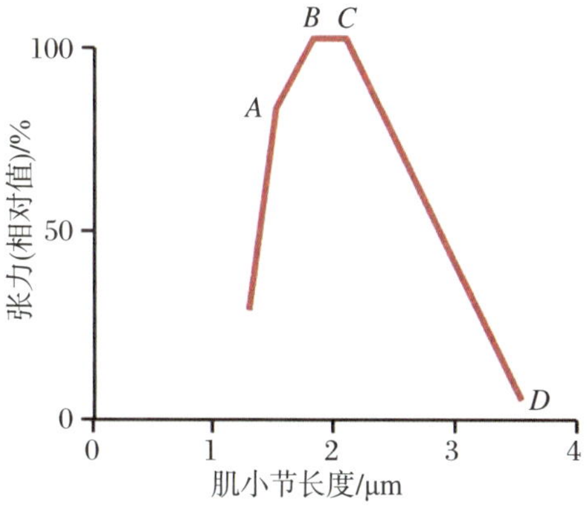

图 53

解析 将肌肉固定在不同的初长度(initial length)下，记录电刺激后产生的张力，可以得到一条肌肉初长度与张力的关系曲线，从中发现肌肉存在着一个最适初长度(optimal length)，在这一长度下，收缩能够产生最大的主动张力。肌肉的长度-张力关系曲线可以用肌小节长度的变化来解释。

A. F. Huxley 等人设计了一套光电机械装置，可以调节和控制一段蛙的单根肌纤维的长度，并测出在不同长度时收缩所产生的张力，希望证明粗、细肌丝重叠的程度与肌小节收缩所产生的张力相关。他们测得粗肌丝长 1.6 μm，其中央没有突起的区域长 0.15～0.2 μm，细肌丝(包括肌小节一端的 Z 线)长 2.05 μm，Z 线厚约 0.05 μm。实验发现：当肌小节的长度由 3.65 μm 减小到 2.20 μm 时，张力呈线性增加，此时粗肌丝与细肌丝重叠的程度和肌球蛋白横桥作用于细肌丝上的数目也呈线性增加；当肌小节的长度由 2.20 μm 减小到 2.00 μm 时，张力最大并保持不变，在这期间有效的横桥数没有改变(因为粗肌丝 0.2 μm 的中央区没有横桥)；肌小节的长度小于 2.00 μm 后，张力降低，此时肌小节两边的细肌丝在肌小节中部形成重叠，可能干扰横桥的作用而减少张力；当肌小节长度小于 1.70 μm 时，即粗肌丝两端都与 Z 线相接触后，能够作用于细肌丝的有效横桥数减少，张力大幅度降低。这些实测结果有效地验证了他们的假设，并表明肌肉收缩产生的张力与细肌丝接触的横桥数目成正比，最适初长度时粗、细肌丝之间的相对位置最佳，故肌肉可以产生最大的主动张力。　**答案：D。**

参考文献

[1] Herzog W, Leonard T, Joumaa V, et al. The Three Filament Model of Skeletal Muscle Stability and Force Production[J]. Mol. Cell. Biomech., 2012, 9: 17.

42 在细胞内信息传递中，以下哪一项不能作为第二信使？(　　)(单选)

A. TPK　　B. cGMP　　C. 钙离子　　D. 1,4,5-肌醇三磷酸

解析 胞外化学信号(第一信使)不能进入细胞，它作用于细胞表面受体，导致产生胞内信号(第二信

使），从而引发靶细胞内一系列生化反应，最后产生一定的生理效应。第二信使是指在胞内产生的非蛋白类小分子，通过其浓度变化（增加或减少）应答胞外信号与细胞表面受体的结合，调节细胞内酶和非酶蛋白的活性，从而在细胞信号转导途径中行使携带和放大信号的功能。目前公认的第二信使包括 cAMP、cGMP、Ca^{2+}、二酰甘油（DAG）、肌醇-1，4，5-三磷酸（IP_3）和 3，4，5-三磷酸磷脂酰肌醇（PIP_3）等。

在 NO 导致血管平滑肌舒张的作用中，乙酰胆碱作用于血管内皮细胞表面 M 型受体，激活 NO 合酶（NOS）的活性，促进 NO 合成，NO 扩散至邻近（平滑肌）靶细胞而发挥作用。NO 激活靶细胞内具有鸟苷酸环化酶（GC）活性的 NO 受体。NO 可与 GC 活性中心的 Fe^{2+} 结合，改变酶的构象，导致 GC 活性增强，cGMP 水平升高。cGMP 激活依赖 cGMP 的蛋白激酶 G（PKG），抑制肌动-肌球蛋白复合物信号通路，导致血管平滑肌舒张。

在激活磷脂酶 C（以 IP_3 和 DAG 作为双信使）的 G 蛋白偶联受体介导的信号通路中，磷脂酰肌醇被磷酸化后水解为 1，4，5-肌醇三磷酸（IP_3），与钙通道结合后释放钙离子进入胞质，因此钙离子和 1，4，5-肌醇三磷酸（IP_3）均可作为第二信使。

TPK 为酪氨酸蛋白激酶（tyrosine protein kinase），分为受体型和非受体型。受体型酪氨酸激酶（RTK）是细胞表面受体，其胞外配体是可溶性或膜结合的多肽或蛋白类激素，如多种生长因子、胰岛素和胰岛素样生长因子。 答案：A。

43 某健康成年女性在跑步机上做健步走运动时，动脉血压由运动前的 110 mmHg（收缩压）/70 mmHg（舒张压）变化至 145 mmHg（收缩压）/60 mmHg（舒张压），心率和搏出量分别由每分钟 75 次和大约 80 mL 变化至每分钟 130 次和大约 110 mL。下列分析合理的是（　　）。（单选）

A. 与运动前相比，运动时平均动脉压升高超过 10 mmHg

B. 运动时，收缩压升高可由搏出量增大来解释，舒张压降低则表明总外周阻力可能下降

C. 运动时，对于心输出量的增大，搏出量比心率有更大的贡献

D. 如果服用一种 β-肾上腺素能受体拮抗药（心得安），其运动耐量将提高

解析 在不同生理情况下，心脏的泵血功能随机体代谢和运动状态的变化而发生相应改变。心输出量随机体代谢需要而增加的能力称为心功能储备（心力储备），可用心脏的每分钟最大输出量来表示。心力储备的大小取决于搏出量储备和心率储备的程度以及二者的匹配程度。在进行剧烈的体力活动时（例如题干中的跑步），体内交感-肾上腺系统的活动增强，机体可以通过动用心率储备和收缩期储备使心输出量增加。故服用一种 β-肾上腺素能受体拮抗药（心得安），运动耐量（所能承受的最大运动强度）将降低，D 选项错误。

心动周期中每一瞬间动脉血压的平均值称为平均动脉压（MAP），其数值 = 舒张压 + 1/3 脉压。故运动前 MAP 约为 83 mmHg，运动后约为 88 mmHg，增加 5 mmHg。A 选项错误。

当搏出量增加而外周阻力和心率变化不大时，动脉血压的升高主要表现为收缩压的升高，舒张压升高可能不明显，脉压会增大。在一般情况下，收缩压的高低主要反映心脏每搏输出量的多少。故运动时，收缩压升高可由搏出量增大来解释。如果心输出量不变而外周阻力增加，则心舒期中血液流向外周的速度减慢，心舒期末存留在主动脉中的血量增多，使舒张压升高。由于动脉血压升高使血流速度加快，收缩压的升高不如舒张压明显，故脉压减小。在一般情况下，舒张压的高低主要反映外周阻力的大小。故运动时，由骨骼肌血管的舒张导致总外周阻力下降，表现出舒张压降低。B 选项正确。

运动时心输出量的增加更多依靠提高心率来实现，心率由 75 次增加到 130 次，增加了多于 50%，而搏出量受限于心脏物理容积，由 80 mL 增加至 110 mL，增加不到 50%。C 选项错误。 答案：B。

44 下列关于神经元的陈述正确的有（　　）。（多选）

A. 突触后神经元表面的局部区域分布了一些突触，它们产生的突触电位无法叠加并诱导出动作电位

B. 时间上连续的几次突触电位可以产生叠加的效果，并可能诱导出动作电位

C. 神经元的兴奋性被“易化”是指某种因素导致它的膜电位发生一定程度的去极化

D. 兴奋性突触不会发生突触疲劳的现象

解析 一个突触后神经元可以接受一个乃至数千个突触前传入，产生的突触后电流既有 EPSC 也有

IPSC。突触后膜电位改变的总趋势取决于同时产生的 EPSC 和 IPSC 的总和。通常，当突触传入的瞬间总和为超极化电流时，突触后神经元表现为抑制；相反，突触传入的瞬间总和去极化到阈电位水平，就会在轴突基部的轴丘(axon hillock)处爆发一个动作电位，并向突触后神经元轴突和胞体两个方向传播。A 选项错误。我们把突触后神经元对各种突触前信号的综合处理过程称为整合(integration)。

不同突触同时发生的突触后电位累加产生的膜电位变化称为空间总和(图 54 的 C)。同一突触相继发生的突触后电位累加产生的膜电位变化称为时间总和(图 54 的 B)。B 选项正确。突触后神经元对突触前信号的整合过程中既有时间总和也有空间总和。

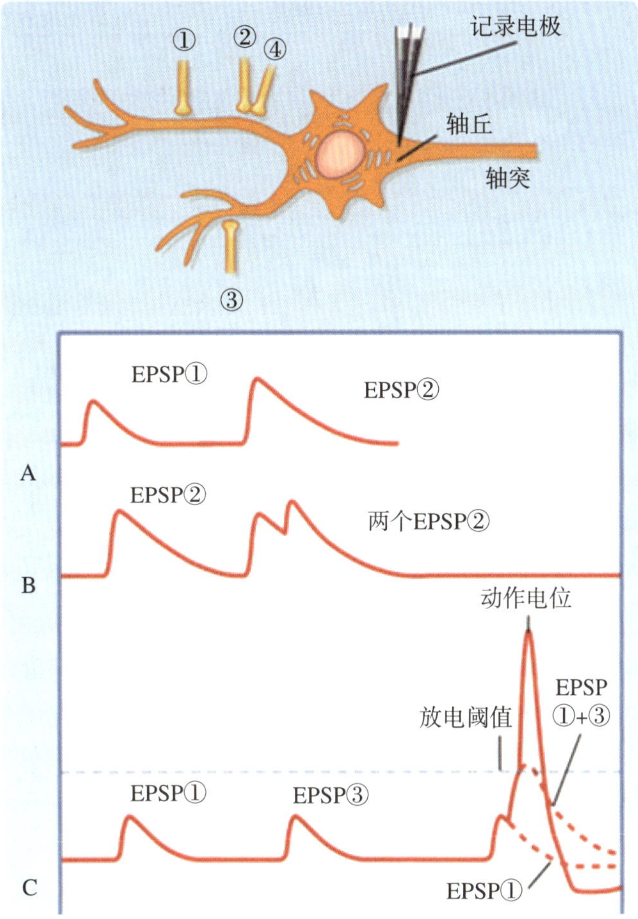

图 54

神经元的兴奋性升高(也就是"易化")指的是神经元对刺激的反应变得更加强烈，容易产生动作电位或产生更多的动作电位。这种情况发生在突触后神经元的膜电位部分去极化的场景中，这种去极化过程导致细胞内电位变得更正，并接近动作电位的阈值，使得神经元更容易产生动作电位。C 选项正确。兴奋性突触的突触疲劳是指在高频刺激下，突触释放的神经递质逐渐减少，导致神经元对刺激的反应减弱。这可能是由于能量耗尽或神经递质无法及时合成，还可能与离子通道的失活和恢复过程有关。突触疲劳对于机体的意义在于可以调节神经元活动，防止过度兴奋和过度信号传递。D 选项错误。 答案：BC。

45 在内耳毛细胞感受声音的过程中，主要是下列哪种离子进入静纤毛后导致毛细胞去极化？(　　)(单选)

A. 钙离子　　B. 氯离子　　C. 钠离子　　D. 钾离子

解析 负责声音传导的神经装置是科蒂氏器，它位于耳蜗管内基底膜上，由几个部分组成，包括三排外毛细胞、一排内毛细胞、一层胶状的盖膜和多种类型的支持细胞。人体的科蒂氏器包含 15000 个外毛细胞和 3500 个内毛细胞。

声音是由科蒂氏器转化为电信号的。声波引起鼓膜振荡，这些振荡通过听小骨传到前庭阶。这就产生了前庭阶和鼓阶之间的压力差，使基底膜移位，同时也使科蒂氏器移位。由于基底膜和盖膜的相对位移产生剪切力，毛细胞的静纤毛发生弯曲。

如图 55 所示，当基底膜的振动导致内毛细胞上的短纤毛向长纤毛侧弯曲时，细胞顶部的机械门控通道开放，引起 K^+ 内流（注意内淋巴高 K^+ 低 Na^+，类似于细胞内液），使膜发生去极化，激活基底部的电压门控钙通道，Ca^{2+} 内流，触发递质释放，将听觉信号传递给听神经。当基底膜的振动导致长纤毛向短纤毛侧弯曲时，细胞顶部的机械门控通道关闭，使膜发生超极化，无递质释放。 答案：D。

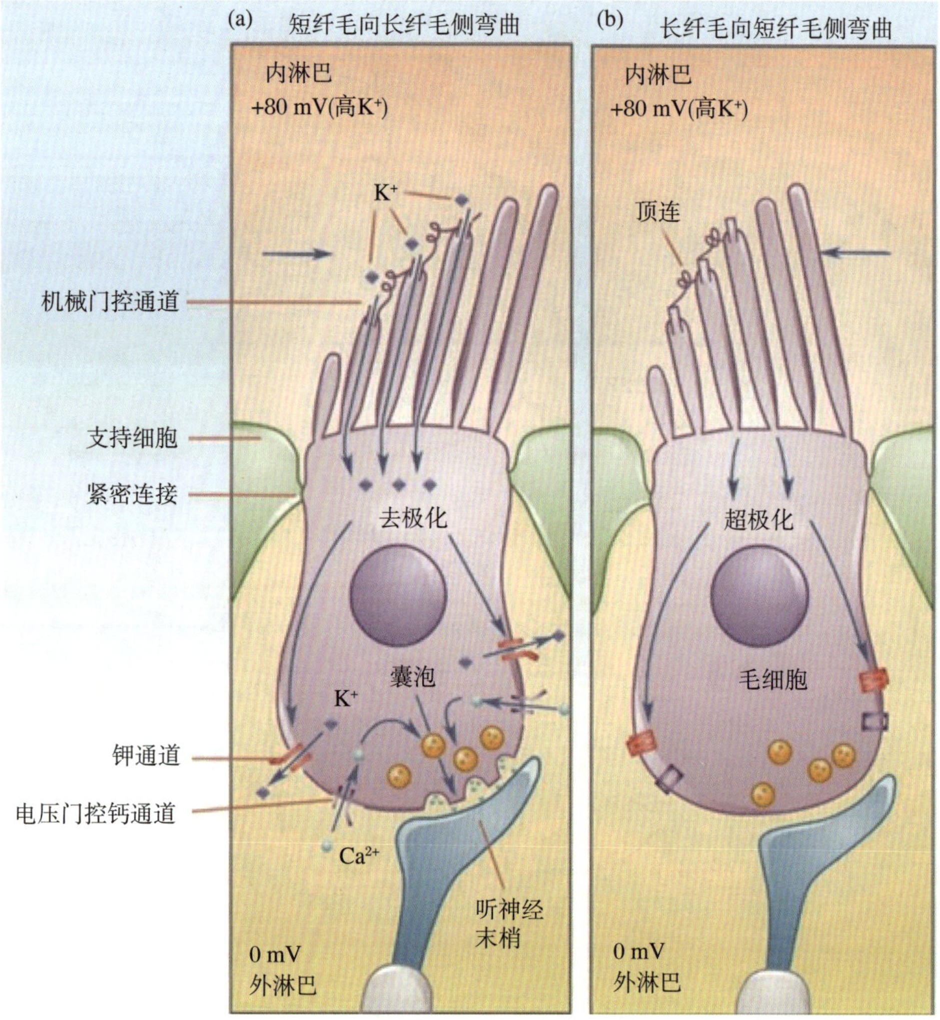

图 55

46 已知哺乳类某细胞的胞浆和细胞外液中钙离子浓度分别为 0.0001 mM 和 1 mM，静息膜电位为 −90 mV。下列说法正确的是（ ）。（多选）

A. 钙离子的平衡电位接近 +122 mV

B. 在静息状态下，钙离子倾向于向细胞外流动

C. 在静息状态下，钙离子跨细胞膜流动的驱动力不足 90 mV

D. 在静息状态下，钙离子跨细胞膜流动的驱动力超过 90 mV

解析 由于离子电荷的存在，驱动离子跨膜迁移的能量来源除了膜两侧的浓度差还有电位差。能斯特（Walter Nernst）于 1888 年推导出能斯特方程，可计算出跨膜净电流为 0 时的膜电位，称为平衡电位。能斯特方程如下所示：

$$V_m = -\frac{RT}{ZF}\ln\frac{[X]_i}{[X]_o}$$

其中 R 为普适气体常数；T 为绝对温度；$[X]_i$为细胞内 X 的浓度；$[X]_o$为细胞外 X 的浓度；Z 为价态；F 为法拉第常数；V_m为膜电位。

在室温条件下，能斯特方程可近似为

$$V_m = -\frac{61\ \text{mV}}{Z}\lg\frac{[X]_i}{[X]_o}$$

将数值$[X]_i = 0.0001$ mM 和$[X]_o = 1$ mM 代入，得 $V_m = +122$ mV。A 选项正确。

在静息状态（膜电位为 −90 mV）下，电化学梯度驱动 Ca^{2+} 内流，钙离子跨细胞膜流动的驱动力为 122 mV − (−90 mV) = 212 mV。B、C 选项错误，D 选项正确。 **答案：AD。**

47 根尖的结构来源于根端分生组织的原始细胞。在拟南芥的研究中发现下列哪些结构来自同一个原始细胞？（　　）（多选）

A. 根冠　　B. 表皮　　C. 皮层　　D. 维管组织

解析 在胚胎发育中，除了顶-基轴上细胞和组织的差别，从胚胎内部到表皮延伸出的辐射轴上也有差别。在拟南芥中，沿辐射轴的组织分化最初在球形胚(globular)中出现，平周分裂将胚胎分成三个放射状的区域。最外层的细胞形成单细胞厚度的表皮层，称为原表皮层(protoderm)，原表皮层最终分化为表皮。基本分生组织(ground meristem)的细胞在原表皮层下，随后基本分生组织形成皮层（介于维管组织和表皮间的基本组织），在根和胚轴中，产生内皮层。位于中心区域的则为原形成层(procambium)，最终产生维管组织，包括在根中产生中柱鞘。拟南芥胚胎发育过程中径向模式事件的顺序如图 56 所示。在胚胎的轴模式中可以看到，不同物种间细胞分裂模式类型显著不同，同时在细胞分裂模式被破坏的突变体中，基本辐射模式依然能建立，因此精确严格的细胞分裂次序并不是建立基本辐射模式所必需的。

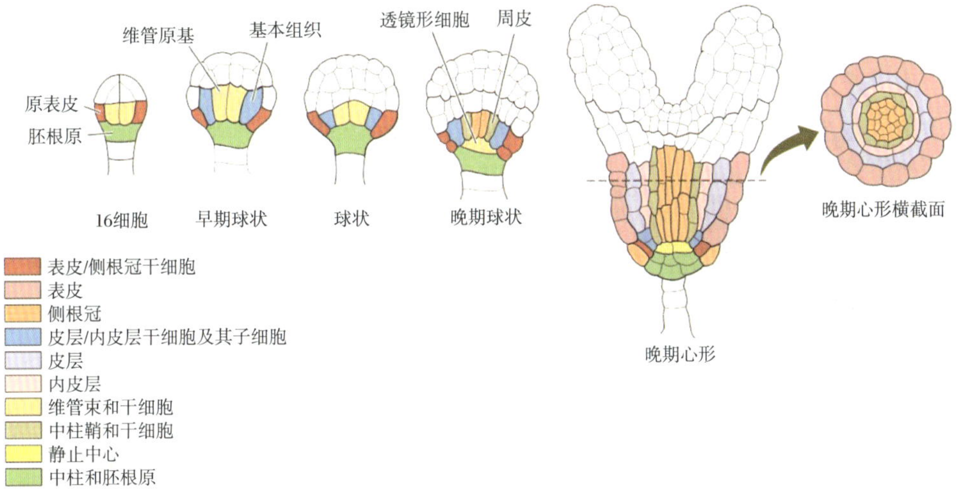

图 56

图 57 为拟南芥的根尖示意图。红线包围的是根干细胞龛(root stem cell niche, SCN)，由静止中心(QC)和包围 QC 的活跃分裂的干细胞（称为起始细胞(initials cell)）组成。起始细胞分裂产生子细胞，这些子细胞保持在有序的细胞文件中(cell files)，并共同形成构成根的所有组织。在 SCN 内，中柱起始细胞（深粉色）分裂形成成熟分化的中柱细胞。维管起始细胞（深黄色）形成维管组织。基本组织起始细胞（深绿色）的子细胞形成皮层和内皮层。QC 的外侧是表皮/侧根冠起始细胞（深蓝色），产生表皮和侧根冠。故选 A、B。但是本题官方答案为 B、C，原因不明。 **答案：BC。**

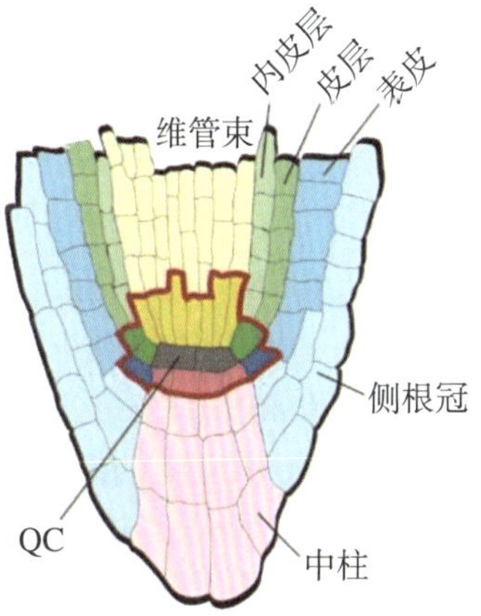

图 57

参考文献

[1] Taiz L, Zeiger E, Moller I M, et al. Plant Physiology and Development[M]. 6th ed. Sinauer Associates, Inc., 2014.

[2] Pardal R, Heidstra R. Root Stem Cell Niche Networks: It's Complexed! Insights from *Arabidopsis*[J]. J. Exp. Bot., 2021, 72: 6727.

利用根尖为材料对某种二倍体植物的体细胞染色体数进行观察,发现 $2n=16$。图 58 的(1)~(9)显示了该种植物雌配子体的发育过程,图(1)中 MMC 箭头指向大孢子母细胞。观察图片,回答 48~50 题。

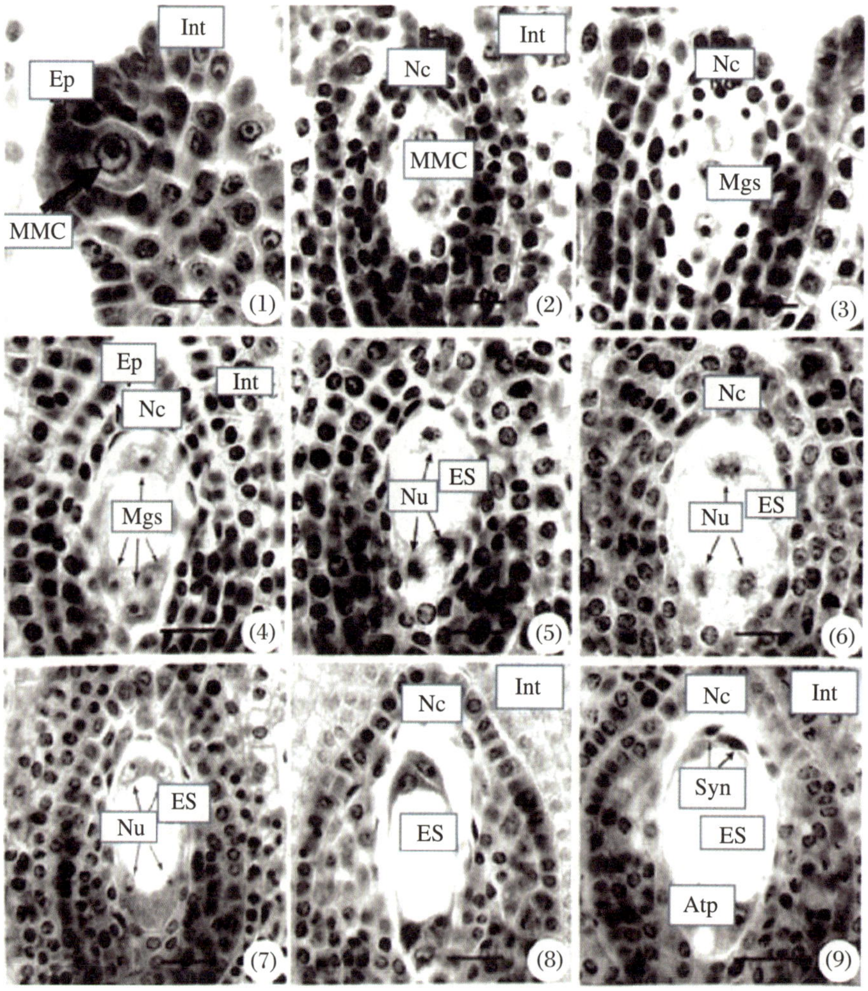

图 58

48 图 58 的(4)中 Nc、Mgs 和 Int 标注的结构分别是(　　)。(单选)

A. 珠被、珠心、子房壁

B. 子房壁、大孢子、珠被

C. 珠心、大孢子、珠被

D. 珠被、大孢子、子房壁

解析 被子植物的胚囊发育类型主要有三种:单孢型(蓼型)、双孢型(葱型)和四孢型(贝母型)。如图 59、图 60 所示:在单孢型中,大孢子母细胞通过减数分裂形成 4 个含单相核的大孢子。其中位于珠孔端的 3 个退化,合点端的 1 个大孢子经过 3 次核分裂,最终发育为 8 核、7 细胞的胚囊。在双孢型中,大孢子母细胞在减数第一次分裂时出现细胞壁,成为二分体,二分体中仅合点端的进一步发育,进行减数第二次分裂,形成 2 个单倍体的核,之后经过 2 次核分裂,发育为 8 核、7 细胞的胚囊。在四孢型中,大孢子母细胞在减数分裂形成的 4 个单倍体的核一起参与胚囊的形成。珠孔端的核经过 2 次核分裂,形成 1 卵细胞核、2 助细胞核和 1 极核(n)。合点端的 3 个核融合后,经过 2 次核分裂,形成 3 反足细胞核和 1 极核($3n$)。

本题的关键在于判断图 58 中的植物胚囊发育为哪种类型。图 58 中 MMC 为大孢子母细胞,Ep 为表皮,Int 为珠被,Nc 为珠心,Mgs 为大孢子,Nu 为细胞核,ES 为胚囊,Syn 为助细胞,Atp 为反足细胞。图 61

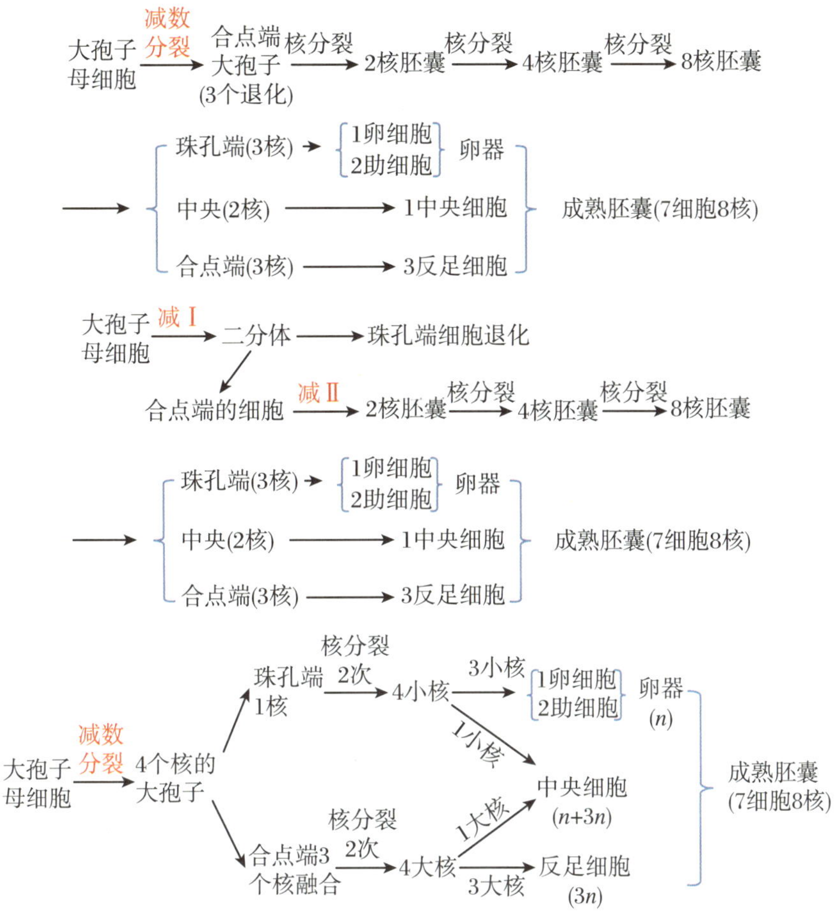

图 59

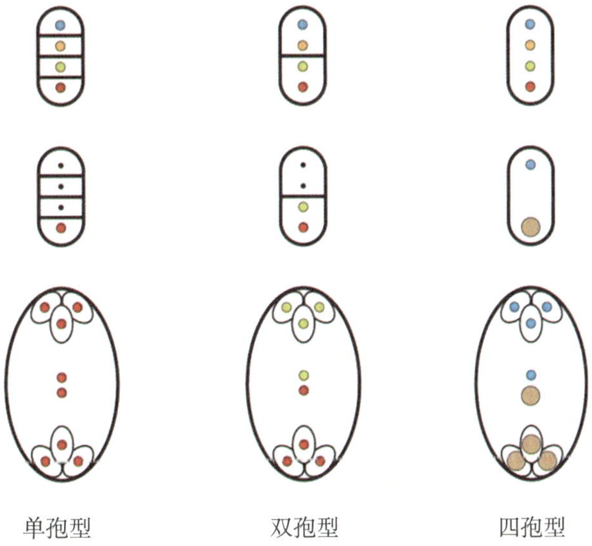

图 60

(a)(b)分别为图 58 的(4)(5),图中显示有 3 个大孢子移向一极(合点端),并具有纺锤体融合的现象,所以为四孢型胚囊发育。并能推断出图中上方为珠孔端,下方为合点端,从而判断 Syn 为助细胞(n),Atp 为反足细胞($3n$)。

图 62 为百合(*Lilium* sp.)的胚囊发育过程,图(h)和(i)分别对应于图 58 的(4)(5),图(i)示合点端 3 个核融合成三倍体核。 **答案:C。**

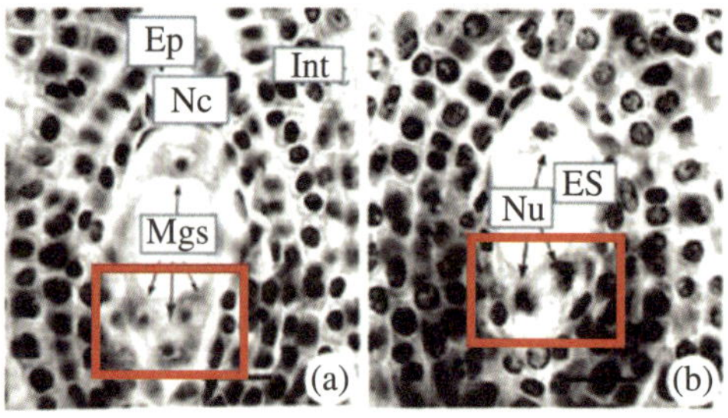

图 61

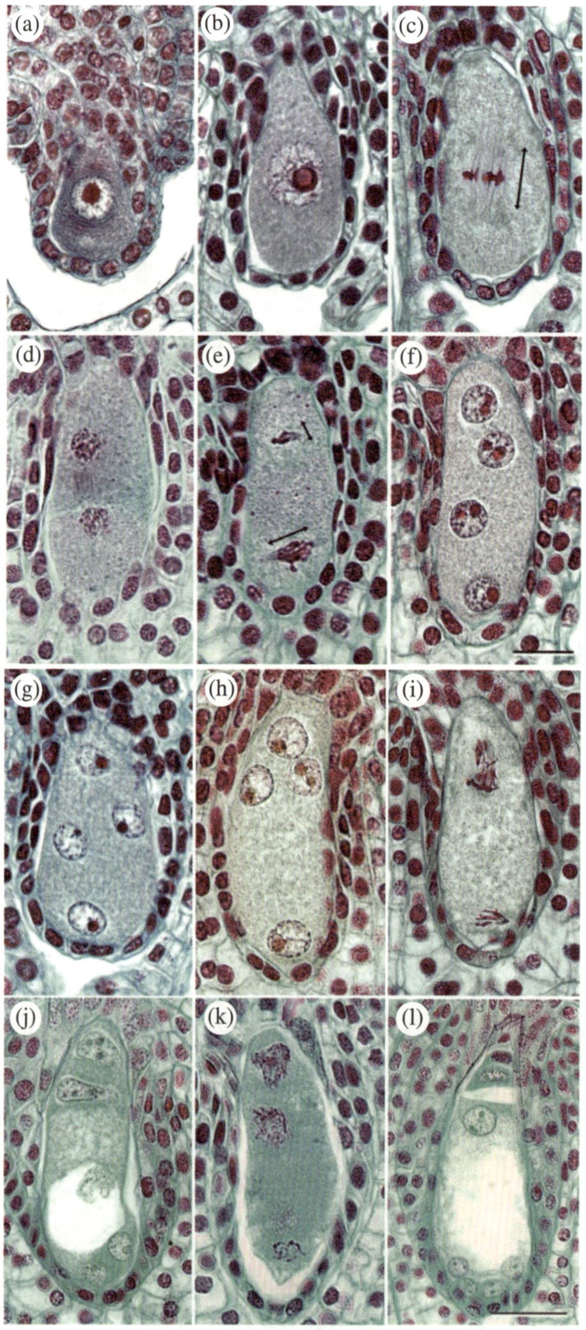

图 62

参考文献

［1］ Haig D. Poles Apart：Monosporic，Bisporic，and Tetrasporic Embryo Sacs Revisited［J］.

Frontiers in Ecology and Evolution, 2020.

[2] Crang R, Lyons-Sobaski S, Wise R. Plant Anatomy [M]. Springer International Publishing, 2018.

49 图 58 的(9)中 Syn 和 Atp 标注的细胞及它们的染色体数目分别是(　　)。(单选)

A. 卵细胞 8,助细胞 8　　B. 助细胞 8,反足细胞 16

C. 卵细胞 8,助细胞 16　　D. 助细胞 8,反足细胞 24

解析 如前所述,Syn 为助细胞(n),Atp 为反足细胞($3n$)。除此之外,根据选项也能判断其胚囊发育类型,首先卵细胞和助细胞组成卵器,位于一端,故 A、C 选项排除。无论是单孢型还是双孢型,其反足细胞均为单倍体(n),仅四孢型中反足细胞为三倍体($3n$),故 B 选项排除。图 58 为四孢型胚囊的物种,反足细胞为三倍体($3n$),D 选项正确。　**答案:D。**

50 根据图 58 可以推断,该植物经过双受精后(　　)。(单选)

A. 胚乳细胞的染色体数目是 24　　B. 胚乳细胞的染色体数目是 36

C. 胚乳细胞的染色体数目是 40　　D. 胚乳细胞的染色体数目是 16

解析 如前所述,四孢型胚囊中中央细胞的两个核分别为 n 和 $3n$,加上精核(n),最终由受精极核发育成的胚乳为 $5n$(图 63)。　**答案:D。**

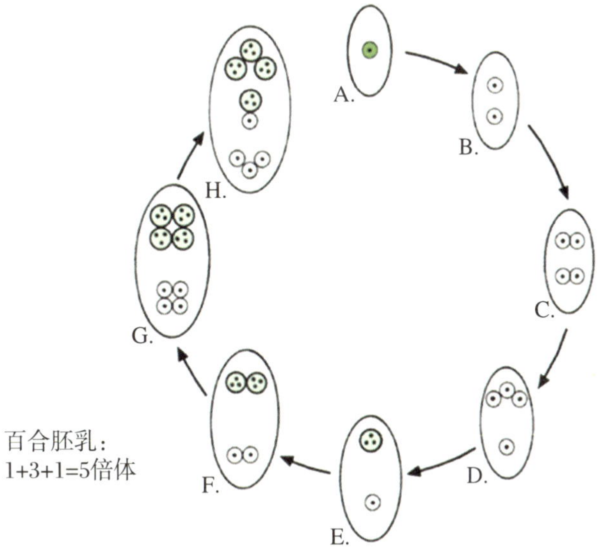

图 63

51 关于拟南芥根顶端分生组织(RAM, root apicalmeristem)研究,下列叙述错误的是(　　)。(单选)

A. RAM 由静止中心、围绕着静止中心的　圈干细胞和干细胞分裂的子细胞组成

B. 静止中心细胞决定周围的细胞具有干细胞的身份

C. 破坏静止中心的细胞,其下方的干细胞分裂形成新的静止中心

D. 干细胞通过不对称分裂保持自我更新和产生干细胞后裔

解析 如图 64 所示为拟南芥根顶端分生组织的结构,由静止中心(QC)、起始细胞(干细胞)和起始细胞分裂的子细胞组成。拟南芥根的所有组织由根部顶端分生组织的一小部分起始细胞发育而成。A 选项正确。

静止中心是在根分生组织远端的一组表现出低有丝分裂活性的细胞。QC 区域的特点是吲哚-3-乙酸(IAA)的高水平合成和积累与由相对低水平的抗坏血酸导致的氧化环境。当周围分生组织受损时,静止中心能够恢复正常的细胞分裂,在损伤修复中发挥重要作用。当静止中心被切除掉时,相邻起始细胞不能正

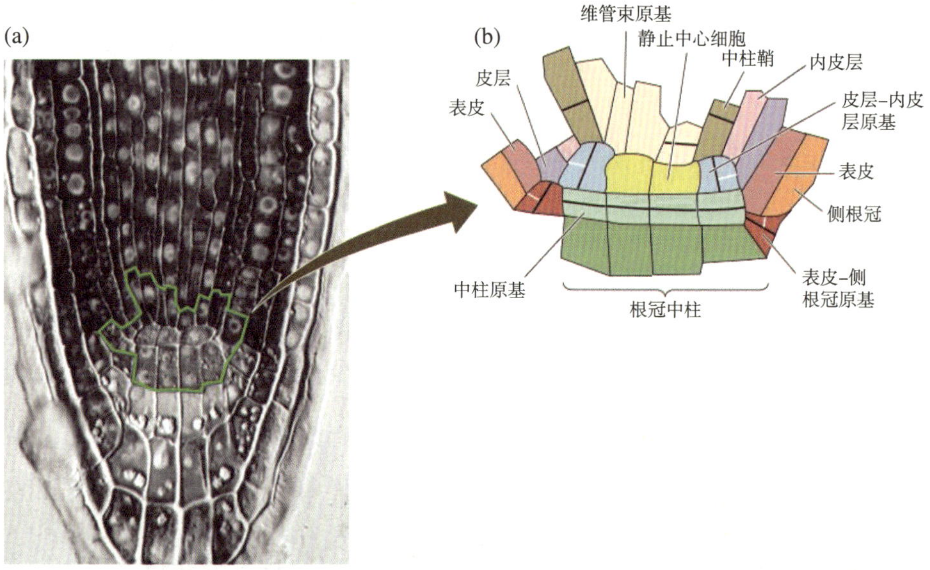

图 64

常分裂并且提早分化，这表明静止中心可以产生一种能够维持相邻的起始细胞不发生分化，而且保证它们起始细胞正常分裂的信号。B 选项正确。

Claudia 等人在 1995 年做了一个实验：将静止中心的细胞用射线破坏掉，观察根尖细胞命运的变化。实验结果显示，当静止中心细胞被破坏后，在其上方又重新形成新的静止中心。Xu Jian 等人在 2006 年同样将静止中心的细胞用射线破坏掉后，观察 WOX5（WOX5 是静止中心标记）定位的改变。实验结果同样显示，当静止中心细胞被破坏后，在其上方又重新形成新的静止中心。如图 65 所示。C 选项错误。

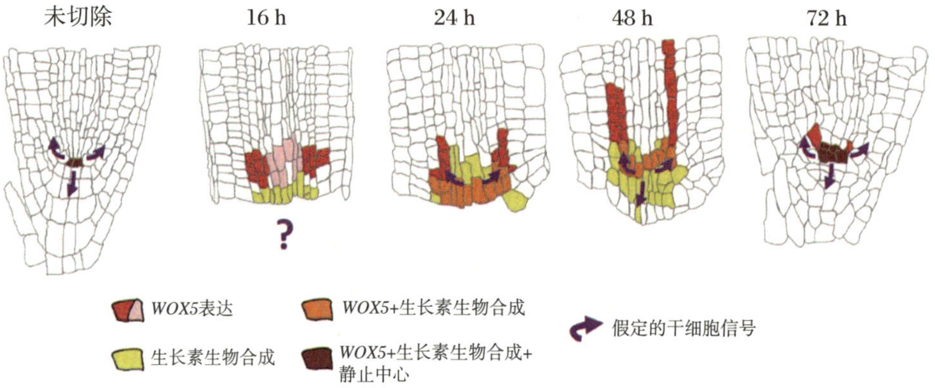

图 65

干细胞能通过不对称分裂，在维持干细胞池（stem cell pool）的同时扩增干细胞分化潜能，即保持自我更新和产生干细胞后裔。D 选项正确。 答案：C。

参考文献

[1] Matosevich R, Efroni I. The Quiescent Center and Root Regeneration[J]. J. Exp. Bot., 2021, 72: 6739.

[2] van den Berg C, Willemsen V, Hage W, et al. Cell Fate in the *Arabidopsis* Root Meristem Determined by Directional Signalling[J]. Nature, 1995, 378: 62.

[3] Xu J, Hofhuis H, Heidstra R, et al. A Molecular Framework for Plant Regeneration[J]. Science, 2006, 311: 385.

52 如果将大豆从北纬 25°种植区移到北纬 45°种植区种植，则结果是（　　）。（单选）

A. 大豆的生长期缩短，提前开花，提前结荚　　B. 大豆的结荚率提高，产量增加

C. 大豆的抗寒性减弱，易受寒害　　D. 大豆的生育期推迟，推迟开花

解析 大豆为短日照植物，其临界夜长约为 10 h，只有暗期超过 10 h 才能从营养生长转入生殖生长，进而开花结荚。如图 66 所示，大豆品种北移种植时往往晚花晚熟、生长期延长，甚至不能开花或正常成熟；南移种植时则一般表现为过早开花、生长期缩短，产量降低甚至不能正常生长。　答案：D。

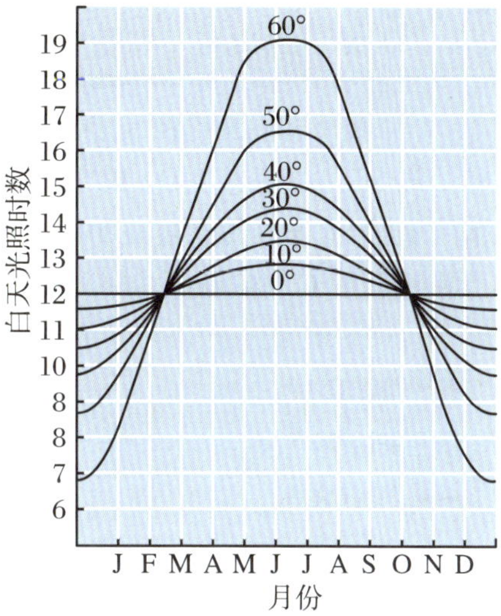

图 66

53 刚成熟的种子处于休眠状态。请判断种子在成熟过程中，下列两种激素的变化趋势是（　　）。（单选）

A. 脱落酸升高、赤霉素升高　　B. 脱落酸降低、赤霉素升高

C. 脱落酸升高、赤霉素降低　　D. 脱落酸降低、赤霉素降低

解析 植物进化出种子，通过为胚胎生长和抵抗不利的环境条件提供营养，使其得以生存和扩散。种子的形成是一个复杂的过程，大致可分为胚胎发育期和成熟期，其特点是贮藏化合物的积累、干燥耐受性的获得、生长的停止和休眠的获得。种子的形成需要多种信号通路的协调调节。赤霉素（GA）和脱落酸（ABA）是公认的拮抗调节种子发育和萌发的主要激素。ABA 调控种子成熟，包括调控休眠、贮藏化合物积累和干燥耐受性等方面，如图 67 所示。答案：C。

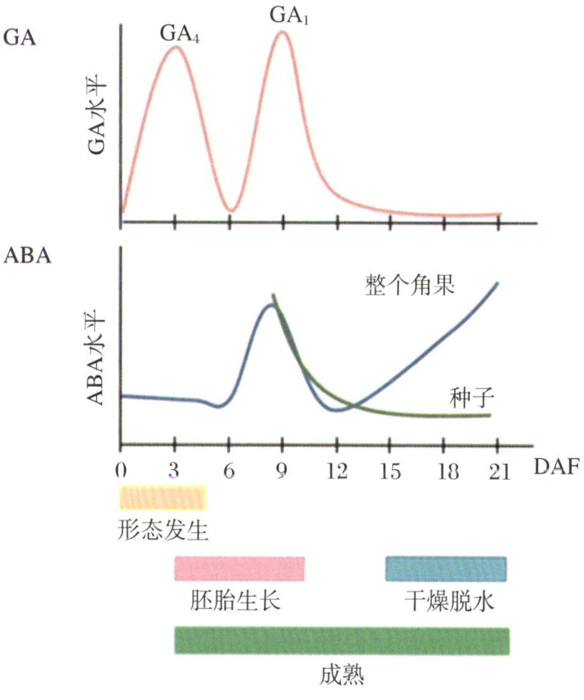

图 67

参考文献

[1] Kozaki A, Aoyanagi T. Molecular Aspects of Seed Development Controlled by Gibberellins and Abscisic Acids[J]. Int. J. Mol. Sci., 2022, 23: 1876.

54 极端的环境条件如高温和干旱会引起植物细胞死亡，导致细胞内的电解质渗漏。表 2 为热激不同的时间后，拟南芥幼苗所浸泡的水溶液的电导率。请判断三种基因型的细胞对热激的敏感程度：（　　）。（单选）

表 2

	0 h	1.0 h	2.0 h	4.0 h
基因型 A	17.99	20.15	27.53	38.23
基因型 B	20.44	22.32	23.56	27.19
基因型 C	15.82	19.85	29.54	45.11

A. C>A>B　　　　B. C>B<A

C. A>B>C　　　　D. B>A>C

解析 由题意可得：在热激后，拟南芥幼苗所浸泡的水溶液的电导率变化越大，细胞内的电解质渗漏越多，代表细胞对热激越敏感。故对热激敏感程度 C>A>B（图 68）。 答案：A。

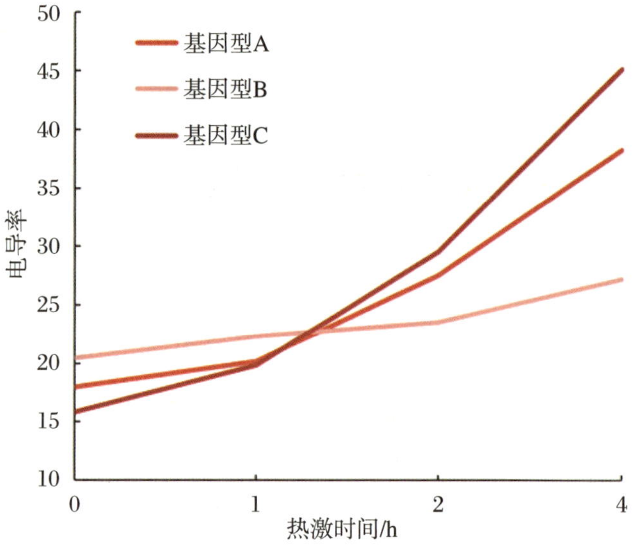

图 68

55 为了研究质外体 pH 与根系生长之间的关系，将野生型烟草幼苗在 pH = 5.8 的培养基上培养，之后换成 pH = 6.15 的培养基，根系生长速度的变化情况是什么？如果将 pH = 5.8 的培养基换成 pH = 5.1 的培养基，根系生长速度的变化情况是什么？已知植物生长素（IAA）和油菜素甾醇（BR）均能促进植物根系生长，这两种激素中哪种能改变质外体的 pH 从而影响根系生长？以下描述合理的是（　　）。（单选）

A. 换成 pH = 6.15 的培养基后根系生长速度升高，换成 pH = 5.1 的培养基后根系生长速度降低，IAA 能调控质外体 pH 从而影响根系生长

B. 换成 pH = 6.15 的培养基后根系生长速度升高，换成 pH = 5.1 的培养基后根系生长速度降低，BR 能调控质外体 pH 从而影响根系生长

C. 换成 pH = 6.15 的培养基后根系生长速度降低，换成 pH = 5.1 的培养基后根系生长速度升高，IAA 能调控质外体 pH 从而影响根系生长

D. 换成 pH = 6.15 的培养基后根系生长速度降低，换成 pH = 5.1 的培养基后根系生长速度升高，BR 能调控质外体 pH 从而影响根系生长

解析 生长素促进细胞伸长生长的效应是非常迅速的，从处理到发挥效应之间的滞后时间大约是 10 min，同时伴随着细胞壁的酸化，如图 69 所示。生长素诱导的细胞壁酸化与促进生长的迟滞期一样，都是 10～15 min。在中性的缓冲液中，即使含有生长素，由于细胞壁酸化受到抑制，细胞的伸长生长也会受到抑制；相反，无生长素的酸性缓冲液可以促进细胞的伸长生长。根据上述实验结果，20 世纪 70 年代初人们提出了生长素促进细胞伸长生长的酸生长理论（acid growth hypothesis）。

根据酸生长假说，氢离子介导生长素对细胞壁松弛的作用。生长素诱导增加了质膜上 H^+-ATPase 的

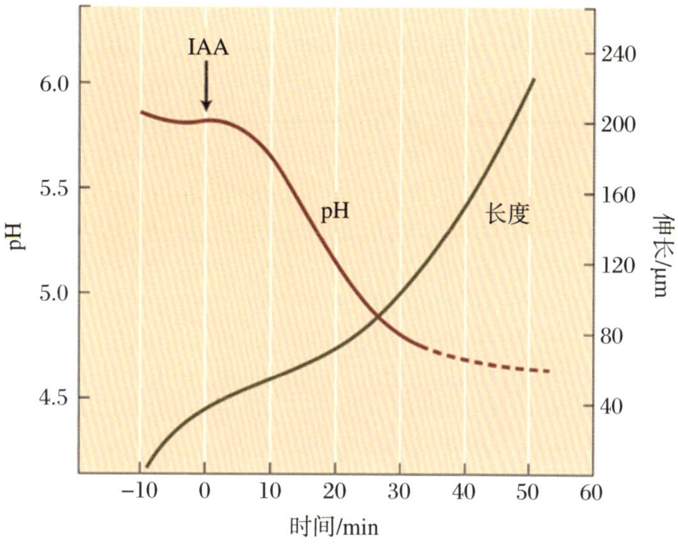

图 69　玉米胚芽鞘中生长素诱导的伸长和细胞壁酸化的动力学曲线

细胞壁酸化和伸长速率增加的延滞时间一致(10～15 min)。

数量及活性(图 70),促进氢离子分泌,导致细胞壁酸化,扩张蛋白(expansin)在酸性条件下可以弱化细胞壁多糖组分间的氢键,因而使细胞壁松弛,促进细胞伸长。

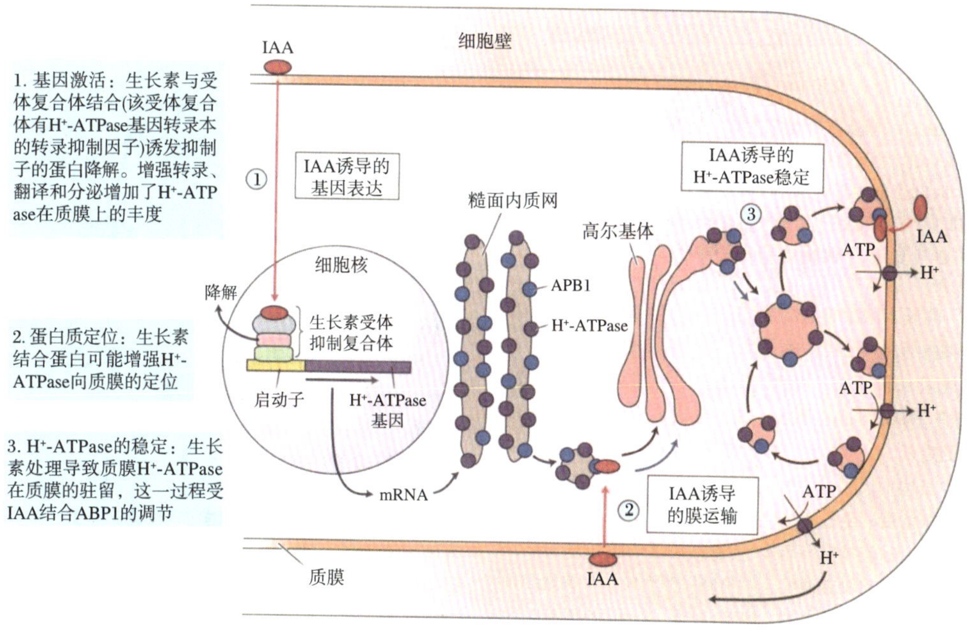

图 70

故根据酸生长假说,将野生型烟草幼苗在 pH = 5.8 的培养基上培养,之后换成 pH = 5.1 的培养基,根系生长速度增加;而换成 pH = 6.15 的培养基后,根系生长速度降低。在分离的细胞壁中同样观察到此现象,如图 71 所示,当细胞壁周围的缓冲液被 pH = 4.5 的缓冲液替代时,壁的伸长速度增加。C 选项正确。

除此之外,油菜素甾醇(BR)也具有促进细胞伸长的作用。BR 促进细胞伸长的机制和生长素促进细胞壁伸长的酸生长机制类似,如图 72 所示,BR 能够激活质膜上 H^+-ATPase 的活性,促进 H^+ 的分泌,促进细胞伸长。故本题中 D 选项实际上也是正确的。　**答案:C。**

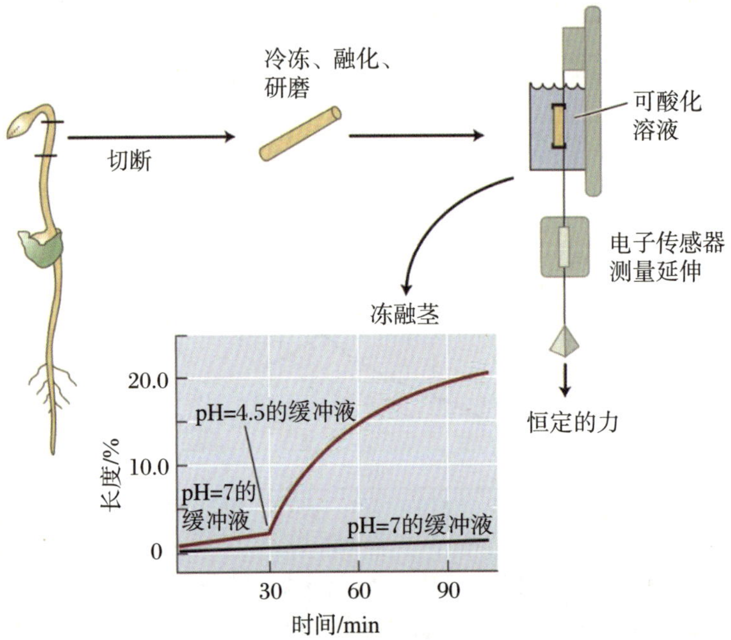

图 71

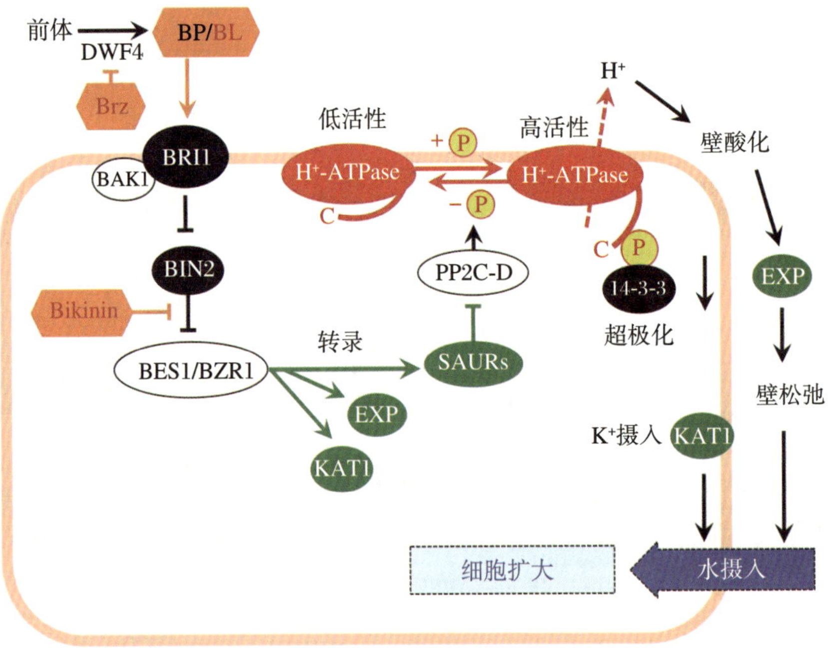

图 72

参考文献

[1] Minami A, Takahashi K, Inoue S I, et al. Brassinosteroid Induces Phosphorylation of the Plasma Membrane H$^+$-ATPase during Hypocotyl Elongation in *Arabidopsis thaliana*[J]. Plant. Cell. Physiol., 2019, 60: 935.

56 生活在低温下的植物通过(　　)增加其抗寒能力。(多选)

A. 增加细胞含水量　　B. 增加细胞内糖类、脂类和蛋白质含量

C. 降低细胞含水量　　D. 降低细胞内糖类、脂类和蛋白质含量

解析 低温对植物的影响分为两种类型:冷害和冻害。在冻害中,零下低温将引起植物体内组织结冰,特别是胞内结冰将对细胞造成直接的机械伤害。随着温度下降,植株含水量逐渐减少,尤其是自由水与束

缚水的相对比值减小。由于束缚水不易结冰，因此总含水量减少和束缚水含量相对增多有利于减少结冰对细胞的机械损伤。C 选项正确。

在温度下降时，还通过积累可溶性的糖（葡萄糖、蔗糖等）、氨基酸，既提高细胞液浓度，使冰点降低，又可缓冲细胞质过度脱水，保护细胞质基质不致遇冷凝固。除了可溶性糖，脂质也是保护物质之一。在越冬期间北方树木枝条特别是越冬芽的胞间连丝消失，脂质化合物集中在细胞质表层，水分不易透过，代谢降低，细胞内不容易结冰，亦能防止过度脱水。由低温诱导的抗冻蛋白也可结合在冰晶表面，并阻止和减缓冰晶的生长。B 选项正确。 **答案：BC。**

57 植物导水率（K）是指单位压力梯度（MPa）下植物传导水分的通量（kg/s）。植物根、茎和叶的导水率分别用 K_{root}、K_{stem} 和 K_{leaf} 表示。请结合植物形态解剖学和植物生理学的相关知识，判断以下哪些因素会影响植物导水率：（　　）。（多选）

A. 水通道蛋白的表达和活性　　B. 木质部导管的数量和直径

C. 从叶脉到气孔的路径长度　　D. 气孔密度和气孔导度

解析 维管植物通过由根、茎和叶组成的网络，将水分从根部运输到叶片。植物导水率（K）是植物水分运输的重要特性，指单位压力梯度（MPa）下植物传导水分的通量（kg/s），受多方面因素的影响。

植物水通道蛋白（AQP）是由 6 个跨膜的 α-螺旋和 5 个环组成的跨膜蛋白，影响着植物体内水分的运输。例如在根内皮层细胞上，AQP 的表达水平影响水穿过内皮层的阻力，导致根部导水率的变化。A 选项正确。

维管（木质部导管）是植物体内水分运输的途径，因此维管的特性决定了植物的轴向导水率。木质部导管可以视作圆柱管，导管中的水流遵循泊肃叶定律：

$$K_h = \frac{\pi\rho}{128\eta}\sum_{i=1}^{n} d_i^4$$

其中 K_h 为导水率；ρ 是水的密度；η 为水的动态黏度；d_i 是导管的直径；n 是导管的数量。B 选项正确。

叶片的解剖影响着叶片导水率。早期的研究中提出 K_{leaf} 与面积维管密度相关，以单位面积维管长度（vein length per area，VLA）表示。预计 VLA 与 K_{leaf} 呈正相关，因为单位叶面积有更多维管系统，提供更多平行流动路径，从而增加叶片木质部内导水率（K_x），并减少从维管到蒸发点的路径长度，从而增加叶片木质部外导水率（K_{ox}）。C 选项正确。

水分从叶片丧失的重要调节因子是蒸腾途径中的扩散阻力，如图 73 所示，它包括两个可变的组分：一是通过气孔扩散时气孔本身的阻力，即叶气孔阻力（leaf stomatal resistance，r_s）。叶气孔阻力可以通过气孔

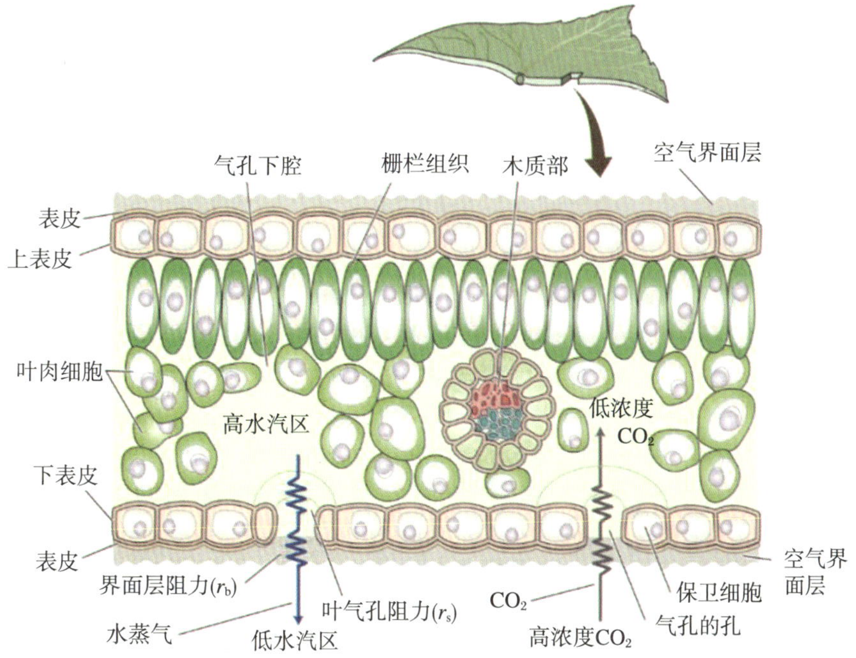

图 73

密度和气孔的张开/关闭来调节。例如脱落酸(ABA)应答水分胁迫,ABA 作用于保卫细胞,将导致 K^+ 外流,保卫细胞失水,导致气孔关闭,叶导水率下降。二是水蒸气从叶片扩散到大气的湍流层,就必须穿过叶片表面的静止空气层,这也会对水分的扩散产生阻力,被称为叶片界面层阻力(boundary layer, r_b)。D 选项正确。 答案:ABCD。

参考文献

[1] Geng D L, Lei L I, Yang Y S, et al. Factors Affecting Hydraulic Conductivity and Methods to Measure in Plants[J]. 农业科学学报(英文版), 2022, 21: 310.

[2] Buckley T N, John G P, Scoffoni C, et al. How Does Leaf Anatomy Influence Water Transport outside the Xylem? [J]. Plant. Physiol., 2015, 168: 1616.

[3] Xiong D, Flexas J, Yu T, et al. Leaf Anatomy Mediates Coordination of Leaf Hydraulic Conductance and Mesophyll Conductance to CO_2 in Oryza[J]. New Phytol., 2017, 213: 572.

58 由于木质部汁液中溶解有气体或导管的负压作用使气体从侧壁纹孔中进入,木质部导管中气泡膨胀的现象称为气穴现象,气泡较大时会堵塞管道,造成栓塞(embolism)。水分向上运输的能力取决于水柱的连续性,因此栓塞会降低植物的导水性。脆弱曲线反映了不同物种对栓塞的敏感程度,是根据植物枝条、茎或根系的导水率损耗的百分比与实验条件下外加给木质部的相应张力强度即水势而绘成的曲线。为了比较不同植物对栓塞的敏感程度,研究人员通常会对比当植物导水率降低到 50%时所对应的水势(Ψ_{50})。Ψ_{50}这个数值的大小也能反映出植物长期生长环境的状况。已知四种植物①、②、③、④的 Ψ_{50} 分别是 −2 MPa、−8 MPa、−4 MPa 和 −6 MPa,请推测哪种植物生长在相对比较干旱的生境中:(　　)。(单选)

A. ①　　B. ②　　C. ③　　D. ④

解析 在严重的干旱胁迫下,植物需要更强的蒸腾作用来冷却叶片。然而,伴随干旱胁迫而来的土壤水分减少限制了水分的吸收。因此,木质部水势(Ψ_x)下降,最终水开始在导管中汽化。这种突然的相变产生了气泡栓塞,阻碍了水在导管中的流动,减少了水从根部到叶片的运输(即木质部气穴(xylem cavitation))。

脆弱曲线(vulnerability curve, VC)如图 74 所示,对木质部气穴的脆弱性反映了在干旱胁迫下木质部气穴发生的难易程度。Ψ_{50}值(即木质部导水率降低到 50%时的木质部水势)常被用作比较不同物种对木质部气穴脆弱性的指标。脆弱性最终由导管的解剖学特征决定,包括导管直径、网络组织和导管间的纹孔膜。

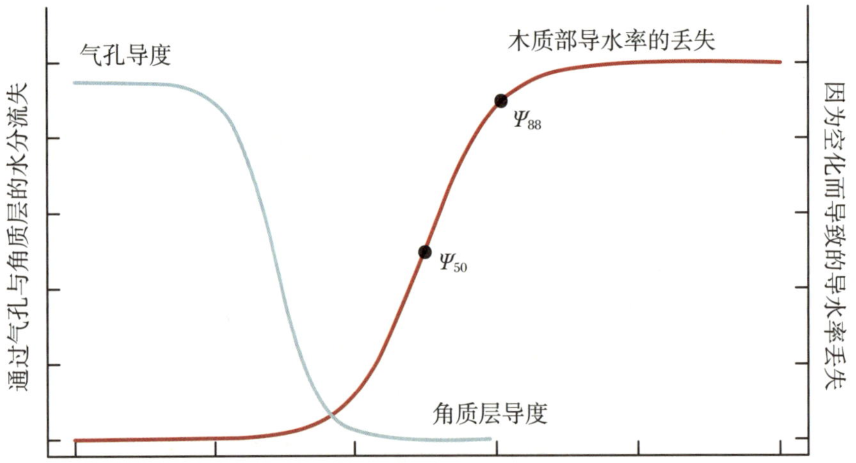

图 74

根据题干所述,Ψ_{50}的绝对值越大,代表植物自身的导水率对外界水势变化越不敏感,生存在干旱生境中的植物应该 Ψ_{50}的绝对值较大,故选择 B 选项。实际上,Ψ_{50}并不能完全决定抗旱性。例如塔斯马尼亚硬叶林的物种的 Ψ_{50}可低至 −4.5 MPa,高至 −2 MPa,尽管这些物种都生活在相同的栖息地,面临相似的干旱胁迫。这种变化可能解释了为什么植物在干旱胁迫下使用各种策略来减少水分流失和增加 Ψ_x。

答案:B。

参考文献

[1] Geng D L, Lei L I, Yang Y S, et al. Factors Affecting Hydraulic Conductivity and Methods to Measure in Plants[J]. 农业科学学报(英文版), 2022, 21: 310.

[2] Choat B, Brodribb T J, Brodersen C R, et al. Triggers of Tree Mortality under Drought[J]. Nature, 2018, 558: 531.

59 高温会导致植物热形态建成,最典型的热形态建成是高温下植物幼苗的下胚轴伸长加剧,因此下胚轴长度常常作为植物热形态建成的指标。通过测量在高温下突变体的下胚轴长度,科学家确定了转录因子 PIF4 和 BZR1 在调控植物热形态建成中起重要作用。图 75 中 BL 是植物激素油菜素内酯,*pif*4-2 和 *bzr*1-1*D* 分别是 PIF4 和 BZR1 的功能缺失和功能获得性突变体,Col-0 是拟南芥哥伦比亚生态型。下列叙述错误的是(　　)。(多选)

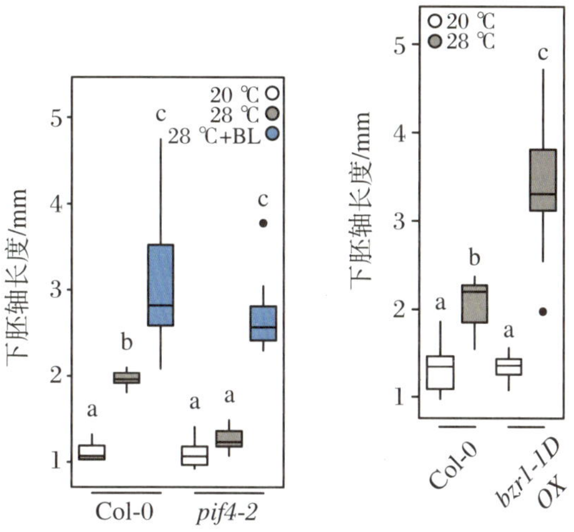

图 75

A. PIF4 促进植物热形态建成,而 BZR1 抑制植物热形态建成

B. 油菜素内酯处理可以拯救 *pif*4-2 对高温不敏感的短下胚轴的表型

C. 在植物热形态建成调控过程中,由实验数据可以判断油菜素内酯信号途径的作用位于 PIF4 转录因子的上游

D. 植物热形态建成受到多种环境条件和多种激素途径的精细调控

解析 热形态建成(thermomorphogenesis)被定义为一系列形态变化,有助于适应升高的环境温度。虽然热诱导信号转导的许多细节尚不清楚,但最近发现和光信号转导有相似之处。它涉及的光受体也能感知环境温度的变化,并通过抑制温度信息中心整合因子 PIF4 蛋白活性来发挥作用。PIF4 不仅直接激活促进生长的基因,而且通过诱导生长素(IAA)的生物合成和信号传递,促进细胞伸长。基于在模式植物拟南芥中对具有温度诱导的下胚轴伸长缺陷突变体的诱变筛选,结果表明 PIF4 和 IAA 的功能都取决于油菜素内酯(BR)。遗传和药理学分析表明 BR 位于 PIF4 和 IAA 的下游。如图 76 所示,研究发现,BR 通过转录因子 BZR1 起作用,该转录因子在高温下在细胞核中积累,诱导促生长基因的表达。此外,研究发现,在高温下 BZR1 与 *PIF4* 的启动子结合,诱导其表达。这些发现表明 BZR1 在参与 PIF4 激活的放大前馈回路中起作用。故热形态建成受到温度、光等环境条件和 IAA、BR 等多种激素途径的精细调控。D 选项正确。

本题目的实验结果为研究的部分结果。图 75 左图结果显示,在 28 ℃条件下,相比于 Col-0,*pif*4-2(PIF4 功能缺失)突变体的热形态建成丧失,故 PIF4 促进植物热形态建成。同理,图 75 右图结果显示,在 28 ℃条件下,相比于 Col-0,*bzr*1-1*D*(BZR1 功能获得)突变体的热形态建成增强,故 BZR1 促进植物热形态建成。A 选项错误。图 75 左图结果显示,在 28 ℃培养时施加油菜素内酯(28 ℃ + BL)能够拯救 *pif*4-2 突变体热形态建成(拯救 *pif*4-2 对高温不敏感的短下胚轴的表型)。B 选项正确。由于油菜素内酯可以拯

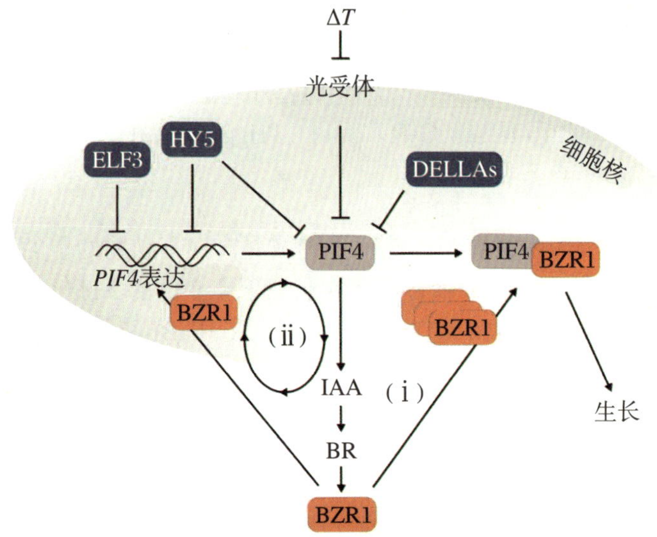

图 76

救 *pif*4-2 突变体热形态建成，因此油菜素内酯信号途径的作用位于 PIF4 转录因子的下游。C 选项错误。

答案：AC。

参考文献

[1] Ibañez C, Delker C, Martinez C, et al. Brassinosteroids Dominate Hormonal Regulation of Plant Thermomorphogenesis Via BZR1[J]. Curr. Biol., 2018, 28: 303.

60 在一个遗传筛选中，科学家获得了一个拟南芥突变体，对其细胞内氨基酸的含量测定结果如图 77 所示。图中 Col-0 为野生型拟南芥，*cue*1-6 为 *CUE*1 基因的缺失突变体。根据图中的数据分析，下列叙述正确的是（　　）。（单选）

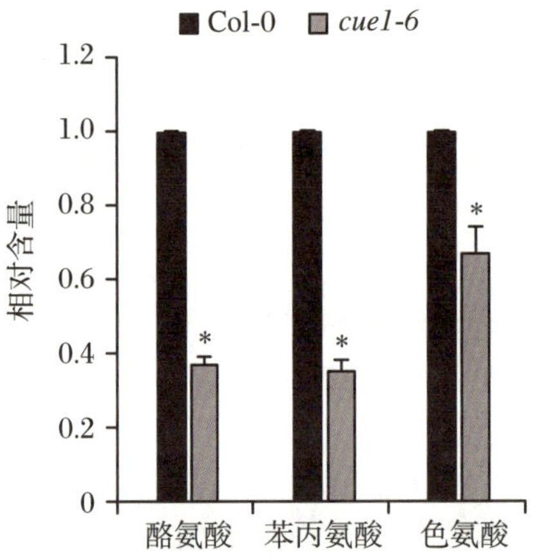

图 77

A. 酪氨酸、苯丙氨酸和色氨酸三种氨基酸在野生型中的绝对含量相当

B. CUE1 蛋白是芳香族氨基酸合成的重要调节因子

C. *cue*1-6 突变体中色氨酸的绝对含量显著高于酪氨酸和苯丙氨酸

D. *CUE*1 基因编码芳香族氨基酸合成酶

解析 图 77 中结果的纵轴为三种氨基酸的相对含量，显示了 *cue*1-6 突变体中三种芳香族氨基酸的含量相比于野生型(Col-0)的变化，故无法比较在野生型、*cue*1-6 突变体中三种芳香族氨基酸的绝对含量。A、C 选项错误。CUE1 蛋白是 PEP/磷酸转运蛋白，可以将磷酸烯醇式丙酮酸（PEP）作为莽草酸途径(shikimate pathway)的一种底物转入叶绿体基质。莽草酸途径是芳香族化合物生物合成的主要途径，不仅

存在于微生物中，也广泛存在于植物中，但动物中不存在。通过该途径可以起始于 PEP，最终合成分支酸(CHA)。CHA 是芳香族氨基酸(Phe、Tyr、Trp)生物合成途径到各分支途径的分支点，经过三种不同的途径合成三种芳香族氨基酸(图 78、图 79)。若 *CUE*1 基因编码芳香族氨基酸合成酶，则只会影响其中某一种氨基酸的合成。B 选项正确，D 选项错误。

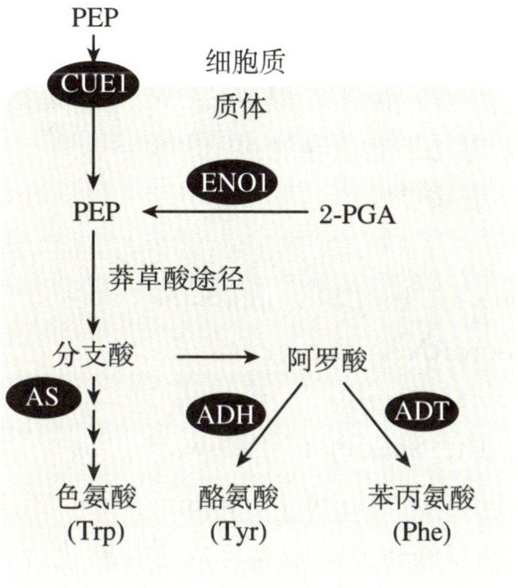

图 78

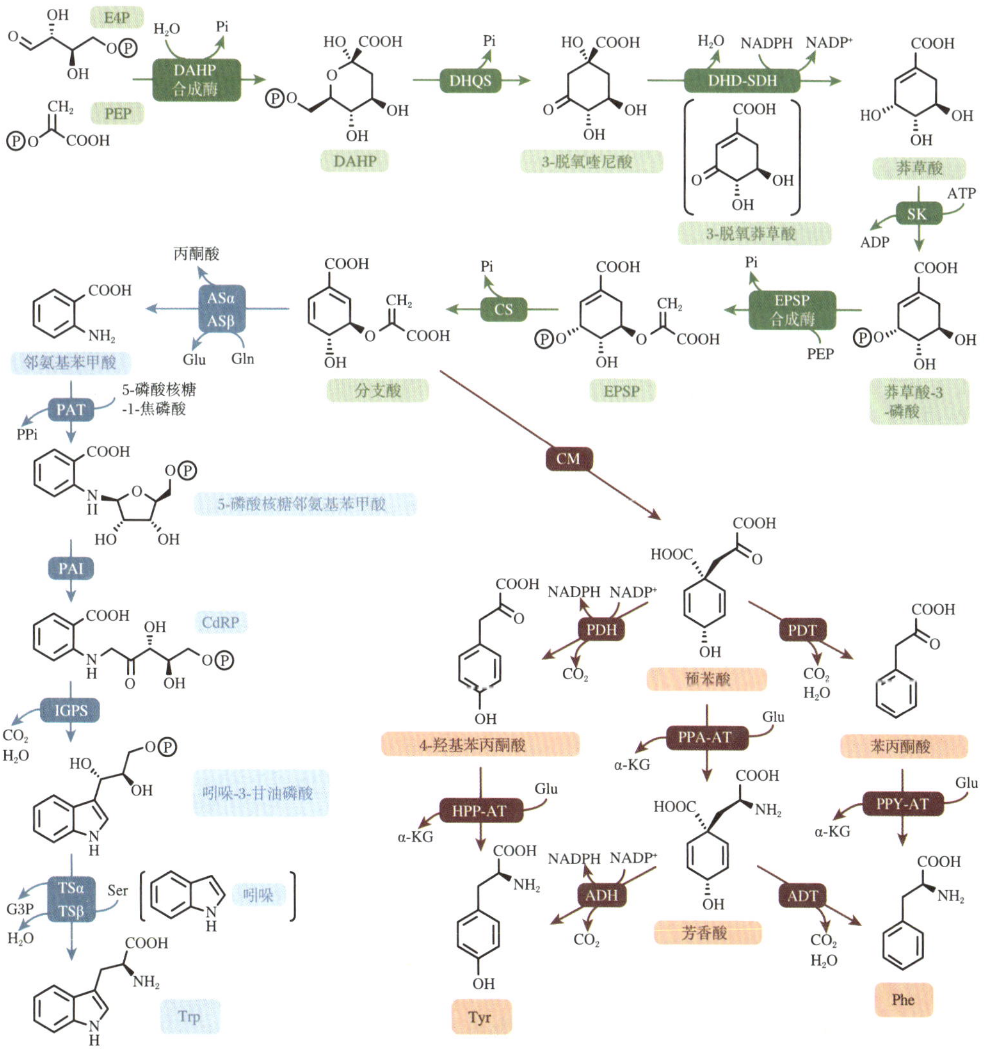

图 79

在本研究中发现，*CUE*1 基因突变将导致拟南芥中 miRNA 产量显著下降。研究发现这是由于 *CUE*1 基因突变，导致酪氨酸(Tyr)合成受阻。酪氨酸是维生素 E 的前体，其缺乏将使得维生素 E 合成受阻。维生素 E 促进 3′-磷酸腺苷-5′-磷酸(PAP)的积累，PAP 是核外核酸酶 XRN2 的抑制剂，可以保护前体 miRNA(pri-miRNA)不被降解，促进成熟 miRNA 的产生。故叶绿体到细胞核的信号转导调节拟南芥中 miRNA 生物生成(图 80)。这种调节参与了热诱导的 miR398 的积累和植物耐热性获得的过程。　答案：B。

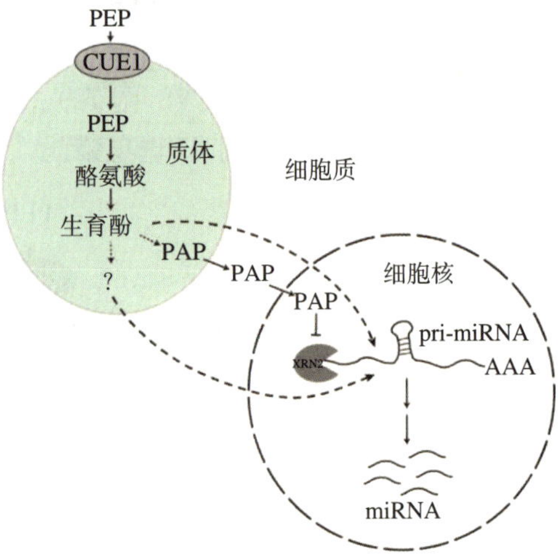

图 80

参考文献

[1] Fang X, Zhao G, Zhang S, et al. Chloroplast-to-Nucleus Signaling Regulates MicroRNA Biogenesis in *Arabidopsis*[J]. Dev. Cell., 2019, 48: 371.

[2] Maeda H, Dudareva N. The Shikimate Pathway and Aromatic Amino Acid Biosynthesis in Plants[J]. Annu. Rev. Plant. Biol., 2012, 63: 73.

[3] 江晶洁，刘涛，林双君. 基于莽草酸途径微生物合成芳香族化合物及其衍生物的研究进展[J]. 生命科学，2019，31：19.

第三部分　动物行为学、生态学

分别对两个区域的物种丰富度和β多样性进行研究发现，两个区域表现出明显的差异。图 81 中距离为采样区域边缘到采样点中心的距离，即采样区域的半径。回答 61、62 题。

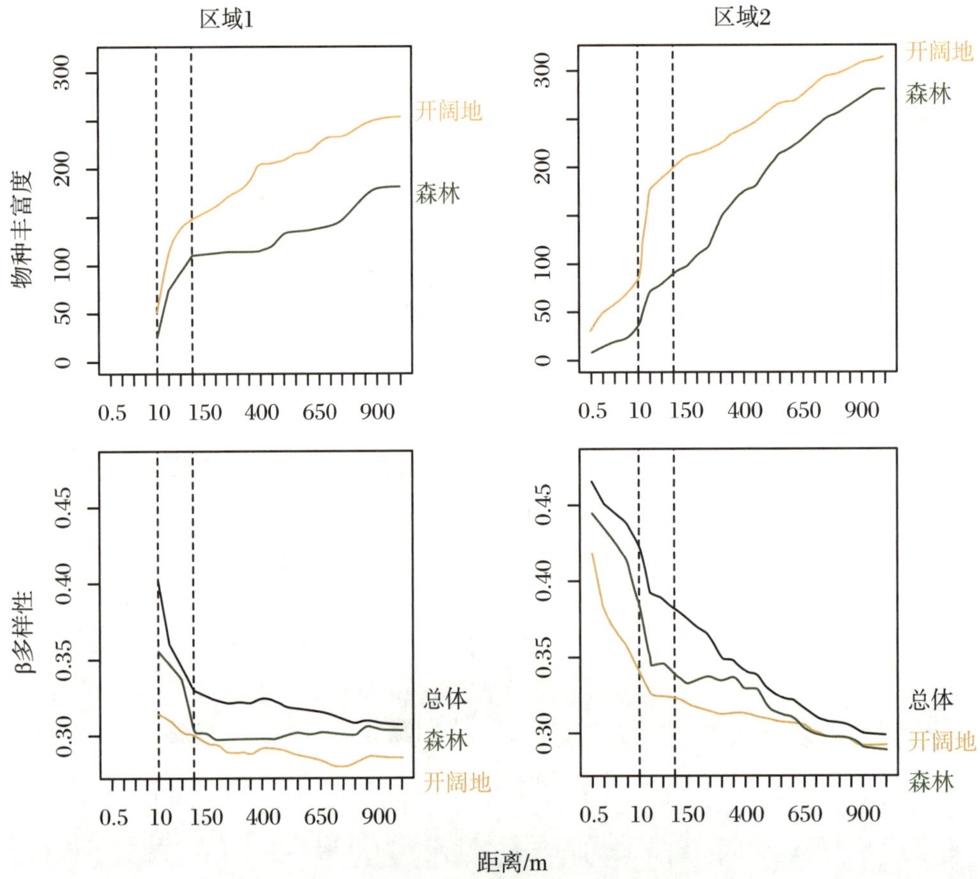

图 81

61 根据图 81，如果要对区域 1 的开阔地进行多样性普查，则选取距离宜为（　　）。（单选）

A. 10 m　　B. 150 m　　C. 400 m　　D. 650 m

E. >900 m

解析 根据图像应该选 B，但标准答案为 C，最终本题删除。　**答案：删除。**

62 根据图 81，如果要对区域 2 的森林进行多样性普查，则选取距离宜为（　　）。（单选）

A. 10 m　　B. 150 m　　C. 400 m　　D. 650 m

E. >900 m

解析 本题组和 64 题选自一篇文献，旨在研究花粉多样性和植物多样性之间的关系。研究人员关注了中欧温带物种丰富区域（波希米亚-摩拉维亚高地（BMH），图 81 中区域 1）和物种匮乏区域（白喀尔巴阡山脉（WCM），图 81 中区域 2）的森林和开阔地。图 81 为两个研究区域及其不同生境中植物 α 多样性（物种丰富度）和 β 多样性的空间尺度。在 WCM 区域的森林生境中，随着半径的增加，物种丰富度逐渐增加；而在其他生境中，物种多样性最初增加较快，一半以上的物种出现在 100 m 范围内。两个区域的总体 β 多样性始终高于森林或开阔地生境，在取样半径为 40～200 m 时，WCM 区域的森林生境中 β 多样性最高，BMH 区域的开阔地生境中 β 多样性最低。随着半径的增加，β 多样性显示出下降的趋势，只有少数例外，最明显的是 WCM 区域的森林生境，β 多样性在 150 m 处增加。

根据图 81，如果要对区域 2 的森林进行多样性普查，则选取距离宜>900 m。如前文所述，在 WCM 区域的森林生境中，随着半径的增加，物种丰富度逐渐增加，β 多样性逐渐下降，表明在取样半径为 900 m 时，尚不包括 WCM 森林生境中的大部分物种，所以选取超过 900 m 的范围才能够针对该地进行较好的多样性普查。　**答案：E。**

参考文献

[1] Abraham V, Kuneš P, Vild O, et al. Spatial Scaling of Pollen-Plant Diversity Relationship in Landscapes with Contrasting Diversity Patterns[J]. Sci. Rep., 2022, 12: 17937.

63 南北朝的乐府民歌《木兰辞》结尾写道："雄兔脚扑朔，雌兔眼迷离，双兔傍地走，安能辨我是雄雌。"这一描述最能反映（　　）。（单选）

A. 动物形态的种间差异

B. 动物遗传的种内变异

C. 动物行为的性二型

D. 动物发育的性二型

解析 动物形态的种间差异指的是不同物种之间在外部形态或解剖结构上的差别，它反映了动物在进化程度上对环境的适应并在一定程度上反映了物种间的亲缘关系，题目中两种不同性别的兔子是同一种动物，A 选项错误。动物遗传的种内变异指基因突变等因素使得同种动物表现出差异，如毛色、体型、适应性等，题干中强调雌雄两种兔子行为上的不同，不属于遗传的种内变异，B 选项错误。C、D 选项主要关注性二型，性二型指的是同一种动物不同性别在结构或者功能上的差异，这种差异可能与生殖器、体格、色彩、行为等方面相关，性二型可以反映出动物的繁殖策略和生态适应性。题干中"雄兔脚扑朔，雌兔眼迷离"指的是提着兔子的耳朵悬在半空时，雄兔两只前脚时时动弹，雌兔两只眼睛时常眯着，所以容易辨认。该雄雌性别不同的表现属于行为上的性二型，C 选项正确。　**答案：C。**

64 研究生物多样性通常直接通过对周围植被的调查而进行。是否可以利用花粉作为植物多样性研究的标志是一个广为关注的问题。有研究者通过悬挂黏板的方法，对温带森林和开阔地的花粉进行了收集，并调查了相应位置的植物多样性。从图 82 中可以看出，区域 1 和区域 2 表现一致的是（　　）。（单选）

A. 两个区域的生物多样性一样

B. 两个区域的花粉丰富度一样

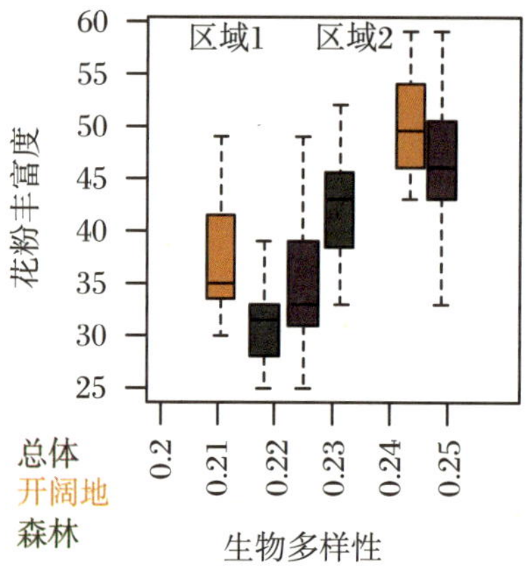

图 82

C. 两个区域的开阔地均比森林有更高的生物多样性

D. 两个区域的开阔地均比森林有更高的花粉丰富度

解析 图 82 为两个区域及不同生境的花粉丰富度（α 多样性，竖轴）和 β 多样性（横轴，题中标记为生物多样性）。结果显示两个区域的总体 β 多样性高于森林和开阔地生境，并且两个区域的 β 多样性显著不同，A 选项错误。两个区域的花粉丰富度显著不同，B 选项错误。无论是在区域 1 还是在区域 2，开阔地相较于森林均具有较高的花粉丰富度，而区域 1 森林的 β 多样性大于开阔地，区域 2 开阔地的 β 多样性大于森林，C 选项错误，D 选项正确。 **答案：D。**

参考文献

[1] Abraham V，Kuneš P，Vild O，et al. Spatial Scaling of Pollen-Plant Diversity Relationship in Landscapes with Contrasting Diversity Patterns[J]. Sci. Rep.，2022，12：17937.

65 红树林里生活着很多特征独特、身怀绝技的动物，这些动物体靠红树林获得居所、食物，同时也是红树林生态系统中不可或缺的成员。招潮蟹是沙蟹科招潮蟹属螃蟹的统称，是红树林里最具代表性、最容易看到的动物之一。招潮蟹最独特的地方在于其雄蟹拥有两只形状差异很大的螯肢，雄蟹会在退潮后来回挥动其中的大螯。通常认为该行为具有吸引雌蟹交配或威吓敌人的作用，鉴于此研究者作了如表 3 的实验设计。下列描述正确的是（　　）。（多选）

表 3

社会环境处理	挥舞强度/（频次/min）
单独	R_1
周围有且仅有其他雄性时	R_2
周围有且仅有雌性时	R_3
周围有其他两性个体时	R_4

A. R_1数据是对照数据

B. 若 R_2数据显著高于其他数据，则暗示挥舞螯肢的行为主要用于吸引异性

C. 若 R_3数据显著高于其他数据，则暗示挥舞螯肢的行为主要用于吸引异性

D. 若 R_4数据显著高于其他数据，则暗示挥舞螯肢的行为主要用于吸引异性

解析 研究人员假设招潮蟹挥动螯肢是为了吸引异性或威吓敌人，并设计实验进行验证。实验中有 4 种社会环境处理方法：(1) 单独雄性，R_1是招潮蟹单独存在时的挥动频率，在实验中充当无外界刺激的阴性对照组，A 选项正确。(2) 实验雄性周围有其他 9 只雄性，R_2是招潮蟹只与其他雄性同时存在时的挥动频率，模拟雄性之间的竞争时（威吓敌人）的情况，R_2显著高于其他数据说明挥动螯肢有威吓敌人、提升自己与同性竞争力的效果，B 选项错误。(3) 实验雄性周围有其他 9 只雌性，R_3是招潮蟹与雌性共存时的挥动频

率，模拟雄性在没有竞争条件下吸引异性的情况，R_3显著高于其他数据说明挥动螯肢有吸引异性的作用，C 选项正确。(4) 实验雄性周围有其他 4 只雄性和 5 只雌性，模拟在具有竞争条件下吸引异性的情况，R_4数据显著高于其他数据说明挥动螯肢可能体现了吸引异性的功能，也可能有威吓敌人的效果，若要进一步判断，需要根据此时 R_2和 R_3的情况。实验结果如图 83 所示，当雄性单独存在时，挥动频率很低，且其他竞争雄性的存在对挥动频率没有影响。然而，当有雌性存在时，无论是否有其他竞争雄性，实验雄性都表现出显著增高的挥动频率。实验结果说明，雄性挥动螯肢的作用是吸引雌蟹交配。 答案：AC。

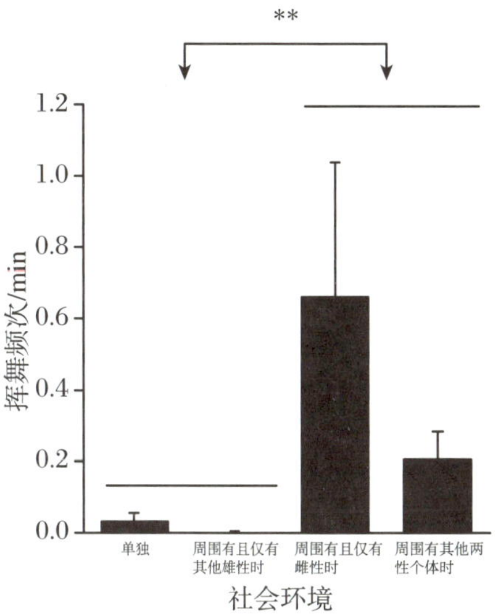

图 83

参考文献

[1] Pope D S. Testing Function of Fiddler Crab Claw Waving by Manipulating Social Context[J]. Behavioral Ecology & Sociobiology, 2000, 47: 432.

66 研究人员解剖了一批来自同一个广布种的啮齿类动物的肾脏样本，结果发现该种动物的 4 个地理种群的肾脏结构之间具有显著差异。地理种群①、②、③、④的肾脏髓质部与皮质部的厚度之比分别为 0.52∶1、0.40∶1、0.45∶1 和 0.62∶1。据此判断这四个地理种群中最适应沙漠缺水环境的是(　　)。(单选)

A. ④
B. ③
C. ①
D. ②

解析 在哺乳动物中出现了髓袢，这在重吸收中有重要作用。哺乳动物中尿的最大浓度与肾脏髓质部的相对厚度成正比，髓质部的加厚主要与髓袢的加长有关。这些特征都与其栖息环境的干燥情况有关。图 84 为生存在水生(aquatic)、中生(mesic)、半荒漠(semi-desert)、荒漠(desert)生境下的 141 种啮齿动物的相对髓质厚度(relative medullary thickness)。生存在干旱生境中的物种的相对髓质厚度要更厚，例如跳鼠(*Allactaga*)、更格卢鼠(*Dipodomys*)和肥沙鼠(*Psammomys*)等。故肾脏髓质部与皮质部的厚度之比最大的地理种群④最适应沙漠缺水环境。 答案：A。

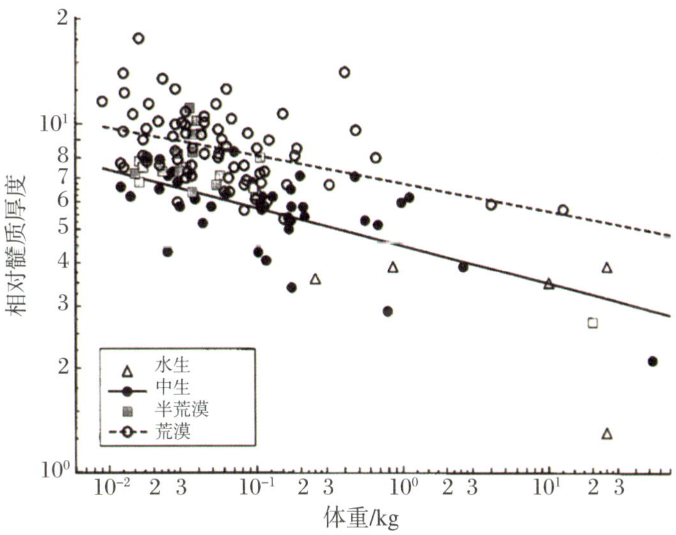

图 84

参考文献

[1] al-Kahtani M A, Zuleta C, Caviedes-Vidal E, et al. Kidney Mass and Relative Medullary Thickness of Rodents in Relation to Habitat, Body Size, and Phylogeny[J]. Physiol. Biochem. Zool., 2004, 77: 346.

67 关于陆生脊椎动物鲜艳体色的功能的说法最合理的是(　　)。(单选)

A. 鲜艳的体色可能是对环境温度的适应

B. 鲜艳的体色可能是对环境湿度的适应

C. 鲜艳的体色可能是祖先类群遗留下来的性状,在当前的生活环境中没有明确的功能

D. 鲜艳的体色可能与性选择或警示天敌有关

解析 陆生脊椎动物鲜艳的体色一般与性选择和警示天敌有关。例如雄性孔雀(*Pavo*)会因为性选择而长出长而鲜艳华丽的尾羽,很多雄性鸟类都会产生类似的鲜艳羽毛,甚至会导致性二型的出现;箭毒蛙(*Dendrobatidae*)会产生鲜艳的体色警示捕食者自己有毒,珊瑚蛇(*Elapidae*)会通过红黑黄相间的条纹警告捕食者。D 选项正确。

葛洛格法则认为,温暖潮湿地区的动物通常体表颜色较深,凉爽干燥地区的动物则颜色较浅。葛洛格法则的准确性近些年来一直饱受争议,最大的问题就是尺度,过去的生态学家喜欢拿温度这个小尺度说事,但是实际上研究的时候针对的却是气候这个大尺度,换句话来说,就是温度、湿度没分开。最近的研究表明,当湿度和温度分开时,温度效应通常具有相反的规律:较冷的地区更有可能出现较深的颜色。这与不同生态地理模式的预测一致,即热黑化假说,该假说最初是针对节肢动物或爬行动物等变温动物提出的,但最近在整个生命之树中找到了支持。该假设预测较冷环境中的生物体颜色较深,因为颜色较深的颜色更容易吸收太阳辐射,有助于调节体温(葛洛格的结论关注的主要是鸟类,忽视了变温动物通过体色来吸热这一点)。葛洛格法则的另一个组成部分,即较深的色素沉着与增加的降水和/或湿度之间的联系,得到了支持。研究表明,随着湿度的增加,鸟类的羽毛会变黑。

动物对环境温度的适应主要通过自身的行为(晒太阳或多在阴凉处)、生理水平(增加或减少散热或产热,变温鱼依赖逆流式换热器减少自身与外界热量交换)和组织上(积累脂肪或积攒厚皮毛)来完成,A 选项错误。动物对环境温度的适应也会通过自身行为(沙漠中蜥蜴会在清晨通过身体的特殊结构收集露水)、生理水平(减少或增加排泄水分)来完成,B 选项错误。鲜艳的体色易被捕食者发现,若无功能,则应被选择淘汰,C 选项错误。　答案:D。

参考文献

[1] Delhey K, Dale J, Valcu M, et al. Why Climate Change Should Generally Lead to Lighter Coloured Animals[J]. Curr. Biol., 2020, 30: R1406.

68 回声定位(echolocation)是指动物通过发出声波和接收回声来获得空间环境信息,进而实现目标定位、躲避障碍物、导航、觅食等活动的一种定向行为。回声定位行为涉及发声、听觉、神经等多感官系统,是动物的一种适应性的复杂性状。以下哪类动物不具有回声定位行为?(　　)(单选)

A. 齿鲸类

B. 菊头蝠

C. 猪尾鼠

D. 马岛猬

E. 褐家鼠

解析 图 85 为啮齿类(Rodents)和 4 种已知回声定位的哺乳动物分支(鲸(Whale)、蝙蝠(Bat)、鼩鼱(Shrew)和马岛猬(Tenrec))的代表物种的主要发声峰值频率分布。图中红点为回声定位物种,黑点为非回声定位物种,蓝点为猪尾鼠属(*Typhlomy*)。研究表明,猪尾鼠属的物种具有回声定位能力(2022 年联赛题中考查了同一篇文献)。褐家鼠(*Rattus norvegicus*)不具有回声定位能力。　答案:E。

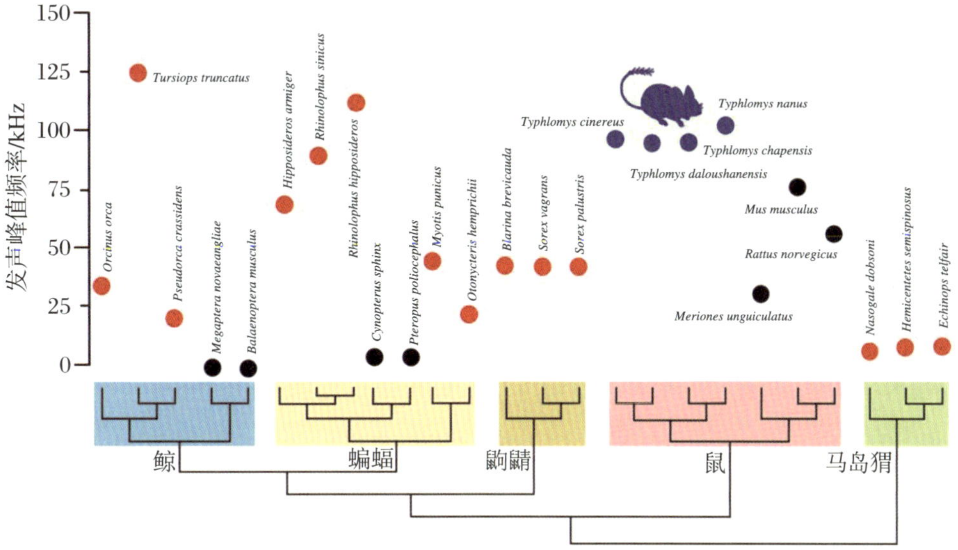

图 85

参考文献

[1] He K, Liu Q, Xu D M, et al. Echolocation in Soft-Furred Tree Mice[J]. Science, 2021, 372: eaay1513.

69 以往我国许多粮食产区秋冬季作物收割后将秸秆焚烧。出于降低环境污染等考虑，今年南方许多地区稻田采取翻耕掩埋秸秆还田措施，但由于在操作过程中没能充分粉碎，且深翻耕掩埋腐化，导致很多水稻害虫虫卵和低龄幼虫存活大发生。如果后续采取大面积高强度的化学农药灭杀，则以下结果可能出现的是（　　）。（多选）

A. 该地区某些鸟类数量减少　　B. 害虫彻底消灭

C. 抗药性害虫的比例增加　　D. 稻田里的生物多样性降低

解析 秸秆焚烧可能会造成污染空气、引发火灾、破坏土壤结构等影响。掩埋秸秆还田是一种更有效地秸秆综合利用方式，能够提高土壤肥力，增加有机质，改善土壤结构并促进作物增长。但其也有一些弊端：秸秆中的虫卵或病菌无法被彻底消灭，增加病虫害发生的风险；掩埋不均匀导致土壤稀松，作物无法发芽或正常生长；会消耗土壤氮肥，需额外补充。本题中发生虫害后利用杀虫剂灭杀，害虫不可能完全消灭，具有耐药性的害虫能够存活下来，导致抗药性害虫比例增加，B 选项错误，C 选项正确。由于杀虫剂会灭杀大量昆虫，导致以昆虫为食的鸟类食物不足或因摄食而中毒死亡，数量减少，A 选项正确。大量昆虫死亡会影响到农田的生态平衡，稻田生物多样性也会降低，D 选项正确。　**答案：ACD。**

70 读文献时，看到作为研究对象的植物群落的名称为 Form. *Castanopsis chinensis* + *Cryptocary chinensis*。已知 *Castanopsis chinensis* 的中文名称为栲栗，*Cryptocary chinensis* 的中文名称为厚壳桂，二者均为我国两广地区常见的乔木。根据名称可判断该群落的属性为（　　）。（单选）

A. 建群种为栲栗的群丛，伴生种是厚壳桂　　B. 优势层的优势种为栲栗和厚壳桂的群丛

C. 建群种为栲栗的群系，伴生种是厚壳桂　　D. 建群种为共优势种的烤栗与厚壳桂的群系

解析 植物群落有两种分类单位：群丛和群系。群丛（association）是指在一定的生态条件下，由相同或相似的优势种或共优种组成的植物群落。群丛具有较为稳定的层片结构和物种组成，是植物群落分类的基本单位。例如，兴安落叶松-杜鹃-红花鹿蹄草群丛是由兴安落叶松、杜鹃、红花鹿蹄草等植物构成的群丛。群系（formation）是指由建群种或共建种相同的植物群落联合而成的植被类型。建群种或共建种是指在一个植物群落中占据主导地位、对群落结构和功能有重要影响的植物种类。例如，针叶林群系是由针叶树为建群种或共建种的各种针叶林群丛组成的群系。群丛针对群落从纵向上进行划分，含有多个层级；群系针对群落在横向上进行划分，关注建群种或共建种。群丛和群系命名时，均采用联名法进行命名。群丛命名

时将各个层中的建群种或优势种和生态指示种的学名按顺序排列，在前面冠以 Ass.，不同层之间的优势种以“-”相连。如果某一层具有共优种，则用“+”相连。例如 Ass. *Pinus massoniana* + *Castanopsis sclerophylla-Cyclobalanopsis glauca*（即马尾松+石栎-青冈群丛）。群系命名时只取建群种或共建种的名称，在前面加“Form.”，共建种之间采用“+”连接，例如题干中 Form. *Castanopsis chinensis* + *Cryptocary chinensis* 为两广地区常见的栲栗+厚壳桂群系。 答案：D。

71 为解释生物多样性格局的驱动机制，生物学家提出平衡假说和非平衡假说。图 86(a)和(b)表明了两种假说的决定因素，分别与环境生产力、进化时间和分化速率相关，图中灰点数量代表物种多样性，圆圈大小表示功能多样性高低。图(c)为环境生产力、进化时间和分化速率在全球哺乳动物物种和功能多样性格局构建中的相对重要性的评估结果，图中实线箭头表示相关性显著，箭头线粗细代表相关性强弱。下列描述正确的是（　　）。（单选）

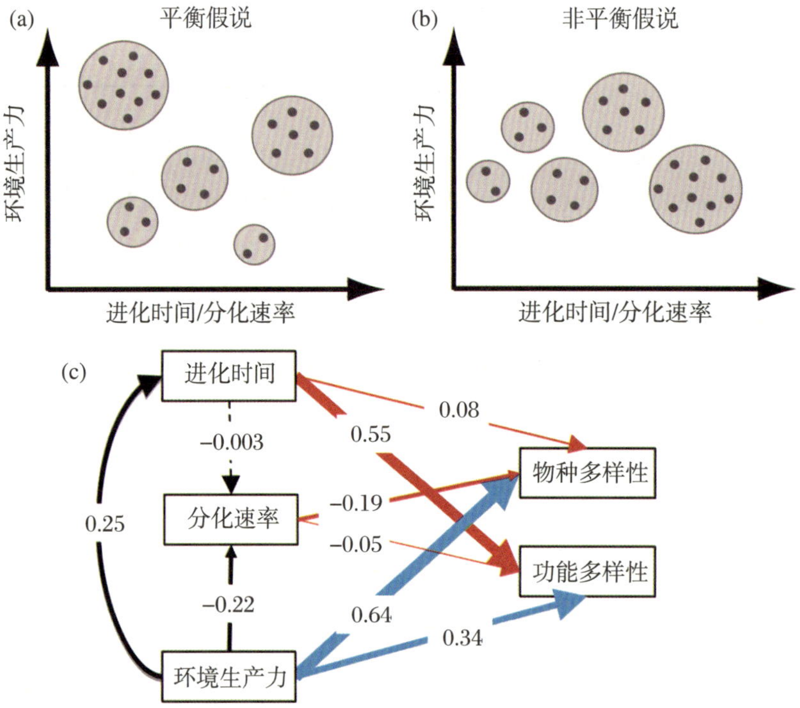

图 86

A. 哺乳动物物种多样性格局由环境生产力主导，支持平衡假说

B. 哺乳动物物种多样性格局由进化时间主导，支持非平衡假说

C. 哺乳动物功能多样性格局由进化时间主导，支持平衡假说

D. 哺乳动物功能多样性格局由环境生产力主导，支持非平衡假说

解析 即使经过数十年的研究，塑造全球多样性模式的机制仍然难以捉摸且存在争议。大部分争议围绕平衡和非平衡过程的相对重要性展开。平衡假说认为物种丰富度（对应于题中的物种多样性，原文为 species richness）是由环境条件决定的，环境条件限制了资源的数量和生态位的多样性。非平衡假说认为物种丰富度主要取决于分化速率和进化时间。研究人员整合有关物种丰富度和功能多样性的信息，以阐明产生哺乳动物多样性及其生活史的机制。结果如图 86(c)所示，在全球尺度下，物种丰富度和环境生产力($\beta=0.64$)密切相关，而与进化时间($\beta=0.08$)和分化速率($\beta=-0.19$)相关性较低，表明物种丰富度主要受环境生产力的影响，支持平衡假说，A 选项正确，B 选项错误。相比之下，功能多样性和进化时间($\beta=0.54$)密切相关，而与分化速率($\beta=-0.05$)和环境生产力($\beta=0.34$)相关性较低，表明功能多样性主要受进化时间的影响，支持非平衡假说，C、D 选项错误。 答案：A。

参考文献

[1] Oliveira B F, Machac A, Costa G C, et al. Species and Functional Diversity Accumulate

Differently in Mammals[J]. Global Ecology and Biogeography, 2016, 25: 1119.

72 在观察研究中，路径分析方法是同时评估多个因子和提出因果假说的很有用的方法。图 87 是研究者对加拿大安大略省西北部地区伐木、修路、减少火灾、落叶树的出现与狼、白尾鹿和驼鹿的丰度对北美驯鹿数量影响的观测结果。图中箭头标志线表示连线对象间的作用方向，“+”和“-”表示作用性质，数字大小表示作用程度。请对照图中相关数据判断，下列说法正确的是(　　)。(多选)

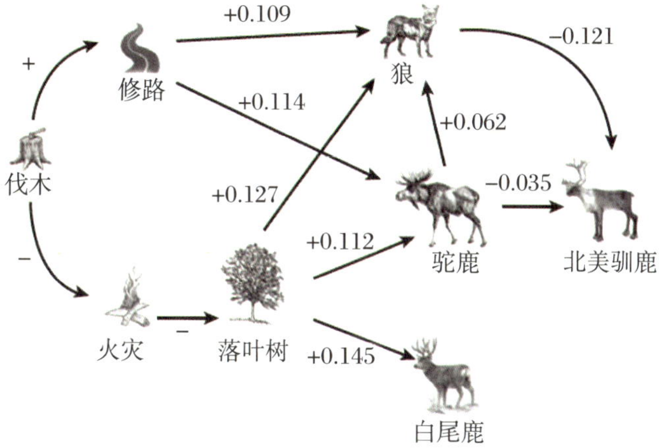

图 87

A. 伐木、修路对北美驯鹿的数量具负面影响，但整体影响较弱

B. 伐木和减少火灾对落叶树的生长具有促进作用，而落叶树与白尾鹿和驼鹿的数量增加均与北美驯鹿数量减少密切相关

C. 含有狼的这条路径对北美驯鹿数量的负面影响最大

D. 含有驼鹿的这条路径对北美驯鹿数量的负面影响最大

解析 图 87 为基于 Bowman 等人对加拿大安大略省西北部地区研究结果的路径分析，显示了伐木、修路、减少火灾、落叶树的出现与狼、白尾鹿和驼鹿的丰度对北美驯鹿数量影响的各种假设。如图 87 所示，人类活动(伐木和修路)对北美驯鹿有负面影响，但总体较弱。例如修路对北美驯鹿的影响通过三条路径：修路增加驯鹿数量，从而减少北美驯鹿数量(0.114×(-0.035)=-0.004)；修路增加狼数量，从而减少北美驯鹿数量(0.109×(-0.121)=-0.013)；修路增加驼鹿数量，继而增加狼数量，从而减少北美驯鹿数量(0.114×0.062×(-0.121)=-0.001)。这三种负面的间接效应加在一起就得到了修路对北美驯鹿数量的影响之和，即(-0.004)+(-0.013)+(-0.001)=-0.018，故作用程度较低，因此对驼鹿数量的整体影响较弱。A 选项正确。

伐木和减少火灾对落叶树的生长具有促进作用，落叶树与白尾鹿和驼鹿的数量的增加有关。落叶树对北美驯鹿的影响通过三条路径：落叶树增加驼鹿数量，从而减少北美驯鹿数量(0.112×(-0.035)=-0.004)；落叶树增加狼数量，从而减少北美驯鹿数量(0.127×(-0.121)=-0.015)；落叶树增加驼鹿数量，继而增加狼数量，从而减少北美驯鹿数量(0.114×0.062×(-0.121)=-0.001)。这三种负面的间接效应加在一起就得到了修路对北美驯鹿数量的影响之和，即(-0.004)+(-0.015)+(-0.001)=-0.020。故仅驼鹿数量的增加导致北美驯鹿数量减少，与白尾鹿无关。B 选项错误。

含有狼的路径有三条，对北美驯鹿数量的影响之和为(0.109+0.127+0.112×0.062)×(-0.121)=-0.029；含有驼鹿的路径有三条，对北美驯鹿数量的影响之和为(0.114+0.112)×(-0.035)+0.112×0.062×(-0.121)=-0.009。故含有狼的这条路径对北美驯鹿数量的负面影响最大。C 选项正确，D 选项错误。　答案：AC。

参考文献

[1] Karban R, Huntzinger M, Pearse I S. How to Do Ecology: A Concise Handbook[M]. Princeton University Press, 2014.

［2］Bowman J，Ray J，Magoun A J，et al. Roads，Logging，and the Large-Mammal Community of an Eastern Canadian Boreal Forest［J］. Canadian Journal of Zoology，2010，88：454.

73 图 88 展示了冬季马鹿在避风场所采食的百分比与风力的关系。据此，以下描述正确的是（　　）。（多选）

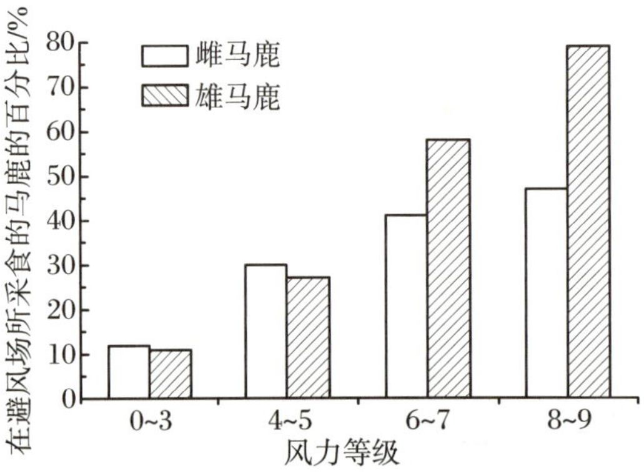

图 88

A. 马鹿对采食地的选择与风力等级有关
B. 与雌鹿相比，雄鹿的采食场地选择行为受风的影响较大
C. 当风力不大的时候，雄鹿和雌鹿都偏好在避风场采食
D. 马鹿通过选择采食场地降低风对自身的影响
E. 马鹿适应天气的行为对策不存在个体差异

解析 图 88 显示风力等级越高，选择在避风场地采食的马鹿百分比越高，呈现出显著的正相关关系。因此马鹿对采食场地的选择与风力等级有关，A 选项正确。随着风力等级的增加，雄鹿在避风场地取食的比例比雌鹿变化更大，因此雄鹿的采食场地选择行为受风的影响较大，B 选项正确。风力等级在 0～5 时，雌、雄马鹿在避风场地采食的百分比均不超过 50%，说明风力不大的时候马鹿并没有在避风场地采食的偏好，C 选项错误。在风力大时选择避风场地采食的马鹿比例明显提高，说明马鹿会通过采食场地的选择降低风力对自身的影响，D 选项正确。并非所有马鹿采食场地的选择都一致，因此马鹿适应天气的行为对策具有个体差异，E 选项错误。 答案：ABD。

74 贝尔山绿猴是埃塞俄比亚南部山地森林特有种，主要栖息于连续的竹林，以竹子嫩叶为食。近几十年来，人类活动干扰导致其栖息地破碎化，现有几十个小种群栖息于竹林退化的破碎森林中。为评估栖息地破碎化对贝尔山绿猴觅食行为的影响，分别对两个破碎森林和两个未受干扰的连续森林中的种群进行觅食监测，监测记录中觅食不同类型食物的时间比例如图 89 所示。下列描述哪个是错误的？（　　）（单选）

A. 栖息地破碎化导致贝尔山绿猴觅食竹子嫩叶的时间减少
B. 栖息地破碎化导致贝尔山绿猴觅食非竹子嫩叶的时间增加
C. 栖息地破碎化导致贝尔山绿猴觅食非植物性食物的时间增加
D. 栖息地破碎化导致贝尔山绿猴觅食花和果实的时间均增加

解析 人类造成的栖息地丧失和退化是全世界生物多样性的主要威胁。在哺乳动物中，食性特化种比泛化种面临更高的灭绝风险，尤其是食叶动物，例如大熊猫。贝尔山绿猴主要栖息于连续的竹林，以竹子嫩叶为食。为评估栖息地破碎化对贝尔山绿猴觅食行为的影响，分别对两个破碎森林和两个未受干扰的连续森林中的种群进行觅食监测，监测记录中觅食不同类型食物的时间比例。结果显示，与连续生境相比，由于破碎生境中竹子的相对稀缺，贝尔山绿猴对竹子嫩叶的取食时间显著减少；而对非竹子嫩叶、果实、种子、茎和叶柄的取食时间显著增加。与连续生境相比，在破碎生境 B(山顶破碎生境(hilltop fragment))中，贝尔山绿猴对昆虫(非植物性食物)取食时间显著增加。与连续生境相比，在破碎生境中，贝尔山绿猴对竹笋、花和“其他”的取食时间没有显著差异。因此 A、B、C 正确，D 选项错误。 答案：D。

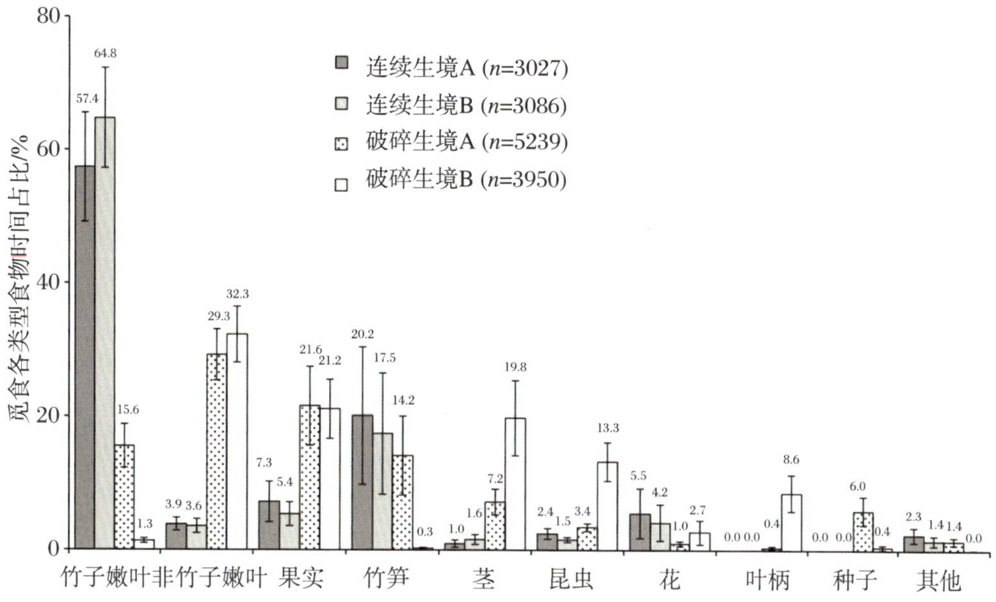

图 89

参考文献

[1] Mekonnen A, Fashing P J, Bekele A, et al. Dietary Flexibility of Bale Monkeys (*Chlorocebus djamdjamensis*) in Southern Ethiopia: Effects of Habitat Degradation and Life in Fragments[J]. BMC Ecol., 2018, 18: 4.

75 人类活动影响动物行为,研究表明动物行为的改变程度随着人类活动强度的增加会呈现出如图 90(a)所示的 4 种响应形式:线型(linear)、阈值型(threshold)、减速型(decelerating)、减弱型(dampening)。图 90(b)和(c)呈现了山鸦和红嘴山鸦对人类旅游活动的响应。由图 90 可以推断,两种鸟类对人类旅游活动的响应形式为(　　)。(单选)

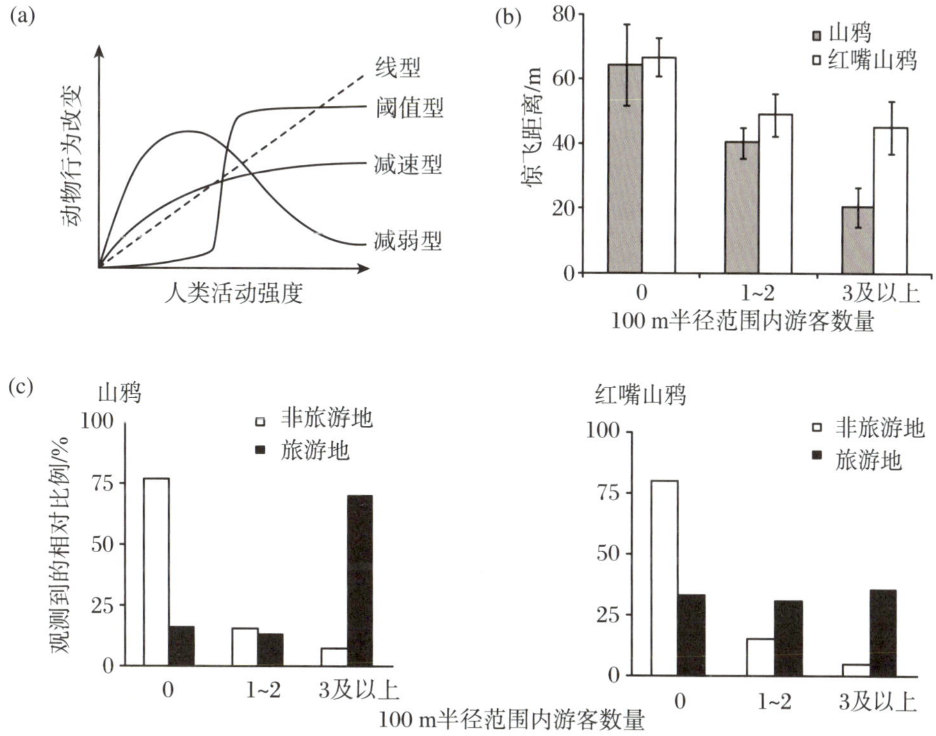

图 90

A. 线型　　B. 阈值型　　C. 减速型　　D. 减弱型

解析 人类干扰的强度可能在决定动物是否以及在多大程度上改变行为方面起作用。然而，这些关系可以表现出许多非线性形式。对动物来说，行为的改变往往是有代价的，并且只有在人类干扰达到一定阈值水平时才可能发生。例如，当猎人的存在从低水平开始增加时，野猪（*Sus scrofa*）保持相对稳定的社会动态和运动模式，但当猎人的存在超过一定阈值时，它们就放弃了以前的领地。当动物与人类活动（如人为食物补贴）存在正相关时，也可能出现与人类干扰水平相关的阈值效应。当人类提供的食物达到一定水平时，动物可能会放弃先前的觅食行为，并采取以人为食物来源为中心的策略。相反，对人类活动的习惯化（人类活动既无威胁也无好处）可能会减弱（dampening）或减速（decelerating）人类活动对动物行为的影响。

图 90（c）显示，在山鸦（*P. graculus*）和红嘴山鸦（*P. pyrrhocorax*）两个物种中，栖息在旅游景点的个体的逃避反应（惊飞距离）显著缩短，并且随着游客人数的增加而减小。这些结果表明两个物种对人类活动存在习惯化，符合减弱型（dampening）。但对山鸦来说，在旅游景点中 70%的个体分布于至少有 3 名游客的区域中，这是由于游客可以为山鸦提供食物来源，符合阈值型（threshold）。　**答案：B 或 D。**

参考文献

[1] Jiménez G, Lemus J A, Meléndez L, et al. Dampened Behavioral and Physiological Responses Mediate Birds' Association with Humans[J]. Biological Conservation, 2011, 144: 1702.

[2] Wilson M W, Ridlon A D, Gaynor K M, et al. Ecological Impacts of Human-Induced Animal Behaviour Change[J]. Ecology Letters, 2020, 23: 1522.

第四部分　遗传学与进化生物学、生物系统学

76 狗的重量是由 A 基因和 B 基因决定的，A 或 B 对体重表型的贡献值是 7.5 kg，而 a 或 b 对体重表型的贡献是 0 kg。当用基因型为 aabb 的 5 kg 贵宾犬与基因型为 AABB 的 35 kg 拉布拉多犬交配之后，请问关于 F_2代的个体，以下哪些描述是正确的？（　　）（多选）

A. 纯系在 F_2代中所占比例为 1/4

B. 体重为 27.5 kg 的个体在 F_2代中所占比例为 1/4

C. 体重为 20 kg 的个体在 F_2代中所占比例为 5/8

D. 体重为 12.5 kg 的个体在 F_2代中所占比例为 1/2

解析 F_1代基因型为 AaBb，F_2代中 A 基因纯合的比例为 1/2，B 基因纯合的比例也为 1/2，纯系的比例为 $1/2\times1/2=1/4$，A 选项正确。体重为 27.5 kg 的个体，A 或 B 基因总共有 3 个，基因型为 AABb 或 AaBB，比例为 $1/2\times1/4\times2=1/4$，B 选项正确。体重为 20 kg 的个体，A 或 B 基因总共有 2 个，基因型为 AAbb、aaBB 或 AaBb，比例为 $1/4\times1/4\times2+1/2\times1/2=3/8$，C 选项错误。体重为 12.5 kg 的个体，A 或 B 基因总共有 1 个，子代的基因型为 Aabb 或 aaBb，比例为 $1/2\times1/4\times2=1/4$，D 选项错误。

也可直接通过二项式公式得出：共 4 个等位基因，每个等位基因都有显性或隐性两种可能，概率都为 1/2，则出现 s 个显性基因的比例为 $C_4^s p^s q^{4-s}=\frac{4!}{s!\,(4-s)!}\times\frac{1}{2^4}$。　**答案：AB。**

77 以下关于有丝分裂和减数分裂的描述正确的是（　　）。（单选）

A. 在有丝分裂的过程中，等位基因通常会发生重组

B. 有丝分裂的过程通常包含同源染色体的配对

C. 在减数分裂两次核分裂的间隔时期，通常会发生 DNA 复制

D. 减数分裂的过程通常包含同源染色体的配对

解析 有丝分裂确实也可能发生重组，但由于不像减数分裂一样发生同源染色体的配对，因此发生重组的概率很低，A、B 错，D 对。DNA 复制发生于减数第一次分裂前，C 错。　**答案：D。**

78 果蝇某一条染色体上有 P、Q、R、S、T、U 6 个基因。这几个基因位置很接近，但是不知道它们的顺序。查了一下果蝇的缺失突变体，结果发现：(1) 缺失突变体 1 表现 p、q、s 3 种隐性性状；(2) 缺失突变体 2 表现 p、s、r、u 4 种隐性性状；(3) 缺失突变体 3 表现 t、u；(4) 缺失突变体 4 表现 q、s。这 6 个基因在染色体上的排列顺序是(　　)。(单选)

A. *PQSRUT*　　B. *PQRSTU*　　C. *QSPRUT*　　D. *PQSTUR*

解析 由于这几个基因位置很接近，因此相邻的基因可能同时发生确实突变。由(1)可知 P、Q、S 在染色体上相邻，B 错；由(2)可知 P、S、R、U 在染色体上相邻，A、D 错；只有 C 选项符合所有 4 种相邻基因的缺失突变类型(图 91)。　**答案：C。**

图 91

79 以下关于重组率和连锁的描述正确的是(　　)。(多选)

A. 位于同一条染色体上的基因可能表现为不连锁

B. 位于不同(非同源)染色体上的基因可能连锁

C. 位于同一条染色体上的两个基因重组率可能为 50%

D. 位于不同(非同源)染色体上的两个基因重组率不可能为 50%

解析 位于不同(非同源)染色体上的两个基因一般表现为自由组合，故基因重组率为 50%，D 选项错误。遗传连锁(genetic linkage)指的是染色体上靠近的 DNA 序列倾向于一起遗传，但同一条染色体上的基因如果距离过远，则重组率可以和自由组合一样高达 50%，表现为不连锁，A、C 选项正确。

不在一条染色体上的基因也可以因为相互易位只能发生交替式分离而倾向于一起遗传，被称为假连锁(pseudolinkage)，本题认为连锁并不包含假连锁，因此 B 错误。　**答案：AC。**

在人的性别决定中，Y 染色体上 *SRY* 基因的存在是个体发育为男性的必要条件；果蝇的性别由 X 染色体的数目和常染色体套数的比值决定，与 Y 染色体的存在与否无关，XX 和 XXY 果蝇表现为雌性，XY 和 XO 果蝇表现为雄性，XXX 果蝇通常会死亡。回答 80、81 题。

80 研究人员为筛选 X 染色体上的突变，对 XY 雄蝇进行了诱变处理，随后将其与未经诱变处理的 X-XY雌蝇相交。(X-XY 雌蝇中两条 X 染色体相连，减数分裂时两条 X 染色体会进入同一个配子；X-XY 果蝇通常会产生包含 X-X 或 Y 的两种配子。)在得到的子一代果蝇中，为进一步追踪经诱变处理后可能包含突变的 X 染色体，应重点关注子一代中的(　　)。(单选)

A. 雄蝇　　B. 雌蝇　　C. A 和 B 都对　　D. 无法判断

解析 该交配组合的子代情况如表 4 所示，由于 XXX 超雌和 YY 超雄果蝇通常死亡，因此存活后代只有两种基因型，其中只有雄果蝇 X^*Y 含有可能带有突变的 X^* 染色体，雌蝇 XXY 是正常的。　**答案：A。**

表 4

		X^*Y 诱变雄蝇	
		X^*	Y
X-XY 雌蝇	X-X	X-XX^*(死亡)	X-XY
	Y	X^*Y	YY(死亡)

81 除人和果蝇之外，一些物种的性别由其他机制决定。以下描述错误的是（　　）。（单选）

A. 有些物种存在雌雄同体

B. 温度不会对性别决定造成影响

C. 有些物种的单倍体和二倍体表现为不同性别

D. 有些物种的雄性的性染色体组成为 ZZ，雌性为 ZW

解析 植物雌雄同株极常见，动物中也存在，如环毛蚓等，A 选项正确。部分爬行动物的性别由温度决定，如大多数海龟低温时为雄性、高温时为雌性，喙头蜥低温时为雌性、高温时为雄性，部分鳄鱼和鳄龟中间温度时为雄性，如图 92 所示，因此 B 选项错误。

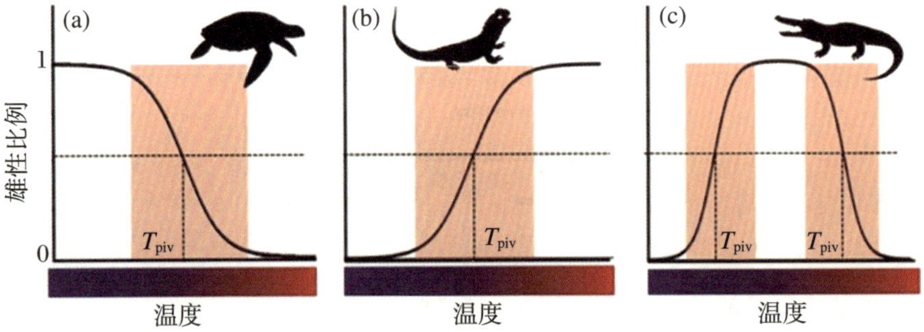

图 92

一些生物的性别由染色体倍数决定，一般二倍体为雌性而单倍体为雄性，如蜜蜂和轮虫，C 选项正确。ZW 性别决定系统存在于鸟类、蛇类和一些鳞翅目昆虫中，D 选项也正确。　**答案：B。**

参考文献

[1] Lockley E C, Eizaguirre C. Effects of Global Warming on Species with Temperature-Dependent Sex Determination: Bridging the Gap between Empirical Research and Management[J]. Evol. Appl., 2021, 14: 2361.

在人的 ABO 血型决定中，I^A和 I^B等位基因的存在分别会在红细胞表面加入 A 糖和 B 糖，进而使个体的血型表现为 A 型或 B 型，当 I^A和 I^B两个等位基因同时存在时，个体的血型通常表现为 AB 型；基因型为 ii 的个体通常表现为 O 型。A 糖和 B 糖加在红细胞表面的前提是红细胞表面物质 H(substance H)的存在。物质 H 由基因 H 编码，基因 H 的隐性突变纯合体(hh)由于无法形成正常功能的物质 H 而表现为 O 型，无论 I^A或 I^B存在与否。回答 82、83 题。

82 在人群中，很偶然地会发现血型均表现为 O 型的父母，其亲生子女的血型表现为 A 型或 B 型。以下可能造成这种现象的父母基因型组合是（　　）。（多选）

A. iiHh 和 iiHh

B. I^AI^Ahh 和 iiHH

C. iiHh 和 I^Bihh

D. I^AI^Bhh 和 iihh

解析 O 型父母产生 A 型或 B 型子女，说明亲本中某一方为 hh 纯合体导致的 O 型血，否则不含任何 I^A或 I^B基因，无法产生 A/B 型子女，因此 A 错，B、C 对；但二者不能都是 hh，否则子代也必是 hh 纯合体导致的 O 型血，D 错。　**答案：BC。**

83 基因型为 I^AiHh 和 I^BiHh 的父母生下血型为 AB 型的孩子的概率为（　　）。（单选）

A. 3/16　　B. 1/4　　C. 1/8　　D. 0

解析 AB 型孩子的基因型为 I^AI^BHH 或 I^AI^BHh，基因型为 I^AI^B的概率是 1/4，为 HH 或 Hh 的概率为 3/4，总概率为 $3/4\times1/4=3/16$。　**答案：A。**

84 在某一种果蝇中，野生型果蝇的眼睛颜色为红色。w 基因纯合突变的果蝇品系中眼睛颜色为白色。另一个 y 基因突变纯合的果蝇品系中眼睛颜色为黄色。让纯合的白眼突变果蝇与纯合的黄眼突变果蝇

杂交，后代均为红眼。让这些后代再自由交配，它们产生红∶黄∶白＝9∶3∶4。那么下面描述正确的是(　　)。(单选)

A. w基因对y基因是上位的　　B. y基因对w基因是上位的

C. w基因对y基因是显性的　　D. y基因对w基因是显性的

解析 9∶3∶4是9∶3∶3∶1的变体，说明这三种眼色由两个基因座控制。黄白杂交得到红色F_1代，说明红色为双显性表型，该个体基因型为WwYy。由9∶3∶4的比例可知白色表型包括wY和wy两类基因型，说明w是y的隐性上位基因，但二者之间并非等位基因，不存在显隐性关系。各种基因互作方式与表型比例见表5。　**答案：A。**

表5

基因互作方式	9 A_B_	3 A_bb	3 aaB_	1 aabb	表现型比例
基因互作	9	3	3	1	9∶3∶3∶1
显性互补	9		7		9∶7
抑制作用	9	3	3	1	13∶3
显性上位	12		3	1	12∶3∶1
隐性上位	9	3	4		9∶3∶4
累加作用	9	6		1	9∶6∶1
重叠作用		15		1	15∶1

85 目前存在多个依据不同标准的物种定义在实践中用于区分和识别物种，如依据形态特征的形态学物种定义、依据生态位的生态学物种定义、依据生殖隔离的生物学物种定义等。据此，下列描述明显错误的是(　　)。(单选)

A. 所区分的物种单元可能存在不一致

B. 所区分的物种数目可能存在不同结果

C. 所区分的物种之间可能不存在可比性

D. 物种是虚拟或者不存在的

解析 由于区分和识别的依据不同，最终得到的结果显然也可能不同，例如形态相似的物种也可能存在生殖隔离，互相之间也不具有可比性，因此A、B、C都对。在传统分类的各个层级中，只有种是客观存在的分类单位，其他层级都是人为划分的，因此D明显错误。　**答案：D。**

86 为了在基因组中发现基因，以下方式相对不可行的是(　　)。(单选)

A. 寻找长可读框(ORF)

B. 寻找不保守的DNA序列

C. 通过mRNA定位转录区域

D. 以上方案均不可行

解析 开放阅读框(ORF)是DNA序列中起始密码子与终止密码子之间的部分，与基因的转录区域一样，都属于基因的一部分，因此可用于发现基因。通过mRNA定位转录区域显然可行。DNA序列不保守说明其没有受到很强的选择压力，多为非基因序列，因此B不可行。　**答案：B。**

87 表型可塑性是指生物为响应不同的环境变化而产生不同表型的现象，是生物对环境的一种适应。下面现象不属于表型可塑性的是(　　)。(单选)

A. 一种植物在光照环境下生长，其叶片较厚且表面积较小；但在阴凉环境下，其叶片较薄且表面积

较大

B. 一种叫尺蠖的昆虫，其春天出生的个体长得像花序一样，而夏天出生的个体长得像树枝一样

C. 秦岭山系大熊猫种群既生活有黑白色的大熊猫，也生活有棕白色的大熊猫

D. 一种鹿角珊瑚在深水区会长得高而伸展，而在浅水区长得矮而粗壮

E. 东亚飞蝗群居生活时，外表呈黑色和棕色；而散居生活时，外表呈绿色

解析 阴凉环境和光照环境即为不同的环境变化，由此产生的不同表型，符合题干中表型可塑性的定义。类似地，春天与夏天、深水区与浅水区、群居生活与散居生活也都为不同环境。但同一个大熊猫种群生活在相同的环境中，并不涉及“响应不同的环境变化”，属于基因突变导致的白化现象。

全球唯一一只白色大熊猫（图 93）已经成年，完整活动影像于 2023 年 5 月公开。 **答案：C。**

图 93

由一个基因或者一个 DNA 片段构建的进化树并不一定能够正确地反映出物种之间的进化关系。这种基因树和物种树不一致的现象可能有多种原因，其中一个非常重要的机制就是不完全谱系分选（incomplete lineage sorting），即由于多个物种的分化时间较短，使得某些祖先基因的多态性在分化的物种里随机地固定下来。在图 94 中，图(1)为 P1、P2、P3 三个物种真实的物种树，其他 3 个图为由不同的基因分别构建的基因树。回答 88、89 题。

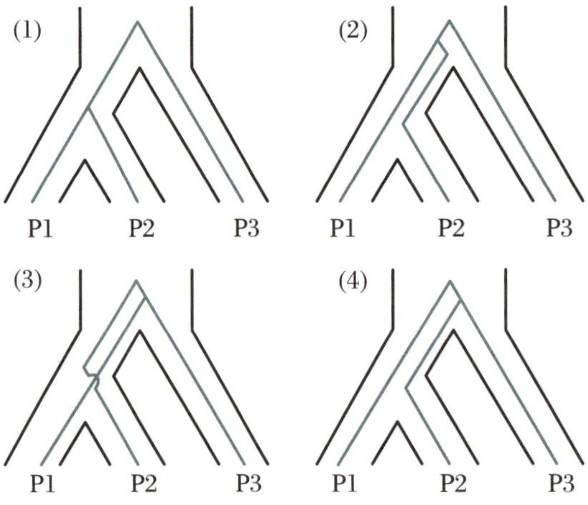

图 94

88 与物种树相比，图 94 中哪些基因树是不完全谱系分选造成的？（　　）（单选）

A. 图(2)和图(3)　　B. 图(2)和图(4)

C. 图(3)和图(4)　　D. 图(2)、图(3)和图(4)

解析 图 94 中黑色框架为根据多基因进化历程建立起的物种发育树，蓝色线条为根据某一特定基因的分化和分离情况建立起的基因树。不完全谱系分选来自祖先物种的多态性，随后新产生的两个子种群并没有继承相同的基因，进而导致物种树和基因树不一致。

可以看出图(1)的基因树与物种树完全相同,而图(3)的基因树显示 P1 和 P3 为单系群,图(4)的基因树则显示 P2 和 P3 为单系群,都与物种树不符,是由不完全谱系分选造成的,因此评议稿答案为 C。图(2)的基因树的拓扑结构与物种树一致,因此最初答案没选(2);但图(2)的分化时间并不相同,实际上也发生了不完全谱系分选,因此最终答案改为 D。 **答案:D。**

参考文献

[1] Hahn M W. Molecular Population Genetics[M]. 1st ed. Oxford University Press, 2018.

89 下列描述正确的是( )。(多选)

A. 不完全谱系分选可能导致两个亲缘关系较远的物种具有更加相似的表型

B. 不完全谱系分选现象的存在说明仅依靠少量基因来构建物种树是不可靠的

C. 种间杂交也会产生基因树和物种树不一致的现象

D. 趋同进化不会产生基因树和物种树不一致的现象

解析 从上题的结果可知 A、B 显然正确。发生如图 95 所示的种间杂交时,P3 所含的部分基因来自 P1,根据这些基因构建的基因树中 P1 和 P3 为单系群;另一些基因则来自 P2,可构建出不一样的基因树;而实际的物种树为如图 95 所示的非二叉类型,因此造成基因树与物种树不一致,C 正确。基因水平的趋同进化也可能导致远缘物种中出现相似的基因,进而导致基因树与物种树不一致,因此 D 错误。 **答案:ABC。**

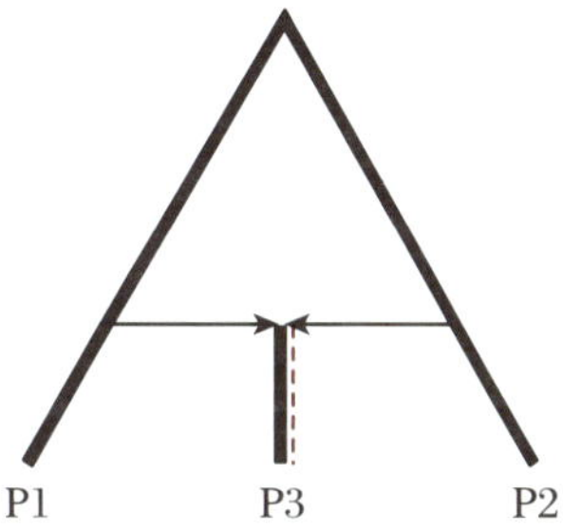

图 95

90 图 96 较好地总结了物种形成的过程及其驱动因素。请根据此图及相关知识判断,以下描述正确的是( )。(多选)

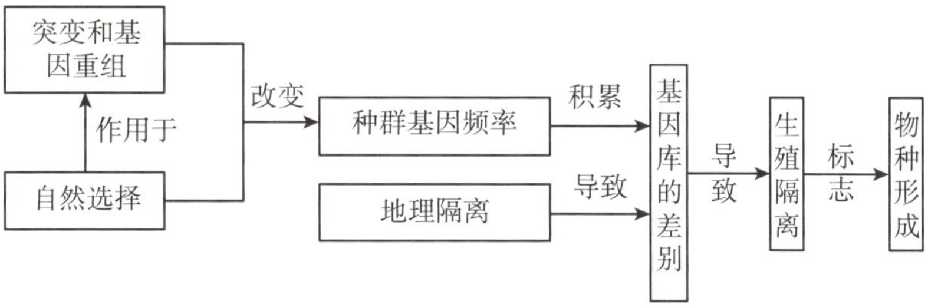

图 96

A. 基因突变、基因重组等遗传物质改变所产生的可遗传的变异为物种形成提供原材料

B. 自然选择影响物种形成的方向

C. 地理隔离驱动物种形成的过程不需要发生遗传差异

D. 生殖隔离是物种形成的必要条件

解析 本题为纯粹的高考水平题,由图 96 可知 A、B、D 显然正确。即使是在地理隔离下,物种形成的本质还是遗传差异的累积,因此 C 错误。 **答案:ABD。**

91 当前学界普遍认为植物是由水生发展为陆生的,但谁是陆生植物的直接祖先并不清楚。以下植物中哪些可能与登陆类群的直接祖先密切相关?( )(单选)

A. 裸藻　　B. 鱼腥藻　　C. 双星藻　　D. 红球藻

E. 圆筛藻

解析 双星藻和红球藻在传统分类上属于绿藻门,圆筛藻属于硅藻门,鱼腥藻属于蓝细菌。传统观念认为陆生植物起源于绿藻、轮藻,但根据最新的研究,陆生植物的姐妹群为双星藻类(Zygnematophyceae),如图 97 所示。 **答案:C。**

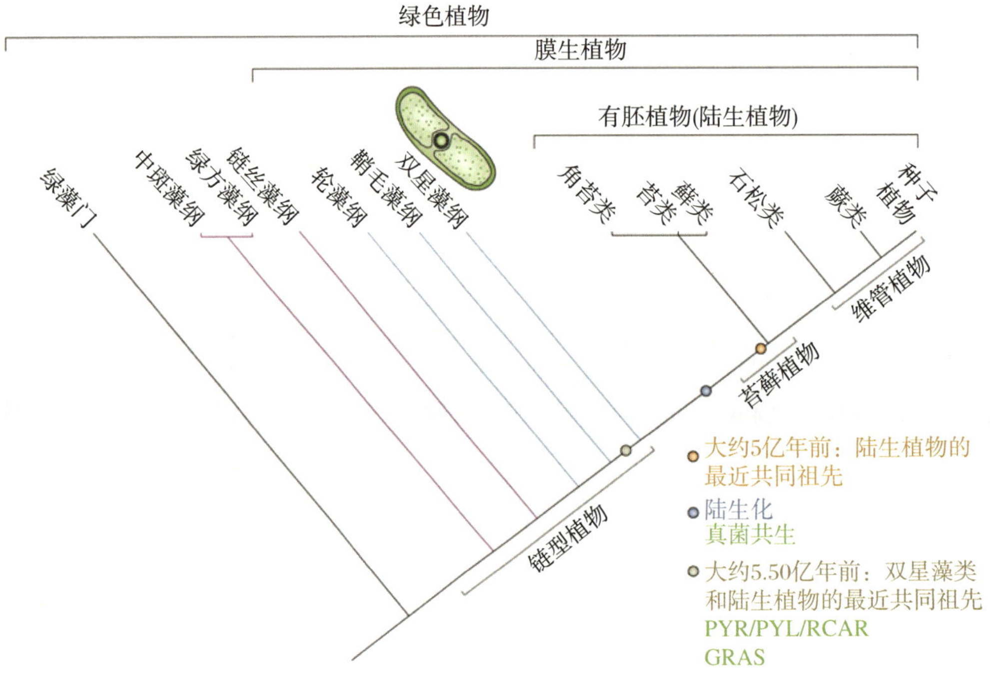

图 97　绿色植物演化的简化谱系图

参考文献

[1] Gitzendanner M A, Soltis P S, Wong G K, et al. Plastid Phylogenomic Analysis of Green Plants: A Billion Years of Evolutionary History[J]. Am. J. Bot., 2018, 105: 291.

92 一棵生长多年的大树在生长季正常长出的新叶源于哪种分生组织?(　　)(单选)

A. 维管形成层　　B. 木栓形成层

C. 茎尖顶端分生组织　　D. 根尖顶端分生组织

解析 叶片发育自叶原基,由茎顶端分生组织表层向外侧突起而来,随后逐渐发育为叶片,如图 98 所示,因此选 C。维管形成层用于生成次生木质部和韧皮部;木栓形成层向内形成栓内层,向外形成木栓层;根尖顶端分生组织的分裂促进根的伸长和根冠的更新。 **答案:C。**

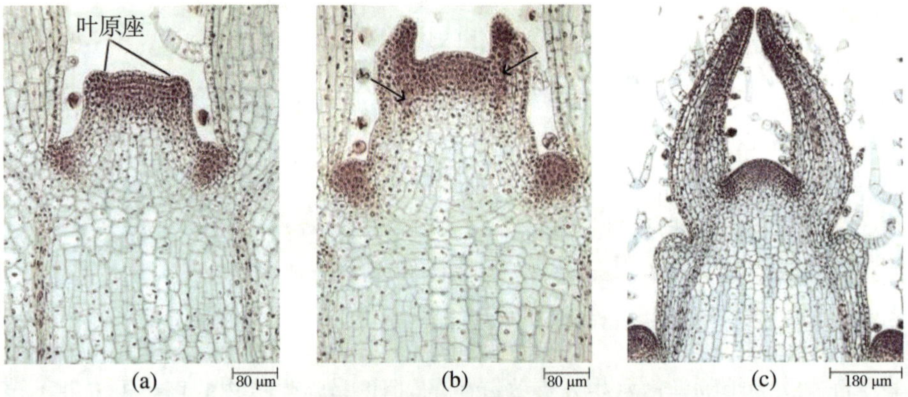

图 98

93 单子叶植物是被子植物中最古老的谱系之一。以下哪个特征不属于单子叶植物的共衍征？（　　）（单选）

A. 平行叶脉

B. 不定根系

C. 茎中维管束分散

D. 三基数花

解析 这 4 个选项都是单子叶植物的特征，也都各有例外，因此考查重点是衍征和祖征的区别，在构建系统发生树的过程中只有共衍征具有分类价值。如图 99 所示，三基数主要分布于单子叶植物和一些早期的双子叶植物中，如基部被子植物（basal angiosperms）；五基数则主要分布在核心真双子叶植物（core eudicots）中；其他花基数都是在三基数和五基数的基础上衍生出来的，由此来看，三基数在单子叶植物之前就已经出现了，属于祖征而非共衍征，因此评议稿答案最初是 D。

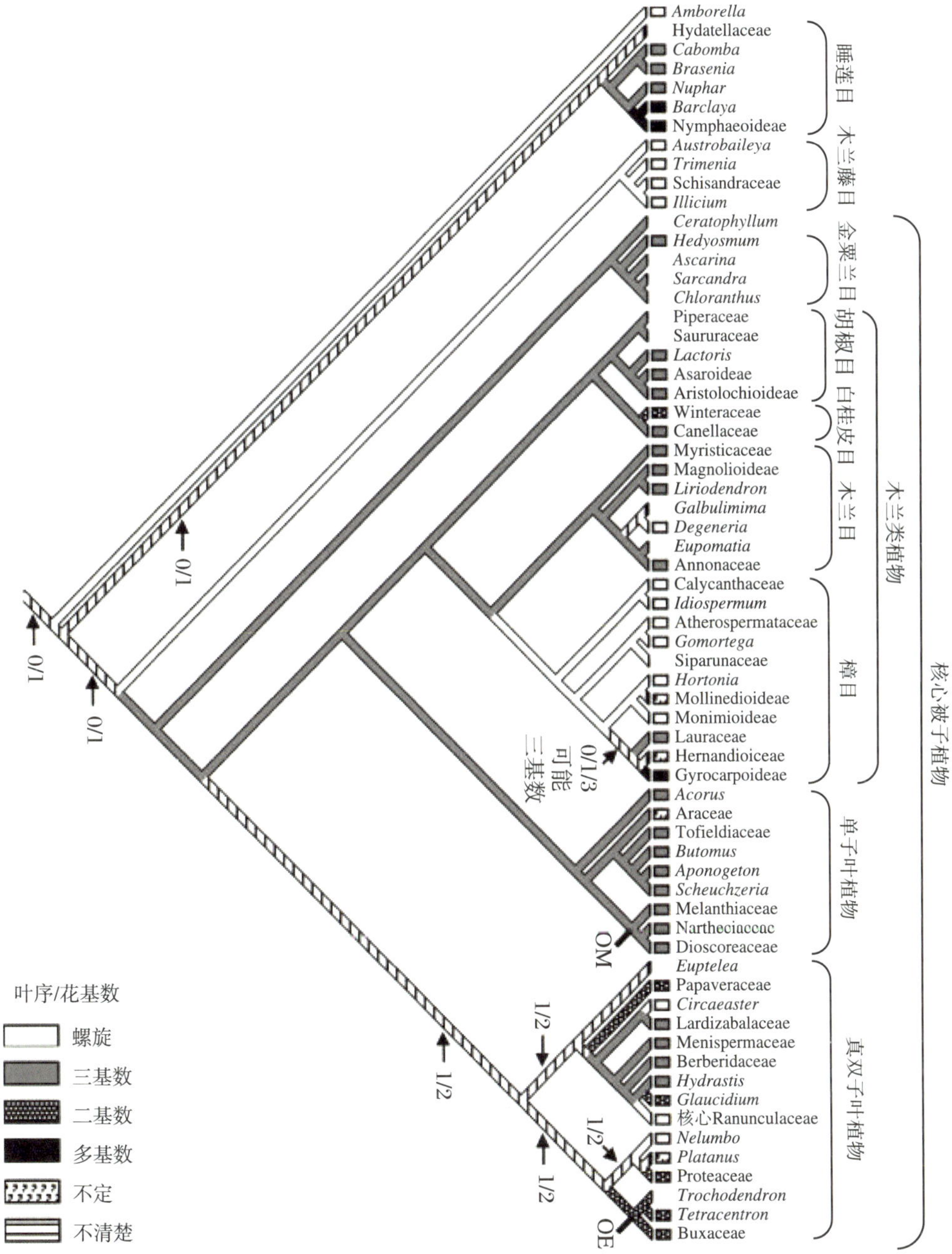

图 99

不定根系指的是大量的不定根连同它们的分枝，在禾本科植物中非常常见，曾被认为是单子叶植物的共衍征，但后来发现一些早期双子叶植物也有不定根系，如胡椒目和睡莲目，因此最终删除本题。

答案：删除。

参考文献

[1] Doyle J A，Endress P K. Tracing the Early Evolutionary Diversification of the Angiosperm Flower[M]//Wanntorp L，de Craene R L P. Flowers on the Tree of Life. Cambridge：Cambridge University Press，2011：88-119.

[2] Soltis P S，Soltis D E. The Origin and Diversification of Angiosperms[J]. Am. J. Bot.，2004，91：1614.

94 植物学家在曼青冈林下捡到一个约 10 cm 长的椭球形果实，检查发现其果实类型为蒴果，随后用望远镜观察到树上还有很多附生植物，叶片为长条带状。该果实最有可能是下列哪种植物的？（　　）（单选）

A. 曼青冈　　　　B. 西藏剑蕨

C. 虎头兰　　　　D. 黄果冷杉

解析 曼青冈属于壳斗科，果实为槲果（坚果），B 错；而蕨类和裸子植物甚至都没有果实，故 B、D 也错。兰科植物的果实就是蒴果，叶片为长条带状也是典型的兰科形态描述，C 对。虎头兰（*Cymbidium hookerianum* Rchb. f.）为附生草本植物，总状花序具 7～14 朵花，花大，直径达 11～12 cm，有香气；萼片与花瓣苹果绿或黄绿色，基部有少数深红色斑点或偶有淡红褐色晕，唇瓣白色至奶油黄色，侧裂片与中裂片上有栗色斑点与斑纹；花瓣狭长圆状倒披针形；蒴果狭椭圆形。其花果实与种子如图 100 所示。 答案：C。

图 100　虎头兰的花、果实和打开后的种子

95 被子植物是地球上物种最多的植物类群，其分类系统一直是科学家关注的问题之一，现代被子植物 APG 分类系统解决了过去系统未能解决的问题。下列哪个描述与目前 APG 系统是不相符的？（　　）（单选）

A. APG 系统认为单沟花粉和三沟花粉在被子植物高级分类单元具有重要作用

B. APG 系统可以帮助解决一些依据形态学性状未能确定的类群的系统位置

C. APG 系统认为雄蕊的向心发育和离心发育不能作为划分纲或亚纲的重要依据

D. APG 系统研究认为核基因、叶绿体基因和线粒体基因分析所作出的被子植物分类系统均是一样的

E. APG 系统认为经典分类中将被子植物划分为双子叶植物和单子叶植物并不符合自然亲缘关系

解析 被子植物系统发育组（APG）是一个非正式的国际系统植物学家小组，在 1998 年首次综合多个大尺度的系统发育分析结果，为被子植物提出了一个目、科分类阶元上的分类系统，简称 APG 系统。随着分子数据的增加，APG 系统随后又经历了 3 次修订（APG，1998；APG Ⅱ，2003；APG Ⅲ，2009；APG Ⅳ，2016），对被子植物系统学和分类学研究产生了重大影响，大大改变了两百多年来植物学家们根据形态学证据提出的分类系统。APG 系统的主要成就包括：(1) 验证了被子植物分类系统的可重复性和可预言性；(2) 解决了一些依据形态学性状未能确定的类群的系统位置；(3) 证明了将被子植物一级分类分为双子叶

植物和单子叶植物的不自然性;(4) 证实了单沟花粉和三沟花粉在被子植物高级分类单元划分中的重要性;(5) 发现雄蕊的向心发育和离心发育在多雄蕊类群中是多次发生的,不应作为划分纲或亚纲的重要依据;(6) 支持基于形态学性状划分的大多数科是自然的;(7) 拆解了一些长期作为自然分类的科。上述成就涵盖了 A、B、C、E 选项,四项均正确。关于 D 选项,三种基因组存在不同的遗传方式,突变率、修复系统等也不尽相同,故由三者构建出的结果也会存在差异;只要取材、测序、建树方法合理,三者构建出来的系统发生树都是正确的,但它们都只能作为基因树而非物种树。 答案:D。

参考文献

[1] Wang W, Zhang X, Chen Z, et al. Comments on the APG's Classification of Angiosperms[J]. Biodiversity Science, 2017, 25: 418.

96 生物系统学中一般会依据一定的原则构建一个合意树或一致树(consensus tree)来展示其研究成果。如果利用 5 个基因片段(locus)分别构建的基因树如图 101 所示,那么当根据多数原则(majority rule)构建合意树时,洞穴熊(cave bear)的姐妹物种是(　　)。(单选)

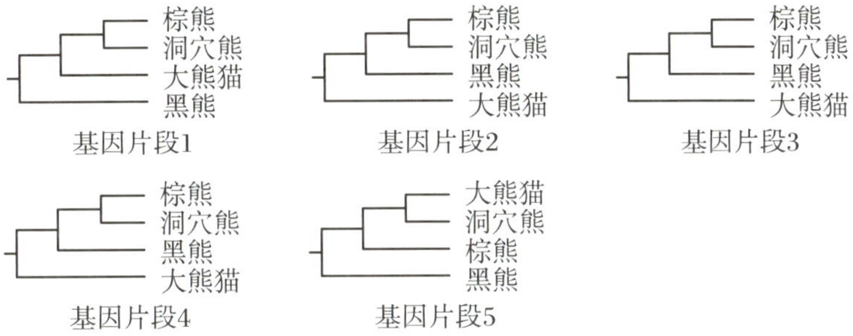

图 101

A. 棕熊(brown bear)　　B. 大熊猫(giant panda)

C. 黑熊(black bear)　　D. 以上答案都不对

解析 在用基因片段 1~4 构建的系统发育树中,棕熊和洞穴熊均为姐妹群,只有基因片段 5 构建的发育树以大熊猫为洞穴熊的姐妹群。因此,根据多数原则构建一致树时,洞穴熊的姐妹物种应该是棕熊。 答案:A。

97 术语 homoplasy 在生物系统学中用于描述某性状的产生或丢失相对地独立于物种分化过程。如果下列进化树中灰色均代表祖先性状(ancestral trait),黑色均代表衍生性状(derived trait),那么下面哪一项可以展示 homoplasy?(　　)(单选)

A. 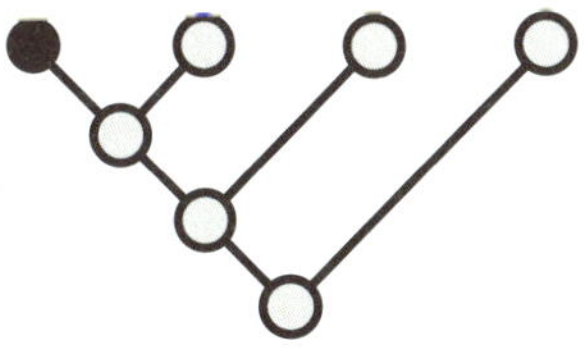

B. 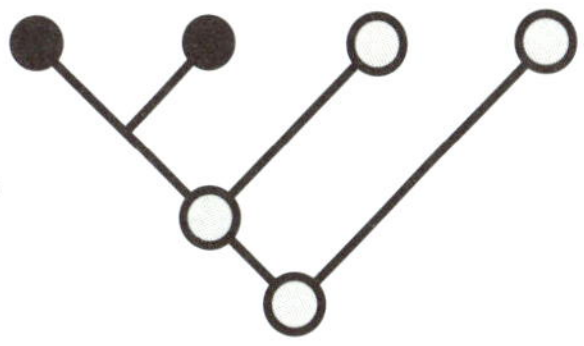

C. 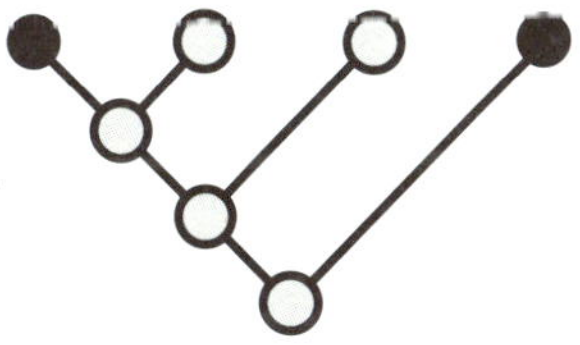

D. A、B、C 均不可以

解析 所谓 homoplasy 即非同源相似(同塑),即黑色的衍生性状并不来自共同祖先,或二者所形成的类群不是单系群,如图 102 所示。 答案:C。

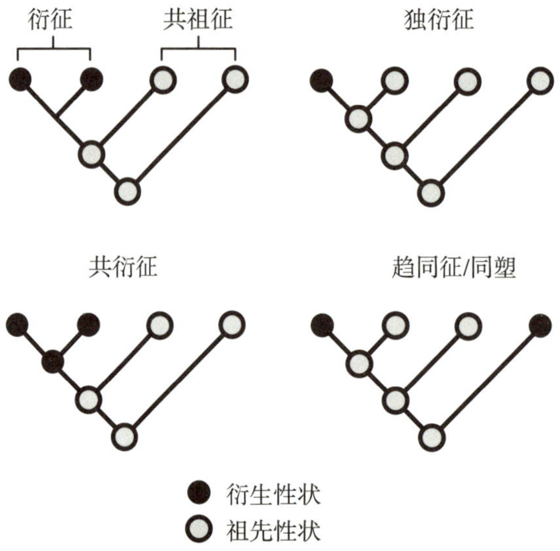

图 102

98 研究者要评估一种鸟类不同地理种群的遗传分化程度，以下研究方案中正确的做法是（　　）。（单选）

A. 每个种群采集 1～2 只雌性个体

B. 每个种群采集 1～2 只雄性个体

C. 选择非常保守的 1～2 个核基因作为遗传标记

D. 选择变异较多的线粒体 DNA 作为遗传标记

解析 既然要评估不同地理种群的遗传分化程度，那么 1～2 个基因显然是不够的，应当选取多个基因且尽量选取多个个体，因此 A、B、C 都错。此外，同一种鸟类的不同地理种群之间的分化程度肯定较低，适合用突变率高、进化速度快的线粒体基因组来构建进化树，故 D 正确。 答案:D。

99 脊椎动物各类群的系统进化关系如图 103 所示，以下描述中错误的是（　　）。（单选）

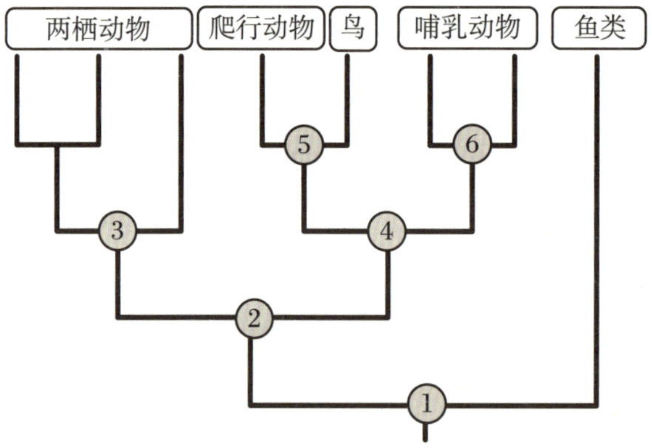

图 103

A. 节点 1 代表系统树中现生脊椎动物的共同祖先

B. 节点 4 代表恒温动物的共同祖先

C. 节点 5 代表鸟类与爬行动物的分化事件

D. 节点 3 代表现生两栖动物的共同祖先

解析 评议稿答案是 B，因为节点 4 是爬行动物、鸟类、哺乳动物的共同祖先，即原始的四足类动物，但爬行类并不是恒温动物，体温恒定在鸟类和哺乳类独立起源。根据出题人的本意，A 选项中的节点 1 是这个系统树中现生脊椎动物的共同祖先，但此处“系统树”表意不清，如果指的是完整系统树，则没有包含圆口纲，因此本题最终删除。 答案：删除。

100 对5种鸟类的线粒体基因和常染色体基因进行测序，利用相同的方法构建了基因树，发现两个树的拓扑结构不一致，如图104所示。以下原因不会导致这种情况的是（　　）。（单选）

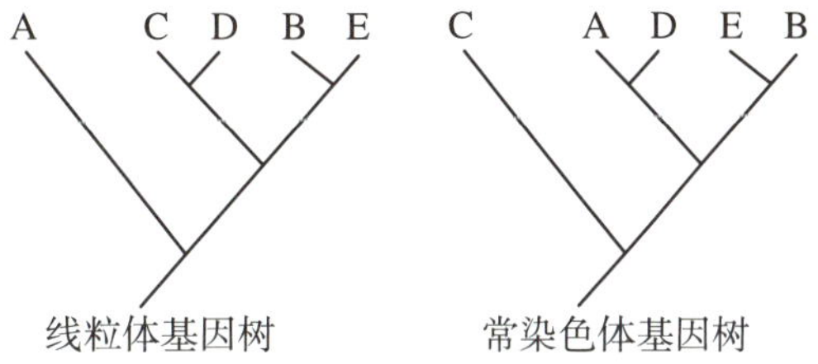

图104

A. 物种A和物种D的常染色体基因存在遗传渐渗
B. 物种A和物种D的常染色体基因存在不完全谱系分选
C. 物种C和物种D的线粒体基因受到平衡选择
D. 物种C和物种D的线粒体基因存在趋同进化

解析 基因树和物种树间的差异可能来自遗传渐渗（种间杂交、水平基因转移等）、不完全谱系分选、趋同进化、平行进化、进化逆转等，因此A、B、D对。C选项的平衡选择（balancing selection）是一种能维持种群内遗传多态性的自然选择方式，包括杂合子优势、各种拮抗选择——不同世代中不同基因型受青睐、多重生态位多态性（多种微环境保持多种基因）、位点内性冲突（在某个性别中提高适合度的基因在另一性别中却降低适合度）、反向依频选择等，与非同源相似无关，因此C错。 答案：C。

参考文献

[1] Futuyma D J. Evolution[M]. 3rd ed. Sinauer Associates Inc., 2013.

2024 年全国中学生生物学联赛试题详解

第一部分　生物化学、分子生物学、细胞生物学、微生物学

1 下列不属于真核生物基因组 DNA 特点的是(　　)。(单选)

A. 大部分为非编码序列

B. 含有大量重复序列,例如高度重复的卫星 DNA

C. 功能相关的基因串联在一起,转录产生一条 mRNA 链

D. 基因组的完整复制依赖于逆转录

解析 评议稿答案为 C。真核生物基因组大部分序列为非编码序列,如人类基因组中的编码序列(外显子)不到 1.5%;重复序列占了接近一半的比例,且基因不像原核生物一样形成操纵子,而是各个基因拥有自己的启动子,分别转录生成单独的 mRNA。虽然不属于真核基因组 DNA 的普遍特点,但线虫确实存在多顺反子、反式剪接现象(图 1),因此本题删除。

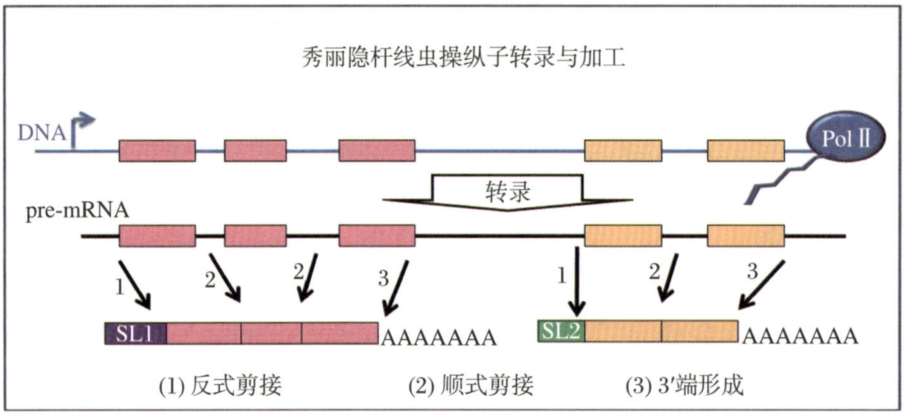

图 1

D 选项描述的是端粒酶介导的端粒延长过程。　**答案:删除。**

参考文献

[1] Allen M A. RNA Processing Events Affecting *C*. *elegans* Operons: A Computational and Mutational Analysis[D]. University of Colorado at Boulder, 2010.

2 下列实验方法中能直接鉴定蛋白质磷酸化位点的有(　　)。(单选)

A. 蛋白质免疫印迹法

B. 酶联免疫吸附

C. 酵母双杂交系统

D. 质谱分析

解析 蛋白质免疫印迹法(Western blot)通过特异性抗体检测特定蛋白的存在,即便使用了对磷酸化修饰蛋白特异性的抗体,也只能检测特定蛋白质是否经过磷酸化修饰,或鉴定某几个特殊位点是否存在磷酸化,没法用于全面检测具体的磷酸化位点。

酶联免疫吸附(ELISA)也是一种依赖于抗原-抗体相互作用的检测蛋白质存在的实验方法,与蛋白质免疫印迹法思路类似。

酵母双杂交是一种用于研究蛋白质间相互作用的技术,同样无法直接定位蛋白质磷酸化的具体位置。

串联质谱法通过比较不同肽段之间的质荷比差异,进而对肽段进行测序,磷酸化让特定肽段的质量增加 80 Da,进而判断出磷酸化的具体位置(图 2)。 答案:D。

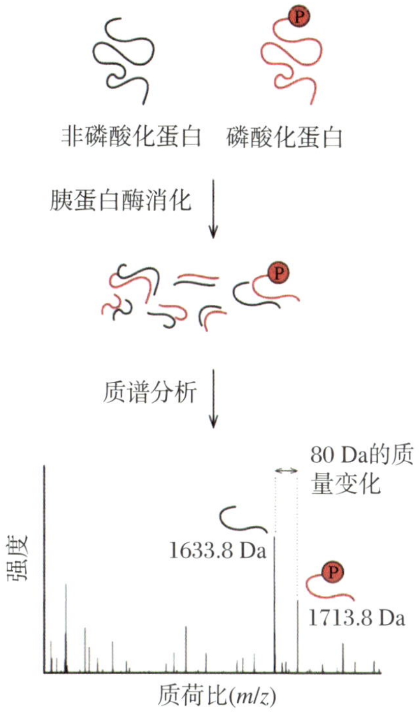

图 2

参考文献

[1] Tweedie-Cullen R Y, Wollscheid B, Livingstone-Zatchej M, et al. Neuroproteomics and the Detection of Regulatory Phosphosites[J]. Current Proteomics, 2007, 4: 209.

3 关于豆科植物与根瘤菌的共生关系,下列叙述正确的是( )。(多选)

A. 根瘤菌为豆科植物提供含氮化合物

B. 根瘤菌固定的氮元素不会释放到土壤中

C. 豆科植物为根瘤菌提供生长所需氨基酸

D. 豆科植物分泌特殊物质,诱导根瘤菌靠近并感染其根部

解析 评议稿答案为 A、D,后修改为 A、C、D。根瘤菌具有固氮能力,能将大气中的氮气固定成植物可利用的铵,被植物用于合成氨基酸和其他含氮化合物,A 对。固定的氮素也会释放到土壤中,被其他植物利用,因此轮作豆科植物会提高土壤的肥力,B 错。

根瘤菌(*Rhizobium leguminosarum*)需要两种广谱特异性的氨基酸转运蛋白 AapJQMP 和 BraDEFGC(两者都属于 ABC 转运蛋白家族),以实现有效的共生固氮(symbiotic nitrogen fixation, SNF)。功能性的 Aap 和 Bra 对于支链氨基酸(branched-chain amino acid, BCAA)的转运是必需的(图 3),这种现象被称为共生营养缺陷(symbiotic auxotrophy),因为细菌仅在与植物共生时才存在这种营养缺陷,这是由根瘤菌中细菌合成氨基酸的关闭所致。阻止根瘤细菌吸收支链氨基酸会导致氨基酸饥饿、发育不全、体积减小和染色体的内复制。可见,在共生过程中根瘤菌放弃了对部分必需化合物生物合成的控制,转而像器官一样由植物来供给相关分子,C 是对的。

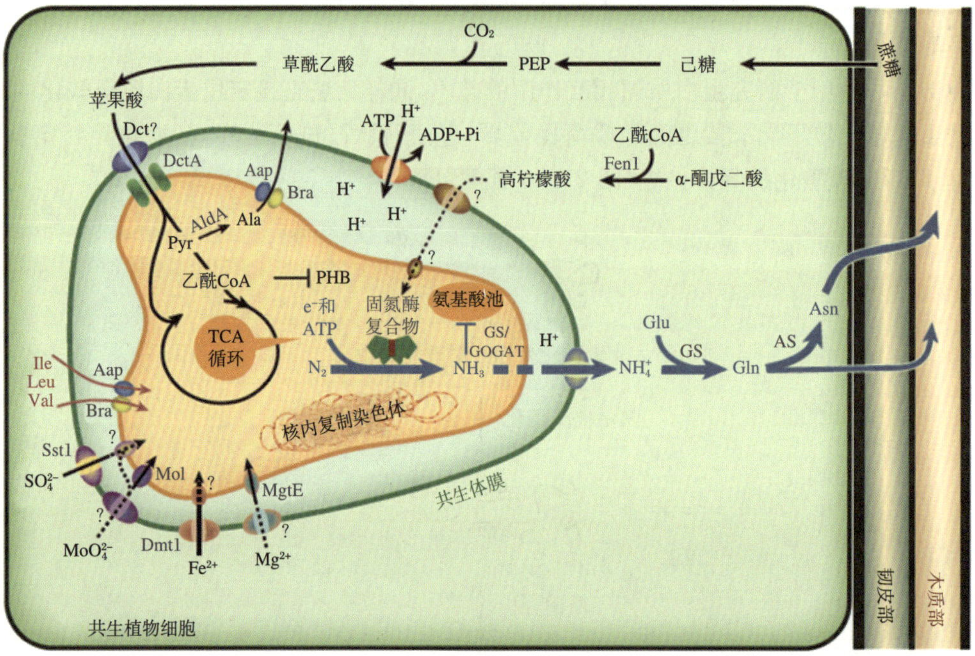

图 3

如图 4 所示，在缺氮的情况下，豆科植物根系会向根际释放黄酮类化合物，从而诱导根瘤菌分泌结瘤因子。豆科植物根系在感受到结瘤因子信号后会引起根毛卷曲、侵染线形成和皮层细胞分裂，诱导根瘤的形态发生，D 对。 答案：ACD。

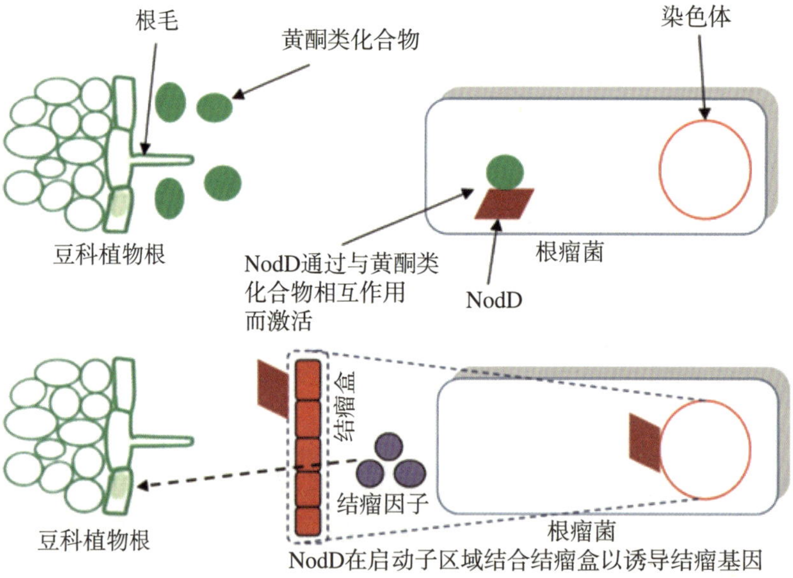

图 4

参考文献

[1] Udvardi M, Poole P S. Transport and Metabolism in Legume-Rhizobia Symbioses[J]. Annual Review of Plant Biology, 2013, 64: 781.

[2] Bag S, Mondal A, Majumder A, et al. Flavonoid Mediated Selective Cross-Talk between Plants and Beneficial Soil Microbiome[J]. Phytochemistry Reviews: Proceedings of the Phytochemical Society of Europe, 2022, 21: 1739.

4 三羧酸循环由 8 步反应组成，其中不可逆的反应是(　　)。(多选)

A. 柠檬酸经顺乌头酸转变为异柠檬酸

B. 异柠檬酸氧化脱羧转变为 α-酮戊二酸

C. α-酮戊二酸氧化脱羧生成琥珀酰辅酶 A

D. 琥珀酰辅酶 A 经底物水平磷酸化形成琥珀酸

解析 在三羧酸循环(图 5)中，不可逆的关键步骤共有三步：柠檬酸合酶催化乙酰辅酶 A 和草酰乙酸缩合为柠檬酸，异柠檬酸脱氢酶催化异柠檬酸氧化脱羧转变为 α-酮戊二酸，以及 α-酮戊二酸脱氢酶复合体催化 α-酮戊二酸氧化脱羧生成琥珀酰辅酶 A。 **答案：BC。**

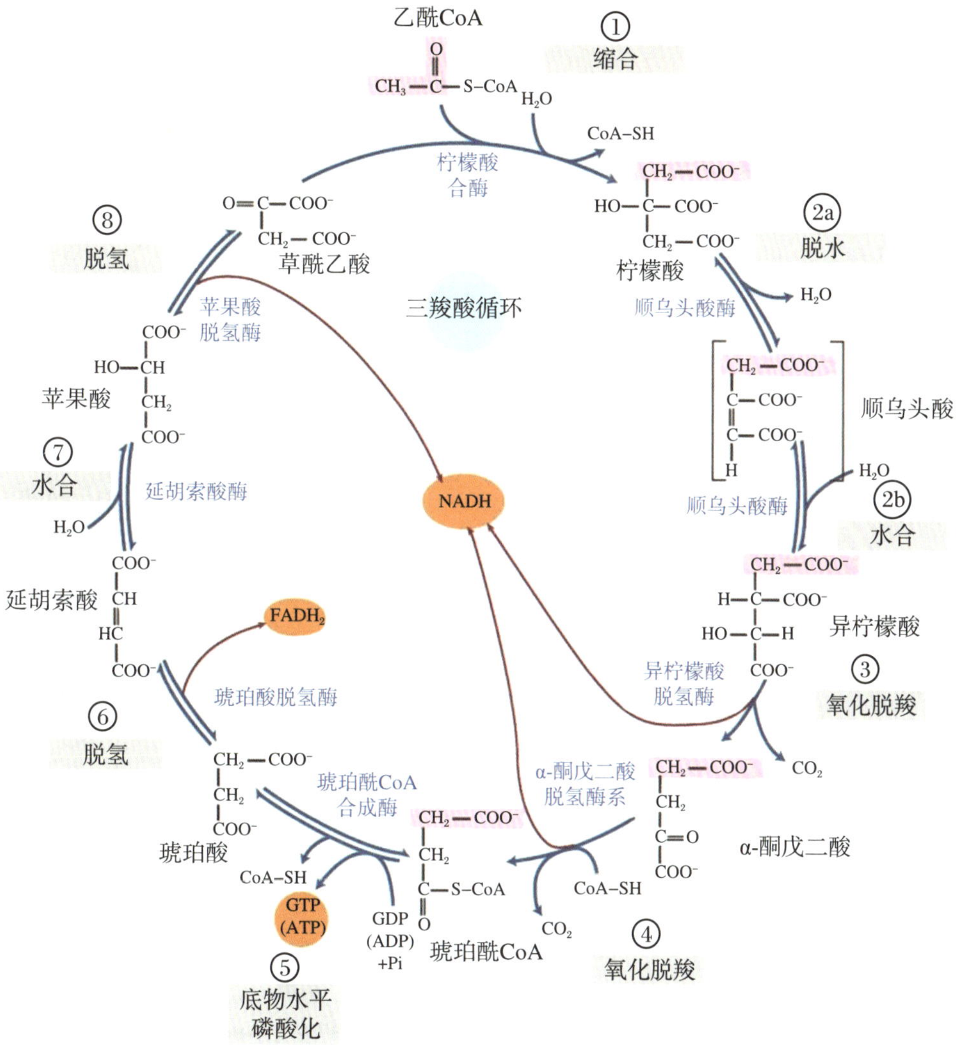

图 5

5 与胆固醇合成密切相关的 HMG-COA 还原酶(H 酶)位于内质网膜上。研究者在培养细胞 CHO 中表达了跨膜结构域融合了 GFP 的 H 酶，即 H-GFP。经不同浓度的胆固醇和二氢羊毛甾醇(DHL)处理后，用免疫印迹法检测 H 酶的表达。如图 6 所示的实验结果不支持的结论有(　　)。(多选)

胆固醇/μM	–	1	3	10	–	–	–
DHL/μM	–	–	–	–	0.3	1	3

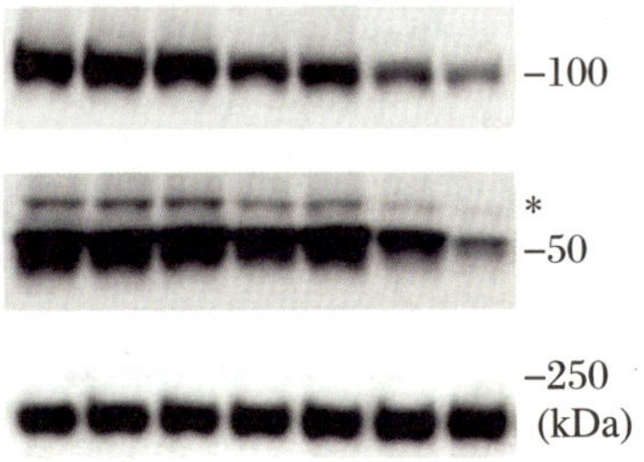

图 6

A. H 酶在 DHL 缺乏的条件下比较稳定

B. DHL 能够直接与 H 酶跨膜结构域结合

C. DHL 对维持胆固醇稳态发挥调控作用

D. DHL 导致 H 酶的翻译过程受阻

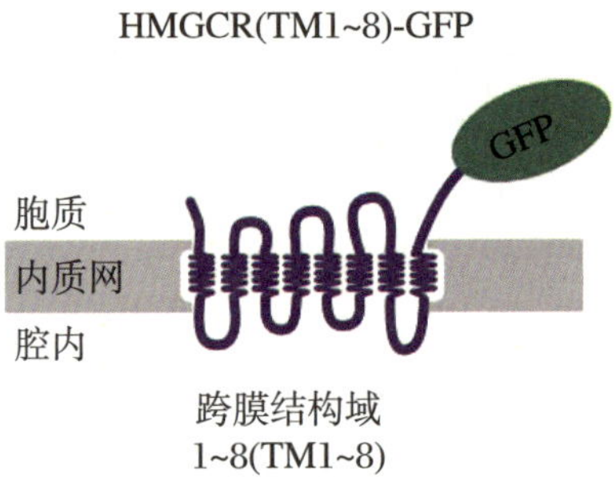

图 7

解析 CHO(Chinese hamster ovary cell)是源自中国仓鼠卵巢的上皮细胞系。HMG-CoA 还原酶（HMGCR）是胆固醇合成中的关键酶，定位于内质网膜上（图 7），朝向胞质的部分在 NADPH 作用下将 HMG-CoA 还原为甲羟戊酸（MVA），成为各类甾醇的前体。为了治疗胆固醇过高导致的疾病，研究人员试图诱导固醇合成中的关键酶降解，并为 HMGCR 构建了以下报告系统，其中与 HMGCR 融合的 GFP 可以报告 HMGCR 是否被降解。

胆固醇是 HMGCR 的反馈性抑制剂，DHL 是一种甾醇，在本题中同样可能对 HMGCR 的稳定性产生影响。由图 6 可见，在没有胆固醇的情况下，DHL 浓度的提升使得 HMGCR 信号减弱，而且效果要比胆固醇浓度提升更为明显，说明高浓度 DHL 不利于 HMGCR 稳定，可能促进其降解，A 正确。DHL 可以影响 HMGCR 稳定，自然可以调控胆固醇稳态，C 正确。

B、D 选项均没有明显证据。实际上 HMGCR 的 N 端跨膜结构域感知内质网膜中的甾醇水平并决定整个蛋白的半衰期，后续实验确实证明受 DHL 启发设计的 Cmpd81 分子会与跨膜结构域结合，并促进其泛素化，最终导致其降解，如图 8 所示。 答案：BD。

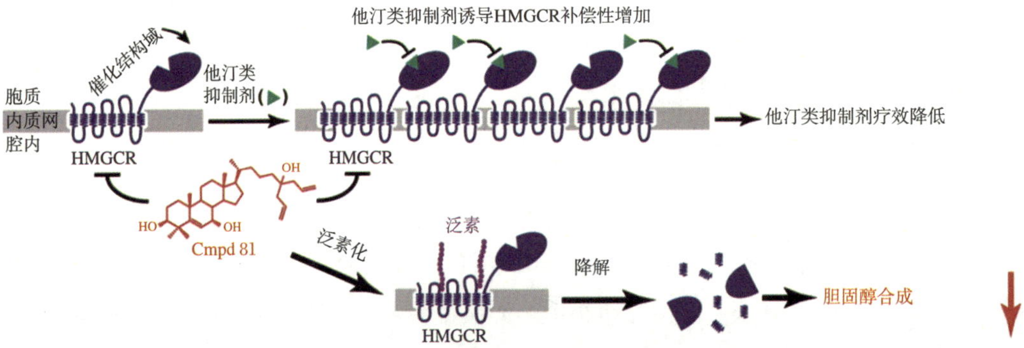

图 8

Cmpd 81 通过泛素-蛋白酶体途径显著降解他汀类药物诱导的 HMGCR 蛋白，从而降低胆固醇的合成，提高他汀类药物的疗效。

参考文献

[1] Jiang S Y, Li H, Tang J J, et al. Discovery of a Potent HMG-CoA Reductase Degrader That Eliminates Statin-Induced Reductase Accumulation and Lowers Cholesterol [J]. Nature Communications, 2018, 9: 5138.

6 溶菌酶是一种碱性蛋白质,其相对分子质量约为 14 kDa。用以下方法从蛋清中得到溶菌酶,纯度最高的方法是(　　)。(单选)

A. 硫酸铵沉淀,然后有机溶剂沉淀

B. 硫酸铵沉淀,然后离子交换层析

C. 等电点沉淀,然后离子交换层析

D. 有机溶剂沉淀,然后凝胶过滤层析

解析 评议稿答案最初为 C。题干已知溶菌酶具有特定的等电点和分子量,理论上通过更多特异性筛选得到的蛋白纯度更高,而硫酸铵沉淀和有机溶剂沉淀不具有选择性,因此应该先根据等电点进行选择性沉淀,随后使用离子交换层析进行更加细致的筛选。

但答案最终改为 B,出题人认为硫酸铵沉淀作为粗筛更合理有效,可这是有问题的。以从蛋清中分离溶菌酶的过程为例,蛋清中除溶菌酶之外,其他蛋白质的等电点都在 pH = 4.0～5.0,而溶菌酶的等电点高达 pH = 10.7～11.0,因此首先可通过等电点沉淀法,加酸调 pH 至 4.0～5.0,使大部分杂蛋白沉淀除去,则溶液中所剩下的蛋白质主要为溶菌酶。此后得到的滤液澄清均一,黏度下降,保证了下一步柱层析动态上样的顺利进行。目标蛋白在 pH 为 8.0 的条件下带正电荷,而其他杂蛋白带负电荷,为离子交换层析分离创造了条件。接下来直接进行阳离子交换层析即可。如果先试用硫酸铵沉淀,则所获得的目标蛋白在沉淀中,需要再用磷酸盐缓冲液溶解,所获得的溶菌酶含盐量高,需要透析才能得到继续进行阳离子交换层析的粗酶液,不符合题意。因此我们不能认同最终答案。　答案:B。

参考文献

[1] 赵林,蔡金艳,周林,等. 一步阳离子柱层析高效纯化溶菌酶及其溶菌活性[J]. 中国药房,2013,1:30.

[2] 成丽丽,邓玉,赵芯,等.鸭卵清溶菌酶的分离纯化及性质[J].食品科学,2012,33:198.

7 已知在正常人体内 X 蛋白有 155 个氨基酸,在某疾病患者中该蛋白变为 165 个氨基酸。下列密码子突变可造成该现象的有(　　)。(多选)

A. GAU→GAC　　B. CGA→UGA

C. UAA→CAA　　D. UGA→AGU

解析 突变使肽链延长,可知是终止密码子发生了终止码突变(terminator mutation)。真核生物终止密码子为 UAA、UAG、UGA。　答案:CD。

8 可以用来检测蛋白质与 RNA 分子相互作用的方法有(　　)。(多选)

A. 染色质免疫共沉淀　　B. 紫外线交联免疫共沉淀

C. RNA pull down　　D. RNA 免疫沉淀

解析 染色质免疫共沉淀(图 9)主要用于研究蛋白质与 DNA 之间的相互作用,A 错。

紫外线交联免疫共沉淀(crosslinking-immunprecipitation,CLIP)使用紫外线照射细胞或组织样品,以稳定蛋白质和 RNA 之间的相互作用(图 10),之后通过免疫共沉淀技术检测特定蛋白与 RNA 的相互作用。RNA 免疫沉淀(RNA Immunoprecipitation,RIP)则是一种基于抗体的技术,用于定位体内的 RNA-蛋白质相互作用。将所关注的 RNA 结合蛋白(RBP)与其结合的 RNA 一起进行免疫沉淀,鉴定结合转录 RNA(mRNA、非编码 RNA 或病毒 RNA)。可以通过实时 PCR、微阵列或测序检测。因此 B、D 对。

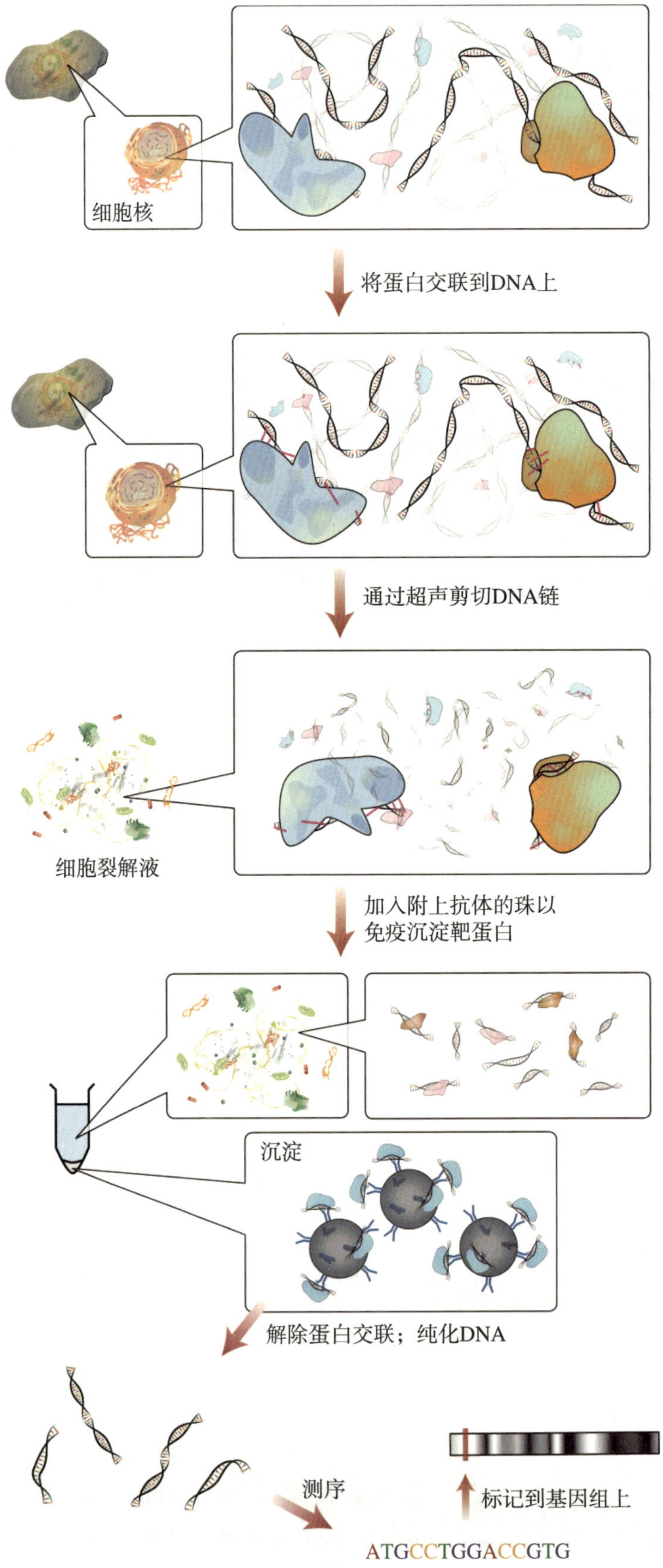
细胞核
将蛋白交联到DNA上
通过超声剪切DNA链
细胞裂解液
加入附上抗体的珠以
免疫沉淀靶蛋白
沉淀
解除蛋白交联；纯化DNA
测序
标记到基因组上
ATGCCTGGACCGTG

图 9

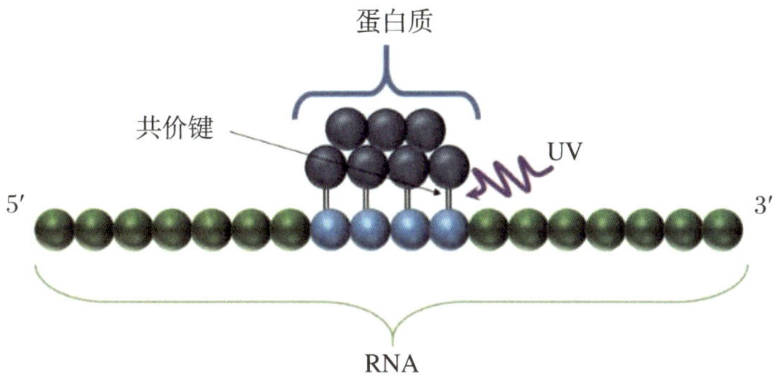

图 10

RNA pulldown 类似普通的 pulldown，通过将 RNA 固定在固相基质上，然后加入细胞裂解液，随后捕获与 RNA 结合的蛋白质（图 11），C 对。 答案：BCD。

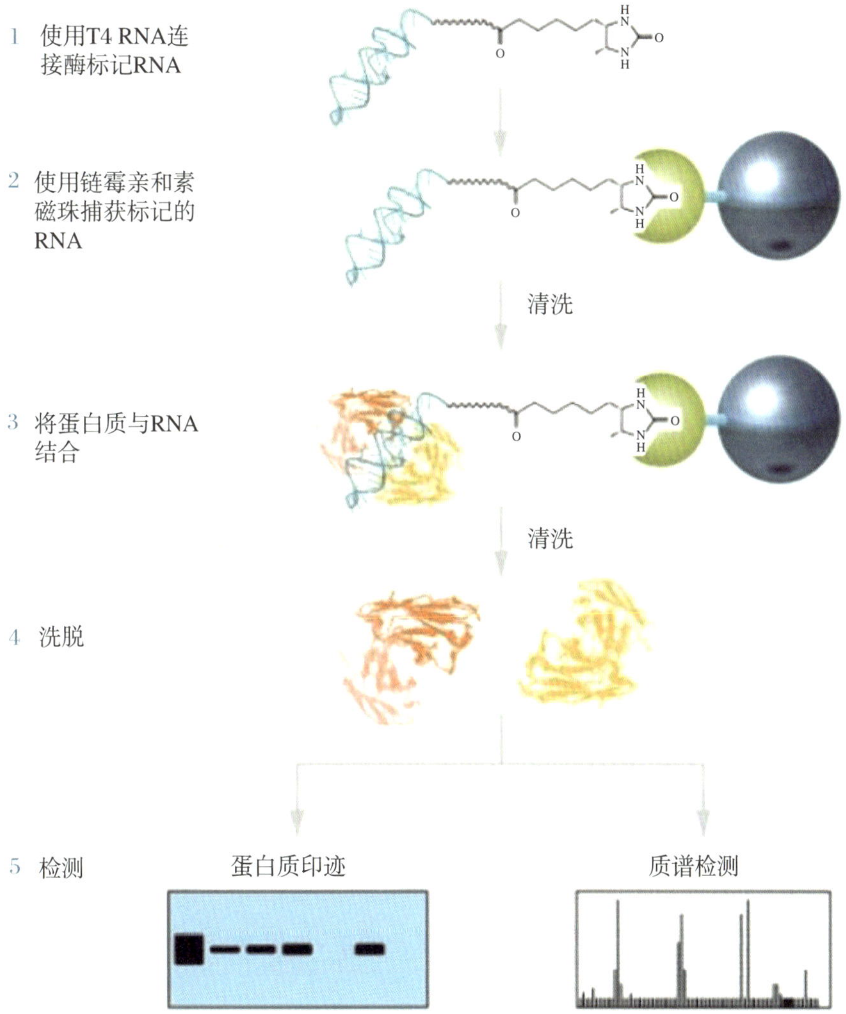

图 11

9 糖原磷酸化酶 a 和磷酸化酶 b 是一种酶的两种不同存在形式，下列说法正确的是（　　）。（单选）

A. 磷酸化酶 b 发生二聚化即可转变为磷酸化酶 a

B. 磷酸化酶 b 上的一个丝氨酸被磷酸化即可转变为磷酸化酶 a

C. 磷酸化酶 b 作为酶原，可以被蛋白酶切割，从而转变为有活性的磷酸化酶 a

D. 葡萄糖分子可以结合磷酸化酶 b，通过变构调节的方式将其转变为磷酸化酶 a

解析 如图 12 所示，糖原磷酸化酶由两个相同的亚基构成二聚体，a 和 b 是同一种酶的两种形式，其中 14 号丝氨酸磷酸化的 a 是活性形式，B 对。肾上腺素、AMP、钙离子促进肌糖原磷酸化酶的磷酸化，胰高血糖素促进肝脏糖原磷酸化酶的磷酸化，6-磷酸葡糖和 ATP 则促进去磷酸化。

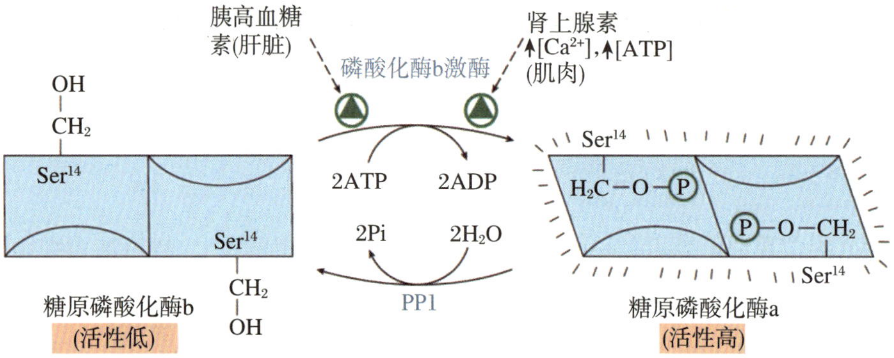

图 12

如图 13 所示，葡萄糖与肝脏磷酸化酶 a 的别构位点结合，构象变化后使磷酸化的丝氨酸残基暴露在外，被蛋白磷酸酶 1(PP1)作用后转化为非磷酸化的 b 型，进而减缓糖原分解以应对高血糖，D 错。 答案：B。

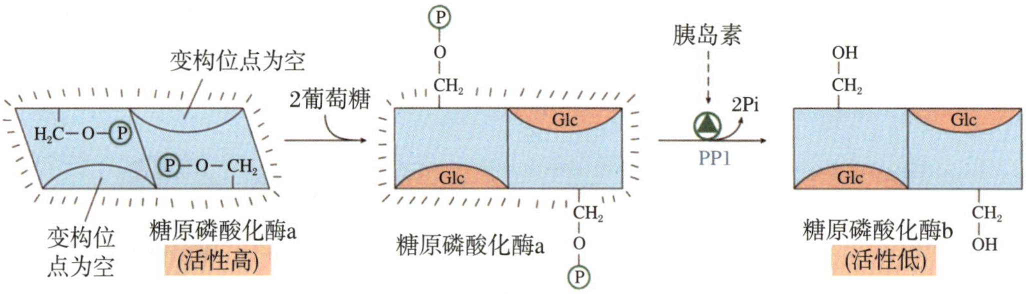

图 13

10 组蛋白八聚体形成直径为 9 nm、高为 5 nm 的圆柱体，人类细胞核的直径为 6 μm，则组蛋白八聚体占据细胞核体积的百分比最接近(　　)。(单选)

A. 5%　　B. 9%　　C. 12%　　D. 15%

解析 人类基因组大小为 3 Gb，正常的二倍体细胞则为 6 Gb。每个核小体大约占据 200 bp 的 DNA 链，假设核小体均匀覆盖所有 DNA，则核内约有 3×10^7 个核小体。根据题目中的圆柱形核小体假设，每个核小体体积为 318 nm^3，球形细胞核体积约为 1.13×10^{11} nm^3，因此核小体体积占细胞核体积的 8.44%，最接近评议稿答案 B 选项。

但题干中并没有出现核小体均匀覆盖所有 DNA 这一假设，且也与实际情况不符合，因此实际上没法严格计算，最终本题删除。 答案：删除。

图 14 显示了 DNA 复制时，RNA 引物预先结合到模板上可以开始 DNA 合成的位点。为了检测新合成的 DNA，向混合物中添加了 ^{32}P 放射性标记的 dCTP，并通过自显影凝胶电泳检测产物。回答 11～14 题。

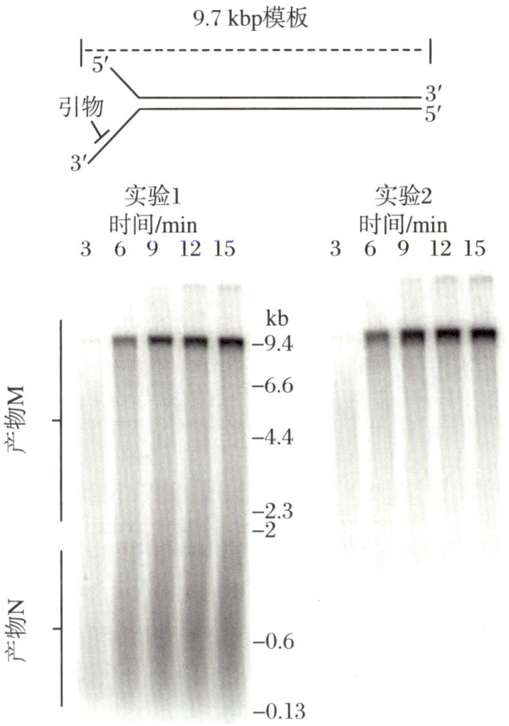

图 14

11 用^{32}P 放射性标记的 dCTP,其标记的位置应该在(　　)。(单选)

A. α 位的 P　　B. β 位的 P　　C. γ 位的 P　　D. 都可以

解析 本题组基于 2022 年发表在《自然》上的一项研究,用多种纯化的复制所需因子重构了人类复杂的复制体,揭示了人类复制体如何实现快速有效的前导链和后随链 DNA 复制。

由于加入的 dNTP 中,仅 α 位的磷酸基团最终会留在 DNA 链中,另外两个磷酸基团会以焦磷酸的形式释放(图 15),因此 A 对。　**答案:A。**

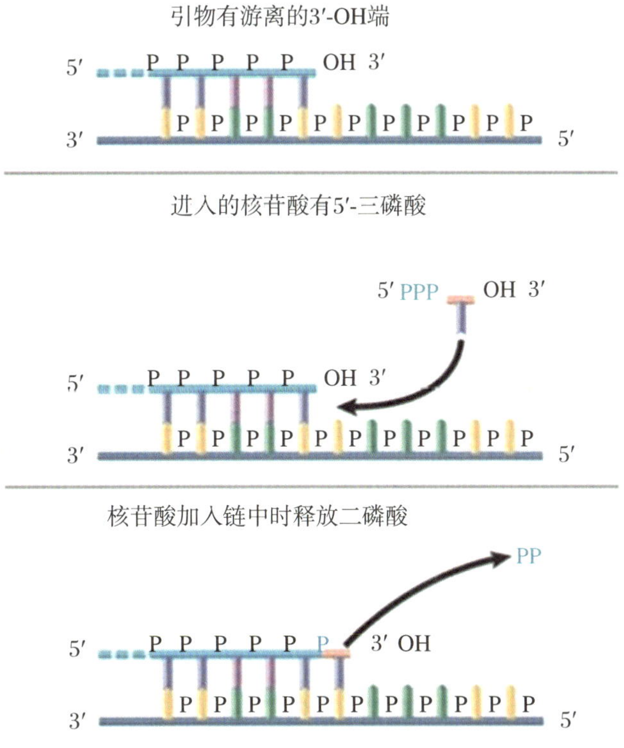

图 15

12 复制时能够解旋 DNA 的酶是(　　)。(单选)

A. Mcm2-7　　B. RPA　　C. Dna2　　D. DNA Pol

解析 真核生物 DNA 复制时由 Mcm2-7 六聚体(解旋酶)进行解旋(图 16),因此评议稿答案最初为 A。复制蛋白 A(RPA)是真核细胞中的单链结合蛋白,B 错。

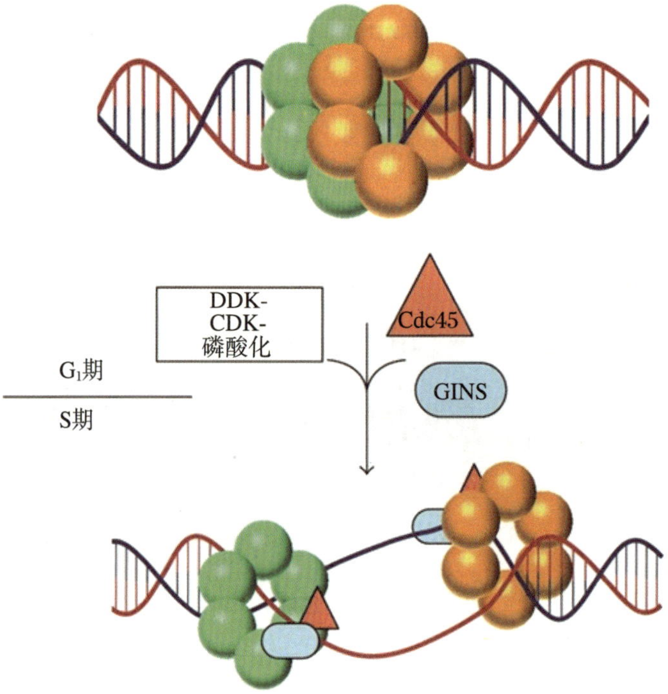

图 16

Dna2 蛋白是一种核酸酶,主要参与 DNA 复制和修复过程中的单链 DNA 的消化,也被认为存在解旋酶活性,如表 1 所示,因此本题最终删除。真核生物的 DNA 聚合酶自身没有解旋酶活性,D 错。

答案:删除。

表 1

	途径	底物	酶活性	物种
细胞核	冈崎片段成熟	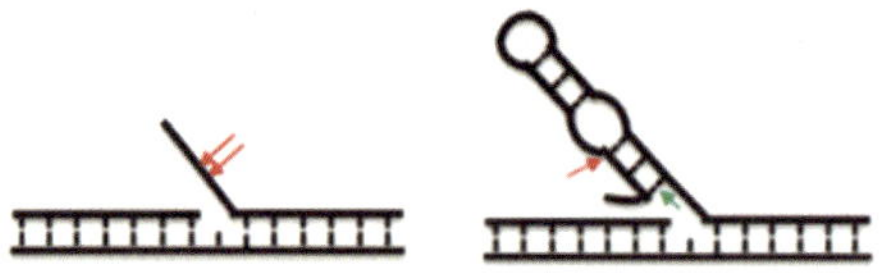 常规　着丝粒	核酸酶 解旋酶	Sc.,Sp.,H.
	端粒复制与末端切除	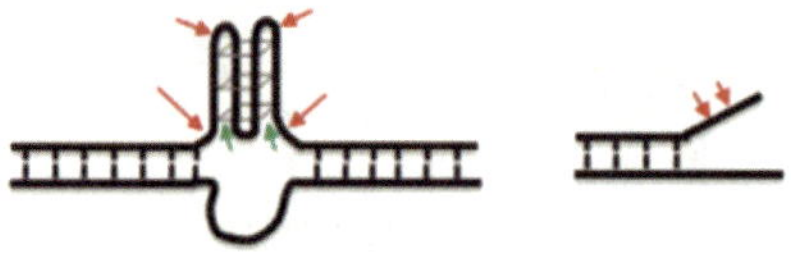	核酸酶	Sc.,Sp.,M.,H.
	停滞的复制叉	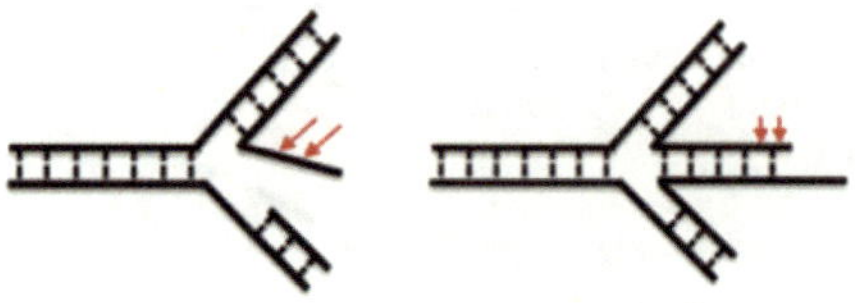	核酸酶	Sc.,Sp.,H.
	双链断裂末端切除		核酸酶 转位酶	Sc.,Sp.,H.,C.

续表

	途径	底物	酶活性	物种
线粒体	复制		解旋酶	Sc.,H.
	冈崎片段成熟		核酸酶	Sc.,H.
	碱基切除修复	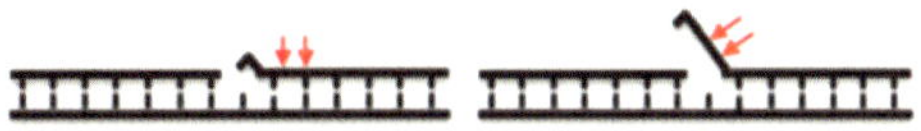	核酸酶	H.

Sc:*S. cerevisiae*;Sp:*S. pombe*;H.:人;M.:小鼠;C.:鸡。

红色箭头:核酸酶作用位点;绿色箭头:解旋酶作用位点。

参考文献

[1] Li Z, Yuan M, Campbell J L, et al. Multiple Roles of DNA2 Nuclease/Helicase in DNA Metabolism, Genome Stability and Human Diseases[J]. Nucleic Acids Research, 2020, 48: 16.

13 实验 1 中有 M 和 N 两组产物,这两个中(　　)。(单选)

A. M 是前导链,N 是后随链

B. M 是后随链,N 是前导链

C. M 是模板链,N 是新生链

D. M 是新生链,N 是模板链

解析 产物 M 总体片段较长,为持续合成的前导链。产物 N 主要由小片段构成,为后随链合成中产生的冈崎片段。　**答案:A。**

14 在实验 2 中,只检测到产物 M。可以解释产物 N 消失的原因的是(　　)。(单选)

A. 引发酶缺失

B. 聚合酶 Polδ 缺失

C. 聚合酶 Polε 缺失

D. 忘加 ATP

解析 评议稿答案为 B,建议改为 A,但最终删除。

图 14 中用于合成前导链的引物已经预先结合到了模板链上,因此不需要引发酶;而后随链的模板链没有预先的引物,必须有引发酶(真核生物中为 Polα,原文也直接指明其为引发酶)为其合成引物。实验 2 中只获得了前导链产物,很可能是没有加入引发酶导致的,与原实验操作相符(图 17)。

Polδ 主要负责后随链的延伸,但也参与前导链的正常合成,B 错,且实验发现缺失 Polδ 并不会导致后随链的完全缺失(图 18),但属于场外信息,因此本题最终删除。Polε 为真核生物 DNA 聚合酶中负责前导链延伸的亚基,其缺失不应该仅影响后随链,C 错。DNA 复制过程(如解旋)需要消耗 ATP 供能,缺少会导致前导链和后随链全部消失,D 错。　**答案:删除。**

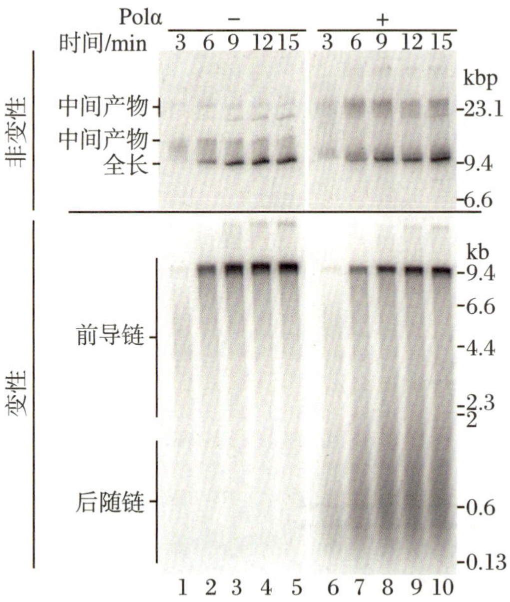

图 17

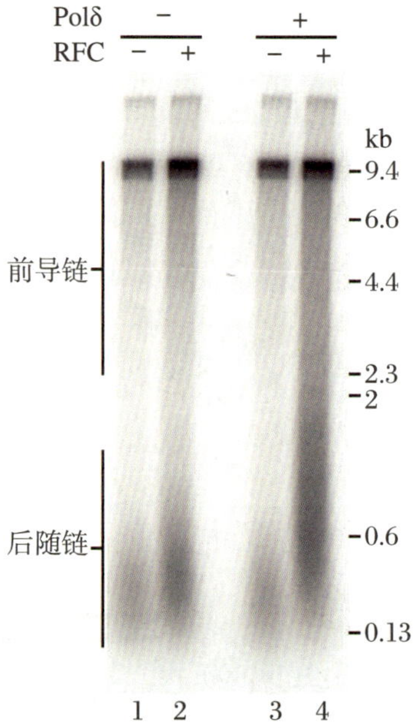

图 18

参考文献

[1] Baris Y, Taylor M R G, Aria V, et al. Fast and Efficient DNA Replication with Purified Human Proteins[J]. Nature, 2022, 606: 204.

15 在真核生物中,通常比较有利于转录的基因位置是(　　)。(单选)

A. 靠近端粒区

B. 异染色质区

C. 常染色质区

D. 组蛋白被高度去乙酰化的区域

解析 在真核生物中,利于转录的染色体结构更加松散,使得转录相关的蛋白能够与 DNA 接触并形成转录复合体。端粒是高度凝缩的异染色质结构,靠近该区域的染色体同样较为凝缩,不利于转录,A、B 错。组蛋白乙酰化会消除组蛋白赖氨酸所带的正电荷,使其与带负电的 DNA 的结合力降低,进而使得核小体结构更加松散;反之,去乙酰化导致核小体结构更紧密,不利于转录,D 错。常染色质也称为“开放染色质”,更加松散且通常具有转录活性,因此 C 对。　答案:C。

16 下列微生物的生活史最接近病毒的是(　　)。(单选)

A. 衣原体

B. 支原体

C. 立克次氏体

D. 螺旋体

解析 立克次氏体寄生在真核细胞内,在细胞质或细胞核内通过二分裂繁殖。衣原体虽然也寄生在真核细胞内,但其寄宿的部位通常为包涵体,这一点与病毒不同。不过从生活史的角度看,衣原体和立克次氏体都是专性细胞内寄生菌,但衣原体由于缺乏能量代谢系统,依赖宿主细胞提供能量,这使得它在生活史的某些方面更类似于病毒;而立克次氏体虽然也是细胞内寄生,但它拥有更完整的代谢途径,因此它的生活史更接近于细菌。立克次氏体/典型细菌、衣原体与病毒的比较见表 2。　答案:A。

表 2

	立克次氏体/典型细菌	衣原体	病毒
DNA/RNA	都有	都有	任意一种
二裂增殖	是	是	否
细胞壁含胞壁酸	是	是	否
核糖体	是	是	否
具有代谢活性的酶	是	是	否
受到溶菌酶抑制	是	是	否
ATP 合成	是	否	否

17 以下氮元素的代谢过程在微生物中最常见的是(　　)。(单选)

A. 固氮作用　　B. 氨氧化为亚硝酸

C. 异化硝酸盐还原　　D. 同化硝酸盐还原

解析 硝酸盐的还原主要包括同化硝酸盐还原(assimilatory nitrate reduction to ammonium, ANRA)和异化硝酸盐还原(dissimilatory nitrate reduction to ammonium, DNRA)。ANRA 是指经过中间体 NO_2^- 将 NO_3^- 还原成 NH_4^+,最后 NH_4^+ 形成生物量氮(如氨基酸或蛋白质)的过程,而 DNRA 根据终产物的差异分为两类:(1) 反硝化过程;(2) DNRA 产铵。

本题歧义很多。何为最常见?是指在系统发育树上具有该代谢路径的微生物种类多?还是(通过宏基因组测得)在某个环境中相关酶系的基因丰度高?抑或是在具体生物地化循环中流通的氮元素量大?其中后二者在不同文献和生境中有不同说法。

比如在沙棘根瘤(RN)、根瘤表面土壤(NS)和散土(BS)的宏基因组分析中,RN 中的氮固定基因丰度远高于 NS 和 BS,如图 19 所示,这表明 RN 在沙棘氮固定中起着核心作用;而 DNRA 是 BS 和 NS 中最普遍的氮循环途径,其次是反硝化作用和 ANRA。

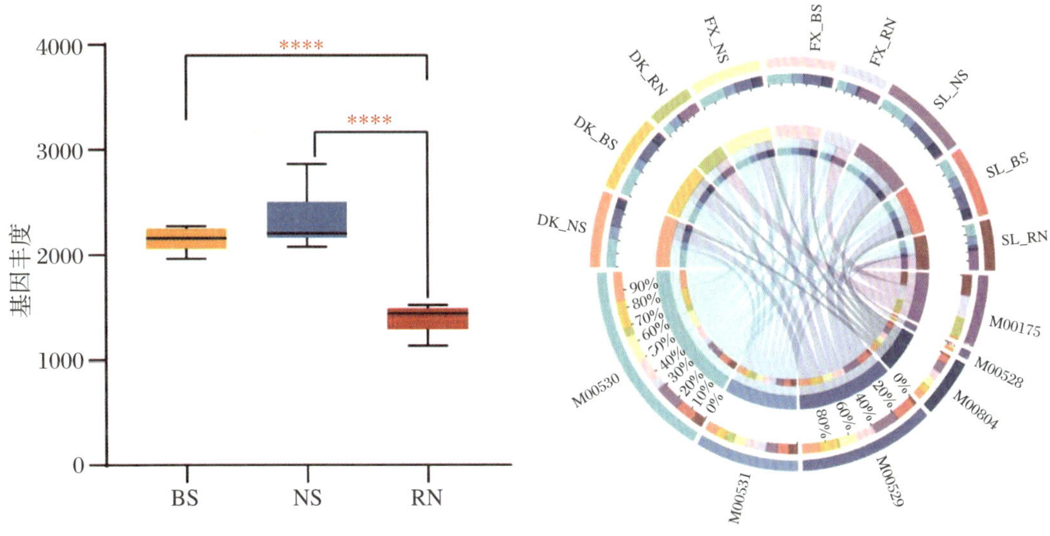

图 19

又如在不同的环境条件下,各个途径的重要性可能有所不同。如图 20 所示,在富营养的巴尔德格湖中,展示了更高的反硝化潜力,具有更高的 *nosZ* 基因(N_2O 还原酶)丰度和更高的 nirS : nirK(亚硝酸盐还原酶)比例,表明该湖具有更强的反硝化能力;在贫营养的萨尔嫩湖中,具有更高的硝化潜力,特别是含有高丰

度的 *Nitrospira*，包括一些具有完全氨氧化(comammox)潜力的细菌。而且尽管 DNRA 基因在两个湖泊的沉积物中比反硝化基因更为丰富，但实际上测量到的 DNRA 速率比反硝化速率低。这表明，尽管许多微生物在条件有利时具有进行 DNRA 的能力，但它们通常更多地依赖于反硝化作用。这可能是因为反硝化作用比 DNRA 具有更高的能量产出。

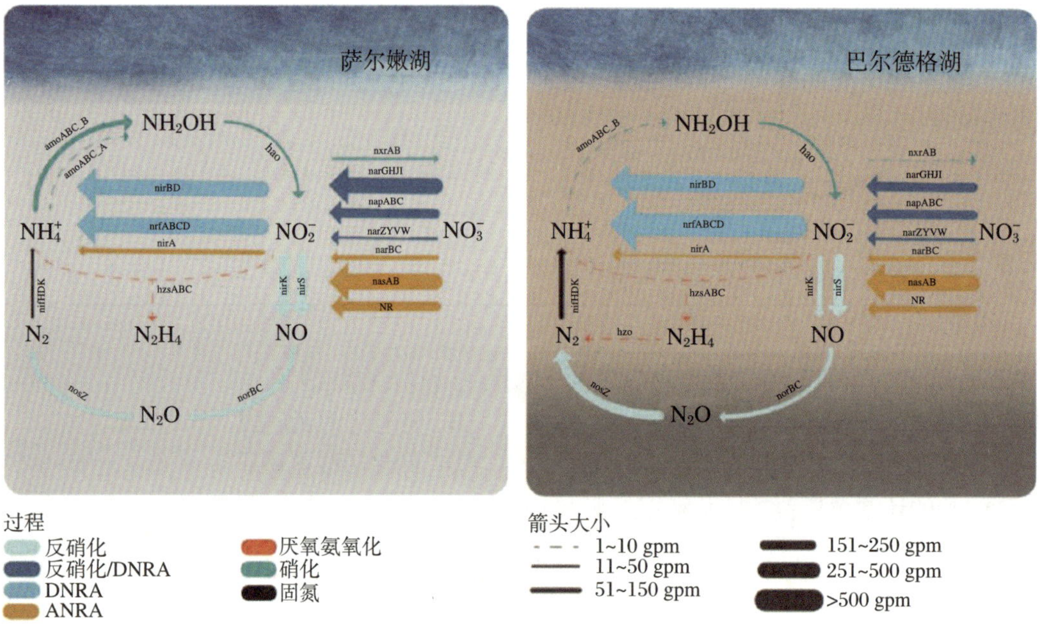

图 20

从系统发育的角度来看，将氨氧化为亚硝酸的微生物包括氨氧化细菌(AOB)和亚硝酸细菌(NOB)，它们在氮循环中起着关键作用，能够将氨氧化为亚硝酸，进一步将亚硝酸氧化为硝酸，从而将氨氮转化为植物可利用的形式。氨氧化细菌和亚硝酸细菌在自然界中广泛分布于土壤、水体等各种环境中，但只出现在四个系统发育分支中：Thaumarcheota、Betaproteobacteria、Gammaproteobacteria 和 *Nitrospira*(图 21)。这种稀疏的分布可能源于氨氧化只能产生少量能量，进而导致其增长缓慢。

图 21

ANRA 将硝酸盐还原为氨基酸等有机氮化合物，随后可以被细胞进一步利用，在植物和微生物中都很常见。而DNRA本质是一种在厌氧条件下出现的产能反应，仅出现在严格厌氧的 *Clostridium*、*Desulfovibrio* 和兼性的 *Bacillus*、*Enterobacter*、*Erwinia*、*Pseudomonas* 等菌中。最终出题人认为“无论是微生物的种类还是在普通环境中微生物的数量，一般的微生物都能进行同化硝酸盐还原，而其他三种代谢主要限于特殊生境下的特殊微生物”，因此本题最终选D。 **答案：D。**

参考文献

[1] Liu H, Ni B, Duan A, et al. High *Frankia* Abundance and Low Diversity of Microbial Community are Associated with Nodulation Specificity and Stability of Sea Buckthorn Root Nodule[J]. Frontiers in Plant Science, 2024, 15: 1301447.

[2] Baumann K B L, Thoma R, Callbeck C M, et al. Microbial Nitrogen Transformation Potential in Sediments of Two Contrasting Lakes Is Spatially Structured but Seasonally Stable[J]. mSphere, 2022, 7: e0101321.

[3] Sylvia D M, Fuhrmann J J, Hartel P G, et al. Principles and Applications of Soil Microbiology [M]. Pearson, 2005: 640.

[4] Ward L M, Johnston D T, Shih P M. Phanerozoic Radiation of Ammonia Oxidizing Bacteria [J]. Scientific Reports, 2021, 11: 2070.

18 下列有关真菌的正确表述是（　　）。（多选）

A. 酵母的细胞壁中不含几丁质

B. 酵母最常见的有性繁殖方式是形成接合孢子

C. 青霉的重要形态特征是具有扫帚状的分生孢子梗

D. 匍匐枝是根霉的营养菌丝

解析 酵母细胞壁占细胞干重的15%～30%，主要由甘露糖蛋白、β-葡聚糖和少量的几丁质组成，A错。大部分酵母属于芽殖酵母，出芽生殖后芽痕附近存在一圈几丁质环，因此几丁质与出芽繁殖密切相关。但不是所有酵母的细胞壁都含有几丁质，如裂殖酵母一般就不含，但部分裂殖酵母如 *Saccharomyces cerevisiae*、*Candida albicans*、*Schizosaccharomyces pombe*（粟酒裂殖酵母）和 *Cryptococcus neoformans* 的细胞壁中存在几丁质。

酵母属于子囊菌，其有性生殖方式产生子囊孢子，B错，接合孢子为接合菌的有性生殖方式。

青霉属（*Penicillium*）意为“有细毛丛”，指的就是刷子/扫帚状的分生孢子梗，这是青霉属的重要的形态特征，C对。

根霉的结构示意如图22所示，匍匐枝为其营养菌丝，基部具有假根，深入被寄生的组织或培养基中，吸取和合成养料，D对，而司生殖功能的菌丝为向上生长的气生菌丝，顶部着生孢子囊。 **答案：CD。**

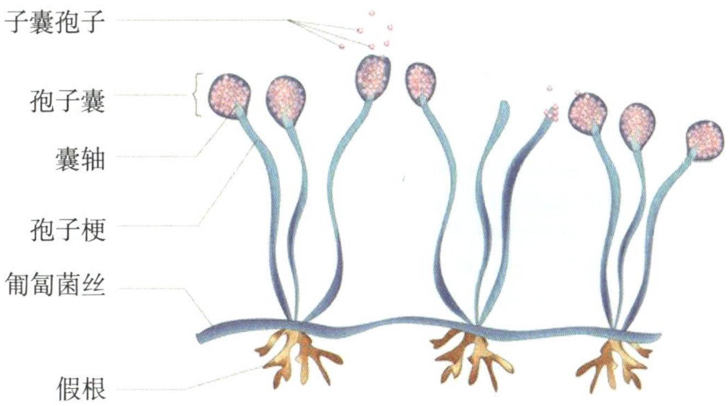

图22

参考文献

[1] Free S J. Fungal Cell Wall Organization and Biosynthesis[J]. Advances in Genetics, 2013, 81:

33.

19 关于硝化作用,以下描述正确的是( )。(单选)

A. 硝化作用是产能过程

B. 硝化作用是有氧呼吸

C. 进行硝化作用的微生物是异养微生物

D. 自然界的硝酸盐都是通过微生物硝化作用产生的

解析 硝化是氨先被生物氧化为亚硝酸盐,随后再氧化成硝酸盐的过程,是土壤中氮循环的重要步骤,并不一定耗氧(如厌氧氨氧化过程),因此不属于有氧呼吸,B 错。

厌氧氨氧化菌(anaerobic ammonium-oxidizing bacteria,AnAOB)属于浮霉菌门(Planctomycetes)。浮霉菌是细菌的一个独特门,具有独特的特征组合,例如缺乏肽聚糖的蛋白质细胞壁和在细胞质内形成独立隔室的细胞内膜。这些隔室已被证明是功能和结构上不同的实体,可被称为原核细胞中的膜性细胞器,对于我们了解真核细胞的起源非常重要。

具体而言,厌氧氨氧化菌的细胞从外到内被细胞质膜(cytoplasmic membrane)、胞浆内膜(intracytoplasmic membrane)和厌氧氨氧化体膜(anammoxosome membrane)分隔成 3 个部分,分别称为外室细胞质(paryphoplasm)、核糖体细胞质(pirellulosome)和厌氧氨氧化体(anammoxosome),如图 23 所示。厌氧氨氧化体中含有由多个稠合四元环烷烃组成的脂类,由于其线性串联的四元环均为顺式排列,形状类似于阶梯,因此称为梯烷(ladderane,图 24)。梯烷与非梯烷共同形成一层异常致密的膜,一道严密的扩散屏障,为厌氧氨氧化的过程提供了抗泄漏的保障(图 25)。

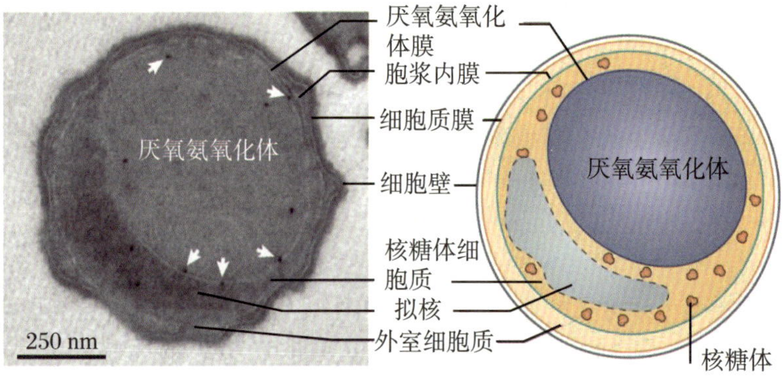

图 23 *Candidatus* Kunenenia stuttgartiensis 透射电镜图(左)和 AnAOB 细胞结构示意图(右)

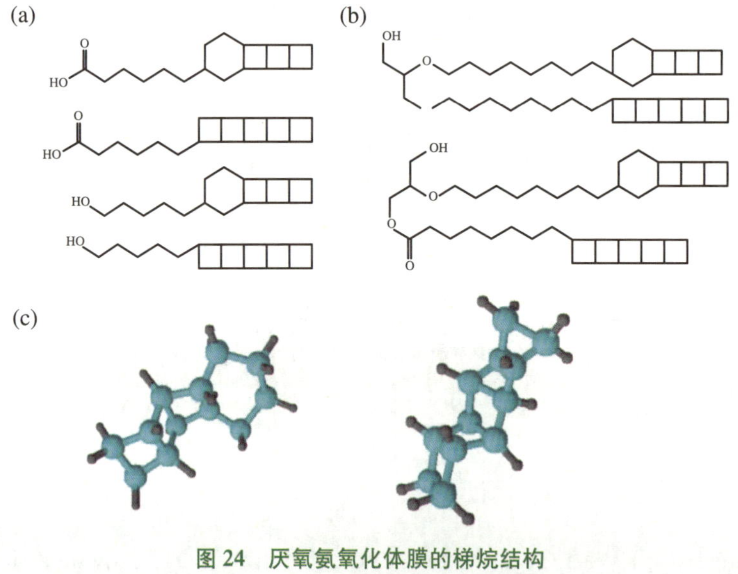

图 24 厌氧氨氧化体膜的梯烷结构

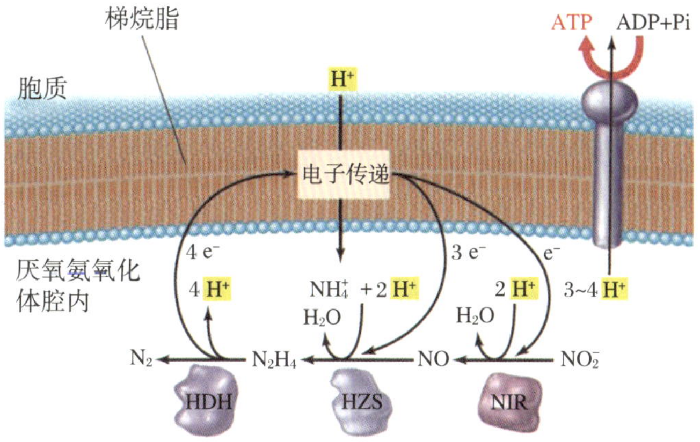

图 25

硝化细菌都是化能自养菌，利用二氧化碳作为碳源，C 错。硝化细菌可氧化羟胺（图 26）与亚硝酸盐（图 27）。该过程产能，因此最初评议稿选 A。可能是因为该过程通过电子传递链最终偶联合成 ATP，并非在硝化作用中直接产能，故最终本题删除。

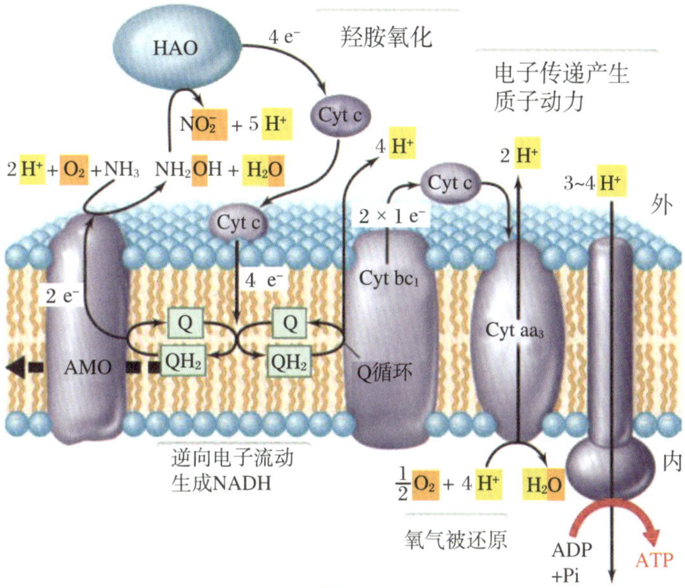

图 26

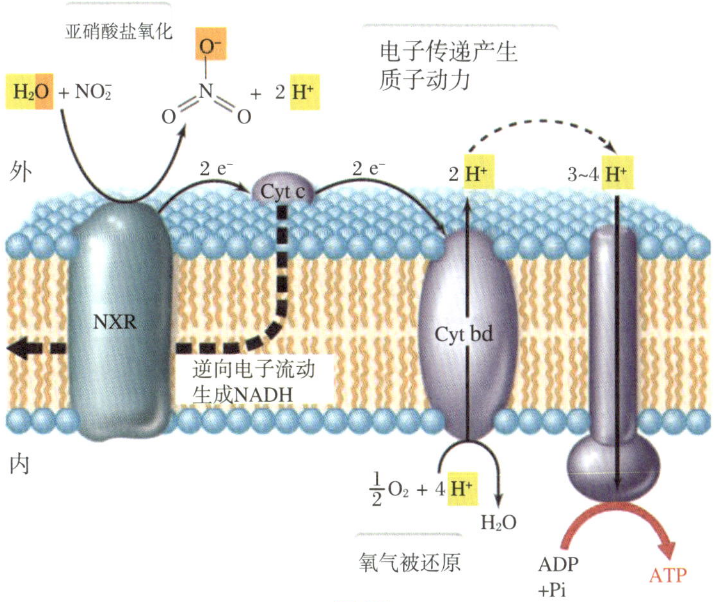

图 27

除了微生物的硝化作用产生硝酸盐,自然界中还有其他途径可以产生硝酸盐,D 错。其中一种重要的途径是大气中的氮氧化物与水分和其他氧化物反应形成硝酸盐,这一过程被称为大气沉降。氮氧化物主要来自大气中的氮气和氧气的高温燃烧过程,如雷电、火山喷发以及人类活动中的燃烧过程等。这些氮氧化物在大气中与水分和氧气反应形成硝酸和亚硝酸,随后通过降雨等形式沉降到地表,成为土壤和水体中的硝酸盐来源之一。 答案:删除。

参考文献

[1] Fuerst J A, Sagulenko E. Beyond the Bacterium: Planctomycetes Challenge Our Concepts of Microbial Structure and Function[J]. Nature Reviews Microbiology, 2011, 9: 403.

[2] Damsté J S S, Strous M, Rijpstra W I C, et al. Linearly Concatenated Cyclobutane Lipids Form a Dense Bacterial Membrane[J]. Nature, 2002, 419: 708.

20 关于膜蛋白的类型及其与磷脂双分子层的结合,以下描述正确的是(　　)。(单选)

A. 跨膜蛋白通过共价键与磷脂双分子层结合

B. 膜周边蛋白通过共价键与磷脂双分子层结合

C. 脂锚定膜蛋白通过氢键与磷脂双分子层结合

D. 内在膜蛋白通过疏水作用与磷脂双分子层结合

解析 跨膜蛋白和内在膜蛋白通过疏水作用力与磷脂双分子层结合,通常在双分子层内部的肽段会形成 α 螺旋。膜周边蛋白通过疏水、静电和其他非共价相互作用与膜表面或整合膜蛋白结合。脂锚定膜蛋白则通过共价键与脂肪酸相连,并以此插入膜中。如图 28 所示。 答案:D。

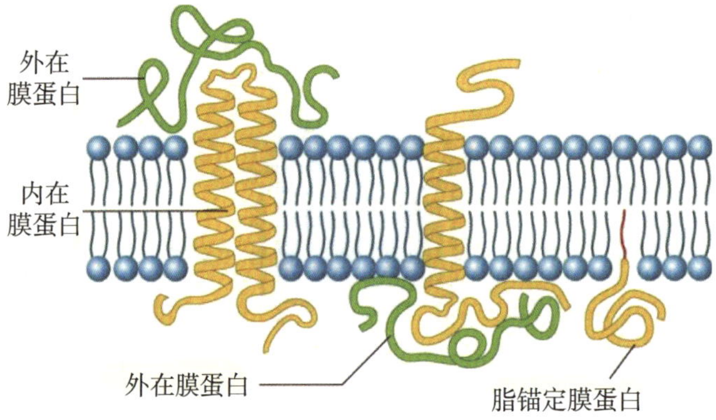

图 28

21 关于接受并传递信号的各种类型受体分子,以下描述正确的有(　　)。(多选)

A. NO 受体具有酶活性

B. 类固醇激素受体定位于细胞膜

C. 受体酪氨酸激酶能引发共价修饰

D. G 蛋白偶联受体可以通过第二信使 cAMP 介导细胞内信号传递

解析 NO 受体为胞质内的鸟苷酸环化酶(GC),激活后催化 GTP 环化为 cGMP,随后开启下游通路,A 对。类固醇激素可以自由扩散跨膜,因此受体一般位于细胞质或核内,二者结合后在核内作为转录因子调节基因表达,B 错。不过确实存在有膜相关类固醇受体,它们可能独立于核类固醇受体发挥作用,如图 29 所示。

受体酪氨酸激酶(RTK)能够催化自身或下游蛋白的磷酸化,属于共价修饰,C 对。G 蛋白偶联受体可以激活不同类型的 G 蛋白,其中 Gs 和 Gi 的效应器是生成环腺苷酸(cAMP)的酶腺苷酸环化酶(AC)(表 3),因此 D 对。 答案:ACD。

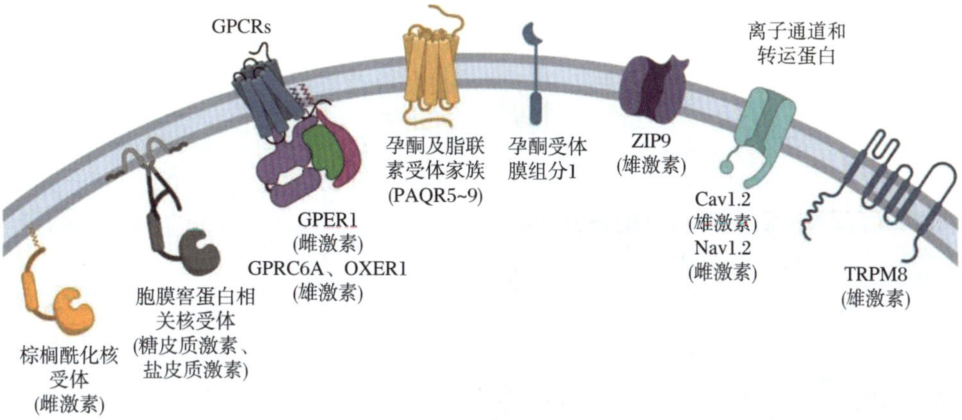

图 29 细胞膜上的类固醇受体

表 3 哺乳类三聚体 G 蛋白的主要种类及其效应器

G_α 类型	结合的效应器	第二信使	受体举例
Gs_α	腺苷酸环化酶	cAMP(升高)	β肾上腺素受体,胰高血糖素受体,血中复合胺受体,后叶加压素受体
Gi_α	腺苷酸环化酶 K^+ 通道($G_{\beta\gamma}$ 激活效应器)	cAMP(降低) 膜电位改变	α_1 肾上腺素受体 M 乙酰胆碱受体
$Golf_\alpha$	腺苷酸环化酶	cAMP(升高)	嗅觉受体(鼻腔)
Gq_α	磷脂酶 C	IP_3,DAG(升高)	α_2 肾上腺素受体
Go_α	磷脂酶 C	IP_3,DAG(升高)	乙酰胆碱受体(内皮细胞)
Gt_α	cGMP 磷酸二酯酶	cGMP(降低)	视杆细胞中视紫红质(光受体)

参考文献

[1] Treviño L S, Gorelick D A. The Interface of Nuclear and Membrane Steroid Signaling[J]. Endocrinology, 2021, 162: 1.

22 下列有关细胞周期的叙述正确的有( )。(多选)

A. 细胞周期可分为前、中、后、末四个时期

B. 终末分化的细胞在正常情况下不再分裂

C. 肿瘤细胞一直处于细胞周期中

D. 可用抑制微管聚合的药物将培养细胞同步化到前中期

解析 细胞周期分为间期与分裂期,分裂期才细分为前、中、后、末四个时期,A 错。

动物受精卵子代细胞的全能性随其发育过程向前而逐渐受到限制变窄,即由全能性细胞转化为多能和单能干细胞,直至分化为终末细胞,这些细胞的功能高度特化,不再继续分化,也失去了分裂能力,B 对。但在一些特殊的情况下,处于终末分化状态的细胞可能发生去分化或转分化,或在人工诱导的情况下重新回到具有分化潜能的状态。

细胞周期是指能持续分裂的真核细胞从一次有丝分裂结束到下一次分裂结束的循环过程。一般认为只要还存在 DNA 复制,该细胞就处于细胞周期中。虽然一般的癌细胞分裂频繁,但也有处于周期外的肿瘤干细胞,对放疗和化疗药物不敏感,在某些刺激因子作用下才重新进入细胞周期,导致肿瘤的耐药和复发,因此 C 错。

抑制微管聚合的药物(如秋水仙素与诺考达唑)抑制纺锤体的形成,而前中期标志性事件之一是完成纺锤体装配,因此可以使细胞停在前中期,D 对。

评议稿答案为B、D，最终删除可能是因为C选项涉及肿瘤干细胞的特殊情况，书本描述的是同步化到中期而不是D选项所说的前中期。 答案：删除。

研究发现恶性星形胶质细胞瘤患者的脑脊液中有一种特异性蛋白M。为了探索这种蛋白的功能，科学家进行了胶质细胞划痕实验，结果如图30所示。回答23、24题。

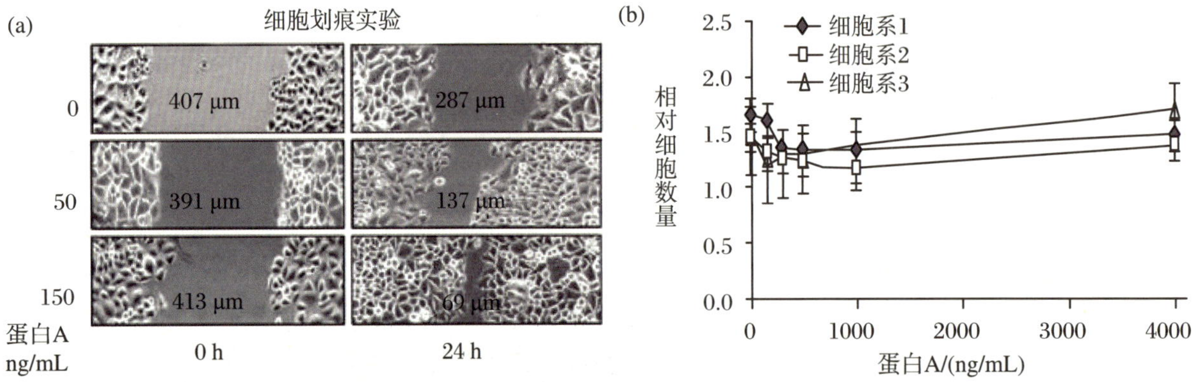

图30

23 对恶性星形细胞瘤细胞的描述，正确的有（　　）。（多选）

A. 端粒酶活性低

B. 迁移能力强

C. 能无限增殖

D. 细胞分化程度相对低

解析 肿瘤细胞的基本特征包括抵御死亡、细胞生长与分裂失去控制、具有浸润性和扩散性等。由于其端粒酶活性高，能够不断地复制端粒，因而没有复制极限，只要环境条件适宜就能无限增殖。肿瘤细胞也失去了细胞原有的功能，回到了分化程度相对低的状态。综上可知B、C、D正确。 答案：BCD。

24 根据图30中的结果，下面描述正确的是（　　）。（多选）

A. 正常培养基中不含蛋白A

B. 蛋白A促进划痕愈合

C. 蛋白A能够促进细胞分裂

D. 蛋白A能够促进细胞迁移

解析 最初评议稿答案为B、D，最终改为A、B、D。

本题中的目标蛋白实际上是吸引素(attractin)，是一种由激活的人类T淋巴细胞分泌的细胞黏附和指导蛋白，属于C型凝集素糖蛋白，C型名称源自其对钙结合的需求，以分泌型(175 kDa)和跨膜型(～200 kDa)形式存在，通常在中枢神经系统中不存在，并且在脑脊液(CSF)中检测不到。通过对脑肿瘤患者脑脊液的蛋白质组学分析，研究人员在文章中首次证明，Ⅲ级至Ⅳ级星形细胞瘤的CSF中吸引素水平升高，其中Ⅳ级肿瘤中水平最高，这种分泌的吸引素增强了神经胶质瘤细胞的迁移潜力。

划痕/愈合实验是一项经典的测定细胞迁移能力的实验，在融合的单层细胞上人为制造一个空白区域（称为“划痕/伤口”），划痕边缘的细胞会逐渐进入空白区域使其愈合，通过测量不同时间点的划痕间距并计算差值，进而对细胞的迁移能力做出判断。由图30(a)可得蛋白A促进划痕愈合，B对。由图30(b)可得不同浓度蛋白A处理后细胞数都没有明显改变，可见蛋白A不促进细胞分裂，因此划痕愈合就由细胞迁移导致，D对。

吸引素在细胞免疫反应中发挥着调节免疫细胞相互作用的作用。然而，标准的细胞培养基配方中并不特别包含吸引素，因为它不是细胞生长的基本必需成分。但如果研究工作需要或者想要探究吸引素对特定细胞类型的影响，研究人员可能会在细胞培养基中额外添加重组的吸引素蛋白或含有吸引素的血清，而正常培养基中应该默认不加吸引素。

植物凝集素常被加入血细胞培养基,以刺激外周血单个核细胞(PBMC,不是单核细胞)分裂,并引起免疫细胞的活化,是常用的细胞增殖模型。但题目中来自脑脊液的蛋白显然不属于植物凝集素,也没有找到培养基中含有该物质的证据,因此A应该也是对的。 答案:ABD。

参考文献

[1] Khwaja F W, Duke-Cohan J S, Brat D J, et al. Attractin is Elevated in the Cerebrospinal Fluid of Patients with Malignant Astrocytoma and Mediates Glioma Cell Migration[J]. Clinical Cancer Research: An Official Journal of the American Association for Cancer Research, 2006, 12: 6331.

25 图31为蝗虫精巢细胞产生精子的过程,其中(2)~(8)是减数分裂第一次分裂的进程图。其中处于终变期的是(　　)。(单选)

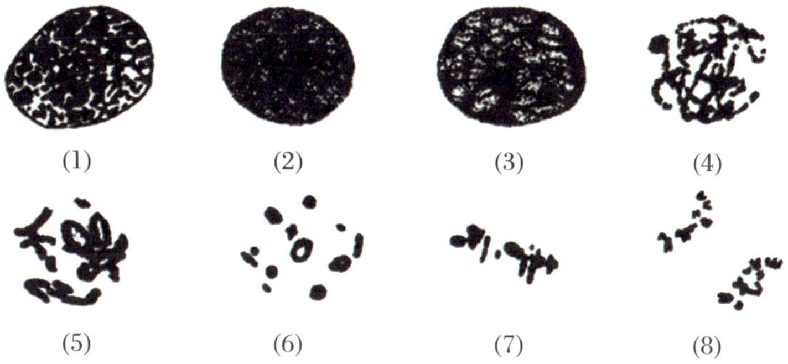

图31

A. (3)　　B. (4)　　C. (6)　　D. (7)

解析 图31出自《细胞生物学实验教程》,原图如图32所示。终变期是减数第一次分裂前期的最后一个阶段,其特征是同源染色体进一步凝集,核仁消失,交叉端化继续进行;终变期末,同源染色体仅在其端部靠交叉结合在一起,同源染色体重组完成,核膜逐渐解体,纺锤体装配完成,在其作用下染色体开始移向细胞中部的赤道面。 答案:C。

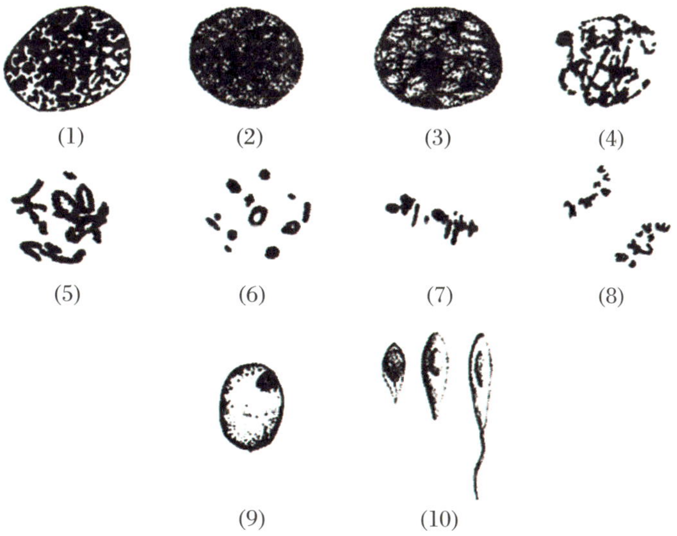

图32　蝗虫精巢细胞减数分裂过程

(1) 精原细胞,(2) 细线期,(3) 偶线期,(4) 粗线期,(5) 双线期,(6) 终变期,(7) 中期Ⅰ,(8) 后期Ⅰ,(9) 精细胞,(10) 精子。

参考文献

[1] 王金发,何炎明.细胞生物学实验教程[M].北京:科学出版社,2004.

26 关于溶酶体和过氧化物酶体在结构和功能上的异同，以下描述正确的是（　　）。（多选）

A. 均为单层膜的异质性细胞器

B. 均能通过分裂增殖

C. 乙醛酸循环反应仅在过氧化物酶体中发生

D. 动物细胞中的过氧化物酶体能将脂肪酸转化为糖，溶酶体不具有该功能

解析 评议稿答案为A、C，最终本题删除。

溶酶体是在许多动物细胞中发现的单层膜包被的球形囊泡细胞器，内含消化多种生物分子的水解酶。过氧化物酶体也是一种单层膜的细胞器，几乎存在于所有真核细胞中，参与非常长链脂肪酸、支链脂肪酸、D-氨基酸和多胺的分解代谢作用，活性氧类（如过氧化氢）的还原，以及缩醛磷脂的生物合成，也与戊糖磷酸途径有关。在植物和丝状真菌中还存在一种可以进行乙醛酸循环的特殊过氧化物酶体，称为乙醛酸循环体，能够将脂肪转化为糖类，D错。

异质性细胞器指在不同生物及不同发育阶段，该细胞器的形态、大小，甚至所含酶的种类都有很大的不同。溶酶体和过氧化物酶体是典型的异质性细胞器，A对。

分裂增殖是过氧化物酶体的常规增殖方式；实际上溶酶体也在持续分裂，包括出芽、管化、二裂，以及“kiss-and-run”，以维持稳态溶酶体的大小、数量和功能，如图33所示，因此可以认为是“分裂增殖”，B也可以认为正确。

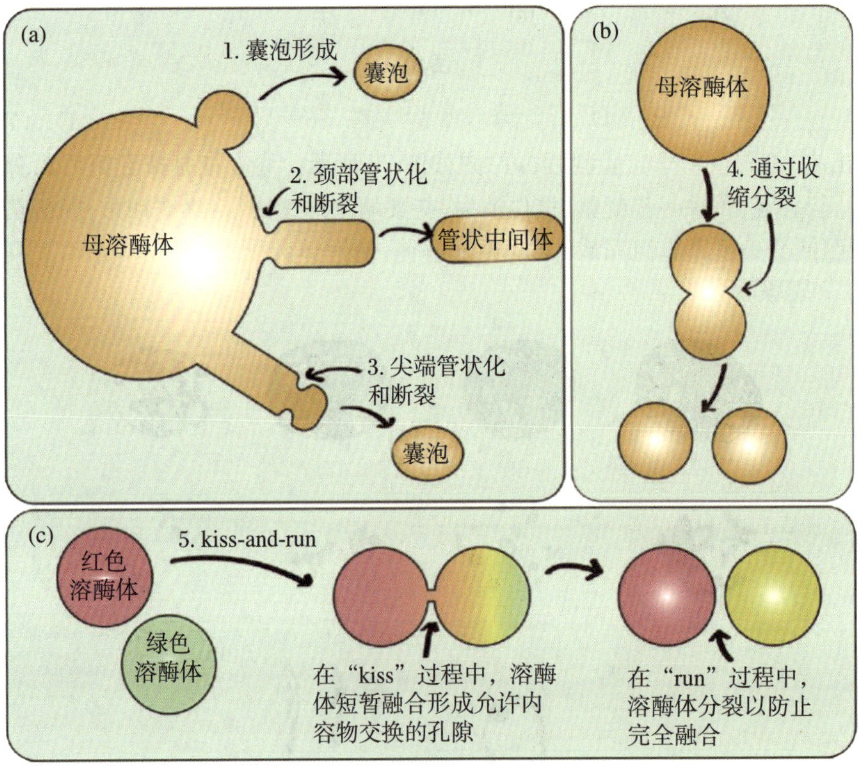

图33

原核生物也具有乙醛酸循环，所以该过程会出现在其细胞质中，C错。 答案：删除。

参考文献

[1] Saffi G T, Botelho R J. Lysosome Fission: Planning for an Exit[J]. Trends in Cell Biology, 2019, 29: 635.

27 关于植物细胞的程序性死亡过程，以下描述错误的是（　　）。（单选）

A. 植物细胞程序性死亡是植物应对缺氧、高盐等环境胁迫的反应

B. 植物细胞液泡可通过释放水解酶参与调控细胞程序性死亡

C. 在病原体侵染部位发生细胞程序性死亡，能阻止病原体侵染范围扩大

D. 液泡可通过吞噬作用清除各类生物大分子

解析 植物细胞的程序性死亡(PCD)在缺氧、高盐等逆境下有助于植物生存，是环境胁迫下植物的一种防御性反应，它可以促进资源的重新分配，减少细胞内的代谢压力，并通过受控的程序性死亡防止受损细胞溃烂，从而提高整个植物的生存率。在被感染部位发生程序性死亡也可以阻止病原体侵染扩大，并激活局部免疫响应、限制病原体在感染部位的扩散、隔离受感染的组织，从而防止病原体在整个植物体内扩散。

液泡是植物体内重要的细胞器，至少存在两种不同的类型，即水解性液泡(lytic vacuole，LV)和蛋白储藏液泡(protein storage vacuole，PSV)。其中水解性液泡的确可通过内吞(endocytosis)或自噬(autophagy)过程转运接受细胞内成分并用水解酶将其降解，因此它们被认为是细胞内平衡的关键调节因子。吞噬作用特指的是胞膜介导的细胞内吞作用。评议稿答案为D，最终本题删除可能是因为根据上述解析，将液泡的内吞、自噬说成是“吞噬作用”也没大问题。 **答案：删除。**

参考文献

[1] Viotti C, Krüger F, Krebs M, et al. The Endoplasmic Reticulum Is the Main Membrane Source for Biogenesis of the Lytic Vacuole in *Arabidopsis*[J]. The Plant Cell, 2013, 25: 3434.

[2] Jiang Y T, Yang L H, Ferjani A, et al. Multiple Functions of the Vacuole in Plant Growth and Fruit Quality[J]. Molecular Horticulture, 2021, 1: 4.

28 以下关于跨膜运输的描述正确的是(　　)。(单选)

A. 带电的分子或离子不能通过细胞质膜

B. 转运蛋白使溶质跨膜的速度比通道快得多

C. 许多动物细胞的质膜上有开放的 K^+ 通道，但细胞质内的 K^+ 浓度仍然远高于细胞外

D. 当动作电位激发时，轴突的膜电位会变得更负

解析 带电的分子或离子难以直接跨膜，但可以经由转运蛋白或者通道蛋白通过质膜，A 错。其中通道蛋白转运时不涉及自己的构象变化，可以持续保持开启，因此溶质经由通道跨膜的速度通常更快，B 错。细胞质内的 K^+ 浓度远高于细胞外，钾渗漏通道就是借助这种浓度差形成了静息电位，C 对。当动作电位激发时，膜电位会去极化直至反极化变得更正，D 错。 **答案：C。**

29 关于细胞中蛋白质合成、分选和降解过程的描述，正确的是(　　)。(单选)

A. 细胞内大部分转运囊泡的膜上都有微管结合蛋白

B. 被泛素化修饰的蛋白都会经蛋白酶体降解

C. N-连接的寡糖链最初是在内质网腔内形成的，并在蛋白质合成过程中转移到天冬酰胺残基上

D. 所有进入过氧化物酶体腔内的蛋白都在细胞质基质中合成，然后被转运进入过氧化物酶体

解析 过氧化物酶体膜蛋白基因在 N 端带有信号肽，是在内质网膜上合成的；而腔内蛋白都含有过氧化物酶体引导信号 PTS1 或 PTS2，其翻译产物与胞质受体 Pex5 和 Pex7 结合，然后转运到过氧化物酶体的腔内。迄今为止，还没有发现其他经内质网进入过氧化物酶体腔内的蛋白，因此 D 对。

转运囊泡的膜上都有分子马达，可以在微管上运动；但微管结合蛋白(MAP)指的是参与微管组装并增加微管稳定性的蛋白(如 Tau)，并不包含分子马达，因此 A 错。

蛋白质泛素化不一定引起降解，还可以改变活性或者启动信号转导，如组蛋白的泛素化修饰，B 错。

寡糖链的合成起始于内质网胞质侧，如图 34 所示，C 错。 **答案：D。**

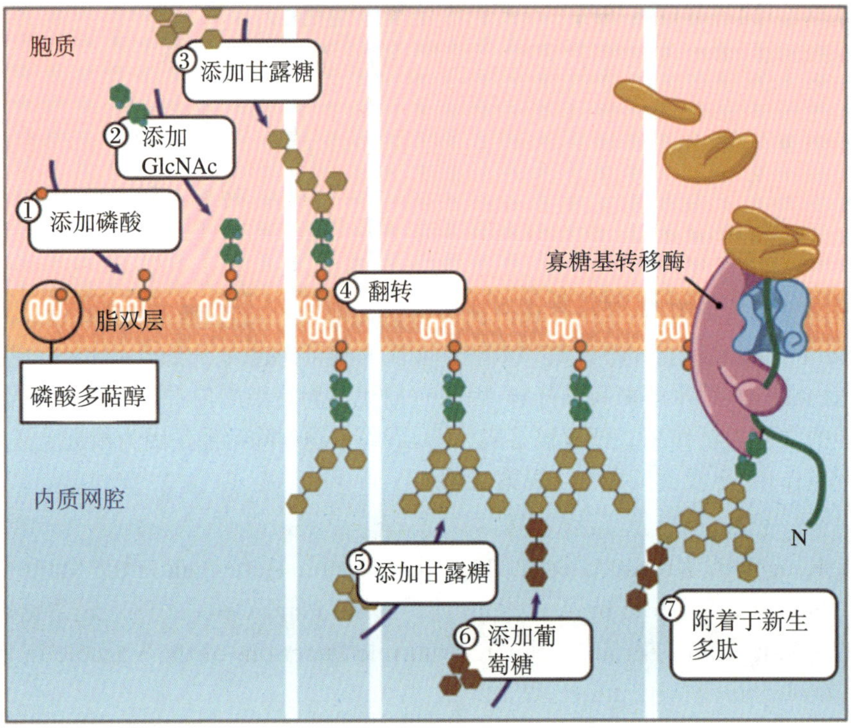

图 34

30 关于膜脂的描述正确的有（　　）。（多选）

A. 细胞膜中的磷脂分子可以围绕其长轴旋转，并在其所在单层中变换位置

B. 细胞膜中的磷脂分子很容易自动从脂双层的一侧翻转到另一侧

C. 糖脂在合成及转运过程中，需要在不同的膜泡之间移动，但总是位于脂双层的某一侧

D. 与其他生物的质膜相比，一些古菌的脂双层中含有更多的饱和脂肪酸，所以能在高温条件下生活

解析 磷脂分子的运动包括沿膜平面的侧向运动、围绕轴心的自旋运动、尾部的摆动和在脂双层上的翻转运动（一般极少发生），如图 35 所示，A 对，B 错。糖脂仅存在于质膜的外小叶中，C 对。

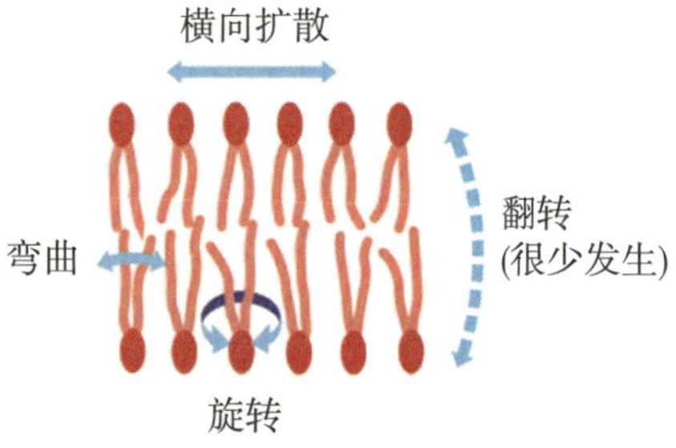

图 35

饱和脂肪酸确实可以在一定程度上提高相变温度、降低膜脂的流动性，但不足以使古菌能在极端温度（如接近 100 ℃）条件下成活，因此 D 错。对于在高温条件下生活的古菌与部分细菌，其细胞膜的成分结构与普通细菌不一样，以甘油二烷基甘油四醚（glycerol dialkyl glycerol tetraether，GDGT）为主的跨膜醚脂化合物是它们的重要组成成分（图 36）。这是有 40 个碳原子的鲨烯衍生物，以醚键（而不是酯键）与甘油结合，这个时候的细胞膜不是脂双层，而是单层，所以具有抵抗极端温度的能力。 答案：AC。

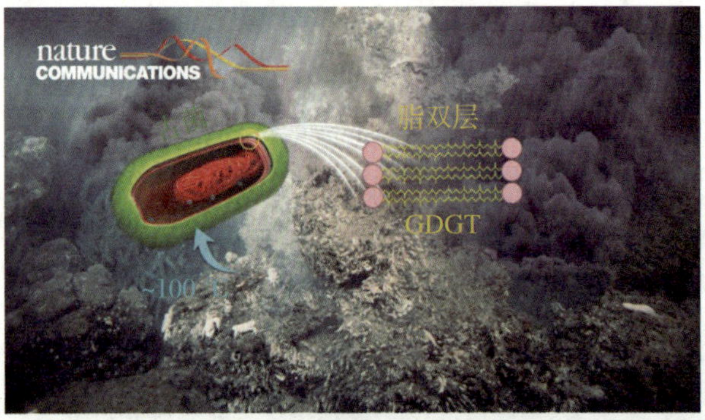

图 36

参考文献

[1] Zeng Z, Chen H, Yang H, et al. Identification of a Protein Responsible for the Synthesis of Archaeal Membrane-Spanning GDGT Lipids[J]. Nature Communications, 2022, 13: 545.

31 在观察细胞结构时需要借助显微镜，下列与此相关的叙述正确的有（　　）。（多选）

A. 人眼的分辨率一般为 0.02 mm

B. 普通光学显微镜的极限分辨率是 0.2 μm

C. 用电子显微镜观察超薄切片生物样品，分辨率可达 0.14 nm

D. 基于受激发射损耗(STED)原理，显微镜的分辨率可以突破阿贝极限

解析 人眼极限分辨率为 0.2 mm，A 错。普通光学显微镜的极限分辨率是 0.2 μm，B 对。透射电子显微镜(TEM)的线分辨率确实是 0.14 nm，然而切片厚度、生物样品的特性（如含水量、染色方法和辐射敏感性）都可能会对成像结果产生影响，因此三维分辨率被限制为切片厚度的两倍（即采样尺寸的两倍），约为 30 nm，C 错。且在生物样品的 TEM 成像中，分辨率通常会受到样品制备过程中可能出现的变形、染色过程中的对比度限制和电子束对样品造成的辐射损伤等因素的影响。

使用 3D 扫描重构，也就是电子断层扫描(electron tomography，ET)技术后，TEM 在生物样品中的应用可以提供接近原子级别的分辨率。但即使限制电子剂量以减少辐射损伤，在 120 kV 下也只能在理论上做到 2 nm 分辨率。冷冻电镜技术的发展进一步提高了 TEM 对生物分子的分辨率，目前用冷冻电镜观察单个蛋白的分辨率极限可达 0.122 nm。不过这都是另外的技术了，与题干不符。

德国物理学家恩斯特·阿贝指出，由于光学元件的衍射效应，平行入射的照明光经过显微物镜聚焦之后在样品上所成的光斑并不是一个理想的点，而是一个具有一定尺寸的衍射斑，从而限制了显微系统的分辨能力。光学显微镜分辨率的极限大约是可见光波长的一半。可见光中波长最短的是蓝紫光，其波长在 0.4 μm 左右，因此光学显微镜的分辨率的极限为 0.2 μm，如果亮点之间的距离小于 0.2 μm，我们将无法分辨出这是两个点。

STED 采用两束激光同时照射样品，其中一束激光用来激发荧光分子，使物镜焦点光斑范围内的荧光分子处于激发态，同时用另外一束中心光强为零的环形损耗激光与之叠加，使物镜焦点艾里斑边沿区域处于激发态的荧光分子通过受激辐射损耗过程返回基态而不自发辐射荧光，因此只有中心区域的荧光分子可自发辐射荧光，从而获得超衍射极限的荧光点，如图 37 所示。 答案：BD。

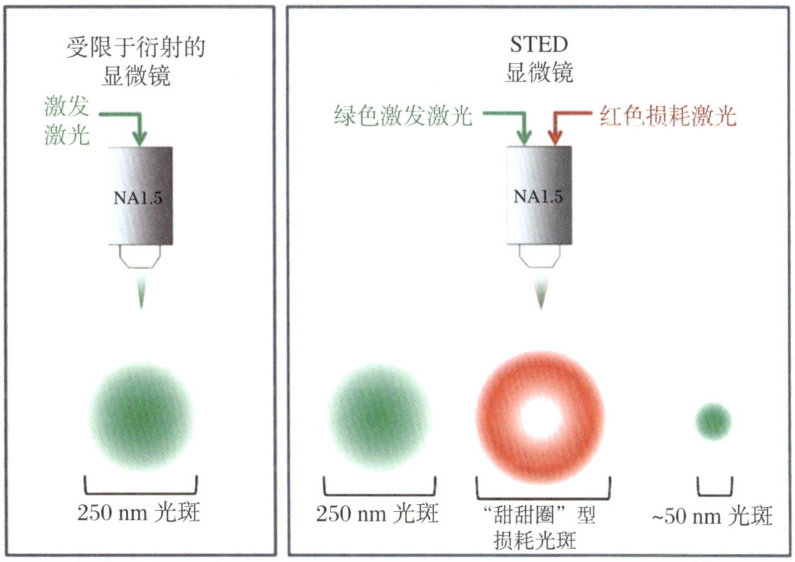

图 37

参考文献

[1] Bárcena M, Koster A J. Electron Tomography in Life Science[J]. Seminars in Cell &

Developmental Biology，2009，20：920.

[2] Ercius P，Alaidi O，Rames M J，et al. Electron Tomography：A Three-Dimensional Analytic Tool for Hard and Soft Materials Research[J]. Advanced Materials (Deerfield Beach，Fla.)，2015，27：5638.

[3] Nakane T，Kotecha A，Sente A，et al. Single-Particle Cryo-EM at Atomic Resolution[J]. Nature，2020，587：152.

第二部分　植物的解剖、植物生理、植物演化

图 38 是木贼孢子在光照下进行细胞分裂的过程，观察图片，回答 32～35 题。

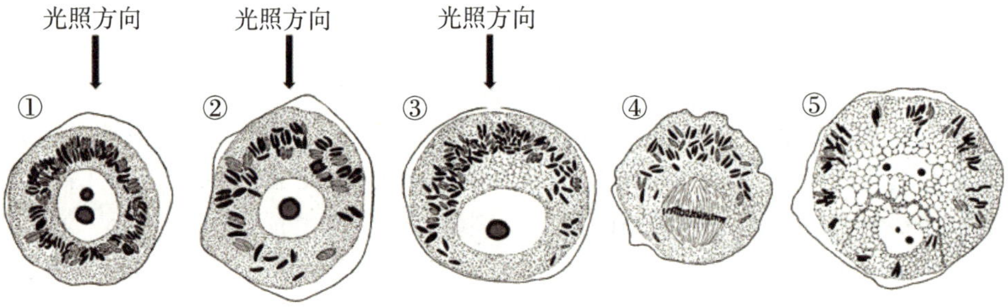

图 38

32 下列有关图 38 中①到③细胞结构变化的描述正确的有（　　）。（多选）

A. 两个细胞核中的一个发生了细胞程序性死亡

B. 质体移动到细胞上侧

C. 细胞核移动到下侧

D. 细胞出现极性

解析 图 38 为光照对木贼孢子极性发育的影响，孢子是减数分裂产生的单倍体细胞，极性在萌发时形成，由入射光的方向和强度控制。图①为未极化的萌发孢子，没有明显的极轴，细胞中间的白色圆盘为细胞核，有两个深色核仁。图②显示，在入射光对侧（图中下侧）的较大的细胞器被清除（图中核外黑点为质体和线粒体）。图③显示，质体和线粒体向入射光侧移动并聚集，细胞核向入射光对侧移动。图④显示，有丝分裂纺锤体位于入射光对侧。图⑤显示，胞质分裂后，较大的细胞位于入射光侧，较小的细胞位于入射光对侧。故 B、C、D 选项正确。图 38 中未发生细胞程序性死亡，A 选项错误。 答案：BCD。

33 图 38 的④中的细胞分裂是（　　）。（多选）

A. 有丝分裂中期

B. 减数分裂第一次分裂中期

C. 增殖分裂

D. 不等分裂

解析 如上题所述，图④、⑤显示，孢子发生不等有丝分裂，形成了大小不等的两个细胞。A、D 选项正确。增殖分裂指形成层原始细胞通过有丝分裂增加自身细胞数量。 答案：AD。

34 下列有关图 38 的⑤中两个细胞的描述正确的是（　　）。（单选）

A. 大细胞为营养细胞，小细胞为生殖细胞

B. 大细胞为二倍体，小细胞为单倍体

C. 大细胞和小细胞均为单倍体

D. 大细胞和小细胞均为二倍体

解析 图 38 所示为孢子（n）萌发的过程，最终会发育成配子体，其中较小的细胞分化为假根，不再进行进一步分裂，而顶端细胞是一个可再生的干细胞，可形成整个植物体。 答案：C。

35 下列参与了上述①到④极性建立和细胞分裂过程的主要调控因素有(　　)。(多选)

A. 温度　　B. 光照　　C. 水　　D. 微管

解析 综上所述,入射光的方向和强度影响孢子的极性,进而影响有丝分裂纺锤体(微管)的定位。

答案:BD。

参考文献

[1] Roeder A H K, Otegui M S, Dixit R, et al. Fifteen Compelling Open Questions in Plant Cell Biology[J]. The Plant Cell, 2022, 34: 72.

36 下列结构中的细胞与拟南芥茎的背地性生长有关的是(　　)。(单选)

A. 中柱鞘　　B. 维管束鞘　　C. 胚芽鞘　　D. 淀粉鞘

解析 在茎叶和胚芽鞘中,淀粉鞘(starch sheath)感受重力。淀粉鞘层是在茎叶维管组织周围的一层细胞(图 39(a)),与根的内皮层相连,与内皮层的不同之处在于淀粉鞘含淀粉体(图 39(b))。淀粉鞘细胞中的淀粉粒充当平衡石,淀粉粒随重力移动,其定向沉降诱导生长素流出载体(包括 PIN3)在重力方向上的不对称定位,导致在重力方向上产生生长素浓度梯度,使得植物器官会不对称地伸长生长,产生负向重力性弯曲。 **答案:D。**

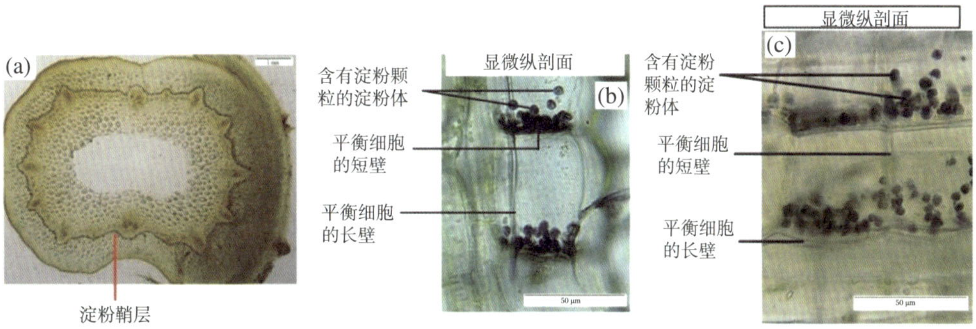

图 39

参考文献

[1] Roy S, Bhattacharya B, Bandyopadhyay S, et al. Understanding the Role of Starch Sheath Layer in Graviception of *Alternanthera philoxeroides*: A Biophysical and Microscopical Study[J]. Journal of Plant Research, 2023, 136: 265.

37 夹竹桃叶不具备的特点是(　　)。(单选)

A. 复表皮　　B. 气孔下陷　　C. 具有表皮毛　　D. 栅栏组织发达

解析 夹竹桃叶具有典型的旱生特征,表皮由多层细胞组成,气孔仅生于局部区域,即气孔窝中,栅栏组织层数较多,海绵组织和胞间隙却不发达,机械组织和输导组织发达。这些结构上的特征有利于减少蒸腾或者尽量使蒸腾作用进行得缓慢,以适应干旱的生长环境。

气孔下陷(sunken stomata)不同于气孔窝(stomatal crypts)。气孔窝是指表皮上气孔聚集并凹陷的区域,并且常具有突入气孔窝的表皮毛,如图 40 所示,如夹竹桃。气孔下陷只是气孔(或气孔复合体中的保卫

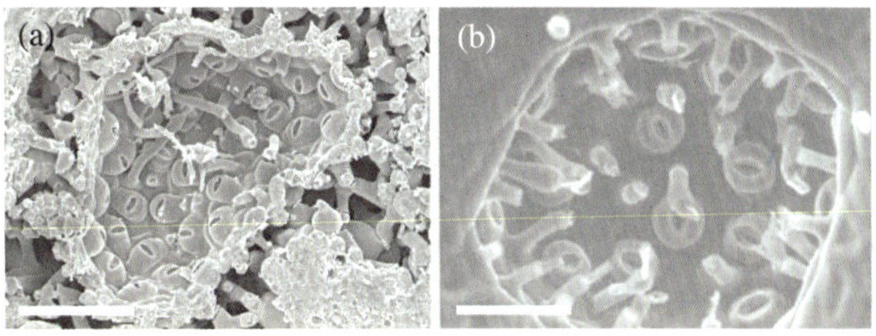

图 40

(a)为 *B. elderiana* 的气孔窝;(b)为 *B. serrata* 的气孔窝。

细胞)位于表皮表面下方,常见于针叶植物。气孔下陷和气孔窝都常见于旱生植物,气孔窝的另一个功能是促进厚叶中 CO_2 的扩散。 答案:B。

参考文献

[1] Gray A, Liu L, Facette M. Flanking Support: How Subsidiary Cells Contribute to Stomatal Form and Function[J]. Frontiers in Plant Science, 2020, 11: 881.

[2] Hassiotou F, Evans J R, Ludwig M, et al. Stomatal Crypts May Facilitate Diffusion of CO(2) to Adaxial Mesophyll Cells in Thick Sclerophylls[J]. Plant, Cell & Environment, 2009, 32: 1596.

38 关于茎的维管形成层,下列叙述正确的是(　　)。(多选)

A. 束中形成层来源于原形成层,属于次生分生组织

B. 束间形成层来源于髓射线,属于次生分生组织

C. 束中形成层来源于原形成层,属于初生分生组织

D. 束间形成层来源于髓射线,属于初生分生组织

解析 束中形成层位于初生韧皮部和初生木质部之间,是原形成层在初生维管束的分化过程中留下的潜在的分生组织,属于初生分生组织。束间形成层由维管束之间的薄壁组织(即髓射线)重新恢复分生能力形成,属于次生分生组织。 答案:BC。

39 广义的苞片是指高度特化、与花相关但又是非花起源的似叶器官,存在于花和花序下方。依据这样的界定,下列禾本科植物花和花序上的结构属于苞片的结构有(　　)。(多选)

A. 外颖　　B. 内颖　　C. 外稃　　D. 内稃

解析 禾本科小穗常有一对颖片,生在下面或外面的 1 片称为外颖,生在上方或里面的 1 片称为内颖,小穗轴上生有 1 至多数小花。故外颖、内颖均为包裹花序的总苞,根据题干属于广义的苞片。

外稃和内稃是苞片还是花被片存在争议。与典型的真双子叶植物(eudicots)在其边缘展示萼片和花瓣不同,禾本科植物的花以其特有的外部器官而著称。在萼片的位置,禾本科植物演化出了外稃(lemma)和内稃(palea),这两个类似苞片的结构部分或完全包裹着内部的生殖器官。由于外稃和内稃在形态上与萼片相似性很小,它们是属于花被的一部分还是非花器官一直是长期争论的话题。近年来,对花部突变体的比较研究以及许多植物物种全基因组序列的可用性为外稃和内稃是修改过的萼片这一假设提供了有力的论据。在水稻中,内稃的一个特征是其侧面区域弯曲成一个钩状的边缘结构,这使得内稃能够锁定到对面的外稃区域,形成一个紧密配合的外稃-内稃结构。如图 41 所示,外稃和内稃均表达了 MADS-box 家族的 *LHS1*

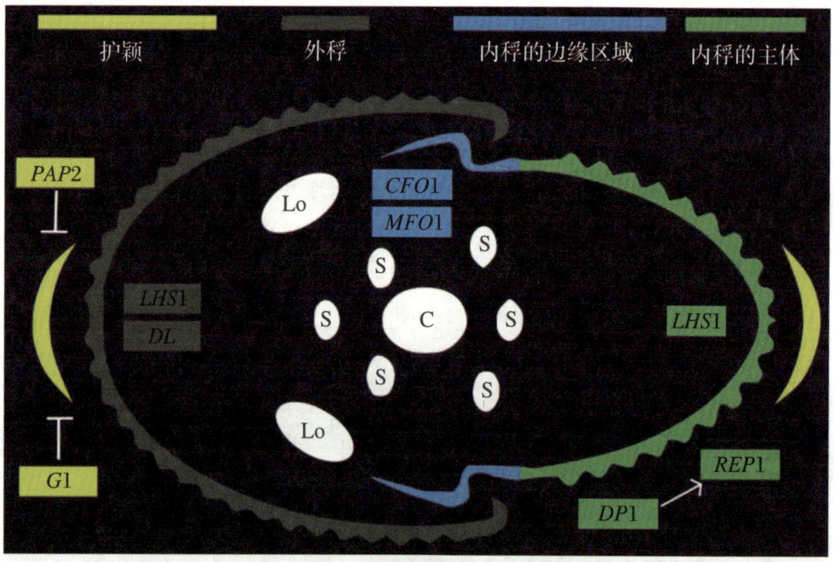

图 41

Lo:浆片;S:雄蕊;C:心皮。

基因(*MADS*1),这个基因在外稃的分化中起作用。在 *lhs*1 突变体中,外稃会转变为不育外稃样的器官。因此,外稃和内稃在本质上都属于花被片而非先出叶。 答案:删除。

参考文献

[1] Lombardo F, Yoshida H. Interpreting Lemma and Palea Homologies: A Point of View from Rice Floral Mutants[J]. Frontiers in Plant Science, 2015, 6: 61.

40 叶片在生长发育过程中会出现多种变化,称为叶龄相关变化(ARCs),如图 42 所示。下面关于叶片衰老的说法不正确的有(　　)。(多选)

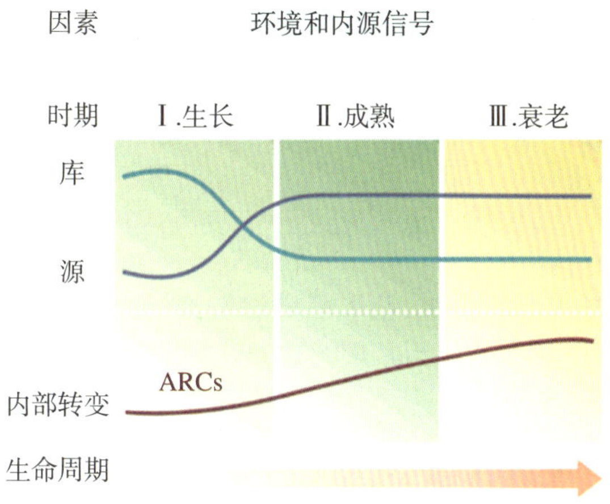

图 42

A. 叶片衰老受到多种内外因素的调控

B. 叶片在发育过程中会出现源、库转变现象

C. 叶片在整个生命周期各个阶段因应内外因素产生类似变化

D. 叶片衰老对植物生长不利,延缓叶片衰老对植物生长有利

解析 如图 42 所示,叶片衰老会受到环境和内源信号的影响,如暴露于环境压力或营养缺乏时。A 选项正确。在生长阶段(Ⅰ),叶片经历从库到源的转变,环境胁迫信号不会诱导衰老,但会干扰生长过程,这些信号通过影响细胞增殖和扩张的过程,使叶片提前过渡到成熟阶段;一旦叶片达到成熟阶段(Ⅱ),就有能力进行衰老。由于年龄相关变化(ARCs)的积累,衰老能力随着年龄的增长而增强。随着 ARCs 的不断积累,叶片更容易衰老,并最终经历发育衰老(Ⅲ),在这个阶段,无论环境条件如何,叶片都会发生发展性衰老,这是因为叶片已经积累了足够的 ARCs,使得衰老过程启动。故 B 选项正确,C 选项错误,不同阶段对内外因素的响应变化是不同的。衰老过程为植物提供了表型可塑性,帮助其适应不利环境条件。如在营养缺乏时,植物启动叶片衰老以促进营养元素循环和动员。D 选项错误。 答案:CD。

参考文献

[1] Schippers J H, Schmidt R, Wagstaff C, et al. Living to Die and Dying to Live: The Survival Strategy behind Leaf Senescence[J]. Plant Physiology, 2015, 169: 914.

41 种子大小对植物繁衍和农作物的产量都非常重要。科学家研究了茉莉酸受体缺失突变体的种子重量,结果如图 43 所示,* 表示差异显著。由此结果和已有知识,下列叙述正确的有(　　)。(多选)

A. 种子大小受油菜素内酯、生长素和细胞分裂素的调控

B. 不同植物种子大小不同,说明种子大小只受遗传因素调控

C. 茉莉酸正向调控种子的重量

D. 茉莉酸调控种子大小的功能在拟南芥和水稻中保守

解析 种子大小是与作物产量直接相关的最重要农艺性状之一。种子大小受多种植物激素的调控。生长素影响珠被和胚乳的发育,母本和合子组织中的细胞分裂素决定种子大小,赤霉素促进晚期胚胎发育并

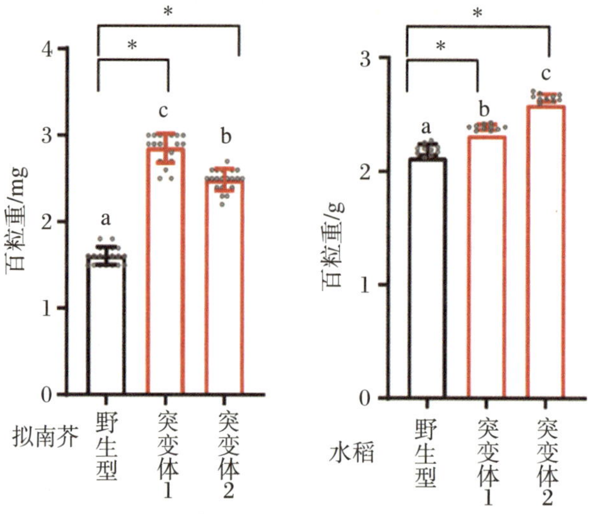

图 43

调节珠被的发育，油菜素内酯调控受精后珠被、胚和胚乳的发育，脱落酸促进胚乳细胞化以控制种子大小。A 选项正确。种子大小等数量性状除受遗传因素影响之外，还会受到环境因素的影响。B 选项错误。本题选取的研究中，研究了茉莉酸(JA)在调控种子大小中的作用。结果显示，茉莉酸受体缺失拟南芥突变体的种子重量显著增加，表明茉莉酸信号的减弱显著促进了种子大小的增加，茉莉酸负向调控种子的重量。C 选项错误。与拟南芥茉莉酸受体缺失突变体一致，水稻突变体也表现出种子重量增加，说明茉莉酸调控种子大小的功能在拟南芥和水稻中保守。D 选项正确。

图 44 为茉莉酸的信号转导途径，茉莉酸首先需要与氨基酸(主要是异亮氨酸)结合，之后与 COI1 结合。COI1 为 SCF^{COI1} 受体复合物的一部分，JA-Ile 与之结合形成 $SCF^{COI1\text{-}JA\text{-}Ile}$ 复合物，$SCF^{COI1\text{-}JA\text{-}Ile}$ 复合物促进转录抑制因子 JAZ 被泛素化-蛋白酶体途径降解，从而释放转录因子 MYC2，进而启动茉莉酸依赖性基因的转录。本题中的突变体为 *coi*1 突变体。 答案：AD。

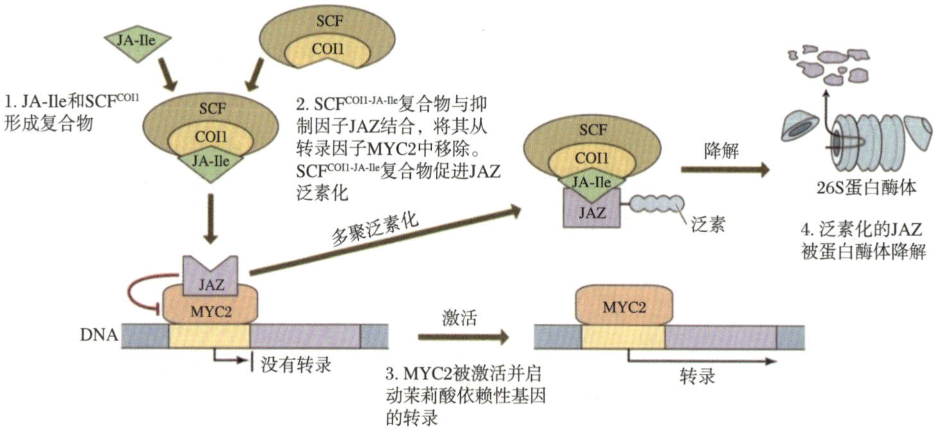

图 44

参考文献

[1] Hu S, Yang H, Gao H, et al. Control of Seed Size by Jasmonate[J]. Science China. Life Sciences, 2021, 64: 1215.

42 植物种子的大小受到严格控制，科学家研究了赤霉素(GA)信号途径中的关键因子 DELLA 在调控种子大小中的作用，结果如图 45 所示。下面说法正确的有(　　)。(多选)

A. DELLA 蛋白是 GA 信号途径中重要的转录调控因子

B. 在种子发育过程中，GA 通过促进 DELLA 蛋白的降解增加种子面积

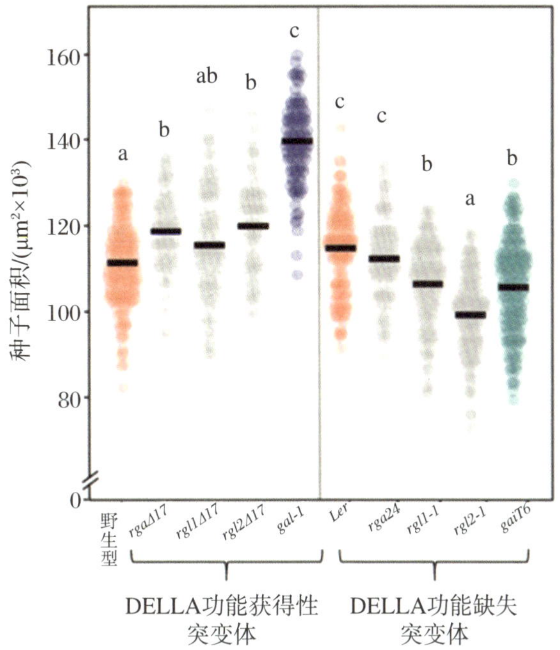

图 45

C. RGL1、RGL2 和 GAI 这些 DELLA 蛋白可使种子面积变大

D. GA 和 DELLA 在调控种子大小上的作用是一致的

解析 DELLA 蛋白是赤霉素效应的负调控因子，在 N 端有天冬氨酸(D)、谷氨酸(E)、丙氨酸(A)和两个亮氨酸(L)，在核内阻遏特定的基因表达。GA 与 GID1 受体结合，诱导受体 N 端结构域发生构象变化，使受体与 DELLA 阻遏物相互作用。这反过来又会诱导 DELLA 蛋白的构象变化，并促进 GID1 结合的 DELLA 与 SCF^{SLY1} 的相互作用，SCF^{SLY1} 是含有 F-box 蛋白 SLY1 的 E3 泛素连接酶，介导 DELLA 蛋白被泛素化-蛋白酶体途径降解，解除其对下游蛋白的阻遏作用，释放转录因子活性。DELLA 蛋白也直接调节 GA 代谢/响应蛋白，完成反馈调节。在没有 GA 时，DELLA 蛋白正向调控 *GID*1、$GA_{20}\,ox$ 和 $GA_3\,ox$ 基因表达，负向调控 $GA_2\,ox$ 基因表达。有活性 GA 时，会负反馈抑制 $GA_{20}\,ox$ 和 $GA_3\,ox$，但会正反馈激活 $GA_2\,ox$。两种反馈共同调节有活性的赤霉素的浓度。故 A 选项正确，D 选项错误。

拟南芥基因组编码五种 DELLA 蛋白(GAI、RGA、RGL1、RGL2 和 RGL3)。*rga*Δ17、*rgl*1Δ17、*rgl*2Δ17 和 *gai*-1 为 DELLA 功能获得性突变体，DELLA 突变蛋白缺乏 N 端调节结构域(17 个氨基酸结构域)，不能被 GA-GID1 复合物介导降解，导致组成型 DELLA 活性并阻断 GA 介导的基因表达反应。*rga*24、*rgl*1-1、*rgl*2-1 和 *gaiT*6 为 DELLA 功能丧失性突变体，不具有功能性 DELLA 蛋白。结果显示，与野生型相比，DELLA 功能获得性突变体的种子面积显著增加，仅 *rgl*1Δ17 种子面积略微增加；而与野生型相比，除 *rga*24 之外，DELLA 功能丧失性突变体的种子面积显著减小。以上结果表明，DELLA 蛋白的作用是增加种子面积，故 GA 通过促进其降解使得种子面积减小。B 选项错误，C 选项正确。拟南芥中 DELLA 活性调节胚珠、种子大小的工作模型如图 46 所示。 **答案：AC。**

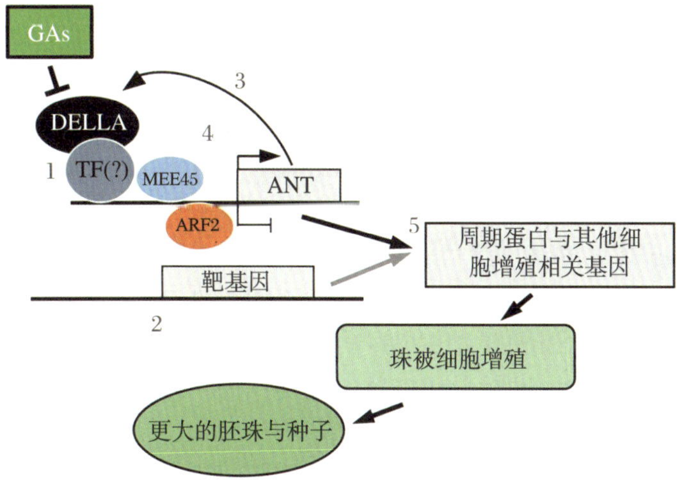

图 46

参考文献

［1］Gomez M D，Cored I，Barro-Trastoy D，et al. DELLA Proteins Positively Regulate Seed Size in *Arabidopsis*［J］. Development（Cambridge，England），2023，150：dev201853.

43 花青素是一种特殊的类黄酮代谢物。研究人员用赤霉素（GA）或茉莉酸甲酯（MeJA）单独处理以及 GA 和 MeJA 共处理植株，检测花青素的生物合成，结果如图 47 所示。下述表述正确的是（　　）。（多选）

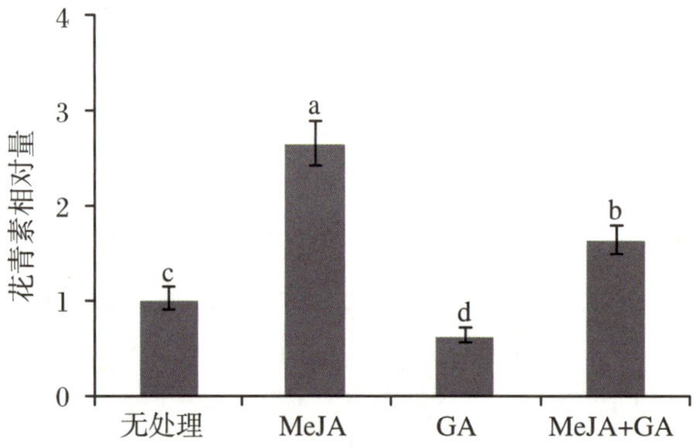

图 47

A. GA 抑制了 MeJA 介导的花青素生物合成

B. GA 通过抑制 MeJA 的合成，抑制花青素合成

C. MeJA 通过抑制 GA 的合成，促进花青素合成

D. GA 和 MeJA 都调控植物花青素合成过程

解析 结果显示，MeJA 处理促进花青素合成，GA 处理抑制花青素合成。故 GA 和 MeJA 都调控植物花青素合成过程，D 选项正确。GA＋MeJA 共处理植株的花青素含量低于 MeJA 单独处理植株，表明 GA 抑制了 MeJA 介导的花青素合成，A 选项正确。B、C 选项无法从图 47 中结果得出。

原文献鉴定了苹果中的花青素合成阻遏蛋白 MdbHLH162，MdbHLH162 通过与 MdbHLH3 和 MdbHLH33 相互作用发挥抑制作用，MdbHLH3 和 MdbHLH33 是花青素生物合成的两个公认的正调节因子。MdbHLH162 与 MdbHLH3 和 MdbHLH33 的相互作用破坏激活花青素合成的 MdMYB1-MdbHLH3/33 复合物的形成，从而抑制对花青素生物合成基因 *MdDFR* 和 *MdUF3GT* 的转录激活，来负向调节花青素生物合成。GA 信号通路中抑制因子 MdRGL2a 通过与 MdbHLH162 相互作用，拮抗 MdbHLH162 介导的花青素合成抑制作用。JA 信号通路中抑制因子 MdJAZ1 和 MdJAZ2 通过干扰 MdRGL2a-MdbHLH162 复合物的形成，从而干扰 MdRGL2a 对 MdbHLH162 的拮抗调节。如图 48 所示。 答案：AD。

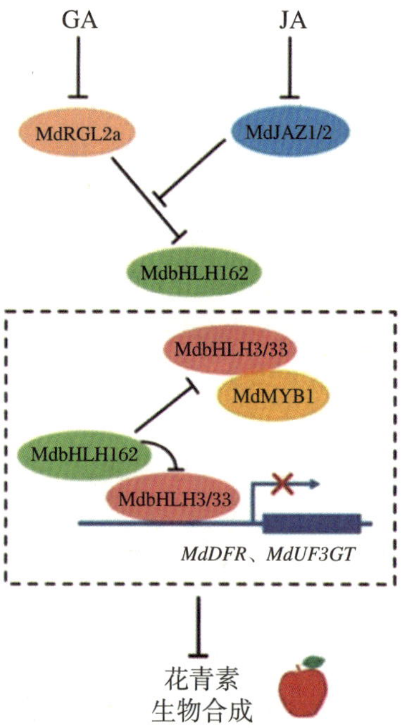

图 48

参考文献

［1］An J P，Xu R R，Wang X N，et al. MdbHLH162 Connects the Gibberellin and Jasmonic Acid Signals to Regulate Anthocyanin Biosynthesis in Apple［J］. J. Integr. Plant Biol.，2024，66：265.

44 苔藓植物是现存最古老的陆生植物之一，使其不能在干旱陆生环境生活的特征或特征组合有（　　）。（多选）

A. 植物体没有真根，只能靠假根或其他表皮细胞来行使吸收功能

B. 植物组织分化程度不高，体表没有角质层

C. 配子体具有黄酮类物质的合成途径

D. 有性生殖过程必须借助于水才能完成

解析 评议稿原答案为A、B、D，后改为A、D。

在4.7亿年前的奥陶纪，植物第一次登陆，包括地衣、苔藓等非维管植物。苔藓植物具有一系列进步性特征以适应陆生环境，包括：① 表皮细胞外产生角质层，防止水分过多蒸发；② 具有顶端分生组织；③ 有假根，拟茎叶体有了类似茎和叶的分化；④ 生殖细胞为多细胞结构，有不育的细胞构成保护支持结构；⑤ 孢子体减数分裂产生的孢子含有孢粉素（抵御干燥的环境）；⑥ 受精卵发育成胚。但也具有一定局限性，包括：① 仅具有假根，没有维管组织的分化；② 受精过程离不开水，因此只能生活在阴暗潮湿的环境中；③ 孢子体不能独立生活，必须寄生在配子体上。故A、D选项正确。

对化石植物材料和现存藓门、角苔门、苔门的角质层超微结构和化学的广泛研究支持了早期陆地植物和现存苔藓植物中存在角质层。能够耐受干旱胁迫的实验模型小立碗藓的角质层超微结构和成分分析揭示了小立碗藓配子体中存在高等陆地植物型角质层。故B选项中苔藓植物体表没有角质层是错误的。

苔藓植物已经具有合成黄酮类物质的能力。作为广泛存在于植物中的次生代谢产物，黄酮类化合物在植物生长和抵抗逆境方面发挥着重要作用。胁迫下的植物通过调节类黄酮合酶基因的表达来积累类黄酮。故合成黄酮类物质更有利于使其适应于陆生环境，C选项错误。　**答案：AD。**

参考文献

[1] Li H, Chang C. Evolutionary Insight of Plant Cuticle Biosynthesis in Bryophytes[J]. Plant Signaling & Behavior, 2021, 16: 1943921.

[2] Wu J, Lv S, Zhao L, et al. Advances in the Study of the Function and Mechanism of the Action of Flavonoids in Plants under Environmental Stresses[J]. Planta, 2023, 257: 108.

45 裸子植物是介于蕨类与被子植物之间的一大类群，下列有关裸子植物特征的描述正确的有（　　）。（多选）

A. 种子的形成，维管组织

B. 双受精，二倍体胚乳

C. 明显的世代交替，配子体能独立生活

D. 孢子体占优势的生活史，有花粉管

解析 裸子植物的主要特征包括：① 孢子体发达，主根发达、维管发达、有次生生长，配子体不能独立生活，完全寄生在孢子体上；② 具有裸露的胚珠，胚珠发育为种子（$2n$），珠被发育成种皮（$2n$），雌配子体发育成胚乳（n）；③ 形成花粉管，受精作用不再受水的限制；④ 具有多胚现象。故A、D选项正确，B、C选项错误。

对于B选项，再强调一点：在松属中，由萌发的花粉粒产生的两个精子只有一个是有功能的，即一个精核使卵子受精，另一个退化。在买麻藤属中，两个精子核分别与游离雌配子体内的单独的、未分化的雌核融合，产生两个受精卵，只有一个发育成胚，另一个解体，胚乳（n）为雌配子体不经受精发育而来。被子植物的双受精指一个精核与卵核融合形成合子，发育成胚（$2n$），另一个与两个极核融合，发育成胚乳（一般$3n$）。

答案：AD。

46 自然界中花粉的颜色大致分为黄、橙、红、棕、紫、蓝、绿、灰、白等。以下说法正确的有(　　)。(多选)

A. 黄色花粉中色素多为黄酮类化合物、类胡萝卜素

B. 蓝色花粉中主要含有花青素

C. 紫色花粉中色素多为黄酮类化合物、类胡萝卜素

D. 白色花粉中主要含有花青素

解析 花粉的常见颜色是黄色、橘黄色,来源于花粉外壁所含的类胡萝卜素(包含胡萝卜素和叶黄素两种,前者呈橙黄色,后者呈橙色)和黄酮类(灰黄色至黄色)。花粉的蓝紫色源于花青素,花青素颜色随 pH 变化,pH<7 时呈红色,pH = 7~8 时呈紫色,pH>11 时呈蓝色。白色是由于细胞间隙发达,细胞间隙将光反射。综上,A、B 选项正确,C、D 选项错误。注意:甜菜红素一般不存在于花粉中。 答案:AB。

47 猪笼草是一种食虫植物,其捕虫结构为囊状圆筒,内含可消化虫体的汁液。下列说法错误的有(　　)。(多选)

A. 猪笼草的捕虫囊为一整片叶子卷合而成

B. 猪笼草的捕虫囊为叶尖端延伸出去特化而成

C. 猪笼草的捕虫囊为特化的复叶性结构

D. 猪笼草的捕虫囊为叶柄特化而成

解析 如图 49 所示为红瓶猪笼草(*Nepenthes* × *ventrata*)的叶片形态,可以分为两部分,一部分是捕虫囊,另一部分是宽大的叶片(lamina),两部分之间通过卷须(tendril)连接。捕虫囊可以分成以下几个部分:刺(spur)、盖子(operculum,op)、口缘(peristome,pe)和笼身(pitcher)。位于口缘区域的蜜腺吸引猎物,下部覆盖蜡质层的光滑区域(slippery zone,sz)捕获并防止猎物逃脱,猎物落入最下部含有多细胞腺体的消化区(digestive zone,dz)。

关于猪笼草的叶片结构,不同学者提出多种看法:① 盖子是真正的叶片,其他各个部分都是叶柄,高度特化变成各种样子。② 猪笼草的叶片是复叶,捕虫笼和盖子均为小叶。③ 捕虫笼是叶片中脉膨大形成的。④ 各部位共同组成一片叶子,基部是叶片,远端的叶片部分特化为捕虫笼,卷须是叶脉,捕虫笼由扁平的叶片边缘卷起形成。

对印度猪笼草(*Nepenthes khasiana*)捕虫叶的发育研究表明,*REV* 基因在幼叶的尖端表达增加,未来发育为捕虫囊。如图 50(b)所示,*REV* 功能获得性拟南芥突变体具有从叶片背面的中脉中生长出来的喇叭状结构,支持以上说法③。

图 49

图 50

在另一篇文献中,研究人员观察了印度猪笼草的发育过程(图 51),并通过组织学和扫描电镜观察了捕虫叶解剖结构。结果显示,发育早期的捕虫笼具有和叶基部相同的解剖学特征,支持以上说法④,即在捕虫

叶的发育过程中，经历叶表面内卷（epiascidiation）和边缘融合过程。

本题最终删除。 **答案：删除。**

图 51

参考文献

[1] Agrawal A，Pareek A，Dkhar J. Genetic Basis of Carnivorous Leaf Development[J]. Frontiers in Plant Science，2022，12：825289.

[2] Dkhar J，Pareek A. ASYMMETRIC LEAVES1 and REVOLUTA are the Key Regulatory Genes Associated with Pitcher Development in *Nepenthes khasiana*[J]. Scientific Reports，2019，9：6318.

[3] Shchennikova A V，Beletsky A V，Filyushin M A，et al. *Nepenthes* × *ventrata* Transcriptome Profiling Reveals a Similarity Between the Evolutionary Origins of Carnivorous Traps and Floral Organs[J]. Frontiers in Plant Science，2021，12：643137.

48 兰科是被子植物的第二大科，也是单子叶植物中花结构最复杂的一个类群。结合图 52、图 53 中的系统发生图和花图式判断，以下表述正确的是（ ）。（多选）

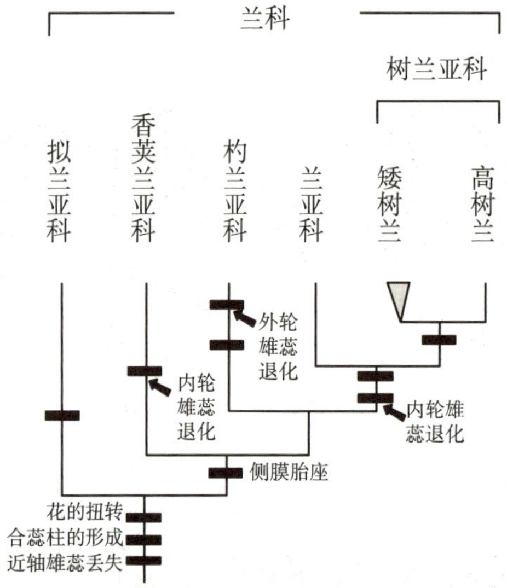

图 52

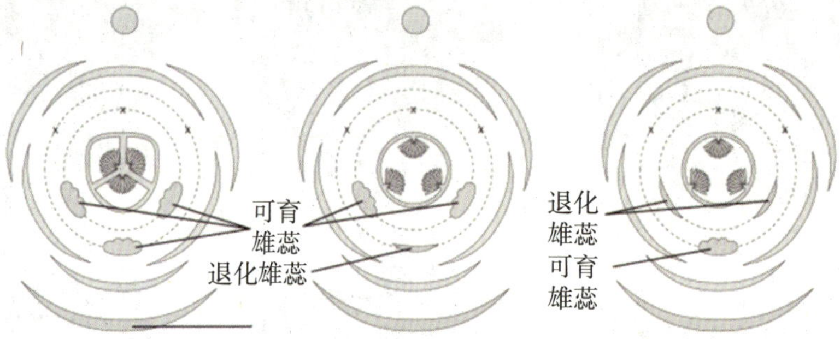

图 53

A. 拟兰亚科是兰科最早分化的一个分支，而树兰亚科是最晚形成的分支

B. 近轴端 3 个雄蕊的丢失是一种祖征

C. 侧膜胎座是兰科中除拟兰亚科之外分支的自衍征

D. 内轮雄蕊退化是兰亚科和树兰亚科的自衍征

解析 评议稿答案为 A、C、D，后本题删除。

兰科植物有超过 28000 个种，被分为 5 个亚科，即拟兰亚科（Apostasioideae）、香荚兰亚科（Vanilloideae）、杓兰亚科（Cypripedioideae）、树兰亚科（Epidendroideae）和兰亚科（Orchidoideae）。本题中主要考查系统发育树的基本概念。系统发育树显示，拟兰亚科是兰科的基部类群。拟兰亚科的花具有辐射对称的花被，没有完全特化的唇瓣（修饰的花瓣）；具有 3 个雄蕊，部分与雌蕊合生形成相对简单的合蕊柱和粉状花粉。其他兰科亚科的花具有两侧对称、唇瓣、蕊柱（雄蕊和雌蕊融合生成的合蕊柱）和花粉块。故 A 选项前半句没有问题，而后半句表述不严谨，兰亚科和树兰亚科是从最近共同祖先分歧后同时形成的。

祖征和衍征是相对概念，需要确定主体，根据图 52 中的系统发育树，“近轴端 3 枚雄蕊丢失是兰科的共衍征”，如果主体换为杓兰亚科，那么“近轴端 3 枚雄蕊丢失是杓兰亚科的共祖征”。B 选项错误。

自衍征（独征）是指某个物种或某分类群独有的性状，故“侧膜胎座是兰科中除拟兰亚科之外分支的自衍征”的表述可以接受；若说“侧膜胎座是兰科中除拟兰亚科之外分支的共衍征”也没有问题。C 选项正确。

图 53 所示的拟兰亚科具有 2～3 枚雄蕊，杓兰亚科具有 2 枚雄蕊。若为 3 枚雄蕊，则为祖先内轮 2 枚侧雄蕊和外轮 1 枚中间雄蕊；若为 2 枚雄蕊，则为祖先内轮 2 枚侧雄蕊。其他亚科具有 1 枚雄蕊，为祖先外轮 1 枚中间雄蕊。香荚兰亚科的单雄蕊独立于兰亚科和树兰亚科的单雄蕊进化而来，故“香荚兰亚科、兰亚科和树兰亚科的内轮雄蕊退化是趋同进化”，内轮雄蕊退化不是兰亚科和树兰亚科的自衍征（独征）。D 选项错

误。评议稿选了D选项，未考虑香荚兰亚科的趋同，但看兰亚科和树兰亚科，说是自衍征也可以理解，但这样就属于文字游戏了。 答案：删除。

参考文献

[1] Simpson M G. Plant Systematics[M]. 2nd ed. Elsevier, 2010.

[2] 蔡文杰. 兰科植物的起源和进化[J]. 福建农林大学学报：自然科学版，2019，48：7.

49 在重建生物类群的系统发生关系时，需要尽可能多地利用类群所携带的性状信息。下列说法错误的有（　　）。（多选）

A. 只有分子水平的信息才能用于系统发生分析

B. DNA序列中的A、C、G、T是四种性状状态

C. 同源性大于70%的序列即同源序列

D. 只有将类群间的同源性状进行比对，才能保证分析所得的系统发生关系的可靠性

解析 无论是分子水平信息还是形态、胚胎发育信息都可以用于系统发生分析，特别是针对古老的化石物种，对骨骼结构的形态观察是建立系统发育关系的重要依据。A选项错误。以宏观为例，花瓣颜色是一种性状，黄色、绿色都是性状状态（character state）。推至微观，A、C、G、T应该是一个性状类型（每一个可能发生变异的碱基位点都是一种性状）下的四种状态。B选项正确。同源性只有同源与非同源两种状态，能以百分比量化的是相似性；一般相似性80%以上可认为是同源序列，不过保守程度不同的序列可能有不同的阈值。C选项错误。D选项是系统发生分析的基本条件，使用非同源的序列或性状来进行比对得出的信息对系统发育树的构建没有意义。 答案：AC。

50 如果把陆生植物（高等植物）的系统发生树转化成文本形式，则下列系统发生关系正确的是（　　）。（单选）

A. (((被子植物，裸子植物)，(石松类，蕨类))，(角苔，藓类，地钱))

B. ((((被子植物，裸子植物)，蕨类)，石松类)，(角苔，藓类，地钱))

C. (((石松类，蕨类)，(被子植物，裸子植物))，((角苔，(藓类，地钱)))

D. ((石松类，(蕨类，(被子植物，裸子植物)))，(角苔，(藓类，地钱)))

解析 陆生植物的起源和系统发育关系总结如图54所示。最新的研究认为，陆生植物最有可能的姐妹群为双星藻类（Zygnematophyceae）。陆生植物（Embryophyta）分为两大分支：苔藓植物（Bryophyta）和维

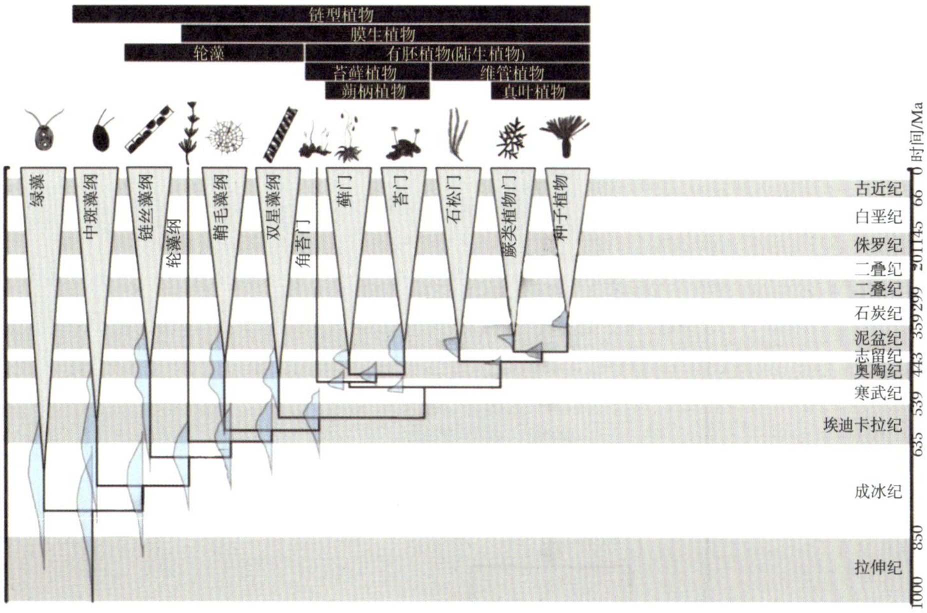

图54

管植物（Tracheophyta）。2020 年的研究确认了苔藓植物为单系群，且苔门（Marchantiophyta）和藓门（Bryopsida）组成单系群，角苔门为它们的姐妹群。根据最新的分类方法，石松门（Lycophyta）被认为是维管植物的最早分支，是所有其他维管植物（真叶类（Euphyllophyta），包括蕨类）的姐妹群。真叶类分为蕨类植物门（Monilophyta）和种子植物（Spermatophyta）。种子植物包括裸子植物门和被子植物门，现存裸子植物和被子植物均为单系群。

根据蕨类植物门和种子植物组成真叶类，真叶类与石松类为姐妹群，排除 A、C 选项，"（石松类，蕨类）"表示石松类和蕨类为姐妹群。根据苔门和藓门组成单系群，角苔门为它们的姐妹群，排除 A、B 选项。故仅 D 选项正确。 答案：D。

参考文献

[1] Donoghue P C J, Harrison C J, Paps J, et al. The Evolutionary Emergence of Land Plants[J]. Current Biology: CB, 2021, 31: R1281.

第三部分　动物生理学、动物学、生态学

51 下列有关鸡蛋生产过程的说法正确的有（　　）。（多选）

A. 输卵管伞包裹住成熟的卵细胞，精子上行完成受精后，受精卵脱离卵巢进入输卵管

B. 受精卵在输卵管的蛋白分泌部旋转下行，被包裹上蛋白质

C. 输卵管峡部较细，在这里分泌形成壳膜和蛋壳

D. 蛋壳上的颜色是子宫壁上的色素细胞在产卵前几小时内分泌的

解析 鸡的雌性生殖器官仅包括左侧的卵巢和输卵管，右侧卵巢退化，右侧输卵管退化成一白色短管，连在泄殖腔右侧壁。左侧卵巢位于左肾前方，未成熟的卵巢小而形状不规则，成熟卵巢因卵细胞突出而呈葡萄串状。输卵管分为 5 部分，自前向后依次为输卵管伞、蛋白分泌部、峡部、子宫和阴道。输卵管伞为漏斗状，位于卵巢旁侧；蛋白分泌部最长，壁较厚，黏膜形成纵褶；峡部是蛋白分泌部和子宫之间较为狭窄的部分；子宫是输卵管的扩大部分，常见到其中有具硬壳的卵；阴道是输卵管的终端，开口在泄殖腔左侧壁。

如图 55 所示，排卵后，卵细胞通过输卵管喇叭口进入输卵管，在排卵后 15 min 内与游动至输卵管上端

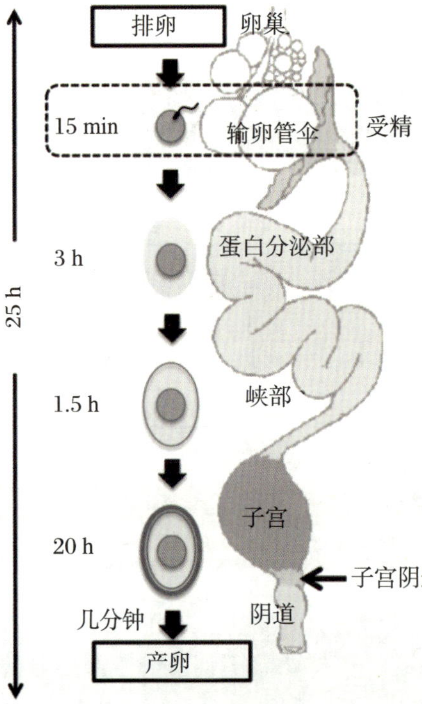

图 55

的精子受精。受精卵在输卵管内下行的过程中，在蛋白分泌部旋转下行包裹上蛋白，接着在峡部形成内、外卵壳膜，然后进入子宫，并由壳腺分泌形成蛋壳，最后经由阴道排出。卵壳上的颜色和花纹是由输卵管最下端管壁的色素细胞在产卵前 5 h 左右分泌的。故 B、D 选项正确，A、C 选项错误。 **答案：BD。**

参考文献

[1] Sasanami T, Matsuzaki M, Mizushima S, et al. Sperm Storage in the Female Reproductive Tract in Birds[J]. The Journal of Reproduction and Development, 2013, 59: 334.

52 向血管中注射颜料是一种观察动物循环系统的方法，颜料中的颜色颗粒无法通过毛细血管。一次实验中由蟾蜍的腹静脉注射红色颜料，会显现红色的血管有（　　）。（多选）

A. 肝静脉　　B. 肝门静脉　　C. 股静脉　　D. 后腔静脉

解析 向血管中注射颜料时，拨开腹部皮肤及肌肉，露出腹静脉，在准备插入的位置前、后各预结一个绳结，注射器吸取 1 mL 红色颜料液，将针头向前插入注射，注射时针头需微微抬起，以便颜料液可以向后肢流动。待胃壁静脉已充满红色液，即可停止注射。再用棉线于针孔前、后将腹静脉扎起，以免颜料液流出。故只要中间没有毛细血管，可以联通的血管均能显色。

如图 56 所示，蟾蜍的腹静脉由左、右股静脉分出的骨盆静脉在腹中线部分合并而成，沿腹中线前行，到达肝脏时，分为 2 支通入肝的左、右叶中。肝门静脉走到腹静脉入肝前分歧点的地方，便与腹静脉汇合流入

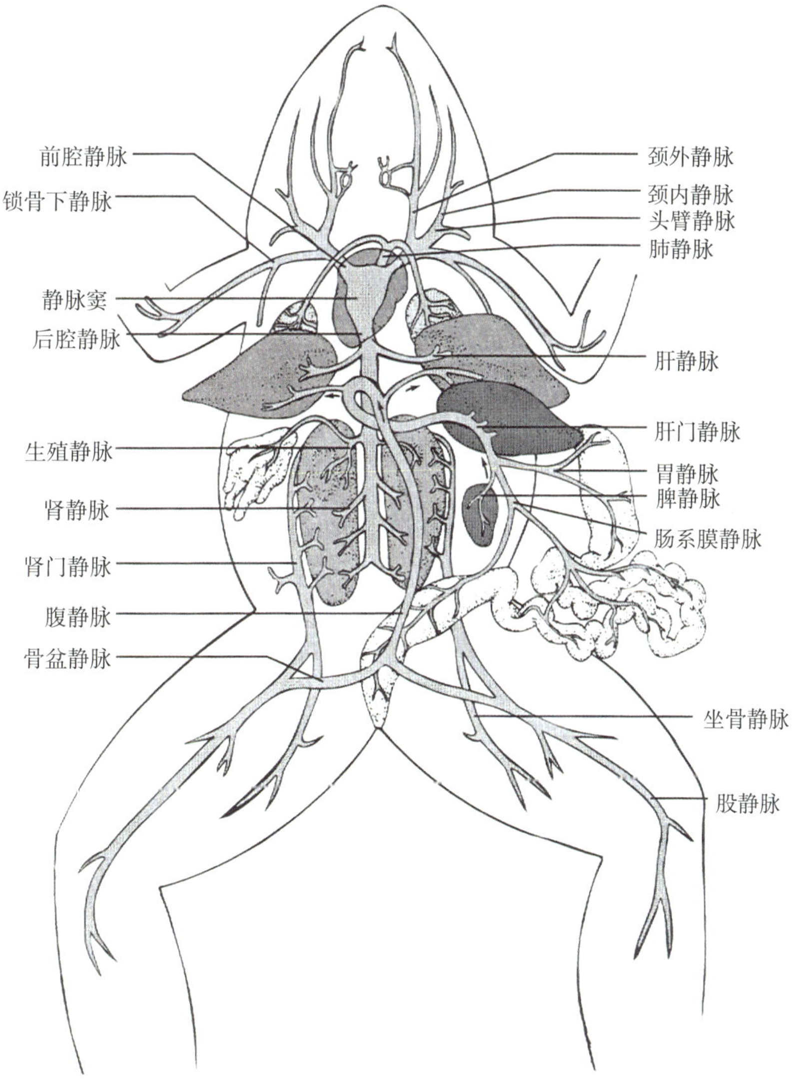

图 56

腹静脉和后腔静脉均位于腹中线，为清晰显示，图中腹静脉偏离中线位置。

肝。汇入肝门静脉的支流有来自胃壁与胰脏的胃静脉、来自小肠与大肠的肠静脉和来自脾脏的脾静脉。流入肝脏的血液经毛细血管后收集入肝静脉，之后汇入后腔静脉。大部分流向心脏后房的血液通过后腔静脉回流，后腔静脉由肝静脉、肾静脉和生殖静脉汇集而成。 答案：BC。

53 食草哺乳动物中的反刍类具有复杂的胃，下列有关说法正确的是（　　）。（多选）

A. 网胃、瘤胃和瓣胃是食管的变形，皱胃是胃本体

B. 混有大量唾液的食物进入瘤胃，在细菌、纤毛虫和真菌的作用下发酵分解

C. 存于网胃和皱胃中的食物会刺激食管，引起逆呕，将食物送入口中再行咀嚼

D. 再咀嚼后的食物再次进入瘤胃，随后直接进入皱胃，进行消化

解析 反刍胃一般由 4 室组成，瘤胃、网胃、瓣胃均为食管的变形，皱胃是真正的胃（胃本体），能分泌胃液，A 选项正确。当混有大量唾液的纤维质食物进入瘤胃以后，在细菌、纤毛虫和真菌作用下发酵分解，B 选项正确。存于瘤胃和网胃内的粗糙食物上浮，刺激瘤胃前厅和食道沟，引起逆呕反射，将粗糙食物逆行经食道入口再咀嚼，C 选项错误。咀嚼后细碎和密度较大的食物再经瘤胃与网胃的底部，最后达于皱胃，D 选项错误。 答案：AB。

54 薮枝螅属于腔肠动物门水螅纲，下列有关说法正确的有（　　）。（多选）

A. 水母型是通过无性生殖方式产生的

B. 有性生殖中，受精卵发育，以内移的方式形成实心的原肠胚

C. 有性生殖产生牟勒氏幼虫，表面生有纤毛，游动一段时间后固着下来

D. 营养个员是通过出芽方式形成的，生殖个员是通过有性生殖形成的

解析 薮枝螅属于水螅纲，其生活史经过两个阶段。水螅型群体以无性出芽的方法产生单体的水母型，水母型又以有性生殖方法产生水螅型群体，这两个阶段互相交替，完成世代交替的生活史。A 选项正确。薮枝螅的水螅型群体呈树枝状，其螅茎上分出两种个体，水螅体主要管营养，其构造与水螅基本相同；生殖体能行无性生殖，其营养主要靠水螅体供给，生殖体成熟后，子茎以出芽的方法产生许多水母芽。水母芽成熟，脱离子茎，小水母由茎生殖鞘顶端的开口出来，在海水中营自由生活。D 选项错误。薮枝螅的水母型具有 4 个由外胚层形成的精巢或卵巢（雌雄异体）。精、卵成熟后在海水中受精。受精卵发育，以内移的方式形成实心的原肠胚，在其表面生有纤毛，能游动，称为浮浪幼虫。B 选项正确，C 选项错误，牟勒氏幼虫为扁形动物涡虫的幼虫阶段。浮浪幼虫游动一段时期后，固着下来，以出芽的方式发育成水螅型的群体。 答案：AB。

55 秀丽隐杆线虫是重要的模式动物，下列有关说法正确的有（　　）。（多选）

A. 雌雄异体，雌性生殖孔位于身体中部，雄性尾部有交接刺

B. 成体的细胞数目恒定，便于定位细胞位置

C. 成体的体腔来自胚胎期的囊胚腔，成体的肠道来自胚胎期的原肠腔

D. 体表具有透明的角质层，幼虫在发育为成虫过程中会经历数次蜕皮

解析 秀丽隐杆线虫具有雌雄同体（图 57(a)）和雄性（图 57(b)）两种不同性别的个体，其性染色体分别为 XX 和 XO。雌雄同体的线虫既产生卵，也产生精子，可以进行自体受精，也可以接受其他雄性的精子。雌性生殖系统包括成对的卵巢、输卵管、贮精囊及单一子宫，生殖孔开口在腹面中部；雄性生殖系统包括一个单叶性腺、输精管及一个特化为交配用的尾部（具交合刺）。A 选项错误。

秀丽隐杆线虫的体细胞数目恒定，雌雄同体的成虫体细胞为 959 个，加上约 2000 个生殖细胞；雄性体为 1031 个体细胞，加上约 1000 个生殖细胞，B 选项错误，生殖细胞数目是变化的。秀丽隐杆线虫属于假体腔动物，成体的体腔来自胚胎的囊胚腔，肠道来自原肠腔，C 选项正确。秀丽隐杆线虫体表具有透明角质层，在发育过程中经历 4 次蜕皮，处于蜕皮动物超门，D 选项正确。 答案：CD。

参考文献

[1] Meneely P M, Dahlberg C L, Rose J K. Working with Worms: *Caenorhabditis elegans* as a

Model Organism[J]. Current Protocols Essential Laboratory Techniques, 2019, 19.

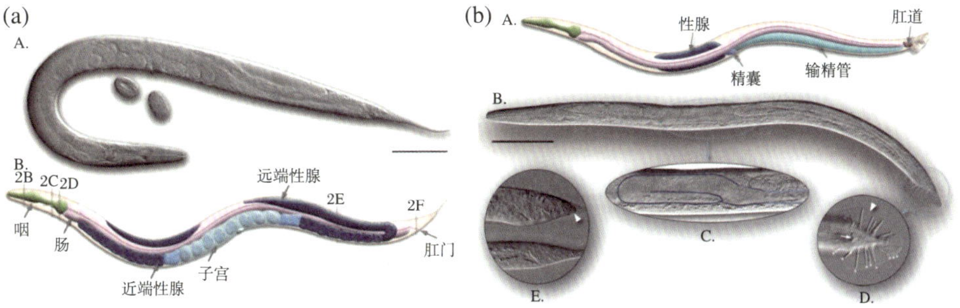

图 57

56 河蚌属于软体动物门双壳纲，下列有关其肌肉的说法正确的有（　　）。（多选）

A. 具有一个粗大的闭壳肌，位于身体前部，两端与两壳相连，收缩可使壳关闭

B. 具有两个缩足肌，前后各一，连在足上，收缩可使足缩回壳内

C. 具有一个伸足肌，可以控制足向外伸

D. 在空贝壳上，可以看到闭壳肌的肌痕，看不到缩足肌和伸足肌的肌痕

解析 河蚌的肌肉包括闭壳肌、缩足肌和伸足肌。闭壳肌前后各一，分别为前闭壳肌和后闭壳肌，肌肉两端分别与两壳相连，肌肉收缩可使壳关闭，A 选项错误。缩足肌前后各一，分别为前缩足肌和后缩足肌，一端附着在壳内面，附着点位于闭壳肌的内侧上方，另一端与足相连，缩足肌收缩可将足缩回壳内，B 选项正确。伸足肌具有一个，一端与足相接，另一端附于贝壳内表面、闭壳肌的内侧下方，伸足动作的完成受伸足肌的控制，C 选项正确。此外，在空贝壳上可看到闭壳肌、缩足肌和伸足肌的肌痕，D 选项错误。

答案：BC。

57 下列有关昆虫激素的说法正确的有（　　）。（多选）

A. 脑神经分泌细胞分泌促蜕皮激素，可沿神经细胞轴突输送到心侧体

B. 心侧体的功能是储存促蜕皮激素，并分泌蜕皮激素到血液中

C. 咽侧体有神经与脑和前胸腺相连，分泌保幼激素

D. 前胸腺分泌蜕皮激素，能引起上皮细胞分泌新的表皮而开始蜕皮过程

解析 昆虫蜕皮和变态主要受两种激素的相互作用控制，分别是由前胸腺分泌的类固醇激素——蜕皮激素和由咽侧体分泌的萜类激素——保幼激素。蜕皮激素的分泌受促蜕皮激素调控。促蜕皮激素是多肽类激素，由脑神经分泌细胞合成，并通过轴突运输到心侧体储存。A 选项正确。在幼虫生长时，促蜕皮激素释放到血液中，刺激前胸腺分泌蜕皮激素，导致蜕皮，并随后形成成体结构。D 选项正确。然而，促蜕皮激素受到保幼激素的抑制。在幼虫期，保幼激素占主导地位，每蜕一次皮就会产生一只更大的幼虫。在较晚的龄期，咽侧体释放的保幼激素逐渐减少。当保幼激素水平很低时，幼虫蜕皮变成蛹。蛹停止分泌保幼激素会导致在下一次蜕皮时成体的出现。促蜕皮激素由脑神经分泌细胞合成，心侧体储存并释放，刺激前胸腺分泌蜕皮激素，B 选项错误。咽侧体有神经与脑和心侧体相连，C 选项错误。　答案：AD。

58 下列有关文昌鱼循环系统的说法正确的有（　　）。（多选）

A. 血液红色，但没有血细胞，氧气靠渗透进入血液

B. 血液在腹大动脉由前向后流动到鳃部，向两侧分出许多成对的鳃动脉

C. 左、右前主静脉和后主静脉的血液汇流至一对横行的总主静脉

D. 左、右总主静脉会合处为静脉窦，然后通入腹大动脉

解析 文昌鱼的血液无色，也没有血细胞，氧气靠渗透进入血液。A 选项错误。文昌鱼循环系统属于闭管式，血液流动方向是脊椎动物式的，即在腹面由后向前，在背面由前向后。B 选项错误。从身体前端返回的血液通过体壁静脉注入一对前主静脉；尾静脉与体壁静脉一起收集大部分身体后部血液流进后主静脉。

左、右前主静脉和后主静脉的血液汇流至一对横行的总主静脉，左、右总主静脉会合处为静脉窦，然后通入腹大动脉。C、D 选项正确。　答案：CD。

59 下列有关鱼类皮肤及衍生物的说法正确的有（　　）。（多选）

A. 皮肤由表皮和真皮组成，表皮为上皮组织，真皮为结缔组织，均由外胚层发育而来

B. 真皮层内有大量的单细胞腺，真皮与肌肉的联系很紧密

C. 鲨鱼的盾鳞外层为釉质，由表皮形成，内层为齿质，由真皮形成

D. 中华鲟体侧有 5 条纵列骨片，这些骨片不是硬鳞

解析 鱼类的皮肤由表皮和真皮组成，表皮为上皮组织，由外胚层发育而来，真皮为结缔组织，由中胚层发育而来，A 选项错误。表皮中含有大量的单细胞黏液腺，能分泌黏液以润滑体表；皮下疏松结缔组织少，皮肤与其下的肌肉组织连接紧密，使身体形成密实体，可减少在水中运动的阻力，B 选项错误。盾鳞在组织学结构上分为两层，外层为釉质，又称珐琅质，薄而坚硬；内层为齿质。在发生上，釉质由外胚层形成，齿质由中胚层形成，整个结构有着表皮与真皮的双重来源，C 选项正确。注意：按照现在的观点，牙齿或鲨鱼的盾鳞均为外胚层来源，因为牙本质、牙骨质、牙髓、牙周组织均来自外胚间充质干细胞，来源于神经嵴，如图 58 所示。中华鲟体侧为 5 条纵列骨板，不是硬鳞，D 选项正确。　答案：CD。

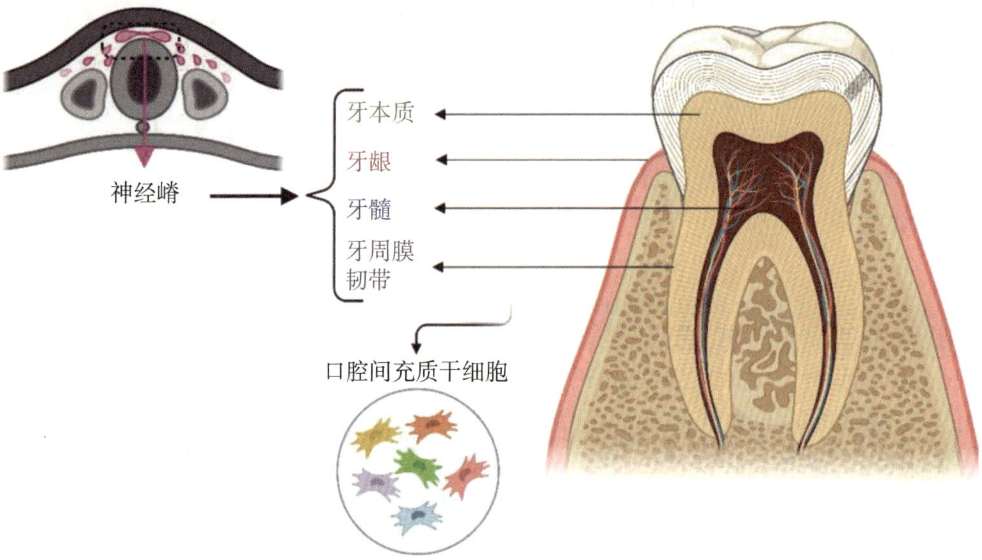

图 58

参考文献

[1] Mohebichamkhorami F, Niknam Z, Zali H, et al. Therapeutic Potential of Oral-Derived Mesenchymal Stem Cells in Retinal Repair[J]. Stem Cell Reviews and Reports, 2023, 19: 2709.

60 研究者在重建虎猫属物种的分歧历史时，发现基因组上不同区域所展现出的系统发生关系有很大差异。造成这一现象的可能原因有（　　）。（多选）

A. 物种间的杂交

B. 部分物种经历了快速的种群扩张

C. 快速成种过程中的不完全谱系分选

D. 成种过程中的地理隔离

解析 本题考查的内容是哪些情况可以导致基因树与物种树不一致，其原因为种间杂交和不完全谱系分选两种，而不包括物种内部种群大小的变化和地理隔离。不完全谱系分选指的是由祖先多态性的保留而造成的根据单个基因建立的基因树和实际物种树不同的现象。例如物种 A、B、C 分化前某一位点存在多态性，为 0 或者 1。随着 C 分化出去，此多态性的位点在 C 中发生了固定，为 1，而在 A、B 的祖先中以多态存

在。当A、B发生分化时,此等位以随机的方式分别进入A、B中。若B中固定为1,A中固定为0,则会得到B、C亲缘关系更近。故A、C选项正确。关于B选项所涉及的种群扩张事件,虽然不完全谱系分选现象容易在辐射式成种的体系中出现,但种群扩张与物种分化是两个概念,它讨论的是种群尺度的变化,并未暗示扩张的种群会分化为多个物种。B选项错误。

由文献亦可知,猫科的系统发育研究中基于不同的基因得到的基因树拓扑结构差异很大,很可能是谱系分选和渐渗杂交造成的。 答案:AC。

参考文献

[1] 王金凤,张亚平,于黎.食肉目猫科动物系统发育概述[J].遗传,2012,34:1365.

许多食草动物都有迁徙的习性,科学家们猜测降低被捕食的风险是促进迁徙行为形成的主要驱动力。在加拿大班夫国家公园,美洲狮、灰熊和狼是马鹿的主要捕食者,研究者仔细分析了最近20年内401只马鹿个体的监测记录,图59中图柱顶端的整数为捕食致死的个体数。回答61、62题。

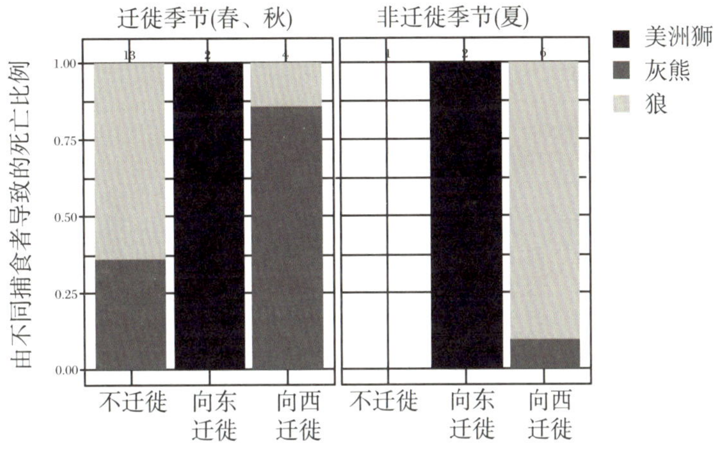

图 59

61 关于马鹿的死亡原因,下面说法正确的是(　　)。(单选)

A. 因狼致死的马鹿数量不是最多的

B. 美洲狮捕杀的马鹿数量最多

C. 被美洲狮捕杀的马鹿数量在迁徙季节和非迁徙季节相同

D. 因灰熊致死的马鹿数量超过10只

解析 迁徙是种生活史策略,帮助个体最大限度地获取资源,同时最大限度地减少被捕食,以期最大限度地提高适合度。研究人员追踪记录了马鹿(*Cervus canadensis*)的迁徙行为,确定了28起死亡事件的死亡原因。图59为马鹿种群在迁徙季节和非迁徙季节、迁徙和不迁徙成年雌性由不同捕食者导致的死亡比例。结果显示,狼导致14个个体死亡(8+1+5),灰熊导致9个个体死亡(5+3+1),美洲狮导致4个个体死亡(2+2),A、B、D选项错误。在迁徙季节和非迁徙季节,美洲狮造成的马鹿死亡数均为2只,C选项正确。

答案:C。

62 根据图59中数据,下面推测正确的有(　　)。(多选)

A. 留在本地不迁徙的雌性马鹿成体在夏季被狼和灰熊捕食的风险低

B. 在向东迁徙的方向上,美洲狮数量较多

C. 向西迁徙安全,因为被美洲狮捕食的风险低

D. 在迁徙季节,由美洲狮造成的马鹿种群的损失最少

解析 不同捕食者造成的死亡因迁徙策略和季节而异。在非迁徙季节(夏季),灰熊和狼仅造成1只不迁徙个体死亡,而迁徙个体总共被灰熊和狼捕食6只,整个夏季总共被捕食9只,因此夏季不迁徙被灰熊和狼捕食的风险低,A选项正确。对于向东迁徙来说,在迁徙季节和非迁徙季节,死亡都是由美洲狮造成的,

表明在向东迁徙的方向上,美洲狮数量较多,B选项正确。对于向西迁徙来说,虽然没有美洲狮造成的死亡,但灰熊和狼造成10只个体死亡,故向西迁徙不安全,C选项错误。在迁徙季节,由美洲狮造成2只个体死亡,灰熊和狼分别造成8只和9只个体死亡,D选项正确。 答案:ABD。

参考文献

[1] Williams S, Hebblewhite M, Martin H, et al. Predation Risk Drives Long-Term Shifts in Migratory Behaviour and Demography in a Large Herbivore Population[J]. The Journal of Animal Ecology, 2024, 93: 21.

灰头狐蝠是一种生活于澳大利亚的以植物为主要食物的大型蝙蝠。随着当地的城市化进程加快,越来越多的灰头狐蝠生活在城市及周边区域,在栖息地和食物选择方面,逐步形成一些新的特征。研究者标记了99只灰头狐蝠,使用它们在1年时间内的卫星追踪信号,研究了它们的活动模式。图60显示不同季节、不同性别、不同夜宿区域(大城市、小城市、非城区)的灰头狐蝠的觅食距离。回答63、64题。

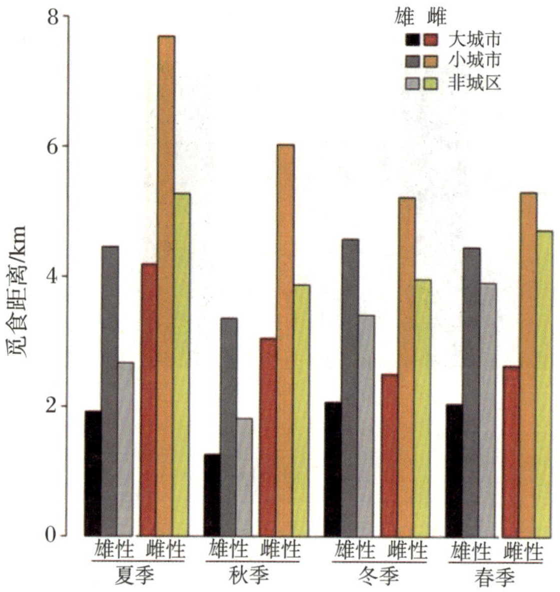

图60

63 根据图60中的数据,觅食距离小于3 km的是( )。(单选)

A. 所有雌性狐蝠　　B. 夏季夜宿于大城市的狐蝠

C. 春季夜宿于小城市的雌性　　D. 夜宿于大城市的雄性

解析 图60显示,小城市和非城区全部雌性狐蝠、夏季大城市雌性狐蝠的觅食距离均超过了3 km,A、B、C选项错误。夜宿在大城市的雄性的觅食距离均小于3 km,D选项正确。 答案:D。

64 根据图60中模型的估计,下列说法错误的有( )。(多选)

A. 夜宿地在小城市的雌性在冬季比雄性有更长的觅食距离,其他季节则不然

B. 在同一季节不同夜宿地类型中,夜宿在大城市的雄性的觅食距离最短

C. 在秋季,夜宿地在同一类区域的雌性和雄性相比,后者的觅食距离总是短于前者

D. 春季夜宿在小城市的雌性有最长的觅食距离

解析 在所有季节、所有栖息地类型中,雌性觅食距离都比雄性长,A选项错误,C选项正确。在所有季节中,无论雌雄,夜宿在大城市的觅食距离最短,夜宿在小城市的觅食距离最长,B选项正确。夏季夜宿地在小城市的雌性拥有最长觅食距离,D选项错误。

本题原文献研究表明,灰头狐蝠偏爱大城市环境,这种城市化可能是由大城市地区更高的时间稳定性和更大的觅食资源可用性驱动的,且大城市地区存在潜在的雄性性别比例偏差,这对如何为该物种部署有限的保护资源具有影响,即保护工作应针对有效繁殖种群可能更高的非城市群落。 答案:AD。

参考文献

[1] Meade J, Martin J M, Welbergen J A. Fast Food in the City? Nomadic Flying-Foxes Commute Less and Hang Around for Longer in Urban Areas[J]. Behavioral Ecology, 2021, 32: 1151.

65 以下动物中,子代印记行为最为常见的是(　　)。(单选)

A. 灵长类　　B. 爬行类　　C. 早成性鸟类　　D. 晚成性鸟类

解析 印记行为的典型实例是动物的跟随反应,例如,刚出生的早成雏会跟随着亲代并对其产生依赖,因此本题选 C。 **答案:C。**

66 关于生物的内在节律,以下说法错误的是(　　)。(单选)

A. 生物节律相对稳定,对环境条件不太敏感

B. 生物节律具有自主性,在缺少环境诱因时也能保持

C. 生物节律可以受环境影响而校正

D. 生物节律的调整通常是即时和迅速的

解析 生物的内在节律或生物钟有以下几个特征:① 对环境温度变化极不敏感,不管环境温度如何变化,生物节律周期总能保持稳定。② 生物钟通常不会受代谢毒物或抑制剂的影响。③ 生物节律即使是在缺少环境诱因时也能自我保持正常的周期性。④ 生物节律可被环境中的定时因素启动或重新启动,这是因为动物的内在节律常常逐渐偏离外在的周期性,所以动物必须借助环境中的某些因素来校正体内的生物钟(调时),使自己的内在节律与环境周期变化保持同步。A、B、C 选项正确。生物节律的改变往往不是瞬间变化的,比如人们跨越时区旅行时,他们的生物钟需要时间来适应新的时区,D 选项错误。 **答案:D。**

67 种内巢寄生是鸟类的一种繁殖策略。研究者们观察了某区域白骨顶的种内巢寄生情况,通过放置寄生者卵(真卵)和深、浅两种模型卵,探究寄主对寄生卵的识别能力和繁殖期不同阶段的寄生防御策略。图 61 中各柱形上方的字母相同代表组间差异不显著,字母不同代表组间有显著性差异($P<0.05$)。根据结果,下列说法错误的有(　　)。(多选)

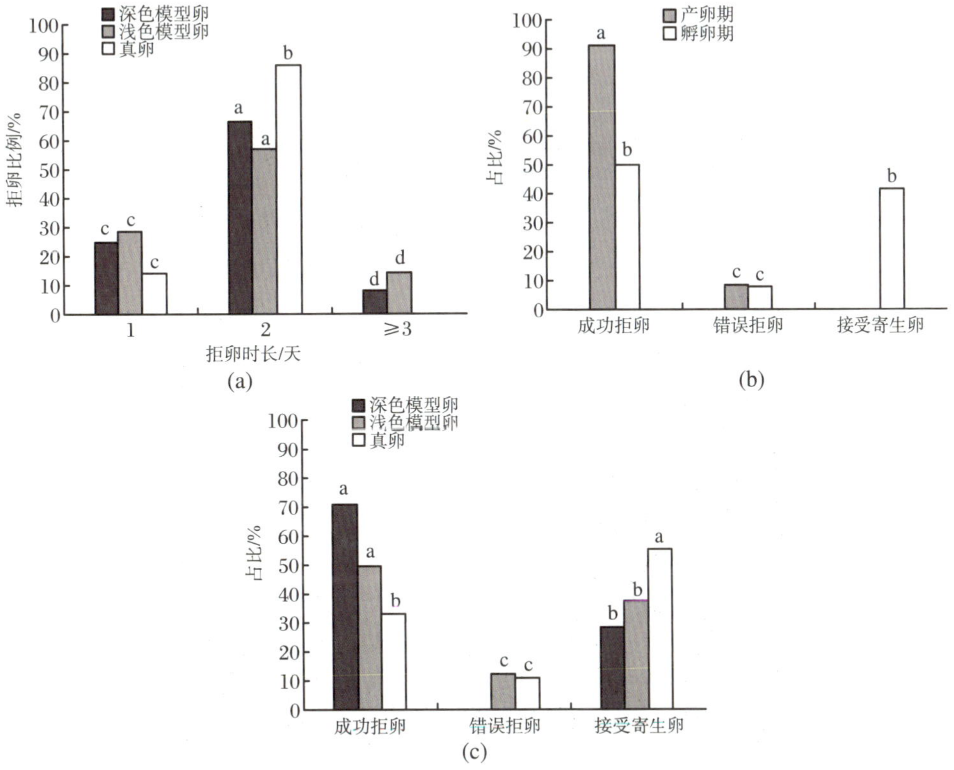

图 61

A. 寄主对模型卵和真卵的拒卵成功率差异显著

B. 寄主对深色模型卵的识别能力显著高于浅色模型卵

C. 不同繁殖阶段寄主的拒卵反应差别很大，在产卵期拒卵强度高于孵卵期

D. 寄主对真卵的拒绝时长明显长于模型卵

解析 图 61(c)结果显示，寄主对模型卵与真卵的拒卵成功率有显著差异（柱上标注分别为 a 与 b），A 选项正确。图 61(c)结果显示，寄主对深色模型卵与浅色模型卵的拒卵成功率、接受率没有显著差异（柱上标注均相同），即寄主对深色模型卵与浅色模型卵的识别能力没有显著差异，B 选项错误。图 61(b)结果显示，白骨顶在产卵期和孵卵期对放置的寄生卵的反应差别很大，寄主在产卵期的拒卵成功率显著高于孵卵期，C 选项正确。图 61(a)结果显示，无论是模型卵还是真卵，寄主都会在第 2 天达到拒卵率的最高峰，但在 2 天内所有的真卵均被拒，而有少量模型卵在 3 天及以上才被拒，故得不到 D 选项结论。 答案：BD。

参考文献

[1] 赵紫寒，渠畅，杨月，等. 白骨顶的种内巢寄生行为及对不同类型寄生卵的反应[J]. 野生动物学报，2024，1：95.

68 初级纤毛是一个以微管为基础的膜包围的微小细胞结构。大脑中的初级纤毛富含 G 蛋白偶联受体（GPCR），参与神经递质的调控。研究者描述了一种存在于上游神经元的轴突和下游神经元初级纤毛之间的新型突触，并在突触后纤毛上发现 5-羟色胺受体和生长抑素受体。据此，下列说法正确的有（　　）。（多选）

A. 初级纤毛作为一种新发现的细胞信号转导装置，可以通过信号改变突触后神经元的功能状态

B. 这种突触不依靠化学信号

C. 初级纤毛由于体积较小，传递信号效率不如传统化学突触

D. 初级纤毛上的 GPCR 在信号传递过程发挥作用

解析 初级纤毛（primary cilium）最初由 Sergei Sorokin 于 1968 年命名。初级纤毛不同于典型的“9 + 2”型运动纤毛，缺乏中央微管对，从而缺乏运动能力。最初人们认为它是退化细胞器，现发现其在发育过程中起着重要作用，例如通过初级纤毛进行 Hedgehog 信号传导。

如图 62 所示，研究人员发现在脑干 5-羟色胺能轴突和海马 CA1 锥体神经元的初级纤毛之间存在突触，称为轴纤毛突触（axo-ciliary synapse）。在此初级纤毛上存在 5-羟色胺受体，当对上游轴突进行光和化学刺

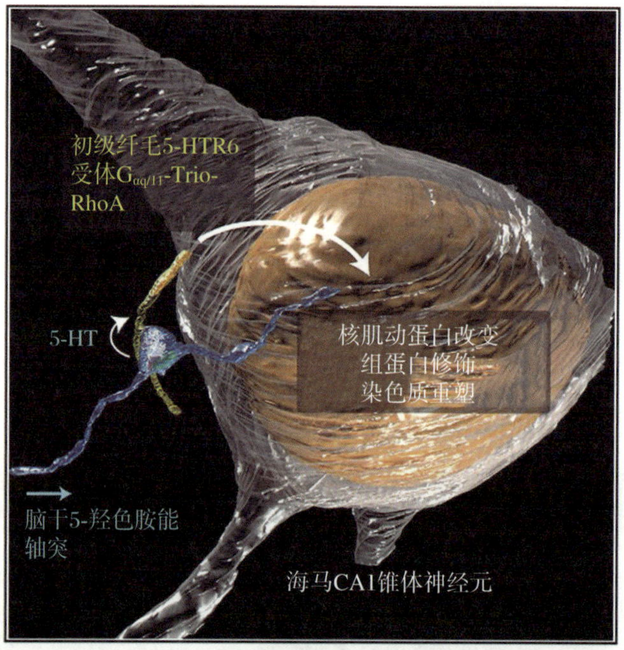

图 62

激时，会释放5-羟色胺作用到初级纤毛上。故B选项错误，依旧依赖于化学信号。初级纤毛的5-羟色胺受体刺激可激活非典型的$G_{\alpha q/11}$-RhoA通路。故D选项正确，G蛋白偶联受体(GPCR)参与其信号转导。通过该信号通路可调节核肌动蛋白，并增加组蛋白乙酰化和染色质可及性(chromatin accessibility)，A选项正确。突触的信号传递效率受多种影响因素，不能只根据初级纤毛的体积小就说其效率不如传统化学突触。实际上，由于初级纤毛接近细胞核，轴纤毛突触是改变突触后神经元表观遗传状态的"捷径"，C选项错误。

答案：AD。

参考文献

[1] Wheway G, Nazlamova L, Hancock J T. Signaling through the Primary Cilium[J]. Frontiers in Cell and Developmental Biology, 2018, 6: 8.

69 以下关于神经组织的表述正确的有(　　)。(多选)

A. 成熟的神经元可以不断分裂

B. 星形胶质细胞有营养支持的作用

C. 星形胶质细胞参与了血脑屏障的形成

D. 星形胶质细胞能对一些神经活性物质产生反应

解析 脑中的多数神经元是在出生前产生的，不再具有分裂增殖能力，A选项错误。但研究发现，至少两个脑区域(海马体和嗅球)的干细胞/前体细胞会不断产生新的神经元。星形胶质细胞是脑内数量最多、功能最复杂的胶质细胞。星形胶质细胞具有机械支持和营养作用，其细胞质含有胶质细丝，为中枢神经系统组织提供机械支持；其具有周足，与中枢神经系统表面的毛细血管和结缔组织接触，可能有助于介导物质进入中枢神经系统。此外，星形胶质细胞还能通过其分泌的多种神经营养因子，对神经元的生长、发育、存活和功能维持起营养作用。B选项正确。星形胶质细胞的血管周足与毛细血管内皮及内皮下的基膜一起构成血脑屏障，C选项正确。星形胶质细胞的突起包绕着神经元的突触，其突起上有许多神经递质的受体，能摄取突触处释放的递质，亦可合成和释放许多神经递质，同时可分别将递质运送至胞外，故星形胶质细胞能对一些神经活性物质产生反应，D选项正确。　答案：BCD。

参考文献

[1] Ernst A, Frisén J. Adult Neurogenesis in Humans- Common and Unique Traits in Mammals[J]. PLoS Biology, 2015, 13: e1002045.

70 以下关于突触的表述正确的有(　　)。(多选)

A. 突触由突触前膜、突触间隙和突触后膜三部分构成

B. 树突棘与学习和记忆过程有关

C. 突触只传递化学信号

D. 长时程增强和突触可塑性相关

解析 经典的突触由突触前膜、突触间隙和突触后膜三部分组成，A选项不严谨，电突触的膜间隙仅2～4 nm，一般不称为突触间隙。在化学突触中，突触前细胞释放的神经递质(化学信号)引起突触后细胞的电反应；在电突触中，一个细胞的膜电位变化以电流的形式直接传递至另一个细胞，C选项错误。树突棘是树突上的棘状突起，其功能和形态可塑性是突触发育和神经通路重塑的先决条件，是学习记忆的结构基础，B选项正确。长时程增强(LTP)是突触传递功能可塑性的重要表现形式，是研究学习与记忆的细胞模型，D选项正确。如图63所示，研究人员观察了暴露于电刺激前后的树突棘，电刺激引起了LTP的现象，表现为神经元对电刺激反应的增加，并且是沿着树突树产生的。该过程中棘头扩张，棘膜(红色)的尺寸增加，最终导致新棘产生。大脑使用一种类似LTP的机制来产生记忆，如果这种机制被禁用，记忆就会消失或无法获得。在相反的过程中，突触前细胞停止活动，发生长时程抑制(LTD)过程，导致非活动棘被削除，称为"修剪"。

两个神经元间连接被削弱，最终导致记忆丧失。 答案：ABD。

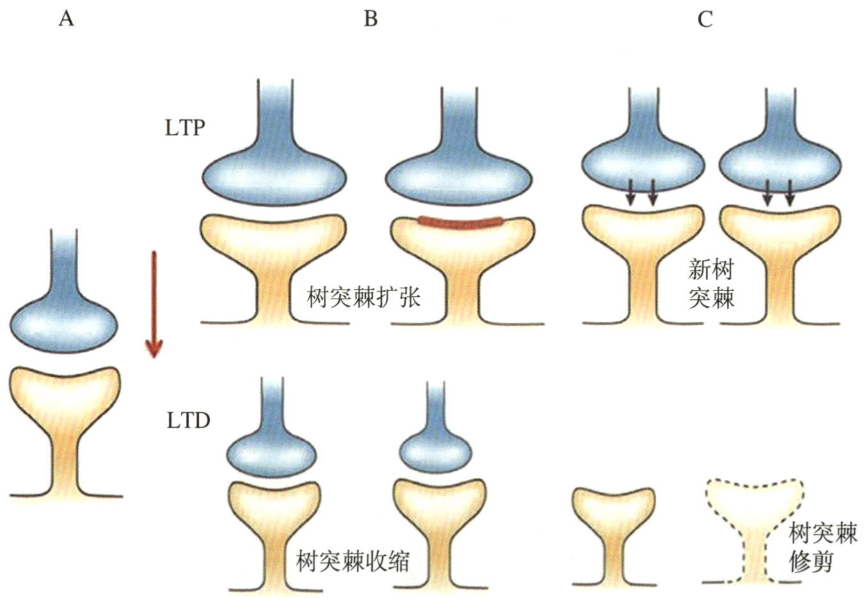

图 63

参考文献

[1] Segal M. Dendritic Spines: How Memory Is Stored in the Brain[J]. Front. Young Minds., 2023, 11: 1016978.

71 神经细胞的突起可以分为树突与轴突，以下对于二者区别的描述正确的选项有（ ）。（单选）

A. 轴突能产生动作电位，而树突不能

B. 轴突受损之后能再生，而树突不能

C. 树突的数目通常多于轴突

D. 成熟的轴突末端形态比较固定，而树突的形态会一直发生动态变化

解析 大多数神经元具有多根树突和一根轴突，即树突的数目通常多于轴突，C 选项正确。

动作电位可以起源于轴突的始段（轴丘），沿着轴突传导到突触末梢。树突上也可能产生动作电位，研究人员发现在人类大脑皮层第 2 层和第 3 层（L2/3）锥体神经元的树突中存在一类特殊的动作电位，即钙介导的树突动作电位（dCaAPs），A 选项错误。

轴突和树突在损伤后都可以再生，B 选项错误。外周神经系统中的轴突能够再生，而中枢神经系统中的轴突不能再生。如果轴突受到损伤，许多神经元会生长出新的轴突。损伤的轴突的近心端会长出芽（图 64C）。在外周神经系统中，芽会长长并沿着原来的神经路径生长。在轴突远心端，施万细胞不仅在沃勒变性中存活下来，而且会分化并沿着从前轴突的路径排列成行。芽的生长锥会沿着排列成行的施万细胞找到前进的道路并最终重新支配原来的靶细胞（图 64D 和 E）。施万细胞会在新的轴突上再次形成髓鞘。中枢神经系统的轴突遭受离断后，也会产生沃勒变性，并随后发生长芽。但是，由于少突胶质细胞不会形成轴突芽得以生长的通路，因而芽缺乏适当的引导。

树突的结构和形态可以发生动态变化，是神经系统适应性和学习能力的基础之一，例如树突棘的数量和形状可以随着学习和记忆过程而变化。但树突的动态变化通常是响应外部信号分子（如神经递质、激素、生长因子等）的诱导作用，而非一直发生。树突的动态变化可以是暂时的，也可以是长期的，取决于信号的性质和强度与神经元所处的环境，D 选项错误。 答案：C。

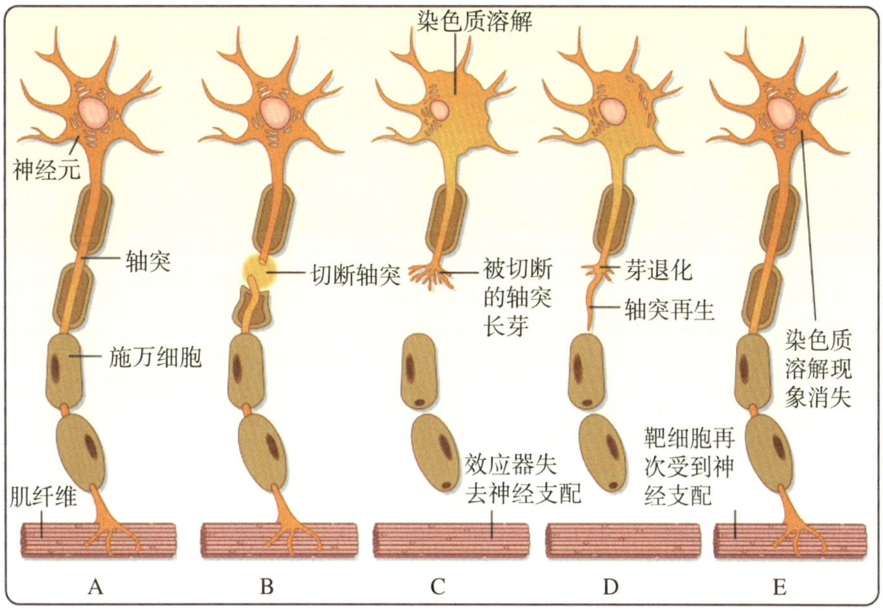

图 64

参考文献

[1] Gidon A, Zolnik T A, Fidzinski P, et al. Dendritic Action Potentials and Computation in Human Layer 2/3 Cortical Neurons[J]. Science, 2020, 367: 83.

[2] Liu X, Zhao Y, Zou W. Molecular Mechanisms of Neurite Regeneration and Repair: Insights from *C. elegans* and *Drosophila*[J]. Cell Regeneration, 2023, 12: 12.

72 大脑的视觉系统在初级视皮层接收来自视网膜经由丘脑外侧膝状体中介的视觉信息。这两步神经连接都保持着视网膜的空间拓扑映射关系。1981 年诺贝尔奖得主罗杰·斯佩里做过一个著名的实验来研究视觉神经连接为什么能保持空间映射。他通过手术把蛙的眼球取出,倒转 180°后再种植回去,再植眼球的视神经再生之后,斯佩里发现蛙看到的世界是颠倒过来的。关于这个实验的描述正确的有(　　)。(多选)

A. 这个实验证明视神经投射的空间关系是先天决定的

B. 这个实验证明视神经投射的空间关系是神经网络通过训练学习确立的

C. 斯佩里认为来自视网膜不同位置的视神经末梢会被外侧膝状体的不同区域吸引

D. 蛙眼中的世界被颠倒过来后,有可能通过后天的适应再逆转回正常的状态

解析 本题中的实验为化学亲和性假说的经典实验。罗杰·斯佩里(Roger Sperry)通过一系列实验研究了视觉系统,特别是对低等脊椎动物进行了深入的实验。在这些实验中,斯佩里发现当视神经纤维被切断后,再生的纤维能够回到它们在中脑顶盖(tectum)的原始位置,从而重新建立有序的连接。这表明动物的行为是通过有序的神经连接来介导的,而不是通过学习获得的。在实验中,斯佩里进行了眼旋转实验,其中包括将蛙的眼睛旋转一定角度。他发现,如果视神经保持完整,那么新蛙表现得就像是它的视觉世界被相应旋转了一样。然而,如果切断视神经并允许其从旋转的眼睛重新生长,那么新蛙在行为上表现出与眼睛旋转前相同的视觉错位。这表明,即使在视觉输入发生物理变化后,动物的行为仍然受到原始神经连接的支配,而不是通过学习来适应新的输入模式。故 A、C 选项正确,B 选项错误。

基于这些发现,如果蛙类的视觉世界被颠倒,它们似乎不太可能通过后天的适应来逆转这一状态,因为行为是由神经连接的物理结构决定的,而不是通过学习或适应(图 65)。当然,这些结论是基于斯佩里的实验和理论,并且可能不完全适用于所有情况或所有物种。在现实世界中,动物可能通过各种复杂的机制来适应环境变化,这些机制可能包括学习和神经可塑性。总之,通过实验是无法推出 D 选项结论的。

之前关于人的研究表明,视野倒转一定时间后,大脑会自动将视野转正。但后续研究发现,即使在经过

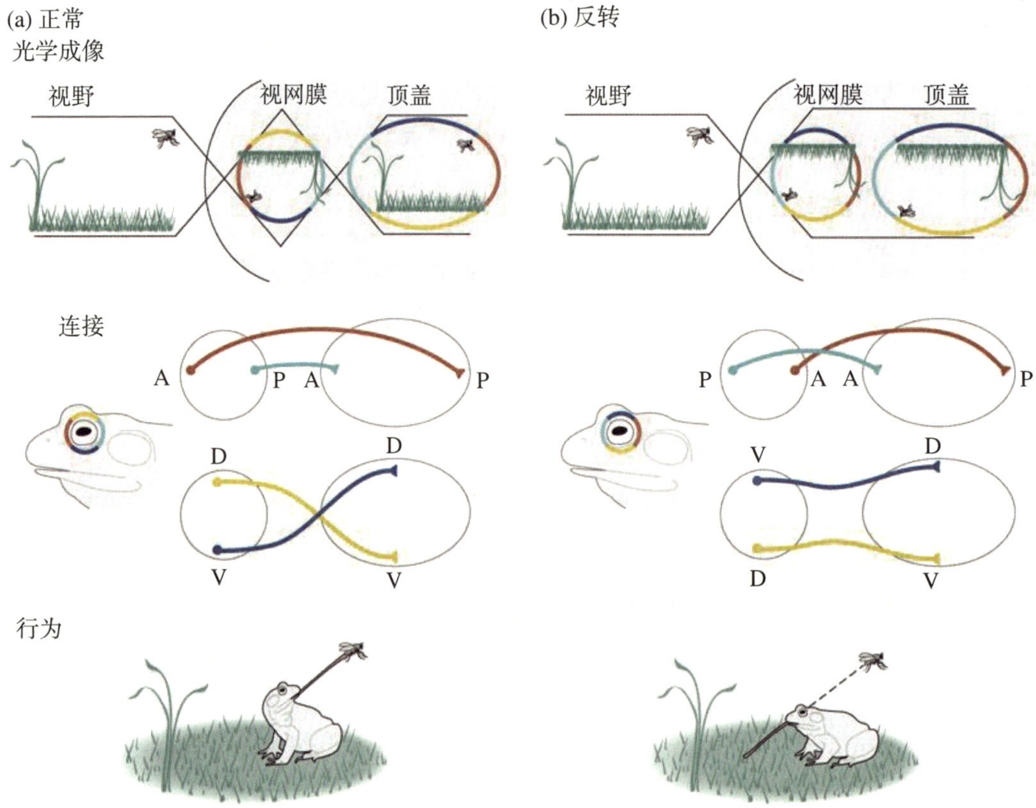

图 65

一段时间的适应后，受试者也并没有报告恢复正常的直立视觉。研究中的受试者在 6～10 天的时间里佩戴倒置透镜或镜子眼镜，虽然他们显示出快速的视觉运动功能适应，但在实验期间，没有受试者声称恢复了直立视觉或者其视觉图像与其身体感觉相匹配。此外，通过功能性磁共振成像（fMRI）观察到早期视觉皮层区域的视网膜映射没有变化，这表明受试者的大脑视觉区域并没有发生系统性的重映射来调整颠倒的视觉输入。因此，根据这项研究，如果世界被颠倒，经过一段时间的适应，人们可能能够通过学习新的运动模式和提高空间转换技能来与周围环境正确互动，但这并不意味着他们的视觉感知会逆转回到正常的直立状态。换句话说，适应倒置的视觉输入并不意味着感知的视觉效果会逆转到常规的非倒置状态。因 D 选项存在争议，本题删除。　答案：删除。

参考文献

[1] Meyer R L. Roger Sperry and His Chemoaffinity Hypothesis[J]. Neuropsychologia，1998，36：957.

[2] Linden D E，Kallenbach U，Heinecke A，et al. The Myth of Upright Vision. A Psychophysical and Functional Imaging Study of Adaptation to Inverting Spectacles[J]. Perception，1999，28：469.

73 大脑的视觉系统在初级视皮层之后分成两条通路，背侧通路处理关于空间和运动的视觉信息，腹侧通路处理关于形状、颜色和物体识别的视觉信息。我们对此的认识在很大程度上来自临床医生对视觉失认患者和失调症患者的研究。若患者腹侧通路受损，则可能会导致其（　　）。（多选）

A. 动作协调障碍
B. 无法注视一个目标
C. 能描述物品的颜色，但不能说出物品的名称
D. 能说出物品的名称，但不能描述物品的颜色

解析 视皮层是大脑视觉信息的处理整合中心。灵长类动物的视皮层存在背侧和腹侧 2 条相对独立而又相互联系的平行视觉信息通路（图 66）。经过多年神经心理学、单样本观察、行为心理物理学与功能成像

研究，逐渐证实背侧通路和腹侧通路分工的不同。背侧通路又名“空间通路”或“where 通路”，通过对空间信息和动作的感知，参与物体空间位置信息及相关运动信息的处理。A、B选项为背侧通路受损。腹侧通路又名“内容通路”或“what 通路”，与形觉和色觉相关，参与物体的图形视觉和形状认知。腹侧通路穿过 V1、V2 和 V4 到达下颞叶区，每个区域都包含一个完整的可视空间，皮层不同区域对视觉信息层次化处理后，汇集最终输出形成事物的客观特征。腹侧通路中不同位点受损导致的结果不同，如 V4 区域中对颜色敏感的细胞受损会导致对物品颜色的描述障碍。C、D 选项正确。

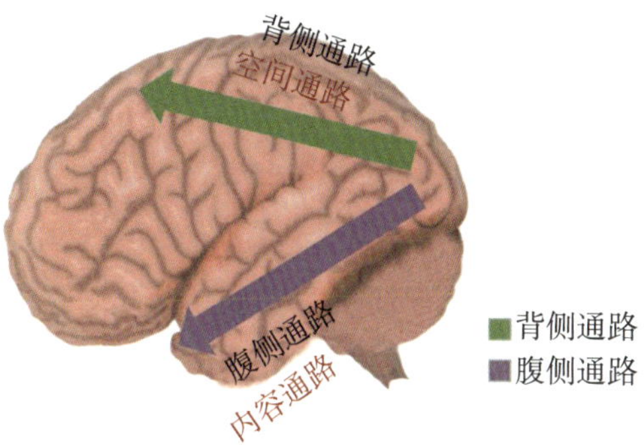

图 66

答案：CD。

参考文献

[1] 贾静，王觉，孙燕，等. 视皮层背侧、腹侧流视觉通路的研究进展[J]. 中华眼视光学与视觉科学杂志，2022，24：316.

实验测定了某种动物 24 h 的代谢率（单位：kcal/m^2 体表面积）随环境温度的变化，得到如图 67 所示数据。回答 74、75 题。

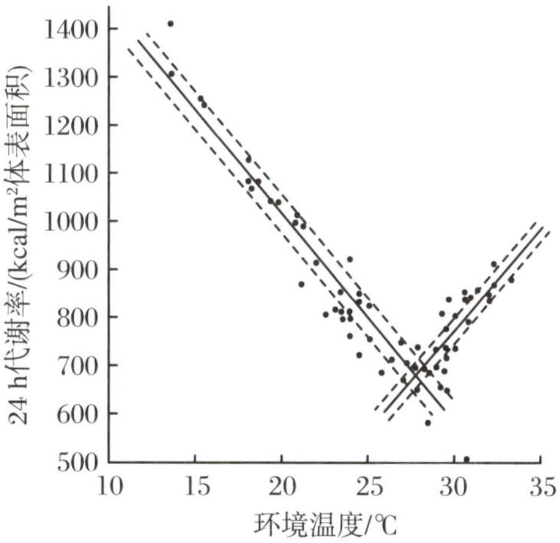

图 67

74 该动物一定属于（　　）。（单选）

A. 变温动物（poikilotherm）

B. 异温动物（heterotherm）

C. 内温动物（endotherm）

D. 外温动物（ectotherm）

解析 变温动物是指当环境温度变化时，动物体温随环境温度而变化。恒温动物是指当环境温度变化时，动物维持大致恒定的体温。恒温动物中有一些具有冬眠习性的动物，特称为异温动物，如刺猬等，它们在活动期与其他恒温动物没有什么区别，但在休眠期体温就降得很低。许多爬行类动物在自然界中活动时也能保持相当稳定的体温，并且有一定调节体温的能力，因此又提出内温动物和外温动物两个术语。外温动物的特点是机体的热传导率高，代谢产热水平低，决定其体温的热量主要由外界环境获得。与外温动物相反，内温动物的热传导率低，代谢产热水平高，决定其体温的热量主要是机体自身的代谢产热。

在一定的环境温度范围内（热中性区（thermoneutral zone，TNZ）），内温动物以基础代谢率消耗能量。但当环境温度逐渐高于或低于热中性区时，内温动物为了维持恒定的体温，就必须消耗大量的能量（图 68）。即使在热中性区，内温动物消耗能量的速率通常也比个体大小相近的外温动物快很多。图 67 为大鼠在不同环境温度下的代谢率，其热中性区为环境温度约 28 ℃时。 **答案：C。**

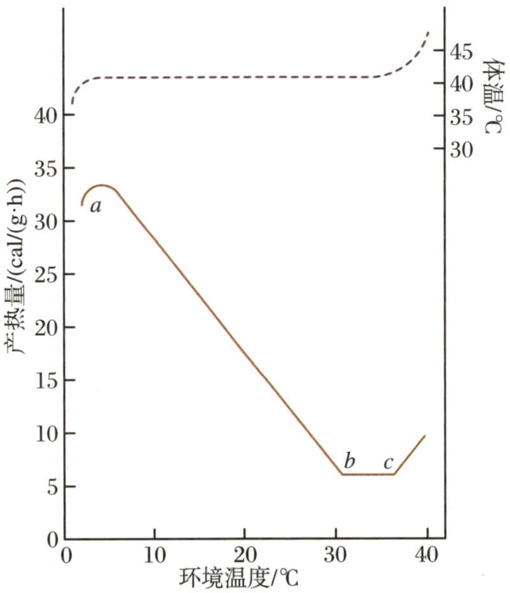

图 68

参考文献

[1] Begon M，Townsend C R. Ecology：From Individuals to Ecosystems[M]. 5th ed. John Wiley & Sons，2021.

75 如果该动物的体重是小鼠体重的 10 倍，你估计小鼠在 20 ℃环境下的 60 min 代谢率最接近（单位：kcal/m^2体表面积）（　　）。（单选）

A. 5　　B. 45　　C. 500　　D. 1000

解析 个体的身材不同，其能量代谢量可有较大差异。若以每千克体重的产热量进行比较，则身材矮小的人每千克体重的产热量要高于身材高大的人。然而，若以体表面积为单位计算基础代谢率，则许多不同物种的动物的代谢率差别不太大。故本题中，小鼠和该动物的每小时单位体表面积的产热量差异不大。在 20 ℃时，该动物的 60 min 代谢率约为 1000/24≈42 kcal/m^2体表面积，B 选项正确。

原文献用白化大鼠（rats）做实验得到图 69（a），同时也用小鼠（mice）做实验得到图 69（b）。原文献提供了两个方程来描述大鼠和小鼠在低于热中性区域时的代谢率随环境温度变化的情况：对于大鼠，方程为

$$\text{Cal.}/M^2/24\ \text{h} = 1879 - 43.2 \times T(℃)$$

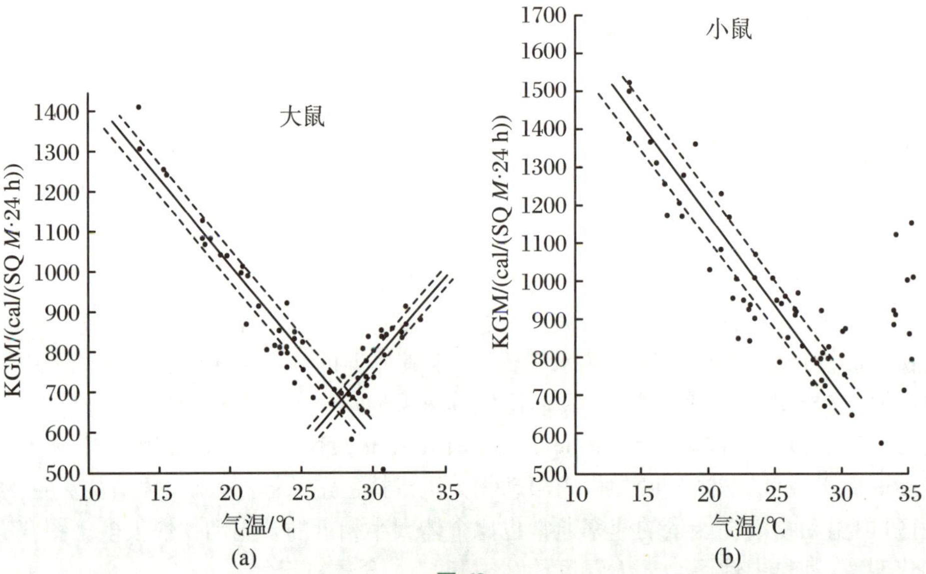

图 69

其中 T 是环境温度，标准差估计为±23.9；对于小鼠，方程为

$$\text{Cal.}/M^2/24\ \text{h} = 2093 - 46.3 \times T(^\circ\text{C})$$

其中 T 同样是环境温度，标准差估计为±35.4。从这两个方程可以看出，大鼠和小鼠的代谢率随环境温度下降而增加，但是它们增加的速率不同。小鼠的代谢率增加速率(−46.3)比大鼠的(−43.2)稍微高一些，这意味着在环境温度下降时，小鼠需要更多的能量来保持体温，相比于大鼠，小鼠单位表面积的代谢率更高。此外，从图 69 中可以看出，在相同的环境温度下，小鼠的代谢率通常高于大鼠。这可能与小鼠相对较小的体型和较大的相对表面积有关，因此在低温环境中，它们失去热量的速度更快，需要更多的代谢能量来补偿热量损失。

代入 20 ℃的数据计算可知，大鼠在 20 ℃环境下的 60 min 代谢率为 42.3 kcal/m² 体表面积；小鼠在 20 ℃环境下的 60 min 代谢率为 48.6 kcal/m² 体表面积。 **答案：B。**

参考文献

[1] Herrington L P. The Heat Regulation of Small Laboratory Animals at Various Environmental Temperatures[J]. Am. J. Physiol., 1940, 129: 123.

可兴奋细胞内外的离子浓度差是产生静息电位的原因。某实验的细胞外液中 K^+ 浓度为 12 mM，Na^+ 浓度为 120 mM；细胞内 K^+ 浓度为 120 mM，Na^+ 浓度为 12 mM。K^+ 的通透性规定为 1，Na^+ 的通透性为 0.1。在只考虑这两种离子的情况下，回答 76、77 题。

76 此时轴突的静息电位数值最接近(　　)。(单选)

A. −50 mV　　B. −60 mV　　C. −75 mV　　D. −90 mV

解析 通过能斯特方程可以计算出 Na^+、K^+ 的平衡电位，能斯特方程如下所示：

$$E = -\frac{RT}{ZF}\ln\frac{[\text{X}]_i}{[\text{X}]_o}$$

其中 E 为平衡电位，R 为普适气体常数，T 为热力学温度，Z 为离子价数，F 为法拉第常数，$[\text{X}]_i$ 和 $[\text{X}]_o$ 分别为离子在细胞内液和细胞外液中的浓度。在 37 ℃时，可表示为如下公式：

$$E = -\frac{61.5\ \text{mV}}{Z}\lg\frac{[\text{X}]_i}{[\text{X}]_o}$$

将数据代入，可得 Na^+、K^+ 的平衡电位分别是 61.5 mV 和 −61.5 mV。

① 使用弦电导方程描述具有通透性的离子对静息膜电位的贡献：

$$V_m = \frac{G_K}{\sum G}E_K + \frac{G_{Na}}{\sum G}E_{Na} + \frac{G_{Cl}}{\sum G}E_{Cl}$$

其中 G 为电导，电导和通透性都与质膜中开放通道的总数有关。事实上，电导是离子的膜通透性的电当量(electrical equivalent)。故将 $G_K - 1$、$G_{Na} = 0.1$ 代入，得 $V_m \approx -50.3$ mV。

② 使用 Goldman 方程描述具有通透性的离子对静息膜电位的贡献：

$$V_m = \frac{RT}{F}\ln\left(\frac{P_K[K^+]_o + P_{Na}[Na^+]_o + P_{Cl}[Cl^-]_i}{P_K[K^+]_i + P_{Na}[Na^+]_i + P_{Cl}[Cl^-]_o}\right)$$

将 $P_K = 1$、$P_{Na} = 0.1$ 代入，得 $V_m \approx -43.3$ mV。 **答案：A。**

77 钠钾泵活动所产生的净跨膜离子流会影响静息电位，这个过程产生的静息电位变化的绝对值约为(　　)。(单选)

A. 0 mV　　B. 5 mV　　C. 25 mV　　D. 50 mV

解析 由于钠钾泵的存在，顺着电化学梯度通过离子通道流入细胞的 Na^+、离开细胞的 K^+ 都最终被逆电化学梯度运回，从而使细胞内 Na^+ 和 K^+ 的浓度保持稳定。在稳定状态的静息细胞中，Na^+ 流入细胞的速率应等于钠钾泵泵出 Na^+ 的速率，K^+ 流出细胞的速率应等于钠钾泵泵入 K^+ 的速率。考虑到钠钾泵转运 Na^+、K^+ 的 3∶2 关系，那么 Goldman 方程可以用如下方程表示：

$$V_m = \frac{RT}{F}\ln\left(\frac{b[K^+]_o + r[Na^+]_o}{b[K^+]_i + r[Na^+]_i}\right)$$

其中 $b=P_{Na}/P_K$，$r=3/2$，将数据代入，得 $V_m\approx-48.0$ mV，与 76 题 Goldman 方程计算的结果 −43.3 mV 相比，可得钠钾泵活动对静息电位变化的绝对值为4.7 mV。本题无须知道计算公式，一般来说，钠钾泵的生电作用对静息电位形成的贡献十分有限，在神经纤维可能不超过 5%，以此估算即可。 答案：B。

参考文献

[1] Ruppersberg J P, Rüdel R. Nomograms of the Goldman Equation[J]. Pflugers Archiv: European Journal of Physiology, 1985, 404: 178.

[2] Mullins L J, Noda K. The Influence of Sodium-Free Solutions on the Membrane Potential of Frog Muscle Fibers[J]. The Journal of General Physiology, 1963, 47: 117.

第四部分　遗传学、进化生物学、生物信息学

78 你正在研究一个有两个等位基因、完全显性的 X 连锁性状，某人群中有 84%的女性表现出显性表型。假设该种群对于该性状呈现随机婚配，那么该种群男性中表现出显性表型的比例为（　　）。（单选）

A. 84%　　B. 60%　　C. 40%　　D. 16%

解析 由于该性状为 X 连锁的，且有 16%的女性为隐性，因此隐性基因在女性中的频率为 0.4。由于男性只有一条 X 染色体，因此携带显性基因的男性比例为 0.6。 答案：B。

79 有一对夫妇皆为某个白化病基因（常染色体隐性遗传）携带者，他们有两个孩子，这两个孩子在肤色上表型一致的可能性为（　　）。（单选）

A. 1/16　　B. 1/4　　C. 9/16　　D. 5/8

解析 由于孩子的父母均为白化病基因的携带者，因此孩子肤色正常的概率为 3/4，白化的概率为 1/4。于是这两个孩子肤色相同的概率为 $3/4\times3/4+1/4\times1/4=5/8$。 答案：D。

80 囊性纤维化（CF）是一种常染色体隐性遗传病。一对夫妇有共同的曾祖母（祖父的母亲），该曾祖母是 CF 基因的杂合子。他们的第一个孩子患 CF 的概率是（　　）。（单选）

A. 1/256　　B. 1/64　　C. 1/32　　D. 1/16

解析 曾祖母的隐性致病基因每向下传递一代的概率为 1/2，因此传给夫妻二人的概率均为 $(1/2)^3=1/8$，第一个孩子患病的概率为 $1/8\times1/8\times1/4=1/256$。 答案：A。

81 可以根据人类 ABO 血型系统的遗传规律帮助判断亲子关系。一位 A 型血的男士跟一位 B 型血的女士结婚，他们的孩子可能的血型为（　　）。（多选）

A. A 型　　B. B 型　　C. AB 型　　D. O 型

解析 考虑基因型为 I^Ai 和 I^Bi 的二人产生的后代的基因型，其中有可能出现 I^Ai（A 型血）、I^Bi（B 型血）、I^AI^B（AB 型血）、ii（O 型血），即四种血型都有可能出现。 答案：ABCD。

82 色觉由三个基因决定，其中 R 基因和 G 基因位于 X 染色体上，B 基因位于常染色体上。每个基因座上至少要有一个显性的野生型等位基因才会拥有正常的视觉，这三个基因座中的任何一个发生隐性纯合突变都会导致色盲。有一对色盲夫妇，他们的孩子（4 个儿子和 2 个女儿）都拥有正常的视力。那么这位丈夫常染色体上的基因最有可能的基因型是（　　）。（单选）

A. BB　　B. Bb　　C. bb　　D. 无法确定

解析 色盲夫妇的儿女均拥有正常的视觉，这说明夫妇二人的色盲是由不同的基因导致的。如果母亲由于 X 染色体隐性纯合患病，则儿子一定患病，因此母亲的患病基因一定位于常染色体，即母亲的基因型为 bb。如果父亲带有常染色体上的色盲基因（无论是否纯合），则后代都有较大的概率是色盲，因此父亲的基因型最有可能是 BB。 答案：A。

83 一种甲壳虫有两个真实遗传的无斑点品系，这两个品系相互杂交得到的 F_1 均无斑点。F_1 杂交得到的 F_2 中，无斑点和有斑点的比为 13∶3。如果将 F_2 中有斑点的个体两两之间随机杂交，则一对有斑点的 F_2 杂交的后代中有可能出现的表型和比例为（　　）。（多选）

A. 有斑点和无斑点，比例为 3∶1　　B. 有斑点和无斑点，比例为 1∶1

C. 均有斑点　　D. 均无斑点

解析 13∶3 为 9∶3∶3∶1 的变体，因此有两个基因控制斑点性状，分别表示为 A/a 和 B/b，并假设 aaB_为有斑点基因型。一对有斑点的 F_2 个体杂交，后代中可能全部有斑点（aaBB × aaB_），也有可能有斑点与无斑点的数量比为 3∶1（aaBb × aaBb）。　答案：AC。

84 有 3 个真实遗传的白花植物品系，品系 1 和品系 2 杂交，后代均为白花；品系 2 和品系 3 杂交，后代均为红花。拥有同一个基因突变的品系为（　　）。（多选）

A. 品系 1　　B. 品系 2

C. 品系 3　　D. 任何两个品系都不同

解析 品系 2 和品系 3 杂交可以互补，说明突变在不同基因上。品系 1 和品系 2 杂交无法互补，说明突变在同一个基因内。　答案：AB。

85 一只白眼雌果蝇与一只红眼雄果蝇杂交，后代中出现了一只白眼雌蝇，这是由 X 染色体不分离造成的，发生的不分离事件可能是（　　）。（多选）

A. 母本果蝇，减数第一次分裂　　B. 母本果蝇，减数第二次分裂

C. 父本果蝇，减数第一次分裂　　D. 父本果蝇，减数第二次分裂

解析 由于 X 染色体不分离，因此产生了基因型为 X^wX^wY 的白眼雌蝇。由于 X^w 不可能从雄蝇中得到，因此只可能来自雌蝇的减数第一次分裂或减数第二次分裂不分离。　答案：AB。

86 研究者发现一种新蛋白 F，怀疑它是一个转录因子，该蛋白的下列性质能够为此提供证据的有（　　）。（多选）

A. F 蛋白含有半胱氨酸和组氨酸　　B. F 蛋白是一个锌指蛋白

C. F 蛋白定位于细胞核中　　D. F 蛋白能够识别并结合核小体

解析 锌指蛋白是一大类转录因子，B 对；其中用来结合 DNA 的锌指结构域含有半胱氨酸与组氨酸，但许多其他蛋白也都含有这两种氨基酸，因此不能作为其是转录因子的证据，A 错。转录因子在发挥功能时一定定位在细胞核中，C 对。

评议稿最初没选 D，但转录因子确实可以通过识别与核小体相关联的 DNA，进而直接与核小体相互作用；还可以通过招募组蛋白修饰酶和核小体重塑酶，间接与核小体相互作用。这些相互作用形成了开放和封闭染色质的序列依赖模式，其中特定位置被转录因子、组蛋白修饰酶和修饰后的组蛋白占据。

一些转录因子被称为先锋因子（pioneer TF），能够结合到位于浓缩染色质中的核小体 DNA 上，作为激活因子或抑制因子，招募其他转录因子、组蛋白修饰和 DNA 甲基化/去甲基化酶（图 70）。　答案：BCD。

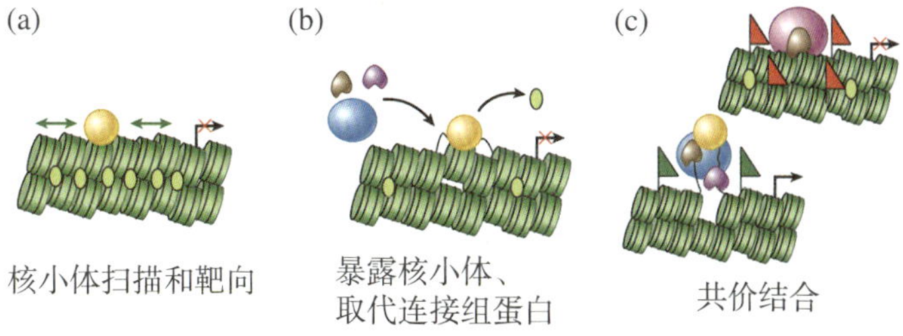

图 70

参考文献

[1] Morgunova E，Taipale J. Structural Insights into the Interaction Between Transcription Factors and the Nucleosome[J]. Current Opinion in Structural Biology，2021，71：171.

[2] Zaret K S. Pioneer Transcription Factors Initiating Gene Network Changes[J]. Annual Review of Genetics，2020，54：367.

87 *Pax*6 等多个与眼睛发育相关基因的上游都有 F 蛋白的结合位点，研究者做了染色质免疫沉淀实验，证实 F 蛋白与这些位点结合。该实验包含的必要步骤有（　　）。（多选）

A. 用一定浓度的甲醛处理细胞

B. 对基因组进行剪切，使之成为短片段

C. 利用 Pax6 等蛋白的抗体进行免疫沉淀

D. 用免疫荧光检测 F 蛋白与染色质的结合

解析 染色质免疫沉淀法（ChIP）是一种基于抗体的技术，选择性地富集特定的 DNA 结合蛋白及其 DNA 靶标，用于研究特定蛋白-DNA 的相互作用。首先在活细胞状态下用甲醛处理，使得转录因子与启动子 DNA 产生共价键链接，A 对。随后被固定的 DNA-蛋白质复合物通过超声或酶处理被随机切为一定长度的染色质小片段，B 对。再通过抗原抗体反应沉淀此复合物，C 错，应当使用 F 蛋白抗体。最终对富集得到的 DNA 片段进行测序分析。

免疫荧光是把荧光标记的抗体和固定的样品（组织、细胞）孵育，通过荧光显微镜下荧光出现的位置判断对应抗原的分布的技术，不用于分析 ChIP 实验的结果，D 错。　答案：AB。

88 研究者发现 F 蛋白突变（p. C339R）会引起视网膜退行性病变，他们做了突变型 F 蛋白的染色质免疫沉淀实验，该实验所基于的假设是（　　）。（单选）

A. 突变位点位于该蛋白的 DNA 结合结构域

B. 突变阻碍了 F 蛋白与 DNA 靶序列的结合

C. 突变阻碍了 F 蛋白对靶基因的激活作用

D. 突变阻碍了 F 蛋白与靶蛋白形成复合体

解析 对突变型 F 蛋白进行染色质免疫沉淀是为了验证突变是否影响其与 DNA 的结合能力，因此 B 对。但不只有发生在 DNA 结合域的突变会影响其与 DNA 的结合能力，因此 A 错。　答案：B。

89 若要最终证实 F 蛋白通过调控 *Pax*6 的表达来调控视网膜的功能，则还需要进行的实验有（　　）。（多选）

A. 检测 F 蛋白突变体动物模型中 *Pax*6 的表达量

B. 在 *Pax*6 失活突变体中过表达 F 蛋白，检测表型是否缓解

C. 在野生型中抑制 *Pax*6 表达，检测是否得到 F 蛋白功能缺失的表型

D. 进行报告基因实验，检测 F 蛋白是否激活 *Pax*6 的调控元件

解析 如果 *Pax*6 的表达量明显改变，则说明 F 蛋白很有可能影响 *Pax*6 的表达，A 对。如果下游 *Pax*6 已经失活，此时过表达上游的 F 蛋白也没用，因此 B 选项的遗传拯救实验应该改为在 F 蛋白突变体中过表达 *Pax*6，若表型缓解，则说明 *Pax*6 在下游。如果 F 蛋白功能缺失和 *Pax*6 被抑制后得到的表型一致，则说明这两个基因之间很可能存在遗传互作，且两者很可能存在上下游关系，C 对，而且能证明这种调控能够影响视网膜的功能。

报告基因实验用于检测转录因子是否能开启特定启动子后方基因的表达，通过该实验能验证 F 蛋白与 *Pax*6 上游启动子结合并启动转录，D 对。

本题中的 F 蛋白实际上是名为 ZNF513 的锌指蛋白转录因子，可以与多种基因（包括 *Pax*6）的启动子结合，从而对视杆、视锥细胞的发育进行调控。突变 p. C339R 表示编码蛋白质的密码子 1015 上的碱基由 T（胸腺嘧啶）变为 C（胞嘧啶），导致蛋白（p.）在第 339 位氨基酸由半胱氨酸（cysteine，C）变为精氨酸

(arginine,R)。该突变会导致 ZNF513 蛋白丧失与特定视网膜基因启动子的结合能力,这些基因包括 *Pax*6、*Sp*4、*Arr*3、*Irbp* 以及光感受器视蛋白基因的启动子。最终造成视网膜色素变性,症状包括夜盲、进行性视野缺损、眼底色素沉着和视网膜电流图异常。 **答案:ACD**。

参考文献

[1] Li L, Nakaya N, Chavali V R M, et al. A Mutation in ZNF513, A Putative Regulator of Photoreceptor Development, Causes Autosomal-Recessive Retinitis Pigmentosa[J]. The American Journal of Human Genetics, 2010, 87: 400.

黑腹果蝇具有明显的生物钟节律,如其羽化行为受到光照的影响,因此羽化可作为研究果蝇生物钟节律的参考特征。把果蝇培养箱每天的照明时间设定为开灯(0~12 时)+关灯(12~24 时),以研究光照调节果蝇羽化的分子机制。Ronald 等人利用 EMS 对野生品系的雄蝇与带有复合 X 染色体(两条 X 染色体共用着丝粒而不分开)的处女蝇进行单雄杂交(图 71),并对其后代的羽化行为进行分析(每种突变系至少分析 2000 只个体),最终筛选到 3 种 X 连锁的突变体。回答 90~92 题。

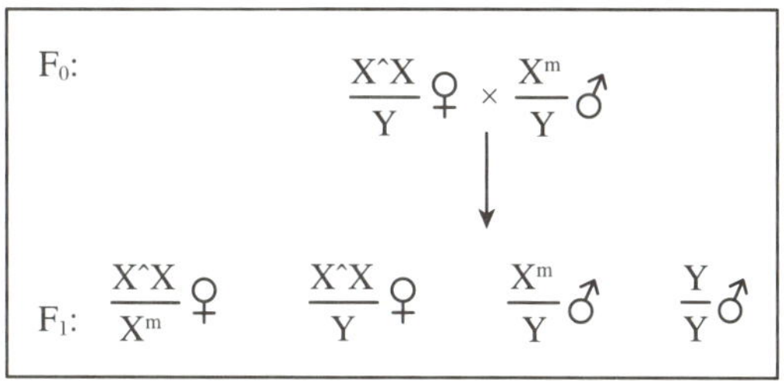

图 71

90 EMS 诱变是一种常用的遗传突变诱导方法,其作用机制是(   )。(单选)

A. 增加基因组的拷贝数　　B. 引入外源 DNA 片段

C. 诱导 DNA 碱基对发生改变　　D. 改变染色体结构

解析 EMS 是一种烷化剂,可以使 G 和 T 烷基化,从而分别和 T、G 配对,导致 G:C⟹A:T 的转换(图 72)。 **答案:C**。

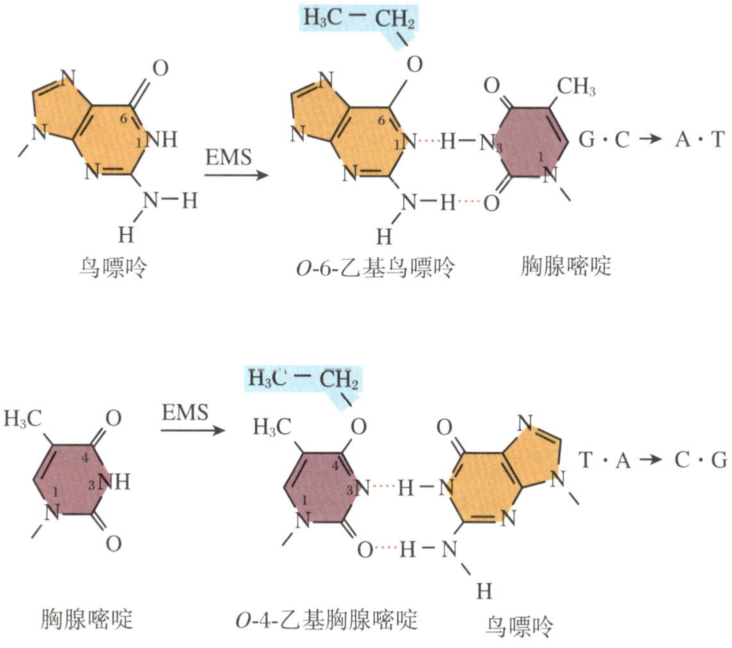

图 72

91 关于上述实验的筛选流程，下面描述正确的有（　　）。（多选）

A. 该实验所用的是正向遗传学筛选策略

B. F_0采用多只雄蝇和多只处女蝇进行杂交是最有效的筛选策略

C. F_1果蝇可以通过雌雄交配把突变稳定遗传下去

D. 在后续进行羽化行为分析时，应该选择雄蝇单独进行分析，雌蝇可作为本实验的对照

解析 正向遗传学指的是从特殊表型入手，最终找到对应基因。本题从 EMS 诱变的野生雄蝇的后代中筛选出羽化行为异常的 X 连锁突变体，属于正向遗传学，A 对。

不同雄蝇的突变不同，因此实验中 F_0雄蝇与处女蝇进行单雄杂交，而不是多只雄蝇和多只雌蝇杂交，这样可以确定实验中的子代具体来自哪只突变雄蝇，B 错。

F_1中超雄（YY）和超雌（XXX）都死亡，因此雌雄交配为 $X^{\wedge}X/Y$ 雌蝇与 X^mY 雄蝇交配，产生的子代为 $X^{\wedge}X/X^m$（死亡）、$X^{\wedge}X/Y$（雌蝇）、X^mY（雄蝇）和 Y/Y（死亡），其中雄性后代稳定遗传了突变基因 m，C 对。因此在后续实验中，可以选雄蝇单独进行分析，雌蝇作为对照，但最好还是选择相同性别的野生型果蝇作为对照，因此评议稿答案最初为 A、C、D，但最终本题删除。 **答案：删除。**

92 所得突变体的羽化规律分别出现了如图 73 所示的变化。由此可以得出（　　）。（多选）

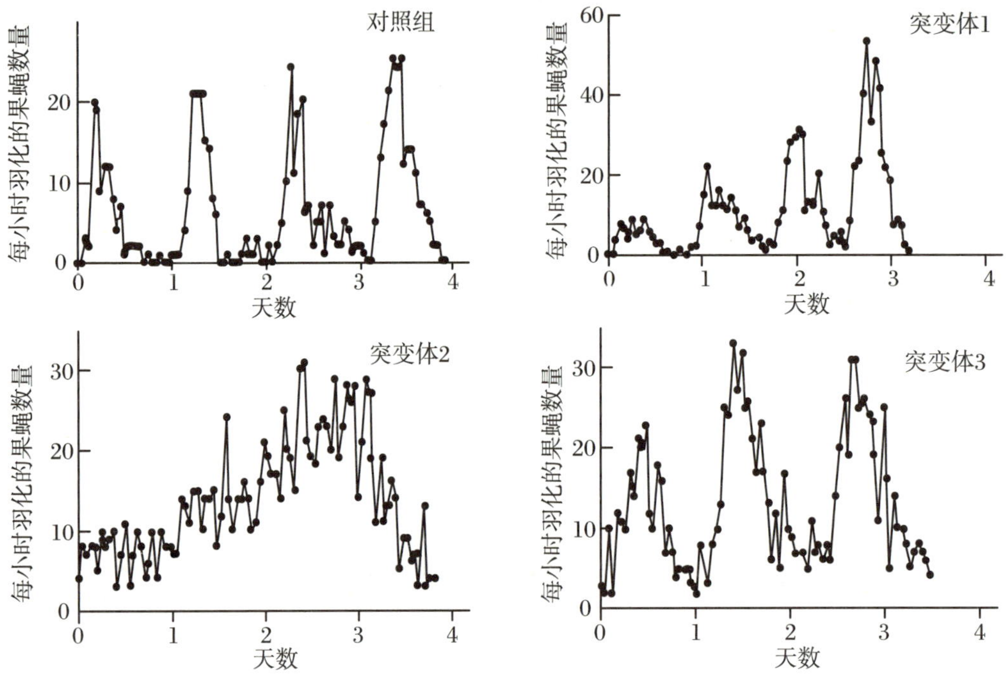

图 73

A. 正常果蝇会在光照的时间段达到羽化高峰期

B. 和对照组相比，突变体 1 的羽化周期变长

C. 突变体 2 的羽化已经不再受有无光照的影响

D. 和对照组相比，突变体 3 的羽化周期变短

解析 本题组使用了与 2020 年联赛 31、32 题相同的文献。野生型的羽化周期比较明显，基本在每一天的前半天，也就是开灯时间羽化，A 对。与野生型相比，突变体 1 的羽化周期变短，B 错。突变体 2 已经失去了明显的羽化周期，即不再受光照的影响，C 对。突变体 3 的羽化周期变长，D 错。

后续研究测量了野生型与三种突变纯合雌蝇随着时间变化的活动强度，发现羽化周期变短/变长/消失的果蝇对应活动强度的周期也一同变短/变长/消失。 **答案：AC。**

参考文献

[1] Konopka R J, Benzer S. Clock Mutants of *Drosophila melanogaster*[J]. Proceedings of the National Academy of Sciences of the United States of America, 1971, 68: 2112.

根据突变表型,将上述 3 种不同的节律突变基因分别命名为"无节律""长周期"和"短周期"。利用杂交获得在两条 X 染色体上分别携带有不同突变的雌蝇,并对其羽化节律进行测试,结果如表 4 所示。回答 93、94 题。

表 4

基因型组成		测试次数	节律周期时长统计/h
第一条 X 染色体	第二条 X 染色体		
野生型	野生型	4	24.4±0.5
无节律	无节律	4	无节律
短周期	短周期	5	19.5±0.4
长周期	长周期	4	28.6±0.5
无节律	野生型	8	25.2±0.4
短周期	野生型	5	21.9±0.4
长周期	野生型	5	25.5±0.5
短周期	无节律	6	19.5±0.4
长周期	无节律	5	30.6±1.3
短周期	长周期	6	22.9±0.4

93 互补实验常用于确定两个突变是否影响同一个基因。以下可以说明两个隐性突变并不位于同一基因的是(　　)。(单选)

A. 杂交后代表现出正常表型　　B. 杂交后代表现出突变特征

C. 杂交后代表现出中间表型　　D. 杂交后代表型更严重

解析 若突变位于同一基因上,则两个等位基因皆为突变基因,子代表现为突变型;若位于不同基因上,则两基因座上都各有一个野生型基因和一个突变体基因,子代表现为野生型。　答案:A。

94 请根据表 4 中的数据判断,下列结论错误的是(　　)。(多选)

A. 无节律突变相对于野生型等位基因表现为隐性突变

B. 即使存在野生型等位基因,短周期突变仍可影响节律

C. 无节律突变对短周期突变和长周期突变而言均为显性

D. 短周期突变对长周期突变完全显性

解析 当两条染色体分别为无节律与野生型时,个体表现为有节律,说明无节律突变相对于野生型呈隐性,A 对。当两条染色体分别为短周期与野生型时,节律周期明显短于 24 h,B 对。当两条染色体分别为无节律与长周期或短周期时,个体表现为有节律,且节律周期时长分别变长和变短,说明无节律突变相对于长/短周期突变均为隐性,C 错。当两条染色体分别为短周期与长周期时,节律周期变短,但长于短周期基因纯合的情况,说明短周期突变对长周期突变不完全显性,D 错。　答案:CD。

95 下列选项是新基因产生方式的有(　　)。(多选)

A. 反转录转座子插入　　B. 水平基因转移

C. 染色体丢失　　D. 基因复制

解析 反转录转座子和基因水平转移的插入可以导致基因结构变化,从而产生新基因,A、B 对。染色体

丢失只会同时丢失基因，C 错误。由于副本的存在，复制后的基因选择压力会下降，更容易累积突变产生新的基因，D 正确。 答案：ABD。

96 分子钟假说最初由埃米尔·祖克坎德和莱纳斯·鲍林在 1962 年提出，该假说认为 DNA 或者蛋白质分子进化的速率可能（　　）。（单选）

A. 随物种而变化　　B. 随时间保持不变

C. 取决于环境条件　　D. 受种群大小影响

解析 埃米尔·祖克坎德和莱纳斯·鲍林在 1962 年注意到，不同谱系之间血红蛋白的氨基酸差异数随时间大致呈线性变化，于是断言任何特定蛋白质的进化速率在不同时期和不同谱系中都大致恒定，因此 A 错，B 对。

由于大部分突变都是中性突变，假设突变率为 μ，种群大小为 N，则特定突变出现的概率为 $2N\mu$，该中性突变通过随机漂变固定的概率为 $1/(2N)$，则最终的固定率为 $2N\mu\times1/(2N)=\mu$，因此分子层面上的进化速度只与突变速率有关，而与环境条件或种群大小无关，C、D 错。 答案：B。

参考文献

[1] Zuckerkandl E, Pauling L B. Molecular Disease, Evolution, and Genetic Heterogeneity[M] // Kasha M, Pullman B. Horizons in Biochemistry. New York: Academic Press, 1962: 189.

97 果蝇中的转座子插入事件最可能受到正选择的是（　　）。（单选）

A. 转座子插入了具有代谢杀虫剂功能的基因 *Cyp6g1* 的上游调控区，提高了该基因的表达

B. 转座子插入了一个假基因的编码区，使该假基因长度增加

C. 转座子插入了一个必需基因的编码区，破坏了该基因的蛋白结构

D. 转座子插入了染色体上多个位置并介导了异位重组，最终导致几个核心基因缺失

解析 *Cyp6g1* 基因或称为 *DDT-R* 是黑腹果蝇基因组中涉及杀虫剂 DDT（双对氯苯基三氯乙烷）及其他多种杀虫剂抵抗的基因，位于果蝇的 2 号染色体，编码的蛋白质属于细胞色素 P450 超家族，可将 DDT 氧化代谢掉。研究表明果蝇中的多种杀虫剂抗性是由 *Cyp6g1* 基因的上调表达导致的，而这种上调表达与 Accord 转座子的长末端重复序列（LTR）插入有关，该插入位于 *Cyp6g1* 基因转录起始位点上游 291 bp 处。该插入事件对于生物有利，属于受到正选择，因此选 A。DDT 及其由 CYP6G1 产生的主要代谢物 DDD 的化学结构如图 74 所示。

图 74

假基因序列的改变对生物适应性无明显影响，B 错。必需基因的破坏和核心基因的缺失都对适应性不利，C、D 错。 答案：A。

参考文献

[1] Chung H, Bogwitz M R, McCart C, et al. Cis-Regulatory Elements in the Accord Retrotransposon Result in Tissue-Specific Expression of the *Drosophila melanogaster* Insecticide Resistance Gene *Cyp6g1*[J]. Genetics, 2007, 175: 1071.

[2] Le Goff G, Hilliou F. Resistance Evolution in *Drosophila*: The Case of CYP6G1[J]. Pest. Manag. Sci., 2017, 73: 493.

[3] Schmidt J M, Battlay P, Gledhill-Smith R S, et al. Insights into DDT Resistance from the

Drosophila melanogaster Genetic Reference Panel[J]. Genetics, 2017, 207: 1181.

98 在经历常年干旱后，达尔文地雀的喙的平均大小和硬度提高了，这一例子可能属于（　　）。（单选）

A. 定向选择　　B. 平衡选择

C. 歧化选择(disruptive selection)　　D. 稳定选择

解析 如图75所示，定向选择使得性状向单个方向变化，因此A对；平衡选择使得种群内保留多个性状；歧化选择使得性状向两个方向变化，中间性状的个体适应性较低而两边较高；稳定选择使得性状趋于平稳，极端性状个体的适应性较低。 **答案：A。**

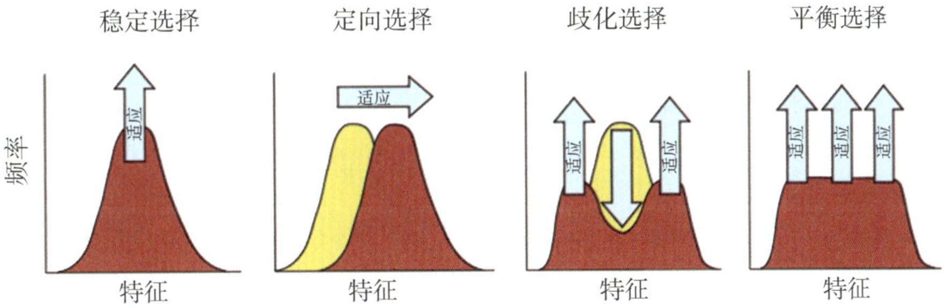

图75

99 在一个小型鸟类种群中，一场严重的风暴将种群数量从500只减少到50只，一个基因的等位基因频率从0.9变为0.1。这种等位基因频率的变化可能是（　　）。（单选）

A. 基因流　　B. 遗传漂变　　C. 正选择　　D. 基因突变

解析 灾害使得鸟类种群个体数目减少，进而导致基因频率变化，属于遗传漂变中的瓶颈效应，因此选B。

基因流指的是基因从一个种群到另一个种群的转移；正选择将使该等位基因频率变大；基因突变率很低，不会在短时间内导致这么大的基因频率变化。 **答案：B。**

100 李·范·瓦伦在1973年提出了红皇后(red queen)假说。以下可能体现红皇后假说现象的有（　　）。（多选）

A. 一种捕食者的速度随时间的推移逐渐变快，适应跑得更快的猎物

B. 一种植物产生更有毒的化学物质，以抵御吃草动物的进化

C. 某些病原体为了感染宿主而不断变异，宿主为了防御病原体而进化出新的免疫机制

D. 长期缓慢的地质变化使某物种逐渐适应了新的生活环境

解析 红皇后假说来源于《爱丽丝镜中奇遇》(《爱丽丝梦游仙境》的续作)里红皇后对爱丽丝说的一句话：你必须尽力地不停地跑，才能使你保持在原地。具体指的是在条件稳定时，一个物种的演化会引发另一相关物种的协同演化，因此A、B、C都对。D选项中只有一个物种适应环境，不存在协同演化。 **答案：ABC。**

参考文献

[1] van Valen L. A New Evolutionary Law[J]. Evolutionary Theory, 1973, 1: 1.

101 在一个果蝇种群中，科学家发现一个控制翅膀大小的基因位点存在多个等位基因。最初这些等位基因的频率都较低，但当环境发生变化，气温逐渐升高时，其中一个产生较小翅膀的等位基因频率迅速增加，因为较小的翅膀有利于散热。该等位基因最终在种群中达到了较高的频率。这个过程最符合（　　）。（单选）

A. 一个新的有益突变在种群中迅速固定

B. 一个已经存在的等位基因由于环境变化而变得有利

C. 一个中性等位基因由于遗传漂变而在种群中固定

D. 一个有害等位基因由于自然选择而从种群中消除

解析 题干中描述的这些等位基因原本都存在，不是新的突变，A 错。气温升高后，小翅膀的等位基因更加有利于散热，B 正确。此时小翅膀等位基因相比其他基因更适应环境，不是中性或有害等位基因，C、D 错。 **答案：B。**

体色鲜艳的君主斑蝶幼虫以马利筋属的有毒植物为食，并从中获取毒素强心苷，以保护幼虫和成虫。研究发现，强心苷的靶蛋白钠钾泵在君主斑蝶中发生了氨基酸替换，使其不被强心苷影响。科学家通过对果蝇钠钾泵基因的编辑，获得了对强心苷不敏感的突变体，从而推断出君主斑蝶中同源基因的演化路径。回答 102、103 题。

102 下列关于君主斑蝶和黑腹果蝇的说法正确的有（　　）。（多选）

A. 君主斑蝶幼虫体色是一种伪装色

B. 君主斑蝶幼虫体色是一种警戒色

C. 君主斑蝶钠钾泵基因的演化受到了自然选择压力的驱动

D. 对强心苷不敏感的黑腹果蝇受到了人工选择压力的驱动

解析 评议稿答案为 B、C。君主斑蝶幼虫具有毒性，推测其具有警戒色而非伪装色，A 错，B 对。君主斑蝶钠钾泵的突变使得其不受强心苷的影响，提高了它的适应性，会受到正向的自然选择，C 对。对强心苷不敏感的果蝇是实验室人工编辑并选出的，在某种意义上受到了人工选择，故最终认为 D 也正确。 **答案：BCD。**

103 下列关于君主斑蝶和马利筋的说法正确的有（　　）。（多选）

A. 二者之间存在共生　　B. 二者之间存在竞争

C. 二者之间协同演化　　D. 二者互相施加选择压力

解析 君主斑蝶与马利筋的关系为捕食而非共生或竞争，A、B 错。捕食者与被捕食者之间相互施加选择压力，协同演化，C、D 正确。 **答案：CD。**

104 单细胞 RNA 测序得到了越来越多的应用，相比于多细胞混合（bulk）测序，它的优势是（　　）。（多选）

A. 揭示罕见的细胞类型　　B. 检测癌组织内部的异质性

C. 推断早期发育阶段的谱系信息　　D. 一般具有更高的测序覆盖度

解析 单细胞测序（single-cell RNA-seq）更能检测出组织内部不同细胞之间的异质性（图 76），发现罕见的细胞类型，A、B 正确。由于可以检测单个细胞，因此可以推断早期发展的谱系信息，C 正确。但由于测

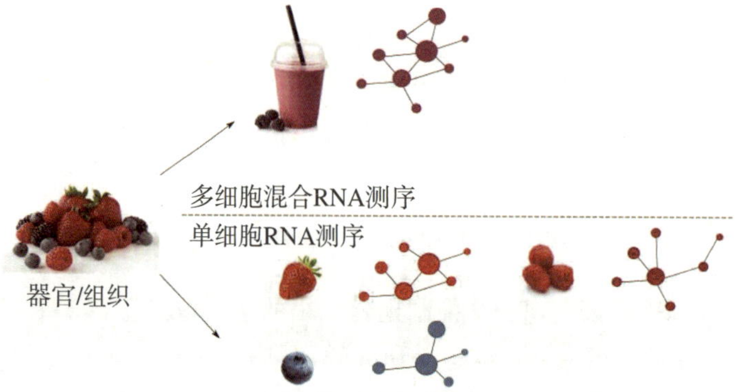

图 76　多细胞混合 RNA 测序与单细胞 RNA 测序的比较

可见多细胞混合测序得到的是平均的结果，而单细胞测序更能读取组织内部不同细胞亚群的异质性。

序量不如多细胞混合测序多,因此测序覆盖度较低,D 错误。 答案:ABC。

参考文献

[1] Steinheuer L M, Canzler S, Hackermüller J. Benchmarking scRNA-seq Imputation Tools with Respect to Network Inference Highlights Deficits in Performance at High Levels of Sparsity[J]. BMC Bioinformatics, 2022, 23: 236.

图 77 展示了 4 个基因在癌症患者中变异的分布,每一行代表一个基因,每一列代表一个病人。回答 105、106 题。

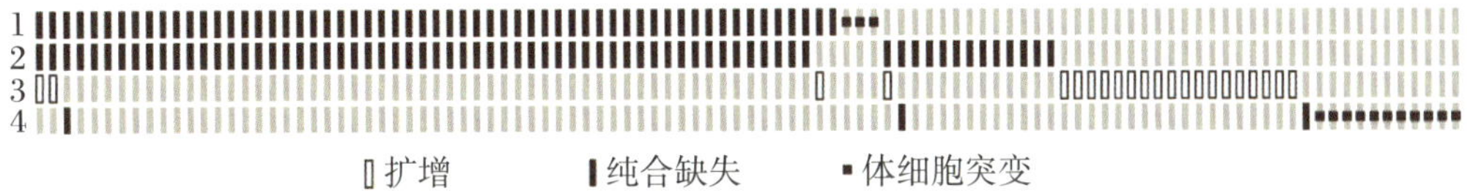

图 77

105 基因 1 和基因 2 可能的关系是(　　)。(多选)

A. 协同作用

B. 合成致死

C. 拮抗作用

D. 连锁

解析 基因 1 与基因 2 同时纯合缺失后会引发癌症,说明二者可能都是抑癌基因,具有协同作用,A 对,C 错。合成致死(synthetic lethality)指的是两个非致死基因同时突变后会导致细胞的死亡。如果发现肿瘤中存在特定基因失活,那么用药物抑制它的合成致死搭档,就可特异性地杀死癌细胞,而不危害健康细胞。这样的策略有望实现更有效、毒性更低的个性化癌症治疗,是抗癌药物研究的一个新方向。本题这两个基因同时发生突变是致癌,B 错误。而且这两个基因倾向于一起发生突变,因此可能连锁在一起,D 正确。 答案:AD。

参考文献

[1] 张金坚,张亚衡,郭文宏.癌症治疗的新思维——合成致死(Synthetic Lethality)[J].台湾医界,2017,60:510.

106 基因 2 和基因 3 可能的关系是(　　)。(多选)

A. 协同作用

B. 合成致死

C. 拮抗作用

D. 位于相同调控通路

解析 基因 2 和 3 没有出现同时缺失的情况,说明其可能存在合成致死,B 对。基因 2 的单独缺失和基因 3 的单独扩增都可能导致癌症,因此推测基因 3 可能为原癌基因,而基因 2 为抑癌基因,两者之间为拮抗作用,也就有可能位于相同的调控通路,C、D 对,A 错。评议稿答案为 B、C、D,但 2 和 3 的相关性并没有 1 和 2 那么强,因此推断证据很弱,最终本题删除。

本题组使用的图 77 是 cBioPortal 中的基因突变图谱(Onncoprint)。

cBioPortal(http://www.cbioportal.org/)由 MSK(Memorial Sloan Kettering Cancer Center)开发,是基于 TCGA 数据库开发的一款集数据挖掘、数据整合和可视化等多功能于一体的综合性开放网络平台。cBioPortal 的数据来源于 TCGA、ICGC、GEO 等数据库,整合的基因组数据类型包括体细胞突变、DNA 拷贝数改变(CNAs)、mRNA 和 miRNA 表达量、DNA 甲基化、蛋白质丰度和磷蛋白丰度。cBioPortal 可以通过可视化的形式展示癌症研究样本的基因组数据,同时也可以帮助研究人员探索样本、基因和通路之间的遗传变化,并与临床结果相结合。

Oncoprint 就是一种可视化工具，用于展示一组样本（如肿瘤样本）中的基因变异情况。这种图表通常用于癌症基因组学研究，帮助研究人员快速识别和比较不同样本之间的遗传变异模式。

Oncoprint 图的主要特点包括：

（1）样本排列：每个样本通常在图表的水平线上表示，每个样本占据一行。

（2）基因展示：垂直轴上列出了研究中考虑的所有基因。

（3）变异类型：每个基因的变异类型（如突变、扩增、缺失等）通过不同的颜色或符号在图表中表示。

（4）变异位置：在每个样本行中，变异的位置（如突变的氨基酸位置）通常用不同的标记表示。

（5）变异频率：变异的频率或重要性可以通过颜色的深浅或标记的大小来表示。

（6）交互性：在一些在线工具中，Oncoprint 图可能是交互式的，允许用户点击特定的变异查看更多信息。

（7）注释：图表可能包含注释，提供关于特定变异或样本的额外信息。

Oncoprint 图使得研究人员能够快速识别出哪些基因在哪些样本中发生了变异，以及变异的类型和频率，从而有助于揭示癌症的遗传基础和潜在的治疗靶点。

Oncoprint 界面如图 78 所示。 答案：删除。

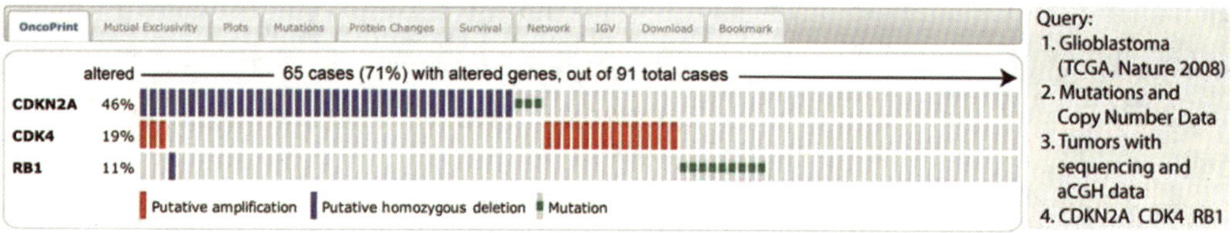

图 78

参考文献

［1］Gao J，Aksoy B A，Dogrusoz U，et al. Integrative Analysis of Complex Cancer Genomics and Clinical Profiles Using the cBioPortal［J］. Sci. Signal.，2013，6：pl1.